研究生系列教材
经管类

财务管理

FINANCIAL MANAGEMENT

第 2 版

张瑞稳　编著

中国科学技术大学出版社

内 容 简 介

本书系统介绍了财务管理的基本理论和实用技术,主要内容包括财务管理概论、企业财务分析与业绩评价、货币时间价值、投资决策、风险管理、筹资决策、资本成本和资本结构决策、变动成本法和杠杆决策、股利分配决策、营运资金管理、全面预算管理、资本运营、企业纳税筹划、战略财务管理。书中既吸收了当前最先进的财务理论与方法,又注重选用实务中行之有效的理财技术和方法,将现代财务管理模式与我国的现实情况相结合,为读者提供一种理财的思路或导向。

本书可作为 MBA、管理类专业研究生、本科生的教材,也可作为广大经济管理干部、企业管理人员和财会人员学习财务管理的参考书。

图书在版编目(CIP)数据

财务管理/张瑞稳编著. —2 版. —合肥:中国科学技术大学出版社,2022.10
(中国科学技术大学一流规划教材)
ISBN 978-7-312-02595-2

Ⅰ.财… Ⅱ.张… Ⅲ.财务管理—高等学校—教材 Ⅳ.F275

中国版本图书馆 CIP 数据核字(2022)第 077617 号

财务管理
CAIWU GUANLI

出版	中国科学技术大学出版社 安徽省合肥市金寨路 96 号,230026 http://press.ustc.edu.cn https://zgkxjsdxcbs.tmall.com
印刷	安徽省瑞隆印务有限公司
发行	中国科学技术大学出版社
开本	787 mm×1092 mm 1/16
印张	30.5
字数	703 千
版次	2008 年 3 月第 1 版 2022 年 10 月第 2 版
印次	2022 年 10 月第 3 次印刷
定价	78.00 元

第 2 版前言

本教材的出版获得2020年度中国科学技术大学研究生教育创新计划项目教材出版专项经费支持。《财务管理》自2003年出版以来，受到广大读者的欢迎与好评，被评为安徽省高校"十一五"规划教材。但出版至今已经18年，这18年间，中国的财务管理环境发生了很大变化。中国资本市场逐步完善，《公司法》《证券法》修订，增值税转型，互联网金融的发展等，所有这一切都对财务管理的发展和完善提供更好的机遇和更大的挑战。为了有效地利用机遇和迎接挑战，财务管理教育应该为学生提供必要的知识储备和能力积淀。本书正是基于上述环境和目的进行了修订。

此次修订，主要从以下几个方面进行完善：第一，突出实用性。力求务实，与我国资本市场相结合，与中国企业财务管理实践相结合。收集最新的中国本土企业（特别是我国上市公司）财务管理案例资料和数据，更新财务管理案例，增加在企业财务管理实务中比较实用的相关内容，比如企业纳税筹划、全面预算管理、资本运作等，力求本书所阐述的理论或原理与财务管理实践密切结合，同时让读者能够及时掌握企业财务管理实务的动态发展与现状。第二，体现新颖性。根据国家近几年颁布或修订实施的《公司法》《企业所得税法》《证券法》等以及我国财税改革的新内容对原教材相关内容进行更新。第三，注重明晰性。财务管理的专业性和内容的复杂性，往往使财务管理教材变得晦涩难懂。因此，本教材的编写极力用简明的手法来处理一些难于掌握的财务管理原理。为了帮助学生理解和掌握财务管理内容，本书各章都配备了与之内容相关的案例，以便学生开拓思路，提高认识，增加知识趣味性。这些案例大部分是根据真实的资料编写而成，小部分来自新闻媒体的报道。除此以外，对原有书中的某些文字进行修订，个别内容进行了调整和充实，并在每章后面增加了思考练习题。

本教材经过中国科学技术大学专家组的评审和推荐，获中国科学技术大学研究生院教育创新计划教材出版项目资助，这次教材修订过程中，得到了使用本教材的有关老师和同学提出的宝贵意见和建议，在此表示衷心的感谢。感谢中国科学技术大学研究生教材出版专项经费支持。

由于本人水平有限，书中掺杂的个人观点不一定完全正确，恳请各位读者给予批评指正。

编　者

2022 年 1 月

前　　言

　　财务管理是企业管理的重要组成部分,是以资金运动为对象,利用价值形式对企业各种资源进行优化配置的综合性管理活动。它通过对企业各项资金的筹集、使用、收入和分配进行预测、决策、分析、控制、核算与考核,优化生产要素配置,提高资金使用效果,促使企业尽可能占用少的资源取得较大的生产经营成果。

　　近年来,理论界与企业界更加清楚地认识到:我国企业要参与国际性的经济竞争,要进入世界500强的行列,最大的障碍既不在技术环节上,也不在营销环节上,而在理财上。企业业务的迅速扩张,市场竞争的不断变化,资本市场的全球化,使得企业的经营和理财环境正发生着深刻的变化,对企业管理人员(尤其是高级管理人员)的素质要求越来越高。"一个不懂作战地图的将军,将会遭到敌人炮火的惩罚;一个不懂财务报表的经理人,将会尝到错误决策的苦果;一个没有财务战略的企业,将会陷入困境的包围"。成功的企业,必定是个财务健康的企业;优秀的经理人,必定是位理财高手。不懂财务难以把握和应对迅速变化的形势,企业的管理者会感到难以适应,迫切需要系统学习现代财务战略与运作。

　　财务管理学是一门应用科学,本书在内容的选择上考虑了两方面的问题:一是根据作者多年教学经验和对学生关于财务管理需求的了解,选择了一些适合教学对象的内容;二是针对企业管理实际中出现的问题和容易出问题的地方进行了讨论。本书内容注重理论性与实用性相统一,系统介绍了财务管理的基本理论和实用技术。既吸收了当代最先进的财务理论与方法,又注重选用实务中行之有效的理财技术和方法,在参阅大量中外文献的基础上,将现代财务管理模式与我国的现实情况相结合,尽量为读者提供一种理财的思路和导向。学习财务管理本身不会使你富有,但它将给你一些有助于致富的工具。

　　本书在写作过程中遵循"从对象出发,从问题出发"的原则,努力做到理论联系实际,将财务管理的新理论、新观念、新思路与企业面临的现实问题和管理实践相结合,力求为企业经营管理提供一个知识性、实用性较强的读本。

　　提高企业经济效益,加强管理是关键;以财务管理为核心,全面推进企业的科学管理,是企业在市场中生存和发展的前提。广大的企业管理工作者迫切需要财务管理技术的传播与普及。《财务管理》一书正是为适应这一需要而编写的。本书可作为MBA、管理专业研究生、本科生的教材,也可作为广大经济管理干部、企业管理人员和财会人员学习财务管理的参考书。

由于作者水平有限,书中掺杂的个人观点不一定完全正确,欢迎批评指正。

编　者

2007 年 12 月

目　录

第 2 版前言 ·· （ⅰ）

前言 ··· （ⅲ）

第一章　财务管理概论 ·· （1）
　　第一节　财务管理概念 ·· （1）
　　第二节　财务管理目标 ·· （9）
　　第三节　财务管理环境 ·· （24）

第二章　企业财务分析与业绩评价 ·· （38）
　　第一节　财务分析概述 ·· （38）
　　第二节　财务比率分析 ·· （43）
　　第三节　财务综合分析 ·· （62）
　　第四节　企业绩效评价 ·· （69）

第三章　货币时间价值 ·· （96）
　　第一节　货币时间价值的计算 ·· （96）
　　第二节　货币时间价值的应用 ·· （101）

第四章　投资决策 ··· （110）
　　第一节　投资决策概述 ·· （110）
　　第二节　现金流量 ·· （117）
　　第三节　投资项目评价的一般方法 ······································ （121）
　　第四节　投资项目可行性研究报告 ······································ （134）

第五章　风险管理 ··· （146）
　　第一节　风险及其度量 ·· （146）
　　第二节　证券投资组合 ·· （153）
　　第三节　风险管理程序及策略 ·· （162）
　　第四节　风险投资决策 ·· （168）

第六章　筹资决策 ………………………………………………………… (175)

   第一节　筹集投入资本 …………………………………………………… (175)

   第二节　普通股筹资 ……………………………………………………… (178)

   第三节　优先股筹资 ……………………………………………………… (184)

   第四节　长期借款筹资 …………………………………………………… (186)

   第五节　债券筹资 ………………………………………………………… (188)

   第六节　可转换债券筹资 ………………………………………………… (190)

   第七节　租赁融资 ………………………………………………………… (196)

第七章　资本成本和资本结构决策 …………………………………… (202)

   第一节　资本成本的作用 ………………………………………………… (202)

   第二节　资本成本的计算 ………………………………………………… (204)

   第三节　边际资本成本的计算和作用 …………………………………… (208)

   第四节　资本结构理论与实务 …………………………………………… (211)

第八章　变动成本法和杠杆决策 ……………………………………… (230)

   第一节　变动成本法 ……………………………………………………… (230)

   第二节　杠杆决策 ………………………………………………………… (239)

第九章　股利分配决策 ………………………………………………… (247)

   第一节　股利分配的概念和顺序 ………………………………………… (247)

   第二节　股利分配理论 …………………………………………………… (254)

   第三节　股利分配政策 …………………………………………………… (259)

第十章　营运资金管理 ………………………………………………… (274)

   第一节　营运资金管理概述 ……………………………………………… (274)

   第二节　现代营运资金管理核心 ………………………………………… (281)

   第三节　现代营运资金管理与现金管理 ………………………………… (295)

第十一章　全面预算管理 ……………………………………………… (313)

   第一节　全面预算管理概述 ……………………………………………… (313)

   第二节　全面预算内容 …………………………………………………… (319)

   第三节　全面预算编制 …………………………………………………… (325)

   第四节　全面预算执行 …………………………………………………… (330)

   第五节　全面预算管理存在的问题 ……………………………………… (334)

第十二章　资本运营 ……………………………………………………………（351）

第一节　资本运营概述 ………………………………………………………（351）

第二节　企业并购的财务分析 ………………………………………………（374）

第三节　企业收购与反收购策略 ……………………………………………（387）

第十三章　企业纳税筹划 ………………………………………………………（403）

第一节　企业税务概述 ………………………………………………………（404）

第二节　财务活动纳税筹划 …………………………………………………（408）

第三节　纳税筹划平台 ………………………………………………………（411）

第四节　企业纳税筹划原则 …………………………………………………（416）

第十四章　战略财务管理 ………………………………………………………（420）

第一节　战略与财务战略概述 ………………………………………………（420）

第二节　价值基础管理与战略目标 …………………………………………（427）

第三节　财务战略决策分析 …………………………………………………（435）

思考练习题答案 ………………………………………………………………（440）

附表 ……………………………………………………………………………（460）

参考文献 ………………………………………………………………………（476）

第一章 财务管理概论

第一节 财务管理概念

一、财务的概念

财务,英文为"finance",亦指财政、金融等。在西方国家,财务是指对货币这一资源的获取和管理。在我国,财务是财务活动与财务关系的统一,其概念如下:

财务 $\begin{cases} \text{财务活动——资金运动} \\ \text{财务关系——资金运动过程中所体现的各种经济关系} \end{cases}$

企业财务活动是企业资金收支活动的总称。社会主义经济是公有制基础上的商品经济,社会产品依然是使用价值和价值的统一体。这样,一切物资都具有一定量的价值,它体现着耗费于物资中的社会必要劳动量,社会再生产过程中物资价值的货币表现,就是资金。在商品经济条件下,拥有一定数量的资金,是进行生产经营活动的必要条件。企业生产经营过程一方面表现为物资的不断购进和售出,另一方面表现为资金的支出收回。企业资金的收支,构成了企业经济活动的一个独立方面,这就是企业的财务活动,企业财务活动可以分为以下四个方面:

(1) 企业筹资引起的财务活动。在商品经济条件下,企业要想从事经营,首先必须筹集一定数量的资金,企业通过发行股票、债券和吸收直接投资等方式筹集资金,表现为企业资金的收入。企业偿还借款,支付利息、股利以及支付各种筹资费用等,则表现为企业资金的支出。这种因为资金筹集而产生的资金收支,便是由企业筹资而引起的财务活动。

(2) 企业投资引起的财务活动。企业筹集资金的目的是把资金用于生产经营活动以便取得盈利。企业把筹集到的资金投资于企业内部用于购置固定资产、无形资产等,便形成了企业对内投资;企业把筹集到的资金投资于购买其他企业的股票、债券或与其他企业进行联营投资,便形成了企业对外投资。无论是企业购买内部所需的各种资产,还是购买各种证券,都需要支出资金。而当企业变卖其对内投资的各种资产或收回其对外投资时,则会产生资金的收入。这种因企业投资而产生的资金的收支,便是由投资而引起的财务活动。

(3) 企业日常经营引起的财务活动。企业在日常的经营过程中,会发生一系列的资金收支。第一,企业要采购材料或商品,以便从事生产和销售活动,同时,还要支付工资和其他营业费用;第二,当企业把产品、商品或劳务售出后,便可取得收入,收回资金;第三,如果企业现有资金不能满足企业日常经营的需要,还需要采取短期借款的方式来筹集所需资金。上述各方面都会产生资金的收支。此即属于企业经营而引起的财务活动。

(4) 企业分配引起的财务活动。企业在经营过程中会产生利润,也可能会因对外投资而分得利润,这表明企业有了资金的增值或取得了投资报酬。企业的利润要按规定的程序进行分配。首先,要依法纳税;其次,要用来弥补亏损,提取盈余公积金;最后,要向投资者分配利润。这种因利润分配而产生的资金收支属于由利润分配而引起的财务活动。

上述财务活动中的四个方面不是相互割裂、互不相关的,而是相互联系、相互依存的。正是这互相联系又有一定区别的四个方面,构成了企业财务活动,这四个方面也就是财务管理的基本内容:企业筹资管理、企业投资管理、营运资金管理、利润及其分配管理。

财务关系是指企业资金运动过程中与有关各方面发生的经济关系。企业的筹资活动、投资活动、经营活动、利润及其分配活动与企业上下、左右各方面有着广泛的联系。企业的财务关系可概括为以下几个方面:

(1) 企业同所有者之间的财务关系。企业的所有者向企业投入资金,企业向其所有者支付投资报酬所形成的经济关系。企业所有者可归为以下四类:① 国家;② 法人单位;③ 个人;④ 外商。企业的所有者要按合同、协议、章程的约定履行出资义务,以便及时形成企业的资本金。企业利用投资者投入的资金进行经营。实现利润后,应按出资比例或合同、章程的规定,向其所有者分配利润。企业同其所有者之间的财务关系,体现着所有权性质,反映着经营权和所有权的关系。

(2) 企业与债权人之间的关系。这主要指企业向其债权人借入资金,并按借款合同的规定按时支付利息和归还本金所形成的经济关系。企业除利用资本金进行经营外,还要借入一定数量的资金,以便降低企业资金成本,扩大企业经营规模。企业债权人主要有:① 债券持有人;② 贷款机构;③ 商业信用提供者;④ 其他出借资金给企业的单位或个人。企业利用债权人的资金后,要按约定的利息率,及时向债权人支付利息。债务到期时,要合理调度资金,按时向债权人归还本金。企业同其债权人的关系体现的是债务与债权的关系。

(3) 企业同其被投资单位的财务关系。这主要是企业将其闲置资金以购买股票或直接投资的形式向其他企业投资所形成的经济关系。随着经济体制改革的深化和横向经济联合的开展,这种关系将会越来越广泛。企业向其他单位投资,应按约定履行出资义务,并参与被投资单位的利润分配。企业与被投资单位的关系是体现所有权性质的投资与受资的关系。

(4) 企业同其债务人的财务关系。这主要是指企业将其资金以购买债券、提供借款或商业信用等形式出借给其他单位所形成的借贷关系。企业将其资金借出后,有权要求其债务人按约定的条件支付利息和归还本金。企业同其债务人的关系体现的是债权与债务的关系。

（5）企业与税务机关之间的财务关系。这主要是指企业要按税法规定依法纳税而与国家税务机关所形成的经济关系。任何企业都要按照国家税法的规定缴纳各种税款，以保证国家财政收入实现，满足社会各方面的需要。及时、足额地纳税是企业对国家的贡献，也是对社会应尽的义务。因此，企业与税务机关的关系反映的是依法纳税和依法征税的权利义务关系。

（6）企业内部各单位的财务关系。这主要是指企业内部各单位之间在生产经营各环节中互相提供产品或劳务所形成的经济关系。在企业实行内部经济核算制的条件下，企业供、产、销各部门以及各生产单位之间，相互提供产品和劳务要进行计价结算。这种企业内部形成的资金结算关系，体现了企业内部各单位之间的利益关系。

（7）企业与其职工之间的财务关系。职工是企业的劳动者，企业与职工之间的财务关系表现为劳动报酬的资金结算关系。针对职工这个庞大的员工群体，企业需要建立相应的规章制度和考核办法，根据不同职工所提供的劳动数量、质量和业绩，按期足额支付工资、奖金、津贴，依法交纳各种社会保险。由于工资需要按月支付，数额较大，企业应当特别重视这项工作，以稳定职工队伍，提高职工当家做主的积极性，为企业创造较好的业绩。此外，职工向企业借款、企业代职工的垫款必须归还，企业代扣的职工应付款应负责向收款单位清付。

企业财务是企业财务活动和财务关系的统一。企业财务活动描述了企业财务的形式特征，企业财务关系揭示了企业财务的本质。由于企业财务活动是在不同主体的利益驱动下而开展的。投资者的投资利润驱动，形成了股权资本；银行的经营利润（利息收入）驱动，形成了银行信用资金；商家的商业利润驱动，形成了商业信用资金；经营者和职工的工薪收入以及激励驱动，形成了活劳动；政府维持公共利益的驱动，为企业合法经营打开绿灯。由此可见，只有不同主体的不同经济利益得到保证，企业财务活动才能顺利进行。

二、财务管理的概念

以上我们已讨论了财务的概念，那么什么是财务管理呢？为此，我们再来讨论一下管理的概念。从字面上看，管理有"管辖""治理""管人""理事"等意思。所谓管理，是指为了实现既定的目标采取最有效和最经济的措施，表现为计划、组织、协调、领导和控制几个职能。

综上所述，所谓财务管理，是指组织企业财务活动、处理财务关系的一项经济管理工作。就是寻求在一定的外部环境下，使企业资金运用尽可能有效的方法，在企业的需求与收益、成本及风险之间作一衡量，作出最终能使企业价值达到最大的决策。

三、财务管理的内容

假定你现在要开设自己的公司。无论是哪种类型的公司，你都必须以某种形式回答下面几个问题：

（1）将做什么样的长期投资？也就是说，你将进入哪个行业，需要什么样的厂房、机器和设备?

(2) 投资项目的长期融资来源是什么?你将引入其他股东,还是进行举债?

(3) 企业赚了钱,如何向股东分配?

(4) 你将如何管理每天的财务活动,比如向客户收款或向供应商付款?

这些并不是仅有的问题,但属于最重要的问题。可以认为,财务管理就是研究如何回答这些问题。以上也可根据资产负债分类(表1-1)得出。

表1-1 资产负债表分类

资产	负债及所有者权益
流动资产	流动负债⇒营运资金
投资⇐长期资产	长期负债 投入资本 ⇒筹资
	留存收益⇒分配

从上资产负债表的划分可以看出,财务管理的内容包括:

(1) 长期资产管理,即投资决策(investment decision)。

(2) 长期负债、股本管理,即筹资决策(financing decision)。

(3) 留存收益管理,即利润分配决策(dividend decision)。

(4) 流动资产和流动负债管理,即营运资金管理(working capital management)。

如果对资产负债表的内容进行延伸,则筹资决策涉及不同出资者出资数额多少,也即拥有权力的大小分配,实际上为产权管理;投资决策涉及投资方向和规模,则属于企业战略定位;分配决策涉及企业实现利益的分配,实际上属于企业激励与约束。

关于财务管理内容的划分,有不同的类别,如:① 资金运动论,财务管理分为筹资、投资、用资、耗资、收回与分配;② 财务要素论,财务管理分为资产管理、权益管理、负债管理、费用管理、收入利润管理等;③ 管理环节论,财务管理分为财务预测、财务决策、财务计划、财务控制、财务分析等;④ 企业生命周期论,财务管理分为企业开业、企业营运、企业扩张与收缩等;⑤ 经营对象论,财务管理分为商品经营财务、货币经营财务、资本经营财务等;⑥ 财务主体论,财务管理分为所有者财务与经营者财务等。

2006年12月4日,我国财政部颁发的并在2007年1月1日施行的《企业财务通则》对财务管理内容进行了科学界定和划分,权威性地规定企业财务管理的六大要素,即资金筹集、资产运营、成本控制、收益分配、信息管理、财务监督。企业财务管理的六大要素的法律界定,虽然不同于财务理论学科的理论观念,但是符合企业财务管理工作的实际情况,有很强的可操作性。

四、财务管理的重要性

金钱可能不是我们生活的全部,但它是我们实现许多目标的手段。我们需要收入来做很多事情,譬如履行我们对他人的责任,追求我们的利益。光是获得金钱是不够的,我们还必须学会管理我们的财务。在日常生活中,每个人都要作出许多财务决策。当你是学生时,你要决定在学校学习多少年,大学毕业后要不要读研究生。一旦你参加了工作,你要决定把多少收入用于支出,多少用于储蓄,以及把你的多少储蓄用于投资。作为一个理财者,要根据收入合理安排支出,在资金短缺时安排贷款,在资金充裕时进行投资以使未来更有保障等。

【案例1-1】 小王的旅行计划

小王想知道他今年能否带家人去度假。小王目前是唯一的负担家庭生计的人,1个月的收入减去各项扣除之后还有1500元,小王家每月的支出达1200元。他们期盼在6个月之后的国庆节出门旅游,预计要花费2000元。他们一家人应该去度假吗?哪些因素会影响他们的决定呢?

只有1500元的收入还要开销1200元,小王每个月只剩下300元留给度假旅游。6个月后他们只能积累1800元,不够作为假期的开销。但这并不是毫无希望,如果小王有2500元的储蓄,从中拿出一部分来作为假期之用又会怎样呢?或者,他们可以先从银行透支,以后再归还。他们最后会作出什么样的决定取决于家庭的目标和喜好。他们可能认为度假是高度优先的,或者他们可能希望在银行存入更多的储蓄以防困境,但是如果不先做一些财务计算,他们就处理不好这些事,也可能会作出令他们后悔的决定。

【案例1-2】 如何规划未来?

广东的陈先生拥有价值上千万元的股票,一栋价值3000多万元的别墅,一辆高档轿车,两个高尔夫球场。前几年,股票的收益足够维持他把儿子送进贵族学校,让他和妻子辞去一切工作过悠闲生活。不过,最近两年,他的股票缩水到只有300万元,而他们一家每月仍然必须有3万元的刚性支出。不仅如此,在未来20年,没有工作的陈先生和太太除了继续大额消费,以及承担子女教育负担,还将面临养老问题。未来怎么办?

(资料来源:21世纪经济报道。)

就像金钱在我们的私人生活中很重要一样,它在我们的组织管理中也具有重要作用。

第一,开办一个公司就是要赚钱。他们的首要目的是增加股东的财富。这个意思用简单的术语来说,就是他们要最大限度地支付给该公司的股东更多的钱,可以通过以下途径实现:① 每年直接以股息的方式支付给他们;② 扩大公司的规模,使该公司的股票价值年复一年地增加。但这并不意味着公司员工或消费者不重要,只是赚钱能实现更多目标。

第二,对公司的判断主要基于它们的财务绩效。财务分析家和报纸杂志每年都会报道某个公司该年度的盈利是上升还是下降,然后再去评论各种财务指标。整个企业的财务成功运作是建立在公司业务运行基础上的。在个别单位中,操作部门和服务部门都有自己的预算和财务绩效指标。作为企业中的一员,可能意识到了自己所在领域的财务指标,比如,这些可能是销售目标和费用预算。

第三,财务是一种业务运作语言。任何艰难地使用过一种外国语言的人都知道,理解工作场所的语言对于提高个人的工作能力和工作效率非常重要。为了获得竞争优势,公司的各个组成部分之间的相互沟通是非常必要的。掌握了财务语言,在工作中能够更有效地沟通。

西方国家很多公司都有专门从事财务管理工作的部门,甚至多数公司将财务部门列入诸多职能管理部门之首,企业集团拥有自身的非银行金融机构——财务公司,专门处理集团内部各分公司之间资金的融资和管理。与公司理财活动相联系的职业也非常广泛,如公司财务经理、银行家、证券经纪商、金融分析家、资产管理者、投资银行家、财务顾问等。由此可见,公司理财的规则和活动构成了市场经济的重要组成部分。

我国企业的理财活动还不够成熟和规范。在一些企业没有设立专门的财务机构或配备专门的财务人员,甚至有人认为财务就是会计,企业财务的事就是财务部门的工作,与非财务人员无关。企业财务管理混乱、投资决策失误、资金短缺或资金积压闲置等问题屡见不鲜。

【案例1-3】 税务问题是财务的工作吗?

很多企业老总的意识不对,在税收问题上总是将眼睛放在财务身上,出了问题就认为是财务的问题。为什么企业要交税?是因为有了经营行为而交税。销售产品、提高劳务必须交增值税,经营行为产生了税收,没有经营行为就没有税。税怎么交不是看账怎么做,而是看业务怎么做。合同决定业务过程,业务过程产生税收。但是公司的合同没有一份是财务部门签订的,都是公司业务部门签的。财务只是个交税的过程,业务部门产生税收,财务部门核算和交纳税收。

一些企业认为公司的税收问题就应该是财务部门去解决,业务部门可以随意做业务、签合同,税收有问题就让财务处理。当业务部门做完业务后,发现有多交税的问题,或者存在税收风险。这时到了财务,财务发现问题后,便通过做账来解决。在账上造假来遮盖前面发生的业务过程,设计出另外一种业务过程来达到少交税、规避风险的目的。这就是《中华人民共和国税收征收管理法》中提到的伪造、编造行为,是一种偷税行为。

【案例1-4】 短贷长投扼住"标王"的咽喉

秦池酒厂是山东省临朐县的一家生产"秦池"白酒的企业。1995年,临朐县人口88.7万,人均收入1 150元,低于山东省平均水平。1995年,秦池酒厂厂长赴京参加第一届"标王"竞标,以6 666万元的价格夺得中央电视台黄金时段广告"标王"后,引起出乎人们意料的轰动效应,秦池酒厂一夜成名,秦池白酒也身价倍增。中标后的一个多月时间里,秦池酒厂就签订了4亿元的销售合同;头两个月秦池酒厂的销售收入就达2.18亿元,实现利税6 800万元,相当于秦池酒厂建厂以来前55年的总和。至6月底,订货已排到了年底。1996年秦池酒厂的销售也由1995年只有7 500万元一跃达到9.5亿元。

1996年11月,秦池酒厂以3.2亿元人民币的"天价",买下了中央电视台黄金时间段广告,从而成为令人炫目的连任二届"标王"。然而,好景不长,1998年便传出了秦池酒厂生产、经营陷入困境,出现大幅亏损的消息。

秦池酒厂一方面在扩大生产规模、提高生产能力，从而在提高固定资产等长期性资产比例的同时，使流动资产在总资产中的比例相应下降，由此降低了企业的流动能力和变现能力。另一方面，巨额广告支出和固定资产上的投资所需资金要求企业通过银行贷款解决，按当时的银行政策，此类贷款往往为短期贷款，这就造成了银行的短期贷款被用于资金回收速度比较慢、周期较长的长期性资产上，由此使企业资产结构与资本结构在时间和数量上形成较大的不协调性，并因此形成了"短贷长投"的资金缺口压力。此时秦池酒厂所面临的现实问题是：在流动资产相对不足从而使企业现金流动能力产生困难的同时，年内到期的巨额银行短期贷款又要求偿还，从而陷入了"到期债务要偿还而企业又无偿还能力"的财务困境。

（资料来源：中国证券网。）

财务管理具有综合性的特点，财务管理围绕资金运动展开，而资金运用具有最大的综合性，它可以把企业生产经营的主要过程和主要方面全面系统地反映出来。这样资金运用就自然而然地成为企业主要过程和主要方面的综合表现。随着市场经济的发展，企业面临的环境变得复杂化，同时随着企业自身的发展，企业从事的业务和管理工作也变得复杂化，而在市场经济条件下处理好企业管理问题，靠单一的某个方面的管理是不够的，必须有一套系统的综合性的管理方法进行通盘考虑，统筹管理，而财务管理恰好是一种综合性的管理，所以在现代企业管理中，财务管理的地位被提得较高。有这样一种说法，即企业管理以财务管理为中心，财务管理以资金管理为中心。资金管理的核心应该是资金运用的管理，而资金运用管理的关键是决策。所以抓住财务管理，就抓住了管理的"牛鼻子"。

财务管理是以价值形态对企业生产经营活动进行的综合性管理，实际上是对企业资金运动的管理，管理的主体应是以经营者为首的整个经营管理系统，并不是单一的某个职能部门。企业的一些重大决策如投资决策、筹资决策等的决策主体，不是财务部门而是企业的经营决策层，所以财务管理首先是企业经营决策层的职责，但这并不是说财务管理就与财务部门无关，财务部门是财务决策的执行机构，同时也是企业财务信息的处理机构。没有财务部门的记账、算账和报账工作，财务管理就缺乏应有的信息资料；没有财务部门对财务预算的控制和执行以及对财务活动进行财务分析，财务管理就缺少应有的环节。事实上，企业资金的形成、成本费用的发生、收入利润的获得，是财务部门核算出来的，但并不是财务部门发生的。企业中凡是有资金占用、成本费用发生的单位和部门就都负有财务责任，都具有财务管理的任务。

假如你在营销部门工作，或对营销感兴趣，你必须了解财务知识。因为营销人员要经常面对预算，需要懂得如何在营销支出和计划之间实现最佳平衡。项目的成本与效益分析是财务管理的重要方面，是为什么有的企业通过营销手段，增加了销售量、收入甚至利润，但不能增加企业价值的原因所在。在企业里，销售预测是编制预算、进行预算管理的基础，而销售预测一般是营销人员和财务人员共同制订的。除此之外，金融行业需要雇佣营销人员来销售金融产品如基金、保险、银行账户等，金融服务营销是发展最快的营销类型之一，成功的金融服务营销人员回报丰厚，很显然不懂金融产品就不能在这个领域工作。

假如你在人事部门工作，人员的薪酬计划和绩效评价是一个重要方面，如何用最小的成本留住员工并激励员工是创造企业价值的关键。员工薪酬计划制订和员工绩效考评指标的选择都必须运用财务知识。人的需求是有层次的，金钱不是万能的，仅采取货币方式激励员工，不仅成本高，而且效果也不一定好。曾担任联想数码神州总裁的郭为在企业中采取放权式的激励管理方法，取得了较好的成效。郭为认为，用权力激励成本最低。"我给你这份权力，我花了什么？一分钱都没花，但你有了这个激励后，就会拼命地为我干活。"当然，放权需要有一定的前提，那就是方法论一致和监控手段到位。

【案例 1-5】 谁能招聘到最优秀的员工？

有两家同类型的企业，各向社会招聘两名大学生，每家企业都拿出 24 万元薪水进行招聘。

A 企业的条件是，每位员工的年薪是 12 万元，共 24 万元。

B 企业的条件是，每位员工的基本薪是 6 万元，干得好的员工再拿 12 万元，干得不好的员工只有 6 万元。

假如你是一名企业高级管理人员或董事会成员，我们知道，《公司法》规定，企业董事会对股东会负责，行使下列职权：① 召集股东会会议，并向股东会报告工作；② 执行股东会的决议；③ 决定公司的经营计划和投资方案；④ 制订公司的年度财务预算方案、决算方案；⑤ 制订公司的利润分配方案和弥补亏损方案；⑥ 制订公司增加或者减少注册资本以及发行公司债券的方案；⑦ 制订公司合并、分立、解散或者变更公司形式的方案；⑧ 决定公司内部管理机构的设置；⑨ 决定聘任或者解聘公司经理及其报酬事项，并根据经理的提名决定聘任或者解聘公司副经理、财务负责人及其报酬事项；⑩ 制定公司的基本管理制度；⑪ 公司章程规定的其他职权。董事会行使权力的内容很大一部分都与财务有关，比如：预算、投资、筹资、分配、经理人员薪酬等各个方案的制定。如果企业的高级管理人员或董事会成员不懂得财务，将无法正确行使权力，更无法与专业人士沟通。

【案例 1-6】 现金和利润，哪一个更重要？

现金和利润，两者之间到底哪一个更重要？相信有相当一部分的经理会回答：利润！企业追求的不就是利润吗？其实，从财务管理的角度出发，答案不是利润，而是现金！从企业运作的角度出发，答案也是现金！

假如你正处在一个沙漠的中心地带，由于体力有限，你必须抛弃背包里两样东西中的一样，它们分别是水和面包，你会留下什么呢？一定是水。水好比现金，而面包好比利润！如果你是一家公司的总经理，公司现在的情况是：银行存款几乎为零，明天需要支付给税务局一笔已经拖得不能再拖的 70 万元税款。这时有个客户来买东西，他提出了两种条件：第一，当场付款，但 120 万货款必须打个 6 折（72 万元）；第二，90 天后全额付款。你会选择哪一种？前者意味着现金，而后者则是利润。如果你选择后者，你就必须另想办法去找 70 万元的现金，不然的话，等待着公司的将是清算程序，90 天后你的公司都不存在了！

第二节 财务管理目标

一、企业的组织形态(organizational form)

1. 独资

独资(sole proprietorship)企业是指由某一业主独自创办的组织,即个体企业,这种企业不具有独立的法人资格。个体企业一般具有如下特点:

(1) 个体企业容易组成,且开办费用低廉,受政府的法律管制较少。

(2) 个体企业的资金来源主要是个人的储蓄、银行贷款、企业利润再投资等,不允许发行股票、债券或以企业名义发行任何可转让证券。

(3) 业主拥有企业全部财产,并对企业债务承担无限责任。

(4) 个体企业的收入就是业主收入,并以此向政府交纳个人所得税。

(5) 企业的经营寿命与业主的个人寿命联系在一起。

2. 合伙

合伙(partnership)企业是由两个或两个以上合伙人共同创办的企业,在一般情况下,它也不具有法人资格。合伙企业的业主,按其对企业债务负有责任的程度,分为一般合伙人和有限责任合伙人两种。

一般合伙人通常承担企业的管理责任,对企业的债务负有无限责任。有限责任合伙人通常是企业的投资者,对企业的经营管理工作可以参加,也可以不参加,因此他们对企业的债务负有限责任。一般合伙人与有限责任合伙人之间应签署具有法律约束力的合伙契约,并将有限责任合伙人对企业债务所负责任的限度在合伙契约中加以说明。合伙企业一般具有如下特点:

(1) 合伙企业容易组成,开业费用较低,相对企业来说,受政府管理较松。

(2) 合伙企业融资与个体企业相同,企业开办资金主要来自合伙人的储蓄。合伙企业不能通过出售证券筹措资金,因此筹资渠道较少。

(3) 一般合伙人对企业债务承担无限责任,如果合伙人中某一人在企业破产时没有能力承担事先规定的责任,其他一般合伙人要代替承担责任,若有必要,也必须以个人资产来赔偿负债。

(4) 合伙企业的收入在合伙人之间进行分配。如果企业有盈余,有限责任合伙人按预定的百分比分红,一般合伙人按合约分配其余收入。如果企业亏损,合伙人按同等方法分摊。每个合伙人所得的分红是各自交纳所得税的依据。

(5) 当合伙企业中某个合伙人退休或死亡,企业即告解散,这是合伙企业数量较少的最主要原因。因此，大部分合伙企业预先订立合同，由合伙人的继承人在合伙人死亡时自动转为合法的合伙人，以确保企业经营的连续性。

3. 公司

在我国，公司(corporation)企业分为国有独资公司、有限责任公司、股份有限公司。

公司是企业形态中一种高层次的组织形式，它是由股东集资创建的经济实体，具有独立的法人资格。公司一般具有如下特点：

(1) 公司开办手续较为复杂，一般需提供下列文件：① 公司名称；② 经营范围；③ 股本金额；④ 董事人数、姓名和地址。公司发起人还应制定有关公司内部管理的文件，具体包括：① 董事选举(包括各届董事会的任期)；② 公司股东购买新发行股票的优先权；③ 对公司管理机构及其责任的有关规定。

(2) 公司的资金来源，可由股东共同出资，也可在资本市场发行股票、债券等各种有价证券筹措资金。

(3) 公司实行有限责任制，即股东对公司的债务只负有限责任，在公司破产时，股东所遭受的损失只以其在该公司的出资额为限。

(4) 股东对公司的净收入拥有所有权；若公司盈利，其利润分为两部分：一是分配给股东的股息；二是留存于企业用于再投资。若公司亏损，股东则没有收入。

(5) 公司经营寿命较长，即使公司最初的投资者或管理者死亡，公司仍然可以继续经营下去。

(6) 公司所有权的股权转移十分方便，所有权的股权以股票形式被划分为若干等份，公司股票可以自由地在证券市场上交换。

(7) 在公司经营中，实行所有权与经营权相分离，公司最高管理层并非是由公司的股东担任，而是选聘受过良好专业教育且善于实际管理的优秀人才，其经营管理水平远远高于其他组织形式。

(8) 政府对公司的管制严于个体和合伙企业，且征收双重税收，即公司必须缴纳公司所得税，股东还必须缴纳个人(股息)所得税。

公司与个体和合伙企业相比，其最大优点是承担有限责任、股权容易转移、经营寿命无限以及筹资渠道宽广等，其缺点是双重纳税。

股份有限公司是指全部注册资本由等额股份构成并通过发行股票(或股权证)筹集资本的企业法人。其基本特点是：① 公司的资本总额分为金额相等的股份，股东以其所持股份为限对公司承担责任，公司以其全部资产对公司的债务承担责任；② 经批准，公司可以向社会发行股票，股票可以交易或转让；③ 股东数限制，设立股份有限公司，应当有 2 人以上 200 人以下为发起人；④ 每一股有一表决权，股东以其持有的股份，享有权利，承担义务；⑤ 公司应将经注册会计师审查验证过的财务报告公开等。

有限责任公司是指由 50 个以下股东共同出资，每个股东以其所认缴的出资额对公司承担有限责任，公司以其全部资产对债务承担责任的企业法人。其基本特点是：① 公司的资本不分为等额股份，公司向股东签发出资证明书，而不是发行股票，这是有限责任公司与股份有限公司的最主要区别;② 公司股份的转让有严格的限制;③ 限制股东人数,并不得超过一定限额,我国《公司法》规定,有限责任公司由 50 个以下股东共同出资设立,但也可设立国有独资有限责任公司,一人有限责任公司;④ 股东以其出资比例,享受权利,承担义务。

二、财务管理目标观念

判断一项财务决策是否有效,必须依据某些标准,所以,要使财务管理有效率,企业必须设置一些目标。目标即是某项行为(活动)所希望实现的结果。财务管理的目标即是财务管理活动所希望实现的结果。它对财务管理活动起统率和导向的作用;是财务管理理论体系中的基本要素;是评价企业财务管理活动是否合理的基本标准;是财务运行的一种驱动力。关于财务管理的目标的综合表达,有以下几种观念:

1. 利润最大化

这种观念认为:利润代表了企业财富,利润越多,则说明企业财富越多。以利润最大化作为财务管理目标有其合理的一面。在市场经济条件下,企业是盈利性的经济实体,利润高低在很大程度上体现了企业经济效益高低,如果企业长期亏损,势必会导致企业资不抵债,陷入破产境地。追求利润最大化,要求企业降低消耗,增加收入,对企业发展有较大促进作用。但片面追求财务报表上表现的短期利润最大化,特别是以利润指标作为评价企业绩效和经营者业绩的基本指标,有时反映的情况并不真实客观,如某些好的企业可能会被评价为坏的企业,而一些经营不善的企业则可能会被评价为好的企业,并且会使经营者产生一些短期行为。以利润最大化作为目标产生的弊端主要表现在以下几个方面:

(1) 没有考虑货币时间价值。如今年实现 100 万元利润和明年实现 110 万元利润,哪一个更符合企业目标,如不考虑货币时间价值,就难以作出判断。

(2) 没有考虑风险大小。如一个企业实现利润 500 万元(现金),另一企业实现利润 1 000 万元(应收账款),并且有可能发生坏账损失,哪一个更符合企业目标,如不考虑风险大小,就难以作出判断。

(3) 没有考虑投入资本大小。如同样获取 1 000 万元利润,一个企业投资 5 000 万元,另一个企业投资 8 000 万元,哪一个更符合企业目标,如不考虑投入资本大小,就难以作出判断。

(4) 易产生短期行为。会促使经营者少提或不提折旧,少摊或不摊费用损失以及利用会计政策调节利润。折旧和摊销计入费用,会影响企业利润,应提的折旧少提或不提,应摊销的费用和损失不摊或少摊,企业的利润会增加,但已损耗掉的资产价值得不到补偿,同样会形成虚盈实亏,造成企业资产虚增。另外,追求利润最大化,还会使经营者为了眼前的利益,而放弃具有发展前途的长远投资。

(5) 会产生"有利无钱"的现象。利润是企业在一定期间全部收入和全部费用的差额,是按权责发生制和收入与费用配比的原则计算确定的。收入是按收入是否实现而不是接收到现金来进行确认的。企业赊销时,也要确认收入,同时确认应收账款。如果企业的商品大部分是以赊销方式销售出去,只收回很少的货款,形成大量应收账款,这时虽然企业也增加了收入,并可以形成可观的利润,但却也可能会造成企业资金短缺,产生"有利无钱"的现象。在我国信用制度没有完全建立起来的时候,一些企业信誉较差,形成的应收账款发生坏账的可能性很大,从而造成企业资金流失,在这种情况下,企业即使有了可观的利润,也会因为没有可供周转增值的资金而产生虚盈实亏。

总之,以利润为基础评价企业的经营业绩容易出现不真实、不客观的结论,造成我国以利润为基础的绩效评价指标体系失效。

(6) 不能体现股东财富最大化。如某公司有 10 000 股股票,税后净利润 20 000 元,每股净利润 2 元,假如你持有 500 股,你将分到 1 000 元。如果企业为增加利润而扩大规模,再发行 10 000 股,预计增加利润 10 000 元,这时总股数为 20 000 股,总利润为 30 000 元,但每股利润为 1.5 元,你持有的 500 股只能分到 750 元。很显然,利润最大化,不一定是股东财富最大。

2. 每股盈余最大化

这种观念认为:应当把企业的利润和股东投入的资本相联系,用每股盈余来概括企业的财务目标,以避免"利润最大化"的缺陷。但这种观念仍然有以下缺点:① 没有考虑货币时间价值;② 没有考虑风险大小;③ 易产生短期行为;④ 会产生"有利无钱"的现象;⑤ 不能体现股东财富最大化。

3. 股东财富最大化

这种观念认为:企业是股东创办的,股东创办企业的目的是扩大财富,他们是企业的所有者,因此,企业的财务管理目标是股东财富最大化。在上市公司中,股东财富由其所拥有的股票数量和股票市场价格两方面来决定。在股票数量一定时,股票价格最大,股东财富也就最大。所以股东财富最大化,又演变成股票价格最大化。财务管理的目标也就是要使每股股票的目前价值极大化。

与利润最大化目标相比,股东财富最大化目标有其积极的方面,这是因为:① 股东财富最大化目标考虑了风险因素,因为风险的高低,会对股票价格产生重要影响;② 股东财富最大化在一定程度上能够克服企业在追求利润上的短期行为,因为不仅目前的利润会影响股票价格,预期未来的利润对企业股票价格也会产生重要影响;③ 股东财富最大化目标比较容易量化,便于考核和奖惩。

但应该看到,股东财富最大化也存在一些缺点:① 它只适合上市公司,对非上市公司则很难适用。② 它只强调股东的利益,而对企业其他关系人的利益重视不够,追求股东财富最大化,可能会损害他人利益。比如某上市公司在 2015 年为了盈利,披露出员工年平均薪酬 3 300 元,每月 275 元,每天 9 元的报表信息。③ 股票价格受多种因素影响,并非都是公司所能控制的,把不可控因素引入理财目标是不合理的。比如某养猪股上市公司,在 2019 年预计亏损 5 亿元的情况下,信息披露后股价大涨 100%。④ 资产负债率过高时企业实际为债权人控制企业,无股东利益。我国企业(特别是一些国有企业),资产负债率较高,甚至达到 100%以上,在这种情况下,企业由债权人控制,首先要考虑的应是债权人利益。⑤ 在我国企业,同样是股东,但流通股与非流通股、大股东与中小股东之间有区别,虽然与经营者之间都是代理关系,但经营者往往要讨好大股东,侵占中小股东利益。如有很多上市公司的大股东占用上市公司的资金,特别是个别国有企业,当占用资金问题被暴露后,仍振振有词:"我是国有的,代表了13亿人,占有了7 000万股民的资金又怎么了。"尽管股东财富最大化存在上述缺点,但如果一个国家的证券市场高度发达,市场效率极高,上市公司可以把股东财富最大化作为财务管理的目标。

【案例1-7】 大股东侵犯小股东利益

如果按照持股51%的比例组建公司,则如图1-1所示,大股东或控股家族拥有D公司6.77%的股份,如果大股东或控股家族持有100%H公司,H公司按照超出正常价100元的价格将某物品出售给D公司,则大股东或控股家族获利100元,但由于大股东或控股家族持有D公司6.67%的股份,则要损失6.67元,因此整个交易大股东或控股家族获得净利润93.33元。

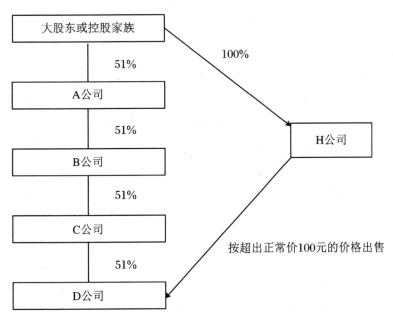

图1-1 金字塔控股结构下大股东掠夺小股东利益图

【案例1-8】 为获利而破产

会计恒等式如下:

$$资产 = 所有者权益 + 负债 = 净资产 + 负债$$

只要所有者(包括个人和母公司)只负"有限责任"(这是现代企业制度的常态),并且投资要经过若干个会计期才能完成,所有者就可以人为膨胀前期会计净资产值,从而增加所有者权益分红,尽管后期会计将会显示整个企业的亏损。有控制权的股东盗窃企业的"自由"现金流,把原本应归企业其他利益相关者的资金(如工资、少数股东的分红、应偿债务和税收)据为己有。

俄罗斯的金融大亨托塔宁,他控制的银行以15%的利率从国际金融市场上贷进美元,由于俄罗斯进行"休克疗法",国内利率非常高,在一段时间内大约有50%,托塔宁很轻易地把从国际市场上以15%贷来的资金,以30%~35%的利率给俄罗斯企业贷款,他明明知道许多项目是不可行的,或者一旦卢布贬值,许多企业根本不能偿还贷款,但他还要做,因为这样一来,托塔宁膨胀了前期会计净资产,从而增加了所有者的分红。事实上,当1998年卢布贬值了34%以后,银行下辖的企业纷纷破产,但是托塔宁和其他股东已经在前一个会计期里赚够了。

(资料来源:21世纪经济报道。)

4. 企业价值最大化

企业价值,也就是企业能够值多少钱或者能卖多少钱。对于购买者来说,购买企业的目的是获取未来的现金流,因此,企业价值的大小取决于未来的现金流。

企业价值最大化最大的问题可能是计量问题。从理论上讲,企业的价值等于企业未来产生收益的现金净流量的折现现值,但未来现金流和折现率一般难以确定。在实践中,企业价值可采取下列方式确定:① 独资企业价值是出资者出售企业可以得到的现金;② 合伙企业价值是合伙人转让其出资可以得到的现金;③ 国有独资公司价值是出售该公司可以得到的现金;④ 有限责任公司企业价值是股东转让其股权可以得到的现金;⑤ 股份有限公司企业价值是股东转让其股份可以得到的现金。对于上市公司来讲,股票价格代表了企业价值。对于上市公司,在公司负债水平一定的情况下,企业价值主要体现在股票价格上,股票的市价越高,企业的价值越大。因此,在这种情况下,企业价值最大化,也可表述为股东财富最大化。

同时,企业价值最大化还表现为债权价值最大化,企业价值一般由股东权益和债务组成。在发达的市场中由于资产可以证券化,企业的债务价值可以通过市场价格来反映,企业债务价值不断增值,说明企业债权人价值也得到提升。当企业不断降低财务风险,提高偿债能力和盈利能力,扩大资产流动性时,会引发债权人价值上升。因此,企业价值最大化也使债权人价值最大化。

传统意义上,人们都认为股东承担了企业全部剩余风险,也应享受因经营发展带来的全部税后收益。所以股东所持有的财务要求权又称为"剩余要求权"。正因为持有剩余要求权,股东在企业业绩良好时可以最大限度地享受收益,在企业亏损时也将承担全部亏损。与债权人和职工相比,其权力、义务、风险、报酬都比较大,这决定了他们在企业中有着不同的地位,所以传统思路在考虑财务管理目标时,更多地从股东利益出发,选择"股东财富最大"或"股票价格最大"。但是,现代意义上的企业与传统企业有很大差异,现代企业是多边契约关系的总和,股东当然要承担风险,但债权人和职工所承担的风险也很大,政府也承担了相当大的风险。从历史的角度来考察,现代企业的债权人所承担的风险,远远大于历史上债权人承担的风险。因为从历史上来看,例如,20世纪50年代以前,企业的资产负债率一般较低,很少有超过50%的,但现代企业的资产负债率一般都较高,多数国家企业的平均资产负债率都超过60%,有些国家的企业如我国、日本和韩国的资产负债率还接近甚至超过80%。巨额的负债使债权人所承担的风险大大增加,实际上他们与股东共同承担着剩余风险。现代企业职工所承担的风险,也比历史上职工承担的风险大。因为历史上,工人的劳动主要是简单的体力劳动,当一个企业的工人失去工作,可以很容易在其他企业找到基本相同的工作;而在现代企业中,简单的体力劳动越来越少,复杂的脑力劳动越来越多,职工上岗之前都必须有较好的学历教育并经过职业培训,由于专业分工越来越细,一旦工人在一家企业失去工作,很难再找到类似的工作,必须经过再学习或再培训才能重新就业,因此承担的风险越来越大了。

从上述分析可以看出,财务管理目标应与企业多个利益集团有关,是这些利益集团共同作用和相互妥协的结果,而不能将财务管理的目标仅仅归结为某一集团的目标,从这一意义上说,股东财富最大化不是财务管理的最优目标,在社会主义条件下更是如此。从理论上来讲,各个利益集团的目标都可以折中为企业长期稳定发展和企业总价值的不断增长,各个利益集团都可以借此来实现他们的最终目的。所以,以企业价值最大化作为财务管理的目标,比以股东财富最大化作为财务管理目标更科学。

企业价值最大化是指通过企业财务上的合理经营,采用最优的财务政策,充分考虑资金的时间价值和风险与报酬的关系,在保证企业长期稳定发展的基础上使企业总价值达到最大。

三、所有者目标、经营者目标、债权人目标协调一致

1. 所有者目标、经营者目标协调

企业所有者目标是企业价值最大化,那么企业经营者目标是什么呢?请看以下例子说明:

例 小王出资 100 万元创建一公司,现需 200 万元资金用于扩大规模,有两个方案。甲方案:借款 200 万元,年利率 10%。乙方案:吸收两位投资者,各投资 100 万元。两方案有关资料分析如表 1-2 和表 1-3 所示。

表 1-2 甲方案现金流量分析

(单位:元)

工作时间	所获现金流量	借款利息	投资人现金流量	小王现金流量
每天 6 小时	300 000	100 000	200 000	200 000
每天 10 小时	400 000	100 000	300 000	300 000
小王增加时间和现金流量				100 000

表 1-3 乙方案现金流量分析

(单位:元)

工作时间	所获现金流量	借款利息	投资人现金流量	小王现金流量
每天 6 小时	300 000	0	300 000	100 000
每天 10 小时	400 000	0	400 000	133 333
小王增加时间和现金流量				333 333

从上面的例子可以看出：只要经营者不拥有100%的股份，如吸收两位投资者，小王拥有1/3的股份，经营者小王不会100%的努力。因为增加的现金流量大部分让其他股东享有，如果拥有股份比例越小，经营者所享有的利益越少。因此经营者目标是：① 增加闲暇时间，不拼命努力工作。包括较少的工作时间，工作时间里较多的空闲和有效工作时间中较小的劳动强度；对于一个偏好休闲的经营者来说，减少休闲需要更多的收益补偿。对任何经营者来说，所有者不可能让经营者24小时工作，经营者努力回报越少，他们努力工作的可能性越小。② 追求享受额外补贴。如高档消费、豪华轿车等（因不拥有100%的股份下，额外补贴由其他投资人承担，经营者独自享受）。③ 增加个人报酬和追求任期内个人效用最大化。如投资一些非盈利项目，因企业规模扩大，经营者收入提高，虽然股票价格有所下跌，但股票损失小于增加个人报酬时，经营者可能选择投资一些非盈利项目。除此以外，规避风险也是经营者的目标，比如，学习与焦虑是经营者在寻找新的盈利项目过程中必须付出的代价或成本，因此，经营者和股东在高收益但较大风险项目的取舍上可能会存在分歧。慑于巨大的个人学习和焦虑成本，经营者寻求新的高风险、高盈利项目这样的创造性活动的激情将会下降，转而享受更多的特权。尽管公司控制权在股东手里，但企业价值最大化仍然是公司的目标。即便如此，经常也会发生这样的情形，经营者目标偏离所有者目标，即经营者目标的取得是以牺牲股东利益为代价的。在两权分离情况下，股东与经营者目标矛盾是必然的。当发生冲突时，究竟是谁控制了公司？在股权集中度较高的公司毫无疑问是股东占上风；股权分散的公司不好说，甚至股东无法使他们的目标被人知晓。

【案例1-9】 皖通科技一年多次变换董事长

2020年3月4日，入主皖通科技未满一年，新任实际控制人周发展的董事长职务却遭罢免。2020年3月10日，皖通科技对外公告称，提议选举廖凯为公司新董事长，但廖凯任职董事长不到2个月，5月7日，他以工作调整原因辞去公司董事长职务。同日，公司选举李臻为公司董事长。2020年6月23日，皖通科技召开的2019年年度股东大会上，周发展被罢免了第五届董事会非独立董事职务。2021年2月9日的董事席位争夺战中，作为西藏景源方代表的李臻等4人被罢免了董事职务。随后南方银谷实控人周发展成为上市公司新任董事长，重掌上市公司董事会。2020年以来，背靠老牌房企世纪金源的西藏景源方与南方银谷方争夺激烈，2021年2月24日晚间，皖通科技发布公告，股东西藏景源目前持股比例已达18.16%，超越南方银谷及其联盟的17.21%持股，跃升为第一大股东，并表示将择机继续增持，持股取得领先后，西藏景源也将重新争夺董事席位。公司目前处于无控股股东、无实控人状态。

（资料来源：上市公司公告。）

如何防止经营者目标偏离所有者目标，一般的办法：一是激励，二是监督。

对经营者的激励有年薪、福利和津贴、股权激励和精神激励等多种方法，但每种激励方法都有优点和缺点，其激励作用也各不相同。基本工资的优点是：相对固定，不受企业经营状况波动的影响，是经营者稳定的收入来源，有利于保证经营者基本生活需要。其缺点是：

基本工资是预先确定的,与企业业绩无关,因而属于保健类因素,既无短期也无长期激励作用。风险收入或年度奖金,一般与企业业绩挂钩。企业业绩好则经营者风险收入高,企业业绩差则经营者风险收入低,因而能刺激经营者追求企业业绩的提高,但风险收入以年度为单位考核计算,故其仅具有良好的短期激励效果,可能诱发经营者行为的短期化,不利于企业长远的发展。福利和津贴,第一,可以为经营者提供良好的工作条件,有利于提高经营者的工作效率;第二,解除经营者的某些后顾之忧,可使其全身心致力于工作中;第三,让经营者感到身份和地位的与众不同而使其珍惜工作。但福利和津贴主要属保健类因素,其激励效果总体而言并不大。股权激励,包括股票和股票期权激励,因其一般具有持续期或等待期约束条件,故对经营者有良好的长期激励作用。但由于奖励的滞后性弱化了激励的效果,而且经营者收益一般与股价相连,而股价还受除企业业绩以外的很多其他因素的影响。例如,当股市整体持续走弱,会导致经营者股权收益大幅缩水,从而严重影响经营者工作的积极性。精神激励能有效满足经营者精神方面的需要,弥补物质激励的不足,但若独立运用则效果甚微。一个有效的经营者激励方案,必须综合运用多种激励方法,相互取长补短,才能吸引人才、留住人才和激励优秀的经营人才。

在激励方面,我国在普遍表现为对经营者激励不足的同时,也存在着激励不当的问题。如一些亏损严重的企业,其经营者得到的报酬却比盈利企业的经营者高,甚至是高出几十倍;另外,有的企业的经营者为了达到考核目标(当然,目标本身存在缺陷),不顾企业的长期发展,一味地追求短期利益,以获得自身效用的最大化。我国2007年国内上市公司高层管理人员年薪是最具有代表性的一年,中国平安掌门人马明哲以6 616.10万元的天价年薪位居第一。2007年国内上市高层管理人员的年薪前10名和年薪后10名的资料如表1-4和1-5所示。

表1-4　2007年国内上市公司高层管理人员年薪前10名

(单位:万元)

公司名称	名次	高层管理人员最高年薪
中国平安	1	6 616.10
深发展	2	2 285.00
民生银行	3	1 748.62
中国银行	4	986.60
招商银行	5	963.10
中集集团	6	710.53
万科	7	691.00
金风科技	8	678.43
中信银行	9	648.60
生益科技	10	532.04

表 1-5　2007 年国内上市公司高层管理人员年薪后 10 名

（单位：万元）

公司名称	名次（后 10 名）	高层管理人员最高年薪
ST 铜城	1	1.90
贤成实业	2	2.00
锦化氯碱	3	2.01
S*ST 长控	4	2.16
S*ST 天颐	5	2.31
阿继电器	6	2.40
大同水泥	7	2.60
红河光明	8	2.70
锌业股份	9	2.90
ST 中鼎	10	2.96

注：资料来源于上海荣正投资咨询有限公司报告，2008 年。

从以上资料可以看出，2007 年国内上市公司高管年薪"贫富差距"竟然高达 3 000 多倍，中国平安董事长以年薪 6 616.10 万元排在首位，ST 铜城高管年薪仅 1.90 万元，成为倒数第一。

股市不能作为国民经济的"晴雨表"；个股的价格和走势与上市公司业绩没有必然联系；上市公司高管的收入与公司业绩之间也不一定"成正比"。比如，在 2013 年，我国上市公司业绩下降的其中 92 家高管薪酬不降反升，江河创建高管薪酬总额增幅最高，2013 年年报显示为 884.94 万元，同比增长 92.30%，而 2013 年净利润下降 39.22%。就连连续两年亏损，2013 年净利亏损 1.1 亿元的 *ST 京城，2013 年高管薪酬总额却由 322.53 万元增长至 807.35 万元，同比暴增 150.32%。

【案例 1-10】　一年净利亏掉前三年总和　管理层薪酬仍持续攀升遭"问询"

2021 年 4 月 20 日晚，上交所向哈药股份发出问询函。根据年报，2017～2019 年，哈药股份归母净利润分别为 4.07 亿元、3.46 亿元、5 581.21 万元，2020 年归母净利润则亏损 10.78 亿元，为上市来首次亏损，且直接超过 2017 至 2019 年净利润总和。上交所指出，2018～2020 年，哈药股份管理层获得的税前报酬总额分别为 987 万元、1 922 万元和 2 211 万元，呈现大幅增长趋势。在公司净利润持续下滑的情况下，管理层薪酬缘何连续大幅增长？针对上述情况，上交所要求公司说明是否已按照《上市公司治理准则》要求，建立公正、透明的选聘、绩效评价标准和程序，以及有效的激励与约束机制。

此外，哈药股份工业板块连续多年呈下滑态势，2020 年，抗感染抗病毒药收入下降 31.5%，心脑血管和抗肿瘤药收入分别下降 24.49% 和 41.83%。上交所要求公司说明各细分领域收入下滑原因，其收入变动、毛利率水平及变动的合理性。2020 年公司销售人员同比减少 142 人，但销售费用却同比增长 24.83%，广告宣传费、办公差旅费和业务招待费同比分别增长85%、20%和50%。上交所也要求哈药股份说明上述费用大幅增长的原因。哈药股份持续上升的资产负债率也受到了上交所关注,近三年公司资产负债率分别为47.22%、52.47%和66.33%,期末短期借款16.34亿元,同比增长206%。上交所要求公司说明增加债务规模的原因,偿付安排及是否存在债务风险。

(资料来源:财经综合报道,2021年4月21日。)

美国前总统奥巴马曾如此批评华尔街高管:"我们并不蔑视财富,我们并不是嫉妒任何获得成功的人,我们当然坚信获得成功理应获得回报,但很容易让人们感到不安的是,(一些公司)高管们业绩糟糕,却获得(高额)报酬。尤其是在此时,这些报酬来源于美国纳税人,他们中有许多人本身的生活还很艰难。"

现实条件下,我国企业经营者的报酬确定,是一个很受关注的问题,同时又让人有种雾里看花的感觉,隐约可见却不清晰。对国有企业来讲,经营者的报酬大多按照行政区域及行政级别来确定,普通的货币性收入不高,但国企经营者的隐性报酬却普遍存在且耐人寻味,如各种在职消费等。对上市公司来讲,经营者的报酬应按照相关规定程序来确定,但确定程序的合理性又有时让人感到疑惑。如在2000年度安塑股份的股东大会上,这家公司竟然通过了董事长年薪高达68万元的议案,而这个数目相当于这家公司上年度净利润的3%左右。相对应的是,这家公司2000年全体股东仅拿了300万元税后红利,不到这个董事长年薪的5倍。

事实上,薪酬的确定乃至发放在很多情况下,是通过了股东大会的决定,或董事会的同意,问题的关键是决定的合理性,如上文提到的安塑股份。程序是合法的,结果却又让人明显能够感觉到它的不合理性,原因在于股东大会或董事会不能公平有效地代表全体股东的利益。因此,需要改善现有的机制,包括股东大会的投票决策机制和董事会的运转方式。

如今,一些上市公司在确定薪酬方案时,本身就存在形式上的不公平,而应该起到制衡作用的监督机制自身也存在疏漏。首先,一个公司最根本的监督应该来自企业的所有者,对于上市公司而言,就是全体股东,但一些国内上市公司"所有者缺位"的现象非常严重。股东大会实际上为治理者所掌控,监事会形同虚设,小股东即使对治理层的薪酬制度不满,也因为"位卑言轻"而无法表达自己的意见。其次,市场监管者虽然设置了独立董事机制对上市公司加以监督,并要求独立董事担任企业的薪酬委员会成员,但是由于没有成立对独立董事的责任究查制度,加之一些独立董事自身专业能力欠缺等原因,独立董事监督机制在国内并没有发挥应有的效应,许多公司的独立董事因此甚至被讥讽为"花瓶"。此外,企业高管普遍存在的"隐性福利"也拉大了内部薪酬分派差距。一些上市公司尤其是国有上市企业高管,屡屡曝出薪酬之外的天价在职消费、添补福利,引发了社会的强烈质疑。

我国现实条件下,有为数不少的企业所选择的业绩衡量标准与经营者的努力程度不存在明显的因果关系,国有企业高管薪酬确定的依据是企业绩效的高低,然而,现实的企业绩效变化往往是高管主观影响和企业客观环境影响共同作用的结果,很少有一种办法能在边际意义上明确区分这两者之间的贡献。有的企业在制定高管薪酬的时候依据的是企业的规模、企业的盈利状况等这样一些绝对数字的指标,但是我们也知道市场是经常变化的,而企业的绩效与市场环境之间具有密切的关系。当市场处于繁荣或发展期,即使企业高管的能力和努力程度一般,企业的绩效也可能会变好;而当市场处于萧条或衰退期,即使企业高管付出十分努力也很难对抗外在市场环境带来的不利影响。另外,对于国有企业,企业业绩的提高很大程度上是行业所在的垄断经营,是凭借行业壁垒和政策保护而形成的级差利润和垄断利润,显然这样类型的国有企业业绩的提高就不能主要归功于高管人员的贡献,自然也不应该作为高管薪酬决定的依据。

更为严重的是,由于我国固有的产权结构问题,众多企业内部人控制现象很严重,经营者报酬与股东报酬,尤其是中小股东报酬相背离的现象很多,如根据上海荣正投资咨询有限公司的2008年报告,我国上市公司高管最高年薪位于前20名的上市公司,派现能力并不比其他公司显著。按照一些媒体上披露的小股东的说法,便是"这些公司高管人员年薪拿这么高,而每年给中小股东的回报都是随便敷衍一下,这些人真是喝的都是牛奶,吐的全是草啊!"

因此,我们在确定管理人员报酬契约时,首先要保证契约本身的激励性,同时应当选择体现经营者努力程度及与所有者长远价值利益一致的业绩衡量标准。

【案例1-11】 南航高薪养"贪"

南方航空(600029)在一周内,四名核心高管因涉嫌职务犯罪被立案侦查,引起全社会瞩目,投资者也因此对公司的内部控制和运营状况产生疑虑。2015年3月31日,南方航空发布2014年年报。在2014年下半年油价大跌的背景下,作为国内"运输飞机最多、航线网络最发达、年客运量最大的航空公司",2014年公司实现的净利润为17.73亿元,同比下降6.44%,这已是连续第四年业绩下降。在三大航中也是唯一一家业绩下降的公司。让人大跌眼镜的是,三大航中业绩最差的南航,其高管团队却获得了其中最高的薪酬。年报显示,南航的高管无论是薪酬总额,还是人均薪酬都大幅高于国航和东航。根据《每日经济新闻》记者测算,南航2014年为高管合计发放薪酬1 283.2万元,人均薪酬达到96.24万元,在业绩下滑的背景下,主要高管的年薪却仍在增长。而国航高管合计发放薪酬1 003.6万元,人均薪酬为84.81万元。东航则没有高管薪酬超过80万元,2014年合计发放565.85万元(除去4名独立董事),人均61.84万元。南航一方面享受着行业的最高薪酬,另一方面却屡屡发生贪腐丑闻。2006年至今,南航集团和南航上市公司一共爆发了4轮腐败窝案,有名可查的高层和中层管理人员达到14名,多项指标创下交通行业央企之最。有投资者质疑,别人是高薪养廉,南航却用高薪养出了"贪"。这不是南航第一次因薪酬问题受到市场关注。2008年,由于次贷危机和高油价的影响,南航当年超预期巨亏48.29亿元,但当年公司支付高管薪酬总额却为1 199.42万元,同比增长了49.8%(2007年为800.67万元)。

(资料来源:财经综合报道,2015年4月10日。)

我国典型的经理报酬契约是年薪制,相对于单一工资激励模式有很大进步,但其结构仍然简单。年薪制存在的问题主要有:① 年薪制究竟包括哪些内容;② 年薪制发放的对象应当包括哪些领导者;③ 经营者的年薪收入与职工收入差距有多大为好;④ 经营者的年薪金多少应由谁确定;⑤ 对经营者用什么指标进行考核、激励、约束;⑥ 不能进行长期激励等。与完善的报酬契约结构相比,年薪制只有固定保险部分与短期激励部分,具有长期激励效应的股票期权类成分所占比重小。而计量指标基本上是会计利润或会计盈余,该指标不仅受企业规模、行业性质等因素之影响,而且在我国会计制度不够完善、易被操纵的前提下,会计利润指标并不能确切地反映企业真实业绩,以其为依据的经理报酬给付必然会不精确。

【案例 1-12】 年薪谁来定?

在一次董事会上,本来董事长奖励方案已经通过,但在会议即将结束时,一名管理层人员提议,将公司利润的 100 万元给董事长作奖金,其余按比例分给管理层人员。公司董事大多为管理层人员,与他们利益挂钩的问题当然会举手赞成,而其他没有利益关系的董事即使反对也起不了了作用,另外也碍于情面,只有举手赞同。实际上,管理层间接"操纵"了董事会和股东大会,也通过各种利益关联最终使得高管薪酬居于高位。

【案例 1-13】 考核什么指标?

在现有薪酬体系中,薪酬和业绩指标挂钩,但考核指标的确定也掌握在管理层手中,管理层可以将业绩指标做成合格的,没有任何风险。假如一家上市公司 2016 年创造的净利润为 100 万元,2017 年这一数值为 1 000 万元,公司高管会要求薪酬从 50 万元涨到 400 万元。如果 2018 年行情不好,高管可能尽量将当年净利润预估值做低,比如 200 万元;然而如果 2018 年年底结算时净利润为 300 万元,就属于超额完成指标,高管薪酬不是降低而很可能是提高到 400 万元以上。另一个问题是,目前上市公司高管薪酬具有刚性特征,一旦上去很难降低,或者说降低的幅度远远小于上升的幅度。

首先,经理股票期权是现代企业中剩余索取权的一种制度安排,是指企业所有者向经营者提供的一种在一定期限内按照某一既定价格购买一定数量该公司股份的权利。一个完整的股票期权计划包括:受益人、有效期、行权价、授予额等。我国目前上市企业的主要做法是:① 受益人,主要是公司董事、监事、高管人员和主要业务骨干以及对公司有特殊贡献的其他员工,不包括独立董事;② 有效期,目前有效期一般规定为 5 年;③ 行权价,大多数按股票期权激励计划草案摘要公布前一个交易日的公司股票收盘价与股票期权激励计划草案摘要公布前 30 个交易日股票算术平均收盘价之较高者;④ 授予额,根据企业的股本规模和激励对象人数确定。股权激励被市场称为"金手铐",初衷是为了在巨额奖励的诱惑下,激发高管对公司价值的创造,从而促进公司未来业绩的持续增长。然而我国 2010 年以来推出股权激励的公司,很大一部分行权条件较低,股权激励仅仅是走秀场,无异于给公司高管送红包,而这又以创业板、中小板为甚。

其次,报酬契约机制与经理市场机制基本脱节。我国企业报酬契约的确定基本不考虑经理市场配置经理人力资源的需要,对经理基本上只有"激励"而缺乏"约束",相关经理报酬信息即使在上市公司也没有完全公开,报酬契约履约信息披露的不充分显然会制约经理市场功能的发挥,而我国企业内部的晋升机制也不是以个人工作业绩考核为主,内部各层次经理之间相互监督机制的弱化使得内部经理市场也不能发挥其应有的作用。另外,我国以行政任命或其他非市场方式确定的经理,很难与股东的长期利益保持一致,也就很难使报酬契约发挥其激励约束作用。没有合理公正的市场评价机制,经理市场的选择与激励约束功能也便无从谈起,经理报酬契约机制与经理市场运行机制也就不能实现有效对接。

最后,实施经理报酬契约、健全经理市场运行的外围条件还不够完善。如证券市场缺乏效率、投机性太强使得我国股票价格并不能真实反映企业价值与绩效,不能为控制权市场对经理行为形成强有力约束,股票期权制度的实行也就因此受挫;缺乏与市场经济完全相适应的会计规则,其内在"漏洞"易于经理操纵会计指标与股票价格。

在监督方面,企业通过内部设立监事会,企业外部聘请中介机构(如会计师事务所)对经营者进行监督。一方面,由于信息不对称,股东是分散的或者远离经营者的,得不到充分的信息,经营者了解的信息比股东多,所以全面监督是行不通的;另一方面,全面监督经营者的行为代价也是很高的,甚至有可能超过它带来的收益。因此,股东支付审计费用聘请注册会计师,往往只对财务报表审计,而不要求全面审查所有经营者。股东对于情况的了解和对经营者的监督是必要的,但受到合理成本的限制,不可能事事都监督。监督可以减少经营者违背股东意愿的行为,但不能解决全部问题。

通常,股东同时采取监督和激励两种办法来协调自己和经营者的目标。尽管如此仍不可能使经营者完全按股东的意愿行动,他们可能仍然采取一些对自己有利而不符合股东最大利益的决策,并由此给股东带来一定的损失。监督成本、激励成本和偏离股东目标的损失之间此消彼长,相互制约。股东要权衡轻重,力求找出能使三项之和最小的解决办法,它就是最佳的解决办法。

但是我们也看到,即使在一个企业中没有很好的激励和监督机制,经营者也有很大的积极性按照股东的意愿行事。主要理由如下:

(1) 经营者的社会地位和荣誉。经营者虽然没有很高的物质报酬,但经营者的社会地位和荣誉很重要。如果在企业里表现好的话就可能被提升。特别是像我国的国有企业经营者,企业与政府类似,一般都有行政级别,不同级别享受待遇不同,社会影响也不同。如果经营者在企业中努力工作,他们会得到提升,甚至到政府中担任要职。这就使得许多经营者不是关心自身的收益,而是关心企业的形象、规模、发展速度等问题,为以后的升迁打开通道。

(2) 企业控制。企业最终的控制权在股东手里。他们选举产生董事会,再由董事会聘用经营者。不满意的股东采取行动更换现有的经营者被称为代理之争。代理权是代表他人进行投票的权利。当一群股东征求代理权以便更换现行董事会及经营者的时候就会演化成代理之争。

更换经营者的另一种方法是通过企业购并。那些经营管理不善的企业比起管理有方的企业来讲更可能成为收购对象。因此,为避免被其他企业收购,经营者必须积极主动地依照股东的意愿行事。

代理问题并不只是公司的专利,只要所有权与经营权分离便会存在代理问题。这种分离在公司这种组织形式上最为常见,但同时也存在于合伙制和独资企业这两种企业组织形式。

2. 所有者目标、债权人目标协调

当公司向债权人借入资金后,两者也形成一种委托代理关系。债权人把资金交给企业,债权人的目标是到期收回还本,并获得约定的利息收入。公司借款的目的是用它扩大经营,投入有风险的生产经营项目,两者的目标并不一致。

债权人事先知道借出资金是有风险的,并把这种风险的相应报酬纳入利率。通常要考虑的因素包括:公司现有资产的风险、预计新添资产的风险、公司现有的负债比率、预期公司未来的资本结构等。

但是,借款合同一旦成为事实,资金到了企业,债权人就失去了控制权,股东可以通过经营者为了自身利益而伤害债权人的利益,其常用方式如下:

第一,股东不经债权人的同意,投资于比债权人预期风险要高的新项目。如果高风险的计划侥幸成功,超额的利润归股东独吞;如果计划不幸失败,公司无力偿债,债权人与股东将共同承担由此造成的损失。尽管《破产法》规定,债权人先于股东分配破产财产,但多数情况下,破产财产不足以偿债。所以,对债权人来说,超额利润肯定拿不到,发生损失却有可能要分担。

第二,股东为了提高公司的利润,不征得债权人的同意而迫使管理当局发行新债,致使旧债券的价值下降,使旧债权人蒙受损失。旧债券价值下降的原因是发新债后公司负债比率加大,公司破产的可能性增加,如果企业破产,旧债权人和新债权人要共同分配破产后的财产,使旧债券的风险增加,其价值下降。尤其是不能转让的债券或其他借款,债权人没有出售债权来摆脱困境的出路,处境更加不利。

第三,股东(实际控制人)通过会计政策操纵会计盈余,然后现金分红掏空上市公司,侵犯债权人利益。

另外,在负债率比较高的企业,特别是存在财务困难的公司,如果后续资金来源于股东,则表现为股东投资不足;如果后续资金来源于债务融资,则表现为股东投资过度。股东的这些行为损害了债权人利益。

债权人为了防止其利益被伤害,除了寻求立法保护,如破产时优先接管,优先于股东分配剩余财产等外,通常采取以下措施:

第一,在借款合同中加入限制性条款,如规定资金的用途,规定不得发行新债或限制发行新债的数额等。

第二,发现公司有剥夺其财产意图时,拒绝进一步合作,不再提供新的借款或提前收回借款。

第三,在合同中要求建立偿债基金,按年实现利润的一定比例建立偿债基金。

3. 企业目标与社会责任

企业的目标和社会的目标在许多方面是一致的。企业在追求自己的目标时,自然会使社会受益。例如,企业为了生存,必须生产出符合顾客需要的产品,满足社会的需求;企业为了发展,要扩大规模,自然会增加职工人数,解决社会的就业问题;企业为了获利,必须提高劳动生产率,改进产品质量,改善服务,从而提高社会生产效率和公众的生活质量。

企业的目标和社会的目标也有不一致的地方。例如,企业为了获利,可能会生产伪劣产品、不顾工人的健康和利益、造成环境污染、损害其他企业的利益等。

　　股东只是社会的一部分人,他们在谋求自己利益的时候,不应当损害他人的利益。政府要保证所有公民的正当权益。为此,政府颁布了一系列保护公众利益的法律,如公司法、反暴利法、防止不正当竞争法、环境保护法、合同法、保护消费者权益法和有关产品质量的法规等。通过这些法律调节股东和社会公众的利益。

　　一般说来,企业只要遵守这些法规,公司在谋求自己利益的同时就会使公众受益。但是,法律不可能解决所有问题,况且目前我国的法制尚不够健全,企业有可能在合法的情况下从事不利于社会的事情。因此,企业还要受到商业道德的约束,要接受政府有关部门的行政监督,以及社会公众的舆论监督,进一步协调企业和社会的矛盾。

第三节　财务管理环境

　　企业财务管理环境又称理财环境,是指对企业财务活动产生影响作用的企业外部条件。环境构成了企业财务活动的客观条件。企业财务活动是在一定的环境下进行的,必然受到环境的影响。企业的资金的取得、运用和收益的分配会受到环境的影响,资金的配置和利用效率会受到环境的影响,企业成本的高低、利润的多少、资本需求量的大小也会受到环境的影响,企业的兼并、破产和重整与环境的变化仍然有着千丝万缕的联系。所以,财务管理要获得成功,必须深刻认识和认真研究自己所面临的各种环境。财务管理环境主要包括政治环境、法律环境、经济环境、税务环境和金融环境等。

【案例1-14】　疫情对企业的影响

　　从2020年春节开始,突如其来的新冠肺炎疫情对很多行业都造成了非常大的影响。首当其冲的便是餐饮行业,几乎受到毁灭性的打击;旅游行业亦是如此,春节本是出门旅游的绝佳时机,每年春节也都是旅游行业的旺季,无论是国内游还是境外游人数都是爆棚的。而由于疫情的影响,各种航班、车次纷纷取消,往年人头攒动的热闹景区闭门歇业,偌大的景区空空荡荡,冷冷清清。还有其他行业,如地产、影视、交通运输等,都受到严重的打击。对于中国的企业,这也是一场灾难,尤其是对中小型企业更是犹如一场致命的灾难。无法营业,没有利润,再加上房租,全部员工工资,让多少个中小企业的老板们陷入焦虑,彻夜难眠。但在每次重大事件的背后,事件带来伤害的同时,往往也孕育着新生。如2003年的非典,对中国企业的伤害和打击也是很严重的,但同时也孕育着新生;2003年成就了阿里巴巴,让阿里巴巴走向新的高度;2003年刘强东公司(实体店)受到严重冲击,他放弃全国扩张连锁店的计划,将实体店搬到了线上,在网络上卖货,成就了京东;2003年的非典是互联网成为大众平台的转折点,成为互联网公司,特别是电子商务公司集体大跃进的契机。

一、政治环境

政治环境是指国家在一定时期的各项路线、方针、政策和整个社会的政治观念。在一切社会环境中,政治环境起着基础性的决定作用,它决定着国家在特定时期内的经济、法律、科技、教育等各方面的目标导向和发展水平,因此直接或间接地约束着企业财务管理工作。一个国家的政治环境会对企业的财务管理决策产生至关重要的影响,和平稳定的政治环境有利于企业的中、长期财务规划和资金安排。政治环境主要包括:社会安定程度、政府制定的各种经济政策的稳定性及政府机构的管理水平、办事效率等。

二、法律环境

法律环境是指影响财务管理的各种法律因素。法是体现统治阶级意志,由国家制定或认可,并以国家强制力保证实施的行为规范的总和。广义的法包括各种法律、规定和制度。财务管理作为一种社会行为,必然要受到法律规范的约束。按照法对财务管理内容的影响情况,可以把法分成如下几类:① 影响企业筹资的各种法律。企业筹资是在特定的法律约束下进行的。影响企业筹资的法规主要有:公司法、证券法、金融法、证券交易法、经济合同法、企业财务通则、企业财务制度等。这些法规可以从不同方面规范或制约企业的筹资活动。② 影响企业投资的各种法规。企业的投资活动也必须在特定的约束下进行,这方面的法规主要有:企业法、证券交易法、公司法、企业财务通则、企业财务制度等。这些法规都从不同方面规范企业的投资活动。③ 影响企业收益分配的各种法规。企业在进行收益分配时,必须遵守有关法规的规定,这方面的法规主要有:税法、公司法、企业法、企业财务通则、企业财务制度等。它们都从不同方面对企业收益分配进行了规范。

三、经济环境

经济环境主要包括经济体制、经济周期、经济发展水平、宏观经济政策和通货膨胀五方面的内容。

1. 经济体制

计划经济体制下,企业作为一个独立的核算单位而无独立的理财权利,财务管理方法比较简单。在市场经济体制下,企业成为"自主经营、自负盈亏"的经济实体,有独立的经营权,同时也有独立的理财权。

2. 经济周期

市场经济条件下,经济发展与运行带有一定的波动性,大体上经历复苏、繁荣、衰退和萧条几个阶段的循环,这种循环叫作经济周期。在不同的经济周期,企业应采用不同的财务管理策略。其要点归纳如表1-6所示。

表 1-6　经济周期中的财务管理策略

复苏	繁荣	衰退	萧条
1. 增加厂房设备	1. 扩充厂房设备	1. 停止扩张	1. 建立投资标准
2. 实行长期租赁	2. 继续建立存货	2. 出售多余设备	2. 保持市场份额
3. 建立存货	3. 提高产品价格	3. 停产不利产品	3. 压缩管理费用
4. 开发新产品	4. 开展营销规划	4. 停止长期采购	4. 放弃次要利益
5. 增加劳动力	5. 增加劳动力	5. 削减存货	5. 削减存货
		6. 停止扩招雇员	6. 裁减雇员

3. 经济发展水平

经济发展速度的快慢、国民经济的繁荣与衰退首先会影响市场的需求。而需求的变化将给企业带来全方面的影响。企业财务管理必须积极探索与经济发展水平相适应的财务管理模式。

4. 宏观经济政策

宏观经济政策,如财税体制、金融体制、外汇体制、外贸体制、计划体制、价格体制、投资体制、社会保障制度、企业会计准则体系等会深刻地影响着企业的发展和财务活动的运行。

5. 通货膨胀

通货膨胀对企业财务活动的影响包括:① 引起资金占用的大量增加,从而增加企业的资金需求;② 引起资金供应紧张,增加企业的筹资困难;③ 引起有价证券价格下降,增加企业的筹资难度;④ 加大企业的资金成本;⑤ 引起企业利润虚增,由于利润分配而造成企业资金流失。通货膨胀应对策略如表 1-7 所示。

表 1-7　通货膨胀应对策略

所处阶段	措　　施
通货膨胀初期	进行投资可以避免风险,实现资本保值 签订长期购货合同,以减少物价上涨造成的损失
通货膨胀持续期	采用比较严格的信用条件,减少企业债权 调整财务政策,防止和减少企业资本流失等

四、税务环境

税收既有调节社会总供给与总需求、维护国家主权和利益等宏观经济作用,又有保护企业经济实体地位、促进公平竞争、改善经营管理和提高经济效益等微观作用。因而,税收构成了企业财务管理的重要外部环境。

企业财务管理内容主要包括筹资、投资、分配、日常营运资金管理四个部分,这些管理活动都直接或间接受到税务环境的影响。① 企业在筹资管理中,不仅要考虑企业的资金需要量,而且要考虑企业的筹资成本。因此,要降低企业的筹资成本,就必须充分考虑筹资活动所产生的纳税因素,并对筹资方式、筹资渠道进行科学合理的筹划,选择最合理的资本结构。② 投资是企业取得利润的前提,也是扩大再生产的必要活动。企业在进行投资活动时,首先要考虑的是投资收益。在一定地区、一定时间内国家为了支持特定行业或产品生产,往往规定一些特殊的税收优惠政策。由于不同地区、不同行业的税收优惠政策不同,导致企业最终所获得的投资收益也不同,因此企业必须对投资税务环境有所了解。③ 税收对企业利润分配活动有着重要的影响。不同组织形式的公司,其利润分配方式不同,对股东和企业所产生的税务影响也不同,从而对企业的现金流量等产生重要的影响,也会影响企业价值,影响企业今后发展的潜力。④ 企业的经营方式多种多样,而不同的经营方式通常需要负担不同的税收。对这些不同的经营方式作出合理的选择可以获得一定的税收利益。因此,税务与企业财务管理密切相关,税务环境是现代企业财务管理的一个重要环境。

我们知道财务管理的目标是企业价值最大化,要达成这一目标,财务管理不可能孤立地运作。有效的财务管理需要懂得合法地建立运作体系、各种企业组织形态的知识以及那些影响企业决策的税法。不同国家和地区的税务环境往往有很大差别,税率的差别,税种设置的不同,征税范围的不同,对会计科目定义的差异,地方税和国家税的不同划分等,构成特定国家和地区的税务环境。

整个企业的价值取决于该企业的税后现金流。增加税务支出,减少企业价值。因此,企业要通过理财活动,在不违反税法的情况下尽可能合理纳税筹划,减少税务支出,增加企业价值。

纳税筹划在现代的企业的财务管理中正在受到比较多的关注,从根本上来讲,企业进行纳税筹划的时候,是由企业的财务管理目标以及企业的最大化利益来决定的。企业的纳税筹划是企业的一项长期的财务战略方式。制定的时候需要兼顾到长期的利益以及当前的利益,在充分考虑到了现实的企业财务环境以及企业的发展目标的基础上,要对企业的各种资源进行有效的配置,最终要获得的是税务利益与财务收益的最大化。企业的纳税筹划也是一项比较复杂的系统性的工程,同时,企业的税收法规还具有强制性以及变化性。企业要想达到合理的节税目的,必须依靠加强自身的经营管理以及财务管理等方面的技能。只有这样才能够使得筹划方案顺利地进行,筹划的目标才能够得到最好的实现。企业为什么能够纳税筹划,是否具有可能性,主要基于以下理由:

(1) 税收是政府宏观调控的重要经济杠杆。国家征什么税、征多少税、如何征税,无不体现政府的政策意图。税收的法律、法规和政策往往是针对不同部门,不同行业,不同企业和不同产品,实行区别对待的,对需要在税收上鼓励的,往往少征税或不征税,对需要限制的,往往多征税。因而企业如何纳税,往往存在多个可选择的方案。企业可以通过对自身行为的调整,避开税收所要限制的方面,达到国家规定的、可以鼓励的政策条件。这样既有利于企业的微观发展,又达到了降低税负的目的。

(2) 国家的税收法律、法规,虽经不断完善,但仍可能存在覆盖面上的空白点,衔接上的间隙处和掌握尺度上的模糊界限等。这也为企业纳税筹划提供了可能。

(3) 现行的财务会计制度中,有些规定是有弹性的,有些财务处理可以自由选择确定,如存货计价方法可以有先进先出法、加权平均法、个别计价法等。固定资产折旧可以有直线法与加速折旧法。企业环境和自身的个性情况，充分地运用这种合法的可选择的自由，选择那些有利于自身的财务处理方法和会计核算方法。

（4）从短期上看，纳税筹划在提高企业经济效益的同时，导致了国家财政收入的减少，但这种减少其实是国家本身的意图之一。因为国家正是通过牺牲税收收入来换取经济政策的贯彻落实和国家产业结构的优化调整。从长期看，企业经济效益的提高，意味着涵养了国家的税源，有利于国家长期财政收入的增长。因此，国家对正当的纳税筹划行为持肯定和支持的态度。这也是纳税筹划行为得以顺利进行的重要保证。

纳税筹划是企业应有的权利，通过对企业纳税筹划的肯定和支持，促进企业依法纳税，也是依法治税的必然选择。由于纳税筹划作为企业现代财务管理很重要的一部分内容，本书将另设专门章节论述。

五、金融市场环境

1. 金融市场概念

金融市场是指资金融通的场所。广义的金融市场，是一切资本流动的场所，包括实物资本和货币资本的流动。狭义的金融市场一般是指有价证券市场，即股票和债券发行和买卖场所。

2. 金融市场与企业财务管理关系

（1）金融市场是企业投资和筹资的场所。企业需要资金时，可以到金融市场选择适合自己需要的方式筹资。企业有了剩余的资金，也可以灵活选择投资方式，为其资金寻找出路。

（2）企业通过金融市场使长短期资金相互转化。企业持有的股票和债券是长期投资，在金融市场上随时可以转手变现，成为短期资金；远期票据通过贴现，变为现金；大额可转让定期存单，可以在金融市场卖出，成为短期资金。与其相反，短期资金也可以在金融市场上转变为股票、债券等长期资产。

（3）金融市场为企业财务管理提供有意义的信息。金融市场的利率变动，反映资金的供求状况；有价证券市场的行市反映投资人对企业的经营状况和盈利水平的评价。它们是企业经营和投资的重要依据。

【案例1-15】 互联网金融

互联网金融是指依托支付、云计算（大数据）、社交网络以及搜索引擎等互联网工具，实现资金融通、支付和信息中介等业务的一种新兴金融。2013年被称为互联网金融的元年。在这一年里，互联网思维如同一场当代的文艺复兴，影响并改变着传统的金融业态和格局。银行、券商、基金、保险等传统金融业机构开始积极谋变以巩固既有优势地位。而阿里巴巴、腾讯、百度、新浪、京东、苏宁等互联网企业则开始在金融领域跑马圈地并试图构建自己的业务模式。这些金融"新贵"成为了金融业的"搅局者",打破了固有的金融格局。除此之外,伴随着这波互联网金融的浪潮,金融领域也出现了不少"新兵"。除了早期的P2P贷款服务平台,垂直搜索、智能理财、众筹平台等互联网金融形态也纷纷涌现,并逐渐开始得到监管部门和资本市场的认可。2014年3月5日,互联网金融首次进入中国的政府工作报告,报告指出要促进互联网金融健康发展。

互联网金融在国内的主要模式有:① 众筹融资;② P2P网络借贷;③ 第三方支付;④ 互联网金融产品;⑤ 大数据信息等。在全球范围内,互联网金融已经出现了三个重要的发展趋势:① 移动支付替代传统支付业务;② P2P小额信贷替代传统存贷款业务;③ 众筹融资替代传统证券业务。

中小型企业融资困难这一问题,一直制约着中小企业的生存及发展。随着信息技术革命的来临,互联网金融为中小型企业来带了转机。互联网金融打破垄断,实现金融民主化,它在个人消费贷款以及为中小企业的融资服务上具有得天独厚的优势,如放款速度快、产品类型多样以及贷款审批流程简单等。新生的融资平台朝着社交网络模式与银行融资服务有机结合的方向发展,企业可以在网络社区上找到贸易伙伴、融资支持、财务咨询等,体验网络化的全生态金融服务,使标准化的金融服务成为企业在更加和谐的金融生态中唾手可得的便利资源。

3. 金融市场的分类

(1) 按交易期限划分为短期资金市场和长期资金市场。

短期资金市场(short-term sources of funds)是指期限不超过一年的资金交易市场,因为短期有价证券易于变成货币或作为货币使用,所以也叫货币市场。

长期资金市场(long-term sources of funds)是指期限在一年以上的股票和债券交易市场,因为发行股票和债券主要用于固定资产等资本货物的购置,所以也叫资本市场。

(2) 按交割的方式和时间不同划分为现货市场和衍生市场。

现货市场是指买卖双方成交后,当场或几天之内买方付款、卖方交出证券的交易市场。现货市场是金融市场传统的交易方式,具体包括现金交易和固定方式交易。现金交易是指成交和结算在同一天发生的交易方式。由于现金交易要求在较短的时间内进行结算,所以经纪人对要求进行这种交易的客户有一定条件的限制。现货市场上,大部分交易为固定方式交易,即成交日与结算日间隔1~5个营业日。当日成交当日结算成为T+0方式,隔日结算为T+1方式,依次类推。我国目前证券结算对A股实行T+1交割,对B股实行T+3交割。

衍生市场的交易对象为各类衍生工具。衍生市场包括远期协议市场、期货市场、期权市场、互换市场。如期货市场是指买卖双方成交后,在双方约定的未来某一特定的时日才交割的交易市场。

4. 金融市场的构成要素

金融市场的构成要素包括:金融市场参加者——金融交易的主体;金融市场工具——金融交易的对象;金融市场组织方式——金融交易的形式。

(1) 金融市场参加者。

金融市场的参加者大致可以分为五类,即个人、经济实体、政府及其有关行政机构、金融机构、中央银行。

① 个人。即泛指以非某一组织成员的身份参加金融市场活动的人。西方国家传统上称之为公众。个人是金融市场的主要参加者之一,其目的一般是调整自己的货币收支结构,追求消费的最佳效果和投资收益的最大化。

② 经济实体。这里的经济实体通常是指公司制组织形式。公司在金融市场上首先是筹资人,即通过出售金融资产,换取所需要的货币资金,用于购置各种真实资产(固定资产、流动资产等)。公司也可以是金融交易的买方,通过购买金融工具进行投资。

③ 政府及其有关行政机构。政府及有关行政机构通过发行各种债券,大量地经常性地筹集不同来源、不同期限的资金,利用金融市场调节财政收支状况。通常政府筹资的期限、利率、档次较多,可满足金融市场上各种投资人的不同需要;而且筹资有借必还,风险极小。因此,政府债券往往被看作最佳的金融市场工具。

政府在其发生临时资金闲置,或者准备调整产业结构时,也可以买方身份参加金融交易活动,即通过特定的渠道购买金融工具而把资金投入金融市场。

④ 金融机构。金融机构是金融市场上的专业参加者,也是特殊参加者。在金融市场上,金融机构对资金需求的交易方来说是资金供给者,而对持有剩余资金、寻找投资机会的交易方来说,则是资金需求者。在每笔金融交易中,金融机构买是为了卖,卖是为了买。这是金融机构作为金融市场参与者的特殊性所在。

金融机构作为专业参加者,其专业活动是为潜在的和实际的金融交易双方创造交易条件。它们的业务就是提供中介服务;沟通金融市场买方和卖方之间的信息往来,为买方寻找卖方,为卖方寻找买方,从而使潜在的金融交易变为现实。因此,它们往往被称为"市场创造者"。

金融机构一般可分为三大类:a. 各种银行;b. 市场中介机构,如证券交易公司、经纪人公司等;c. 合同储蓄机构,如保险公司、退休基金、共同基金等。

⑤ 中央银行。中央银行参加金融市场的目的不是为了进行资金的筹集和投放,而是以实现国家的货币政策、调节经济、稳定货币为目的。中央银行通过买卖金融市场工具,投放或回笼货币,从而控制和调节货币供应量。中央银行参与外汇交易以维持本国货币汇率的稳定。中央银行还是金融市场的主要管理者,它通过制定金融交易的基本规则和管理各类金融机构,直接和间接影响金融市场交易活动,并通过对货币供应量的调控,从根本上控制和协调金融市场上的资金供求规模。

(2) 金融市场工具。

金融市场工具一般分为两类:一类是金融市场参加者为筹资、投资而创造的工具,如各种股票、债券、票据、可转让存单、借款合同、抵押契约等;另一类是金融市场参加者为保值、投机等目的而创造的工具,如期货合同、期权合同、互换交易等。金融工具具有以下三种基本属性:

① 收益性,即金融资产投资收益率,一般分为当期收益率和到期收益率两种。通常股票、债券为高收益金融工具,而政府债券、金融机构债券及各种存款为低收益金融工具。

② 风险性,即指某种金融资产不能恢复其原来投资价值的可能性。风险主要包括市场风险,即投资于某种金融资产,市场价格变动而产生的风险;违约风险,即金融工具出售方不履行责任的风险;通货膨胀风险,即金融工具所体现的未来实际购买力下降的风险;汇率风险,即汇率波动而产生的风险。各种金融工具的风险性从大到小依次为股票—公司债券—政府债券—各种存款。

③ 流动性,即指金融工具转化为现金所需时间长短、费用高低。流动性高的金融工具通常容易变现,且市场价格波动较小。各种金融工具的流动性从强到弱依次为各种存款—政府债券—公司债券—公司股票。

(3) 金融市场的组织方式。

金融市场主要有两种组织形式:一种称为拍卖方式(auction),一种称为柜台方式(over-the-counter)(有时也称"店头交易")。

① 拍卖方式。在以拍卖方式组织的金融市场上,所有的金融交易都采取拍卖形式完成。在金融交易中,买卖双方通过公开竞价确定买卖的成交价格。通常,由出售人用高声呼叫加手势把要出售的金融工具的要价报出,通过购买人之间的激烈竞争,报出买价,最后将金融工具出售给出价最高的购买人。

金融工具的拍卖是在交易所(exchange)内进行的。进入交易所内交易的人并不全是实际上要买进卖出的金融市场参加者,而是受其委托代理他们买卖的经纪人和证券交易商。这些经纪人或证券交易商都是由作为交易所会员的经纪人公司和证券交易公司派出的。这些金融市场的专业参加者受实际投资人、筹资人、保值人或投机人的委托,按委托人规定的条件,以尽可能有利的价格进行交易(而委托人从不直接参加交易所的交易过程),这是拍卖方式的一个显著特点。

② 柜台方式。柜台方式与拍卖方式不同,它不是通过交易所把众多的交易集中起来,以竞价方式确定交易价格,而是通过作为交易中介的证券交易公司来买卖金融工具。金融工具的实际买卖双方都分别同证券交易公司进行交易,或将要出售的工具卖给证券交易公司,或从证券交易公司那里买进想要购买的工具。

在以柜台方式组织的金融交易中,买卖价格不是通过双方的直接竞价来确定,而是由证券交易公司根据市场行情和供求关系自行确定。对某一种证券交易公司同意交易的金融工具,证券交易公司同时推出买入价格和卖出价格,这种挂牌方式称为双价制。

证券交易公司一旦报出双价,在挂出新双价之前,不得拒绝以报出的买卖价格买进该种工具或卖出该种工具。证券交易公司报出的双价中,买入价格低于卖出价格。也就是说,证券交易公司以较低的价格买进某种金融工具,再以较高的价格将其卖出,买入价格与卖出价格之间的差额叫作价差,即证券交易公司的利润。

5. 利率的概念

利率是个人、企业或政府部门借入资金支付的价格。利率是利息占本金的比重,是一个相对数。如借入 10 000 元，1 年后归还 11 000 元，则利率为 10%。利率通常按年利率计算。

（1）纯利率。

在不考虑通货膨胀和风险补偿情况下的平均利率称为纯利率。纯利率受平均利润率、资金供求关系和国家调节的影响。

（2）名义无风险利率。

通货膨胀使货币贬值，投资者的真实报酬下降。因此投资者在把资金交给借款人时，会在纯利率的水平上再加上通货膨胀附加率，以弥补通货膨胀造成的购买力损失。因此，每次发行国库券的利息率随预期的通货膨胀率变化，它等于纯利率加预期通货膨胀率。

考虑到通货膨胀补偿后的利率称为名义无风险利率。公式为

$$名义无风险利率 = 纯利率 + 预期通货膨胀率$$

（3）实际利率。

考虑到各种风险（违约风险、流动性风险、到期风险）补偿后的利率称为实际利率。

实际利率 = 名义风险利率 + 违约风险附加率 + 流动性风险附加率 + 到期风险附加率

① 违约风险附加率。违约是指借款人未能按时支付利息或未如期偿还贷款本金。提供资金的人拿出款项后所承担的这种风险叫作违约风险。违约风险越大，投资人要求的利率报酬越高。债券评级，实际上就是评定违约风险的大小。信用等级越低，违约风险越大，要求的利率越高。

② 流动性风险附加率。各种有价证券的流动性是不同的。政府债券和大公司的股票容易被人接受，投资人随时可以出售以收回投资，流动性很强。与此相反，一些小公司的债券鲜为人知，不易变现，流动性差，投资人要求以流动性风险附加率（提高利率 1%～2%）作为补偿。

③ 到期风险附加率。到期风险附加率是指因到期时间长短不同而形成的利率差别。例如，五年期国库券利率比三年期国库券利率高。两者的变现力和违约风险相同，差别在于到期时间不同。到期时间越长，在此期间由于利率上升，长期债券按固定利率计算利息，购买者遭受损失的风险越大。到期风险附加率是对投资者承担利率变动风险的一种补偿。

6. 利率对企业财务活动的影响

由于利息是企业使用资金必须支付的代价，而这种资金使用费也同样要用企业收益进行补偿，利率越高说明企业所要支付的代价就越高，要用企业收益进行补偿的数额也越大。因此，利率高低对企业收益将产生直接影响。企业筹措资金的目的是用于投资，如果投资收益不足以补偿利率，则该项投资就无利可图。

7. 利率的期间结构

利率通常会随期限而变化，这种关系被称为利率的期间结构（the term structure of interest rate）。一般而言，长期利率会高于短期利率，但有时也会出现相反的情况。如果短期投资出现再投资风险，即由于利率下降，使购买短期债券的投资者于债券到期时，找不到获利较高的投资机会而发生的风险。当预期市场利率持续下降或再投资风险较大，人们在寻求长期投资机会时，可能会出现短期投资利率高于长期投资利率的现象。

利率的期限结构有两个限制条件:① 它只同债务性证券有关,因为只有债务性证券才有固定偿还期限范畴。对于没有偿还期限的股权性证券来说,不存在收益上的任何期限结构。这里的债务性证券,泛指所有的债务工具。② 利率的期限结构仅指其他条件(如风险、税收、变现力等)相同而只是期限不同的债务利率之间的关系。

在市场均衡的情况下,借款者的利率与贷款者的收益率是一致的,因此利率的期限结构也可以说是收益率的期限结构。

用于描述期限结构的图即为收益曲线。图1-2是两条形状不同的收益曲线。

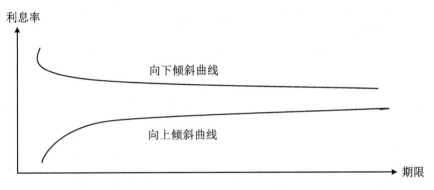

图1-2 收益曲线

利率的期限结构不是一个单纯的理论问题,在债券市场,特别是货币市场上,利率的期限结构问题具有重要的实践意义。从企业理财的角度看,如果未来的长期利率会低于未来各年的短期利率,企业的财务经理应该采用长期债券筹资;反之则应采用短期债券筹资。但要正确地预测未来利率的走向是非常困难的。这就需要正确搭配所发行债券或借款期限,借以达到既能吸引投资人,又能降低筹资成本的双重目的。同时使企业能在利率变幻莫测的环境中生存下去。关于利率的期间结构解释有三种理论:

(1) 预期理论。

预期理论(expectations theory)认为曲线向上或向下倾斜取决于人们对未来利率总体水平的预期。

【案例1-16】 投资方案选择

某投资人现有10 000元,准备投资债券,有两种投资方案:

A方案:投资10 000元,直接投资两年期债券,年利率10%。

B方案:投资10 000元,先投资一年期债券,年利率8%,一年后再投资一年期债券。

问选择哪一方案?

分析如下:

按照A方案投资人的到期收益 = $10\,000 \times (1+10\%)^2 = 12\,100$(元)

按照B方案投资人的到期收益 = $10\,000 \times (1+8\%) \times (1+f_2)$

f_2为第二年的预期利率。

如果A方案和B方案收益相同,则$f_2 = 12\%$。

由此可见，如果第二年的预期利率大于12%，投资人应选择B方案；如果第二年的预期利率小于12%，投资人应选择A方案；如果第二年的预期利率等于12%，投资人可任选一方案。

预期理论在建立一系列前提假设后认为，投资者投资长期债券的收益等于投资于一系列短期债券的累积收益，即长期债券利率是该期限内预期的短期债券利率的几何加权平均值。换言之，假定在物价不变的情况下，长期利率与短期利率存在如下关系：

$$(1+R_n)^n = (1+f_1)(1+f_2)(1+f_3)\cdots(1+f_n)$$

式中，R_n 为长期国债利率，n 为年限，f_1 为现行短期债券（1年期）利率，$f_2,f_3,\cdots,f_n$ 为将来（从第二年开始）每年短期债券的预期利率。其中，

$$f_1 = R_1, \quad f_n = (1+R_n)^n/(1+R_{n-1})^{n-1} - 1$$

依据预期理论，不同期限债券的利率差异取决于市场对未来短期利率的预期。如果预期未来利率将提高，则收益率曲线向上倾斜；如果预期未来利率将下降，则收益率曲线向下倾斜。

（2）市场划分理论。

市场划分理论（market division theory）认为债券市场可分为短期市场和长期市场，两者是彼此分割的，债券利率期限结构不取决于市场对未来短期利率的预期，而是取决于长短期债券市场各自的供求状况。该理论指出了金融市场的某种独立性和不完全性对利率期限结构的影响。但是，该理论的隐含假设——投资者追求风险最小化意味着收益最低，这与投资者追求利润最大化的行为是相违背的，因为只要风险补偿能够抵消流动性风险，投资者还是会投资于长期债券。而且，随着金融市场的不断完善和创新，长短期资本市场的一体化趋势逐步加强。市场划分理论否认预期和流动性偏好对利率期限结构的影响是不正确的，它不能解释期限不同的债券收益率倾向于一起变动的经验事实，其有效性也得不到充分的论证。

（3）流动性偏好理论。

流动性偏好理论（liquidity-preference theory）认为风险和预期是影响债券利率期限结构的两大因素，因为经济活动具有不确定性，对未来短期利率是不能完全预期的。到期期限越长，利率变动的可能性越大，利率风险就越大，投资者为了减少风险，偏好于流动性较好的短期债券。而对于流动性相对较差的长期债券，投资者要求给予流动性报酬（或称风险报酬）。

流动性偏好理论被认为是纯预期理论和市场分割理论的融合和折中。根据这一理论，向上倾斜的收益率曲线更为普遍，只有当预期未来的短期利率下调，且下调幅度大于流动性报酬时，收益率曲线才向下倾斜。

总的来说，我们认为影响利率期限结构的最主要因素包括对未来短期利率的预期、流动性偏好和供求关系。

长期利率与短期利率不同，一般情况下，长期资金利率大于短期资金利率。如果企业为

了节省资金成本而举借短期资金以满足长期资金需要,则企业将不断借新债还旧债。如果新债利率较高,企业使用资金的成本就会提高,从而导致利润下降,一旦到期不能偿还本息,企业信誉就会下降。而企业信誉下降,举借新债时,债权人所要求的报酬率就会提高,企业将面临举债困难的局面。如果企业信誉持续下降,资金周转不畅,将会面临破产的风险。

思考练习题

一、选择题

1. 某公司董事会召开公司战略发展讨论会,拟将企业价值最大化作为财务管理目标,下列理由中,难以成立的是( )。
   A. 有利于规避企业短期行为
   B. 有利于量化考核和评价
   C. 有利于持续提升企业获利能力
   D. 有利于均衡风险与报酬的关系

2. 某上市公司针对经常出现中小股东质询管理层的情况,拟采取措施协调所有者与经营者的矛盾。下列各项中,不能实现上述目的的是( )。
   A. 强化内部人控制
   B. 解聘总经理
   C. 加强对经营者的监督
   D. 将经营者的报酬与其绩效挂钩

3. 下列应对通货膨胀风险的各种策略中,不正确的是( )。
   A. 进行长期投资
   B. 签订长期购货合同
   C. 取得长期借款
   D. 签订长期销货合同

4. 下列各项中,不能协调所有者与债权人之间矛盾的方式是( )。
   A. 市场对公司强行接收或吞并
   B. 债权人通过合同实施限制性借款
   C. 债权人停止借款
   D. 债权人收回借款

5. 在下列各项中,从甲公司的角度看,能够形成"本企业与债务人之间财务关系"的业务是( )。
   A. 甲公司购买乙公司发行的债券
   B. 甲公司归还所欠丙公司的货款
   C. 甲公司从丁公司赊购产品
   D. 甲公司向戊公司支付利息

6. 在下列各种观点中,既能够考虑资金的时间价值和投资风险,又有利于克服管理上的片面性和短期行为的财务管理目标是( )。
   A. 利润最大化
   B. 企业价值最大化
   C. 每股收益最大化
   D. 资本利润率最大化

7. 金融市场按交易期限可分为( )。
   A. 一级市场与二级市场
   B. 货币市场与资本市场
   C. 证券市场与借贷市场
   D. 资金市场、外汇市场与黄金市场

8. 如果实际利率为8%,通货膨胀附加率为2%,风险附加率为3%,则纯粹利率为( )。

A. 10% B. 8%
C. 3% D. 5%

9. 企业财务关系中最为重要的关系是( )。
   A. 股东与经营者之间的关系
   B. 股东与债权人之间的关系
   C. 股东、经营者、债权人之间的关系
   D. 企业与作为社会管理者的政府有关部门、社会公众之间的关系

10. 下列有关企业财务目标的说法中,正确的是( )。
    A. 企业的财务目标是利润最大化
    B. 增加借款可以增加债务价值以及企业价值,但不一定增加股东财富,因此企业价值最大化不是财务目标的准确描述
    C. 追加投资资本可以增加企业的股东权益价值,但不一定增加股东财富,因此股东权益价值最大化不是财务目标的准确描述
    D. 财务目标的实现程度可以用股东权益的市场增加值度量

11. 下列有关增加股东财富的表述中,正确的是( )。
    A. 收入是增加股东财富的因素,成本费用是减少股东财富的因素
    B. 股东财富的增加可以用股东权益的市场价值来衡量
    C. 多余现金用于再投资有利于增加股东财富
    D. 提高股利支付率,有助于增加股东财富

12. 在不存在任何关联方交易的前提下,下列各项中,无法直接由企业资金营运活动形成的财务关系是( )。
    A. 企业与投资者之间的关系 B. 企业与受资者之间的关系
    C. 企业与政府之间的关系 D. 企业与职工之间的关系

13. 企业实施了一项狭义的"资金分配"活动,由此而形成的财务关系是( )。
    A. 企业与投资者之间的财务关系 B. 企业与受资者之间的财务关系
    C. 企业与债务人之间的财务关系 D. 企业与供应商之间的财务关系

14. 下列各项中,能够用于协调企业所有者与企业债权人矛盾的方法是( )。
    A. 解聘 B. 接收
    C. 激励 D. 停止借款

15. 假定甲公司向乙公司赊销产品,并持有丙公司债券和丁公司的股票,且向戊公司支付公司债利息。假定不考虑其他条件,从甲公司的角度看,下列各项中属于本企业与债权人之间财务关系的是( )。
    A. 甲公司与乙公司之间的关系 B. 甲公司与丙公司之间的关系
    C. 甲公司与丁公司之间的关系 D. 甲公司与戊公司之间的关系

二、案例讨论题

舒飞企业的成长之路

舒飞1986年高考落榜后,到一家百货商场鞋柜组担任营业员,由于收入较低,半年后,他辞去工作,下海经商。凭着父母给的1万元和自己在销售鞋子方面的经验,在市中心租了一间门面房,开办了一家儿童鞋店,起名为"舒飞鞋店"。

鞋店开业后,舒飞是业主,雇了两名营业员。舒飞为鞋店营业起早摸黑,一方面要与供货商见面进货,另一方面要对鞋店的日常事务进行处理。他一般在上午8:00前后到鞋店,正常情况下要到下午结完账才能离开,那常常是晚上8:30左右。尽管他有时与妻子王丽商讨问题,但所有的店务烦恼都由他一人承担,在开张以来的三年中,舒飞发现自己从未能抽出时间度假,包括结婚也没有好好度蜜月。由于经营有方且专营童鞋,能为顾客提供良好的服务,鞋店每年利润均在10万元以上。

舒飞开了店,利润逐年上升,他雄心勃勃,感到自己应该把事业做大,于是想买下一家制鞋厂和本市另一家鞋店,以扩大他的事业。由于受到资金限制,因此,他决定合伙经营。他与一位具有丰富经验的朋友张伟联系,这位朋友决定出资10万元与舒飞合股,舒飞的妻子也同意将她的5万元存款用来合股。于是三人合伙,买下鞋厂和鞋店,并拟订下列合股契约,主要内容如下:① 合伙资金:舒飞15万元,张伟10万元,王丽5万元;② 利润按3∶2∶1的比例分配;③ 企业由舒飞和张伟共同管理业务,舒飞具体管商店,张伟管工厂,王丽不负责经营管理,所有经营方针均由舒飞和张伟两人决定;④ 舒飞和张伟每人年薪5万元,王丽年薪3万元,这笔钱在计算利润前要先扣除。

由于舒飞和张伟合作得很好,商店和鞋厂欣欣向荣,利润丰厚。舒飞和张伟决定从净利润中拿出20万元用于"利润再投资",扩大店面和生产设备,余下60万元分配给各合伙人。

舒飞和张伟的合伙经营大为成功,但受合伙企业的限制,不便于事业的进一步扩展,于是决定组建为公司制企业。并拟订了公司章程,主要内容如下:① 公司名称:舒飞(鞋业)有限责任公司;② 注册公司本部在××市;③ 公司的主要经营范围:生产和销售鞋子及有关鞋类商品;④ 公司注册资本为200万元,分成20股,每股10万元,其中舒飞10股,张伟8股,王丽2股;⑤ 舒飞任董事长并兼总经理,张伟任副董事长并兼副总经理,王丽任董事。

公司成立以后,一切按公司制度操作,事业蒸蒸日上,资本实力加大,公司除做好已有的鞋子生产、销售外,还涉足房地产、餐饮等行业,到2001年年底,公司资产达3 000万元。企业规模扩大,管理难度加大,为了适应形势的需要,公司决定改组为股份有限公司,并在可能的情况下,争取上市,实现从资产经营到资本经营的转变。目前,企业正按照股份制的要求进行改制。

问题探讨:

(1) 不同企业的组织形式各有何特点?

(2) 企业上市是否为企业发展的最终目标?

(3) 企业的财务管理目标是什么?企业组织形式不同,财务管理目标会不同吗?

第二章 企业财务分析与业绩评价

第一节 财务分析概述

财务分析是以企业的财务报告等会计资料为基础,对企业的财务状况和经营成果进行分析和评价的一种方法。财务分析是财务管理的重要方法之一,它是对企业一定期间的财务活动的总结,为企业进行下一步的财务预测和财务决策提供依据。因此,财务分析在企业的财务管理工作中具有重要的作用。

财务分析产生于19世纪末20世纪初。最早的财务分析主要是为银行服务的信用分析。当时,借贷资本在企业资本中的比重不断增加,银行家需要对贷款人进行信用调查和分析,借以判断客户的偿债能力。资本市场形成后发展出盈利分析,财务分析由主要为贷款银行服务扩展到为投资人服务。随着社会筹资范围扩大,非银行的贷款人和股权投资人增加,公众进入资本市场和债务市场,投资人要求的信息更为广泛。财务分析开始对企业的盈利能力、筹资结构、利润分配进行分析,发展出比较完善的外部分析体系。

经济愈发展,财务分析愈重要。随着我国社会主义市场经济体制的建立和不断完善,股份制企业重组改造蓬勃发展,企业所有权和经营权逐步分离,公司经营者要利用财务报表披露财务信息,以履行其受托责任。财务信息的公开已成为最显著的财务特点,而股份公司的投资者、债权人、政府机构及其他利益相关者能够通过这些公开的财务信息来了解公司的财务状况及经营成果,以便作出明智科学的决策。

一、企业财务分析的方法

要从财务报表得出有价值的结论,分析者不仅要读懂、理解这些财务信息,更重要的是要掌握一套行之有效的财务报表分析方法和技巧。对于包括投资者、债权人、管理者在内的许多人来说,具有财务分析的技能是很重要的。公司内部人员更是如此。不论公司的结构差异或规模大小,掌握财务分析技能的管理者就能够自己诊断公司的症状,开出治疗药方,并能预测其经营活动的财务成果。财务分析常用的方法有:比较分析法、比率分析法、趋势分析法、因素分析法、差额计算分析法等。

1. 比较分析法

比较分析法就是将有关指标的本期实际数与历史数(上期、上年同期或几期)、本期计划数、企业历史最好水平、国内外同行业平均数等对比,求出增加或减少的差额,以便寻求其原因,从而探讨改进方法。使用比较分析法,一般是从绝对额进行比较。

将实际数与计划数或定额数对比,可以揭示计划或定额的执行情况。但在分析时还应检查计划或定额本身是否既先进又切实可行。因为实际数与计划数或定额数之间的差异,除了实际工作的原因以外,还可能由于计划或定额太保守或不切实际。

将本期实际数与前期实际数或以往年度同期实际数对比,可以考察经济业务的发展变化情况。

将本期实际数与本企业的历史先进水平对比,将本企业实际数与国内外同行业的先进水平对比,可以发现与先进水平之间的差距,从而学习先进,赶上和超过先进。

比较分析法只适用于同质指标的数量对比,例如实际产品成本与计划产品成本对比,实际原材料费用与定额原材料费用对比,本期实际制造费用与前期制造费用对比,等等。在比较中,应特别注意指标口径的可比性。进行对比的各项指标,在经济内容、计算方法、计算期和影响指标形成的客观条件等方面,应有可比的共同基础。如果相比的指标之间有不可比因素,应先按可比的口径进行调整,然后再进行对比。

2. 比率分析法

在没有基数的情况下,单纯的增加或减少是毫无意义的,比如,某公司上月赚了 2 万元,对于一个注册资本有 5 万元的公司和注册资本有 5 亿元的公司来说是有天壤之别的,只有采用比率的方法才能对该公司的经营水平作出准确的判断。

比率分析法是通过计算各项指标之间的相对数,即比率,借以考察经济业务的相对效益的一种分析方法。比率是指相互联系的两个指标之间的对比关系,以分子和分母的形式计算。常用的比率有关系比率和结构比率两种。

(1) 关系比率分析法。

关系比率分析法是通过计算两个性质不同但又相关的指标的比率进行数量分析的方法。关系比率=A 指标÷B 指标。它是计算两个性质不同但又相关的指标对比。例如,产值成本率=成本/产值;成本利润率=利润/成本;销售收入成本率=成本/销售收入。以上都是关系比率。比率分析中,大部分是分析关系比率的。

(2) 结构比率分析法。

结构比率分析法是通过计算某项指标的各个组成部分占总体的比重,即部分与全部的比率,进行数量分析的方法。例如,将构成产品成本的各项费用分别与产品成本总额相比,计算产品成本的构成比率;又如将构成管理费用的各项费用与管理费用总额相比,计算管理费用的构成比率。这种分析方法也称比重分析法,通过这种分析,可以反映产品成本或者经营管理费用的构成是否合理。现将产品成本构成比率的计算公式列示如下:

$$直接材料费用比率 = \frac{直接材料费用}{产品成本} \times 100\%$$

$$直接人工费用比率 = \frac{直接人工费用}{产品成本} \times 100\%$$

$$制造费用比率 = \frac{制造费用}{产品成本} \times 100\%$$

3. 趋势分析法

趋势分析法也叫动态分析法,它是对不同时期的发展趋向作出分析。如对本期比前期或过去连续几期的增减变化进行观察,理出同项的发展趋势。

趋势分析法一般采用趋势比率的形式,包括:本期是前期百分之几、本期比前期增加或减少百分之几。若从比较的时期看,可分为环比法和定比法。环比法是逐年数字比较,定比法以某一年为固定基准。

假定某企业2011年起到2015年止5年间,某种产品的实际单位成本资料如表2-1所示。

表2-1 某企业2011年起到2015年止某种产品的实际单位成本

年份	2011	2012	2013	2014	2015
实际单位成本(元)	85	90	93	95	99

如果以2011年为基年,以该年单位成本85元为基数,规定为100%,可以计算其他各年的单位成本与之相比的比率如下:

2012年:90/85×100% = 106%。

2013年:93/85×100% = 109%。

2014年:95/85×100% = 112%。

2015年:99/85×100% = 116%。

通过上列计算,可以看出该种产品成本2012~2015年各年单位成本与2011年相比的上升程度。

如果分别以上一年为基期,可以计算各年环比的比率如下:

2012年比2011年:90/85×100% = 106%。

2013年比2012年:93/90×100% = 103%。

2014年比2013年:95/93×100% = 102%。

2015年比2014年:99/95×100% = 104%。

通过上列计算,可以看出,该种产品成本单位成本都是递增的,但各年递增的程度不同。

4. 因素分析法

因素分析法也叫连还替代法,它是在比较分析的基础上查原因、找矛盾,为深入分析提供"讯号"。其步骤是:首先确定某个指标的影响因素及各因素的相互关系,然后依次把其中一个当作可变因素进行替换,最后再分别找出每个因素对差异的影响程度。计算步骤如下:

(1) 根据指标的计算公式确定影响指标变动的各项因素。

(2) 排列各项因素的顺序。

(3) 按排定的因素顺序和各项因素的基数进行计算。

(4)按顺序将前面一项因素的基数替换为实际数,将每次替换以后的计算结果与前一次替换以后的计算结果进行对比,顺序算出每项因素的影响程度,有几项因素就替换几次。

(5)将各项因素的影响(有的正方向影响,有的反方向影响)程度的代数和,与指标变动的差异总额核对相符。

因素替换法的计算原理如表2-2所示(假定指标为三项因素的乘积)。

表2-2 因素替换法的计算原理

替换次数	因素			乘积编号	每次替换的差异	产生差异的因素
	第1项	第2项	第3项			
基数	基数	基数	基数	①		
第1次	实际数	基数	基数	②	②-①	第1项因素
第2次	实际数	实际数	基数	③	③-②	第2项因素
第3次	实际数	实际数	实际数	④	④-③	第3项因素
各项因素影响程度合计					差异总额	各项因素

因素的排列一般原则是:如果既有数量因素又有质量因素,先计算数量因素变动的影响,后计算质量因素变动的影响;如果既有实物数量因素又有价值因素,先计算实物数量因素变动的影响,后计算价值因素变动的影响;如果有几个数量因素或质量因素,还应分清主要因素和次要因素,先计算主要因素变动的影响,后计算次要因素变动的影响。

例 我们要分析某种产品的单位原材料成本,可以按以下公式计算:单位原材料成本 = 材料单耗×材料单价。有关资料如表2-3所示。

表2-3 单位产品原材料成本资料

指标	单耗(kg)	单价(元/千克)	单位原材料成本(元)
计划	3	5	15
实际	2	9	18

本年计划:$3 \times 5 = 15$(元) (2.1)

第一次替换:$2 \times 5 = 10$(元) (2.2)

第二次替换(本年实际):$2 \times 9 = 18$(元) (2.3)

分析对象:式(2.3) - 式(2.1) = 18 - 15 = 3(元)

其中,单耗的影响 = 式(2.2) - 式(2.1) = $(2-3) \times 5 = -5$(元)

单价的影响 = 式(2.3) - 式(2.2) = $2 \times (9-5) = 8$(元)

合计:$-5 + 8 = 3$(元)

5. 差额计算分析法

差额计算分析法是因素替换法的简化形式,是根据各项因素的实际数与基数的差额来计算各项因素影响程度的方法。如在指标 $N = a \times b$ 中,不同因素的影响如下:

a 因素的影响 = $(a_1 - a_0) \times b$

b 因素的影响 $= a_1 \times (b_1 - b_0)$

如上例中,单耗的影响 =(实际单耗 - 计划单耗)×计划单价 =(2-3)×5 = -5(元)
单价的影响 =(实际单价 - 计划单价)×实际单耗 = 2×(9-5) = 8(元)

二、企业财务分析的目的

对外发布的财务报表,是根据全体使用人的一般要求设计的,并不适合特定报表使用人的特定要求。报表使用人要从中选择自己需要的信息,重新排列,并研究其相互关系,使之符合特定决策要求。

财务报表分析由于分析主体不同,他们的分析目的不完全相同,企业财务报表的主要使用人有以下7种:

(1) 投资人:在投资前为决定是否投资,分析企业的资产和盈利能力;在投资后为决定是否转让股份,分析盈利状况、股价变动和发展前景;为考查经营者业绩,要分析资产盈利水平、破产风险和竞争能力;为决定股利分配政策,要分析筹资状况。

(2) 债权人:在贷款前为决定是否给企业贷款,要分析贷款的报酬和风险;为了解债务人的短期偿债能力,要分析其流动状况;为了解债务人的长期偿债能力,要分析其盈利状况;在贷款后为决定是否出让债权,要评价其价值。

(3) 经理人员:为改善财务决策而进行财务分析,全面了解企业的生产经营活动和财务活动,以求不断优化。涉及的内容最广泛,几乎包括外部使用人关心的所有问题。

(4) 业务关联公司:市场经济实质上是一种信用经济,无序的信用必造成无序的市场,各关联公司对对方的信用有较高的要求,这种信用既包括商业交易上的信用,也包括财务信用。前者是指能提供保质保量的产品和劳务,按时完成各种交易事项;而后者则要求按时足额地对其债务进行清偿。关联方对财务报表分析的主要目标有:公司财力及生产能力是否充分;能否保证长期供贷;是否应该提供商业信用;是否应增加投入,控制联营公司生产经营等。

(5) 国家宏观调控部门:要通过财务分析了解企业纳税情况;遵守政府法规和市场秩序的情况;职工收入和就业状况;监督企业的社会责任、对国家应尽的义务的实现和完成情况。

(6) 企业职工和工会:要通过分析判断企业盈利与企业职工(雇员)收入、保险、福利之间是否相适应。

(7) 中介机构(注册会计师、咨询人员等):注册会计师通过财务报表分析可以确定审计的重点。财务报表分析领域的逐渐扩展与咨询业的发展有关,在一些国家"财务分析师"已成为专门职业,他们为各类报表使用人提供专业咨询。

三、企业财务分析的内容

尽管不同的财务报表分析者有不同的分析目的,但财务报表提供的信息量是确定的,只

是每个分析者的侧重点有所不同。概括起来,财务报表分析的基本内容主要有以下几个方面:

1. 公司偿债能力分析

按偿债期限长短分为长期偿债能力分析和短期偿债能力分析,两种分析的目标及运用的技术指标都有所不同。但也有某些共同的特点,如公司资本结构的合理性,营运资金占用是否合理,公司的财务状况等。通过偿债能力分析,分析者希望能对公司债务利用程度进行分析评价,了解公司财务风险的现状,以便为外部投资决策和公司筹资决策提供信息依据。

2. 公司资产营运能力分析

主要分析公司资产占用结构的合理性和资产周转使用情况,其中侧重于分析流动资产的周转使用。

3. 公司盈利能力分析

主要分析公司在一定时期内赚取利润的能力,利润目标的完成情况及影响因素,通过对比分析各年度利润指标的趋势变动情况预测公司的盈利前景。

4. 公司发展能力分析

主要分析公司经营活动发展的趋势或潜能,具体体现为公司的销售、资产、盈利和股东财富的增长趋势和增长速度。

5. 公司总体财务状况的评价分析

在上述专项分析基础上,运用杜邦分析法等专门技术分析法,全面综合地对公司的财务状况和经营状况进行相互联系的分析,揭示财务管理工作中的优势和薄弱环节。

第二节 财务比率分析

一、企业偿债能力分析

偿债能力是指企业偿还各种到期债务的能力,分为短期偿债能力和长期偿债能力。偿债能力分析就是通过对企业资产变现能力及保障程度的分析,观察和判断企业是否具有偿还到期债务的能力及其偿债能力的强弱。

(一)短期偿债能力分析

短期偿债能力是指企业以其流动资产支付在一年内即将到期的流动负债的能力。企业有无偿还短期债务的能力对企业的生存、发展至关重要。如果企业短期偿债能力弱,就意味着企业的流动资产对其流动负债偿还的保障能力弱,企业的信用可能会受到损害,而企业信用受损则会进一步削弱企业的短期筹资能力,增大筹资成本和进货成本,从而对企业的投资能力和获利能力产生重大影响。企业短期偿债能力的大小主要取决于企业营运资金的多少、流动资产变现能力、流动资产结构状况和流动负债的多少等因素的影响。衡量和评价企业短期偿债能力的指标主要有流动比率、速动比率、现金比率和现金流量比率等。

1. 流动比率

流动比率,也称营运资金比率,是衡量公司短期偿债能力最通用的指标。其计算公式为

$$流动比率 = 流动资产 \div 流动负债$$

例 江淮公司2020年年末的流动资产是700万元,流动负债是300万元,依上式计算流动比率为

$$流动比率 = 700 \div 300 = 2.33$$

流动比率可以反映短期偿债能力。

企业能否偿还短期债务,要看有多少短期债务,以及有多少可变现偿债的流动资产。流动资产越多,短期债务越少,则偿债能力越强。如果用流动资产偿还全部流动负债,企业剩余的是营运资金(流动资产-流动负债=营运资金),营运资金越多,说明不能偿还的风险越小。因此,营运资金的多少可以反映偿还短期债务的能力。但是,营运资金是流动资产与流动负债之差,是个绝对数,如果企业之间规模相差很大,绝对数相比的意义很有限。而流动比率是流动资产和流动负债的比值,是个相对数,排除了企业规模不同的影响,更适合企业之间以及本企业不同历史时期的比较。

这一比率越大,表明公司短期偿债能力越强,并表明公司有充足的营运资金;反之,说明公司的短期偿债能力不强,营运资金不充足。一般财务健全的公司,其流动资产应远高于流动负债,起码不得低于1∶1,一般认为大于2∶1较为合适。对于公司和股东而言,并不是这一比率越高越好。流动比率过大,并不一定表示财务状况良好,尤其是由于应收账款和存货余额过大而引起的流动比率过大,则对财务健全不利,一般认为这一比率超过5∶1,则意味着公司的资产未得到充分利用。如果将流动比率与营运资金结合起来分析,有助于观察公司未来的偿债能力。

一般认为,生产企业合理的最低流动比率是2∶1。这是因为流动资产中变现能力最差的存货金额约占流动资产总额的一半,剩下的流动性较大的流动资产至少要等于流动负债,企业的短期偿债能力才会有保证。人们长期以来的这种认识,因其未能从理论上证明,还不能成为一个统一标准。

计算出来的流动比率,只有和同行业平均流动比率、本企业历史的流动比率进行比较,才能知道这个比率是高还是低。这种比较通常并不能说明流动比率为什么这么高或低,要找出过高或过低的原因还必须分析流动资产和流动负债所包括的内容及经营上的因素。一般情况下,营业周期、流动资产中的应收账款数额和存货的周转速度是影响流动比率的主要因素。

值得注意的是,由于流动资产和流动负债结构多变,影响对企业短期偿债能力的误解。比如企业用100万元现金购置100万元的存货,虽然流动比率不变,但流动资产结构改变,流动资产的总体流动性下降。又如,存货按历史成本计价,公司销售存货按市价计价,存货的减少金额将低于应收账款或现金的金额,公司的流动比率将上升。很显然,此时的流动比

率提高确实增强了企业资产的流动性。

【案例 2-1】 蓝田事件是怎么发现的

2001 年,中央财经大学教师刘姝威编写了《上市公司虚假会计报表识别技术》一书,在分析个例时,她偶然看到蓝田集团在网上公布的财务报告。经过分析,结论令她震惊:蓝田股份自 1996 年上市以来,5 年间股本扩张了 360%,创造了中国股市的神话。可就是蓝田股份,还拿着国家 20 多亿的贷款,到 2000 年,净营运资金已经下降到负 1.27 亿元,流动比率为 0.77。

(资料来源:21 世纪经济报道。)

2. 速动比率

流动比率虽然可以用来评价流动资产总体的变现能力,但人们(特别是短期债权人)还希望获得比流动比率更进一步的有关变现能力的比率指标。这个指标被称为速动比率,也被称为酸性测试比率。

速动比率,是从流动资产中扣除存货部分,再除以流动负债的比值。速动比率的计算公式为

$$速动比率 = (流动资产 - 存货) \div 流动负债$$

例 江淮公司 2020 年年末的存货为 119 万元,则其速动比率为

$$速动比率 = (700 - 119) \div 300 = 1.94$$

为什么在计算速动比率时要把存货从流动资产中剔除呢?

主要原因包括:① 在流动资产中存货的变现速度最慢;② 由于某种原因,部分存货可能已损失报废还没做处理;③ 部分存货已抵押给某债权人;④ 存货估价还存在着成本与合理市价相差悬殊的问题。综合上述原因,在不希望企业用变卖存货的办法还债,以及排除使人产生种种误解因素的情况下,把存货从流动资产总额中减去而计算出的速动比率反映的短期偿债能力更加令人可信。

通常认为正常的速动比率为 1,低于 1 的速动比率被认为是短期偿债能力偏低。这仅是一般的看法,因为行业不同,速动比率会有很大差别,没有统一标准的速动比率。例如,采用大量现金销售的商店,几乎没有应收账款,大大低于 1 的速动比率则是很正常的。相反,一些应收账款较多的企业,速动比率可能要大于 1。

影响速动比率可信性的重要因素是应收账款的变现能力。账面上的应收账款不一定都能变成现金,实际坏账可能比计提的准备要多;季节性的变化,可能使报表的应收账款数额不能反映平均水平。这些情况,外部使用人不易了解,而财务人员却有可能作出估计。

3. 现金比率

现金是清偿债务的最终手段,由于速动比率中含有应收票据、应收账款等项目,偿还债务有一定水分,因此,对流动比率和速动比率进一步深化,使资产项目仅包括货币资金和短期有价证券两个项目计算现金比率。现金比率的计算公式为

$$现金比率 = (货币资金 + 短期有价证券) \div 流动负债$$

现金比率反映企业的即时付现能力，就是随时可以还债的能力。企业保持一定的合理的现金比率是很必要的。该比率是对流动比率、速动比率的进一步改进，是债权人十分关心的指标之一。这一比率较高，说明企业资产变现能力较强，变现风险较小，偿付短期债务的能力较强。但在具体分析时，同样要结合其他指标进行，以免得出片面的结论。

（二）长期偿债能力分析

长期偿债能力是企业以其资产或劳务支付长期债务的能力。企业的长期偿债能力不仅受其短期偿债能力的制约，还受企业获利能力的影响。因为增加流动资产和现金流入量的程度最终取决于企业的获利情况。企业的长期偿债能力弱，不仅意味着财务风险增大，也意味着在利用财务杠杆获取负债利益等方面的政策失败，企业目前的资本结构出现问题。评价企业长期偿债能力的主要财务比率有资产负债率、产权比率、权益乘数和利息保障倍数。

1. 资产负债率

资产负债率是负债总额除以资产总额的百分比，也就是负债总额与资产总额的比例关系。资产负债率反映在总资产中有多大比例是通过借债来筹资的，也可以衡量企业在清算时保护债权人利益的程度。计算公式如下：

$$资产负债率 = (负债总额 \div 资产总额) \times 100\%$$

式中，负债总额不仅包括长期负债，还包括短期负债。

这是因为，短期负债作为一个整体，企业总是长期占用着，可以视同长期性资本来源的一部分。例如，一个应付账款明细科目可能是短期性的，但企业总是长期性地保持一个相对稳定的应付账款总额。这部分应付账款可以成为企业长期性资本来源的一部分。本着稳健原则，将短期债务包括在用于计算资产负债率的负债总额中是合适的。

公式中的资产总额则是扣除累计折旧后的净额。

例 ABC公司2020年度负债总额为1 060万元，资产总额为2 000万元。依上式计算资产负债率为

$$资产负债率 = (1\ 060 \div 2\ 000) \times 100\% = 53\%$$

这个指标反映债权人所提供的资本占全部资本的比例。这个指标也被称为举债经营比率。它有以下几个方面的含义：

（1）从债权人的立场看，他们最关心的是贷给企业的款项的安全程度，也就是能否按期收回本金和利息。如果股东提供的资本与企业资本总额相比，只占较小的比例，则企业的风险将主要由债权人负担，这对债权人来讲是不利的。因此，他们希望债务比例越低越好，企业偿债有保证，贷款不会有太大的风险。

（2）从股东的角度看，由于企业通过举债筹措的资金与股东提供的资金在经营中发挥同样的作用，所以，股东所关心的是全部资本利润率是否超过借入款项的利率，即借入资本的代价。在企业所得的全部资本利润率超过因借款而支付的利息率时，股东所得到的利润就会加大。如果相反，运用全部资本所得的利润率低于借款利息率，则对股东不利，因为借入资本的多余的利息要用股东所得的利润份额来弥补。因此，从股东的立场看，在全部资本

利润率高于借款利息率时,负债比例越大越好,否则反之。

(3)从经营者的立场看,如果举债很大,超出债权人心理承受程度,则认为是不保险的,企业就借不到钱。如果企业不举债,或负债比例很小,说明企业畏缩不前,对前途信心不足,利用债权人资本进行经营活动的能力很差。借款比率越大(当然不是盲目地借款),越是显得企业活力充沛。从财务管理的角度来看,企业应当审时度势,全面考虑,在利用资产负债率制定借入资本决策时,必须充分估计预期的利润和增加的风险,在二者之间权衡利害得失,作出正确决策。

根据 20 世纪 90 年代的资料,资产负债率在日本、韩国达 82%,美国为 52%,西方国家一般认为 50% 为警戒线。我国部分上市公司 2020 年资产负债率资料如表 2-4 所示。

表 2-4 我国部分上市公司 2020 年资产负债率

公司名称	贵州茅台	万科 A	哈药股份	合肥百货	格力电器	乐凯胶片
资产负债率	21.40%	81.28%	66.33%	56.46%	58.14%	18.52%

通常,资产在破产拍卖时的售价不到账面价值的 50%,因此资产负债率高于 50% 则债权人的利益就缺乏保障。各类资产变现能力有显著区别,房地产变现的价值损失小,专用设备难以变现。不同企业的资产负债率不同,与其持有的资产类别有关。

2. 产权比率

产权比率也是衡量长期偿债能力的指标之一。这个指标是负债总额与股东权益总额的比率,也叫作债务股权比率。其计算公式如下:

$$产权比率 = (负债总额 \div 股东权益总额) \times 100\%$$

式中,股东权益也就是所有者权益。

例 ABC 公司 2020 年度期末所有者权益合计为 940 万元,依上式计算产权比率为

$$产权比率 = (1\,060 \div 940) \times 100\% = 113\%$$

(1)该项指标反映由债权人提供的资本与股东提供的资本的相对关系,反映企业基本财务结构是否稳定。一般来说,股东资本大于借入资本较好,但也不能一概而论。从股东来看,在通货膨胀加剧时期,企业多借债可以把损失和风险转嫁给债权人;在经济繁荣时期,多借债可以获得额外的利润;在经济萎缩时期,少借债可以减少利息负担和财务风险。产权比率高,是高风险、高报酬的财务结构;产权比率低,是低风险、低报酬的财务结构。从上例中的计算结果看,该企业债权人提供的资本是股东提供资本的 1.13 倍,如果经营不是很景气,则表明该企业举债经营的程度偏高,财务结构不是很稳定。

(2)该指标同时也表明债权人投入的资本受到股东权益保障的程度,或者说是企业清算时对债权人利益的保障程度。国家规定债权人的索偿权在股东前面。按本例的情况看,如果 ABC 公司进行清算,则债权人的利益因股东提供的资本所占比重较小而缺乏保障。

从投资人和经理人的立场看,产权比率越大越好。但在有限责任下,产权比率过大是不公平的。因为经营的成功归投资人(财务杠杆作用),经营的失败归债主。

资产负债率与产权比率具有共同的经济意义,两个指标可以相互补充。因此,对产权比

率的分析可以参见对资产负债率指标的分析。

3．权益乘数

权益乘数是企业资产总额与净资产总额的倍数。其计算公式为

$$权益乘数 = 资产总额 \div 净资产总额$$

例 ABC 公司 2020 年度期末资产总额为 6 000 万元，净资产总额为 3 000 万元。则依上式计算权益乘数为

$$权益乘数 = 6\,000 \div 3\,000 = 2$$

权益乘数指标实质上是产权比率指标的延伸。从长期偿债能力来讲，产权比率越低越好。权益乘数与资产负债率及产权比率的关系如下：

$$权益乘数 = 1 + 产权比率 = 1 \div (1 - 资产负债率)$$

4．利息保障倍数

从债权人的立场出发，他们向企业投资的风险，除了计算上述资产负债率、审查企业借入资本占全部资本的比例以外，还计算营业利润是利息费用的倍数。利用这一比率，可以测试债权人投入资本的风险。

利息保障倍数指标是指企业经营业务收益与利息费用的比率，用以衡量偿付借款利息的能力，也叫已获利息倍数。其计算公式如下：

$$利息保障倍数 = 息税前利润 \div 利息费用$$

式中，"息税前利润"是指利润表中未扣除利息费用和所得税之前的利润，它可以用"利润总额加利息费用"来测算。公式中的分母"利息费用"是指本期发生的全部应付利息，不仅包括财务费用中的利息费用，还应包括计入固定资产成本的资本化利息。资本化利息虽然不在利润表中扣除，但仍然是要偿还的。利息保障倍数的重点是衡量企业支付利息的能力，没有足够大的息税前利润，资本化利息的交付就会发生困难。

例 ABC 公司 2020 年度税后净收益为 136 万元，利息费用为 80 万元，所得税为 64 万元。该公司利息保障倍数为

$$利息保障倍数 = (136 + 80 + 64) \div 80 = 3.5$$

（1）利息保障倍数指标反映企业经营收益为所需支付的债务利息的多少倍。只要利息保障倍数足够大，企业就有充足的能力偿付利息，否则相反。如果利息保障倍数小于 1，表明自身产生的经营收益不能支持现有的债务规模。利息保障倍数等于 1 也是很危险的，因为息税前利润受经营风险的影响，是不稳定的，而利息的支付却是固定数额。利息保障倍数越大，公司拥有的偿还利息的缓冲资金越多。

（2）如何合理确定企业的利息保障倍数？这需要将该企业的这一指标与其他企业，特别是本行业平均水平进行比较，来分析决定本企业的指标水平。同时从稳健性的角度出发，最好比较本企业连续几年的该项指标，并选择最低指标年度的数据作为标准。这是因为，企业在经营好的年头要偿债，而在经营不好的年头也要偿还大约同量的债务。某一个年度利润很高，利息保障倍数也会很高，但不能年年如此。采用指标最低年度的数据，可保证最低的偿债能力。一般情况下应采纳这一原则，但遇有特殊情况，须结合实际来确定。

(3) 利息保障倍数在企业亏损的情况下小于1,如果企业亏损是由于折旧或摊销形成的,虽然利息保障倍数小于1,但也可能有偿还利息能力。但从长远看,利息保障倍数必须大于1。

二、企业盈利能力分析

盈利能力就是企业赚取利润的能力。不论是投资人、债权人还是企业经理人员,都日益重视和关心企业的盈利能力。

一般说来,企业的盈利能力只涉及正常的营业状况。非正常的营业状况,也会给企业带来收益或损失,但只是特殊状况下的个别结果,不能说明企业的能力。因此,在分析企业盈利能力时,应当排除证券买卖等非正常项目、已经或将要停止的营业项目、重大事故或法律更改等特别项目、会计准则和财务制度变更带来的累积影响等因素。

反映企业盈利能力的指标很多,通常使用的主要有销售毛利率、销售净利率、总资产收益率、净资产收益率。

1. 销售毛利率

销售毛利率是毛利占销售收入的百分比,其中毛利是销售收入与销售成本的差。其计算公式如下:

$$销售毛利率 = (销售收入 - 销售成本) \div 销售收入 \times 100\%$$

销售毛利率,表示每一元销售收入扣除销售成本后,有多少钱可以用于各项期间费用和形成盈利。销售毛利率是企业销售净利率的最初基础,没有足够大的毛利率便不能盈利。部分上市公司2020年销售毛利率如表2-5所示。

表2-5 部分上市公司2020年销售毛利率

企业名称	民生控股	贵州茅台	龙津药业	万科A	江淮汽车	金杯汽车
营业收入(万元)	1 117	9 491 538	25 402	41 911 167	4 283 076	545 701
营业成本(万元)	3.75	815 400	5 134	29 654 068	3 884 473	462 669
销售毛利率	99.66%	91.41%	79.79%	29.25%	9.30%	15.21%

2. 销售净利率

销售净利率是指净利润与销售收入的百分比,其计算公式为

$$销售净利率 = 净利润 \div 销售收入 \times 100\%$$

例 ABC公司的2020年度净利润是136万元,销售收入是3 000万元。则

$$销售净利率 = 136 \div 3\ 000 \times 100\% = 4.53\%$$

净利润在我国会计制度中是指税后利润。

(1) 该指标反映每一元销售收入带来的净利润的多少,表示销售收入的收益水平。从销售净利率的指标关系看,净利额与销售净利率成正比关系,而销售收入额与销售净利率成反比关系。企业在增加销售收入额的同时,必须相应地获得更多的净利润,才能使销售净利

率保持不变或有所提高。通过分析销售净利率的升降变动，可以促使企业在扩大销售的同时，注意改进经营管理，提高盈利水平。

(2) 销售净利率能够分解成为销售毛利率、销售税金率、销售成本率、销售期间费用率等。

【案例 2-2】 销售毛利率与销售净利率的比较

根据 2013 年上市公司的年报，2013 年贵州茅台(600519)营业收入 309.21 亿元，营业成本 21.93 亿元，净利润 159.64 亿元，销售毛利率 92.90%，销售净利率 51.63%。2013 年深国商(000056)营业收入 3 529.28 万元，营业成本 2 441.21 万元，净利润 38.7 亿元，销售毛利率 30.83%，销售净利率 10 974.86%。

3．总资产净利率

总资产净利率(也称总资产收益率)是企业净利润与平均资产总额的百分比。总资产净利率计算公式为

$$总资产净利率 = 净利润 \div 平均资产总额 \times 100\%$$

$$平均资产总额 = (期初资产总额 + 期末资产总额) \div 2$$

例 ABC 公司 2020 年度期初资产为 1 680 万元，期末资产为 2 000 万元，净利润为 136 万元，则

$$总资产净利率 = 136 \div [(1\,680 + 2\,000) \div 2] \times 100\% = 7.4\%$$

(1) 把企业一定期间的净利与企业的总资产相比较，表明企业资产利用的综合效果。指标越高，表明资产的利用效率越高，说明企业在增加收入和节约资金使用等方面取得了良好的效果，否则相反。

(2) 总资产净利率是一个综合指标，企业的资产是由投资人投入或举债形成的。净利的多少与企业资产的多少、资产的结构、经营管理水平有着密切的关系。为了正确评价企业经济效益的高低、挖掘提高利润水平的潜力，可以用本企业该项指标的当期值与前期值、计划值以及本行业平均水平和本行业内先进企业的相关数据进行对比，分析形成差异的原因。影响总资产净利率高低的因素主要有：产品的价格、单位成本的高低、产品的产量和销售的数量、资金占用量的大小等。

(3) 可以利用总资产净利率来分析经营中存在的问题，提高销售利润率，加速资金周转。

4．净资产收益率

净资产收益率是净利润与平均净资产的百分比，也叫净值报酬率或权益报酬率。其计算公式为

$$净资产收益率 = 净利润 \div 平均净资产 \times 100\%$$

其中，平均净资产 = (年初净资产 + 年末净资产) ÷ 2

依前例，ABC 公司 2020 年度期初净资产为 880 万元，期末净资产为 940 万元，则

$$ABC\ 公司\ 2020\ 年净资产收益率 = 136 \div [(880 + 940) \div 2] \times 100\% = 14.95\%$$

该公式的分母是"平均净资产",也可以使用"年末净资产"。中国证监会发布的《公开发行股票公司信息披露的内容与格式准则第2号〈年度报告的内容和格式〉》中规定的公式为

$$净资产收益率 = 净利润 \div 年度末股东权益 \times 100\%$$

这是基于股份制企业的特殊性:在增加股份时新股东要超面值缴入资本并获得同股同权的地位,期末的股东对本年利润拥有同等权利。此外,这样计算也可以和每股收益、每股净资产等按"年末股份数"的计算保持一致。

为更多地了解管理者如何使净资产收益率(ROE)提高的做法,让我们用三个首要组成部分的专门术语来改写净资产收益率:

净资产收益率= 净利润 / 净资产
     =(净利润 / 销售收入)×(销售收入 / 总资产)×(总资产 / 净资产)

将后面三项比率分别表示为利润率、总资产周转率以及财务杠杆,表达式可写为

$$净资产收益率 = 利润率 \times 总资产周转率 \times 财务杠杆$$

这就是说管理者仅有三个杠杆来调控净资产收益率:

(1) 每元销售收入挤出的盈利,或称之为利润率。
(2) 已动用的每元的总资产所产出的销售收入,或称之为总资产周转率。
(3) 用以为总资产提供融资的权益资本数量,或称之为财务杠杆。

毫无例外,无论管理者如何提高这些系数,都会提高净资产收益率。

同时也请注意这些业绩调控杠杆与公司的财务报表是相互紧密对应的。利润率概括了利润表的业绩,同时,总资产周转率和财务杠杆同样分别反映了资产负债表的左边和右边。这表明:尽管三种杠杆很简单,但它们抓住了公司财务业绩的最主要因素。

公司的净资产收益率非常类似,但产生最后结果的利润率、总资产周转率及财务杠杆的组合变动很大。为什么公司之间净资产收益率相近,而利润率、总资产周转率和财务杠杆差异显著呢?一语蔽之:竞争。一个公司获得经常性的高净资产收益率,会像一块磁铁,吸引竞争者急切地想要与之竞争,当竞争者进入市场后,增大的竞争压力使成功公司的净资产收益率回到平均水平。反之,经常性的低净资产收益率吓跑了潜在的新竞争者,也驱逐掉现存的公司,这样经过一段时间后,幸存下来的公司的净资产收益率上升到平均水平。

【案例 2-3】 净资产收益率与总资产净利率对企业的评价

有A、B两家企业,A企业资产总额10亿元,净资产2亿元;B企业资产总额10亿元,净资产8亿元。A企业全年实现净利润1亿元,B企业全年实现净利润1.1亿元。

  A企业:净资产收益率=1/2=50%, 资产净利率=1/10=10%;
  B企业:净资产收益率=1.1/8=13.75%,资产净利率=1.1/10=11%。

一般认为,净资产收益率不能反映全部资产的收益能力大小,并不能反映企业风险大小。

5. 盈利质量指数

盈利质量指数指标反映净利润中现金收益的比重,计算公式为

$$盈利质量指数 = 经营现金流量 \div 净利润$$

一般而言,该指标应当大于1(当利润大于0时)。如果企业盈利质量指数小于1,说明企业的经营活动所创造的利润提供的现金贡献很小。一般情况下,不可能存在连续几期经营现金流量远远小于净收益的情形发生。

对于上市公司,还有以下指标:

(1) 每股利润。

每股利润,也称每股收益或每股盈余,是股份公司税后利润分析的一个重要指标,主要是针对普通股而言的。每股利润是税后净利润扣除优先股股利后的余额,除以发行在外的普通股平均股数。其计算公式为

$$每股利润 = (税后净利润 - 优先股股利) \div 发行在外的普通股平均股数$$

每股利润是股份公司发行在外的普通股每股所取得的利润,它可以反映股份公司的获利能力的大小。每股利润越高,说明股份公司的获利能力越强。

假定ABC公司2020年发行在外的普通股平均股数为1 500万股,并且没有优先股,全年净利润为1 260万元,则ABC公司2020年普通股每股利润为

$$每股利润 = 1\,260 \div 1\,500 = 0.84(元)$$

虽然每股利润可以很直观地反映股份公司的获利能力以及股东的报酬,但是,它是一个绝对指标,在分析每股利润时,还应结合流通在外的股数。如果某一股份公司采用股本扩张的政策,大量配股或以股票股利的形式分配股利,这样必然摊薄每股利润,使每股利润减小。同时,分析者还应注意到每股股价的高低,如果甲、乙两个公司的每股利润都是0.84元,但是乙公司股价为25元,而甲公司的股价为16元,则投资于甲、乙两公司的风险和报酬很显然是不同的。因此,投资者不能只片面地分析每股利润,最好结合股东权益报酬率来分析公司的获利能力。

(2) 每股现金流量。

注重股利分配的投资者应当注意,每股利润的高低虽然与股利分配有密切的关系,但是它不是决定股利分配的唯一因素。如果某一公司的每股利润很高,但是因为缺乏现金,那么也无法分配现金股利。因此,还有必要分析公司的每股现金流量。每股现金流量越高,说明公司越有能力支付现金股利。每股现金流量是经营活动现金净流量扣除优先股股利后的余额,再除以发行在外的普通股平均股数。其计算公式为

$$每股现金流量 = (经营活动现金净流量 - 优先股股利) \div 发行在外的普通股平均股数$$

假定ABC公司2020年发行在外的普通股平均股数为1 500万股,并且没有优先股,全年经营活动现金净流量1 320万元,则ABC公司2020年每股现金流量为

$$每股现金流量 = 1\,320 \div 1\,500 = 0.88(元)$$

(3) 每股股利。

每股股利是普通股分配的现金股利总额减去优先股股利再除以发行在外的普通股平均股数,它反映了普通股获得的现金股利的多少。其计算公式为

$$每股股利 = (现金股利总额 - 优先股股利) \div 发行在外的普通股平均股数$$

每股股利的高低,不仅取决于公司获利能力的强弱,还取决于公司的股利政策和现金是否充裕。倾向于分配现金股利的投资者,应当比较分析公司历年的每股股利,从而了解公司的股利政策。

(4) 股利发放率。

股利发放率,也称股利支付率,是普通股每股股利与每股利润的比率。它表明股份公司的净收益中有多少用于股利的分派。其计算公式为

$$股利发放率 = 每股股利 \div 每股利润$$

接上例,假定 ABC 公司 2020 年分配的普通股每股股利为 0.21 元,则该公司的股利发放率为

$$股利发放率 = 0.21 \div 0.84 \times 100\% = 25\%$$

ABC 公司 2020 年的股利发放率为 25%,说明 ABC 公司将利润的 25% 用于支付普通股股利。股利发放率主要取决于公司的股利政策,没有一个具体的标准来判断股利发放率是大好还是小好。一般而言,如果一个公司的现金量比较充裕,并且目前没有更好的投资项目,则可能会倾向于发放现金股利;如果公司有较好的投资项目,则可能会少发股利,而将资金用于投资。

(5) 每股净资产。

每股净资产,也称每股账面价值,是股东权益总额除以发行在外的股票股数。其计算公式为

$$每股净资产 = 股东权益总额 \div 发行在外的股票股数$$

每股净资产并没有一个确定的标准,但是,投资者可以比较分析公司历年的每股净资产的变动趋势,来了解公司的发展趋势和获利能力。接上例,假定 ABC 公司 2020 年年末净资产为 2 430 万元,则 ABC 公司 2020 年的每股净资产为

$$每股净资产 = 2\,430 \div 1\,500 = 1.62(元)$$

(6) 市盈率。

市盈率,也称价格盈余比率或价格与收益比率,是指普通股每股市价与每股利润的比率。其计算公式为

$$市盈率 = 每股市价 \div 每股利润$$

市盈率是反映股份公司获利能力的一个重要财务比率,投资者对这个比率十分重视。这一比率是投资者作出投资决策的重要参考因素之一。一般来说,市盈率高,说明投资者看好该公司的发展前景,愿意出较高的价格购买该公司股票,所以一些成长性较好的高科技公司股票的市盈率通常要高一些。但是,也应注意,如果某一种股票的市盈率过高,则意味着这种股票具有较高的投资风险,比如市价 2 元,每股净收益 0.001 元,则市盈率高达 2000 倍。如果某一种股票的市盈率过低,表明投资者对公司的未来缺乏信心,不愿为每 1 元多付买价。则也意味着这种股票具有较高的投资风险。

由于一般的期望报酬率为 5%~20%,所以正常的市盈率为 5~20 倍。

接上例,假定 ABC 公司 2020 年年末的股票价格为每股 16 元,则其市盈率为

$$市盈率 = 16 \div 0.84 = 19.05$$

(7) 市净率。

市净率,反映每股市价和每股净资产关系的比率。其计算公式为

$$市净率 = 每股市价 \div 每股净资产$$

市净率可用于投资分析。投资者认为,市价高于账面价值时企业资产的质量好,有发展潜力;反之则资产质量差,没有发展前途。优质的股票市价都高出每股净资产许多,一般来说市净率达到3便可以树立较好的公司形象。但是,也应注意,如果某一种股票的市净率过高,则意味着这种股票具有较高的投资风险。市价低于每股净资产的股票,就像售价低于成本的商品一样,属于"处理品"。当然,"处理品"也不是没有购买价值,问题在于该公司今后是否有转机,或者购入后经过资产重组能否提高获利能力。值得注意的是,发放现金股利会影响市净率。

(8) 市销率。

市销率又称为收入乘数,是指每股市价与每股销售收入的比率。其计算公式为

$$市销率 = 每股市价 \div 每股销售收入$$

收入分析是评估企业经营前景至关重要的一步。没有销售,就不可能有收益。这也是最近几年在国际资本市场新兴起来的市场比率,主要用于创业板的企业或高科技企业。在NASDAQ市场上市的公司不要求有盈利业绩,因此无法用市盈率对股票投资的价值或风险进行判断,而用该指标进行评判。同时,在国内证券市场运用这一指标来选股,可以剔除那些市盈率很低但主营又没有核心竞争力而主要是依靠非经常性损益而增加利润的股票(上市公司)。因此该项指标既有助于考察公司收益基础的稳定性和可靠性,又能有效把握其收益的质量水平。目前市场出现了一批公司其证券市场售价显著低于其年销售收入的股票,这里面有较多低估的股票,应当引起投资者关注。

市销率的优点主要有:① 它不会出现负值,对于亏损企业和资不抵债的企业,也可以计算出一个有意义的价值乘数;② 它比较稳定、可靠,不容易被操纵;③ 收入乘数对价格政策和企业战略变化敏感,可以反映这种变化的后果。

市销率的缺点主要有:① 不能反映成本的变化,而成本是影响企业现金流量和价值的重要因素之一;② 只能用于同行业对比,不同行业的市销率对比没有意义;③ 目前上市公司关联销售较多,该指标也不能剔除关联销售的影响。国外大多数价值导向型的基金经理选择的范围都是"每股价格/每股收入 = 1"之类的股票。若这一比例超过 10 时,认为风险过大。如今,标准普尔 500 指数这一比例的平均值为 1.7 左右。这一比率也随着行业的不同而不同,软件公司由于其利润率相对较高,他们这一比例为 10 左右;而食品零售商则仅为 0.5 左右。

三、企业营运能力分析

资产管理比率是用来衡量公司在资产管理方面的效率的财务比率。资产管理比率包

括:存货周转率、应收账款周转率、营业周期、流动资产周转率、固定资产周转率和总资产周转率。资产管理比率又称运营效率比率。

1. 存货周转率

在流动资产中,存货所占的比重较大。存货的流动性将直接影响企业的流动比率,因此,必须特别重视对存货的分析。存货的流动性,一般用存货的周转速度指标来反映,即存货周转率或存货周转天数。

存货周转率是衡量和评价企业购入存货、投入生产、销售收回等各环节管理状况伪综合性指标。它是销售成本被平均存货所除而得到的比率,或叫存货的周转次数。用时间表示的存货周转率就是存货周转天数。计算公式为

$$存货周转率 = 销售成本 \div 平均存货$$

$$存货周转天数 = 360 \div 存货周转率 = 360 \div (销售成本 \div 平均存货)$$

$$= (平均存货 \times 360) \div 销售成本$$

式中,销售成本数据来自损益表,平均存货来自资产负债表中的"期初存货"与"期末存货"的平均数。

例 ABC公司2020年度产品销售成本为2644万元,期初存货为326万元,期末存货为119万元。该公司存货周转率为

$$存货周转率 = 2\,644 \div [(326 + 119) \div 2] = 11.88(次)$$

$$存货周转天数 = 360 \div 11.88 = 30(天)$$

一般来讲,存货周转速度越快,存货的占用水平越低,流动性越强,存货转换为现金或应收账款的速度越快。提高存货周转率可以提高企业的变现能力,而存货周转速度越慢则变现能力越差。

存货周转率(存货周转天数)指标的好坏反映存货管理水平,它不仅影响企业的短期偿债能力,也是整个企业管理的重要内容。企业管理者和有条件的外部报表使用者,除了分析批量因素、季节性生产的变化等情况外,还应对存货的结构以及影响存货周转速度的重要项目进行分析,如分别计算原材料周转率、在产品周转率或某种存货的周转率。计算公式如下:

$$原材料周转率 = 耗用原材料成本 \div 平均原材料存货$$

$$在产品周转率 = 制造成本 \div 平均在产品存货$$

存货周转分析的目的是从不同的角度和环节上找出存货管理中的问题,使存货管理在保证生产经营连续性的同时,尽可能少占用经营资金,提高资金的使用效率,增强企业短期偿债能力,促进企业管理水平的提高。

分析该比率应注意的问题是:当一个企业接受一个大订单时,一般先要增加采购,然后依次增加存货和应收账款,最后才引起收入上升。因此,在该订单没有实现销售之前,先表现为存货周转天数增加。这种周转天数增加,没有什么不好。与此相反,预见到销售萎缩时,先行减少采购,依次引起存货周转天数下降。这种周转天数下降不是什么好事,并非资产管理的改善。因此,任何财务分析都以认识经营活动的本来面目为目的,不可根据数据的

高低作简单结论。

2. 应收账款周转率

应收账款和存货一样,在流动资产中有着举足轻重的地位。及时收回应收账款,不仅可以增强企业的短期偿债能力,也反映出企业管理应收账款方面的效率。

反映应收账款周转速度的指标是应收账款周转率,也就是年度内应收账款转为现金的平均次数,它说明应收账款流动的速度。用时间表示的周转速度是应收账款周转天数,也叫平均应收账款回收期或平均收现期,它表示企业从取得应收账款的权利到收回款项、转换为现金所需要的时间。其计算公式为

$$应收账款周转率 = 销售收入 \div 平均应收账款$$

$$应收账款周转天数 = 360 \div 应收账款周转率$$

$$= (平均应收账款 \times 360) \div 销售收入$$

式中,"销售收入"数据来自利润表,是指扣除折扣和折让后的销售净额。以后的计算也是如此,除非特别指明"销售收入"均指销售净额。"平均应收账款"是指未扣除坏账准备的应收账款金额,它是资产负债表中"期初应收账款余额"与"期末应收账款余额"的平均数。有人认为,"销售净额"应扣除"现金销售"部分,即使用"赊销净额"来计算。从道理上看,这样可以保持比率计算分母和分子口径的一致性。但是,不仅财务报表的外部使用人无法取得这项数据,而且财务报表的内部使用人也未必容易取得该数据,因此,把"现金销售"视为收账时间为零的赊销,也是可以的。只要保持历史的一贯性,使用销售净额来计算该指标一般不影响其分析和利用价值。因此,在实务上多采用"销售净额"来计算应收账款周转率。

例 ABC公司2020年度销售收入为3 000万元,年初应收账款余额为200万元,年末应收账款余额为400万元。依上式计算应收账款周转率为

$$应收账款周转率 = 3\,000 \div [(200 + 400) \div 2] = 10(次)$$

$$应收账款周转天数 = 360 \div 10 = 36(天)$$

一般来说,应收账款周转率越高,平均收账期越短,说明应收账款的收回越快。否则,企业的营运资金会过多地呆滞在应收账款上,影响正常的资金周转。影响该指标正确计算的因素有:第一,季节性经营的企业使用这个指标时不能反映实际情况;第二,大量使用分期付款结算方式;第三,大量地使用现金结算的销售;第四,年末大量销售或年末销售大幅度下降。这些因素都会对该指标计算结果产生较大的影响。财务报表的外部使用人可以将计算出的指标与该企业前期指标、行业平均水平或其他类似企业的指标相比较,判断该指标的高低。但仅根据指标的高低分析不出上述各种原因。

例 某企业2020年初赊销4 000万元,到2020年年底正好收回,从应收账款周转天数来说,正好为0,但该应收款实际天数为365天。

分析该指标时,还应考虑企业的信用政策。

例 A企业的应收账款周转天数是18天,信用期为20天;B企业的应收账款周转天数为15天,信用期为10天。尽管A企业的应收账款周转天数大于B企业,但A企业收款业绩优于B企业。

3. 营业周期

营业周期是指从取得存货开始到销售存货并收回现金为止的这段时间。营业周期的长短取决于存货周转天数和应收账款周转天数。营业周期的计算公式如下：

$$营业周期 = 存货周转天数 + 应收账款周转天数$$

把存货周转天数和应收账款周转天数加在一起计算出来的营业周期，指的是需要多长时间能将期末存货全部变为现金。一般情况下，营业周期短，说明资金周转速度快；营业周期长，说明资金周转速度慢。

4. 流动资产周转率

流动资产周转率是销售收入与全部流动资产的平均余额的比值。其计算公式为

$$流动资产周转率 = 销售收入 \div 平均流动资产$$

其中：

$$平均流动资产 = (年初流动资产 + 年末流动资产) \div 2$$

例 续前例，ABC 公司 2020 年年初流动资产为 610 万元，年末流动资产 700 万元。依上式计算流动资产周转率为

$$流动资产周转率 = 3\,000 \div [(610 + 700) \div 2] = 4.58(次)$$

流动资产周转率反映流动资产的周转速度。周转速度快，会相对节约流动资产，等于相对扩大资产投入，增强企业盈利能力；而延缓周转速度，需要补充流动资产参加周转，形成资金浪费，降低企业盈利能力。

5. 固定资产周转率

固定资产周转率是销售收入与平均固定资产余额的比值。其计算公式为

$$固定资产周转率 = 销售收入 \div 平均固定资产余额$$

这一比率表示固定资产全年的周转次数，用以测知公司固定资产的利用效率。其比率越高，表明固定资产周转速度越快，固定资产的闲置越少；反之则不然。当然，这一比率也不是越高越好，太高则表明固定资产过分投资，会缩短固定资产的使用寿命。

6. 总资产周转率

总资产周转率是销售收入与平均资产总额的比值。其计算公式为

$$总资产周转率 = 销售收入 \div 平均资产总额$$

其中：

$$平均资产总额 = (年初资产总额 + 年末资产总额) \div 2$$

例 续前例，2020 年年初总资产为 1 680 万元，年末总资产 2 000 万元。依上式计算总资产周转率为

$$总资产周转率 = 3\,000 \div [(1\,680 + 2\,000) \div 2] = 1.63(次)$$

该项指标反映资产总额的周转速度。周转越快，反映销售能力越强。企业可以通过薄利多销的办法，加速资产的周转，带来利润绝对额的增加。

总之，各项资产的周转指标用于衡量企业运用资产赚取收入的能力，经常和反映盈利能力的指标结合在一起使用，可全面评价企业的盈利能力。

值得注意的是，对于"不务正业"的公司，资产周转指标评价企业盈利能力有时可能出现一些不合理现象。比如×××公司2020年3季报显示，截至2020年9月30日，公司总资产753.22亿元，其中交易性金融资产和长期股权投资合计167.92亿元，同期利润表显示，营业收入86.60亿元，投资收益57.20亿元，净利润55.57亿元，可以看出净利润主要来自投资收益，但该公司同期总资产周转率只有0.111次。

四、企业发展能力分析

企业的发展在很大程度上取决于其资产规模、销售和利润的增长情况，发展能力是指通过企业有关增长率的指标所反映出来的企业扩张能力和持续发展能力。反映企业发展能力的指标主要有销售增长率、总资产增长率、净利润增长率和资本增长率。

1. 销售增长率

销售增长率是指企业本年销售增长额同上年销售额的比率。销售增长率表示与去年相比，企业销售收入的增减变动情况，是评价企业发展状况和发展能力的重要指标。计算公式如下：

$$销售增长率 = 本年销售增长额 \div 上年销售额 \times 100\%$$

从销售增长率公式可以看出，该指标反映的是相对的销售收入增长情况，与计算绝对量的企业销售收入增长额相比，消除了企业营业规模对该项目的影响，更能反映企业的发展情况。假定A公司上年销售收入2 900万元，本年销售收入3 050万元，则

$$销售增长率 = (3\,050 - 2\,900) \div 2\,900 \times 100\% = 5.17\%$$

利用该指标进行企业发展能力分析需要注意的问题是：

（1）销售增长率是衡量企业经营状况、预测企业经营业务拓展趋势的重要指标，也是企业增长和资本增加的重要前提。不断地增加销售收入，是企业生存的基础和发展的条件。

（2）该指标如果大于0，表示企业本年的销售收入有所增长，指标值越高，表明增长速度越快，企业市场前景越好；如果指标小于0，说明企业产品要么没有适销对路，要么价高质低。等等。

（3）该指标在实际操作时，需要结合企业的历史数据和同行业的数据分别进行纵向和横向的比较，以本期、历史水平和行业平均水平作为比较标准来进行分析。

（4）销售增长率作为相对量指标，也会受到增长基数的影响。如果上年销售额特别小，那么即使增长的绝对值并不大也会引起该指标出现较大数值。所以，该指标不适合于规模相差悬殊的企业之间进行比较，并且需要结合销售增长额这个绝对值进行分析。

2. 总资产增长率

总资产增长率是企业报告期总资产增长额与基期总资产额的比率。其计算公式为

$$总资产增长率 = 报告期总资产增长额 \div 基期总资产额 \times 100\%$$
$$= 报告期总资产 \div 基期总资产 - 1$$

式中，报告期总资产增长额是报告期总资产与基期总资产的差额。

企业资产总额的多少是衡量其实力的重要标志,总资产增长率自然在一定程度上能够体现企业的成长速度,该指标是从资产总量扩张方面衡量企业的持续发展能力,说明企业规模增长水平对企业发展后劲的影响,该指标越高表明企业资产经营规模扩张的速度越快。

3. 净利润增长率

净利润增长率是企业报告期利润增长额与基期净利润的比率。其计算公式为

$$净利润增长率 = 报告期净利润增长额 \div 基期净利润 \times 100\%$$
$$= 报告期净利润 \div 基期净利润 - 1$$

式中,报告期净利润增长额是报告期净利润与基期净利润的差额。

企业的积累、发展和给投资者的回报,主要取决于净利润,所以,净利润增长率也是考察企业成长能力的重要指标,该指标越高,说明企业积累越多,持续发展能力越强。

4. 资本增长率

资本增长率是企业报告期所有者权益与基期期末所有者权益的比率。其计算公式为

$$资本增长率 = 报告期所有者权益增加额 \div 基期期末所有者权益 \times 100\%$$
$$= 报告期期末所有者权益 \div 基期期末所有者权益 - 1$$

式中,报告期所有者权益增加额是报告期期末所有者权益与基期期末所有者权益的差额。

如果资本增长率=0,则称资本保值;如果资本增长率>0,则称资本增值。

企业资本额的多少是企业发展和负债融资的基础和保证,资本增长率从资本扩张方面衡量企业的持续发展能力,该指标越高表明企业资本规模扩张的速度越快。

需要注意的是,并非企业的增长率越快越好,过快和过大的扩张可能给企业带来潜在的风险,只有符合企业实际的适当的增长速度才是有益的。一方面,净资产就是股东权益的积累,随着企业的发展,收入的增加,企业的累计盈余也会增加,其增加速度反映了股东权益的增长速度,从而体现了企业的发展速度。另一方面,净资产规模的增长也包含这有新投入的资金,说明股东对企业的期望较高,也能反映企业的发展前景。

【案例 2-4】 A 公司发展能力分析

A 公司 2011~2015 年的主营业务收入增长率、净利润增长率、资本保值增值率如表 2-6 所示。

表 2-6　A 公司 5 年的主营业务收入增长率、净利润增长率和资本保值增值率

	2011 年	2012 年	2013 年	2014 年	2015 年
主营业务收入增长率	26%	28%	30%	45%	48.5%
净利润增长率	6%	9%	11%	15.18%	18.7%
资本保值增值率	1.1	1.2	1.1	1.0	1.32

从表 2-6 可以看出,A 公司 2011 年主营业务收入增长率是 26%,2012 年是 28%,2013 年是 30%,2014 年是 45%,2015 年是 48.5%。如果从这个指标的增长数值来看,A 公司的业务发展速度是比较快的,呈逐年上升趋势,这个企业应该有一个比较好的发展能力。

A 公司 2011 年的盈利额增长 6%,2012 年增长 9%,2013 年增长 11%,2014 年增长

15.18%,2015年增长18.7%。从盈利角度来看,每年都呈上升趋势。

其2011年资本保值增值率是1.1,2012年是1.2,2013年是1.1,2014年是1.0,2015年是1.32。基本上是呈上升趋势,而且保值增值率大于1,说明企业在增值。

以上数据表明,从业务角度讲,A公司是具有成长性的;从盈利额的角度来讲,其呈逐年上升的趋势,也具有一定的成长性;从资本保值增值率这个角度来讲,它一直是保值增值。从总体来看,这个企业有一个比较好的发展能力。

我们在上面已讨论的比率计算,如何使用它们呢?如果比率值没有通用的正确值,那如何解释它们呢?你如何判断一家公司是否健康?有三种途径:将比率与单凭经验的判断作比较;将比率与行业平均水平作比较;或者,寻求比率在时间上的变化。抽象地讲,将比率与单凭经验的判断作比较,其长处是简易,但理性上,除此之外没有其他值得推荐的优点。要让单凭经验的判断变得非常有用,一个适合公司的比率值就要过于依赖分析者的眼光及公司所处的特定环境,对于单凭经验来判断所能说的最有积极意义的一点是:数年来,与单凭经验来判断明显相符的公司某种程度上与不相符的公司相比,破产的概率小些。

将一个公司比率与行业平均值作比较,会提供公司与同业竞争者相比存在优劣势的信息。但是,公司由于其自身特殊性而导致与行业标准产生完全情有可原的偏离,这仍然是不争的事实。也就是,无法保证整个行业知道该做些什么。在20世纪30年代的大萧条中,当几乎所有的铁路公司陷入了财务困难时,一个知道自己与同业竞争者境况相似的铁路公司,其感受也定是凄凉的。

趋势分析是一种最有用的评价比率的方法:计算出一个公司多年的比率,并且注意它们随时间推移如何地变化。趋势分析法避免了同业内和行业间比较的需要,能使分析者得出关于公司的财务健康状况及其随时间的变动情况的更为坚定的结论。

五、比率分析存在的问题

1. 比率从哪里来?

大多数比率都来自西方国家,由于西方国家的经济环境和制度与我国不同,因此在西方国家能够使用并作为判断标准的,在我国企业不一定能够使用。

2. 比率的科学性问题

比率是否科学,如应收账款周转率中的应收账款不仅包括赊销形成的应收账款,而且包括尚未收取的增值税销项税额;又如总资产周转率中的总资产,包括长期股权投资,但长期股权投资对企业销售收入没有贡献等。

3. 比率的公平性问题

比率是否公平,一个有大量应收账款但很少应收票据的企业与一个大量应收票据但较少应收账款的企业在应收账款周转率方面的比较,一个有大量计提资产减值的企业与一个较少计提资产减值的企业在资产周转率方面的比较。例如,有甲、乙两家企业生产相同的产品,生产能力一样,本年销售收入也相同,假定都为1亿元。甲企业10年前成立,由于购建固定资产比较早,因此当初的成本比较便宜,再加上折旧等因素,固定资产账面价值较低,仅为2 000万元;而乙企业是刚成立3年的企业,固定资产的购建成本较高,累计折旧提取较少,所以账面价值较高为8 000万元。我们计算甲、乙两家企业固定资产周转率可得,甲企业为10 000/2 000=5(次);乙企业为10 000/8 000=1.25(次)。若我们将两家企业固定资产周转率相比,则会得到乙企业的周转率仅仅为甲企业的1/4,乙企业的资产管理效率似乎远远不如甲企业的结论。

4. 比率的粉饰性及财务造假问题

【案例2-5】 长江公司财务报表的人为粉饰

长江公司是一家盈利能力强、现金充裕的企业,2005年年末企业资产1 000万元,负债为0,因此资产负债率为0。由于企业上级主管部门的考核指标要求资产负债率为50%。为了显示企业资本结构的合理性,便于考核资产负债率指标达到高分值。企业年终编制报表时,从银行借款1 000万元并在下年年初归还,从而达到粉饰当年企业报表的目的。

【案例2-6】 天价罚单、终身禁入,贾跃亭还回得来吗?

证监会2021年4月13日发布的行政处罚书显示,因乐视网存在财务造假、欺诈发行、信息披露违法等行为,证监会决定对乐视网罚款2.406亿元,对贾跃亭罚款2.41亿元,并终身市场禁入,其他责任人也有相应处罚。经证监会调查,乐视网于2007年至2016年财务造假,其报送、披露的申请首次公开发行股票并上市相关文件及2010年至2016年年报存在虚假记载。乐视网2007年虚增收入939.95万元,虚增利润870.23万元;2008年虚增收入4 615.52万元,虚增利润4 308.25万元;2009年虚增收入9 375.76万元,虚增利润8 883.18万元;2010年虚增收入9 961.80万元,虚增利润9 443.42万元;2011年虚增收入6 937.65万元,虚增利润6 529.13万元;2012年虚增收入8 965.33万元,虚增利润8 445.10万元;2013年虚增收入19 998.17万元,虚增利润19 339.69万元;2014年虚增收入35 194.19万元,虚增利润34 270.38万元;2015年虚增收入39 922.39万元,虚增利润38 295.18万元;2016年虚增收入51 247.00万元,虚增利润43 276.33万元。

从操作手法来看,首次发行阶段,乐视网通过虚构业务及虚假回款等方式虚增业绩以满足上市发行条件,主要是通过贾跃亭实际控制的公司虚构业务,并通过贾跃亭控制的银行账户构建虚假资金循环的方式虚增业绩,同时,乐视网还虚构与第三方公司业务,并通过贾跃亭控制的银行账户构建虚假资金循环的方式虚增业绩。在与客户真实业务往来中,通过冒充回款等方式虚增业绩。乐视网上市后,财务造假更为频繁,包括虚构广告业务确认收入,无形资产冲抵全部或部分应收账款,虚构与第三方公司业务,与客户签订并未实际执行的广告互换框架合同或虚构广告互换合同确认业务收入,通过贾跃亭控制银行账户构建虚假资金循环的方式虚增业绩等方式,相应虚计成本和利润。

不仅如此,贾跃亭还履行公开承诺,于2015年分两次减持乐视网股票,减持前贾跃亭持有8.18亿股,占总股本的44.21%。并承诺将其所得全部借给公司作为营运资金使用,乐视网可在规定期限内根据流动资金需要提取使用,借款期限将不低于60个月,免收利息。乐视网2015年年报、2016年年报将减持资金借予上市公司的承诺履行情况进行了披露,称贾跃亭在报告期遵守了所做借款的承诺。

然而事实并非如此,贾跃亭收到减持款项税后所得26亿元转给乐视网,随后在短期内通过复杂划转将大部分资金分批转到贾跃亭、贾某芳、贾跃民、乐视控股等非上市公司体系银行账户。梳理资金流向后,贾跃亭此次减持资金26亿元仅有6.3亿元留在了乐视网,其余去向贾跃亭控制账户。不仅如此,自2015年6月15日至2017年5月10日,乐视网从贾跃亭处发生多次借款,但均被频繁抽回,并未履行承诺。

证监会决定,乐视网和贾跃亭分别领了约2.4亿元的罚单,其中贾跃亭和时任财务总监的杨丽杰被终身证券市场禁入,其他责任人也分别领了5万~40万元的罚款,和相应的市场禁入年限。

（资料来源：中国经济网。）

5. 对比基数问题

（1）同行业为基数,由于企业实行多种经营,没有明确的行业归属,同业对比就更困难,另外同行业平均数谁去计算。

（2）不同时期为基数,不同时期经营的环境是变化的。

（3）计划、预算为基数,计划、预算本身就不合理等。

第三节　财务综合分析

财务综合分析是指对具有内在联系的各种财务指标进行系统性分析,以便对企业的财务状况和经营成果作出整体性的评价。

一个公司的财务状况的好坏不是某一个指标所能说明清楚的,而是由一系列有代表性的财务指标体系予以揭示的。在这个体系中,既有反映公司偿债能力的比率指标,又有反映公司资产营运能力的比率指标和获利能力的比率指标,每个指标都是从不同角度来实施其评价功能。可见,将这些指标运用一定的技巧综合起来,就可以对公司各方面的财务状况有一个总括的认识。

一、杜邦财务分析

杜邦财务分析方法是由美国杜邦公司的经理创造的,故称为杜邦分析法。该方法利用各种财务指标之间业已存在的相互依存、相互联系的内在关系,从权益利润率(净资产收益率)这一核心指标出发,通过对影响此指标的各因素的分析,以达到对公司总体财务状况和经营成果进行评价的目的。杜邦分析法是借助杜邦分析图(图 2-1)进行的。

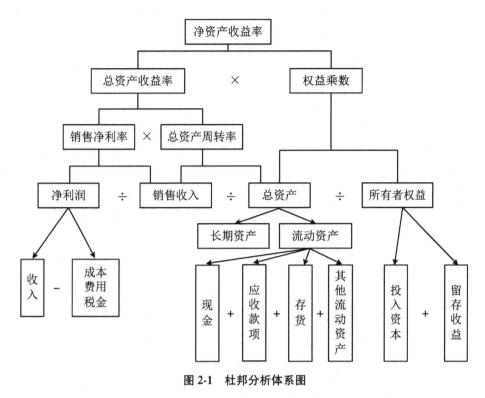

图 2-1 杜邦分析体系图

净资产收益率 = 总资产收益率 × 权益乘数
总资产收益率 = 销售净利率 × 总资产周转率
销售净利率 = 净利润 ÷ 销售收入
总资产周转率 = 销售收入 ÷ 总资产
净利润 = 收入 − 成本 − 费用 − 税金
总资产 = 流动资产 + 长期资产
净资产收益率 = 销售净利率 × 总资产周转率 × 权益乘数

计算公式结果显示：公司净资产收益率的高低受三个因素的影响，它们是销售净利率、总资产周转率及权益乘数。指标分解，便于分析者将影响权益利润率的因素具体化，明确管理目标。杜邦分析法主要作用在于解释各主要指标的变动原因及揭示各项比率之间的关系。

在杜邦分析图中，净资产收益率是综合性最强的财务比率，是整个杜邦系统的核心指标。净资产收益率反映了公司所有者投入资本及相关权益的获利水平，是所有者利益得以保障的基本前提。所以，投资者十分重视该指标。公司经营者在日常管理中也以提高该指标为其理财目标。该指标的大小不仅受公司盈利能力的影响，而且还受到公司资产的周转营运能力及资本结构状况的影响。

总资产收益率反映公司全部投资的获利程度，在财务指标体系中占有重要地位，该指标受公司销售净利率和总资产周转率两个因素的制约。销售净利率揭示每销售 1 元产品所获取利润的大小。根据杜邦分析图,要提高销售净利率,可以通过合理调整公司产品品种结构,提高综合利润率水平,

扩大销售收入,不断降低单位收入中的固定成本水平,或不断降低产品的制造成本,控制成本费用开支结构等。

总资产周转率反映公司资产占用水平与实现的收入之间的关系。总资产周转率大小取决于诸多方面的因素,在进行分析时,首先要注意分析公司资产结构是否合理,因为公司的销售能力主要取决于公司的固定资产水平,而流动资产起保障作用,如果资产配备过于保守,则将导致固定资产所占比重过低,从而限制了产品的生产销售能力;其次,长期资产的获利能力虽然较高,但其流动性较差,置存过多的长期资产,会限制公司的偿债能力。任何公司在进行资产结构安排和调整时,都需权衡利弊;最后,资产的利用效率也必然影响资产周转率,要注意分析固定资产的利用程度,是否有闲置资产的存在,现金、应收账款及存货等周转情况是否正常,否则不仅影响资产的周转率,而且还必然影响公司的偿债能力。

权益乘数反映公司总资产与所有者权益之间的关系。权益乘数主要受公司资本结构的影响,表明公司对负债经营的利用程度,当资产负债比率较高时,权益乘数就大,此时公司负债程度较高,可能为公司带来较多的杠杆收益,但同时也给公司带来较大的财务风险。关于资本结构的分析,在前面章节已经详细介绍,这里不再重复。

上述杜邦分析图是根据公司全部利润和全部资产计算得出的指标编排的,没有剔除与公司经营无关的因素,如与营业无关的其他利润和非经营性资产。如果分析者能在实际分析中加以考虑,则计算结果将更具相关性和说服力。

例 江淮公司 2018 年、2019 年净资产收益率有关资料如表 2-7 所示,试根据有关资料,对该企业进行杜邦分析。

表 2-7 江淮公司有关财务指标

指标	2018 年	2019 年
销售毛利率	48%	47%
销售净利率	17.45%	14.96%
应收账款周转率	1.91	2.05
存货周转率	5.18	3.58
固定资产周转率	3.18	3.46
总资产周转率	0.36	0.35
权益乘数	1.25	1.4

经过计算:

2018 年净资产收益率 = 17.45% × 0.36 × 1.25 = 7.852 5%

2019 年净资产收益率 = 14.96% × 0.35 × 1.4 = 7.330 4%

2019 年净资产收益率为 7.330 4%,2018 年净资产收益率为 7.852 5%,2019 年比 2018

年下降 = 7.330 4% - 7.852 5% = -0.522 1%，利用因素替换分析法或差额计算分析法分析。

(1) 销售净利率变动影响 = (14.96% - 17.45%) × 0.36 × 1.25 = -1.120 5%。
(2) 总资产周转率变动影响 = (0.35 - 0.36) × 14.96% × 1.25 = -0.187%。
(3) 权益乘数变动影响 = (1.4 - 1.25) × 14.96% × 0.35 = 0.785 4%。

从净资产收益率指标看，净资产收益率下降，主要是销售净利率下降和总资产周转率下降引起的，权益乘数不但没有下降，而且在上升。

销售净利率的进一步分析，如表 2-8 所示。

表 2-8 销售净利率分析

指标	2019 年	2018 年	对比	结果说明
销售毛利率	47.00%	48.00%	下降	成本上升
销售净利率	14.96%	17.45%	下降	
销售毛利率-销售净利润率	32.04%	30.55%	上升	费税上升

总资产周转率的进一步分析，如表 2-9 所示。

表 2-9 总资产周转率的进一步分析

指标	2019 年	2018 年	对比	结果说明
总资产周转率	0.35	0.36	下降	
应收款周转率	2.05	1.91	上升	
存货周转率	3.58	5.18	下降	存货增加
固定资产周转率	3.46	3.18	上升	

权益乘数上升进一步分析，主要是企业负债增加引起的。

通过上述分析，发现江淮公司存在的问题有：① 成本上升；② 费税上升；③ 存货增加；④ 负债增加，风险加大。

二、可持续增长率分析

随着增长的提高，企业的市场股票价值与利润也必将增加。但快速的增长会使一个公司的资源变得相当紧张，因此，除非管理层意识到这一结果并且采取积极的措施加以控制，否则，快速增长可能导致破产。

为公司发展的需要筹资一般通过两种途径：内部通过留存收益；外部通过发行股票或借款。因为外部筹资比内部筹资成本高，所以公司尽可能利用内部创造的资金。

1. 可持续增长率(self-sustainable growth rate)

可持续增长率是指公司不发行新股票，不改变营业政策(销售利润率和资本周转率)和筹资政策时，其销售的最大增长率。

$$可持续增长率 = 所有者权益增长率$$

$$= \frac{所有者权益变动率}{期初所有者权益} = \frac{留存收益}{税后利润} \times \frac{税后利润}{所有者权益}$$

$$= 收益留存率 \times 权益净利率$$

$$= 销售净利率 \times 总资产周转率 \times 收益留存率 \times 权益乘数$$

$$收益留存率 = 1 - 股利支付率$$

(1) 销售净利率。销售净利率的增加会提高企业创造内部资金的能力,从而促进企业的可持续发展。

(2) 总资产周转率。公司资产周转率提高了,那么每一元资产所产生的销售收入也增加了。销售的增加会减少公司对新资产的需要,这样就会提高可持续发展速度。应注意到,提高资产周转率的作用同减少资本密度带来的效果一般相同。

(3) 财务政策。负债-权益比率的增加会提高公司的财务杠杆。这样就使额外的负债融资成为可能,从而提高可持续增长率。

(4) 股利政策。支出的股利占净利润百分比的减少将会提高盈余保留比率。这种提高能从内部创造股东权益,从而促进企业内部资源利用以及可持续的发展。

可持续增长率是一个极其有用的数据。它明确解释了公司四大主要方面的关系:由销售利润率所衡量的获利能力,由总资产周转率所衡量的资产利用效率,为负债-权益比率所衡量的财务政策,以及为盈余保留比率所衡量的股利政策。倘若销售收入的增长率高于可持续增长率,公司就必须提高其销售利润率,提高其总资产周转率,提高其财务杠杆,增加其盈余保留比率,或是发行新股募集增量资金。

可持续增长率的特点有:

(1) 可持续增长率由四个比率相乘,销售净利率、总资产周转率代表经营业绩;收益留存率、权益乘数代表财务政策。

(2) 一个公司的销售不按可持续增长率的任何比率增长,这当中的一个或多个比率就必须改变。

(3) 如果公司按超过它的可持续增长率增长,它最好能够改善经营政策或准备转变它的财务政策。

(4) 实际增长超过可持续增长时,说明公司现金不足;实际增长低于可持续增长时,说明现金多余。

2. 平衡增长

$$可持续增长率(G) = 收益留存率 \times 权益乘数 \times 销售净利率 \times 总资产周转率$$

$$= 财务政策 \times 总资产收益率 = RT \times ROA$$

当财务政策稳定时,可持续增长率与资产收益率呈线性关系。

我们把 $G = 稳定财务政策 \times ROA$,这条线称为"平衡增长"线。因为在这条线上,公司可以自我筹资而获得平衡。偏离该线都会不平衡,出现现金多出或不足。

如果公司出现不平衡增长,可以采取以下三种措施:

(1) 改变增长率。

(2) 转变总资产收益率。

(3) 修正财务政策。

3. 实际增长超过可持续增长的政策

(1) 发售新股或配股,或吸收新的投资人投资。

(2) 提高财务杠杆,增加负债,如发行债券或长期借款。

(3) 削减股利支付率,少支付股利,多留存利润。

(4) 有益的剥离。

① 出售一些资产获取可支付生产经营中所需的现金。

② 通过摒弃某些增长资源减少实际的销售增长。

(5) 减少存货占用,加速应收账款回收,避免资产套住,提高资产周转率。

(6) 提高产品销售价格,减少销售增长。

(7) 兼并一些有能力提供需要现金的企业。如:①在交易中以"现金牛"出名的成熟期的企业。他们正为多余的现金流量寻找有利的投资机会。②相对保守,但能够给双方的结合带来变现性和借贷能力的财务公司。

4. 实际增长低于可持续增长政策

如果是短期的暂时问题,只要简单地继续累积资源以盼望未来的增长即可。如果是长期的问题,可能是整个行业缺乏增长(成熟市场的自然结局),或可能是企业独有的问题。如果是企业独有的问题,就应该在企业内寻找不充分增长的理由和新增长的可行渠道。

如果一个企业无法通过自身创造出充分的增长时,它有以下几种选择:

(1) 暂时忽略问题,继续投资于它的核心生产经营,或简单的高枕无忧。

(2) 把钱还给股东,解决闲置资源问题最为直接的办法是通过增加股利或股票回购。

(3) 购买增长,处于对收购者的惧怕和挽留人才精英等的考虑,要在其他行业经营搞多元化,有计划地在其他更有活力的行业里寻找物有所值的增长机会。通常的做法是收购现有企业。

5. 可持续增长与通货膨胀

在通货膨胀情况下,一个企业用于支撑由通货膨胀引起的一元增长所必需花的钱大约相当于为支撑一元实际增长所要求的投资。因为在通货膨胀情况下,企业保持同样数量的存货,但投资增加;由于售价提高,客户购买同样数量的商品,应收账款投资也增加;固定资产投资也增加,只不过时间有些滞后。这样由通货膨胀引起的资产增加必须给予资金保证。通货膨胀对企业的财务影响是:

(1) 增加了所需要的外部资金。

(2) 在缺乏新的权益筹资情况下,提高了企业的负债和权益比率。

例 接前例,江淮公司2019年净资产收益率为7.3304%,每股收益0.37元,每股分红0.1元,则股利支付率为27%,可持续增长率=净资产收益率×(1-股利支付率)=5.35%。如果企业实际销售增长率为32.77%,则实际销售增长率大于可持续增长率。说明增长快了,下一步企业面临筹资问题。

三、分数法分析

1. F 分数模式

F 分数模式,可以用于财务危机的预警分析。F 值的计算公式如下:

$$F = -0.1774 + 1.1091X_1 + 0.1074X_2 + 1.9271X_3 + 0.0302X_4 + 0.4961X_5$$

式中,X_1=(期末流动资产-期末流动负债)÷期末总资产=期末营运资金÷期末总资产(用于反映流动性);

X_2=期末留存盈利÷期末总资产(反映企业的积累能力和全部资产中来自留存盈利的比重);

X_3=(税后净利+折旧)÷平均总负债(反映现金流量的还债能力);

X_4=期末股东权益的市场价值÷期末总负债(反映财务结构);

X_5=(税后净利+折旧+利息)÷平均总资产(反映企业总资产创造现金流量的能力)。

若 $F>0.0274$,企业可继续生存,否则将被预测为破产公司,根据对我国 4 160 家公司的检查,准确率为 70%。

2. 奥特曼函数预测模式

该模式是通过以下的 Z 值来判断公司破产的概率:

$$Z = 0.012X_1 + 0.014X_2 + 0.033X_3 + 0.006X_4 + 0.999X_5$$

式中,X_1=营运资金÷资产总数;

X_2=累计留存盈利÷资产总额;

X_3=息税前利润÷资产总额;

X_4=股票市价÷负债账面价值;

X_5=销售收入÷资产总额。

若 $Z>2.99$,破产概率低;若 $Z<1.81$,破产概率高;若 Z 值介于 1.81~2.99 范围,属于未知区域,较难估计破产的可能性,应结合其他方法具体分析。

【案例 2-7】 根据国通管业 2010~2012 年的有关资料,计算出国通管业 2010~2012 年 F 值和 Z 值如表 2-10 所示。

表 2-10　国通管业 2010~2012 年 F 值和 Z 值

项目	2010 年	2011 年	2012 年
Z 值	0.6210	0.5354	0.6114
F 值	0.2623	-0.1511	0.0540

3. 评分法

评分法,也叫财务比率综合分析法,适合于同行业、同类型企业之间的评比。这种方法是在各类财务指标中选择若干个,每个指标确定一个标准分数,满分为 100 分。各指标要适当规定一个标准值,可根据同行业的标准或分析者的要求而定。再根据各指标的实际值与标准值的关系比率求出该指标的实得分数,最后再求出实得总分数。若实得总分在 90 分以上为优,表明企业的财务状况居佳,80~89 分为良,60~79 分为中,60 分以下为差。

第四节 企业绩效评价

所谓企业绩效评价,是指运用数理统计和运筹学原理,特定指标体系,对照统一的标准,按照一定的程序,通过定量定性对比分析,对企业一定经营期间的经营效益和经营者业绩作出客观、公正和准确的综合评判。有效的绩效评价是企业经营管理中不可分割的重要组成部分,它通过定期或不定期地对企业的生产经营活动进行计量评价,帮助企业发现经营管理中的薄弱环节,提出改进措施和目标,使企业得以长足进步。

一、企业绩效评价的作用

1. 有利于政府部门转变职能,建立新型的政企关系

机构改革后,政府主要履行宏观调控职能,对企业实行间接管理,不再干预企业的具体经营活动。而政府承担着国有资产所有者和社会经济管理者的双重职能,这就要求在政府和企业之间建立起一种新型的政企关系。对企业实施绩效评价,为建立这种新型关系提供了一种现实的选择。

2. 有利于正确引导企业的经营行为

企业效绩评价包括企业获利能力、基础管理、资本运营、债务状况、经营风险、长期发展能力等多方面的内容评价,可以全面系统地剖析企业生产经营和发展中存在的困难和问题,全方位地判断企业的真实状况。通过评价可以促使企业找准着力点,克服短期行为,将近期利益和长远目标结合起来。

3. 有利于加强对经营者业绩的考核

开展效绩评价,可以对经营者的业绩进行全面、正确的评价,为组织、人事部门进行经营者的业绩考核、选择、奖惩和任免,提供充分的依据,有利于经营管理阶层的优胜劣汰,推动我国职业企业家队伍的建设。

4. 有利于增强企业形象意识,提高竞争实力

对企业实施效绩评价,并提供和发布评价结果,按规定将企业有关的情况提交有关方面参考或公之于众,这一方面可以强化对企业外部监督和社会监督,另一方面也使企业更加注重改善其市场形象,有助于增强企业的市场竞争力。就企业绩效评价工作本身而言,评价是手段,服务是关键,管理是目的,质量是根本,它是符合社会主义市场经济体制,符合国际惯例,符合新形势下加强企业及国有资本监管需要的有生命力的工作。

二、我国企业绩效评价

对企业的经营业绩进行评价，在西方发达国家已出现多年，作为一项有效的企业监管制度，已成为市场经济国家监督约束国有（公营）企业的重要手段。在我国建立社会主义市场经济体制的过程中，也经历了一个由"考核"逐步向"评价"演变的历史过程。改革开放前，我国对企业经营效绩的评价称为"考核"，主要局限于对工业经济的运行效果进行考核，考核的指标以工业企业的产值、产品产量、企业规模等少数几个指标为主，考核方法是将企业的年终完成结果与年初计划简单比较，以此确定企业经营成果。改革开放初期，推行承包经营责任制，考核指标主要是利润完成情况和上缴利润情况，考核方法是以企业的实际完成情况与承包指标对比，从而确定经营业绩。进入20世纪90年代，随着我国社会主义市场经济体制的逐步建立，国有企业改革进一步深化，政企关系发生了深刻的变化，政府对国有企业的管理方式由以层层审批、行政计划干预为主的直接管理，逐步向以宏观调控、政策导向为主的间接管理过渡。在这种背景下，政府开始积极探索对国有企业实行间接管理的有效方法、途径，重新检讨和研究对企业效绩的评价、考核办法。1992年，国家计委、国务院生产办、国家统计局联合下发了工业经济评价考核六项指标，其考核对象是全国工业经济或区域工业经济的整体运行效益。1995年，财政部发布了企业经济效益评价指标体系，这套体系要求企业年终依据财务决算资料，运用十项指标进行自我评价。1997年，国家经贸委、国家计委、国家统计局三个部门进一步改进了工业经济评价考核指标，将原来的六项指标调整为七项指标，考核评价工业经济的整体运行情况。总体来看，20世纪90年代以后出台的企业考核、评价办法与以前的有关办法相比，由原来以规模、产量等总量指标为主，开始转向以企业经营效益为中心，在评价内容和评价指标上已经有了较大的改进，但仍然存在不少问题亟待解决。如：指标过于简单，不够全面系统，难以对评价结果准确的量化计分；由于没有一套可供比较的标准值，在对具体微观企业进行评价时，缺乏可操作性；评价体系缺少层次，缺乏灵活性、适用性，限制了评价体系的应用范围等。

为解决企业评价体系、办法中存在的各种问题，真正按照市场经济的要求，发挥政府的监管作用，使效绩评价成为促进建立企业激励和约束机制的重要手段，财政部等四部委于1999年出台了"效绩评价规则""效绩评价操作细则""效绩评价指标解释""效绩评价计分方法"等一系列法规，标志着我国第一套由政府颁布的完整、规范、系统的企业评价体系正式建立。

1. 企业经济效益评价

1995年财政部颁布了一套企业经济效益评价指标体系，主要包括：

(1) 销售利润率＝利润总额÷产品销售收入净额。

(2) 总资产报酬率＝息税前利润总额÷平均资产总额。

(3) 资本收益率＝净利润÷实收资本。

(4) 资本保值增值率＝期末所有者权益总额÷期初所有者权益总额。

(5) 资产负债率＝负债总额÷资产总额。

(6) 流动比率(或速动比率) = 流动资产(或速动资产) ÷ 流动负债。

(7) 应收账款周转率 = 赊销净额 ÷ 平均应收账款余额。

(8) 存货周转率 = 产品销售成本 ÷ 平均存货成本。

(9) 社会贡献率 = 企业社会贡献总额 ÷ 平均资产总额。

(10) 社会积累率 = 上交国家财政总额 ÷ 企业社会贡献总额。

上述指标可以分成四类：(1)~(4)项为获利能力指标，(5)~(6)项为偿债能力指标，(7)~(8)项为营运能力指标，(9)~(10)项为社会贡献指标。

该套指标体系的综合评分一般方法如下：

(1) 以行业平均先进水平为标准值。

(2) 标准值的重要性权数总计为100分，其中销售净利率15分、总资产报酬率15分、资本收益率15分、资本增值率10分、资产负债率5分、流动比率5分、应收账款周转率5分、存货周转率5分、社会贡献率10分、社会积累率15分。

(3) 根据企业财务报表，分项计算10项指标的实际值，然后加权平均计算10项的综合实际分数。计算公式如下：

$$综合实际分数 = \sum(权数 \times 关系比率)$$

其中关系比率总的来说是实际值与标准值的比率。具体计算要分三种情况。

① 凡实际值大于标准值为理想的，计算公式如下：

$$关系比率 = 1 + (实际值 - 标准值) \div 标准值$$

② 凡实际值小于标准值为理想的，计算公式如下：

$$关系比率 = 1 + (标准值 - 实际值) \div 标准值$$

③ 凡实际值脱离标准值均为不理想的，计算公式如下：

$$关系比率 = 1 + (实际值 - 标准值)的绝对值 \div 标准值$$

2. 国有资本金效绩评价

1999年财政部、国家经贸委、人事部和国家计委联合发布《国有资本金效绩评价规则》。并于2002年进行了修订，建立了"国有资本金绩效评价体系"。这一指标体系由绩效评价制度、绩效评价指标、绩效评价标准、绩效评价组织四个子系统构成。其中，绩效评价指标包括企业财务状况、资产运营状况、偿债能力状况、发展能力状况四个子系统，每个子系统由若干个指标构成。绩效评价标准是在全国范围内测算的不同行业和不同规模企业各个指标的标准值，每个企业以自己的实际指标值与对应的标准值对比，便可对自己的经营绩效进行评价。

制定《国有资本金效绩评价规则》的目的是"完善国资本金监管制度，科学解析和真实反映企业资产运营效果和财务效益状况"。国有资本金效绩评价，主要是政府为主体的评价行为，由政府有关部门直接组织实施，也可以委托社会中介机构实施。评价的对象是国有独资企业、国家控股企业。除政府外的其他评价主体，在对其投资对象进行评价时，也可参照本办法进行。

评价的方式分为例行评价和特定评价。例行评价主要针对国有企业，试点的企业集团，国家控股的重要企业,对国家、行业经济发展有重大影响的国有大中型企业。特定评价要针对承包经营、委托经营或租赁经营到期企业,主要领导变动企业,发生重大损失或造成严重社会影响的企业,以及连续三年以上发生亏损的企业。评价的指标体系分为工商企业和金融企业两类,工商企业又分为竞争性企业和非竞争性企业。具体的评价指标分为定量、定性指标两大类,其中的定量指标又分为基本指标和修标两类。表2-11列出竞争性工商企业的评价指标体系,资本金效绩评级见表2-12。

表 2-11 竞争性工商企业的评价指标体系

指标类别(100分)	定量指标(权重80%)		定性指标(权重20%)
	基本指标(100分)	修正指标(100分)	评议指标(100分)
一、财务效益状况 (42分)	净资产收益率(30分) 总资产报酬率(12分)	资本保值增值率(16分) 销售利润率(14分) 成本费用利润率(12分)	领导班子基本素质(20分) 产品市场占有率(18分) 基础管理水平(20分) 员工素质(12分) 技术装备水平(10分) 行业(或地区)影响(5分) 经营发展战略(5分) 长期发展能力预测(10分)
二、资产运营状况 (18分)	总资产周转率(9分) 流动资产周转率(9分)	存货周转率(4分) 应收账款周转率(4分) 不良资产比率(6分) 资产损失比率(4分)	
三、偿债能力状况 (22分)	资产负债率(12分) 已获利息倍数(10分)	流动比率(6分) 速动比率(4分) 现金流动资产比率(4分) 长期资产适合率(5分) 经营亏损挂账率(3分)	
四、发展能力状况 (18分)	销售增长率(9分) 资本积累率(9分)	总资产周转率(7分) 固定资产成新率(5分) 三年利润平均增长率(3分) 三年资产平均增长率(3分)	

表 2-12 资本金效绩评级表

等别	级别	分数
A	A++	100~95
	A+	94~90
	A	89~85
B	B+	84~80
	B	79~75
	B-	74~70
C	C	69~60
	C-	59~50
D	D	49~40
E	E	39分以下

国有资本金效绩评价指标体系对于我国企业而言,主要存在四个问题:第一,这一指标体系是对国有企业的绩效评价,它强调国有资本的保值和增值。但随着我国企业体制改革步伐的加快和外资向国有企业的注入,现有的国有企业将很快形成包括外资在内的投资主体多元化的企业格局,此时将国有企业绩效评价体系用于所有企业的考核,显然不合适。第二,虽然这一指标体系在"绩效评价标准"子系统中按不同行业近三年的行业平均值设计了不同行业指标的标准值,但这一标准值是静态的,并且不同时期的社会平均收益、行业平均收益及其他指标的标准值是不一样的,无法根据不同年份的行业平均值做相应的调整。第三,这一指标体系仍以会计利润作为计算各项指标的依据,以会计利润为考核内容会带来经营者的许多短期行为,他们会以各种手段创造利润,甚至以牺牲企业的未来以满足目前评价的需要。第四,2002年新的绩效评价体系包括基本指标和修正指标共有24个评价指标,这些指标中大多数是利用已有的财务数据计算的财务指标,虽然也设计了8个非财务指标,但这些非财务指标一是数量太少,二是与财务指标的互补性差。

一套有效的企业绩效评价体系就像一个灵敏的指挥器,指导企业根据市场的变化调整自己,及时地、持续地为客户提供满意的产品和优质服务。实践表明,以财务指标为核心的企业绩效评价方法已经难以适应新经济状态下的企业实践。加大非财务指标比重,是建立一套动态的符合企业竞争环境要求的企业绩效评价体系关注的方向。

三、西方国家新兴的企业绩效评价方法

1. 经济增加值

经济增加值(EVA)概念于1991年由斯腾斯特(Stern Steward)公司提出,1993年加利福尼亚退休基金利用EVA对IBM、运通、通用汽车、西屋电气、西尔斯百货、柯达6家公司进行价值评估,并据此将这6家公司的总裁予以撤职。美国《财富》杂志每年都公布美国最受尊敬的公司排行榜。《财富》杂志还公布了根据公司价值总量排序的美国上市公司排行榜——斯腾斯特(Stern Steward)1 000排行榜。前20名价值创造者,往往也是最受尊敬的前20家公司。

2009年12月28日,我国国务院国有资产监督管理委员会发布《中央企业负责人经营业绩考核暂行办法》(简称《办法》),于2010年1月1日起实施。《办法》中"经济增加值(EVA)"这一考核指标将取代"净资产收益率",与"利润总额"一起成为出资人对央企负责人进行考核的两个最重要的基本指标。

掌握了资本成本错综复杂的内容后,你将发现,经济增加值(EVA)与你已了解而能复述的有关内容并无多大区别。一项投资仅在它的预期收益超过它的资本成本时才为其所有者创造价值。实际上,EVA只不过推广了对于实施评估是绝对必要的资本成本这一概念而已。它表明,一个公司或生产单位仅在它的营业收益超过所利用的资本成本时才为其所有者创造价值。EVA的计算公式如下:

$$EVA = EBIT(1-税率) - 投入资本 \times WACC$$

式中，$EBIT(1-税率)$ 是单位的税后营业利润；$WACC$ 是它的加权平均资本成本；投入资本 $\times WACC$ 代表年度资本费用，代表债权人和所有者在期内投入公司的金额。通过若干技术性的财务调整，它可近似等于生息债务与权益账面价值的和。

传统的会计收益仅是补偿债权人后的收益，而没有考虑所有者资本的代价。实际上，由债权人与所有者提供资本都是有代价的，会计收益忽略权益成本而夸大了实际经济收益。

以 EVA 为根据的管理，其经营目标是创造 EVA。资本预算决策是以按适当的资本成本贴现的 EVA 为基础的。单位 EVA 或 EVA 的变动被用于衡量生产单位的效益，奖金则根据相对于适当目标的单位 EVA 来确定，显得简单、彻底和直接。

(1) EVA 从股东的角度来重新定义企业的利润。对国有企业来讲，解决代理问题的关键是将企业管理者的利益与股东的利益统一起来，将企业的"内部人控制"变成股东的"自己人控制"。EVA 从股东角度来定义利润，突出了新的资本"增值"理念，并以此制定管理者的报酬合约。由此管理者的利益与股东的利益融为一体，使管理者在追求个人利益最大化的同时，也为股东创造了价值。

(2) 运用 EVA 能在处理股东和管理者利益的矛盾中建立一种保障和扩展股东利益的激励相容机制。EVA 的精髓是管理者和员工在为股东着想的同时也像股东一样得到回报。在报酬计划中，管理者有一定的基准奖金，并能获得增长的 EVA 中的一部分。EVA 奖金没有上限，EVA 创造的越多，得到的奖金就越多。常用的年度报酬计划通常会对企业的长远利益造成损害，为消除这种短期行为，扩展决策者的视野，EVA 建立了"奖金存储器"，将一定比例的与 EVA 联系的奖金存储起来供以后支付，而当 EVA 下降的时候，就会产生"负奖金"。因此，管理者在进行投资时，就会将企业短期利益与其长远利益结合起来考虑。奖金存储器还有利于留住人才，如果企业里的人才想离去的话，就必须放弃存储的奖金。可见，以 EVA 为基础设计的报酬计划将增加个人财富的机会与风险同时转移到管理者身上，为他们提供了一种类似于企业股东的收入模式，能促使管理者从自身利益出发并像股东一样进行思考和行动。

(3) 运用 EVA 评价指标可引导管理者更注重企业的长远发展。管理者有时会为了保证当前较高水平的会计利润指标，以致产生决策次优化行为。EVA 对会计利润进行了调整，如对研究开发的支出由费用化改为资本化，并在受益年限内摊销，这与传统的会计处理方法不同，但对管理者来说更为公平，可以鼓励管理者在短期内加大此类投入以保证企业长期业绩的提高。同时 EVA 报酬计划完全改变了管理者的决策理念，他们不仅要接受资金成本的概念，而且必须将这一理念贯彻于制订未来计划、项目和预算的过程中去，任何新的建议只有在可以增加企业未来的 EVA 现值时才能够被采用。

(4) EVA 也是一种保证所有利益相关者长远利益的最好方式。EVA 是企业的收入在向供应商支付了货款、向雇员支付了工资、向债权人支付了利息、向政府支付了税金等支出，并补偿了股权资本机会成本后的余额。作为一组契约集合体的企业，如果损害了任何相关者的利益，EVA 的持续增长就难以实现。

(5) EVA 适用于所有行业。按照现行财务会计方法,假设两个公司资本结构不同,那么即使它们的债务资本成本、权益资本成本以及真实利润是相等的,但在损益表表现出来的净利润也是不同的,权益资本比例高的企业将表现为更多的利润。这样,资本结构差异就成为企业获取利润的一个因素。显然,单纯依据传统的会计利润指标无法准确计算企业为股东创造的价值。事实上,股权资本收益率是股东期望在现有资产上获得的最低受益,对于不同的企业,他们所预期的资本收益是不一样的。同时 EVA 还考虑了所有投入资本的成本,股权资本不再是免费的,因此剔除了资本结构的差别对经营业绩的影响。此外,EVA 能将不同投资风险、不同资本规模和资本结构的企业放在同一起跑线上进行业绩评价,它适用于所有行业的业绩评价。

可见,经济增加值方法的超凡之处在于:首先,将经济学家反复强调的股东剩余索取权的思想具体化为一种业绩评价方法,业绩以企业市场价值的增值为衡量标准。其次,将股东投入资本的机会成本考虑在内,这是一种基于决策的业绩评价方法。最后,该方法大胆地向公认财务会计准则挑战(如果运用该方法,则要对财务会计体系进行系统的调整)。目前,EVA 已经被可口可乐、西门子等全球 400 多家公司所采用,美国《财富》杂志称 EVA 为"当今最炙手可热的财务理念","经济增加值使完成价值创造从单纯的口号向有力的管理工具的转换有了指望。这一工具也许最终将使现代财务走出课堂而进入董事会会议室,或许甚至走进商店店堂!"

但 EVA 就其性质而言仍属财务业绩的综合性评价指标,以其为中心的业绩评价系统具有如下缺点:

(1) 只能对全要素生产过程的结果进行反映,过于综合,不利于指导具体的管理行为。

(2) 侧重于财务战略,忽视了对战略过程进行评价,容易削弱企业创造长期财富的能力。

(3) 针对性不强,不能指出具体的非财务业绩动因以及解决问题的方向。

(4) 没有充分考虑相关的无形资产和智力资本的使用情况及其业绩评价。

(5) 计算 EVA 的可操作性还有诸多问题需要解决。如对公认财务会计准则的调整不是一般的外部财务信息使用者可以完成的,股东投入资金的成本较难确定等,这在一定程度上限制了企业的外部信息使用者。思腾·思托列举了 160 多种不能真正反映公司发展状况的会计处理方法,为了精确测算经济增加值,调整项最多可能达 200 项,这在一定程度上限制了经济增加值的推广和应用。

尽管经济增加值的定义简单,但它的计算较为复杂。为了计算经济增加值,需要解决经营收益、资本成本和占用资本的计量问题。不同的解决办法,形成了含义不同的经济增加值。经济增加值的形式有:① 基本经济增加值。直接根据公开财务报表的未经调整的经营利润和总资产计算。优点是简单;缺点是按会计准则计算的"经营利润"和"总资产",歪曲了企业的真实业绩。② 披露的经济增加值。是根据会计数据进行几项标准的调整。③ 定制的经济增加值。特定企业自身定义的经济增加值,主要用于内部业绩评价。④ 真实的经济增加值。对于公司外部人员来说,无法计算定制的经济增加值和真实的经济增加值。因为缺少计算所需的数据。思腾·思托报告的 EVA 就是根据披露的经济增加值计算的。

例 某上市公司的年报数据及经济增加值计算如表 2-13 所示。

表 2-13 某上市公司的年报数据及经济增加值

项目	2010	2011	2012
运营资本(1)	2	−2	16
固定资产和其他营运资产(2)	228	463	514
投入资本(3)=(1)+(2)	230	461	530
销售收入(4)	101	138	185
经营成本(5)	76	109	142
税前利润(6)=(4)−(5)	25	29	43
所得税(7)	2	6	8
税后净营业利润(8)=(6)−(7)	23	23	35
投入资本回报率(9)=(8)÷(3)	10%	5%	6.6%
债务成本%(10)	4	4	4
债务比重%(11)	85	67	67
权益成本%(12)	15	15	15
权益比重%(13)	15	33	33
加权平均成本(14)=(10)×(11)+(12)×(13)	5.7%	7.6%	7.6%
差幅(15)=(9)−(14)	4.3%	−2.6%	−1.0%
经济利润(EVA)(16)=(3)×(15)	9.9	−12	−5.3

在表 2-13 中，如果从传统的财务业绩评价角度看，该公司无论是投资规模、销售收入还是营业利润都有较大幅度的增长，表现为较好的经营业绩。但从价值管理的角度看，该公司经济利润则表现为下降趋势，公司 2011 年和 2012 年不仅没有创造价值，反而破坏了价值。尽管公司投资规模比原来有大幅度增加，但由于新增投资所创造的价值远不如所投资本的资本成本，其所创造的价值难于弥补资本成本，因此引发投资越大破坏的价值也就越大这一恶性经济结果。因此可见，公司规模大小已经不是值得炫耀的事情，公司管理当局不应一味追求大规模投资，而应将注意力放到创造价值方面来，致力于公司价值的创造，这才是公司财务的第一原则。

在实务中，为了不涉及项目调整，也可以采取简便的方法来计算经济增加值，只需要将标准式资产负债表转化为管理式资产负债表即可得到投入资本数额。标准式资产负债表转化为管理式资产负债表的内容如表 2-14、表 2-15 所示。

表 2-14　标准式资产负债表

（单位：万元）

资产		负债与所有者权益	
现金	100	短期借款	80
其他流动资产	390	其他流动负债	210
长期资产	390	长期负债	140
		所有者权益	450
总计	880	总计	880

表 2-15　管理式式资产负债表

（单位：万元）

投入资本		占用资本	
现金	100	短期借款	80
营运资本需求量	180	长期负债	140
长期资产	390	所有者权益	450
总计	670	总计	670

2. 平衡计分卡

传统的业绩评价系统主要以财务指标为主。因为它容易为股东所接受，数据收集较为方便。但公司如果过多关注于财务数据，而无视影响公司成长的其他方面，那无疑是不利于公司的长远发展的。例如，在工业经济时代，资本、土地等生产要素是较为稀缺的资源，企业的成败往往主要取决于所拥有的实物资源。发展对这些实物资源的财务评价指标，有利于企业有效地配置有限的资源，评价管理人员利用资产的效率。但在今天以知识为第一生产力要素的信息社会中，商誉、人力资源等软性资产已经成为决定企业经营成功更为关键的因素，如何管好、用好企业的无形资产，提高雇员的凝聚力和工作效率已成为重要的课题（这可以从当今的人本主义管理思想和实践中得到反映）。因此，必须开发对人力资源和无形资产的评价指标，而这一切并不是仅以财务指标为主的财务性评价所能胜任的。财务指标除了上述的缺陷以外，还有以下不足：

（1）财务指标不能揭示业绩改善的关键因素或业绩动因。财务指标是综合性的事后指标，只能对企业经营决策和活动的最终结果进行评价。我们可以从财务指标上判断企业的业绩是否得到了改善或有所下降，但不能了解业绩提高或下降的原因。企业或部门业绩上升的原因可能是可控因素改变的结果，也可能是不可控因素变化导致的。如需求上升、竞争对手的退出都有可能使业绩上升，但这些变化都与企业自身的努力无关，不能以此来评价企业的业绩。即使业绩变化是源于企业内部可控因素的变化，也要具体情况具体分析。例如，某一部门的收益指标显示了改善的迹象，但如果这一指标的改善是以削减雇员、降低产品和服务质量取得的，那么本期收益的获得意味着长期利益的丧失，这是得不偿失的。改善收益的可取办法应该是改进内部经营流程、促进雇员的劳动生产率和技术创新等积极手段，只有这样才有利于企业的长期战略发展。所以理想的业绩指标应能够揭示业绩动因。

(2) 财务指标偏重于企业内部评价,忽视了对外部环境的分析。在现今这个动荡多变的经营环境下,企业越来越注意对企业的发展做长期的规划,战略管理成为企业管理的新时尚。战略的制定以周详的环境分析为前提。没有对内外部环境的正确评价,企业很难发现自身的相对优势和缺点、所面临的机会和威胁,也就难以在长期竞争中获得战略优势。因此新的业绩评价体系应能满足对外部分析的需要。

(3) 财务指标由于受到评价对象的制约,不能够及时地对经营情况进行反馈。作为管理和控制的手段,业绩指标必须能够被及时地收集和反馈。但利润、投资回报率、销售成本等财务数据的收集往往要等到期末才能进行,因此就削弱了信息的相关性。如果评价对象不限于财务业绩,则可以大大地提高信息报告的频率和及时性。例如,产出率、预算差异可以日报形式报告;机器启动时间、交货精确率、客户投诉率可以每星期呈报;应收账款、保证金成本、顾客退回等可以每月报告;设计缺陷、质量成本、顾客获得或丧失可以在年度末报告。通过扩大评价对象可以使信息反馈具有层次性,分别满足短期和长期决策的需要。

通过上述对以财务指标为特征的业绩评价体系的分析,可以得出这样一个结论,理想的业绩评价体系应是长期和短期、内部和外部、财务和非财务指标相结合的体系,而平衡计分卡恰好提供了这样一个全面的框架。这一新的业绩评价方法认为影响企业经营成败的关键因素有财务、客户、内部过程、学习和成长四个方面,因此业绩评价也应以上述四个方面为基础。

(1) 财务方面。财务指标可以体现股东的利益,但单一的财务评价会给企业的决策带来误导性的信息,只有与非财务评价相结合,财务评价才能发挥更大的作用。在平衡计分卡里,其他三个方面的改善必须反映在财务指标上。财务数据可以不时地提醒管理者,质量、客户满意、生产率的提高必须得转化为市场份额的扩大、收入的增加、经营费用的降低等财务成果,否则做得再好也无济于事。从这一意义看,财务方面是其他三个方面的出发点和归宿。

(2) 客户方面。客户方面体现了企业对外界变化的反映。只有了解客户,不断的满足客户的需求,产品的价值才能够得以实现,企业才能获得持续增长的经济源泉。对客户的评价主要包括以下方面:交货期、质量、成本、产品和服务的属性。对于现有产品,交货期是指公司从接到客户订单到把产品送到客户手中的时间;如果是新产品,则还应包括产品市场定位和开发时间。产品和服务的属性则是产品和服务给客户带来的效用。质量、成本都是指来自客户的评价。明确了影响客户满意的因素后,就可以在此基础上建立一系列评价指标,比较典型的指标是:客户的满意度、交货时间、新客户的获得、市场份额、产品和服务的质量,等等。

(3) 内部过程方面。内部过程是指企业从输入各种原材料和顾客需求到企业创造出对顾客有价值的产品(或服务)为终点的一系列活动,它是企业改善其经营业绩的重点。股东价值的实现都要从内部过程中获得支持。现代管理学对内部过程作了细致而绵密的研究工作,提出了许多新的管理思想和技术,如及时制生产(JIT)、全面质量管理(TQM)、工程再造

(reengineering)、作业成本管理(ABM)。而平衡计分卡通过对影响客户、股东、核心竞争力的关键因素衡量,为改善内部过程提供信息支持。

内部经营过程可以按内部价值链划分为三个过程:创新、经营、售后服务。① 创新表现为企业的确立和培育新的市场、新的客户,开发新的产品和服务。根据生命周期理论,只有不断创新,才能为企业带来持续不断的活力和经营利润。因此企业必须重视设计创新指标来激励和评价。企业的创新能力可以用以下指标来衡量:新产品开发所用的时间、新产品销售收入占总收入的比例、损益平衡时间等。② 经营是指把现有的产品和服务生产出来并支付给顾客的过程。经营过程一向为企业管理者所重视。但传统的业绩评价过分强调财务成本,而忽视了时间和质量指标。平衡计分卡则把三者综合起来了。评价经营业绩的指标有:主导时间(lead time)、周转时间、质量、成本、反应时间、返工率等。③ 售后服务是内部价值链的最后一个阶段,该阶段包括保证书、修理、退货和换货、支付手段的管理。售后服务可以用公司对产品故障的反应时间、售后服务一次成功的比例、客户付款的时间等指标衡量。

(4) 学习和成长方面。企业学习来自三个主要的资源,雇员、信息系统和组织程序,强调雇员的能力是以人为本的管理思想的结果。传统的管理思想把雇员看作生产的附属物,雇员的任务只是体力劳动而不需要思考。事实上,激发雇员的士气和参与能为企业作出更大的贡献。这方面的指标有:培训支出、雇员建议被采纳的次数、雇员满意度、雇员保留、雇员生产率。

必须指出的是,平衡计分卡的四个方面并不是相互独立的,而是一条因果链,展示了业绩和业绩动因之间的关系。比如说,为了改善财务业绩,公司必须使自己的产品或服务赢得顾客的满意。而在时间上、质量上、成本上赢得顾客的满意就需要对内部过程进行改进,如降低返工产品,提高售后服务的质量,引进新的流程等。而以上过程又要求公司投资雇员的培训和学习,开发新的信息系统。

平衡计分卡揭示的业绩和业绩动因之间的关系,也可以为公司的战略管理提供信息保障。首先,通过建立平衡计分卡,使公司把管理重心放在财务、客户、内部过程、学习和成长四个方面,并为每个方面制定详细而明确的计划。其次,通过平衡计分卡,公司上下得到了交流的机会。在计分卡的制定、计量、评价过程中,公司总部、部门经理、雇员达成了关于如何实施战略的共识。最后,平衡计分卡可以提供及时的反馈信息。及时的信息反馈,有利于纠正偏差,防患于未然。

当然,平衡计分卡并非十全十美(图2-2)。例如,平衡计分卡没有对股东、雇员、顾客以外的利益相关者予以足够的重视,而现代企业的成功,所需生产材料的提供者、社区和政府都起着不可忽视的作用。虽然如此,平衡计分卡仍不失为业绩评价系统的一大革新,因为它是一个能对企业的业绩进行相对全面的评价而又不失简洁的评价系统,它能够使管理者仅仅关注少数几个指标,从而降低了管理的信息负担。

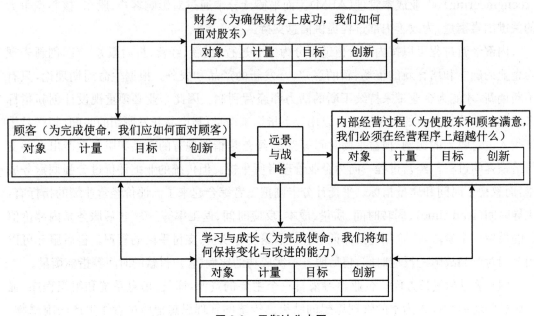

图 2-2 平衡计分卡图

思考练习题

一、选择题

1. 在杜邦财务分析体系中，综合性最强的财务比率是（　　）。
   A. 净资产收益率　　　　　　　　B. 总资产净利率
   C. 总资产周转率　　　　　　　　D. 营业净利率

2. 流动比率为1.2，则赊购材料一批（不考虑增值税），将会导致（　　）。
   A. 流动比率提高　　　　　　　　B. 营运资金不变
   C. 流动比率不变　　　　　　　　D. 速动比率降低

3. ABC公司无优先股，去年每股盈余为4元，每股发放股利2元，保留盈余在过去一年中增加了500万元。年底每股价值为30元，负债总额为5 000万元，则该公司的资产负债率为（　　）。
   A. 30%　　　　　　　　　　　　B. 33%
   C. 40%　　　　　　　　　　　　D. 44%

4. 下列各项中，可能导致企业资产负债率变化的经济业务是（　　）。
   A. 收回应收账款　　　　　　　　B. 用现金购买债券
   C. 接受所有者投资转入的固定资产　D. 以固定资产对外投资（按账面价值作价）

5. ABC公司无优先股并且当年股数没有发生增减变动，年末每股净资产为5元，权益乘数为4，资产净利率为40%（资产按年末数计算），则该公司的每股收益为（　　）元。

A. 6　　　　　B. 2.5　　　　　C. 4　　　　　D. 8

6. W公司无优先股,2015年年末市盈率为16,股票获利率为5%,已知该公司2015年普通股股数没有发生变化,则该公司2015年的留存收益率为(　　)。

　　A. 30%　　　　B. 20%　　　　C. 40%　　　　D. 50%

7. 若流动比率大于1,则下列结论中一定成立的是(　　)。

　　A. 速动比率大于1　　　　　　B. 资产负债率大于1
　　C. 营运资金大于0　　　　　　D. 短期偿债能力绝对有保障

8. 其他条件不变的情况下,如果企业过度提高现金流动负债比率,可能导致的结果是(　　)。

　　A. 财务风险加大　　　　　　B. 获利能力提高
　　C. 营运效率提高　　　　　　D. 机会成本增加

9. 企业大量增加速动资产可能导致的结果是(　　)。

　　A. 减少财务风险　　　　　　B. 增加资金的机会成本
　　C. 增加财务风险　　　　　　D. 提高流动资产的收益率

10. 某公司2019年的资产总额为1 000万元,权益乘数为5,市净率为1.2,则该公司市价总值为(　　)万元。

　　A. 960　　　　B. 240　　　　C. 200　　　　D. 220

11. 如果企业速动比率很小,下列结论成立的是(　　)。

　　A. 企业流动资产占用过多　　　B. 企业短期偿债能力很强
　　C. 企业短期偿债风险很大　　　D. 企业资产流动性很强

12. 某企业本年营业收入为20 000元,应收账款周转率为4次,期初应收账款余额3 500元,则期末应收账款余额为(　　)元。

　　A. 5 000　　　B. 6 000　　　C. 6 500　　　D. 4 000

13. 某公司年初负债总额为800万元(流动负债220万元,长期负债580万元),年末负债总额为1 060万元(流动负债300万元,长期负债760万元)。年初资产总额为1 680万元,年末资产总额为2 000万元。则权益乘数(按平均数计算)为(　　)。

　　A. 2.022　　　B. 2.128　　　C. 1.909　　　D. 2.1

14. 已知经营杠杆系数为4,每年的固定成本为9万元,利息费用为1万元,则利息保障倍数为(　　)。

　　A. 2　　　　　B. 2.5　　　　C. 3　　　　　D. 4

15. 某企业2007年和2008年的销售净利率分别为7%和8%,资产周转率分别为2次和1.5次,两年的资产负债率相同,与2007年相比,2008年的净资产收益率变动趋势为(　　)。

　　A. 上升　　　　B. 下降　　　　C. 不变　　　　D. 无法确定

16. 下列指标中,其数值大小与偿债能力大小同方向变动的是(　　)。

　　A. 产权比率　　　　　　　　B. 资产负债率
　　C. 已获利息倍数　　　　　　D. 带息负债比率

17. 某企业的资产利润率为20%,若产权比率为1,则权益净利率为(　　)。
    A. 15%　　　　B. 20%　　　　C. 30%　　　　D. 40%

18. 某企业2014年年末的所有者权益为2 400万元,可持续增长率为10%。该企业2015年的销售增长率等于2014年的可持续增长率,其经营效率和财务政策(包括不增发新的股权)与上年相同。若2015年的净利润为600万元,则其股利支付率是(　　)。
    A. 30%　　　　B. 40%　　　　C. 50%　　　　D. 60%

19. 某企业年初流动比率为2,本年流动资产和流动负债都减少了5 000元。年末数与年初数相比,会使(　　)。
    A. 流动比率上升,营运资金增加　　B. 流动比率上升,营运资金不变
    C. 流动比率下降,营运资金减少　　D. 流动比率下降,营运资金不变

20. 某企业年初存货为40万元,年末存货为60万元,全年销售收入为1 200万元,销售成本为800万元。则存货周转次数为(　　)次。
    A. 24　　　　B. 20　　　　C. 16　　　　D. 13.3

21. 假设企业本年的经营效率、资本结构和股利支付率与上年相同,目标销售收入增长率为30%(大于可持续增长率),则下列说法中正确的有(　　)。
    A. 本年净资产收益率为30%　　B. 本年净利润增长率为30%
    C. 本年新增投资的报酬率为30%　　D. 本年总资产增长率为30%

22. 下列指标中,其数值大小与偿债能力大小同方向变动的是(　　)。
    A. 产权比率　　　　B. 资产负债率
    C. 已获利息倍数　　D. 带息负债比率

23. 某企业的净资产收益率为20%,股利支付率为50%,目前企业的销售额为4 000万元,如果企业的销售按照可持续增长率增长,则下一年度销售额可能达到(　　)万元。
    A. 4 000　　　　B. 4 500　　　　C. 5 000　　　　D. 4 400

24. 下列各项中,不会影响流动比率的业务是(　　)。
    A. 用现金购买短期债券　　B. 用现金购买固定资产
    C. 用存货进行对外长期投资　　D. 从银行取得长期借款

二、计算题

1. A公司未发行优先股,2012年每股利润为5元,每股发放股利为3元,留存收益在2012年度增加了640万元。2012年年底每股净资产为28元,负债总额为6 200万元,问A公司的资产负债率为多少?

2. 某商业企业2015年赊销收入净额为2 000万元,销售成本为1 600万元;年初、年末应收账款余额分别为200万元和400万元;年初、年末存货余额分别为200万元和600万元;年末速动比率为1.2,年末现金比率为0.7。假定该企业流动资产由速动资产和存货组成,速动资产由应收账款和现金资产组成,一年按360天计算。
要求:(1) 计算2010年应收账款周转天数。

(2) 计算 2015 年存货周转天数。

(3) 计算 2015 年年末流动负债余额和速动资产余额。

(4) 计算 2015 年年末流动比率。

3. 某企业 2019 年 12 月 31 日资产负债表有关资料摘录如下,该企业的全部账户都记录在表 2-16 中。

表 2-16 2019 年资产负债表

(单位:万元)

货币资金	5 000	应付账款	_____
应收账款净额	_____	应交税金	5 000
存货	_____	长期负债	_____
固定资产净值	58 800	实收资本	60 000
		未分配利润	_____
资产总计	86 400	负债及所有者权益合计	_____

补充资料:(1) 年末流动比率为 1.5。

(2) 年末产权比率为 0.8。

(3) 以销售收入和年末存货计算的存货周转率为 15 次。

(4) 以销货成本和年末存货计算的存货周转率为 10.5 次。

(5) 本年毛利 63 000 万元。

要求:计算并填完资产负债表。

4. 江淮公司 2016 年度资产负债表和利润表如表 2-17 和表 2-18 所示。

表 2-17 2016 年度资产负债表

(单位:万元)

资产		负债及所有者权益	
现金(年初 764)	310	应付账款	516
应收账款(年初 1 156)	1 344	应付票据	336
存货(年初 700)	966	其他流动负债	468
固定资产净额(年初 1 170)	1 170	长期负债	1 026
		实收资本	1 444
资产总额(年初 3 790)	3 790	负债及所有者权益合计	3 790

表 2-18　2016 年度利润表

(单位:万元)

销售收入	6 430
销货成本	5 570
毛利	860
管理费用	580
利息费用	98
税前利润	182
所得税	72
净利润	110

要求:(1) 计算该公司的财务比率并将结果填入表 2-19 中。

(2) 与行业平均财务比率比较,说明该公司经营管理可能存在的问题。

表 2-19　江淮公司的财务比率

指标	行业平均数	本公司
流动比率	1.98	
资产负债率	62%	
已获利息倍数	3.8	
存货周转率	6 次	
平均收款期	35 天	
固定资产周转率	13 次	
总资产周转率	3 次	
销售净利率	1.3%	
资产净利率	3.9%	
权益净利率	10.26%	

5. ABC 公司近三年的主要财务数据和财务比率如表 2-20 所示。

表 2-20　ABC 公司近三年的主要财务数据和财务比率

	2014 年	2015 年	2016 年
销售额(万元)	4 000	4 300	3 800
总资产(万元)	1 430	1 560	1 695
普通股(万元)	100	100	100
保留盈余(万元)	500	550	550
所有者权益合计(万元)	600	650	650
流动比率	1.19	1.25	1.20
平均收现期(天)	18	22	27

续表

	2014 年	2015 年	2016 年
存货周转率(次)	8.0	7.5	5.5
债务/所有者权益	1.38	1.40	1.61
长期债务/所有者权益	0.5	0.46	0.46
销售毛利率	20.0%	16.3%	13.2%
销售净利率	7.5%	4.7%	2.6%
总资产周转率(次)	2.80	2.76	2.24
总资产净利率	21%	13%	6%

假设该公司没有营业外收支和投资收益,所得税率不变。

要求:(1) 分析说明该公司运用资产获利能力的变化及其原因。

(2) 分析说明该公司资产、负债和所有者权益的变化及其原因。

(3) 假如你是该公司的财务经理,在 2017 年应从哪些方面改善公司的财务状况和经营业绩?

6. 某工业企业 2015~2019 年的相关财务比率如表 2-21 所示。

表 2-21 某工业企业 2015~2019 年的相关财务比率

年份	2015	2016	2017	2018	2019
销售净利率(%)	9	10.1	10.5	10	10.5
留存收益率	1	1	1	1	1
资产周转率(次)	1.63	1.53	1.28	1.27	1.3
权益乘数	2.51	2.18	1.8	1.59	1.26
销售增长率(%)	-3.9	10.4	-6.3	10.4	-0.7

要求:(1) 该公司每一年的可持续增长率。

(2) 比较该公司的可持续增长率与实际增长率,并说明面临什么问题。

(3) 公司如何应付这些问题?

(4) 该公司几年来一直未发放股利,作为一个股东,你是否支持该公司的股利政策?

(5) 2019 年,该公司在购回公司某些发行在外的股票,从增长管理的角度看,这是不是一个聪明的行动?

7. 某家电企业 2009~2013 年的收入、利润、营业现金净流量如表 2-22 所示。

表 2-22 某家电企业 2009~2013 年的收入、利润、营业现金净流量

(单位:亿元)

年份	1999	2000	2001	2002	2003
收入	40	80	100	120	160
利润	10	7	4	2	1
营业现金净流量	5	4	1	-2	-1

要求：(1) 建立坐标系，在同一坐标系中画出收入、利润、营业活动现金流量三条曲线。

(2) 根据所给资料，对该企业的财务状况进行分析和评价。

8. AB集团是乳业中的新兴企业，面对相对成熟且竞争激烈的市场，近年来集团通过适当的降价和加强广告宣传，销售增长较快，但坏账较多。该集团下属两个子公司，A公司在A地区，B公司在B地区，同时生产各种乳制品。集团的权益资本成本为20%，银行贷款平均利率为10%。子公司的投资和银行贷款由集团统一控制，价格政策由集团统一制定和管理，但销售信用政策由各子公司制定并实施。2011年，集团聘请小万和小李分别担任A公司和B公司的总经理，2012年和2013年度两家子公司报表如表2-23～表2-26所示（提示：WCR为营运资本需求量，EVA = 税后息税前利润 − 投入资本 × 加权平均资本成本）。

表2-23 A公司资产负债表

（单位：万元）

资产	2012年	2013年	资金来源	2012年	2013年
现金	1 000	500	短期负债	500	500
WCR	1 000	3 000	长期负债	1 000	3 000
固定资产	1 000	3 500	净资产	1 500	3 500
总计	3 000	7 000	投入资本合计	3 000	7 000

表2-24 A公司利润表

（单位：万元）

项目	2012年	2013年
销售收入	3 000	5 000
减：经营成本	1 600	2 800
折旧	500	500
EBIT	900	1 700
减：利息(10%)	150	350
税前利润	750	1 350
减：所得税(25%)	187.5	312.5
净利润	562.5	1 012.5

表2-25 B公司资产负债表

（单位：万元）

资产	2012年	2013年	资金来源	2012年	2013年
现金	1 000	2 000	短期负债	500	800
WCR	1 000	800	长期负债	1 000	1 200
固定资产	1 000	1 200	净资产	1 500	2 000
总计	3 000	4 000	投入资本合计	3 000	4 000

表 2-26 B 公司利润表

(单位:万元)

项目	2012 年	2013 年
销售收入	3 000	4 000
减:经营成本	1 600	2 200
折旧	500	500
EBIT	900	1 300
减:利息(10%)	150	200
税前利润	750	1 100
减:所得税(25%)	187.5	275
净利润	562.5	825

集团根据上述报表进行年度考核。在高层管理会议上,集团的人事经理认为:A 公司的销售收入和净利润大幅度增长,建议按照集团制定的奖励办法(净利润增长超过 300 万元以上,按增长额的 10% 奖励,300 万元以下按增长额的 5% 奖励)给 A 公司总经理重奖,奖金为 (1 012.5 - 562.5)×10% = 45(万元)。同样,依照奖励办法给 B 公司的总经理奖励,奖金为 (825 - 562.5)×5% = 15.125(万元)。

根据以上资料,分析回答如下问题,并通过数据分析支持你的观念。

(1) 你认为 AB 集团的奖励计划是否合理?为什么?

(2) 你认为应如何制定或调整奖励办法?是否应该给予 A 公司或 B 公司奖励?为什么?

(3) 你认为,A 公司和 B 公司,哪家子公司的财务状况更正常或更健康?为什么?

(4) 在这个案例中,你有哪些体会?

三、案例讨论题

国通管业财务分析与绩效评价

国通管业作为一家专业化服务于城市基础设施建设的新型塑料管道系统的供应商,是最早响应国家"以塑代钢、以塑代混凝土"保护环境、节约能源的实践者,是最早实施"政府、设计单位、投资人和施工方"四位一体客户知识营销的倡导者,是最早实行公众化管理、积极维护行业有序竞争的推动者,被誉为"中国新型塑料管材行业第一品牌"。但自 2004 年在一片瞩目中上市后,公司的发展却像个跛脚的老太太,接连三次濒临退市边缘。第一次是公司因 2008 年度、2009 年度连续两年经审计的年度净利润为负数,连续两年亏损而"披星"。第二次是 2011 年和 2012 年连续亏损而重新披星。第三次因公司 2014 年度期末净资产为负值,2015 年 4 月 20 日,公司被实施退市风险警示。国通管业到底怎么了,为什么近几年接连三次被披星带绿?然而,每次又是如何化险为夷的?

1. 公司背景情况

安徽国通高新管业股份有限公司(下称国通管业公司)是经安徽省人民政府皖府股字

[2000]第 57 号文批准,由安徽德安制管有限公司依法变更而成的股份有限公司。公司的前身安徽德安制管有限公司经安徽省人民政府外经贸皖府资字[1993]1087 号文批准,于 1993 年 12 月 30 日设立,股东为中国银行安徽省信托咨询公司、宿州市塑胶工业公司、德国尤尼克塑料机械有限公司,分别持有 37.5%、37.5% 和 25% 的股份,注册资本 210 万美元,公司主要从事大口径 UPVC 管、PE 管、塑料管材、管件的生产、销售、技术研究和开发。安徽国通高新管业股份有限公司是国内首家专业生产新型塑料管材的企业,于 2004 年 2 月 19 日在上海证券交易所上市,发行 3 000 万股,发行价 5.03 元,募集资金 1.5 亿元。

国通管业先后荣获"全国质量管理先进企业""中国名牌企业""国家火炬计划重点高新技术企业""安徽省优秀高新技术企业"等光荣称号,产品被评为"中国免检产品""国家重点新产品""中国市场名牌塑料建材行业十佳品牌""(建设部)住宅建设推荐产品""安徽省名牌产品",并通过了 ISO 9001 质量管理体系认证。

国通管业拥有国内口径最大(1 426 mm 双壁波纹管全国第一)、规模最大(年加工能力 10 万吨)、品种最多(6 大系列 400 多个规格)等多项全国第一,是国家建设部和有关部委优先、重点推广使用的新型化学建材产品,并广泛应用于上海浦东国际机场等数千个国家级、省级重点工程和基础设施建设,被誉为"中国新型塑料管材第一品牌"。

2. 股本结构

国通管业 2004 年 2 月上市前主要由六大股东组成,持股数量及持股比例如表 2-27 所示。

表 2-27 公司上市前主要股东

编号	股东名称	持股数量(股)	持股比例(%)
1	巢湖市第一塑料厂	10 952 000	27.38
2	安徽国风集团有限公司	10 524 000	26.31
3	合肥天安集团有限公司	5 600 000	14
4	北京风尚广告艺术中心	4 924 000	12.31
5	合肥长发创业投资有限公司	4 000 000	10
6	北京华商投资有限公司	4 000 000	10

国通管业从 2004 年 2 月上市至 2008 年 5 月,虽然中间有老股东退出和新股东加入,但主要股东变化不大。2008 年 5 月,山东京博控股发展有限公司通过上海证券交易系统购入流通股,成为公司第三大股东。截至 2012 年 11 月重组前,前五大股本结构变化不大,2012 年 6 月 30 日,国通管业重组前股本结构如表 2-28 所示。

表 2-28 重组前前五大股东持股数量及比例

编号	股东名称	持股数量(股)	持股比例(%)
1	巢湖市第一塑料厂	12 485 300	11.89
2	安徽国风集团有限公司	11 997 400	11.43

续表

编号	股东名称	持股数量（股）	持股比例（%）
3	山东京博控股发展有限公司	7 000 360	6.67
4	合肥长发创业投资有限公司	1 800 000	1.71
5	任伟达	1 205 800	1.15

国通管业连续亏损，自身扭亏乏力，只能靠引进大股东进行重组，筹划注入优质资产，改变现状。2012 年 11 月 12 日，公司将原第一大股东巢湖第一塑料厂所持有的公司 12 485 280 股股份无偿划转给合肥通用机械研究院。股权划转过户完成后，公司总股本仍为 105 000 000 股，其中，合肥通用机械研究院持有 12 485 280 股股份，占公司总股本的 11.89%，为公司第一大股东，巢湖第一塑料厂不再持有公司股份。至此，国通管业的重组之路告一段落。截至 2012 年 12 月 31 日，国通管业重组后股本结构如表 2-29 所示。

表 2-29　重组后前五大股东持股数量及比例

编号	股东名称	持股数量（股）	持股比例（%）
1	合肥通用机械研究院	12 485 300	11.89
2	安徽国风集团有限公司	11 997 400	11.43
3	山东京博控股发展有限公司	7 000 360	6.67
4	合肥长发创业投资有限公司	1 800 000	1.71
5	任伟达	1 207 900	1.15

3. 第一次财务危机及解决对策

国通管业公司第一次财务危机发生在 2008 年和 2009 年间，事实上，国通管业之所以亏损不断，从公司历年的财务报告中可见一斑。国通管业的主营业务是 PVC 管及 PE 管，自 2008 年以来，原材料的波动及市场景气度偏低，使得国通面临着开工不足资产减值严重的局面，虽然期间也有过好转的情况，但 PVC 管的利润率一跌再跌。由于 PVC 产业产能严重过剩，行业竞争惨烈，且短期内此现状无改变的可能。2007～2009 年三年有关财务报表资料如表 2-30 所示（资产、负债、所有者权益指标为年末数，收入、费用、利润指标为全年数）。

表 2-30　国通管业 2007～2009 年有关财务报表资料

（单位：万元）

项目	2007 年	2008 年	2009 年
总资产	73 728.5	60 356.6	56 928.5
短期借款	16 667.7	18 119.3	27 087.2
流动负债合计	30 651.8	32 201.7	45 179.5
负债合计	41 037	42 409.2	49 176.27
未分配利润	9 164.86	-3 481.81	-12 098.8

续表

项目	2007 年	2008 年	2009 年
所有者权益	32 691.5	17 947.4	7 752.23
营业收入	26 013.5	16 707.6	17 143
利润总额	971.878	-19 179.9	-7 759.22
净利润	630.676	-14 689.2	-10 233
营业现金流量	14 216.7	-2 564.24	-2 694.65

从财务报表的有关资料可以看出，国通管业从 2007 年到 2009 年，总资产逐年减少，短期借款、流动负债、总负债在逐年增加，未分配利润和所有者权益在逐年减少，并且未分配利润由正变为负；收入、利润总额和净利润在减少；营业现金流量由正变为负，而且数值在增加。另外，国通管业财务比率也在恶化，有关资料如表 2-31 所示。

表 2-31　国通管业 2007～2009 年有关财务比率

项目	2007 年	2008 年	2009 年
流动比率	0.894 4	0.378 2	0.343 5
速动比率	0.492 2	0.260 6	0.253 5
资产负债率	55.65%	70.26%	86.38%
销售毛利率	22.89%	-7.61%	-0.37%
销售净利率	2.42%	-87.91%	-59.69%
净资产收益率	1.9%	78.46%	-114.29%
应收账款周转率（次）	4.476 7	4.244 1	5.337 5
存货周转率（次）	1.814 4	2.229 8	4.377
每股营业现金流量	2.031	-0.244 2	-0.256 6
总资产收益率	0.81%	-21.91%	-17.45%
债务保障率	0.346 4	-0.060 5	-0.054 8
Z 值	0.447 3	0.291 5	0.302 9
F 值	0.830 3	-0.449 4	-0.361 3

从国通管业 2007～2009 年有关财务比率可以看出，流动比率、速动比率在逐年下降，资产负债率在逐年上升，说明企业偿债能力在下降；销售毛利率、销售净利率和净资产收益率由正变为负，说明企业盈利能力在下降；每股营业现金流量、总资产收益率、债务保障率由正变为负，说明企业收现能力变弱，偿债能力下降。Z 值 2007～2009 年连续三年低于 1.81，破产概率高；F 值 2008 年和 2009 年连续为负值，低于 0.027 4，破产概率大。

综上所述，国通管业财务状况不容乐观。因此，要避免退市，2010 年企业扭亏为盈是关键。

上市公司被退市风险警示后，要么想办法盈利要么退市，但现实中大多数是想办法重组以达到盈利留在股市的目的。国通管业也不例外，首先想到的是重组，国通管业因国家宏观调控、行业竞争激烈、货币政策从紧、借款利率提高、原材料价格上涨等因素所致,公司流动资金紧张,*ST 国通的期间费用却一直企高,亏损继续,在此背景下,重组就被提上了日程。2009 年 9 月,国通管业发布公告称,实际控制人国风集团将全部股权转让给山东京博和山东海韵,山东京博由此成为新任控股股东。虽然国资委批准了此转让方案,但直到批复过期,证监会也未批准股权转让请求。由于山东京博重组重生无疾而终,所以国通管业的盈利必须靠自身努力。

国通管业是如何做到 2010 年收入和利润增长、扭亏为盈的?从国通管业 2010 年前五大客户收入资料就可以看出,资料如表 2-32 所示。

表 2-32 国通管业 2010 年前五大客户收入资料

客户名称	营业收入(万元)	占公司全部营业收入比重(%)
合肥供水集团	2 247	8.55%
广东国通新型建材公司	1 787	6.71%
安徽省国登工贸公司	1 709	6.42%
合肥燃气集团	1 274	4.79%
山东京博石油化工公司	876	3.29%
合计	9 727	29.76%

从表 2-32 可以看出,国通管业 2010 年营业收入的五大客户全部是大股东的关联企业,企业盈利完全是在大股东的努力下完成的。从而验证"有妈的孩子像个宝",为了原本因连续亏损而面临退市的上市公司,大股东往往在关键时刻被"施加援手",从而保住了上市的壳资源。在地方政府的行政干预下,2010 年是极不平凡的一年,国通管业克服股权转让终止、管理人员不稳定、流动资金紧缺等不利因素。利用皖江城市带建设和中部地区跨越式发展的历史机遇,调整产品结构,加大重点客户、重点单位、重点区域的营销力度,抓住重点城市大建设的历史机遇,主攻公共事业单位、市政基础设施、水利管网等领域内的工程项目。在社会各界的关怀和支持下,通过全体员工的奋力拼搏,实现营业总收入 3.52 亿元,创造了国通管业自成立以来最高的销售纪录,较 2009 年增长 105.85%。在一片不被看好之中,*ST 国通于 2010 年扭亏为盈,这家几乎滑落至退市边缘的公司终于成功保壳。

4. 第二次财务危机及应对对策

虽然 2010 年成功扭亏为盈,但主营业务仍然乏力。由于目前我国较大规模的塑料管道生产企业超 3 000 家,年生产能力超 1 500 万吨,年产 1 万吨以上企业达 300 家,有 20 多家年产能超过 10 万吨。区域市场与细分市场竞争日趋激烈,特别近年来,国内塑料建材行业发展迅猛,市场竞争激烈无序,给公司经营带来严重影响。公司所处塑料加工行业竞争充分,规模化生产企业日趋增多,产品市场化明显。虽然公司一直坚持"高品质、高价位、高标准"的产品定位,但销售规模和产能得不到充分发挥,公司生产成本居高不下,产品盈利能力极其微薄。另外随着公司产能的扩大,生产性流动资金占用也在大幅增长,公司银行贷款融资的额度和期限都很有限,对公司的生产经营带来一定影响。国通管业 2010~2012 年三年有关财务报表资料分别如表 2-33 所示（资产、负债、所有者权益指标为年末数，收入、费用、利润指标为全年数）。

表 2-33　国通管业 2010～2012 年有关财务报表资料

（单位：万元）

项目	2010 年	2011 年	2012 年
总资产	57 454.7	45 937.1	47 356
短期借款	22 600	6 500	10 500
流动负债合计	49 490.8	46 157.5	52 125
负债合计	49 490.8	46 157.5	52 667
未分配利润	−11 573.4	−18 995.4	−23 115
所有者权益	7 963.8	220.3	−5 311.69
营业收入	35 246.1	25 303.7	30 017
利润总额	390.0	−6 505.3	−5 323
净利润	211.5	−8 184.2	−5 095
营业现金流量	−4 296.9	−417.9	−1 733

从财务报表的有关资料可以看出，国通管业从 2010 年到 2012 年，总资产逐年减少，短期借款、流动负债、总负债在逐年增加，未分配利润和所有者权益在逐年减少，并且未分配利润每年为负，所有者权益由正变为负；收入、利润总额和净利润在减少；营业现金流量每年为负，而且数值在增加。另外，国通管业财务比率也在恶化，有关资料如表 2-34 所示。

表 2-34　国通管业 2010～2012 年有关财务比率

项目	2010 年	2011 年	2012 年
流动比率	0.377 8	0.388 3	0.418 5
速动比率	0.249 1	0.268 5	0.266
资产负债率	86.14%	100.47%	111.22%
销售毛利率	17.03%	2.68%	6.72%
销售净利率	0.60%	−32.34%	−16.97%
净资产收益率	6.51%	−1 155.52%	—
应收账款周转率（次）	7.832 7	3.734 6	3.89
存货周转率（次）	5.603 3	4.138 7	4.155
每股营业现金流量	−0.409 2	−0.039 8	−0.165
总资产收益率	0.37%	−15.83%	−10.92%
债务保障率	−0.086 8	−0.009 1	−0.032 9
Z 值	0.621 0	0.535 4	0.611 4
F 值	0.262 3	−0.151 1	0.054 0

从国通管业 2010～2012 年有关财务比率可以看出,流动比率、速动比率在逐年下降,资产负债率在逐年上升,说明企业偿债能力在下降;销售毛利率、销售净利率、总资产收益率和净资产收益率由正变为负,说明企业盈利能力在下降;应收账款周转率、存货周转率在下降,说明应收账款和存货管理存在问题;每股营业现金流量、债务保障率三年全部为负,说明企业收现能力变弱,偿债能力下降。Z 值 2010～2012 年连续三年低于 1.81,破产概率高。

2012 年,国通管业实现归属母公司的净利润为－4 120 万元,累计未分配利润－2.31 亿元,资产负债率为 111.21%。2013 年一季度,国通管业实现归属上市公司股东的净利润为－647.39 万元。鉴于公司 2011 年、2012 年连续两年亏损,上海证券交易所将对国通管业股票从 2013 年 5 月 2 日起实施退市风险警示。公司股票简称由"国通管业"变更为"*ST 国通",股票代码不变,股票报价的日涨跌幅限制为 5%。

合肥市作为一个资源贫乏的中部省会城市,以国有产权招商是无奈之举,合肥市早在 2010 年之前就提出引入战略投资者参与国企改革,把企业必须交给善于经营的团队,近几年又多次公开挂牌出让国有控股上市公司股权。

国通管业 2012 年年初的总股本 1.05 亿股,2011 年及 2012 年一季度净利分别亏损 7 422 万元和 1 040 万元。根据新的退市制度,此次资产重组非常关键,一旦重组失败可能退市。

2012 年 5 月 2 日,安徽国风集团有限公司、巢湖市第一塑料厂与合肥通用机械研究院签署《合作框架协议》,协议各方拟共同按照以下重组方案,推动安徽国通高新管业股份有限公司重组。具体内容为:将巢湖市第一塑料厂持有的本公司 11.89% 国有股权(1 248.528 万股)无偿划转给合肥通用机械研究院,合肥通用机械研究院成为国通管业的控股股东。

2012 年 6 月 20 日,巢湖市第一塑料厂与合肥通用机械研究院正式签署了《安徽国通高新管业股份有限公司国有股权无偿划转协议》,巢湖市第一塑料厂同意将其持有的安徽国通高新管业股份有限公司 12 485 280 股股权(占本公司总股本的 11.89%)无偿划转给合肥通用机械研究院,合肥通用机械研究院同意受让巢湖市第一塑料厂无偿划转上述股权。为尽快引入合肥通用机械研究院作为本公司控股股东,借助央企的综合优势和合肥通用机械研究院在技术、市场等方面的协同优势,迅速改善上市公司的经营状况,故对重组方案进行调整。合肥通用机械研究院在股权无偿划转完成后,将进一步加大力度支持上市公司的结构调整和发展,努力将国通管业打造成为管业及流体装备领域国内一流的上市公司。

合肥通用机械研究院是直属中国机械工业集团公司的多专业综合性国家一类科研院所。主要从事石油化工、化肥、电站、环保、燃气、船舶等行业通用机械、化工设备及专用机电设备的设计开发、制造、检测和相应的工程承包、工程监理、设备成套。

该重组方案是想借助合肥通用机械研究院作为央企的综合优势,及其在技术、市场等方面的协同优势,迅速改善上市公司的经营状况。合肥通用机械研究院作为控股股东后,将另行筹划包括但不限于向*ST 国通注入资产等事宜,*ST 国通也由此实现"摘帽"。本次股权划转过户完成后,本公司总股本仍为 105 000 000 股,其中,合肥通用机械研究院持有 12 485 280 股股份,占公司总股本的 11.89%,为公司第一大股东,巢湖第一塑料厂不再持有公司股份。至此,国通管业的重组之路告一段落。

国通管业是如何做到 2013 年收入和利润增长、归属于上市公司股东的净利润为正数的呢?请看国通管业 2013 年 12 月 31 日前后的几则公告。公告 1:安徽国通高新管业股份有限公司于 2013 年 12 月 30 日,收到合肥市经济技术开发区财政局给予的 2013 年企业发展补助资金 897 万元。公告 2:安徽国通高新管业股份有限公司与合肥市国有资产控股有限公司于 2013 年 12 月 31 日签订《协议书》,约定并双方确认,国资公司同意自本协议签订之日起豁免国通管业公司公司 3 500 万元债务。公告 3:2013 年 12 月 12 日安徽国通高新管业股份有限公司出售公司一批机器设备给合肥通用职业技术学院(公司第一大股东合肥通用机械研究投资开办的事业单位法人),该批设备账面价值为 216.53 万元,评估结果为 768.62 万元,增减值为 552.09 万元,增值率为 254.97%。公司以 768.62 万元价格转让,并于 2013 年 12 月 31 日前以现金方式收到上述款项。

很显然,国通管业 2013 年度实现营业收入 42 150.30 万元,实现归属于上市公司股东的净利润 464.99 万元。主要依靠政府近千万元的补贴和向大股东出售资产。不过,国通管业 2013 年度的营业利润为 $-2 210.05$ 万元,净利润为 -195.91 万元,扣除非经常性损益后的每股收益为 -0.14 元,销售净利率 -0.46%,主营业务已经连续三年亏损,每股营业现金流为 $-0.294 6$ 元,资产负债率为 103.61%。另外,国通管业 2013 年 Z 值为 $0.828 9$,Z 值小于 1.81,破产概率大。

5. 第三次财务危机及应对对策

尽管国通管业 2014 年 3 月 10 日摘星,但主要依靠政府近千万元的补贴和向大股东出售资产。看来此次重组治标不治本,没有从根源上解除国通管业经营危机。另外从公司 2014 年 4 月 29 日披露的 2014 年第一季度季报也可以看出,2014 年第一季度实现营业利润 $-1 605.50$ 万元,净利润 $-1 539.15$ 万元,归属上市公司股东净利润 $-1 429.93$ 万元,基本每股收益 $-0.136 2$ 元,每股营业现金流 $-0.014 8$ 元,资产负债率 107.43%。正如大华会计师事务所在为公司 2013 年度出具的审计报告中的强调事项段意见所说"我们提醒财务报表使用者关注,国通管业 2013 年度累计未分配利润为 $-226 504 581.36$ 元,资产负债率为 103.61%,上述事项导致公司持续经营能力存在重大不确定性。"

因公司 2014 年度期末净资产为负值,于是,上海证券交易所根据《上海证券交易所股票上市规则》第 13.2.1 条第(二)项的规定:最近一个会计年度经审计的期末净资产为负值或者被追溯重述后为负值,公司股票将被实施退市风险警示。2015 年 4 月 20 日,公司第三次被实施退市风险警示,实施风险警示后的股票简称为 *ST 国通;股票价格的日涨跌幅限制为 5%。

2015 年,公司为了摘帽避免退市,主要做了以下两件事:

第一、注销合肥机通工程科技有限公司(合肥机通)。该公司于 2013 年 10 月 24 日召开第五届董事会第六次会议审议通过了《关于拟与股东投资设立子公司的关联交易议案》,并于 2013 年 11 月 11 日召开的 2013 年第四次临时股东大会审议同意公司与合肥通用机械研究院共同出资 1 000 万元成立合肥机通工程科技有限公司。截至 2015 年 9 月 30 日,合肥机通总资产 1 398.46 万元,净资产 1 401.16 万元,营业收入 495.61 万元,营业利润 31.56 万元,净利润 21.69 万元,未分配利润 363.21 万元。注销合肥机通的原因是为了优化公司的资产结构,降低管理成本,提升管理运营效率。注销合肥机通对公司的合并财务报表的范围将会发生变化。

第二、国通管业向交易对方发行股份购买的标的资产。2015 年 7 月 27 日,公司收到中国证监会《关于核准安徽国通高新管业股份有限公司向合肥通用机械研究院发行股份购买资产的批复》。发行人民币普通股(A 股)41 421 932 股;发行价格 12.47 元/股,募集资金总额 16 531 492.04 元,发行费用 12 063 396.24 元,募集资金净额 504 468 095.80 元。届时,国通管业已依法取得环境公司 100%的股权。环境公司主要从事与流体机械相关的研究开发、产品制造、技术咨询、技术服务、工程设计及工程成套等业务。其主要产品包括空调实验装置、各种非标泵、阀以及污水处理相关的流体机械设备等。通过购入环境公司,国通管业有望介入流体机械这一高端装备制造领域。对于资不抵债的国通管业而言,此次"换血"重组或许是公司翻盘的最后一线希望。

2016 年 1 月 28 日,*ST 国通发表公告称,鉴于安徽国通高新管业股份有限公司向合肥通用机械研究院发行人民币普通股(A 股)41 421 932 股购买资产,目前上述股份已在中国证券登记结算有限责任公司上海分公司登记完毕,公司本次发行股份购买资产的新增股份登记完成。公司名称变更为国机通用机械科技股份有限公司。公司经营范围变为:UPVC 管、PE 管、PP-R 管范围;制冷空调、压缩机、泵、阀门、塑料管材、金属塑料复合管材及密封件、风机、节能环保设备、过滤与管件生产、销售、安装、服务、分离机械、包装专用设备、机电一体化技术研究、开发;经营进出口业务;通用设备及备件、仪器仪表、实验设备、市政工程施工;管道安装;建筑及及装置的研发、制造、销售、咨询及技术服务;计算机软硬件开发、销售;给排水、水处理、固废处理技术开发、设计、承包及运营服务;化工、石化、煤炭、矿山、冶金、医药、核电、热力热电、建筑、市政、水利、环境、展陈领域技术及设备开发、工程设计、工程承包、技术咨询与转让、项目管理服务;国内贸易及进出口贸易;实业投资;房屋及机械设备租赁;塑胶制品、塑料管材、金属管材、塑料金属复合管材及各类管件生产、销售、开发、服务及检验检测;管道设计、施工、安装。公司不仅变更名称,更是通过资产重组优化经营范围,实现华丽转身。

问题探讨:

(1) 国通管业财务危机的根源是什么?从哪些方面可以预防此类财务危机的发生?

(2) 国通管业的哪些现象表明其已陷入财务危机?

(3) 当公司陷入财务危机时,一般可运用哪些方法应对或解决问题?

(4) 从国通管业三次摘星过程中,讨论上市公司避免退市的主要方法?

(5) 国通管业三次摘星保壳,地方政府(大股东)的主要作用是什么?如何发挥地方政府(大股东)的作用?

(6) 结合近几年的财务报表数据,对该公司财务业绩进行评价。

(资料来源:中国工商管理案例库。)

第三章 货币时间价值

第一节 货币时间价值的计算

一、货币时间价值概念

1. 货币时间价值概念

货币时间价值是指货币经过投资再投资所增加的价值。

经济生活中,人们往往都会发现今天的 1 元钱在经过一年的时间后,在数量上并不相同,后者一般总是大于前者。这除了有通货膨胀和风险的因素外,还有"时间"这个影响因素的作用。我们知道,在商品经济中,投资离不开资金(货币),但投资者自己所拥有的货币往往不足以投资其所选定的项目,因此只有去借钱,可是货币的拥有者也不会白白地把钱提供给别人使用,投资者必须在使用别人货币的同时向货币的拥有者支付一定的报酬。这就是通常我们把 100 元钱存入银行,一年后便可得到 110 元的原因(假定银行利率为 10%)。这也可以说,我们的 100 元钱经过一年的投资,增长到 110 元。这多出来的 10 元钱就是货币的时间价值,也叫资金的时间价值。在财务管理领域,人们习惯用相对数字来表示货币的时间价值,即增加值占投入货币的百分数表示。因此,上述货币的时间价值即为 10%。

如果将这 110 元再次存入银行,继续投资,它仍旧会以 10% 的比例递增。如此循环反复,货币将随着时间的延续,按几何级数增长的方式不断增长,从而使货币具有了货币时间价值。

货币时间价值从量的规定上说,就是在没有通货膨胀和风险的条件下的社会平均资本利润率。在日常生活中,由于政府债券的风险很小(接近于零),因此,当通货膨胀率很低时,人们为方便起见,也常常习惯于将政府债券利率视同为货币的时间价值。

由于市场竞争的结果,市场经济中各部门的投资利润率趋于一致。每个投资者的投资目的都是使自己的投资尽快多地增值,这就必然要求投资报酬率高于社会平均利润率,否则不如把钱存入银行或购买国债,以取得社会平均利润率。因此货币时间价值是无风险和通货膨胀条件下的社会平均利润率。它就成为投资决策中评价投资方案的基本标准,只有当投资报酬率高于货币的时间价值时,该项目才可能被接受,否则就必须放弃此项目。

2. 货币时间价值的基本理论

关于货币时间价值这一客观现象,有种种解释,主要有以下几种基本理论:

(1) "节欲论":认为货币时间价值是资本所有者不将资本用于生活消耗所得的报酬。

(2) "时间利息论":认为货币时间价值是产生于人们对现有货币的评价高于对未来货币的评价,是价值时差的贴水。

(3) "流动偏好论":认为货币时间价值是放弃流动偏好的报酬。

(4) "马克思劳动价值论":认为货币时间价值是劳动创造的,是资金所有者让渡资金使用权参与社会财富分配的一种形式。

二、货币时间价值计算

由于货币时间价值随着时间的推移呈几何级数方式增长,与银行复利的增长方式相同,因此,通常就采用银行复利的计算方法来计算货币的时间价值。按照这种方法,每经过一段固定的时间,就要将所产生的利息加入到本金里,再计算下一段时间的利息,如此循环下去。这里的"一段固定的时间"就叫作计息期,如果不作特别说明,计息期通常指一年。

(一) 货币时间价值计算的几个基本概念

货币时间价值计算的几个基本概念如下:

(1) 现值 PV(present value),指在未来某一时点上的一定数额的资金折合成现在的价值,也即资金在其运动起点的价值,在商业上俗称"本金"。

(2) 未来值 FV(future value),指一定数额的资金经过一段时期后的价值,也即资金在其运动终点的价值,在商业上俗称"本利和"。

(3) 单利法,指计算利息时只按本金计算利息,应付而未付的利息不计算利息。目前我国银行采用这种方法计算资金的时间价值。

(4) 复利法,指计算利息时,把上期的利息并入本金一并计算利息,即"利滚利"。西方国家一般采用这种方法计算资金的时间价值。

(5) 年金值 AV(annuity value),指一定时期内每期相等金额的收付款项。折旧、租金、保险金、等额分期付款、等额分期收款以及零存整取或整存零取储蓄存款等都是年金问题。

年金有多种形式,根据第一次收到或付出钱的时间不同和延续时间长短,一般可分为以下几种:

① 普通年金(后付年金),即在每期期末收到或付出的年金。

② 即付年金(先付年金),即在每期期初收到或付出的年金。

③ 永续年金(终身年金),无限期收入或付出的年金。

④ 递延年金,从某一期以后发生的收到或付出的年金。

(二) 货币时间价值计算举例

在本节中,货币时间价值计算只考虑复利法,而不考虑单利法。基本计算主要有以下几种情况:

1. 已知本金(现值)PV,复利率 i,期限 n,计算到期本利和(未来值)FV_n

如某人年初在银行存入本金 100 元,年利率为 10%,每年计息一次,则到第一年年末他的利息收入为 10 元。用 PV 代表第一年年初存入的本金,i 表示年利率,则一年后的未来值

$$FV_1 = PV + PV \times i = PV \times (1+i) = 100 \times (1+10\%) = 110(元)$$

第一年年末的未来值(本利和)为 110 元。在复利下,第一年年末的未来值作为本金存入,则第二年年末的未来值为

$$FV_2 = FV_1 \times (1+i) = [PV \times (1+i)] \times (1+i) = PV \times (1+i)^2$$
$$= 100 \times (1+10\%)^2 = 121(元)$$

以此类推,即可得期初本金为 PV,年利率为 i,在 n 年年末的未来值为

$$FV_n = PV \times (1+i)^n$$

利用上述方程式求解未来值时很费时。为简化计算,可直接查阅"1 元未来值系数表"。在计算时只需将不同的 i 及 n 代入,便可查得 1 元在 n 年后的未来值,再用查表所得数乘以现值 PV,即得到现值 PV 在第 n 年的未来值。表中的 $(1+i)^n$ 称为未来值系数。有了未来值系数,则计算公式为

$$FV_n = PV \times (1+i)^n = PV \times 未来值系数$$

例 某人向银行借款 100 万元,年利率为 10%,期限为 5 年,问 5 年后应偿还的本利和为多少?

根据 $FV_n = PV \times (1+i)^n = PV \times 未来值系数$,

得到 $FV_5 = PV \times (1+i)^5 = PV \times 1.6105 = 161.05(万元)$。

2. 已知未来值 FV_n,复利率 i,期限 n,计算现值 PV

由于 $FV_n = PV \times (1+i)^n$,两边除以 $(1+i)^n$,得到 $PV = FV_n \times (1+i)^{-n}$。

我们把 $(1+i)^{-n}$ 称为现值系数(或折现系数),可直接查阅"1 元现值系数表"。则计算公式变为

$$PV = FV_n \times (1+i)^{-n} = FV_n \times 现值系数$$

【案例 3-1】 欺骗性广告

最近,一些商家都这样宣称"来试一下我们的产品。如果你试了,我们将为你的光顾支付 100 元"。假如你看到这样的话语,你就会发现他们给你的是一个在 30 年之后支付给你 100 元的存款证书。如果该存款的年利率是 10% 的话,现在他们真正能给你多少钱?你真正得到的是在 30 年后才能得到的 100 元在今日的现值。假若折现率是每年 10%,那么折现系数应是

$$\frac{1}{1.1^{30}} = \frac{1}{17.449} = 0.0573$$

这就告诉你在折现率为 10% 时,30 年后的 1 元在今天仅值 5 分多一点儿。由此可得,该促销仅能给你 $0.0573 \times 100 = 5.73$ 元。可能这个足以吸引顾客,但是它的确不是 100 元。

3. 已知普通年金值 AV,复利率 i,期限 n,计算未来值 FV_n

年金未来值是指一定时期内每期期末收付款项的复利未来值之和。其计算公式为

$$FV_n = AV \times \frac{(1+i)^n - 1}{i} = AV \times 年金未来值系数$$

式中,$[(1+i)^n - 1]/i$ 称为年金未来值系数,可直接查阅"1 元年金未来值系数表"。

则计算公式为

$$FV_n = AV \times [(1+i)^n - 1]/i = AV \times 年金未来值系数$$

例 某人大学毕业后 5 年内,每年年末存 10 000 元,存满 5 期,则在利率 10% 情况下,5 年年末本利和为多少?

根据

$$FV_n = AV \times [(1+i)^n - 1]/i = AV \times 年金未来值系数$$
$$= 10\,000 \times [(1+10\%)^5 - 1]/10\% = 10\,000 \times 6.105 = 61\,050(元)$$

例 王先生有个女儿今年读初二,估计四年后读大学,大学的学费为 50 000 元,尽管王先生收入不错,但生活比较奢侈,基本上没有什么积蓄。王先生分析了家庭预算后决定,为了以后女儿上大学时使用学费不愁,每个月存入 1 000 元。问在利率 6% 的情况下能不能实现目标?

按月计算,月利率为 $6\%/12 = 0.05\%$

$$N = 4 \times 12 = 48(个月)$$

根据

$$FV_n = AV \times [(1+i)^n - 1]/i = AV \times 年金未来值系数$$
$$= 1\,000 \times [(1+0.05\%)^{48} - 1]/0.05\% = 10\,000 \times 48.56834 = 48\,568(元)$$

【**案例 3-2**】 神奇的复利

如果年利率为 11%,到 65 岁时拥有 100 万元的资产,则每月投资额计算如表 3-1 所示。

表 3-1 月投资数额计算表

投资年龄	20 岁	30 岁	40 岁	50 岁
月投资额	67 元	202 元	629 元	2 180 元

从表 3-1 可以看出,越早开始投资越有利。

4. 已知普通年金值 AV,复利率 i,期限 n,计算现值 PV

年金现值是指一定时期内每期期末收付款项的复利现值之和。其计算公式为

$$PV = \frac{AV \times (1+i)^n - 1}{i \times (1+i)^n}$$

式中,$[(1+i)^n - 1]/[i \times (1+i)^n]$ 称为年金现值系数,可直接查阅"1 元年金现值系数表"。

则计算公式为

$$PV = AV \times [(1+i)^n - 1]/[i \times (1+i)^n] = AV \times 年金现值系数$$

例 某人要到边疆支教三年,请你代缴养老金,每年养老金交存额度为 12 000 元,假设银行存款利率为 4%,他现在应该在银行给你存入多少元?

根据计算公式

$$PV = AV \times [(1+i)^n - 1]/[i \times (1+i)^n] = AV \times 年金现值系数$$
$$= 12\,000 \times [(1+4\%)^3 - 1]/[4\% \times (1+4\%)^3]$$
$$= 12\,000 \times 2.775\,1 = 33\,301.2(元)$$

5. 两种特殊年金现值、未来值计算

(1) 永续年金。

永续年金是指无限期支付的年金。在实际经济生活中,无限期债券、优先股股利、奖励基金都属于永续年金。永续年金没有终止的时间,所以不存在未来值计算,永续年金现值计算公式为

$$永续年金现值 = \frac{年金值}{利率}$$

例 某人持有无限期的债券一张,每年年末可获 10 万元收入,如果年利率为 10%,问该永续年金现值多少元?

根据计算公式:

$$永续年金现值 = \frac{年金值}{利率} = \frac{10}{10\%} = 100(万元)$$

例 AB 公司有一优先股,每股每年可分得股息 0.8 元,而年利率为 4%,对于一个准备购买这种股票的人来说,该优先股价格不高于多少时,他才愿意购买?

计算该优先股的现值:

$$优先股现值 = \frac{年金值}{利率} = \frac{0.8}{4\%} = 20(元)$$

即该优先股股价不高于 20 元,可以购买。

(2) 递延年金。

递延年金未来值计算同普通年金未来值计算,递延年金现值计算有三种方法:

① 先计算递延 m 期末的年金现值 PV_m,再折现为现值 PV,即

$$PV = PV_m \times (1+i)^{-m}$$

② 先计算 $m+n$ 期年金现值 PV_{m+n},减去前 m 期年金现值 PV_m,即

$$PV = PV_{m+n} - PV_m$$

③ 先计算 $m+n$ 期末的年金未来值 FV_{m+n},再折现为现值 PV,即

$$PV = PV_m \times (1+i)^{-m-n}$$

例 某职工准备在 60 岁退休后的未来 30 年内,前 10 年靠体力挣取生活费,后 20 年,每年年末需 2 万元作为生活费,在利率为 10% 的情况下,问退休时需一次性存多少元?

第一种方法:先计算第十年年末的现值,再折现为第一年期初值。

$$PV = 2 \times 8.5136 \times (1 + 10\%)^{-10}$$
$$= 2 \times 8.5136 \times 0.3855 = 6.564(万元)$$

第二种方法：先计算 30 年年金的现值，再减去 10 年的年金现值。
$$PV = 2 \times 9.4269 - 2 \times 6.1446 = 6.564(万元)$$

第三种方法：先计算 20 年年末的年金未来值，再按 30 年的现值系数折现。
$$PV = 2 \times 57.275 \times 0.0573 = 6.564(万元)$$

第二节　货币时间价值的应用

一、贷款的分期等额偿还（loan amortization）

货币时间价值的一个重要应用是计算分期付款贷款的支付额。分期付款在住房按揭、汽车贷款、消费贷款和某些商业贷款中十分常见。其主要特征是本利一起分期等额偿还，偿还可按月、季、半年或一年进行。

例　某企业贷款 100 000 元，年利率为 6%，分三年等额偿还，计算每年偿还的本金和利息。

根据货币时间价值的计算，

$$年等额偿还额 = 100\,000 \div 年金现值系数$$

等额偿还额计算表如表 3-2 所示。

表 3-2　等额偿还额计算表

（单位:元）

年份	年等额偿还额	年偿还本金	年偿还利息
1	37 411	31 411	6 000
2	37 411	33 296	4 115
3	37 411	35 293	2 118
合计	112 233	100 000	12 233

例　假设你要买一辆汽车，价款 15 万元，银行提供三年期的汽车按揭，年利率 12%，按月计息等额偿还，计算月偿还额。

按月计算，月利率为 12%/12 = 1%。

$N = 3 \times 12 = 36$（个月）

月等额偿还额 = 150 000 ÷ 年金现值系数 = 150 000 ÷ 30.1075 = 4 982 ≈ 5 000（元）

因此，月偿还额约为 5 000 元。

二、不同期间复利利率转换

在企业筹资和借贷活动中,经常遇到这种情况,给定年利率,但是计算利息周期是半年、季或月,即按半年、季或月计算复利。那么实际的年利率与给定的年利率(称为名义年利率)必然不同。当利息在一年内复利几次,实际所负担利息要比名义利率计算利息高。

例 企业借入 100 万元,年利率 12%,

(1) 若每年计息一次,则一年后的将来值:

$$FV = 100 \times (1 + 0.12)^1 = 112(万元)$$

$$实际利率 = (112 - 100)/100 = 12\%$$

(2) 若每半年计息一次,半年的利率为 12% ÷ 2 = 6%,一年后的将来值:

$$FV = 100 \times (1 + 0.12/2)^2 = 112.36(万元)$$

$$实际利率 = (112.36 - 100)/100 = 12.36\%$$

(3) 每季计息一次,一年后将来值:

$$FV = 100 \times (1 + 0.12/4)^4 = 112.55(万元)$$

$$实际利率 = (112.55 - 100)/100 = 12.55\%$$

(4) 每月计息一次,一年后将来值:

$$FV = 100 \times (1 + 0.12/12)^{12} = 112.68(万元)$$

$$实际利率 = (112.68 - 100)/100 = 12.68\%$$

由此可得出,名义利率与实际利率关系是

$$实际利率\ r_R = \left(1 + \frac{名义利率\ r_N}{年复利次数}\right)^{年复利次数} - 1$$

如果名义利率 r_N,年内计息无穷次,则实际利率 r_R 为

$$实际利率\ r_R = e^{r_N} - 1$$

例 名义年利率为 8%,投资 10 000 元在不同复利计息期下实际利率,计算结果如表 3-3 所示。

表 3-3 投资 10 000 元在不同复利计息期下的实际利率

(单位:元)

本金	计息期	第一年年末本利和	实际利率(%)
10 000	每年	10 800	8.00
10 000	每半年	10 816	8.16
10 000	每季度	10 824	8.24
10 000	每月	10 830	8.30
10 000	每日(365 天)	10 832	8.32
10 000	永续计息	10 833	8.33

三、债券的估价(bond valuation)

债券作为一种投资,现金流出是其购买价格,现金流入是利息和归还的本金,或者出售时得到的现金。债券未来现金流入的现值,称为债券的价值或债券的内在价值。只有债券的价值大于购买价格时,才值得购买。债券价值是债券投资决策时使用的主要指标之一。

1. 基本模型

典型的债券是固定利率、每年计算并支付利息、到期归还本金。按照这种模式,债券价值计算的基本模型是:

债券价值 = 每期票面利息按市场利率折现现值 + 票面面值到期按市场利率折合现值

例 某公司 2011 年 1 月 1 日发行面值 10 000 元的债券,其票面利率为 8%,每年 12 月 31 日计算并付息一次,并于 5 年后的 2016 年 12 月 31 日到期,假定市场利率为 10%,则债券价值为

$$债券价值 = 800/(1+10\%) + 800/(1+10\%)^2 + 800/(1+10\%)^3$$
$$+ 800/(1+10\%)^4 + 800/(1+10\%)^5 + 10\,000/(1+10\%)^5$$
$$= 800 \times 3.791 + 10\,000 \times 0.621 = 9\,242.8(元)$$

通过该模型可以看出,影响债券的价值的因素有市场利率、票面利率、计息期和到期时间。

2. 中途转让债券价值模型

有些债券持有人购买债券的目的不是为了投资,而是为了投机,对于购买的债券可能在到期日前转让,因此,债券的价值可按下列模型确定:

债券价值 = 持有期内每期票面利息折合现值 + 中途转让价值折合现值。

例 某人准备购买 A 公司在 2012 年 1 月 1 日当日发行的债券一张,面值 10 000 元,票面利率为 10%,5 年期,每年 12 月 31 日付息。如果市场利率为 8%,1 年后市场转让价为 10 000 元,问发行价为 10 100 元,能不能购买?

$$债券价值 = 1\,000/(1+8\%) + 10\,000/(1+8\%) = 10\,185(元)$$

由于 10 185 元 > 10 100 元,因此可以购买。

3. 对于不定期付息,而是一次性还本付息(单利)债券,债券价值计算的基本模型

一次性还本付息(单利)债券的价值 = 债券到期本利和 $/(1+k)^n$

例 企业欲购买长江公司发行的 3 年期、单利、到期一次还本付息的债券,该债券面值 1 000 元,票面利率 12%,当前市场利率 10%,则

该债券的价值 = $(1\,000 + 1\,000 \times 12\% \times 3)/(1+10\%)^3 = 1\,021.79(元)$

4. 贴现发行时债券的估价模型

有些债券以贴现方式发行,没有票面利率,到期按面值偿还。这些债券的估价模型为

债券价值 = 债券面值 $/(1+k)^n$

例 某债券面值为 1 000 元,期限为 5 年,以贴现方式发行,期内不计利息,到期按面值偿还,当时市场利率为 8%,其价格为多少时,企业才能购买?

由上述公式得

$$债券价值 = 1\,000/(1+8\%)^n$$
$$= 1\,000 \times 0.681 = 681(元)$$

该债券的价格只有低于 681 元时,企业才能购买。

四、股票估价(stock valuation)

在实践中普通股的定价比债券更加困难,这至少有三个原因:第一,即使是那些预先允诺的现金流量实际上也无法提前知道;第二,投资生命周期通常是无限的,因为普通股没有到期日;第三,我们无法轻易地获得市场的要求收益率。尽管如此,正如我们将会看到的那样,我们可以通过获得每股股票的未来现金流量的现值,并借此确定股票的价值。

设想今天你正在考虑购买一股股票,你计划在一年后将其卖掉,你知道那时股票将会价值 70 元,你估计股票也将在年末支付 10 元的股利,假如你要求在你的投资上获得 25% 的回报,那么你将为此支付的最高价格是多少? 换句话说,在要求收益率是 25% 的情况下,10 元的股利和 70 元的终值的现值是多少?

假如你今天购买股票并在年末抛掉,你将获得总计 80 元的现金。当要求收益率是 25% 时:

$$现值 = (10 + 70)/1.25 = 64(元)$$

因此,64 元是你今天为股票支付的价值。

更一般地,设 P_0 是当前的股票价格,P_1 为下期的价格。假如 D_1 是期末支付的现金股利,那么,

$$P_0 = (D_1 + P_1)/(1 + k)$$

式中,k 是市场对投资的要求收益率。

股票评价的主要方法是计算其价值,然后和股票市价比较视其低于、高于或等于市价,决定买入、卖出或继续持有。

1. 股票评价的基本模式

股票带给持有者的现金流入包括两部分:股利收入和出售时的资本利得。股票的内在价值由一系列的股利和将来出售股票时售价的现值所构成。

(1) 如果股东永远持有股票,他只获得股利,是一个永续的现金流入。这个现金流入的现值就是股票的价值。

永久持有股票的股票价值按下列模型估计:

$$永久持有股票的股票价值\ S = \sum_{t=1}^{\infty} \frac{D_t}{(1+k)^t} \quad (D_t\ 为\ t\ 期股利)$$

(2) 如果投资者不打算永久地持有股票,而在一段时间后出售,他的未来现金流入是几次股利和出售时的股价。

不打算长期持有股票价值 S = 持有期内股利折合现值 + 转让股票所得折合的现值

例 有一种股票,购买后一年内获股利 1 元,一年后出售可获收入 21 元,在必要收益率为 10% 情况下,股票价值为

$$股票价值 = 1/(1+10\%) + 21/(1+10\%) = 20(元)$$

2. 股票估价模型

对于永久地持有股票,股票的价值一般难以确定,但在特殊情况下可计算股票价值。

(1) 固定股利模型。

如果每期股利 D_t 相同,

$$则股票价值 S = \frac{D_t}{k} = \frac{每期股利}{必要收益率}$$

例 某种股票每年分配股利 2 元,股票期望报酬率 8%,则

$$股票价值 = 2/8\% = 25(元)$$

【案例 3-3】 麦当劳公司的股票价值

麦当劳公司成立于 1950 年,在以后的许多年里增长很快,资产额达 10 亿美元,但公司直到 1975 年才第一次发放股利,按上述模型,股票的价值为 0,对吗?

比较小的增长型公司一般会将所有的利润用于投资,因而不支付任何股利。是否这些股票会一文不值?这要依条件而定。当我们说股票的价值等于未来股利的现值时,我们并没有排除这些股利数字中会有一部分是 0。只是它们不可能全部是 0。

设想一家公司在其章程中有一条,就是禁止现在或将来对股利的支付。公司不可以再借任何资金、以任何形式向股东支付任何现金,以及出售任何资产。这样的公司事实上是不可能存在的,因为中国证监会不希望这样;股东总可以投票修改章程,如果他们希望这样做的话。但是,假如这样的情形确实存在,那么股票的价值是多少呢?

股票的价值绝对等于 0。这样的公司是一个财务"黑洞"。资金进入公司,但却没有产出任何有价值的东西。因为永远不会有人从此项资产获得任何收益,投资也就没有价值。这个例子有一点不合理,但它说明了当我们说公司不支付股利时,我们的实际意思是说它们当前不支付股利。

(2) 固定增长率模型。

如果每期股利 D_t 不同,但按一固定增长率 g 增长,那么我们的问题已由对无限期的未来股利的估计转换为提出单个增长率——这个相对简化的问题。在本例中,假如我们用 D_0 代表刚刚支付的股利,g 代表固定增长率,股票的价值可以为

$$则股票价值 S = \frac{D_1}{k-g} \quad (要求 k > g, D_1 为下一期股利)$$

例 某种股票期望报酬率 8%,现股利为 2 元,以后每年按 6% 的固定增长率增长,则

$$股票价值 = 2 \times (1+6\%)/(8\%-6\%) = 106(元)$$

实际上,我们可以利用股利增长模型来得到任何时点的股票价格,而不仅仅是今天的价

格。一般地,股票在时间 t 时的价格为

$$S_t = D_{t-1} \times (1 + g)/(k - g)$$

在我们的例子中,假定我们对 5 年后的股票价格,即 S_5 感兴趣。我们首先需要第 5 期的股利 D_5。假设最初支付的股利是 2.30 元,期望收益率为 13%,股利增长率是每年 5%。则

$$D_5 = 2.30 \times 1.05^5 = 2.30 \times 1.2763 = 2.935(元)$$

根据股利增长模型,我们可以得出 5 年后的股票价格:

$$S_5 = 2.935/(13\% - 5\%) = 36.69(元)$$

股利增长模型做了一个隐含假设,即股票价格将以股利的增长率增长。这实际上并不奇怪。它告诉我们的是假如一项投资的现金流量随着时间以固定的比率增长,所以投资的价值也是如此。

你将会疑虑的是假如股利增长率 g 比折现率 k 高的话,股利增长模型将会发生什么变化。似乎我们会得到负的股票价格,因为 $k - g$ 将会小于 0。事实上并不会这样。

相反,假如固定增长率超过折现率的话,股票价格将是无限大的。为什么?假如增长率大于折现率,那么股利现值将会变得越来越大。事实上,如果增长率和折现率相等的话也是这样。在这两种情形下,用无限的股利序列来代替股利增长模型这一简化做法是"非法的",所以我们得到的股利增长模型是没有意义的,除非增长率小于折现率。

最后,我们得出的固定增长率下的表达式对于任何增长性的永续年金都是有效的,而不只是对于普通股的股利。

(3) 两阶段增长模型。

上述两种类型的股票,一种是股利固定不变,另一种是股利固定增长,在现实生活中,很多股票的股利一般是在一段时间内高速增长,在另一段时间内固定增长或固定不变,这就是两阶段增长模型。两阶段增长模型的股票价值,就是把这两部分股利的现值相加。

例 某股票现股利为 2 元,在未来 3 年内按 10% 的增长率增长,第 3 年以后,股利按 3% 的增长率增长,假定投资者的期望收益率为 15%,试对股票进行估价。

由于该股票在未来 3 年内按 10% 的增长率增长,则 3 年的股利分别为

$$D_1 = 2 \times (1 + 10\%)^1 = 2 \times 1.1 = 2.2(元)$$
$$D_2 = 2 \times (1 + 10\%)^2 = 2 \times 1.21 = 2.42(元)$$
$$D_3 = 2 \times (1 + 10\%)^3 = 2 \times 1.33 = 2.66(元)$$

第 3 年以后,股利按 3% 的增长率增长,则第 3 年年末股票的价值为

$$S_3 = 2.66 \times (1 + 3\%)/(15\% - 3\%) = 22.83(元)$$

则股票价值

$$\begin{aligned} S &= D_1 \times (1 + k)^{-1} + D_2 \times (1 + k)^{-2} + D_3 \times (1 + k)^{-3} + S_3 \times (1 + k)^{-3} \\ &= 2.2 \times (1 + 15\%)^{-1} + 2.42 \times (1 + 15\%)^{-2} + 2.66 \times (1 + 15\%)^{-3} \\ &\quad + 22.85 \times (1 + 15\%)^{-3} \\ &= 20.52(元) \end{aligned}$$

思考练习题

一、选择题

1. 发生在每期期末的年金,被称为( )。
   A. 预付年金　　　　B. 普通年金　　　　C. 永续年金　　　　D. 递延年金

2. 某企业借入名义年利率为10%的贷款,贷款期限为2年,贷款按季计息,则贷款的实际年利率为( )。
   A. 5.06%　　　　　B. 10.5%　　　　　C. 10.38%　　　　 D. 10%

3. 在利息率和现值相同的情况下,若计息期为一期,则复利终值和单利终值( )。
   A. 前者大于后者　　B. 不相等　　　　　C. 后者大于前者　　D. 相等

4. 某企业每年年初在银行中存入30万元。若年利率为10%,则5年后该项基金的本利和将为( )万元。
   A. 150　　　　　　B. 183.153　　　　C. 189.561　　　　D. 201.48

5. 某人年初存入银行10 000元,假设银行按每年8%的复利计息,每年年末取出2 000元,则最后一次能够足额(2 000元)提款的时间是( )年。
   A. 5　　　　　　　B. 6　　　　　　　C. 7　　　　　　　D. 8

6. 某公司股票最近每股分红1.20元,投资者对该股票的要求回报率为12%,如果市场预计其股利每年增长6%,该公司的股利支付率为40%。如果目前股票价格等于其内在价值,则该股票的市盈率为( )。
   A. 7.07　　　　　 B. 6.67　　　　　 C. 10　　　　　　 D. 12

7. 有一项年金,前3年无流入,后5年每年年初流入500万元,假设年利率为10%,其现值为( )万元。
   A. 1 994.59　　　 B. 1 565.68　　　 C. 1 813.48　　　 D. 1 423.21

8. 有一笔国债,5年期,平价发行,票面利率12.22%,单利计息,到期一次还本付息,其到期收益率是( )。
   A. 9%　　　　　　B. 11%　　　　　　C. 10%　　　　　　D. 12%

9. ABC公司平价购买刚发行的面值为1000元(5年期、每半年支付利息40元)的债券,该债券按年计算的到期收益率为( )。
   A. 4%　　　　　　B. 7.84%　　　　　C. 8%　　　　　　 D. 8.16%

10. 在利率和计息期相同的条件下,以下公式中,正确的是( )。
    A. 普通年金终值系数×普通年金现值系数=1
    B. 普通年金终值系数×偿债基金系数=1
    C. 普通年金终值系数×投资回收系数=1
    D. 普通年金终值系数×预付年金现值系数=1

11. 某上市公司预计未来5年股利高速增长,然后转为正常增长,则下列各项普通股评价模型中,最适宜于计算该公司股票价值的是( )。

A. 股利固定模型　　　　　　　B. 零成长股票模型
C. 两阶段模型　　　　　　　　D. 股利固定增长模型

12. 某公司拟于5年后一次还清所欠债务100 000元,假定银行利息率为10%,5年10%的年金终值系数为6.105 1,5年10%的年金现值系数为3.790 8,则应从现在起每年年末等额存入银行的偿债基金为( )元。

A. 16 379.75　　　B. 26 379.66　　　C. 379 080　　　D. 610 510

13. 甲乙公司已进入稳定状态,股票有关信息如表3-4所示。下列关于投资股票说法正确的是( )。

表 3-4　股票信息表

项目	甲公司	乙公司
最近一期每期股利(元)	0.75	0.55
股利稳定增长率	6%	8%
股票价格(元/股)	15	15

A. 甲乙股票股利收益率相同　　　B. 甲乙股票股价增长率相同
C. 甲乙股票资本利得收益率相同　D. 甲乙股票期望收益率相同

二、计算题

1. 有一项年金,前3年无流入,后5年每年年初流入500万元,假设年利率为10%,其现值为多少?

2. 向银行借入一笔款项,银行贷款的年利率为10%,每年复利一次。银行规定前10年不用还本付息,但从第11~20年每年年末偿还本息5 000元,求这笔借款的现值。

3. 6年分期付款购物,每年年初付500元。设银行利率为10%,该项分期付款相当于现在一次现金支付的购价是多少?

4. 企业需用一设备,买价为3 600元,可用10年。如租用,则每年年初需付租金500元,除此以外,买与租的其他情况相同。假设利率为10%,则企业是租赁还是购买该设备?

5. 某公司拟购置一处房产,房主提出两种付款方案。

方案一:从现在起,每年年初支付20万,连续支付10次,共200万元。

方案二:从第五年开始,每年年初支付25万元,连续支付10次,共250万元。

假设该公司的资金成本率(即最低报酬率)为10%,你认为该公司应选择哪个方案?

6. 时代公司需用一设备,买价为1 600元,可用10年,如果租用,则每年年末付租金200元,除此之外,买与租其他情况相同。假设利率为6%,用数据说明买与租何者为优。

7. 有一种股票,投资者的期望收益率为15%,上一期已发放股息1元。三种不同状态下股票价值估算如表3-5所示。

表 3-5 三种不同状态下股价估算值

状态	股息增长率	股价估算值
(1)	0 增长	6.67 元
(2)	每年按 10% 增长率增长	22 元
(3)	前 5 年按 10% 增长,以后每年按 3% 增长	10.52 元

请问:以上估算是否正确?

8. 资料:2007 年 7 月 1 日发行的某债券,面值 100 元,期限 3 年,票面年利率 8%,每半年付息一次,付息日为 6 月 30 日和 12 月 31 日。

要求:(1) 假设等风险证券的市场利率为 8%,计算该债券的实际年利率和单利计息下全部利息在 2007 年 7 月 1 日的现值。

(2) 假设等风险证券的市场利率为 10%,计算 2007 年 7 月 1 日该债券的价值。

(3) 假设等风险证券的市场利率为 12%,2008 年 7 月 1 日该债券的市价是 85 元,试问该债券当时是否值得购买?

(4) 假设某投资者 2009 年 7 月 1 日以 97 元购入该债券,试问该投资者持有该债券至到期日的收益率是多少?

9. 某投资者持有 A 公司股票,要求的必要收益率为 15%,预计 A 公司未来 3 年股利高增长,增长率为 20%,在以后转为正常增长,增长率 12%。A 公司最近股利为 2 元,试计算 A 公司股票的内在价值。

三、案例讨论题

某公司现与银行正签订贷款协议,贷款 1 000 万元,期限一年,利率 12%。银行提出以下五种方式可供选择:① 到期一次还本付息;② 按月付息,到期一次还本;③ 年内分 12 个月等额偿还本息;④ 借款时,利息一次性扣除,到期还本;⑤ 要求账户上保留 20% 的余额,到期一次还本付息。

问题探讨:

假如你是该公司负责人,你会选择哪一种方式?

第四章 投资决策

第一节 投资决策概述

一、投资的概念

投资是指以收回现金并取得收益为目的而发生的现金流出。例如,购买政府公债、购买企业股票和债券、购置设备、兴建工厂、开办商店、增加一种新产品等,企业都要发生货币性流出,并期望取得更多的流入。财务管理中的投资与会计中的投资含义不完全一致,通常,会计上的投资是指对外投资,而财务管理中的投资既包括对外投资,也包括对内投资。

二、投资的分类

企业的投资,按不同的标准可以分为以下类型:

1. 直接投资和间接投资

直接投资是指把资金直接投放于生产经营性资产,以便获取利润的投资。例如,购置设备、兴建工厂、开办商店等。

间接投资又称证券投资,是指把资金投放于金融性资产,以便获取股利或者利息收入的投资。例如,购买政府公债、购买企业债券和公司股票等。随着我国金融市场的完善和多渠道筹资的形成,企业间接投资将越来越广泛。

2. 长期投资和短期投资

长期投资是指影响所及超过一年的投资。例如,购买设备、建造厂房等。长期投资又称资本性投资。用于股票和债券的长期投资,在必要时可以出售变现,而真正难以改变的是生产经营性的固定资产投资。所以,有时长期投资专指固定资产投资。

短期投资是指影响所及不超过一年的投资,如对应收账款、存货、短期有价证券的投资。短期投资又称为流动资产投资或营运资产投资。

3．对内投资和对外投资

根据投资的方向,投资可分为对内投资和对外投资两类。对内投资又称内部投资,是指把资金投在企业内部,购置各种生产经营用资产的投资。对外投资是指企业以现金、实物、无形资产等方式或者以购买股票、债券等有价证券方式向其他单位的投资。对内投资都是直接投资,对外投资主要是间接投资,也可以是直接投资。随着企业横向经济联合的开展,对外投资越来越重要。

三、企业投资的意义

1．企业投资是实现财务管理目标的基本前提

企业财务管理的目标是不断提高企业价值,为此,就要采取各种措施增加利润,降低风险。企业要想获得利润,就必须进行投资,在投资中获得效益。

2．企业投资是发展生产的必要手段

在科学技术、社会经济迅速发展的今天,企业无论是维持简单再生产还是实现扩大再生产,都必须进行一定的投资。要维持简单再生产的顺利进行,就必须及时对所使用的机器设备进行更新。对产品和生产工艺进行改革,不断提高职工的科学技术水平等;要实现扩大再生产,就必须新建、扩建厂房,增添机器设备,增加职工人数,提高人员素质等。企业只有通过一系列投资活动,才能创造增强实力、广开财源的不可缺少的条件。

3．企业投资是降低风险的重要方法

企业把资金投向生产经营的关键环节或薄弱环节,可以使企业各种生产经营能力配套、平衡,形成更大的综合生产能力。企业如把资金投资于多个行业,实行多角化经营,则更能增加企业销售和盈余的稳定性。这些都是降低企业经营风险的重要方法。

四、企业投资管理的基本原则

企业投资的根本目的是谋求利润,增加企业价值。企业能否实现这一目标,关键在于企业能否在风云变幻的市场环境下,抓住有利的时机,作出合理的投资决策。为此,企业在投资时必须坚持以下原则:

1．认真进行市场调查,及时捕捉投资机会

捕捉投资机会是企业投资活动的起点,也是企业投资决策的关键。在商品经济条件下,投资机会不是固定不变的,而是不断变化的,它要受到诸多因素的影响,最主要的是受到市场需求变化的影响。企业在投资之前,必须认真进行市场调查和市场分析,寻找最有利的投资机会。市场是不断变化的、发展的,对于市场和投资机会的关系,也应从动态的角度加以把握。正是由于市场不断变化和发展,才有可能产生一个又一个新的投资机会。

随着经济不断发展,人民收入水平不断增加,人们对消费的需求也就发生很大变化,无数的投资机会正是在这种变化中产生的。

2. 建立科学的投资决策程序,认真进行投资项目的可行性分析

在市场经济条件下,企业的投资决策都会面临一定的风险。为了保证投资决策的正确有效,必须按科学的投资决策程序,认真进行投资项目的可行性分析。投资项目可行性分析的主要任务是对投资项目技术上的可行性和经济上的有效性进行论证,运用各种方法计算出有关指标,以便合理确定不同项目的优劣。财务部门是对企业的资金进行规划和控制的部门,财务人员必须参与投资项目的可行性分析。

3. 及时足额地筹集资金,保证投资项目的资金供应

企业的投资项目,特别是大型投资项目,建设工期长,所需资金多,一旦开工,就必须有足够的资金供应。否则,就会使工程建设中途下马,出现"半截子工程",造成很大的损失。因此,在投资项目上马之前,必须科学预测投资所需资金的数量和时间,采用适当的方法,筹措资金,保证投资项目顺利完成,尽快产生投资效益。

4. 认真分析风险和收益的关系,适当控制企业的投资风险

收益和风险是共存的。一般而言,收益越大,风险也越大,收益的增加是以风险的增大为代价的,而风险的增加将会引起企业价值的下降,不利于财务目标的实现。企业在进行投资时,必须在考虑收益的同时认真考虑风险情况,只有在收益和风险达到最好的均衡时,才有可能不断增加企业价值,实现财务管理的目标。

五、投资决策应考虑的问题

投资决策属于战略性决策,将会决定企业的长远发展方向和发展速度,所以在作出投资决策以前,决策者必须作出战略性思考。影响企业长远发展方向的战略性问题主要是两个,即企业是要做强还是要做大,是要多角化还是要专业化。

1. 做强还是做大

企业强是指获取经营现金流量的能力强、抗风险的能力强。这两方面强,就会使企业的竞争能力也强。要做强企业,要解决三个核心问题。

在产品有市场的前提下,第一要解决好技术问题。企业技术水平的高低、产品技术含量的多少,决定着企业的长期竞争优势。随着经济水平的提高,当前国际、国内的产品发展趋势是高技术、高价值,技术开发难度大,时间长,投入也大,企业靠法律和保密来保护自身的高新技术,不易模仿和扩散,所以技术水平高低、产品技术含量高低是企业的核心竞争能力之一。第二是企业管理水平高低。管理水平高低取决于企业的管理流程、方法和价值观念(即企业文化),一套科学有效的管理流程与方法是企业长期管理经验的结晶,有其深刻的内涵,而企业文化的形成也是经过长期积累而固化在人脑中的价值观念,这些方面也不是能够轻易模仿的。所谓企业核心竞争能力,其核心就体现在不易模仿性上。技术和管理都有这个特性,如果技术和管理上形不成核心能力,其他方面也就不会形成核心竞争力。管理水平高的企业应变能力强,竞争能力也强。第三是激励和约束机制问题。无论是提高技术水平,还是提高管理水平,都要提高人的素质和积极性。如果企业的经营管理者没有积极性,管理水平和技术水平就不会提高。而要调动积极性，就必须解决激励和约束机制问题，要建立一套企业与经营者和职工利益密切相关的激励和约束机制。

所谓做大是指企业外延式发展，扩大生产经营规模。目前有一种模糊认识，就是要尽快进入世界500强，甚至是"家大业大，权力也大"，盲目扩大规模。在强的基础上扩大规模，企业竞争力会增强，企业价值会增大。放弃强的基础而扩大规模，抗风险能力并不一定强，收益能力也不一定会得到提高，没有"内核"的规模只是一种外表形式，增强不了企业竞争力，增大不了企业价值。所以企业应先做强再做大，在强的基础上大。在投资时向增强企业竞争力的方向投，提高企业技术水平和管理水平，提高人的素质和调动人的积极性。

【案例4-1】 2019中国多元化企业集团崩盘启示录

2019年印象最深的经济现象是一大批中国著名的民营企业集团，从年初到年末接连爆发资金链断裂新闻，陷入彻骨寒冷的濒临破产重组的困境，包括海航、三胞、丰盛、金盾、盾安、精工、银亿、新光……这些集团有惊人的相似之处：资产大多在500亿以上；旗下平均都有2家以上上市公司；产业横跨平均5个以上；创始人绝大多数是1960~1970年出生；公司创立时间多在20年以上；集团资产负债率大多在60%以上。

这些集团的发展路径也大致相似：

第一步，创始人先从事一个行业，从小公司做到该行业领先乃至成功上市。

第二步，创始人自信心爆棚，从产业经营转向资本经营，希望能在其他行业再复制第一个上市公司的成功经验，于是把第一个上市公司的股票质押贷款（上市公司大股东在股票上市后，三年内不能出售；三年后也不能随便套现，否则一公告便会影响股价），因为中国证监会严禁同业竞争的原因，股票质押贷款出来的钱不能投资于原有主业，必须进入新的行业寻找投资机会。

第三步，由于各种因素，新进入的第二个产业也发展得很顺利，几年后又产生一家上市公司，这时集团创始人基本上就进入"天下英雄舍我其谁"的自信心爆棚阶段，于是就迫不及待地在第二家公司上市后，把该公司股票质押套现继续寻找第三个行业、第四个行业……

第四步，当发展到十年后，这些集团平均有了百亿资产和至少一家上市公司，各种社会荣誉和光环纷至沓来，许多老板都甚至成为全国人大代表或政协委员，当地各大金融机构负责人争相给他们贷款，钱来得太容易了，于是老板们头脑发热，加速扩张，左手尽可能从股市及银行、债市募资，右手尽可能寻找各热门行业的投资机会下注……

第五步，当中国经济狂奔猛进30年，终于在2019年进入实质性大调整之际，这些多元化扩张的民营大集团们，突然发现自己直接从酷暑进入寒冬：公司原有主营业务进入发展瓶颈期停滞不前，新兴业务陷入竞争红海不断烧钱，公司每年产生的经营性现金流，覆盖不了几百亿的债务所产生的利息，于是被迫玩起了"十个锅七个盖"的资金游戏，拆东墙补西墙，正常融资通道堵死就从民间集资，资金利息成本也一路水涨船高。

第六步，终于有一天，这些集团下面一个规模才几亿的小信托产品或债券产品出现违约，好事不出门，坏事传千里，瞬间各路债权人蜂拥而至上门追债，集团顿时资金链断裂，债务危机爆发。

第七步,因为这些几百亿规模的大集团都是当地龙头企业之一,也是当地重要的用工大户和税收大户,地方政府基本都会参与到拯救这些集团公司的事务中,出钱出力稳定局面;同时这些集团开始资产大甩卖套现自救。但发展至此,这些集团基本都元气大伤,能度过此次债务危机就是万幸了。

这些大集团出事的最大元凶就是"多元化扩张"。

(资料来源:21世纪经济报道。)

2. 多角化还是专业化

多角化是指企业跨行经营,专业化是在本行业横向或纵向扩张。过去我国曾出现过多角化经营的趋势,依据是多角化经营可分散经营风险,东方不亮西方亮。但从目前的实际情况来看,从事多角化经营的企业获得成功的可以说是微乎其微。

从我国一些知名企业的发展过程可以得到一些启示:海尔首先是靠生产经营冰箱达到一定规模后,开始产品多元化,生产一些其他家电产品,没有跨入其他行业,还处在家电行业发展,充分利用在本行业已建立起来的优势。长虹采用的也是"独生子"战略,将彩电业务做强做大,在家电行业发展。这些企业发展得都很快。

【案例4-2】 安徽古井回归主业

安徽古井贡酒曾是中国白酒行业最重要的核心企业之一,中国第一家白酒类上市公司。公司的前身为1959年建厂、享誉国内外的亳县(州)古井酒厂。1992年,古井集团组建成立后,一度发展多元化经营。古井集团形成集酒业、商旅业、房地产业等产业为一体,跨行业、跨地区的大型企业。在商旅方面,以安徽瑞景商旅集团为主体,形成一家以酒店业、商业、旅行服务业为主的大型旅游企业联合体,位居中国旅游饭店业前20强。在房地产方面,古井房地产集团公司是安徽省四家拥有国家一级房地产资质企业之一。古井集团还涉足类金融业,其主体是东方瑞景企业投资发展有限公司,下设有恒信典当公司、亳州担保公司等。当时的古井集团,最多的时候有76家所属企业,涉及啤酒、红酒、矿泉水、房地产、酒店等20多种行业。多元化的"美丽陷阱"牵涉了包括资金、人才、资源等多个问题,古井一度面临被摘牌的危机。

此后几年,时任古井集团新掌门人进行了大刀阔斧的改革,重点就是将发展重点收回到主业酿酒上,一度转让很多副业。2009年11月25日,向瑞景地产转让公司所持有的古井大酒店92.77%股权。2010年11月出售瑞景商业公司100%股权。在"回归"大战略推动下,"古井贡"酒2007年顺利通过国家名酒复评,2008年成为安徽省白酒类唯一"供奥食品";2009年,"古酒贡酒·年份原浆"更获选全国"两会"政协宴会专用高档白酒,重返国宴。

(资料来源:21世纪经济报道。)

在国内从事多角化经营较典型的是深圳万科,深圳万科是靠多角化经营发展起来的,在多个行业从事生产经营活动,找不出主业。发展到一定程度后,企业增长遇到了困难,发展速度减缓。主要是两个因素制约了企业的发展:一是资金问题,由于企业涉及的行业多,在哪个行业发展都需一定的资金支持,企业的资金来源是一定的,一定的资金投出去分散到各个行业中后,都起不了多大的作用;二是人才问题,由于涉及的行业多,需要的专门人才也多,而企业又没有那么多人才。最后深圳万科决定放弃一些行业,主要突出房地产业,现在其发展又进入良性循环。一般情况下,企业进行多角化经营应具备以下三个条件:

(1) 本行业已无发展潜力。

本行业是企业自身最熟悉和擅长的专业,企业的资源一般也局限于本行业,因此企业在本行业发展可发挥其优势,有效利用已有资源。但若本行业发展受到政策或资源的制约,或本行业已到了"夕阳"阶段,或在本行业中已发展到顶峰,持续发展受到制约,这时企业则应跨行业发展。

(2) 跨入的行业属于"朝阳"行业。

企业跨入的行业应属新兴产业,即将来大有发展潜力的行业,这样,企业在该行业发展就会有很大的空间。企业跨行业时,一般是在该行业发生技术换代时进入。

(3) 跨行业经营需要有充足的财力和人力。

如果本行业发展已无潜力,企业只有跨行业。如果本行业发展还有潜力,企业跨行业发展,则需要有足够的人力和财力作为基础。因为在新进入行业中要获得优势,必须有大量人才和资金的投入。

六、投资领域的选择

在当前的市场条件下,投资什么行业最赚钱?这是一个不好回答的问题。实际上,不论什么行业,只要能抓住时机,只要能切合自己的实际,发挥自己的潜能和优势,企业都能够赚钱。不过在条件相当的情况下,毕竟有的行业"热"一些,有的行业"冷"一些,因而投资于不同的行业,其赚钱的程度总会存在一定的差别。有人说当今中国最赚钱的行业是农业;也有人说最赚钱的行业是房地产,其次是生物制药、医疗保健,再次是教育产业。从我国目前的状况来看,各行业都还有很大的发展潜力。不少专家通过分析测算认为,我国当下的经济水平相当于西方国家 100 年前的水平,尽管我们目前的经济发展不平衡,有一些高新技术产业,但总体经济水平还是比较落后的。而且我国真正搞经济建设的时间不长,每个行业都没有发展到顶峰,所以企业应做好自己擅长做的事,发挥自身优势,不可轻易跨入自己不熟悉的行业。

以下两个有趣的曲线可以帮助企业决策者比较准确判断企业投资项目是否具有战略投资价值。图 4-1 为产品或行业生命周期曲线,图 4-2 为不同领域投资收益曲线。

从图 4-1 中可以看出:在导入期,投资效益明显不确定;在成长期,投资效益显著增长;在成熟期,投资收益相对稳定;在衰退期,投资收益日趋下降。

图 4-2 显示的是不同领域投资收益曲线。投资项目所属领域分为创新、研发、设计、改进、生产、装配、总成、营销、物流、品牌等,各个投资项目所属领域的收益不同,形成"两头高、

中间低"的特征。我国许多企业的收益主要来自生产和装配,是众多投资领域中收益最低的。

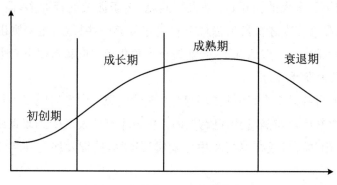

图 4-1 产品或行业生命周期曲线

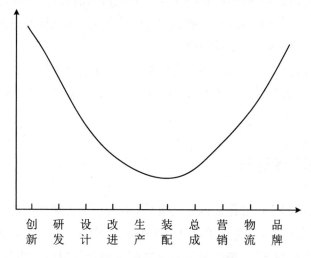

图 4-2 不同领域投资收益曲线

【案例 4-3】 企业投资领域的选择

2020 年 10 月 20 日,胡润研究院发布了 2020 胡润百富榜,2020 胡润百富榜的行业分布如表 4-1 所示。从胡润百富榜行业分布来看,前三大分布行业依次为制造业(23.8%)、大健康(10.9%)、房地产(10.6%),说明这三大行业仍是驱动龙头行业。行业分布也许在一定程度上,可以反映出不同行业在盈利性方面的"优越"程度。

表 4-1 百富榜行业分布表

序号	行业	比例	行业首富	公司
1	制造业	23.8%	雷军	小米
2	大健康	10.9%	蒋仁生、钟慧娟	智飞生物、豪森制药
3	房地产	10.6%	许家印	恒大

续表

序号	行业	比例	行业首富	公司
4	金融投资	6.1%	林立	立业
5	化工	5.5%	陈建华、范红卫夫妇	恒力
6	食品饮料	5.0%	钟睒睒	养生堂
7	零售	4.6%	马云家族	阿里系
8	应用软件	3.7%	袁征	ZOOM
9	传媒与娱乐	2.8%	马化腾	腾讯
10	服装纺织	2.5%	马建荣家族	申洲针织
11	基建	2.3%	严昊	太平洋建设
12	有色金属	1.9%	刘永好、刘相宇父子	东方希望

（资料来源：中国证券网。）

第二节 现金流量

一、现金流量的概念

现金流量是指在投资决策中一个项目引起的企业现金流出和现金流入增加的数量。这里现金为广义的现金，不仅包括各种货币资金，而且还包括项目需要投入企业拥有的非货币资源的变现价值。如厂房、设备、材料等变现价值。

现金流量包括现金流出量、现金流入量和现金净流量三个概念。

1. 现金流出量(cash outflows)

一个方案的现金流出量，是指该方案引起的企业现金支出的增加额。主要包括：

(1) 购建固定资产支出。

(2) 购建无形资产支出。

(3) 开办费支出。

(4) 生产线维护、修理支出。

(5) 增加(垫支)的净营运资金。由于企业投资扩大了生产能力，引起对流动资产需求的增加，如购买原材料等。但流动资产的增加并不是都要立即支付现金，可以部分赊购，因此，增加的仅是净营运资金，即流动资产减去流动负债后的余额。

2. 现金流入量(cash inflows)

一个方案的现金流入量，是指该方案所引起的企业流入的增加额。主要包括：

(1) 营业现金流量。指扩大生产能力后扩大收入扣除有关付现成本后余额。

$$\text{营业现金流量} = \text{营业收入} - \text{付现成本} - \text{所得税}$$
$$= \text{税后利润} + \text{折旧（摊销）}$$
$$= \text{税后收入} - \text{税后成本} + \text{折旧抵税}$$

其中，

$$\text{税后收入} = \text{营业收入} \times (1 - \text{所得税率})$$
$$\text{税后成本} = \text{付现成本} \times (1 - \text{所得税率})$$
$$\text{折旧抵税} = \text{折旧额} \times \text{所得税率}$$

为什么是税后收入和成本？不难理解。比如你在买彩票中奖 100 万元，但你实际拿到手的现金没有这么多，因为要扣除所得税。同样企业在盈利情况下借款 100 万元，在年利率 10% 的情况下，年支付利息 10 万元，但企业实际支付现金要比 10 万元少，因为利息可以抵税。

例 有一投资项目投产后，年产生营业收入 1 000 万元，年付现成本 700 万元，年折旧 200 万元，所得税率为 25%，则年利润额为 100 万元，所得税 25 万元，营业现金流量为 1 000 - 700 - 25 = 275（万元）；或 (100 - 25) + 200 = 275（万元）；或 1 000 × (1 - 25%) - 700 × (1 - 25%) + 200 × 25% = 275（万元）。

(2) 固定资产变现现金流量。

$$\text{固定资产变现现金流量} = \text{变现收入} - (\text{变现收入} - \text{账面价值}) \times \text{所得税率}$$

例 有一台旧设备，原价 10 万元，已提折旧 4 万元，账面余额为 6 万元，企业所得税率为 25%，现在企业对外出售。

如果出售价为 8 万元，则增加企业现金流量为 = 8 - (8 - 6) × 25% = 7.5（万元）；

如果出售价为 6 万元，则增加企业现金流量为 = 6 - (6 - 6) × 25% = 6（万元）；

如果出售价为 5 万元，则增加企业现金流量为 = 5 - (5 - 6) × 25% = 5.25（万元）。

(3) 回收垫支的净营运资本。在项目终结时，收回垫支的净营运资本。

3. 现金净流量（net cash flow）

现金净流量的公式为

$$\text{现金净流量} = \text{现金流入量} - \text{现金流出量}$$

由于不同时间货币价值不同，通常情况下，现金净流量需按年计算。一般情况下，对于一个投资项目来说，项目初期现金净流量可能小于 0，项目后期现金净流量大于 0。

另外，投资项目现金流量构成也可分为初始现金流量、营业现金流量和终结点现金流量三部分。初始现金流量是指开始投资时现金流量，一般是现金流出量，终结点现金流量一般是指项目经济寿命终结时现金流量，包括固定资产变现现金流量和收回垫付的营运资金等。

二、现金流量的估计

只有增量现金流量，才是与项目相关的现金流量。估计时，需注意以下问题：

1. 区分相关成本和非相关成本

例 长江公司正在计算建设一生产线的净现值。作为计算工作的一部分,公司已经向一家咨询公司支付了 100 000 元作为实施市场测试分析的报酬。这项支出是去年发生的,它与长江公司管理层正面临的资本预算决策是否有关呢?

答案是无关。这 100 000 元是不可收回的,因此这 100 000 元的支出是沉没成本,是无关成本。当然,将 100 000 元用于市场分析的决策本身是一项资本预算决策,当它沉没之前是绝对有关的。我们的论点是一旦公司的某项费用发生了,这项成本就与将来的任一决策无关。

2. 不要忽视机会成本

你的公司可能拥有某一资产,它可以在经营中的其他地方用于销售、租赁或雇佣。可一旦这项资产用于某个新项目,则丧失了其他使用方式所能带来的潜在的收入。这些丧失的收入有充分的理由被看成是成本。因为上马了这个项目,公司就失去了其他利用这项资产的机会,所以称之为"机会成本"。

例 假设江淮公司在合肥有一个空仓库可用于存放一种新式电子弹球机。公司希望能将这种机器卖给富裕的东北部消费者。仓库和土地的成本是否应该包括在把这种新式电子弹球机推向市场的成本里面?

答案是应该。仓库的使用并不是免费的,它存在机会成本。这项成本相当于假如取消将这种新式电子弹球机推向市场的计划,并把仓库和土地用于他处(比如卖掉),公司能够获得的现金。因此,其他使用方式的净现值就成为决定销售电子弹球机的机会成本。

3. 要考虑投资方案对公司其他部门的影响

决定净增现金流量的另一个困难之处在于所建议项目对公司其他部分的关联效应。最重要的关联效应是"侵蚀"。侵蚀是指来自顾客和公司其他产品销售的现金流量转移到一个新项目上。

例 假设创新汽车公司正在计算一种新式敞篷运动轿车的净现值。一些将购买这种轿车的顾客是该轻型轿车的拥有者。是不是所有的这种新式敞篷运动轿车的销售额和利润都是净增量呢?

答案是否定的。因为这些现金流量的一部分是从该公司的其他产品线上转移而来的,这就是侵蚀,在计算净现值时必须将其考虑进去。假如不考虑侵蚀,公司可能会错误地计算出运动轿车的净现值,比如说为 1 亿元。如果该公司的管理者能辨认出一半的顾客是从轻型轿车那儿转移过来的,并且因此损失的轻型轿车的销售额的净现值为 -1.5 亿元,他们将得出真实的净现值为 -0.5 亿元(1 亿元 - 1.5 亿元)。

三、现金流量与企业价值关系

企业价值是企业未来获取现金流量的折现值。企业价值与现金流量的关系如表 4-2 所示。

表 4-2　企业价值与现金流量的关系

因素	状态一	状态二
现金净流量数量	大	小
现金流入发生时间	早	晚
现金流出发生时间	晚	早
现金流量风险	小	大
企业价值＝股本＋债务	大	小

四、现金净流量与利润关系

现金净流量是按照收付实现制确定的，而利润是按照权责发生制确定的，两者既有联系又有区别。两者的关系如表 4-3 所示。以下假设营业收入均为现金收入。

表 4-3　现金净流量与利润计算表

（单位：万元）

年份	0	1	2	3	4	5	合计
投资额	－1 000						－1 000
营业收入		1 000	1 000	1 000	1 000	1 000	5 000
付现成本		700	700	700	700	700	3 500
直线法折旧		200	200	200	200	200	1 000
利润		100	100	100	100	100	500
现金净流量	－1 000	300	300	300	300	300	500
加速折旧法折旧		300	250	200	150	100	1 000
利润		0	50	100	150	200	500
现金净流量	－1 000	300	300	300	300	300	500

依据表 4-3 可以得出以下结论：

（1）整个项目投资有效期内，利润总计与现金流量总计相等。所以，现金净流量可以取代利润作为评价净收益的指标。

（2）利润受人为因素影响，而现金流量具有客观性。如上例中，固定资产采用不同折旧方法的利润不一样，但现金流量相同。

（3）投资分析中，现金流动状况比盈亏状况更重要。有利润的年份不一定能产生多余的现金用来进行其他项目的再投资。一个项目能否维持下去，不取决于一定期间是否盈利，而取决于有没有现金用于各种支付。现金一旦支出，不管是否消耗都不能用于别的目的，只有将现金收回后才能用来进行再投资。因此，在投资决策中要重视现金流量的分析。

五、折旧、税收与现金净流量关系

在上面的讨论中,没有考虑企业所得税,如果考虑企业所得税,则折旧、税收与现金净流量关系如表 4-4 所示。

表 4-4 折旧、税收与现金净流量关系表

(单位:万元)

年份	0	1	2	3	4	5	合计
投资额	-1 000						-1 000
营业收入		1 000	1 000	1 000	1 000	1 000	5 000
付现成本		700	700	700	700	700	3 500
直线法折旧		200	200	200	200	200	1 000
利润		100	100	100	100	100	500
所得税		25	25	25	25	25	125
净利润		75	75	75	75	75	375
现金净流量	-1 000	275	275	275	275	275	375
加速折旧法折旧		300	250	200	150	100	1 000
利润		0	50	100	150	200	500
所得税		0	12.5	25	37.5	50	125
净利润		0	37.5	75	112.5	150	375
现金净流量	-1 000	300	285.5	275	262.5	250	375

依据表 4-4 可以得出以下结论:

(1) 折旧可以抵税,增加企业的现金净流量。

$$折旧的抵税额 = 折旧额 \times 所得税率$$

如在表 4-3 中,在每一年,

加速折旧法与直线法折旧相差的折旧对现金净流量的影响

= (加速折旧法折旧 - 直线法折旧) × 所得税率

(2) 采用加速折旧法推迟了所得税交纳时间,相当于企业从国家财政获得长期无息贷款。

第三节 投资项目评价的一般方法

对投资项目评价时使用的指标分为两类:一类是贴现指标,即考虑了时间价值因素的指

标,主要包括净现值、现值指数、内含报酬率等;另一类是非贴现指标,即没有考虑时间价值因素的指标,主要包括回收期、会计收益率等。根据分析评价指标的类别,投资项目评价分析的方法,也被分为贴现的分析评价方法和非贴现的分析评价方法两种。具体如下:

$$
\text{投资项目评价分析方法}\begin{cases}\text{非贴现分析评价方法}\begin{cases}\text{静态回收期法}\\\text{会计收益率法}\end{cases}\\\text{贴现分析评价方法}\begin{cases}\text{净现值法}\\\text{内含报酬率法}\\\text{获利指数法}\end{cases}\end{cases}
$$

一、投资回收期法(payback period)

回收期是指投资引起的现金流入累计到与投资额相等所需的时间。它代表收回投资所需的年限。在评价投资方案时,单一方案,投资回收期小于标准投资回收期,方案为好;多个方案,投资回收期越短越好。

投资回收期法的计算方法如下:

(1) 投资后产生每年现金净流量相等。

$$\text{投资回收期} = \text{投资额} / \text{每年现金净流量}$$

(2) 投资后产生每年现金净流量不相等,用累计现金流量法计算。

投资回收期 =(第一次累计现金净流量大于 0 的年份 − 1)

+ 上年末累计现金净流量的绝对值 ÷ 该年现金净流量

例 有 A、B、C 三个投资方案,投资额均为 100 万元,有效期均为 5 年,但各年的现金流量不同,资料如表 4-5 所示。

表 4-5 投资方案的现金流量表

(单位:万元)

年份	A方案	B方案	C方案
0	−100	−100	−100
1	30	20	60
2	30	30	50
3	30	40	−30
4	30	50	40
5	30	60	20

根据上表资料,计算投资回收期如下:

A 方案投资回收期 = 100/30 = 3.33(年)

B、C 两个投资方案由于各年现金流量不同,故投资回收期计算按累计现金流量法计算。B、C 两个投资方案累计现金流量如表 4-6 所示。

表 4-6 B、C 两个投资方案累计现金流量表

年份	B方案		C方案	
	年现金流量	累计年现金流量	年现金流量	累计年现金流量
0	−100	−100	−100	−100
1	20	−80	60	−40
2	30	−50	50	10
3	40	−10	−30	−20
4	50	40	40	20
5	60	100	20	40

则

B方案投资回收期 = (4 − 1) + 10/50 = 3.2(年)
C方案投资回收期 = (2 − 1) + 40/50 = 1.8(年)

投资回收期法的优点是:计算简便,偏重资产流动性。

投资回收期法的缺点是:① 忽视货币时间价值;② 没有考虑整个寿命周期,如上例中,如果按投资回收期最短选择方案,则 C 方案为最好,可能出现与实际不符的结果;③ 不能体现企业价值最大化;④ 没有考虑时间序列问题,即"前期大、后期小"与"前期小、后期大"结果不一样。

那些有丰富市场经验的大公司在处理规模相对比较小的投资决策时,通常使用回收期法。比如,建一个小仓库、修理卡车等一些往往由基层管理人员具体负责的项目。很典型的一个例子是:花 200 元修理卡车是否合算?管理人员就会推算:修理之后每年可节省燃料 120 元,如果可以维持两年,就可以进行修理。这便是基于回收期法的决策。

也许公司的财务人员不会照此进行决策,但公司往往持赞同态度。为何公司的上层管理当局会默许甚至支持下属的这类可能会导致不良后果的投资决策呢?一种可能,是回收期法决策过程的简便性。假设一个月要进行 50 个类似项目的投资决策,这一简便方法的魅力显然大增。但可能更重要的是,回收期法便于管理控制。与投资决策同样重要的是,公司必须对管理人员的决策能力进行评估。如果是净现值法,必须得经过比较长的时间才可以判断出某个投资决策是否正确。而我们知道,利用回收期法,也许两年就可以作出判断。

也曾经有人建议,现金缺乏的公司,如果有很好的投资机会,利用回收期法还是比较合适的。比如,对那些具有良好的发展前景却难以进入资本市场的私人小企业,可以采用回收期法。毕竟资金的快速回笼有利于这类公司的扩大再投资。

尽管存在前面的诸多原因,还是用不着奇怪,一旦决策的重要性增强,比如说公司遇到大型项目,净现值法就会成为首选的资本预算方法。当制订一个正确的投资决策成为重中之重,而诸如评估管理人员等问题的急迫性或者重要程度退居次席时,回收期法就不常使用了。于是,在进行关系重大的资本预算时,比如是否要购买大型设备、建造厂房或兼并一家公司,回收期法就很少被采用。

总的来看,回收期法不如后面介绍的净现值法好,它存在很多概念性的错误。具体参照

回收期选择时的主观臆断、无视回收期后的现金流量,都可能导致愚蠢的错误。然而,又因为其简单,故常常被用来筛选大量的小型投资项目。这意味着当你发现公司使用了像回收期这一类的方法时,如果想改变这种状况,必须谨慎。但你也要防止循其思维,在进行资本预算时草率了事。学了这一课后,当你在决策时,就不应该再用回收期法去代替净现值法了。

二、会计收益率法(accounting return)

会计收益率是指年平均净收益与投资额的比率。在评价投资方案时,单一方案,会计收益率大于标准会计收益率,方案为好;多个方案,会计收益率越大越好。

会计收益率计算公式如下:

会计收益率 = 年平均净收益 / 投资额

例 有一项目,投资额为100万元,有效期为5年,各年净收益分别为5万元、10万元、15万元、20万元、10万元。则会计收益率=(5+10+15+20+10)÷5/100=12%。

会计收益率的优点是:计算简便,资料易取得。

会计收益率的缺点是:① 忽视货币时间价值;② 采用人为的指标标准;③ 不能体现企业价值最大化。

三、净现值法(net present value)

净现值是指特定方案未来现金流入的现值与未来现金流出的现值之间的差额。按照这种方法,所有未来现金流入和流出都要按预定贴现率折算为它们的现值,然后再计算它们的差额。如净现值为正数,即贴现后现金流入大于贴现后现金流出,该投资项目的报酬率大于预定的贴现率。如净现值为0,即贴现后现金流入等于贴现后现金流出,该投资项目的报酬率相当于预定的贴现率。如净现值为负数,即贴现后现金流入小于贴现后现金流出,该投资项目的报酬率小于预定的贴现率。在评价投资方案时,单一方案,净现值大于0,方案为好;多个方案,净现值越大越好。

净现值计算公式如下:

净现值 = 现金流入量折算的现值 - 现金流出量折算的现值

例 设折现率为10%,有三项投资机会,有关数据如表4-7所示。

表4-7 投资方案的现金流量表

(单位:万元)

年份	A方案	B方案	C方案
0	-20 000	-9 000	-12 000
1	11 800	1 200	4 600
2	13 240	6 000	4 600
3		6 000	4 600

净现值(A) = 11 800×0.909 + 13 240×0.826 − 20 000 = 1 662(万元)
净现值(B) = 1 200×0.909 + 6 000×0.826 + 6 000×0.751 − 9 000 = 1 557(万元)
净现值(C) = 4 600×2.487 − 12 000 = −560(万元)

净现值法的优点是：① 考虑货币时间价值；② 考虑整个寿命周期；③ 体现企业价值最大化。

净现值的缺点是：① 不能揭示方案本身可以达到的具体报酬率；② 是一个绝对数指标，如果几个方案的投资额不同时，净现值法一般很难正确评价；③ 净现值的大小受折现率影响，折现率难以确定。

例 江淮公司开发新产品，投资额 80 万元，寿命周期为 5 年，投资后每年现金净流量 27 万元，如果折现率为 20%，计算净现值为 0.74 万元，方案可行；如果折现率为 22%，计算净现值为 −2.68 万元，方案不可行。很显然，方案是否可行，与选折现率有关。

一般投资项目的净现值与折现率具有以下关系，随着折现率的逐渐增大，净现值由大变小，由正变负，净现值与折现率之间的关系如图 4-3 所示。

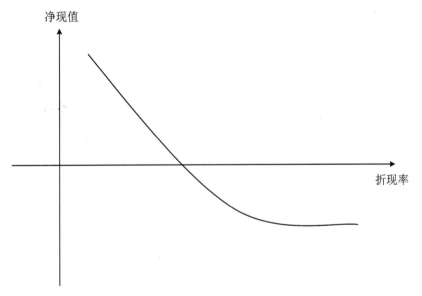

图 4-3 常规投资项目的净现值与折现率关系

在实际工作中，折现率确定一种方法，根据资本成本确定，由于计算困难限制使用。另一种方法，根据企业要求的最低利润率来确定。

值得注意的是：企业在动荡的环境下进行决策，必须考虑期权的价值。

投资项目的市场价值 = 投资项目的净现值 + 管理期权价值

1. 管理期权

在项目分析中，通常假定一个投资项目的现金流量在某种可以预见的范围内发生，然后被折成现值。但事实是，一旦接受某个投资项目后，这个项目的现金流量也可能会因情况变化而变化。投资项目的这种不确定性给决策者提供了多种选择机会。例如，研究开发新产品、购买无形资产、建设一条生产线等初始投资，常常是后续投资决策链中的第一个环节，它只是提供了一个发展机会。后续项目投资与否,不取决于初始投资时的决策,而取决于项目未来的发展变化。如果未来的形势发展有利可图,则追加投资;如果未来形势发生逆转,则终止项目的投资。任何一个不确定支付的投资都可视之为管理(真实)期权。这种隐含期权的投资决策已引起了人们的广泛注意并被用于项目的投资决策中。

2. 管理期权的类型

管理期权有关的项目投资机会分为五种:① 开发后续产品的机会;② 扩大产品市场份额的机会;③ 扩大或更新厂房、设备的机会;④ 延缓投资项目的机会;⑤ 放弃投资项目的机会。这些投资机会对某些具有战略性的投资项目,诸如研究开发、商标或网络投资具有重要的意义。上述五种投资机会选择也可归纳为扩张(或紧缩)期权、放弃期权以及延迟期权三类。

(1) 扩大(或紧缩)期权。

在投资项目不确定性分析中,未来的投资是否执行要视一个先期投资是否成功或是否有利可图,则后者可视为一个扩大(或紧缩)期权。例如,RIC 公司是否追加投资 1 000 万元生产电视机装配线用机器人,不仅取决于市场调查结果和模型设计,还取决于试制成功后该产品的市场状况。也可以说企业是否追加投资相当于一个看涨期权,其支付的市场调研费和新产品试制费是期权价格,追加的投资额是执行价格,销售新产品的未定价值(净利润)是标的资产的价格。企业是否执行期权取决于实验的结果,而不承担必须"履约"的义务。如果实验失败或没有商业价值(如产品价格或市场发生逆向变动等),企业会放弃投资,其最大损失是支付的试制费和市场调研费(即沉没成本);反之则行使期权,扩大投资。由于期权费是一种收不回来的成本,投资者必须在期权实现取得利润时加以补偿,这使期权的购买价格成为一种风险投资。

又如,一个现时投资净现值为负数的项目之所以有价值,就在于这个项目能够给投资者未来继续投资提供一种决策的弹性。设想一个公司决定购买一片尚未开发但储藏大量石油的荒地,但在此时开采石油的成本远远高于其现行的市场价格。那么石油公司为什么愿意支付一大笔资金购买这片看来无利可图的荒地呢?答案就在于它给予投资者一种看涨期权,公司并不负有必须开采石油的义务。如果石油价格一直低于其开采成本,公司将不会开发这片荒地,此时期权无价;如果未来油价上升且超过了开采成本,则荒地投资者会获利丰厚,此时期权有价。根据期权定价理论,荒地投资者的上方收益是"无限"的,而下方风险是锁定的(最大损失为购买荒地的支出)。

(2) 放弃期权。

如果说扩大投资期权是一种看涨期权,旨在扩大上方投资收益,那么放弃投资期权则是一种看跌期权,意在规避下方投资风险。某投资项目是继续进行还是中途放弃,主要取决于它的继续使用是否具有经济价值。如果该项目不能提供正的净现值,就应放弃这一项目,或将项目资产出售,或将项目资产另作他用。

(3) 延迟期权。

对于某些投资项目,有时存在着一个等待期权,也就是说,不必立即实行该项目,等待不但可使公司获得更多的相关信息,而且,在某些情况下等待(即持有期权而不急于行使)具有更高的价值。例如某项新技术可生产某种新产品,立即投产,净现值为负数,此项投资应被否定。但这并不等于该项技术没有价值,持有该技术可能会给企业带来新的机会。如果未来情况发生变化,如材料价格下跌、市场需求突然变化以及相应生产工艺的改善等,这项新技术所带来的新产品项目有可能成为正净现值项目。由于未来是不确定的,等待或推迟项目可使项目决策者有更多的时间来研究未来的发展变化,避免不利情况发生所引发的损失。但等待也可能减少或延缓项目的现金流量,或引起更多的竞争者进入同一市场。因此,在项目决策时,应权衡立即行使期权或等待的利弊得失。

在投资分析中,通常把管理者根据项目的变化情况调整投资计划这一行为称为管理期权。事实上,后继项目投资的真正价值应等于传统的贴现现金流量分析中的预期净现值加上与接受该项目相联系的管理期权价值。根据美国 Mckinsey 公司提供的资料,按传统方法估算的项目现值与考虑投资期权的项目现值相比较,后者净现值可能会比前者高 83% 左右。可见,不考虑项目中隐含的期权可能会导致错误的结论。

由于投资项目的不确定性和管理期权的多样性,很难准确地测定其价值。但在分析中可根据项目具体情况考虑以下各项因素对期权价值和投资项目的影响。

第一,项目风险大小。事实上,期权之所以有价,就在于未来是不确定的,许多投资决策的机会往往取决于项目的发展状况。未来投资的风险越大,它的期权就越有价值,其原因是盈亏不平衡性(这与期权买卖双方的不对等合约相似)。如果项目顺向发展,盈利的可能性为无限大;如果项目逆向发展,净现值为负数,期权不行使从而限制了亏损,即亏损并没有随着风险的加大而增加。

第二,项目期限长短。一般来说,项目持续的时间越长,未来不确定性因素就越多,其期权价值就越大。

第三,项目贴现率高低。贴现率也是影响项目是否可行的重要因素,虽然较高的贴现率减少了项目未来现金流量的现值,但同时也减少了行使期权所需支付现金(期权费)的现值。

总之,在投资决策中,管理期权分析法给投资者或管理者一种决策弹性,使其可以灵活利用市场的各种变化,在最大限度控制风险的同时,又不丧失获得可能出现的有利机会。

四、内含报酬率法(internal rate of return)

内含报酬率(IRR)是指净现值等于 0 时的折现率。内含报酬率是根据方案的现金流量计算的,是现金流入现值与现金流出现值相等时的折现率,即方案本身的投资报酬率。在评价投资方案时,单一方案,内含报酬率大于资本成本,方案为好;多个方案,内含报酬率越大越好。

内含报酬率计算方法如下:

1. 公式法

例 投资 100 万元,一年后产生 130 万元的现金净流量,则利用公式解出 $IRR = 30\%$。

例 投资一项目,有效期两年,初始投资额 100 万元,第一年后收回 500 万元,第二年后又发生支出600万元。则利用公式计算内含报酬率有两个,100%和200%。

2. 插入法

任选一个折现率 r_1,计算净现值 NPV_1,如果净现值 $NPV_1=0$,则 $IRR=r_1$;如果净现值 $NPV_1 \neq 0$,不妨设净现值 $NPV_1>0$,则说明折现率 r_1 较小,选比折现率 r_1 大的折现率 r_2,总能找到一个折现率 r_2,使净现值 $NPV_2<0$,这样根据两点一条直线原理,内含报酬率(IRR)就存在于 r_1 与 r_2 之间。

$$IRR = r_1 + \frac{NPV_1}{NPV_1 - NPV_2} \times (r_2 - r_1)$$

为了保证计算准确,两点之间为直线关系,一般要求 r_2-r_1 的绝对值小于5%。

例 有一项目,投资额为100万元,有效期为5年,投资后各年现金净流量均为30万元,折现率为10%。则

$$净现值 = 30 \times 年金现值系数 - 100 = 30 \times 3.791 - 100$$
$$= 113.73 - 100 = 13.73(万元)$$

净现值为13.73万元大于0,说明折现率较小,选比10%大的折现率如20%,净现值= -10.27万元小于0,说明折现率较大,再选比20%小的折现率如15%,计算净现值。

$$净现值 = 30 \times 3.352 - 100 = 100.56 - 100 = 0.56(万元)$$

现值为0.56万元大于0,说明折现率较小,选比15%大的折现率如16%,计算净现值。

$$净现值 = 30 \times 3.2743 - 100 = 98.229 - 100 = -1.771(万元)$$

折现率15%,净现值大于0,折现率16%,净现值小于0,所以内含报酬率应该在15%~16%范围。

计算结果如下:

内含报酬率(IRR) = 15% + 0.566/(0.566+1.771) × (16% - 15%) = 15.24%

内含报酬率的优点是:① 考虑货币时间价值;② 考虑整个寿命周期;③ 揭示投资方案本身可以达到报酬率。

内含报酬率的缺点是:① 计算麻烦;② 没有体现企业价值最大化;③ 有时会出现几个内含报酬率,无法判断。

使用内含报酬率,值得注意的问题有:

(1) 投资是初始发生的,以后的现金流量为正。

单一方案,内含报酬率法大于资本成本,方案可行。

(2) 初始现金流量为正,以后的现金流量为负。如开会,先收取会议费,后支付。

单一方案,内含报酬率法小于资本成本,方案可行。

例 借款1 200万元,一年后归还2 000万元,内含报酬率为66.67%。很显然,这么高的资本成本借款一般无法接受。

(3) 如果现金流量多次改号,内含报酬率不唯一或无解。

例 投资1 600万元,一年后产生10 000万元现金流量,两年后再发生-10 000万元现金流量,则内含报酬率为25%和400%。

例 投资一项目,有效期两年,初始投资额 100 万元,第一年后收回 300 万元,第二年后又发生支出 250 万元。则内含报酬率无解。

内含报酬率的个数和判别法则如表 4-8 所示。

表 4-8 内含报酬率的个数和判别法则

现金流量	内含报酬率个数	判别法则
首期为正,其余为负	1	内含报酬率大于资本成本,方案可行
首期为负,其余为正	1	内含报酬率小于资本成本,方案可行
首期之后,部分为正部分为负	无解,可能大于 1	无法确定

五、获利指数法(profitability index)

获利指数是指未来现金流入折算现值与现金流出折算现值的比率。在评价投资方案时,单一方案,获利指数大于 1,方案为好;多个方案,获利指数越大越好。

获利指数计算公式如下:

$$获利指数(PI) = 现金流入量折算的现值 \div 现金流出量折算的现值$$

例 有一项目,投资额为 100 万元,有效期均为 5 年,投资后各年现金净流量均为 30 万元,折现率为 10%,则

$$获利指数 = 30 \times 年金现值系数/100 = 30 \times 3.791/100 = 1.137\ 3$$

如果折现率为 20%,则

$$获利指数 = 30 \times 年金现值系数/100 = 30 \times 2.990\ 6/100 = 0.897\ 2$$

获利指数的优点:① 考虑货币时间价值;② 考虑整个寿命周期;③ 揭示方案本身投资报酬率。

获利指数的缺点:① 不能体现企业价值最大化;② 折现率难以确定。

六、各种方法的应用举例

【案例 4-4】

某纺织印染厂,2011 年将 600 万元更新改造资金用于购置生产设备,扩大生产劳动规模。该厂分纺部、织部、印染三个分厂,主要生产设备为纺纱机、织布机、印花机三大类。2011 年纺织印染行业市场情况及该印染厂设备购置方案如下:

(1) 市场销售情况。近年来,棉纱、棉布、印染布一直走俏,供不应求。

(2) 棉纱主要在国内销售。由于全国纺纱能力低于织布能力,所以棉纱价格逐年看涨。同时,棉花价格也上涨很快,纺织厂普遍改用化纤原料,以降低生产成本;棉布全部销往东欧,外销价格看好,但产品质量要求高;印染布畅销美国,但市场有不稳定的征兆。

(3) 三个分厂的设备都可以买到,但都是议价。为使企业能创造最佳经济效益,厂部召

开投资决策会议,研究添置何种纺织设备为最优。会上提出了三种投资方案:添置纺纱机方案、添置织布机方案和添置印花机方案。每种方案的投资额都是 600 万元,设备使用年限分别为 4 年、5 年和 6 年,设备报废时无残值,采用使用年限法折旧。三种投资方案每年实现的净利润如表 4-9 所示(折现率为 10%)。

表 4-9 三种投资方案净利润比较表

(单位:万元)

使用年限	添置纺纱机方案			添置织布机方案			添置印花机方案		
	税后净利	折旧额	现金净流量	税后净利	折旧额	现金净流量	税后净利	折旧额	现金净流量
0			(600)			(600)			(600)
1	120	150	270	50	120	170	10	100	110
2	20	150	170	40	120	160	10	100	110
3	30	150	180	30	120	150	20	100	120
4	40	150	190	20	120	140	30	100	130
5				10	120	130	40	100	140
6							50	100	150
合计	210	600	810	150	600	750	160	600	760

设添置纺纱机方案为 A 方案、添置织布机方案为 B 方案、添置印花机方案为 C 方案。经计算,得出结论如下:

(1) 会计收益率=年平均税后净利润/投资额。

$$A 方案 = 52.5/600 = 8.75\%$$

$$B 方案 = 30/600 = 5\%$$

$$C 方案 = 26.667/600 = 4.45\%$$

(2) 投资回收期:(年)。

$$A 方案 = 2.89$$

$$B 方案 = 3.86$$

$$C 方案 = 4.93$$

(3) 净现值:(万元)。

$$A 方案 = 50.8$$

$$B 方案 = -24.3$$

$$C 方案 = -58.7$$

(4) 获利指数。

$$A 方案 = 1.09$$

$$B 方案 = 0.96$$

C 方案 = −0.90

(5) 内含报酬率:(%)。

A 方案 = 14.137

B 方案 = 8.337

C 方案 = −6.786

如果同时使用多种方法对投资方案进行判断,会不会出现矛盾呢?如果有矛盾,如何解决?一般的结论是:

静态方法与动态方法对方案判断选择时,可能会出现矛盾,如果有矛盾,以动态方法判断选择为主。对于单一方案判断,净现值法、内含报酬率法、获利指数法选择结果相同,不会出现矛盾;对于多个方案判断,净现值法、内含报酬率法、获利指数法判断选择可能会出现矛盾。

例 项目 A,投资 1 224 元,3 年内收益分别为 1 000 元、500 元、100 元;项目 B,投资 1 273 元,3 年内收益分别为 100 元、600 元、1 200 元。

当折现率为 11% 时,$NPV_A = 181.5$ 元,$IRR_A = 17\%$;$NPV_B = 156.1$ 元,$IRR_B = 21\%$。

如果用净现值法,则选择项目 A;如果用内含报酬率法,则选择项目 B,判断选择时出现矛盾。

又如:项目 A,投资 1 100 元,3 年内收益分别为 500 元、500 元、500 元;项目 B,投资 100 元,3 年内收益分别为 50.5 元、50.5 元、50.5 元。

当折现率为 14% 时,$NPV_A = 61$ 元,$PI_A = 1.06$;$NPV_B = 17.26$ 元,$PI_B = 1.17$。

如果用净现值法,则选择项目 A;如果用获利指数法,则选择项目 B,判断选择时出现矛盾。

净现值法与内含报酬率法、获利指数法可能出现矛盾的原因有:① 规模不同,较大规模的方案初始投资大,会有较大的净现值,但内含报酬率法较小;② 现金流量发生时序不同,现金流先小后大方案的净现值受折现率大小影响,但内含报酬率法与时序无关;③ 一个项目可能会产生多个内含报酬率或完全没有内含报酬率。

对于几个方案,如果判断选择出现矛盾,如何判别选择方案呢?一般的原则是:

独立方案:按内含报酬率法或获利指数法优先排序选择方案。

互斥方案:按净现值法选择方案。因为净现值法能体现企业价值最大化。

对于互斥方案,按净现值法判断选择方案,需计算每个方案的净现值,有时计算较麻烦,也可简化为下列方法:

(1) 如果项目寿命周期相同,用差额现金流量的净现值法、内含报酬法计算选择。

(2) 如果项目寿命周期不相同,采用等值年金法(即方案净现值平均分摊到每一年),计算判断选择。

尽管净现值法有许多优点,但在实际中并没有达到广泛应用。根据美国跨国公司的调查,各种方法的使用是:内含报酬率法占 65.3%;净现值法占 16.5%;平均会计收益率法占

10.7%，回收期法占 5%，其他占 2.5%。

七、互斥方案的选择

例 有 A、B 两个互斥方案，寿命分别为 3 年和 6 年，投资额和各年的现金净流量如表 4-10 所示。

表 4-10　A、B 两个互斥方案投资额和各年的现金净流量

（单位：万元）

年份	0	1	2	3	4	5	6
A 方案	-32	16	16	16			
B 方案	-42	12	12	12	12	12	12

当资本成本为 10% 时，两个方案的净现值分别为

$NPV_A = -32 + 16 \times 3$ 年的年金现值系数 $= -32 + 16 \times 2.487 = 7.792$（万元）

$NPV_B = -42 + 12 \times 6$ 年的年金现值系数 $= -42 + 12 \times 4.355 = 10.26$（万元）

$NPV_A < NPV_B$，是否选 B 方案呢？回答是否定的。因为这两个互斥方案寿命不相同，在时间上不可比。A 方案还可以在 3 年后进行一次类似的投资，这样才可以与 B 方案在同等条件下比较。

为此，将 A 方案在 3 年后再重复一次，计算 6 年的现金流量的净现值。

$NPV_A = $ 前 3 年的净现值 $+ 3$ 年后的净现值 $\times 3$ 年的现值系数
　　　$= 7.792 + 7.792 \times 0.751 = 13.644$（万元）

$NPV_A > NPV_B$，因此选择 A 方案。

当互斥项目寿命不等时，若用净现值法判断，必须使项目在相同的年限下进行比较。这样计算起来比较繁琐，必须求出互斥项目寿命的最小公倍数，寿命短的项目要重复一次或多次。若用等值年金法，则计算将大为简化。

等值年金法是将互斥项目的净现值按资本成本等额分摊到每年，求出每个项目的等值年金进行比较。由于都化成年金，项目在时间上是可比的。而且从净现值转化为年金只是作了资金时间价值的一种等值变换，两种方法是等价的。因此，用等值年金法和净现值法得出的结论应该是一致的。以上述方案 A 和 B 为例，将净现值的等值年金值记为 NEA，则两项目的等值年金分别为

$NEA_A = NPV_A/3$ 年的年金现值系数 $= 7.792/2.487 = 3.133$（万元）

$NEA_B = NPV_B/6$ 年的年金现值系数 $= 10.26/4.355 = 2.356$（万元）

$NEA_A > NEA_B$

应该选择 A 方案。这一结论与采用最小公倍数法使两项目寿命一致，按净现值法计算所得的结论是相同的。

从以上分析可看出，对年限不等的互斥方案作比较时，无论是采用净现值或等值年金

法,都是建立在项目现金流照原样重复,使两项目年限相等的基础上进行的。这体现了评价方法在时间上的可比性。等值年金法计算简单,故在寿命不等的互斥方案比较中较为常用。

如果项目寿命周期相同,也可用差额现金流量的净现值法、内含报酬法计算选择。

例 某企业打算变卖一套尚可使用5年的旧设备,另行购置一套新设备来替换它。取得新设备的投资额为180 000元,旧设备的变价净收入为80 000元(账面净值为80 000元),到第5年年末新设备与继续使用旧设备届时的预计净残值相等。使用新设备可使企业在5年内每年增加营业收入60 000元,并增加付现成本30 000元。设备采用直线法计提折旧。新旧设备替换不会妨碍企业的正常经营(即更新设备的建设期为0),企业所得税率为25%。
要求:该更新设备项目的项目计算期内各年的差量净现金流量(ΔNCF_t)。

根据所给资料计算相关指标如下:
(1) 更新设备比继续使用旧设备增加的投资额 = 180 000 - 80 000 = 100 000(元)
(2) 经营期每年折旧的变动额 = 100 000/5 = 20 000(元)
(3) 经营期每年总成本的变动额 = 30 000 + 20 000 = 50 000(元)
(4) 经营期每年营业净利润的变动额 = 60 000 - 50 000 = 10 000(元)
(5) 经营期每年所得税的变动额 = 10 000 × 25% = 2 500(元)
(6) 经营期每年净利润的变动额 = 10 000 - 2 500 = 7 500(元)

则经营期各年的差量净现金流量(ΔNCF_t) = 7 500 + 20 000 = 27 500(元)

各年差量净现金流量(ΔNCF_t)如表4-11所示。

表4-11 差量净现金流量(ΔNCF_t)表

年份	0	1	2	3	4	5
差量净现金流量(元)	-100 000	27 500	27 500	27 500	27 500	27 500

如果折现率为10%,则差量净现金流量的净现值为

净现值 = 27 500 × 3.791 - 100 000 = 104 252.5 - 100 000 = 4 252.5(元)

故设备可以更新改造。

八、财务困境下的投资决策

例 长江公司有一笔年末到期的负债100万元,如果企业维持现状,到年末只有资产90万元,则企业不能偿还到期债务违约。现在公司有一投资机会(不需要外部筹资,完全利用内部资金),成功概率为50%,如果成功,公司的资产将变为140万元,如果失败,资产价值将变为20万元,则投资该项目资产的期望价值 = 140 × 0.5 + 20 × 0.5 = 80(万元),比原来资产90万元少了10万元,在这种情况下企业会不会投资呢?分析资料如表4-12所示。

表 4-12　投资分析表

（单位：万元）

项目	维持现状	投资性项目		
		成功	失败	期望值
资产价值	90	140	20	80
债务价值	90	100	20	60
股本价值	0	40	0	20

从表 4-12 可以看出，如果不投资，股东一无所有，公司最终违约。如果冒险投资，股东没有损失。如果成功的话，股东清偿债务后，还有 40 万元收益，按 50% 概率，也有 20 万元。投资新项目，债权人总期望值为 60 万元，与原来 90 万元相比，损失 30 万元，股东赚钱。这个例子告诉我们，在财务困境下，尽管投资项目净现值为负，因为不投资期望值 90 万元，投资期望净现值 80 万元，损失 10 万元，但股东们仍然愿意投资，是否"投资过度"？

如果上面的例子需要从外界筹资 10 万元，但由于财务困境，借不到款，也无法发行新股，只有某个大股东提供资本 10 万元，假设新项目投资需要 10 万元，预期产生 50% 的无风险收益，即 5 万元净现值。请问在这种情况下，股东是否愿意投资 10 万元？有关分析资料如表 4-13 所示。

表 4-13　投资分析表

（单位：万元）

项目	不投资新项目	投资新项目
现有资产	90	90
投资新增资产		15
公司总价值	90	105
债务价值	90	100
股本价值	0	5

从表 4-13 可以看出，股东出资 10 万元，最终只能收回 5 万元，但债权人价值从 90 万元上升到 100 万元。可以看出，虽然投资项目净现值为 +5 万元，但股东一般也不愿投资，形成"投资不足"。

第四节　投资项目可行性研究报告

企业的持续发展依赖于市场开拓和产品或服务创新所提出的投资项目。无论是为增加销售量而进行的技术改造项目投资，还是为推广新产品而进行的新项目投资；无论是本行业的投资,还是跨行业的多元化投资,都需要投资项目可行性研究。

一、投资项目可行性研究报告的概念

投资项目可行性研究报告是企业从事建设项目投资活动之前,由可行性研究主体对政治法律、经济、社会、技术等项目影响因素进行具体调查、研究、分析,确定有利和不利的因素,分析项目必要性、项目是否可行,评估项目经济效益和社会效益,为项目投资主体提供决策支持意见或申请项目主管部门批复的文件。

投资项目可行性研究报告主要是从微观角度对项目本身的可行性进行分析论证,侧重于项目的内部条件和技术分析,包括市场前景是否看好、投资回报是否理想、技术方案是否合理和先进、资金来源是否落实、项目建设和运行的外部配套条件是否有保障等主要内容,主要作用是帮助投资者进行正确的投资决策、选择科学合理的建设实施方案。

二、投资项目可行性研究报告的作用

可行性研究作为避免投资风险,提高投资效益的有效方法,不仅是工程项目建设的首要环节,而且是决策项目命运的重要环节。投资项目可行性研究报告的作用可归纳如下:

(1) 它是确定建设项目的依据。是否投资某一项目的决策,主要依据是可行性研究的结论。如果结论不可行,其他工作就不必进行了。

(2) 它是筹措资金,特别是向银行申请贷款的依据。凡贷款建设的项目,必须向银行提送项目的可行性研究报告,银行对可行性研究报告审查确认后才同意贷款。世界银行等国际金融组织以及我国的建设银行都把可行性研究报告作为建设项目申请贷款的先决条件。

(3) 它是编制初步设计的依据。初步设计就是通常所说的建设蓝图,它详尽地规定了建设项目的规模、产品方案、总体布置、工艺流程、设备类型、劳动定员、"三废"治理、建设工期、投资概算等内容。显然,经过批准的可行性研究报告就成为初步设计的主要依据。

(4) 它是建设单位与项目有关部门、单位以及国外厂商商谈、签订合同、协议的依据。建设过程中的工程承包、水电供应、设备订货等合同、协议,在商谈、签订时都必须以批准的可行性研究报告为依据。

(5) 它是拟定项目采用的新技术、新设备研制计划的依据。因为投资项目采用的新技术、新设备只有经过可行性研究分析论证,证明是先进实用的,才能拟定研制计划进行研制,否则盲目研制,必然会影响项目建设并造成不应有的损失。

(6) 它是补充地形、工程地质、水文地质勘测和补充工业性实验的依据。在可行性研究中需要大量的基础资料,因此当有些资料不完整或深度不够,不能满足下个阶段工作的需要时,就需根据已作的可行性研究所提出的要求,进行地形、地质和工业性实验等补充工作。

(7) 它是向国土开发及环境保护部门申请建设的依据。因为可行性研究报告中为达到环境保护标准所提出的措施和办法,是国土开发及环境保护部门评价项目环境影响、签发项目建设执照的依据。

(8) 大中型建设项目的可行性研究报告,可作为编制国民经济计划的重要依据和资料。

三、投资项目可行性研究报告的主要内容

因为各行业及项目性质不同,具体项目的可行性报告内容也有区别,一般来说,一个项目的可行性包括:① 技术的可行性,即项目所需的技术、工艺和设备是否可行;② 市场可行性,即项目所提供的产品或服务是否具有稳定的市场需求;③ 宏观经济可行性,即项目是否符合国家的产业政策或战略,是否具有宏观经济效益;④ 财务可行性,即项目是否盈利,如果融资是否具有债务清偿能力;⑤ 环境可行性,即项目的环境安全是否符合国家环保要求;⑥ 组织可行性,即项目是否制定合理的项目实施进度计划、设计合理组织机构、选择经验丰富的管理人员、建立良好的协作关系、制定合适的培训计划等,保证项目顺利执行;⑦ 经济可行性,主要是从资源配置的角度衡量项目的价值,评价项目在实现区域经济发展目标、有效配置经济资源、增加供应、创造就业、改善环境、提高人民生活等方面的效益;⑧ 社会可行性,主要分析项目对社会的影响,包括政治体制、方针政策、经济结构、法律道德、宗教民族、妇女儿童及社会稳定性等。

投资项目可行性研究报告正是从上面八个方面可行性研究结果的汇总。一份典型的项目(以工业性项目为例)可行性研究报告包括以下几个部分内容:

第一章,项目总论。概括性论述项目背景、主要技术经济指标、结论及建议。

第二章,项目建设背景及必要性。论证项目投资建设的必要性,从宏观和微观方面分析项目提出的背景情况和产业发展情况,用定性和定量的方法分析企业进行投资的必要性。

第三章,市场预测与建设规模。采用问卷调查、抽样调查等市场调查方法对现有市场情况进行准确分析,采用专家会议、特尔菲、类推预测等定性分析方法和时间序列、因果分析等定量分析方法对市场进行预测,通过竞争力对比分析、战略态势分析、波士顿矩阵分析、SWOT分析等确定项目市场战略和企业营销策略,通过差额投资内部收益率法、净现值法、最小费用法等定量分析方法确定项目的产品方案和建设规模,采用成本导向定价法、需求导向定价法、竞争导向定价法等方法确定产品的销售价格。

第四章,建设条件与厂址选择。通过工程技术条件和建设投资费用的对比确定厂址方案。

第五章,工程技术方案。采用评分法、投资效益评价法确定项目的技术方案,采用投资回收期法、投资收益率法、运营成本法、寿命周期法确定项目的设备方案,通过对技术经济指标、总图布置费用、拆迁方案的对比确定项目的总图方案。

第六章,节能节水与环境保护。从建筑设计、建筑结构、平面布置、设备选型、工艺流程等方面论述项目的节能方案,从设备选型、工艺流程、综合利用等方面论述项目的节水方案,

从项目建设和项目运营两方面论述项目的环境保护措施及对环境的影响情况。

第七章，劳动保护、安全卫生、消防。从危害因素、建筑施工、项目运营等方面论述项目的劳动保护与安全卫生措施，从建筑设计、功能布局、平面设计等方面论述项目的消防措施。

第八章，企业组织和劳动定员。根据企业现有组织情况、以及行业先进管理经验，采用劳动生产率等方法确定企业的组织结构和劳动定员情况，并根据企业的生产计划安排、员工定岗情况和人力资源情况制定人员培训计划。

第九章，项目实施进度安排。根据行业经验和企业特点安排项目的实施计划和进度。

第十章，项目财务评价分析。估算和确定各种参数，编制有关项目财务报表，评价项目的财务效益。估算和确定各种参数包括：① 项目资金概算；② 项目筹资；③ 项目投资使用计划；④ 项目总成本费用估算，包括直接成本、工资及福利费用、折旧及摊销、管理费用、销售费用、财务费用等；⑤ 销售收入、销售税金及附加估算；⑥ 损益及利润分配估算；⑦ 现金流估算；⑧ 项目筹资方案及资本成本测算等。

编制有关项目财务报表包括投资总额估算表、投资计划和资金筹措计划表、主要原材料和动力等成本测算表、折旧与摊销计算表、总成本测算表、销售收入测算表、预计利润表、预计资产负债表、预计现金流量表等。

评价项目的财务效益包括利用上述各种财务报表的数据计算投资项目内部收益率、投资回收期、净现值和获利指数等。

第十一章，项目不确定性分析。在对建设项目进行评价时，所采用的数据多数来自预测和估算。由于资料和信息的有限性，将来的实际情况可能与此有出入，这对项目投资决策会带来风险。为避免或尽可能减少风险，就要分析不确定性因素对项目经济评价指标的影响，以确定项目的可靠性，这就是不确定性分析。根据分析内容和侧重面不同，不确定性分析可分为盈亏平衡分析、敏感性分析和概率分析。在可行性研究中，一般要进行的盈亏平衡分析、敏感性分析和概率分析，可视项目情况而定。

第十二章，风险分析。通过技术和产品风险、市场风险、原材料、自然资源或供货渠道的风险、政策性风险、持续融资风险等方面的风险分析，提出相应的风险应对机制，增加企业风险防范意识、提高项目抗风险能力。

第十三章，可行性研究结论与建议。根据前面各节的研究分析结果，对项目在技术上、经济上进行全面的评价，对建设方案进行总结，提出结论性意见和建议。主要内容有：① 对推荐的拟建方案建设条件、产品方案、工艺技术、经济效益、社会效益、环境影响的结论性意见；② 对主要的对比方案进行说明；③ 对可行性研究中尚未解决的主要问题提出解决办法和建议；④ 对应修改的主要问题进行说明，提出修改意见；⑤ 对不可行的项目，提出不可行的主要问题及处理意见；⑥ 可行性研究中主要争议问题的结论。

思考练习题

一、选择题

1. 对投资项目内部收益率的大小不产生影响的因素是（　　）。
   A. 投资项目的原始投资　　　　　B. 投资项目的现金流入量
   C. 投资项目的有效年限　　　　　D. 投资项目的预期报酬率

2. 在评价单一的独立投资项目时，可能与净现值指标的评价结论产生矛盾的指标是（　　）。
   A. 静态投资回收期　　　　　　　B. 获利指数
   C. 内部收益率　　　　　　　　　D. 净现值

3. 投资项目评价指标中，不受建设期的长短、投资的方式、回收额的有无以及净现金流量大小影响的评价指标是（　　）。
   A. 投资回收期　　　　　　　　　B. 投资利润率
   C. 净现值　　　　　　　　　　　D. 内部收益率

4. 年末 ABC 公司正在考虑卖掉现有的一台闲置设备。该设备于 8 年前以 40 000 元购入，税法规定的折旧年限为 10 年，按直线法计提折旧，预计残值率为 10%，已提折旧 28 800 元；目前可以按 10 000 元价格卖出，假设所得税率为 25%，卖出现有设备对本期现金流量的影响是（　　）。
   A. 减少 300 元　　　　　　　　　B. 减少 1 200 元
   C. 增加 9 700 元　　　　　　　　D. 增加 10 300 元

5. 已知甲、乙两个方案为计算期相同的互斥方案，甲方案与乙方案的差额为丙方案。经过计算分析，得出结论丙方案不具有财务可行性，则下列表述正确的是（　　）。
   A. 应选择甲方案　　　　　　　　B. 应选择乙方案
   C. 应选择丙方案　　　　　　　　D. 所有方案均不可选

6. 采用固定资产平均年成本（年平均净现值）法进行设备更新决策时，主要因为（　　）。
   A. 使用新旧设备给企业带来年收入不同
   B. 使用新旧设备给企业带来年成本不同
   C. 新旧设备使用年限不同
   D. 使用新旧设备给企业带来的年收入相同

7. 关于项目投资下列说法中准确的是（　　）。
   A. 项目投资决策应首先估计现金流量
   B. 与项目投资相关的现金流量必须是能使企业总现金流量变动的部分
   C. 在投资有效期内，现金净流量可以取代利润作为评价净收益的指标

D. 投资分析中现金流动状况与盈亏状况同等重要

8. 当两个投资方案为独立选择时,应优先选择( )。
   A. 净现值大的方案　　　　　　　B. 项目周期短的方案
   C. 投资额小的方案　　　　　　　D. 获利指数大的方案

9. 甲、乙两个投资方案的未来使用年限不同,且只有现金流出而没有现金流入,此时要对甲乙方案进行比较优选,不宜比较( )。
   A. 计算两个方案的净现值或报酬率　　B. 比较两个方案的总成本
   C. 计算两个方案的内含报酬率　　　　D. 比较两个方案的平均年成本

10. 某投资方案,当贴现率为16%时,其净现值为338元,当贴现率为18%时,其净现值为-22元。该方案的内含报酬率为( )
    A. 15.88%　　　　　　　　　　　B. 16.12%
    C. 17.88%　　　　　　　　　　　D. 18.14%

11. 某公司拟新建一车间用以生产受市场欢迎的甲产品,据预测甲产品投产后每年可创造100万元的收入;但公司原生产的A产品会因此受到影响,使其年收入由原来的200万元降低到180万元,则与新建车间相关的现金流量为( )万元。
    A. 100　　　B. 80　　　C. 20　　　D. 120

12. 影响项目内含报酬率的因素包括( )。
    A. 投资项目的有效年限　　　　　B. 投资项目的现金流量
    C. 企业要求的最低投资报酬率　　D. 银行贷款利率

13. 若某投资项目的风险报酬率为0.2,无风险投资报酬率为5%,投资报酬率为14%,则该投资项目的风险程度为( )。
    A. 0.45　　　B. 0.1　　　C. 0.2　　　D. 0.7

14. 下列关于投资项目营业现金流量预计的各种做法中,正确的是( )。
    A. 营业现金流量等于税后净利加上非付现成本
    B. 营业现金流量等于税后收入减去税后成本再加上非付现成本引起的税负减少额
    C. 营业现金流量等于营业收入减去付现成本再减去所得税
    D. 营业现金流量等于营业收入减去营业成本再减去所得税

15. 某公司购入一批价值20万元的专用材料,因规格不符无法投入使用,拟以15万元变价处理,并已找到购买单位。此时,技术部门完成一项新产品开发,并准备支出50万元购入设备当年投产。经化验,上述专用材料完全符合新产品使用,故不再对外处理,可使企业避免损失5万元,并且不需要再为新项目垫支流动资金。因此,在评价该项目时第一年的现金流出应按( )万元计算。
    A. 50　　　B. 70　　　C. 65　　　D. 55

16. 与确定风险调整贴现率有关的因素有( )。
    A. 现金流量的预期值　　　　　　B. 现金流量的标准差

C. 风险报酬率 D. 无风险贴现率

E. 投资额

17. 在肯定当量法下,有关变化系数与肯定当量系数的关系正确的表述是( )。

   A. 变化系数越大,肯定当量系数越大
   B. 变化系数越小,肯定当量系数越小
   C. 变化系数越小,肯定当量系数越大
   D. 变化系数与肯定当量系数同方向变化

18. 某公司已投资10万元用于一项设备研制,但它不能使用,又决定再投资5万元,但仍不能使用。如果决定再继续投资5万元,应当有成功把握,并且取得现金流入至少为( )万元。

   A. 5   B. 10   C. 15   D. 20

19. 有A、B两台设备可供选择,A设备的年使用费比B设备低2 000元,但价格高于B设备6 000元。若资本成本为12%,A设备的使用期应长于( )年,选用A设备才是有利的。

   A. 4   B. 3   C. 3.68   D. 3.94

20. 某公司当初以100万元购入一块土地,目前市价80万元,如欲在这块土地上兴建厂房,应( )。

   A. 以100万元作为投资分析的机会成本考虑
   B. 以80万元作为投资分析的机会成本考虑
   C. 以20万元作为投资分析的机会成本考虑
   D. 以100万元作为投资分析的沉没成本考虑

21. 固定资产投资有效年限内,可能造成各年会计利润与现金流量出现差额的因素有( )。

   A. 计提折旧方法 B. 存货计价方法
   C. 成本计算方法 D. 间接费用分配方法
   E. 无形资产摊销方法

22. 在投资决策评价指标中,需要以预先设定的贴现率作为计算依据的有( )。

   A. 净现值法 B. 获利指数法
   C. 内含报酬率法 D. 回收期法
   E. 会计收益率法

23. 下列各项中,不属于静态投资回收期优点的是( )。

   A. 计算简便 B. 便于理解
   C. 直观反映返本期限 D. 正确反映项目总回报

24. 某公司拟进行一项固定资产投资决策,设定折现率为10%,有四个方案可供选择。其中甲方案的净现值率为-12%;乙方案的内部收益率为9%;丙方案的项目计算期为10年,净现值为960万元;丁方案的项目计算期为11年,年平均净现值为136.23万元。最优的投资方案是( )。

   A. 甲方案 B. 乙方案 C. 丙方案 D. 丁方案

二、计算题

1. 某公司有一投资项目,需要投资 6 000 元(5 400 元用于购置设备,600 元用于追加流动资金)。预期该项目可使企业销售收入增加:第一年为 2 000 元,第二年为 3 000 元,第三年为 5 000 元。第三年年末项目结束,收回流动资金 600 元。假设公司适用的所得税率为 40%,固定资产按 3 年用直线法折旧并不计残值。公司要求的最低投资报酬率为 10%。

要求:(1) 计算确定该项目的税后现金流量。

(2) 计算该项目的净现值。

(3) 计算该项目的回收期。

(4) 如果不考虑其他因素,你认为该项目是否应被接受?

2. 有 A、B 两个投资方案,投资额均为 100 万元,资本成本为 12%,两方案的期望净现金流量如表 4-14 所示。

表 4-14 A、B 两方案的期望净现金流量

(单位:万元)

年限/方案	A	B
0	-100	-100
1	32	60
2	32	35
3	32	20
4	32	20
5	32	10

(1) 计算每个方案的投资回收期、净现值、内含报酬率和获利指数。

(2) 如果是独立方案,你会选择哪一个方案?

(3) 如果是互斥方案,你会选择哪一个方案?

3. 某企业投资 15 500 元购入一台设备,该设备预计残值为 500 元,可使用 3 年,折旧按直线法计算。设备投产后每年销售收入增加额分别为 10 000 元、20 000 元、15 000 元,除折旧外的费用增加额分别为 4 000 元、12 000 元、5 000 元,企业所得税率为 40%,要求最低投资报酬率为 10%,目前税后利润为 20 000 元。

要求:(1) 假设企业经营无其他变化,预测未来 3 年每年的税后利润。

(2) 计算该设备投资方案的净现值。

4. 某公司面临着设备选择决策,可以购买甲设备,也可以购买乙设备。甲设备价格为 80 000 元,估计可使用 4 年,每年年末须付修理费 20 000 元,预计净残值 0 元。购置乙设备需花费 55 000 元,预计可使用 3 年,每年年末须付修理费分别为 22 000 元、27 500 元、33 000 元,预计最终残值 5 500 元,该公司预期报酬率为 10%,所得税率为 30%(假定该公司一直盈利),税法规定该类设备用直线法折旧,折旧年限为 3 年,残值为原价的 10%。

要求:进行购买设备的分析决策,并列出计算分析过程。

5. ABC公司研制成功一台新产品,现在需要决定是否大规模投产,有关资料如下:① 公司的销售部门预计,如果每台定价3万元,销售量每年可以达到10 000台;销售量不会逐年上升,但价格可以每年提高2%。生产部门预计,变动制造成本每台2.1万元,每年增加2%;不含折旧费的固定制造成本每年4 000万元,每年增加1%。新业务将在2007年1月1日开始,假设经营现金流发生在每年年底。② 为生产该产品,需要添置一台生产设备,预计其购置成本为4 000万元。该设备可以在2006年年底以前安装完毕,并在2006年年底支付设备购置款。该设备按税法规定折旧年限为5年,净残值率为5%;经济寿命为4年,4年后即2010年年底该项设备的市场价值预计为500万元。如果决定投产该产品,公司将可以连续经营4年,预计不会出现提前中止的情况。③ 生产该产品所需的厂房可以用8 000万元购买,在2006年年底付款并交付使用。该厂房按税法规定折旧年限为20年,净残值率5%。4年后该厂房的市场价值预计为7 000万元。④ 生产该产品需要的净营运资本随销售额而变化,预计为销售额的10%。假设这些净营运资本在年初投入,项目结束时收回。⑤ 公司的所得税率为40%。⑥ 该项目的成功概率很大,风险水平与企业平均风险相同,可以使用公司的加权平均资本成本10%作为折现率。新项目的销售额与公司当前的销售额相比只占较小份额,并且公司每年有若干新项目投入生产,因此该项目万一失败不会危及整个公司的生存。

要求:(1) 计算项目的初始投资总额,包括与项目有关的固定资产购置支出以及净营运资本增加额。

(2) 分别计算厂房和设备的年折旧额以及第四年年末的账面价值(提示:折旧按年提取,投入使用当年提取全年折旧)。

(3) 分别计算第四年年末处置厂房和设备引起的税后净现金流量。

(4) 计算各年项目现金净流量以及项目的净现值和回收期。

6. 某同学大学毕业后拟开设一个洗染店,通过调查研究提出以下方案:

(1) 设备投资:洗染设备购价20万元,预计可使用5年,报废时无残值收入;按税法要求该设备折旧年限为4年,使用直线法折旧,残值率为10%;计划在2015年1月1日购入并立即投入使用。

(2) 门面装修:装修费用预计8万元,在装修完工的2015年1月1日支付。

(3) 收入和成本预计:预计2015年1月1日开业,前6个月每月收入3万元(已扣除税,下同),以后每月收入4万元;耗用原料及洗涤液费用为收入的60%,人工费、水电费和房租等费用每月0.8万元(不含设备折旧、装修费摊销)。

(4) 营运资金:开业时垫付2万元。

(5) 所得税率为20%。

(6) 业主要求的投资报酬率最低为10%。

要求:用净现值法评价该项目经济上是否可行。

7. 假设你是ABC公司的财务顾问。该公司正在考虑购买一套新的生产线,估计初始投资为3 000万元,预期每年可产生500万元的税前利润(按税法规定生产线应以5年期直线法折旧,净残值率为10%,会计政策与此相同),并已用净现值法评价方案可行。然而,董事会对该生产线能否使用5年展开了激烈的争论。董事长认为该生产线只能使用4年,总经理认为能使用5年,还有人说类似生产线使用6年也是常见的。假设所得税率为33%,资本成本为10%,无论何时报废净残值收入为300万元。他们请你就下列问题发表意见:

(1) 该项目可行的最短使用寿命是多少年(假设使用年限与净现值成线性关系,用插补法求解,计算结果保留小数点后2位)?

(2) 他们的争论是否有意义(是否影响该生产线的购置决策)?为什么?

8. B公司目前生产一种产品,该产品的适销期预计还有6年,公司计划6年后停产该产品。生产该产品的设备已使用5年,比较陈旧,运行成本(人工费、维修费和能源消耗等)和残次品率较高。目前市场上出现了一种新设备,其生产能力、生产产品的质量与现有设备相同。设备虽然购置成本较高,但运行成本较低,并且可以减少存货占用资金、降低残次品率。除此以外的其他方面,新设备与旧设备没有显著差别。B公司正在研究是否应将现有旧设备更换为新设备,有关的资料如表4-15所示。

表4-15 新旧设备相关资料

(单位:元)

继续使用旧设备		更换新设备	
旧设备当初购买和安装成本	2 000 000		
旧设备当前市值	50 000	新设备购买和安装成本	300 000
税法规定折旧年限(年)	10	税法规定折旧年限(年)	10
税法规定折旧方法	直线法	税法规定折旧方法	直线法
税法规定残值率	10%	税法规定残值率	10%
已经使用年限(年)	5	运行效率提高减少半成品存货占用资金	15 000
预计尚可使用年限(年)	6	计划使用年限(年)	6
预计6年后残值变现净收入	0	预计6年后残值变现净收入	150 000
年运行成本(付现成本)	110 000	年运行成本(付现成本)	85 000
年残次品成本(付现成本)	8 000	年残次品成本(付现成本)	5 000

B公司更新设备投资的资本成本为10%,所得税率为25%;固定资产的会计折旧政策与税法有关规定相同。

要求:(1) 计算B公司继续使用旧设备的相关现金流出总现值。

(2) 计算B公司更换新设备方案的相关现金流出总现值。

(3) 计算两个方案的净差额,并判断是否应实施更新设备的方案。

9. 某公司拟用新设备取代已使用3年的旧设备,旧设备原价为14 950元,当前估计尚可使用5年。每年营运成本2 150元,预计净残值1 750元,目前变现价值为8 500元,购置新设备需花费13 750元,预计可使用6年,每年营运成本850元,预计最终残值2 500元,该公司可预期报酬率为12%,所得税率为30%,税法规定该类设备用直线法折旧,折旧年限为

6年,残值为原价的10%。

要求:进行是否应该更换设备的分析决策,并列出计算分析过程。

10. E公司是一家民营医药企业,专门从事药品的研发、生产和销售。公司自主研发并申请发明专利的BJ注射液自上市后销量快速增长,目前生产已达到满负荷状态。E公司正在研究是否扩充BJ注射液的生产能力,有关资料如下:

(1) BJ注射液目前的生产能力为400万支/年。E公司经过市场分析认为,BJ注射液具有广阔的市场空间,拟将其生产能力提高到1 200万支/年。由于公司目前没有可用的厂房和土地用来增加新的生产线,只能拆除当前生产线,新建一条生产能力为1 200万支/年的生产线。当前的BJ注射液生产线于2009年年初投产使用,现已使用2年半,目前的变现价值为1 127万元。生产线的原值为1 800万元,税法规定的折旧年限为10年,残值率为5%,按照直线法计提折旧。公司建造该条生产线时计划使用10年,项目结束时的变现价值预计为115万元。新建生产线的预计支出为5 000万元,税法规定的折旧年限为10年,残值率为5%,按照直线法计提折旧。新生产线计划使用7年,项目结束时的变现价值预计为1 200万元。

(2) BJ注射液目前的年销售量为400万支,销售价格为每支10元,单位变动成本为每支6元,每年的固定付现成本为100万元。扩建完成后,第一年的销量预计为700万支,第二年的销量预计为1 000万支,第三年的销量预计为1 200万支,以后每年稳定在1 200万支。由于产品质量稳定、市场需求巨大,扩产不会对产品的销售价格、单位变动成本产生影响。扩产后,每年的固定付现成本将增加到220万元。项目扩建需用半年时间,停产期间预计减少200万支BJ注射液的生产和销售,固定付现成本照常发生。生产BJ注射液需要的营运资本随销售额的变化而变化,预计为销售额的10%。

(3) 扩建项目预计能在2011年年末完成并投入使用。为简化计算,假设扩建项目的初始现金流量均发生在2011年年末(零时点),营业现金流量均发生在以后各年年末,垫支的营运资本在各年年初投入,在项目结束时全部收回。

(4) E公司目前的资本结构(负债/权益)为1/1,税前债务成本为9%,权益β系数为1.5,当前市场的无风险报酬率为6.25%,权益市场的平均风险溢价为6%。公司拟采用目前的资本结构为扩建项目筹资,税前债务成本仍维持9%不变。E公司适用的企业所得税税率为25%。

要求:(1) 计算公司当前的加权平均资本成本。公司能否使用当前的加权平均资本成本作为扩建项目的折现率?请说明原因。

(2) 计算扩建项目的初始现金流量(零时点的增量现金净流量)、第一年至第七年的增量现金净流量、扩建项目的净现值,判断扩建项目是否可行并说明原因。

(3) 计算扩建项目的静态回收期。如果类似项目的静态回收期通常为3年,E公司是否应当采纳该扩建项目?请说明原因。

三、案例讨论题

李某拥有一项高档油漆配方技术,预计毛利率很高。但要正式投产需大量投资购置厂房、设备等,这是李某个人无能力做到的。他面临两种选择:一是将技术出让给别人,立即获得现金收入30万元;二是引入合伙人投资,自己生产。现已有王某、方某两人表示愿意合作,分别投资厂房和生产线。另可用抵押贷款方式获取足够一条生产线需要的流动资金。现在李某请我们为他做财务方面的项目可行性分析,帮助他决策。李某的配方技术作价30万元。有关资料如下:

一条生产线,正常生产能力3 000千克/月,需400平方米厂房,估价60万元,王某可提供。购买一套完整设备,包括10台研磨机,5台搅拌机及辅助设施,共60万元,方某愿意出资购买。估计正式生产需要营运资金60万元,可用厂房和技术产权抵押获得利息率为6%的一年期流动资金贷款。在保证付息的情况下,银行愿意为其办理一年以后各期的续贷手续。

销售及价格方面:当前市场价同类产品都是进口品牌,价格高,几家需求量大的企业已同李某达成口头协议,可包销其产品,价格为80元/千克。根据各种原材料、工人工资、能耗估算单位产品变动成本为35元/千克(由于其原材料构成的信息无法获取,在评估过程中只能以该数据为一个不变值进行计算)。

假设该项目的有效期为10年,固定资产折旧、无形资产摊销年限均为10年,固定资产残值为原价的5%,企业所得税率为25%,会计政策与税法一致,折现率为10%,每年企业需支付固定管理和销售费用30万元。

问题探讨:

(1) 三人投资该项目的净现值是多少?

(2) 李某是直接转让技术还是与他人合作?为什么?

(3) 如果三人合作成立一有限责任公司,试对该公司的股权结构和财权划分做一设计。

第五章 风 险 管 理

第一节 风险及其度量

一、风险概念

什么叫风险,到目前为止没有一个统一的定义。一般认为风险是任何可能影响某一组织实现其目标的事项。一般来说,从财务计量角度考虑,风险是指在一定条件下和一定时期内可能发生的各种结果的变动程度。风险是事件本身的不确定性,具有客观性。例如,无论企业,还是个人,投资于国库券,其收益的不确定性较小;如果是投资股票,则收益的不确定性大得多。这种风险是"一定条件下"的风险,你在什么时间、买哪一种或哪几种股票、各买多少,风险是不一样的。这些问题一旦决定下来,风险大小你就无法改变了。这就是说,特定投资的风险大小是客观的,你是否去冒风险及冒多大风险,是可以选择的,是主观决定的。

风险的大小随时间延续而变化,是"一定时期内"的风险。我们对一个投资项目成本,事先的预计可能不是很准确,越接近完成则预计越准确。随时间延续,事件的不确定性在缩小,事件完成,其结果也就完全肯定了。因此,风险总是"一定时期内"的风险。

严格来说,风险和不确定性有区别。风险是指事前可以知道所有可能的后果,以及每种后果的概率。不确定性是指事前不知道所有可能的后果,或者虽然知道可能的后果,但不知道它们出现的概率。例如,在一个新区找矿,事前知道只有找到和找不到两种后果,但不知道两种后果的可能性各占多少,属于"不确定"问题而非风险问题。但是,在面对实际问题时,两者很难区分,风险问题的概率往往不能准确知道,不确定性问题也可以估计一个概率,因此在实务领域对风险和不确定性不作区分,都视为"风险"问题对待,把风险理解为可测定概率的不确定性。概率的测定有两种:一种是客观概率,是指根据大量历史的实际数据推算出来的概率;另一种是主观概率,是在没有大量实际资料的情况下,人们根据有限资料和经验合理估计的。

风险可能给投资人带来超出预期的收益,也可能带来超出预期的损失。一般说来,投资人对意外损失的关切,比对意外收益要强烈得多。因此人们研究风险时侧重减少损失,主要从不利的方面来考查风险,经常把风险看成是不利事件发生的可能性。从财务的角度来说,风险是指无法达到预期报酬的可能性。

"水能载舟,也能覆舟"。风险可能带来损失,但它同样可能带来收益。追求风险,勇于承担风险,善于分散风险,是企业经营成功的关键之一。害怕风险是旧时代小农经济的病态意识,它导致人们手足无措,而不敢冒风险的结果却正是冒了最大的风险——永远落后,一事无成。作为企业的管理者,要熟练地掌握衡量风险、转移风险、分散风险和补偿风险的现代经济技术手段,使企业的行为决策建立在科学的预测基础上,从而顺利地实现企业经营目标。

二、风险分类

风险有不同的分类方法,比如按损失产生的原因,风险分为自然风险、人为风险、行为风险、经济风险、政治风险和技术风险;按按风险的性质分为纯粹风险和投机风险;按人的接受能力分为可接受风险和不可接受风险;按风险可控程度分为可控风险和不可控风险等。按照《中央企业全面风险管理指引》规定,企业风险一般可分为战略风险、财务风险、市场风险、运营风险、法律风险等。① 战略风险是指不确定因素对企业实现战略发展目标和实施发展规划的影响。② 财务风险包括利率和汇率的变动、原材料或产品价格波动、信用政策等不确定因素对企业现金流的影响,以及公司在理财方面的行为对企业财务目标的影响。③ 市场风险是指未来市场价格(利率、汇率、股票价格和商品价格)的不确定性对企业实现其既定目标的影响。市场风险可以分为利率风险、汇率风险、股票价格风险和商品价格风险,这些市场因素可能直接对企业产生影响,也可能是通过对其竞争者、供应商或者消费者间接对企业产生影响。④ 运营风险是指包括供应链的管理、运营资源的合理调配、关键人员的流动、法律合规、监督检查等涉及公司运营方面的不确定性因素对公司运营目标方面的影响。⑤ 法律风险是指不同国家或地区法律法规环境的差异性、具体法律法规的新制定和变更给企业带来的影响。

通常从个别投资主体的角度看,将风险分为市场风险和公司特有风险。

风险的常见分类如下:

$$风险\begin{cases}经营风险(营业风险)\\财务风险(筹资风险)\end{cases}非系统风险——可分散风险\\市场风险——系统风险——不可分散风险$$

1. 可分散风险

可分散风险又称非系统风险、公司特有风险(firm specific risk),是指某些因素对个别公司造成经济损失的可能性。如一些发生在个别公司的管理能力、劳资纠纷、消费者对其产品偏好的改变、新产品试制失败、高层领导离职等特殊事件。由于这些事件是随机发生的,它们对投资组合的影响,可以通过投资多样化效应而消除掉。也就是说,如果投资组合中包含多家公司,则发生在一家公司的不利事件可被另一家公司的有利事件所抵消。公司特有风险包括经营风险和财务风险。

（1）经营风险。

经营风险指企业因经营上的不确定性带来的风险。影响企业经营风险的因素很多，主要有：① 产品需求。市场对企业产品的需求越稳定，经营风险就越小；反之经营风险则越大。② 产品售价。产品售价变动不大，经营风险则小；否则经营风险便大。③ 产品成本。产品成本是收入的抵减，成本不稳定，会导致利润不稳定，因此产品成本变动大的，经营风险就大；反之经营风险就小。④ 调整价格的能力。当产品成本变动时，若企业具有较强的调整价格的能力，经营风险就小；反之经营风险则大。⑤ 固定成本的比重。在企业全部成本中，固定成本所占比重较大时，单位产品分摊的固定成本就多，若产品量发生变动，单位产品分摊的固定成本会随之变动，最后导致利润更大幅度的变动，经营风险就大；反之经营风险就小。

（2）财务风险。

财务风险是指因借款带来的风险，是筹资决策带来的风险，也称为筹资风险。财务风险是企业负债产生的风险，不负债就不会产生财务风险，那么，企业为什么要负债呢？请看下例，如表5-1所示。

表5-1　不同资本结构下每股收益计算

类型	100%权益资本	50%权益资本和50%负债
息税前利润(万元)	1 000	1 000
利息(利率5%)(万元)	0	250
税前利润(万元)	1 000	750
所得税(25%)(万元)	250	187.5
净利润(万元)	750	562.5
资本总额(万元)	10 000	10 000
其中：股本(万元)	10 000	5 000
负债(万元)	0	5 000
股本股数(每股10元)	1 000 万股	500 万股
每股收益(元)	0.75	1.124
净资产收益率	7.5%	11.24%

从表5-1可以看出，负债可以提高每股收益和净资产收益率，对投资人来说，具有财务杠杆效益。

2．不可分散风险

不可分散风险又称系统风险、市场风险，是指由于某些因素给市场上所有公司带来经济损失的可能性。如战争、通货膨胀、经济衰退、高利率等。由于所有公司都会受到这些因素的影响，因而这类风险就无法通过投资多样化效应而分散掉，对于投资者来说，这才是真正的风险。例如，一个投资人投资股票，不论买哪一种股票，他都要承担市场风险，经济衰退时各种股票的价格都会不同程度下跌。

由于可分散风险可通过投资多样化效应而消除,因此,投资者更关心的是不可分散风险对投资组合的影响。当然,解决系统风险也有办法,一是企业团结起来游说政府,要求政府解决;二是政府主动出面解决。比如,2008年的金融危机,政府4万亿元的投资,使我国的汽车、房地产行业受益。

三、风险的衡量(measures of risk)

在现实生活中,我们经常听说这个事件的风险很大或风险很小,这里所说的风险很大或很小是什么意思呢?实际上,它所讨论的是风险度量问题。那么风险大小由什么决定呢?假设一个人被允许参加三项掷硬币赌博,这三项赌博的结果及发生概率如表5-2所示。

表5-2 掷硬币赌博

事件	结果	概率
赌博1	+1	0.5
	-1	0.5
赌博2	+100	0.5
	-100	0.5
赌博3	+100	0.99
	-100	0.01

对于表5-2所描述的例子,在赌博2和赌博3中,都有可能输掉100元,但赌博2输掉的可能性为0.5,远大于赌博3的0.01。所以从损失的角度看,赌博2的风险远大于赌博3;但仅仅从损失的概率来看,赌博1和赌博2没有什么区别。但实际上,赌博1损失的1元和赌博2中损失100元影响是不同的。因此,在判断风险大小的时候,只比较损失概率还不够,还要比较损失幅度。

借助于数理统计知识,我们可对风险进行衡量。假设有 n 种不同的结果,每种结果发生的概率为 $P_i(0 \leqslant P_i \leqslant 1)$,每种结果的收益为 k_i。则

$$期望收益值(平均值) k = \sum k_i \times P_i$$

$$平方差 \delta^2 = \sum_{i=1}^{n}(k_i - k)^2 \times P_i$$

$$标准差 \delta = \sqrt{\sum_{i=1}^{n}(k_i - k)^2 \times P_i}$$

例 北方公司拟开发纯净水产品,面对全国范围内的节水运动及限制供应,尤其是北方十年九旱的特殊环境,开发部认为纯净水将进入百姓的日常生活,市场前景看好,有关预测资料如表5-3所示。

表 5-3 开发纯净水产品预计利润和概率

市场销路	概　率	预计年利润
好	60%	150 万元
一般	20%	60 万元
差	20%	-10 万元

根据以上资料,计算出期望收益值为

期望收益值 $k = 150 \times 60\% + 60 \times 20\% - 10 \times 20\% = 100$(万元)

标准差 $\delta = \sqrt{(150-100)^2 \times 0.6 + (60-100)^2 \times 0.2 + (-10-100)^2 \times 0.2}$
$= 65$(万元)

四、投资方案选择

在投资决策中,风险被认为是决策的实际结果可能偏离它的期望结果的程度,可能的偏差越大,风险就越大;反之则越小。前面我们已经介绍过,衡量风险的大小可用标准离差来反映,但它是个绝对量,只能用来比较收益期望值相同的各投资项目之间的风险程度;要反映一个投资项目相对于期望值的风险程度,以及要比较期望值不同的各投资项目之间的风险程度,需用标准差与期望值的比值,即标准离差率。对于有风险的投资方案选择时,一般的要求是:

(1) 期望收益率相等时,选标准差小的方案。

(2) 标准差相等时,选期望收益率大的方案。

(3) 期望收益率,标准差不等时,选标准离差率(＝标准差/期望收益率)最小的方案。

例　有 A、B 两方案,A 方案收益率为 10%,标准差为 20%;B 方案收益率为 20%,标准差为 30%。如果按收益率大小选择,则选 B 方案;如果按标准差大小选择,则选 A 方案。很显然,B 方案属于收益大,风险大的方案,不能根据收益率大小、标准差大小单方面选择,需根据标准离差率大小选择。

A 方案:标准离差率＝20%/10%＝2

B 方案:标准离差率＝30%/20%＝1.5

如果按标准离差率大小选择,则选 B 方案。

五、风险收益(risk premium)

【案例 5-1】 风险收益的确认

有一场游戏,让你参加。在你的面前有两扇门,一扇门后面放 10 000 元,另一扇门后面没有钱,而且还须你表演一个节目(该节目你可能不会)。现在由你选择。如果这时主持人告诉你,现在给你一笔钱,你可以放弃开门。试问,给你多少钱你就放弃开门?

假定你决定,给你是 2 999 元或更少,则你选择开门;给你是 3 000 元,则你很难选择;若给你是 3 001 元或更多,则你不选择开门。

从上面的游戏中可以道出一个事实,即一般的投资者都是厌恶风险的,让我们看看其中的缘由。若选择开门,即有 50%的机会得到 10 000 元,而有 50%的机会什么也得不到,并且可能要表演节目,所以选择开门的期望价值是 5 000(0.5×10 000 + 0.5×0 = 5 000)元。在案例中,你发现自己对有风险的(不确定的)5 000 元期望收益与确定的 3 000 元收益的态度无差异。换句话说,该确定的(无风险的)金额与风险的期望值 5 000 元给你相同的效用或满意程度。

我们可以用个人的确定性等值和风险投资的期望值的关系定义个人对风险的态度。

确定性等值＜风险投资的期望值,则属风险厌恶;

确定性等值＝风险投资的期望值,则属风险中立;

确定性等值＞风险投资的期望值,则属风险偏好。

我们假设投资者都是风险厌恶者,对风险厌恶者来说,确定性等值和风险投资的期望值之间的差额形成风险收益。

$$风险收益 = 风险投资的期望值 - 确定性等值$$

用相对数表示,就是风险收益率。

$$风险收益率 = 风险投资的期望值收益率 - 确定性等值收益率(无风险收益率)$$

考虑了风险收益率以后,某项风险投资的必要收益率可按下列公式确定:

$$某项风险投资的必要收益率 = 无风险收益率 + 风险收益率$$

风险收益(率)是指投资者由于冒者风险进行投资而获得的超过无风险收益(率)的额外收益(率)。与无风险收益(率)相比,风险收益(率)一般具有以下特征:① 不确定性;② 风险收益(率)只与风险有关。

一般而言,投资者所冒的风险越大,所要求的风险收益也越多,即风险收益的大小应与所冒风险的大小成比例。风险收益率与风险之间的函数关系如下:

$$风险收益率 = f(风险程度)$$

【案例 5-2】 风险与报酬

某银行将 100 万元贷给 100 户借款人,每户 1 万元,约定年利率 8%,谋求年末能取得 8 万元的收益,如果预测其中有 1 户不能偿还本息,则银行可事前将利率提高以求补偿损失,从而保证整体收入仍然可保持 8 万元及维持本金 100 万元,计算结果如下:

分担损失 ＝ 坏账损失本息(1 + 0.08) 万元 /(100 - 1)× 1 万元 ＝ 1.08/99 ＝ 1.09%

式中,1.09%是因风险而预先筹划的补偿率,即风险收益率。连同原来要求赚到的 8%,总共为 9.09%。

风险分为可分散风险和不可分散风险,对于不可分散风险的大小通常是采用 β 系数来计量。比如证券市场,在整个股市变动时,个别股票的反应不一样。有的发生剧烈变动,有的只发生较小的变动。计量个别股票随市场移动趋势的指标是"贝塔系数"。利用 β 系数衡量不可分散风险,虽然不尽完善,但却可提供有关证券收益率相对市场收益率的程度。β 系数实质上是不可分散风险的指数、用于反映个别证券收益的变动相对于市场收益变动的灵敏程度。市场收益是指所有证券组合的市场投资组合的收益,从理论上讲,市场投资组合是由所有风险性证券组成的,它的收益率是无法确定的。但在实务上,就证券投资来说,通常是以一些具有代表性的证券指数作为市场投资组合,再根据证券指数中个别证券的收益率来估计市场投资组合的收益率,然后再采用一定的方法来估算 β 系数。

有关 β 系数的计算模式,是根据某种证券(如第 j 种)的收益率 R_j 和市场组合证券收益率 R 之间的线性关系确定的。β 系数有多种计算方法,实际计算过程十分复杂,但幸运的是 β 系数一般不需投资者自己计算,而由一些投资服务机构定期计算并公布。

有关 β 系数的手工计算方法举例如下:

将多年积累的股票 i 的市场收益率 R_i 与市场平均收益率 R_m 的数据进行统计处理,可以得到线性回归方程:

$$R_i = \alpha + \beta R_m + \varepsilon$$

式中,α 为常数项,β 为线性回归方程的斜率,ε 为误差项。

股票的 β 系数只不过是回归线的斜率,此回归线是把股票超额收益(高于无风险利率部分)回归于市场证券组合的超额收益得到的。据观测资料表明,最小二乘法能使各项与回归线的偏差的平方和取得最小值。下面以实例计算说明如何计算某股票 β 系数,如表 5-4 所示。

表 5-4 股票 β 系数计算表

栏数	(1)	(2)	(3)	(4)	(5)	(6)	(7)
季度	市场收益率	无风险利率	超额市场收益率 M	超额市场收益率的平方	该股票收益率	超额股票收益率 J	联产品超额收益率 MJ
备注	R_m		(1)-(2)	(3) M^2	R_{Jt}	(5)-(2)	(3)×(6)
1	0.11	0.05	0.06	0.003 6	0.091	0.041	0.025
2	0.17	0.07	0.10	0.010 0	0.110	0.040	0.004 0
3	(0.02)	0.06	(0.08)	0.006 4	0.024	(0.036)	0.002 9
4	0.25	0.08	0.17	0.028 9	0.234	0.154	0.026 2
5	0.18	0.06	0.12	0.014 4	0.132	0.072	0.008 6
6	0.28	0.07	0.21	0.044 1	0.275	0.025	0.043 1
7	(0.08)	0.07	(0.15)	0.022 5	0.121	0.051	(0.007 7)
8	0.27	0.09	0.18	0.032 4	0.292	0.202	0.036 4
9	0.14	0.07	0.07	0.004 9	0.105	0.035	0.002 5
10	0.00	0.08	(0.08)	0.006 4	0.077	(0.003)	0.000 2
总和	1.30	0.70	0.60	0.173 6	1.461	0.761	0.118 7

平均超额股票市场收益率 = 0.60/10 = 0.06；平均超额股票收益率 = 0.761/10 = 0.076。

$$\beta \text{系数} = (n\sum MJ - \sum M \times \sum J)/(n\sum M^2 - \sum M \times \sum M)$$

$$\beta \text{系数} = \frac{0.1187 - 10 \times 0.06 \times 0.076}{0.1736 - 10 \times 0.06 \times 0.06} = 0.0731/0.1376 = 0.53$$

β 系数等于1，说明该股票风险与整个证券市场的风险情况一致；β 系数大于1，说明该股票风险大于整个证券市场的风险；β 系数小于1，说明该股票风险小于整个证券市场的风险情况。

β 系数是反映个别股票相对于平均风险股票的变动程度的指标。它可以衡量出个别股票的市场风险，而不是公司的特有风险。

应当注意，β 系数不是某种股票的全部风险，而只是与市场有关的一部分风险，另一部分风险是与市场无关的，只是与企业本身的活动有关的风险。企业的特有风险可通过多角化投资分散掉，而 β 系数反映的市场风险不能被互相抵消。

第二节　证券投资组合

人们进行证券投资的直接动机就是获得投资收益。所以投资决策的目标就是使投资收益最大化。但是，投资收益只能在未来才能取得，它受许多不确定性因素影响，是个未知数。投资者在做投资决策时，只能根据经验和所掌握的资料对未来的收益进行估计，但因为不确定性因素的存在，有可能使将来得到的投资收益偏离原来的预期，甚至可能发生亏损，这就是证券投资的风险。因此，人们在进行证券投资时，总是希望尽可能减少风险，增加收益。这是长期以来人们一直在探索的一个问题。20世纪50年代初期，由美国经济学家哈里·马克威茨（Harry Markowitz）等人创立的现代证券投资组合理论正是试图解决这一问题。

证券投资组合理论是探索如何通过有效的方法消除投资风险。本书前面已经介绍了投资的风险，它可以分为系统风险和非系统风险。系统风险是整个证券市场都要承担的风险，它不可能通过证券投资组合分散掉，而非系统风险是某一个别公司的风险，它可以通过证券投资组合分散掉。投资者进行证券的组合投资，正是为了分散掉非系统风险。实践证明，只要科学地选择足够多的证券进行组合投资，就能基本分散掉大部分非系统风险。简而言之，就是不要把全部资金都投资于一种证券，而应根据各种证券的具体情况和投资者本人对收益与风险的偏好，来选择若干种最理想的证券作为投资对象，形成一个投资组合。正如谚语所说的：不要把所有的鸡蛋都放在一个篮子里。

一、证券投资组合的收益和风险

【案例 5-3】

有 A、B 两种股票,不同市场状况下的收益和发生的概率如表 5-5 所示。

表 5-5 不同市场状况下的收益和发生的概率

市场状况	股票 A		股票 B	
	收益率	概率	收益率	概率
(1)	30%	0.3	-10%	0.3
(2)	-10%	0.3	30%	0.3
(3)	45%	0.2	-25%	0.2
(4)	-25%	0.2	45%	0.2

如果单一购买 A 股票,则

收益率 $= 30\% \times 0.3 + (-10\%) \times 0.3 + 25\% \times 0.2 + (-45\%) \times 0.2 = 10\%$

标准差 $\delta = \sqrt{(30\%-10\%)^2 \times 0.3 + (-10\%-10\%)^2 \times 0.3 + (45\%-10\%)^2}$
$\times \sqrt{0.2 + (-25\%-10\%)^2 \times 0.2}$

$= 27\%$

如果单一购买 B 股票,则

收益率 $= 30\% \times 0.3 + (-10\%) \times 0.3 + 25\% \times 0.2 + (-45\%) \times 0.2 = 10\%$

标准差 $\delta = \sqrt{\sum (k_i - k)^2 \times P_i} = 27\%$

如果一半购买 A 股票,一半购买 B 股票。则

市场状况(1)下的收益率为:$30\% \times 50\% + (-10\%) \times 50\% = 10\%$;

市场状况(2)下的收益率为:$-10\% \times 50\% + 30\% \times 50\% = 10\%$;

市场状况(3)下的收益率为:$45\% \times 50\% + (-25\%) \times 50\% = 10\%$;

市场状况(4)下的收益率为:$-25\% \times 50\% + 45\% \times 50\% = 10\%$。

收益率 $= 10\% \times 0.3 + 10\% \times 0.3 + 10\% \times 0.2 + 10\% \times 0.2 = 10\%$

风险(标准差) $= 0$

对于投资组合收益率和风险,一般有以下计算公式:

$$\text{投资组合收益率 } K_P = \sum W_i \times K_i$$

投资组合收益率是各项投资收益率的加权平均数(expected return of a portfolio)。

$$\text{投资组合风险(方差)} \delta_p^2 = \sum W_i^2 \delta_i^2 + \sum \sum W_i W_j \delta_{ij} \quad (i \neq j)$$

式中,K_i 为第 i 种资产的投资收益率,W_i 为第 i 种资产的投资比重,δ_i 为第 i 种资产的标准差,δ_{ij} 为 i 和 j 之间的协方差。

对于只有两项投资的组合来说,假定是 A、B 两项投资,A 投资的收益率为 K_A,标准差

为 δ_A，投资所占比重为 W_A；B 投资的收益率为 K_B，标准差为 δ_B，投资所占比重为 W_B；P_{AB} 为 A、B 两项投资的相关系数（$-1 \leq P_{AB} \leq 1$）。则：

投资组合收益率 $K_{AB} = K_A \times W_A + K_B \times W_B$

投资组合标准差为 $\delta_{AB} = \sqrt{\delta_A^2 \times W_A^2 + 2 \times P_{AB} \times \delta_A \times \delta_B \times W_A \times W_A + \delta_B^2 \times W_B^2}$

从计算公式可以看出：相关系数 P_{AB} 从 +1 到 -1 变化时，证券组合的风险逐渐降低。$P_{AB} = 1$ 时，δ_{AB} 最大，证券组合的风险是各证券风险的加权平均数。

$$\delta_{AB} = \delta_A \times W_A + \delta_B \times W_B$$

$P_{AB} = -1$ 时，δ_{AB} 最小，但要使证券组合的风险降为零，还需要适当调整投资比例。

$$\delta_{AB} = |\delta_A \times W_A - \delta_B \times W_B|$$

一般情况下，P_{AB} 在 $0.5 \sim 0.7$ 范围，从而证券组合的风险小于各证券风险的加权平均数，但不等于零。由此可以得到结论：投资组合可以分散风险，但不能完全消除风险。因为市场风险不能排除。

β 表示市场风险，则对于投资组合的市场风险结论是：投资组合的市场风险是各项投资市场风险的加权平均数。即

$$\beta_{组合} = \sum W_i \beta_i$$

投资组合的市场风险即 β 系数是个别股票的 β 系数的加权平均数。它反映特定投资组合的风险即该组合的报酬率相对于整个市场组合报酬率的变异程度。

例 某企业持有 A、B、C 三种股票，它们的 β 系数分别为 2.0、1.0 和 0.5，它们在证券投资组合中所占的比重分别为 60%、30% 和 10%，则投资组合的 β 系数：

$$\beta_{组合} = 2.0 \times 60\% + 1.0 \times 30\% + 0.5 \times 10\% = 1.55$$

二、资本资产定价模型

假设无风险收益率为 6%，A 资产的期望收益率为 20%，β 系数为 1.6；B 资产的期望收益率为 16%，β 系数为 1.2。那么，如果你是投资者，你会投资哪一种资产？如果以横坐标为 β 系数，纵坐标为期望收益率划出两个资产在不同投资组合下的直线，资料如表 5-6、表 5-7 所示。

表 5-6 A 资产在不同投资组合下期望收益率与 β 系数

投资组合中 A 资产所占比重	投资组合期望收益率	投资组合 β 系数
0%	6%	0.0
25%	9.5%	0.4
50%	13%	0.8
75%	16.5%	1.2
100%	20%	1.6
125%	23.5%	2.0
150%	27%	2.4

表 5-7　B 资产在不同投资组合下期望收益率与 β 系数

投资组合中 B 资产所占比重	投资组合期望收益率	投资组合 β 系数
0%	6%	0.0
25%	8.5%	0.3
50%	11%	0.6
75%	10.5%	0.9
100%	16%	1.2
125%	18.5%	1.5
150%	21%	1.8

可以发现 A 资产线高于 B 资产线,即投资 A 资产比投资 B 资产好。即 A 资产线的斜率高于 B 资产线的斜率。如果资本市场是有效的,A、B 资产状况不可能长期存在,因为人们都去投资 A 资产,远离 B 资产。结果 A 资产价格上升,B 资产价格下降。即 A 资产期望收益率下降,B 资产期望收益率上升。最终会使得两资产线在同一条直线上,它意味着市场对承担风险给予相同的回报。

$$\frac{E(R_A) - R_F}{\beta_A} = \frac{E(R_B) - R_F}{\beta_B}$$

推广到多项资产,得到的结论是:市场上所有资产的风险回报率必相等。我们把所有资产组成的投资组合称为市场投资组合,市场组合拥有平均的系统风险,即 β 系数为 1。用 $E(R_i)$ 表示第 i 种股票或第 i 种投资组合的必要报酬率,R_M 表示市场组合的平均报酬率。则以下公式成立:

$$\frac{E(R_i) - R_F}{\beta_i} = \frac{E(R_M) - R_F}{\beta_M} = E(R_M) - R_F$$

上式整理得到资本资产定价模型公式如下:

$$E(R_i) = R_F + [E(R_M) - R_F] \times \beta_i$$

资本资产定价模型的图示形式称为证券市场线,如图 5-1 所示。它主要用来说明投资组合报酬率与系统风险程度 β 系数之间的关系。SML 揭示了市场上所有风险性资产的均衡期望收益率与风险之间的关系。证券市场线很清晰地反映了风险资产的预期报酬率与其所承担的系统风险 β 系数之间呈线性关系,充分体现了高风险高收益的原则。

这里,β 系数可以是正数,也可为负数(几乎很少)。通常将作为市场组合的 β 系数定义为 1,如果某种证券的风险情况与整个证券市场的风险相一致,则其 β 系数也等于 1;如果某种证券 β 系数大于 1,说明其风险程度大于整个市场风险;如果某种证券 β 系数小于 1,说明其风险程度小于整个市场风险。

例　企业投资于某种证券,其无风险收益率为 6%,证券市场平均收益率为 10%。
要求:
(1) 计算市场风险收益率。
(2) 如果该证券的 β 系数为 2,计算该证券的收益率。
(3) 如果该证券的必要收益率为 11%,计算该证券的 β 系数。

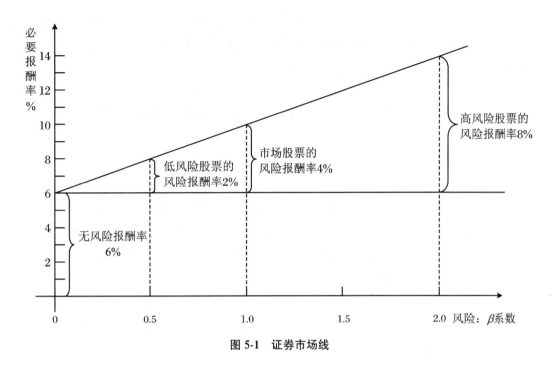

图 5-1 证券市场线

解 （1）市场风险收益率 = 10% - 6% = 4%。

（2）该证券的收益率 = 6% + 2×(10% - 6%) = 14%。

（3）该证券的 β 系数 = (11% - 6%)/(10% - 6%) = 1.25。

三、证券投资组合的策略

证券投资组合策略就是根据市场上各种证券的具体情况以及投资者对风险的偏好与承担能力，选择相应的证券组合方式。通过长期的证券投资实践，人们总结出各种证券投资组合策略，常见的有以下几种：

（1）保守型投资组合策略。这种证券投资组合策略是尽量模拟证券市场现状，将尽可能多的证券包括进来，以便分散掉全部可分散风险，得到与市场平均报酬率相同的投资报酬。例如，目前上海证券交易所的 30 指数共包括上海证券市场上具有代表性的 30 种股票，如果某一投资者尽可能模拟 30 指数进行投资，也选择同样的 30 种股票，并且其投资比例也与这 30 种股票的价值比重相同，则这种投资组合就是比较典型的保守型投资组合策略，其所承担的风险就与市场风险相近。保守型投资组合策略基本上能分散掉可分散风险，并且不需要太高深的证券投资知识，这种策略所得到的收益不会高于证券市场的平均收益，但这种投资组合的风险也不大。

（2）冒险性投资组合策略。这种组合策略是尽可能多选择一些成长性较好的股票，而少选择低风险低报酬的股票，这样就可以使投资组合的收益高于证券市场的平均收益。这种组合的收益高，风险也高于证券市场的平均风险。所以，采用这种投资组合如果做得好，可以取得远远超过市场平均报酬的投资收益，但如果失败，会发生较大的损失。

(3) 适中型投资组合策略。这是一种比较常用的投资组合策略,这种策略认为,股票的价格主要是由企业的经营业绩决定的,只要企业的经济效益好,股票的价格终究会体现其优良的业绩。所以在进行股票投资时,要全面深入地进行证券投资分析,选择一些品质优良的股票组成投资组合,这样,如果做得好,就可以获得较高的投资收益,而又不会承担太大的投资风险。进行这种投资组合要求投资者具备扎实的证券投资专业知识和丰富的投资经验。

四、证券投资组合的具体方法

证券投资是一个充满风险的投资领域,投资者在入市时必须懂得防范风险,这是一个十分复杂的问题。因为风险是复杂和多样的,它时时刻刻与投资相伴随,可以说没有风险的证券投资是不存在的。那么,防范风险的最有效方法就是进行证券投资组合,分散风险。人们经过长期的证券投资实践,总结出许多证券投资组合的方法,常用的方法主要有以下几种:

(1) 投资组合的三分法。在西方一些发达国家,比较流行的投资组合三分法是:三分之一的资金存入银行以备不时之需;三分之一的资金投资于债券、股票等有价证券;三分之一的资金投资于房地产等不动产。同样,投资于有价证券的资金也要进行三分,即三分之一投资于风险较大的有发展前景的成长性股票;三分之一投资于安全性较高的债券或优先股等有价证券;三分之一投资于中等风险的有价证券。

(2) 按风险等级和报酬高低进行投资组合。证券的风险大小可以分为不同的等级,收益也有高低之分。投资者可以测定出自己期望的投资收益率和所能承担的风险程度,然后,在市场中选择相应风险和收益的证券作为投资组合。一般来说,在选择证券进行投资组合时,同等风险的证券,应尽可能选择报酬高的;同等报酬的证券,应尽可能选择风险低的;并且要选择一些风险呈负相关的证券进行投资组合。

(3) 选择不同的行业、区域和市场的证券作为投资组合。这种投资组合的做法是:

① 尽可能选择足够数量的证券进行投资组合,这样可以分散掉大部分可分散风险。根据投资专家们的估算,在美国纽约证券市场上随机购买 40 种股票,就可以分散掉大部分可分散风险。

② 选择证券的行业也应分散,不可集中投资于同一个行业的证券。这是为了避免因行业不景气,而使投资遭受重大损失。

③ 选择证券的区域也应尽可能分散,这是为了避免因地区市场衰退而使投资遭受重大损失。

④ 将资金分散投资于不同的证券市场,这样可以防范同一证券市场的系统风险。

虽然在经济日益国际化的情况下,各地证券市场具有较大的相关性和互动性,但不同证券市场还是有较大的独立性,即便在同一个国家,有时也可能一个市场强,一个市场弱,如在我国,深圳证券市场和上海证券市场有时就表现为一强一弱。

(4) 不同期限的投资组合。这种投资组合就是根据投资者未来的现金流量来安排各种证券不同的投资期限,进行长、中、短期相结合的投资组合。投资者对现金的需求总是有先有后,长期不用的资金可以进行长期投资,以获取较大的投资收益;近期就可能要使用的资金,最好投资于风险较小、易于变现的有价证券。

五、证券投资组合应用的限制条件

尽管证券投资组合是一种很好的投资方式,但它的应用必须具备一定的条件。在不具备这些条件时,证券投资组合就不能较好地应用。一般来说,证券投资组合的有效应用所应具备的条件有以下几个方面:

(1) 必须是有效的资本市场。

(2) 市场的非垄断性。市场的非垄断性是指单个投资者不能人为地操纵一种或几种证券的价格。这一点在比较成熟的证券市场一般是不成问题的。市场的非垄断性必须靠健全的法律来规范,没有健全法律约束的市场就极容易出现操纵市场价格的行为。

(3) 投资者要具备较好的专业素质。在以上两个条件都满足的情况下,投资者还须有较好的专业素质和投资经验;否则,就无法很好地运用证券投资组合理论。

从以上的条件来看,在目前,我国证券市场还不能完全满足上述条件。由于我国证券市场发展较晚,法律法规尚不健全,信息流通渠道还不完善,市场规模也较小,因此,很容易出现内幕交易、操纵市场价格的现象。同时,目前我国投资者队伍的素质还不高,并且基本上是由中小投资者占主体,他们缺乏专业投资知识和丰富的投资经验,易于盲从,不善于进行投资决策分析,还不能较好地应用证券投资组合理论。但是,随着我国证券市场的不断成熟和规范,运用投资组合理论的条件会逐渐成熟,投资者应当提高专业素质,掌握投资组合的基本理论和方法。

六、投资基金

多元化投资是很重要的,但是,在实践中,资金有限的小投资者实际上无法购买种类较多的个别证券。幸运的是,投资基金使得这种投资者简单方便地分散风险成为可能。当你购买投资基金的股份时,你实际上在购买一个包含股票、债券和/或其他投资组成的大型投资组合(至于包含哪些股票和债券要取决于你所购买的基金)。投资基金是由专业的资金管理人员管理的,他们被认为能够更好地把握市场动向并对市场作出反应。不幸的是,并非所有的基金都是相同的,而且差别还会很大。

投资基金作为一种重要的现代金融工具,旨在利用投资组合原理,分散单个投资者的投资风险,稳定投资收益。因此,就其主要作用而言,它属于一种投资组合策略。但考虑到投资基金的一些特殊性即托管运作而非投资者直接经营,以及我国投资者对这种金融工具较陌生,现将其作为一个单独问题来加以说明。

1. 投资基金的含义

投资基金,又称共同基金或单位信托,是一种通过发行基金股份或受益凭证的方式,聚集不特定多数且具有共同投资目的的分散的社会大众资金,委托基金托管人保管,并交由专门的基金经理公司与专业人士进行运作的金融工具。

2. 投资基金的特点

从投资基金的含义中可以看出,投资基金是一种由投资者出资,委托管理机构保管,经由专门投资机构中的金融分析家、会计师、律师、管理者等职业专家队伍具体运作的集合式间接投资方式。因此投资基金明显表现出两个最基本的特点:

(1) 基金资产运作权与所有权及托管权严格分离。

基金投资的出资人并不直接参与实际的投资运作过程,而完全是由基金经营公司的专业人士对诸如投资方向的确定、投资对象的选择与组合以及投资收益的取得与分配等各项事务进行具体负责,从而实现了两权分离的现代企业制度原则。

从基金的运作与基金托管方面来看,基金经理人作为基金的发起人,是基金"信托契约"的委托人。他对投资者提供基金买卖服务及年(季)度报表等有关资信资料,并将筹集到的基金资产交由托管人保管,而本身仅负责基金的投资运作与管理,向托管人下达投资的买卖指令,而并不实际经手基金资产。基金管理公司在托管机构内的基金账户是独立的,既不与基金经理公司自身的财务活动混淆,也不属于托管机构的资产,一切基金投资收益均归属出资人。

此外,为了确保基金运作权与所有权、托管权的切实分离以及运营操作过程的规范性,基金经理公司与托管人的行为还必须接受证监会、基金公会、信托人及投资者大会的监督,因而它是一种较为先进的经济组织形式。

(2) 集合式的间接投资方式。

这种集合式的间接投资方式,除投资者不直接参与基金的具体投资运作过程外,还表现在这样两个方面:一方面,较之其他直接投资方式,基金投资可以使投资者成功地避开直接投资所面对的个人财务杠杆风险(在个人直接投资情况下,投资者必须直接面对所有可能发生的投资风险,而且一旦投资失败,损失的可能不仅是投入的本金,而且往往会连带个人的其他财产以偿还债务或弥补损失),而将其转化成为一种由基金经理公司承担的公司财务杠杆风险(最大的损失限于投资者的出资额,而不负连带的无限责任);另一方面,由于投资基金的风险属于一种集合性公司财务杠杆风险,因此在投资基金的方式下,必然要遵循一种风险分组、利益共享的投资基本原则。在这种投资原则下,个体投资者投资回报率的高低便主要不取决于自身的努力程度与素质水平,这无疑能使投资基金吸引个人素质彼此差异的众多投资者的积极参与,使之很自然地成为一种大众型的集合式间接投资方式。

3. 投资基金的分类

投资基金的种类繁多,从不同角度有多种不同的分类:

(1) 按受益凭证是否可赎回,分为封闭型投资基金与开放型投资基金。

① 封闭型投资基金。封闭型投资基金是指基金的资本总额及发行份数在未发行前便已确定,在发行完毕和规定的期限内,无论出现何种情况,基金的资本总额及发行份数均不能改变的投资基金,它也被称为固定型投资基金。

② 开放型投资基金。开放型投资基金是指基金的资本总额及发行份数不是固定不变的,而是可随时根据市场供求状况追发新的份额或可被投资者赎回的投资基金,它也叫追加型投资基金。

封闭型投资基金与开放型投资基金最主要的区别在于投资者所持基金份额是否可赎回或者基金的总资本额是否可以随时增减变动。封闭型投资基金有利于投资者进行长期投资选择,而开放型投资基金在进行短期投资或投机方面则更具吸引力。

(2) 按股资的具体对象,分为股票基金、债券基金、期货基金、期权基金和认股权证基金等。

① 股票基金。股票基金投资以追求资本利得和资本长期增值为基本目标,因而其投资对象主要是针对那些具有增长潜力、发展前景良好的上市普通股股票以及少量的优先股股票。

与股票高风险、高收益的特点相吻合,股票基金投资同样具有高风险、高收益的基本表现。但由于股票基金投资的目的主要不是为了对股票发行公司进行控制或享有经营管理权,而是哪种股票升值或将会升值基金便投向哪里,反之则会随时退出;所以在证券市场上,股票基金具有较大的流动性,这无疑使股票固有的高风险性得到了相对降低,而收益水平则获得了相应的提高。因此,股票基金比较适合于风险型投资者进行中、短线投资选择。

② 债券基金。债券基金主要以各种上市流通债券(如政府债券、金融债券、公司债券等)为基本对象进行投资。由于债券是一种收益稳定、风险较小的金融工具,因而投资于债券基金可以保证获得稳定的收益回报。但较之股票基金,债券基金最大的缺点是资本成长潜力较差,故它对于稳健型投资者比较适宜。

在我国,对于股票、债券基金投资的基本规定是:投资于股票、债券基金的比例不得低于基金经理公司基金资产总额的80%,其中投资于政府债券(包括金融债券)的比例应不低于基金净资产的20%,并且要求一个基金有一家上市公司的股票,不得超过该基金资产净值的10%;每年至少要以现金方式分红一次,而且分派比例不得低于基金净收益的90%等。

③ 期货基金。期货基金投资的主要对象是各种在证券交易所中进行标准化交易的金融期货与商品期货。受期货及其交易特点的影响,期货基金也有许多独特性。期货不仅具有套期保值功能,而且也是一种投机性较强的金融衍生工具,因此进行期货基金投资既可以带来较高的收益,但同时也蕴藏着极大的风险。

④ 期权基金。相对于期货基金,期权基金的投资损失被锁定在权利金限度之内,投资风险较小,如果判断准确,运作得当,就能获得可观的收益。因此,期权基金通常适合那些稳健型的投资者。

⑤ 认股权证基金。认股权证是一种高风险、高收益的金融工具,具有较强的资本增值能力,是投资者认购股份公司新发行股票的一条重要途径。但由于持有者既不能依此直接分享股份公司红利,未来的转换预期也存在很大的不确定性,因而如果投资者个人持有,不

仅风险大,而且占用的资金也难以及时变现和增值。为了满足投资者的需要,一些基金经理公司以认股权证为投资对象创设了认股权证基金。该种基金通过认股权证的组合选择与集中运作,不仅可以获取稳定的基金资本增长,而且能够相对分散与降低投资者个人进行投资的风险。不过,就总体而言,由于认股权证自身的风险过大,特别是出现熊市市况时,即便是认股权证基金也往往难以规避风险,所以该种基金的发展规模与发展速度并不理想,偶有上市的认股权证基金,其基金说明书中也必须注明"高风险"字样,以警示投资者注意。

除上述两种主要分类外,还可以按照基金经理公司是否向投资者收取手续费分为收费基金(一般按净资产价值的4.55%~9%加收认购费与赎回费,对于赎回费大多采用推期递减的方式)与非收费基金(非收费性基金没有认购费,但通常要收取小额赎回费用);按照基金经理公司的组织形态分为公司型投资基金(以基金经理公司发行的自身股份聚集基金)与契约型投资基金(以发行受益凭证聚集基金);按照投资风险与收益目标的不同分为积极成长型投资基金(以追求基金资本的最大增值为投资目标,通常很少或不分派投资收益,而是用于追加再投资)、成长型投资基金(以追求长期资本利得的增长为主要目标)、成长及收入型投资基金(基于当期收入提高与长期资本成长的双重目标)、平衡投资基金(投资目标主要有三个:确保投资者本金保值、支付当期收入、资本与收入的长期成长)和收入型投资基金等。

第三节　风险管理程序及策略

一、风险管理定义及目标

关于风险管理,有许多不同的定义,最早由美国学者格拉尔1952年首次提出,威廉(William)和汉斯(Hans)在1964年出版的《风险管理与保险》一书中给出定义,认为"风险管理就是通过对风险的识别、测量和控制,以最低的成本使风险导致的各种损失降低到最低程度的管理办法"。该定义体现如下要点:① 风险管理的目标是以最小的成本达到最大的安全效果;② 风险管理由风险识别、衡量和控制几个环节组成;③ 实现风险管理目标的手段是控制。风险管理的目标由两个部分组成:损失发生前的风险管理目标和损失发生后的风险管理目标。前者的目标是避免或减少风险事故形成的机会,包括节约经营成本、减少忧虑心理;后者的目标是努力使损失的标的恢复到损失前的状态,包括维持企业的继续生存、生产服务的持续、稳定的收入、生产的持续增长、社会责任。二者有效结合,构成完整而系统的风险管理目标。

一般认为,企业风险管理是个过程,它是由董事会、管理层和其他人员实施,应用于战略制定并贯穿于企业之中,旨在识别可能会影响企业的潜在事件,并通过管理风险使不利因素控制在该企业可承受范围之内,并为企业目标的实现提供合理的保证。

二、风险管理原则

1. 全面风险管理原则

全面风险管理,指企业围绕总体经营目标,通过在企业管理的各个环节和经营过程中执行风险管理的基本流程,培育良好的风险管理文化,建立健全全面的风险管理体系,包括风险管理策略、风险理财措施、风险管理的组织职能体系、风险管理信息系统和内部控制系统,从而为实现风险管理的总体目标提供合理保证的过程和方法。全面风险管理原则要求企业在风险管理上不能留有任何"死角"。

2. 全员风险管理原则

企业的风险存在于每一个业务环节中,进而体现于每一位员工的职业行为。因此,全员风险管理原则是指企业每个岗位都是风险管理岗位,每个员工都应该具有风险管理的义务和责任,自觉在业务和管理活动中执行企业的制度。在风险管理中必须让所有的员工认识到:风险控制不仅仅是风险管理部门的工作,无论是董事会还是管理层,无论是风险管理部门还是业务部门,每一位员工在处理每一项工作时都要考虑风险因素,实现全体员工对风险管理的参与。

3. 全过程风险管理原则

全过程风险管理原则要求,对风险管理不仅仅是事后的查漏补缺,而要贯穿于所有业务的每一个过程,要对企业的发展、业务操作的全过程实行风险控制。我们在制定风险管理制度和执行细则时,要"细致入微,面面俱到",而不能"只重结果,不看过程"。

三、风险管理基本流程

风险管理基本流程一般包括:① 收集风险管理初始信息;② 进行风险评估;③ 制定风险管理策略;④ 提出和实施风险管理解决方案;⑤ 风险管理的监督与改进。

四、收集风险管理初始信息

实施全面风险管理,企业应广泛、持续不断地收集与该企业风险和风险管理相关的内部、外部初始信息,包括历史数据和未来预测。应把收集初始信息的职责分工落实到各有关职能部门和业务单位。

在战略风险方面,企业应广泛收集国内外企业战略风险失控导致企业蒙受损失的案例,并至少收集与该企业相关的以下重要信息:① 国内外宏观经济政策以及经济运行情况、本行业状况、国家产业政策;② 科技进步、技术创新的有关内容;③ 市场对该企业产品或服务的需求;④ 与企业战略合作伙伴的关系,未来寻求战略合作伙伴的可能性;⑤ 该企业主要客户、供应商及竞争对手的有关情况;⑥ 与主要竞争对手相比,该企业实力与差距;⑦ 本企业发展战略和规划、投融资计划、年度经营目标、经营战略,以及编制这些战略、规划、计划、目标的有关依据;⑧ 该企业对外投融资流程中曾发生或易发生错误的业务流程或环节。

在财务风险方面,企业应广泛收集国内外企业财务风险失控导致危机的案例,并至少收集该企业的以下重要信息(其中有行业平均指标或先进指标的,也应尽可能收集):① 负债或有负债、负债率、偿债能力;② 现金流、应收账款及其占销售收入的比重、资金周转率;③ 产品存货及其占销售成本的比重、应付账款及其占购货额的比重;④ 制造成本和管理费用、财务费用、销售费用;⑤ 盈利能力;⑥ 成本核算、资金结算和现金管理业务中曾发生或易发生错误的业务流程或环节;⑦ 与该企业相关的行业会计政策、会计估算、与国际会计制度的差异与调节(如退休金、递延税项等)等信息。

在市场风险方面,企业应广泛收集国内外企业忽视市场风险、缺乏应对措施导致企业蒙受损失的案例,并至少收集与该企业相关的以下重要信息:① 产品或服务的价格及供需变化;② 能源、原材料、配件等物资供应的充足性、稳定性和价格变化;③ 主要客户、主要供应商的信用情况;④ 税收政策和利率、汇率、股票价格指数的变化;⑤ 潜在竞争者、竞争者及其主要产品、替代品情况。

在运营风险方面,企业应至少收集与该企业、本行业相关的以下信息:① 产品结构、新产品研发;② 新市场开发,市场营销策略,包括产品或服务定价与销售渠道,市场营销环境状况等;③ 企业组织效能、管理现状、企业文化、高、中层管理人员和重要业务流程中专业人员的知识结构、专业经验;④ 期货等衍生产品业务中曾发生或易发生失误的流程和环节;⑤ 质量、安全、环保、信息安全等管理中曾发生或易发生失误的业务流程或环节;⑥ 因企业内、外部人员的道德风险致使企业遭受损失或业务控制系统失灵;⑦ 给企业造成损失的自然灾害以及除上述有关情形之外的其他纯粹风险;⑧ 对现有业务流程和信息系统操作运行情况的监管、运行评价及持续改进能力;⑨ 企业风险管理的现状和能力。

在法律风险方面,企业应广泛收集国内外企业忽视法律法规风险、缺乏应对措施导致企业蒙受损失的案例,并至少收集与该企业相关的以下信息:① 国内外与该企业相关的政治、法律环境;② 影响企业的新法律法规和政策;③ 员工道德操守的遵从性;④ 该企业签订的重大协议和有关贸易合同;⑤ 该企业发生重大法律纠纷案件的情况;⑥ 企业和竞争对手的知识产权情况。

企业对收集的初始信息应进行必要的筛选、提炼、对比、分类、组合,以便进行风险评估。

五、风险评估

企业应对收集的风险管理初始信息和企业各项业务管理及其重要业务流程进行风险评估。风险评估包括风险辨识、风险分析、风险评价三个步骤。

风险辨识是指查找企业各业务单元、各项重要经营活动及其重要业务流程中有无风险,有哪些风险。风险分析是对辨识出的风险及其特征进行明确的定义描述,分析和描述风险发生可能性的高低、风险发生的条件。风险评价是评估风险对企业实现目标的影响程度、风险的价值等。

进行风险辨识、分析、评价,应将定性与定量方法相结合。定性方法可采用问卷调查、集体讨论、专家咨询、情景分析、政策分析、行业标杆比较、管理层访谈、由专人主持的工作访谈和调查研究等。定量方法可采用统计推论(如集中趋势法)、计算机模拟(如蒙特卡罗分析法)、失效模式与影响分析、事件树分析等。

进行风险定量评估时,应统一制定各风险的度量单位和风险度量模型,并通过测试等方法,确保评估系统的假设前提、参数、数据来源和定量评估程序的合理性和准确性。要根据环境的变化,定期对假设前提和参数进行复核和修改,并将定量评估系统的估算结果与实际效果对比,据此对有关参数进行调整和改进。

风险分析应包括风险之间的关系分析,以便发现各风险之间的自然对冲、风险事件发生的正负相关性等组合效应,从风险策略上对风险进行统一集中管理。

企业在评估多项风险时,应根据对风险发生可能性的高低和对目标的影响程度的评估,绘制风险坐标图,对各项风险进行比较,初步确定对各项风险的管理优先顺序和策略。

企业应对风险管理信息实行动态管理,定期或不定期实施风险辨识、分析、评价,以便对新的风险和原有风险的变化重新评估。

六、风险管理策略

风险管理策略是指企业根据自身条件和外部环境,围绕企业发展战略,确定风险偏好、风险承受度、风险管理有效性标准,选择风险承担、风险规避、风险转移、风险转换、风险对冲、风险补偿、风险控制等适合的风险管理工具的总体策略,并确定风险管理所需人力和财力资源的配置原则。

尽管高风险可能带来高报酬,但这仅仅是一种可能;因此,对企业的财务管理来讲,还要善于防范和控制风险。具体方法有:

1. 风险规避

风险规避是以放弃或拒绝承担风险作为控制方法,来规避损失的可能性。是风险管理技术中最简单亦较为消极的一种,如一个人为了避免被淹死而拒绝在任何情况下接近水。风险规避的形态有两种:一是将特定的风险单位予以根本地免除。如企业主决定不制造危险品,可完全免除危险物品所致的损失;拒绝与不守信用的厂商业务往来;设置网址访问限制,禁止员工下载不安全的软件;出售从事某一业务的子公司;退出某一亏损且没有发展前途的产品线等。二是中途放弃某些既存的风险单位。如一个经销家庭日用品的企业经销的产品有导致小儿麻痹症的情况出现,于是就决定终止这种经销活动,以免引致产品责任索赔案。新产品在试制阶段发现诸多问题而果断停止试制等。风险规避适用情况:最适合采用此法的情况有以下两种:一是某种特定风险所致的损失和损失程度相当大;二是应用其他风险处理技术的成本超过其产生的效益,采用风险规避方法可使企业受损失的可能性等于零。

2. 风险降低

风险降低是指企业对不愿意放弃也不愿意转移的风险,通过降低其损失发生的概率,缩小其损失程度来达到控制目的的各种控制技术和方法。风险降低的目的在于积极改善风险单位的特性,使其能为企业所接受,从而使企业不丧失获得机会。对风险无法回避的,可以设法减少风险。如:决策多方案优选和相机替代;及时与政府部门沟通获取政策信息;在发展新产品前,充分进行市场调研;实行设备预防检修制度以减少设备事故;在金融、证券投资上进行品种、期限、币种多元化组合。

3. 风险转移

风险转移是指经济单位将自己不能承担或不愿承担的风险转移给其他经济单位的一种方法。是企业准备借助他人力量,采取业务分包、购买保险等方式和适当的控制措施,将风险控制在风险承受度之内的策略。主要措施:方案1是套期保值交易,通过在期货市场在套头买卖交易,规避企业重要原材料、外汇价格波动带来的损失。方案2是转包,企业把工程和产品零部件的生产制造转包给其他企业,把部分风险分散出去。方案3是向保险公司投保。

4. 承受风险

承受风险是企业对风险承受度之内的风险,在权衡成本效益之后,不准备采取控制措施降低风险或者减轻损失的策略。如处于河谷中的企业面临洪水之风险,仅考虑迁址或采用损失控制技术,其成本极高,而保险公司也不愿意为其承办洪水保险,此时,该企业只能承受风险。承受风险的企业要量力而行,企业在力所能及的范围内承担风险。企业用自我保险把风险接受下来,如每月积存一笔基金用于发生事故时抵偿损失。风险承受也可能是基于以下原因:① 缺乏能力进行主动管理,对这部分风险只能承受;② 没有其他备选方案;③ 从成本效益考虑,风险承受是最适宜的方案。

5. 风险利用

对于企业决策而言,承担风险更具有意义。对于承担风险而言,一种新的应战策略可能更加实用,即利用风险,主要着眼于企业的管理行为,即利用公司固有风险去进入市场、引进新的产品、并购另外一个公司或利用其的市场机会,所有这些都会导致公司风险结构的重新确定。

如斯图亚特先生指出的那样:"风险管理不是消灭风险,那样会失去回报,目的是要管理它,也就是说,在哪里可以打赌,在哪里不能打赌,在哪里不能押上全部赌注"。利用风险战略是承担风险或增大既有风险的积极的、有意识的决定。

【案例5-4】 利用期权规避风险

假设看涨期权和看跌期权的履约执行价格都是55元,都是欧式期权。某人在股价44元开始投资,投资组合包括购买股票、售出看涨期权、购看跌期权,假设投资组合的价格(成本)分别为44元、-1元、7元,共支出50元。则到期日价值如下:

(1) 到期日股价大于 44 元,比如 58 元时:

投资组合价值分别为:购股票价值 = 58 元;购看跌期权价值 = 0;售出看涨期权价值 = 55 - 58 = -3 元。合计为 55 元。

(2) 到期日股价小于 44 元,比如 34 元时:

投资组合价值分别为:购股票价值 = 34 元;购看跌期权价值 = 55 - 34 = 21 元;售出看涨期权价值 = 0。合计为 55 元。

综上所述,到期日无论股票价格变为多少,到期日价值都是 55 元保持不变。收益为 55 - 50 = 5 元;收益率为 5/50 = 10%。

就整个社会来说,风险是肯定存在的,问题只是谁来承担风险及承担多少。如果每个企业都回避风险,都不肯承担风险,高风险的投资项目就没人做,则会造成社会生产力发展迟缓,给每个企业的发展也会带来不利的影响。市场经济之所以需要完善的金融市场体系,就是因为它可以吸收社会资金投资于需要资金的企业,通过它来达到分散风险的目的。

企业应根据不同业务特点统一确定风险偏好和风险承受度,即企业愿意承担哪些风险,明确风险的最低限度和不能超过的最高限度,并据此确定风险的预警线及相应采取的对策。确定风险偏好和风险承受度,要正确认识和把握风险与收益的平衡,防止和纠正忽视风险、片面追求收益而不讲条件、范围,认为风险越大、收益越高的观念和做法;同时,也要防止单纯为规避风险而放弃发展机遇。

七、风险解决方案

企业应根据风险管理策略,针对各类风险或每一项重大风险制定风险管理解决方案。方案一般应包括风险解决的具体目标,所需的组织领导,所涉及的管理及业务流程,所需的条件、手段等资源,风险事件发生前、中、后所采取的具体应对措施以及风险管理工具(如关键风险指标管理、损失事件管理等)。企业制定风险管理解决的外包方案,应注重成本与收益的平衡、外包工作的质量、自身商业秘密的保护以及防止自身对风险解决外包产生依赖性风险等,并制定相应的预防和控制措施。企业制定风险解决的内控方案,应满足合规的要求,坚持经营战略与风险策略一致、风险控制与运营效率及效果相平衡的原则,针对重大风险所涉及的各管理及业务流程,制定涵盖各个环节的全流程控制措施;对其他风险所涉及的业务流程,要把关键环节作为控制点,采取相应的控制措施。

八、风险管理的监督与改进

企业应以重大风险、重大事件和重大决策、重要管理及业务流程为重点,对风险管理初始信息、风险评估、风险管理策略、关键控制活动及风险管理解决方案的实施情况进行监督,采用压力测试、返回测试、穿行测试以及风险控制自我评估等方法对风险管理的有效性进行检验,根据变化情况和存在的缺陷及时加以改进。

企业应建立贯穿于整个风险管理基本流程,连接各上下级、各部门和业务单位的风险管理信息沟通渠道,确保信息沟通的及时、准确、完整,为风险管理监督与改进奠定基础。企业各有关部门和业务单位应定期对风险管理工作进行自查和检验,及时发现缺陷并改进,其检查、检验报告应及时报送企业风险管理职能部门。

企业风险管理职能部门应定期对各部门和业务单位风险管理工作实施情况和有效性进行检查和检验,对风险管理策略进行评估,对跨部门和业务单位的风险管理解决方案进行评价,提出调整或改进建议,出具评价和建议报告,及时报送企业总经理或其委托分管风险管理工作的高级管理人员。企业内部审计部门应至少每年一次对包括风险管理职能部门在内的各有关部门和业务单位能否按照有关规定开展风险管理工作及其工作效果进行监督评价,监督评价报告应直接报送董事会或董事会下设的风险管理委员会和审计委员会。此项工作也可结合年度审计、任期审计或专项审计工作一并开展。企业可聘请有资质、信誉好、风险管理专业能力强的中介机构对企业全面风险管理工作进行评价,出具风险管理评估和建议专项报告。报告一般应包括以下几方面的实施情况、存在缺陷和改进建议:① 风险管理基本流程与风险管理策略;② 企业重大风险、重大事件和重要管理及业务流程的风险管理及内部控制系统的建设;③ 风险管理组织体系与信息系统;④ 全面风险管理总体目标。

第四节 风险投资决策

任何一项投资方案的分析都要以对未来若干时期现金流量的预测为基础,而未来时期的公司经营环境是千变万化的,存在很多不确定因素,因此进行投资决策往往还要考虑风险。风险投资的决策常用方法有风险调整贴现率法和肯定当量法。

一、风险调整贴现率法

该方法的基本思想是对于高风险的项目,采用较高的贴现率去计算净现值,然后根据净现值的规则来选择方案。下面结合实例来说明该方法的应用。

例 某公司准备以 400 万元投资新建一个车间,预计各年现金流量及其概率如表 5-8 所示。

表 5-8　预计各年现金流量及其概率

年份	现金流量(万元)	概率
0	-400	1
2	250	0.25
	200	0.50
	150	0.25
3	300	0.2
	250	0.6
	200	0.2

该公司投资要求的无风险最低报酬率为 6%，已知风险报酬斜率为 0.1。

根据以上资料，决策步骤如下：

(1) 计算方案的综合变化系数。

$E_2 = 250 \times 0.25 + 200 \times 0.5 + 150 \times 0.25 = 200$(万元)

$E_3 = 300 \times 0.2 + 250 \times 0.6 + 200 \times 0.2 = 250$(万元)

$\delta_2 = \sqrt{(250-200)^2 \times 0.25 + (200-200)^2 \times 0.5 + (150-200)^2 \times 0.25}$
$= 35.36$(万元)

$\delta_3 = \sqrt{(300-250)^2 \times 0.2 + (250-250)^2 \times 0.6 + (200-250)^2 \times 0.2}$
$= 31.62$(万元)

综合 $E = 200/1.06^2 + 250/1.06^3 = 387.90$(万元)

综合 $\delta = \sqrt{(35.36)^2 \div 1.06^4 + (31.62)^2 \div 1.06^6}$
$\quad\quad\quad = 41.17$(万元)

综合变化系数 $= 41.17/387.90 = 0.11$

(2) 计算风险调整贴现率。

风险调整贴现率 $= 6\% + 0.1 \times 0.11 = 7.1\%$

(3) 计算净现值。

净现值 $= 200/1.071^2 + 250/1.071^3 - 400 = 174.36 + 203.50 - 400 = -22$(万元)

由于净现值为负数，该项目不可行。

二、肯定当量法

肯定当量法，这种方法的基本思想是先用一个系数把有风险的现金收支调整为无风险的现金收支，再用无风险的贴现率去计算净现值，然后根据净现值的规则来选择方案。下面结合实例来说明该方法的应用。

例 某公司无风险的投资报酬率为 10%，现有两个投资方案可供选择。A 方案：投资 20 000 元，分两年平均投入，使用期 3 年。B 方案：投资 10 000 元，年初一次性投资，使用期 1

年。两方案各年税后现金流量的可能值及概率如表 5-9 所示。

表 5-9　各年税后现金流量的可能值及概率

年份	A 方案		B 方案	
	现金流量(元)	概率	现金流量(元)	概率
0	-1 000	1	-10 000	1
1	-1 000	1		
2	10 000 9 000 8 000	0.2 0.6 0.2		
3	同上	同上		
4	同上	同上	16 000 15 000 14 000	0.30 0.40 0.30

现金流量的不确定性程度(以变化系数表示)与肯定当量系数的经验关系如表 5-10 所示。

表 5-10　现金流量的不确定性程度(以变化系数表示)与肯定当量系数的经验关系

变化系数 q	肯定当量系数 a
0.00~0.05	1
0.06~0.1	0.9
0.11~0.15	0.8
0.16~0.20	0.7
0.21~0.25	0.6

根据以上资料，决策步骤如下：

(1) 计算各方案各年现金流量的期望值。

A 方案第二年、三年、四年现金流量的期望值：

$$E_A = 10\,000 \times 0.2 + 9\,000 \times 0.6 + 8\,000 \times 0.2 = 9\,000(元)$$

B 方案第四年现金流量的期望值：

$$E_B = 16\,000 \times 0.3 + 15\,000 \times 0.4 + 14\,000 \times 0.3 = 15\,000(元)$$

(2) 计算各方案各年的标准差。

A 方案第二年、三年、四年的标准差：

$$\delta_A = \sqrt{(10\,000 - 9\,000)^2 \times 0.2 + (9\,000 - 9\,000)^2 \times 0.6 + (8\,000 - 9\,000)^2 \times 0.2}$$
$$= 632.46$$

B 方案第四年的标准差：

$$\delta_B = \sqrt{(16\,000 - 15\,000)^2 \times 0.3 + (15\,000 - 15\,000)^2 \times 04 + (14\,000 - 15\,000)^2 \times 0.3}$$
$$= 774.60$$

(3) 计算各年的现金流量的变化系数并查找对应的肯定当量系数。

A 方案第二年、三年、四年的变化系数 $q_A = \delta_A/E_A = 632.46/9\,000 = 0.07$,查对应的肯定当量系数 a 可知:$a_A = 0.9$。

B 方案第四年的变化系数 $q_B = \delta_B/E_B = 774.60/15\,000 = 0.05$,查对应的肯定当量系数 a 可知:$a_B = 1$。

(4) 计算方案净现值,然后根据净现值的规则来选择方案。

$NPV_A = 0.9 \times 9\,000 \times 2.487 \times 0.909 - 10\,000 \times 0.909 - 10\,000 = -778.47(元)$

$NPV_B = 1 \times 15\,000 \times 0.683 - 10\,000 = 245(元)$

由于 $NPV_B > 0 > NPV_A$,故 B 方案可行。

思考练习题

一、选择题

1. 甲、乙两方案的预计投资报酬率均为 25%,甲方案标准差大于乙方案标准差,则下列说法正确的是( )。

　　A. 甲方案风险大于乙方案风险　　　B. 甲方案风险小于乙方案风险
　　C. 甲、乙方案风险相同　　　　　　D. 甲、乙方案风险不能比较

2. 某公司股票的 β 系数为 1.5,无风险利率为 4%,市场上所有股票的平均收益率为 8%,则投资该股票的必要收益率为( )。

　　A. 4%　　　　B. 12%　　　　C. 8%　　　　D. 10%

3. 从投资人的角度看,下列观点中不能被认同的是( )。

　　A. 有些风险可以分散,有些风险则不能分散
　　B. 额外的风险要通过额外的收益来补偿
　　C. 投资分散化是好的事件与不好事件的相互抵消
　　D. 投资分散化降低了风险,也降低了预期收益

4. 下列有关证券组合投资风险的表述中,正确的有( )。

　　A. 证券组合的风险不仅与组合中每个证券的报酬率标准差有关,而且与各证券之间报酬率的协方差有关
　　B. 持有多种彼此不完全正相关的证券可以降低风险
　　C. 资本市场线反映了持有不同比例无风险资产与市场组合情况下风险和报酬的权衡关系
　　D. 投资机会集曲线描述了不同投资比例组合的风险和报酬之间的权衡关系

5. 在进行投资项目评价时,投资者要求的风险报酬率取决于该项目的( )。

　　A. 经营风险　　B. 财务风险　　C. 系统风险　　D. 特有风险

6. 已知某公司股票的 β 系数为 0.5,短期国债收益率为 6%,市场组合收益率为 10%,

则该公司股票的必要收益率为(　　)。

  A. 6%   B. 8%   C. 10%   D. 16%

7. 如果 A、B 两只股票的收益率变化方向和变化幅度完全相同,则由其组成的投资组合(　　)。

  A. 不能降低任何风险   B. 可以分散部分风险

  C. 可以最大限度地抵消风险   D. 风险等于两只股票风险之和

8. 已知甲、乙两个方案投资收益率的期望值分别为 10% 和 12%,两个方案都存在投资风险,在比较甲、乙两方案风险大小时应使用的指标是(　　)。

  A. 标准离差率 B. 标准差 C. 协方差 D. 方差

9. 企业进行多元化投资,其目的之一是(　　)。

  A. 追求风险 B. 消除风险 C. 减少风险 D. 接受风险

10. 下列各项中,属于企业特有风险的有(　　)。

  A. 经营风险 B. 利率风险 C. 财务风险 D. 汇率风险

11. 在计算由两项资产组成的投资组合收益率的方差时,不需要考虑的因素是(　　)。

  A. 单项资产在投资组合中所占比重 B. 单项资产的 β 系数

  C. 单项资产的方差   D. 两种资产的协方差

12. 下列各项中,属于证券投资系统性风险(市场风险)的是(　　)。

  A. 利息率风险 B. 违约风险 C. 破产风险 D. 流动性风险

13. 投资者对某项资产合理要求的最低收益率,称为(　　)。

  A. 实际收益率 B. 必要收益率 C. 预期收益率 D. 无风险收益率

14. 某投资者选择资产的唯一标准是预期收益的大小,而不管风险状况如何,则该投资者属于(　　)。

  A. 风险爱好者 B. 风险回避者 C. 风险追求者 D. 风险中立者

15. 已知某种证券收益率的标准差为 0.2,当前的市场组合收益率的标准差为 0.4,两者之间的相关系数为 0.5,则两者之间的协方差是(　　)。

  A. 0.04   B. 0.16   C. 0.25   D. 1.00

16. 当有很大把握预测到一个大牛市或大盘某个上涨阶段的到来时,应选择那些(　　)的证券。

  A. 高贝塔系数 B. 低贝塔系数 C. 高变异系数 D. 低变异系数

17. 如果上证综指以 0.55 概率上升,以 0.45 概率下降,还假定在同一时间间隔内深证综指能以 0.35 概率上升,0.65 概率下降。再假定两个指数可能以 0.3 概率同时上升。则同一时间上证综指或深证综指上升的概率为(　　)。

  A. 0.5   B. 0.6   C. 0.7   D. 0.8

18. 丁某投保了保险金额为 80 万元的房屋火灾保险,一场大火将该保险房屋全部焚毁,而火灾发生时该房屋的房价已跌到至 65 万元,那么通常情况下,丁某应得的保险赔款为(　　)万元。

A. 80　　　　　　B. 67.5　　　　　　C. 65　　　　　　D. 60

二、计算题

1. 已知：A、B 两种证券构成证券投资组织。A 证券的预期收益率为 10%，方差是 0.014 4，投资比重为 80%；B 证券的预期收益率为 18%，方差是 0.04，投资比重为 20%。A 证券收益率与 B 证券收益率的协方差是 0.004 8。

要求：(1) 计算下列指标：① 该证券投资组织的预期收益率；② A 证券的标准差；③ B 证券的标准差；④ A 证券与 B 证券的相关系数；⑤ 该证券投资组合的标准差。

(2) 当 A 证券与 B 证券的相关系数为 0.5 时，投资组合的标准差为 12.11%，结合(1)的计算结果回答以下问题：① 相关系数的大小对投资组合收益率有没有影响？② 相关系数的大小对投资组合风险有什么样的影响？

2. 某企业有 A、B 两个投资项目，计划投资额均为 1 000 万元，其收益（净现值）的概率分布如表 5-11 所示。

表 5-11　A、B 项目的收益（净现值）的概率分布

市场状况	发生概率	A 项目	B 项目
(1)	0.2	200	300
(2)	0.6	100	100
(3)	0.2	50	−50

要求：(1) 分别计算 A、B 两个项目净现值的期望值。

(2) 分别计算 A、B 两个项目期望值的标准离差。

(3) 判断 A、B 两个投资项目的优劣。

3. 某公司拟进行股票投资，计划购买 A、B、C 三种股票，并分别设计了甲、乙两种投资组合。已知三种股票的 β 系数分别为 1.5、1.0 和 0.5，它们在甲种投资组合下的投资比重为 50%、30% 和 20%；乙种投资组合的风险收益率为 3.4%。同期市场上所有股票的平均收益率为 12%，无风险收益率为 8%。

要求：(1) 根据 A、B、C 股票的 β 系数，分别评价这三种股票相对于市场投资组合而言的投资风险大小。

(2) 按照资本资产定价模型计算 A 股票的必要收益率。

(3) 计算甲种投资组合的 β 系数和风险收益率。

(4) 计算乙种投资组合的 β 系数和必要收益率。

(5) 比较甲、乙两种投资组合的 β 系数，评价它们的投资风险大小。

4. 有 A、B 两个证券投资项目，其投资收益率概率分布如表 5-12 所示。

表5-12　A、B项目的投资收益率概率分布

概率	A项目	B项目
0.2	20%	35%
0.5	10%	10%
0.3	5%	-5%

要求：(1) A、B两个项目各自期望收益率和方差。

(2) 找出使A、B证券组合具有最小方差的投资组合权重。

(3) 上述投资组合的无风险报酬率为多少？

5. 已知：现行国库券的利率为5%，证券市场组合平均收益率为15%，市场上A、B、C、D四种股票的β系数分别为0.91、1.17、1.8和0.52；B、C、D股票的必要收益率分别为16.7%、23%和10.2%。

要求：(1) 采用资本资产定价模型计算A股票的必要收益率。

(2) 计算B股票价值，为拟投资该股票的投资者作出是否投资的决策，并说明理由。假定B股票当前每股市价为15元，最近一期发放的每股股利为2.2元，预计年股利增长率为4%。

(3) 计算A、B、C投资组合的β系数和必要收益率。假定投资者购买A、B、C三种股票的比例为1∶3∶6。

(4) 已知按3∶5∶2的比例购买A、B、D三种股票，所形成的A、B、D投资组合的β系数为0.96，该组合的必要收益率为14.6%。如果不考虑风险大小，请在A、B、C和A、B、D两种投资组合中作出投资决策，并说明理由。

6. 假定东方公司股票的价格为2元，其报酬率为10%，方差为200%，你打算买10 000股价值20 000元东方公司股票，但你自己只有40%的现金8 000元，其余12 000元需从银行借款，无风险利率为6%，试问是否可以举债，并分析风险变动。

7. 假设资本资产定价模型成立，表5-13中的数字是相互关联的。求出表5-13中"?"位置的数字(请将结果填写在给定的表格中，并列出计算过程)。

表5-13　资本资产定价模型关联数据计算表

证券名称	期望报酬率	标准差	与市场组合的相关系数	贝塔值
无风险资产	?	?	?	?
市场组合	?	0.1	?	?
A股票	0.22	?	0.65	1.3
B股票	0.16	0.15	?	0.9
C股票	0.31	?	0.2	?

第六章 筹资决策

企业筹资是指企业根据其生产经营、对外投资和调整资本结构的需要，通过筹资渠道、运用筹资方式，筹措所需资金的财务活动。企业筹资决策涉及筹资渠道与方式、筹资数量、筹资时机、筹资结构、筹资风险、筹资成本等。其中筹资方式是指企业取得资金的具体方法和形式，不同的筹资方式对企业筹资各有利弊，本章就筹资方式做一介绍。

第一节 筹集投入资本

筹集投入资本是指企业以协议等形式吸收国家、其他企业、个人和外商等直接投入资金，形成企业资本金的一种筹资方式。筹集投入资本不以股票为媒介，适用于非股份制企业。它是非股份制企业筹措自有资本的一种基本方式。

一、筹集投入资本的种类

筹集投入资本可以有多种类型，企业可根据规定选择采用，筹措所需要的自有资本。

1. 筹集投入资本按所形成资本金的构成分类

(1) 筹集国家的投入资本，主要为国家财政国有资本预算投资，由此形成国有资本金。

(2) 筹集企业、事业单位等法人的投入资本，由此形成法人资本金。

(3) 筹集企业内部职工和城乡居民的投入资本，由此形成个人资本金。

(4) 筹集外国投资者和我国港澳台地区投资者的投入资本，由此形成外商资本金。

2. 筹集投入资本按投资者的出资形式分类

(1) 现金出资。现金出资是企业筹集投入资本所乐于采用的形式。企业有了现金，可用于购置资产、支付费用，比较灵活方便。因此，企业一般争取投资者以现金方式出资。各国法规大多都对现金出资比例作出规定，或由融资各方协商确定。

(2) 非现金出资。非现金出资主要有两类形式：

① 实物资产出资，即投资者以房屋、建筑物、设备等固定资产和材料、燃料、产品等流动资产作价投资。

② 无形资产出资，即投资者以专利权、商标权、商誉、非专利技术、土地使用权等无形资

产作价出资。

我国《公司法》规定,有限责任公司的注册资本为在公司登记机关登记的全体股东认缴的出资额。股东可以用货币出资,也可以用实物、知识产权、土地使用权等可以用货币估价并可以依法转让的非货币财产作价出资;对作为出资的非货币财产应当评估作价,核实财产,不得高估或者低估作价。

二、筹集投入资本的条件

企业采用筹集投入资本方式筹措自有资本,必须符合一定的条件要求,主要有以下几个方面:

(1) 采用筹集投入资本方式筹措自有资本的企业,应当是非股份制企业,包括国有企业、集体企业、合资或合营企业等,股份制企业按规定应以发行股票方式取得自有资本。

(2) 企业通过筹集投入资本而取得的实物资产或无形资产,必须符合企业生产经营、科研开发的需要,在技术上能够消化应用。在吸收无形资产投资时,应符合法定比例。

(3) 企业通过筹集投入资本而取得的非现金资产,必须进行公正合理的估价。

三、筹集投入资本的程序

企业筹集投入资本,一般应遵循如下程序:

1. 确定筹集投入资本的资金数量

企业新建或扩大规模而筹集投入资本时,应当合理确定所需筹集投入资本的数量。国有独资企业的增资须由国家授权投资的机构或国家授权的部门决定;合资或合营企业的增资须由出资各方协商决定。

2. 选择筹集投入资本的具体形式

企业向哪些方面、以何种形式筹集投入资本,需要由企业和投资者双向选择,协商确定。企业应根据其生产经营等活动的需要以及协议等规定,选择筹集投入资本的方向和具体形式。

3. 签署决定、合同或协议等文件

企业筹集投入资本,不论是为了新建还是为了增资的目的,都应当由有关方面签署决定或协议等书面文件。对于国有企业,应由国家授权投资的机构等签署创建或增资拨款决定;对于合资企业,应由合资各方共同签订合资或增资协议。

4. 取得资金来源

签署拨款决定或出资协议后,应按规定或计划取得资金来源。筹集国家以现金出资的,通常有拨款计划,确定有拨款期限、每期数额及划拨方式,企业可按计划取得现金。筹集出资各方以实物资产和无形资产作资的,应结合具体情况,采用适当方法,进行合理估价,然后办理产权的转移手续,取得资产。

四、筹集非现金出资的估价

企业筹集的非现金出资,主要指流动资产、固定资产和无形资产,应按照评估确定或合同、协议约定的金额计价。

1. 筹集流动资产出资的估价

企业筹集的流动资产出资,包括材料、燃料、产成品、在制品、自制半成品、应收款项和有价证券等。

(1) 对于材料、燃料、产成品等,可采用现行市价法或重置成本法进行估价。

(2) 对于在制品、自制半成品,可先按完工程度折算为相当于产成品的约当量,再按产成品的估价方法进行估价。

(3) 对于应收款项和有价证券,应针对具体情况,采用合理的估价方法:

① 凡是能够立即收回的应收账款,可以其账面价值作为评估价值。

② 凡是能够立即贴现的应收票据,可以其贴现值作为评估价值。

③ 凡是能够立即变现的有价证券,例如债券和股票,则以其现行市价作为评估价值。

④ 凡是不能立即收回的应收款,应合理估价其坏账损失,并以其账面价值扣除坏账损失后的金额作为评估价值。

⑤ 凡是能够立即变现的带息票据和有息债券。可以其面额加上持有期间的利息作为评估价值。

2. 筹集固定资产出资的估价

筹集固定资产出资,主要是机器设备、房屋建筑物等。

(1) 对于合资或联营中吸收的机器设备,一般采用重置成本法和现行市价法进行估价;对有独立生产能力的机器设备,亦可采用收益现值法估价。评估价值应包括机器设备的直接成本和间接成本。

(2) 房屋建筑物价值的高低,是由多方面因素决定的,主要受原投资额、地理位置、质量新旧程度等因素的影响,可采用现行市价法并结合收益现值法进行估价。

3. 筹集无形资产出资的估价

企业筹集的无形资产出资,主要有专利权、专有技术、商标权、土地使用权、特许经营权、租赁权、版权等。

(1) 对于能够单独计算自创成本或外购成本的无形资产,如专利权、专有技术等,可以采用重置成本法估价。

(2) 对于在现时市场上有交易参照物的无形资产,如专利权、租赁权、土地使用权等,可采用现行市价法进行估价。

(3) 对于无法确定研制成本或购买成本,又不能在市场上找到交易参照物,但能为企业持续带来收益的无形资产,如特许经营权、商标权等,可采用收益现值法估价。

五、筹集投入资本的优缺点

筹集投入资本是我国企业筹资中最早采用的一种方式,也曾是我国国有企业、集体企业、合资或联营企业普遍采用的筹资方式。筹集投入资本的优点主要是:

(1) 筹集投入资本所筹的资金属于企业的自有资本,与借入资本相比较,它能提高企业的资信和借款能力。

(2) 筹集投入资本不仅可以筹取现金,而且能够直接获得所需的先进设备和技术,与仅筹取现金的筹资方式相比较,它能尽快地形成生产经营能力。

(3) 筹集投入资本的财务风险较低。

筹集投入资本的缺点主要是:

(1) 筹集投入资本通常资本成本较高。

(2) 筹集投入资本由于没有证券为媒介,产权关系有时不够明晰,也不便于产权的交易。

第二节 普通股筹资

一、普通股概念

普通股是股份有限公司发行的无特别要求权利的股份,也是最基本标准的股份。

二、普通股权利

有关的法律、法规和股份公司章程赋予普通股股东的权利有:

(1) 投票表决权。普通股股东可出席或委托代理人出席股东大会,在选举董事会成员和公司其他重大事项的表决中进行投票。这是普通股股东参与公司管理的基本方式。

(2) 股票出售或转让权。普通股股东可在法律、法规和公司章程所规定的条件下转让所拥有的股份。一般而言,普通股股本一经形成,不能随意抽回,但当普通股股东所获得的收益不满或需要现金时可在证券市场上出售或转让其股票。

(3) 优先认股权。股份公司在发行新股时,都会给普通股股东以优先认购的权利。这种优先认购权使现有股东在一定时间内以低于市价的价格购买新股票。优先认股权能使现有股东保持其在股份公司股本中的份额,以保证普通股股东在公司发行新股时对公司的控制权不发生改变。

(4) 剩余财产分配权。

(5) 股利分配请求权。

(6) 对公司账目及公司事务的查询权,以及对管理当局越权行为的阻止权。普通股股东在每个会计年度终了均可委托注册会计师对公司账目进行审查,通过注册会计师出具的查账报告了解公司的财务状况、经营业绩。当管理当局在经营活动中有超过职权范围的行为发生时,普通股股东有权阻止越权行为的发生。

普通股股东在享有上述权利的同时,也对股份公司承担相应的义务。如股东应遵守公司章程,应按时、足额缴清股本,应以出资额为限承担债务偿还责任和企业的亏损责任。

三、普通股种类

(1) 按股票有无记名,可分为记名股和不记名股。

我国《公司法》规定,向发起人授权投资的机构,法人发行的股票,应为记名股。

(2) 按股票是否标明金额,可分为面值股票和无面值股票。

我国《公司法》不承认无面值股票,规定股票应记载股票的面额,并且发行价格不得低于票面金额。

(3) 按投资主体不同,分为国家股、法人股、外商股。

(4) 按发行对象和上市地点不同,可分为 A 股、B 股、H 股和 N 股。

四、股票发行的规定与条件

按照我国《公司法》和《证券法》的有关规定,股份有限公司发行股票,应符合以下规定与条件:

(1) 每股金额相等。同次发行的股票,每股的发行条件和价格应当相同。

(2) 股票发行价格可以按票面金额,也可以超过票面金额,但不得低于票面金额。

(3) 股票应当载明公司名称、公司登记日期、股票种类、票面额及代表的股份数、股票编号等主要事项。

(4) 向发起人、国家授权投资的机构、法人发行的股票,应当为记名股票;对社会公众发行的股票,可以为记名股票,也可以为无记名股票。

(5) 公司发行记名股票的,应当置备股东名册,记载股东的姓名或者名称、住所、各股东所持股份、各股东所持股票编号、各股东取得其股份的日期;发行无记名股票的,公司应当记载其股票数量、编号及发行日期。

(6) 公司发行新股,根据 2019 年 12 月 28 日,第十三届全国人大常委会第十五次会议审议通过了修订后的《证券法》,必须具备下列条件:

① 具备健全且运行良好的组织机构。

② 具有持续经营能力。

③ 最近三年财务会计报告被出具无保留意见审计报告。

④ 发行人及其控股股东、实际控制人最近三年不存在贪污、贿赂、侵占财产、挪用财产或者破坏社会主义市场经济秩序的刑事犯罪。

⑤ 经国务院批准的国务院证券监督管理机构规定的其他条件。

(7) 公司发行新股,应由股东大会作出有关下列事项的决议:新股种类及数量;新股发行价格;新股发行的起止日期;向原有股东发行新股的种类及数额。

五、股票上市的条件

公司公开发行的股票进入证券交易所挂牌买卖(即股票上市),须受严格的条件限制。我国《证券法》规定,股份有限公司申请其股票上市,必须符合下列条件:

(1) 股票经国务院证券管理部门批准已向社会公开发行。不允许公司在设立时直接申请股票上市。

(2) 公司股本总额不少于人民币3 000万元。

(3) 公司发行的股份达公司股份总数的25%以上;公司股本总额超过人民币4亿元的公开发行股份的比例为10%以上。

(4) 公司在最近三年内无重大违法行为,财务会计报告无虚假记载。

此外,公司股票上市还应符合证券交易所规定的其他条件。比如科创板设置了以下上市条件:

(1) 预计市值不低于人民币10亿元,最近两年净利润均为正且累计净利润不低于人民币5 000万元;或者预计市值不低于人民币10亿元,最近一年净利润为正且营业收入不低于人民币1亿元[只有条件(1)强调利润,其他条件不强调]。

(2) 预计市值不低于人民币15亿元,最近一年营业收入不低于人民币2亿元,且最近三年累计研发投入占最近三年累计营业收入的比例不低于15%。

(3) 预计市值不低于人民币20亿元,最近一年营业收入不低于人民币3亿元,且最近三年经营活动产生的现金流量净额累计不低于人民币1亿元。

(4) 预计市值不低于人民币30亿元,且最近一年营业收入不低于人民币3亿元。

(5) 预计市值不低于人民币40亿元,主要业务或产品需经国家有关部门批准,市场空间大,目前已取得阶段性成果。医药行业企业需至少有一项核心产品获准开展二期临床实验,其他符合科创板定位的企业需具备明显的技术优势并满足相应条件。

具备上述条件的股份有限公司经申请,由国务院或国务院授权的证券管理部门批准,其股票方可上市。股票上市公司必须公告其上市报告,并将其申请文件存放在指定的地点供公众查阅。股票上市公司还必须定期公布其财务状况和经营情况,每一会计年度内半年公布一次财务会计报告。

【案例6-1】 会通新材料(会通股份)科创板上市

2020年11月18日,会通新材料股份有限公司(会通股份)在上海科创板上市发行。会通股份发行45 928 364股,发行价8.29元,开盘价36.00元。大股东何女士持股比例34.01%,持股数量140 571 428,按开盘价市值50.6亿元。会通新材料股份有限公司主要从事高分子改性材料的研发、生产和销售,致力于为客户提供高性能化、功能化的材料整体解决方案,是国内规模最大、客户覆盖最广的高分子改性材料企业之一。公司拥有聚烯烃类、聚苯乙烯类、工程塑料及其他类多种产品平台,产品种类丰富,高分子高性能化和功能化产品品种300多项。公司产品广泛应用于家电、汽车、5G通信、电子电气、医疗、轨道交通、家居建材、安防等诸多国家支柱性产业和新兴行业。公司于2016年通过国家两化融合管理体系认证,2017年获选石油和化工行业绿色工厂、安徽省数字化车间、合肥市智能工厂、安徽省质量奖,2019年被评为中国石油和化工民营企业百强、安徽省百强高新技术企业、安徽省民营企业制造业综合百强、广东省制造业500强。

【案例6-2】 大连万达商业地产香港上市

大连万达商业地产2014年12月23日香港上市。发行价为48港元,募集资金金额高达288亿港元,进而超过中广核成为香港市场2014年内最大规模的首次公开募股(IPO)。

上市的大连万达商业地产股份有限公司的股东主要由四部分构成,分别是王健林7.93%、大连万达集团51.07%、管理层持股4.19%和其他股东36.81%。而持有准备上市的大连万达商业地产股份有限公司51.07%股份的大连万达集团,股东分别为王健林(持股0.24%)和大连合兴(持股99.76%);大连合兴股东只有两个人,王健林(持股98%)和他儿子王思聪(持股2%)。

万达商业地产成立于2002年9月,2009年12月变更为股份有限公司,注册资本增加到37.36亿元,是大连万达集团旗下商业地产投资及运营的唯一业务平台。实际上,早在2005年,王健林就有将万达商业地产上市之意。当时并非选择IPO模式,而是以"REITs(房地产投资信托基金)"形式筹划在港上市。2005年年底,万达REITs招股文件在香港获通过。不过,运气不佳,2006年7月,国家几部委联合发文严格限制境外公司收购内地物业(即"171号文件"),万达REITs计划被迫搁浅。此次香港上市的失败,促使王健林转战A股。2009年,万达商业地产正式启动在A股上市计划。然而,由于房地产企业上市闸门的关闭,再加上A股市场2013年暂停IPO,万达上市一拖就是5年。2014年,A股IPO市场重新开闸。但出乎意料的是,2014年7月1日,万达却"技术性"地暂停了A股上市步伐。根据中国证监会7月1日公告,万达商业地产A股上市因未更新申报材料已终止审核。2014年9月16日,万达商业地产向香港联交所递交上市申请,由此,万达上市正式进入实质运作阶段,结束了近10年的上市征程。

万达上市的原因之一,解决巨量负债。公司2011年至2013年杠杆比率分别为38.8%、48.7%和53.0%,而2014年上半年,杠杆比率突然飙升至87.8%。截至2014年上半年,公司的银行借款为1 724亿,另外还有73亿的未偿还债券。大量债务可能造成严重后果,如果宏观经济形势下行,公司将承受更大的冲击。2014年上半年,公司用于借款的利息支出为62.1亿,而同期净利润仅为49.6亿。高额的融资成本使公司2014年业绩出现严重下滑,现金流净额也呈现负值。

万达上市的原因之二,降低资本成本。早期万达都是利用土地质押获得开发贷款。但目前万达手中沉淀的持有物业在不断增加,通过银行贷款的途径并不能解决万达所有资金链问题,而规模速率的降低也影响了其销售部分的现金流支撑。如果寻求信托或其他融资机构,资金成本则会比较高。而一旦上市之后,万达就可以在国内外公开市场进行债务融资、海外股权和债券融资,极大地降低融资成本,从而继续支持其快速扩张。

万达上市的原因之三,转型。万达赖以生存的"以售养租"旧模式受到冲击,而万达自身的资金缺口也在不断地扩大。至此,万达拟借助旗下企业加快上市的步伐,为集团打开直接融资渠道,赢得更多低成本的融资资金;互联网的高速发展,而以阿里为首的互联网巨头正以极强的冲击力深刻影响着万达传统的线下模式。对此,万达急需转型。

万达上市的原因之四,解决现金流。万达集团董事长王健林曾直言,对于万达来说,现金流永远比负债率更重要。招股书显示,2011年万达商业地产经营活动产生的现金流达359亿(主要来自物业销售),2012年大幅降至115亿;2013年进一步降到68亿;2014年上半年变成了负89.5亿。

(资料来源:搜狐财经。)

六、普通股融资的优缺点

1. 普通股筹资的优点

(1) 普通股没有到期日,是公司的一种永久性资金,不必考虑偿还本金。

(2) 普通股没有固定的股利负担。公司发行普通股后,每年分配给股东股利的多少,取决于公司当年的盈利水平和公司所采取的股利分配政策。而不像债券筹资,无论是否盈利都要支付固定的债息。这就减轻了公司的支付负担。

(3) 普通股是公司举债的基础。在股份公司的资本结构中,以普通股为代表的主权资本是公司筹措借入资金的基础。债权人在投入资金前,首先要考察的就是公司有多少主权资本作为债务的偿还保证。任何债权人都不愿意把资金投放到毫无偿还保障的企业。

(4) 普通股筹资有利于增强公司信誉。公司能成功发行普通股必须具备一定的条件。而发行过程同时也是对外宣传、扩大影响的过程。通过发行普通股提高了公司的信誉和知名度,为今后的经营活动奠定了良好基础。

(5) 普通股预期收益较高并可一定程度地抵消通货膨胀的影响,筹资容易吸收资金。

2. 普通股筹资的缺点

(1) 资本成本较高。在众多的筹资方式中,通常普通股筹资方式的资本成本最高,原因是这种方式对投资者来说风险较大,所以要求较高的回报。另外,股利不可抵税,发行费用高。

【案例6-3】 企业上市既"烧脑"又"烧钱"

企业自筹划改制到完成发行上市一般需要3~5年,要经历重组改制、尽职调查与辅导、申请文件的制作与申报、发行审核、路演询价与定价及发行与挂牌上市等阶段。在这个过程中，还需要投入巨大的成本，包括直接成本和间接成本，其中保荐费、律师费用、会计师费和信息披露费用在募集资金中占据重要位置。根据2020年有关数据统计，募集金额在3亿元以下档位的主板（含中小板）上市企业的发行费用中位数为0.4361亿元，最高值为0.6260亿元，平均值为0.4506亿元；发行费用总额占募集资金总额的19.79%。募集金额在3~5亿元档位的主板（含中小板）上市企业的发行费用中位数为0.5020亿元，最高值为0.7416亿元，平均值为0.5160亿元；发行费用总额占募集资金总额的12.01%。募集金额在5~10亿元档位的主板（含中小板）上市企业的发行费用中位数为0.6517亿元，最高值为1.4628亿元，平均值为0.6703亿元；发行费用总额占募集资金总额的9.21%。募集金额在10~30亿元档位的主板（含中小板）上市企业的发行费用中位数为0.9026亿元，最高值为1.8161亿元，平均值为0.9475亿元；发行费用总额占募集资金总额的6.08%。募集金额在30亿元以上档位的主板（含中小板）上市企业的发行费用中位数为1.2798亿元，最高值为2.3251亿元，平均值为1.1472亿元；发行费用总额占募集资金总额的1.19%。

募集金额在3亿元以下档位的科创板上市企业的发行费用中位数为0.4822亿元，最高值为0.6407亿元，平均值为0.4782亿元；发行费用总额占募集资金总额的14.46%；保荐费、审计费用、法律费和信息披露费用平均值约为0.3024亿元、0.0835亿元、0.0399亿元、0.0467亿元。募集金额在3~5亿元档位的科创板上市企业的发行费用中位数为0.5802亿元，最高值为0.7958亿元，平均值为0.5704亿元；发行费用总额占募集资金总额的12.74%；保荐费、审计费用、法律费和信息披露费用平均值约为0.3964亿元、0.0785亿元、0.0433亿元、0.0466亿元。募集金额在5~10亿元档位的科创板上市企业的发行费用中位数为0.7492亿元，最高值为1.1799亿元，平均值为0.7290亿元；发行费用总额占募集资金总额的10.30%；保荐费、审计费用、法律费和信息披露费用平均值约为0.5337亿元、0.0930亿元、0.0457亿元、0.0494亿元。募集金额在10~30亿元档位的科创板上市企业的发行费用中位数为1.1209亿元，最高值为2.8542亿元，平均值为1.1879亿元；发行费用总额占募集资金总额的7.19%；保荐费、审计费用、法律费和信息披露费用平均值约为0.9956亿元、0.0863亿元、0.0494亿元、0.0479亿元。募集金额在30亿元以上档位的科创板上市企业的发行费用中位数为2.0078亿元，最高值为7.1459亿元，平均值为2.5328亿元；发行费用总额占募集资金总额的2.62%；保荐费、审计费用、法律费和信息披露费用平均值约为2.3176亿元、0.0800亿元、0.0664亿元、0.0504亿元。

2020年11月18日科创板发行的会通股份，募集资金3.8075亿元，发行费用5292万元，发行费用占募集资金的13.89%，发行费用中，承销保荐费2830万元，审计费1509万元，法律费用472万元，信息披露费390万元，其他费用91万元。

（资料来源：大象研究院。）

（2）普通股的投资会增加新股东，可分散公司的控制权。

（3）公司发行新股，降低了每股收益，可能导致股价下跌。

（4）公司发行的普通股上市后，其经营状况就会被公众关注，但公司经营出现困难时，极易成为竞争对手的收购对象。

第三节 优先股筹资

一、优先股概念

优先股是比普通股在某些方面享有某些优先权利的股票。根据多数国家的公司法，优先股可以在公司设立时发行，也可以在公司增资发行新股时发行。有些国家的法律则规定，优先股只能在特定情况下，如公司增发新股或清偿债务时方可发行。

公司发行优先股，在操作方面与发行普通股无较大差别。这里集中分析优先股的特殊之处。

优先股是相对普通股而言的，是较普通股具有某些优先权利，同时也受到一定限制的股票。优先股的含义主要体现在"优先权利"上，包括优先分配股利和优先分配公司剩余财产。具体的优先条件须由公司章程予以明确规定。

优先股与普通股具有某些共性，如优先股亦无到期日，公司运用优先股所筹资本，亦属于自有资本。但是，它又具有公司债券的某些特征。因此，优先股被视为一种混合性证券。

二、优先股面值的含义

（1）企业清偿时优先股股东获得清偿的价值。
（2）优先股的股息通常表示为面值的百分比。

三、优先股的分类

优先股按其具体的权利不同，还可作进一步的分类。

（1）累积优先股和非累积优先股。累积优先股是指公司过去年度未支付股利可以累积计算由以后年度的利润补足付清。非累积优先股则没有这种需求补付的权利。累积优先股比非累积优先股具有更大的吸引力，其发行也较为广泛。

（2）参与优先股和非参与优先股。当公司盈余在按规定分配给优先股和普通股后而仍有盈余可供分配股利时，能够与普通股一道参与分配额外股利的优先股，即为参与优先股；否则为非参与优先股。

（3）可转换优先股与不可转换优先股。可转换优先股是指其持有人可按规定的条件和比例将其转换为公司的普通股或公司债券。这种优先股能增加筹资和投资双方的灵活性，近年来在国外日益流行。不具有这种转换权利的优先股，则属不可转换优先股。

（4）可赎回优先股和不可赎回优先股。可赎回优先股是指股份有限公司出于减轻股利负担的目的，按照公司章程的有关规定，根据公司的需要，可以以一定的方式将所发行的优先股收回，以调整公司的资本结构。可以赎回的优先股，属于可赎回优先股。公司不能赎回的优先股，则属于不可赎回优先股。

【案例6-4】 广汇能源首发优先股预案

2014年3月21日，我国证监会发布了《优先股试点管理办法》，标志着这种资本市场的层级工具正式在我国起航。广汇能源（600256）2014年4月25日发布我国沪深两市首份《非公开发行优先股预案》，公司拟发行不超过5 000万股（含本数）优先股，募集不超过50亿元资金。公司拟将募集资金净额用于红淖铁路项目和补充流动资金。

广汇能源优先股的发行对象为《优先股试点管理办法》规定的合格投资者，发行对象不超过200人。公司将不向原股东配售，公司控股股东、实际控制人或其控制的关联人不参与本次优先股的认购。广汇能源此次发行采取浮动股息率，票面股息率不高于公司最近两个会计年度的年均加权平均净资产收益率。在未触发调整事项的前提下，公司的优先股股息将按照基准票面股息率进行支付。广汇能源表示，若按照规模不超过50亿元进行测算，公司优先股发行当年的年度股息总额不超过5.48亿元。从历史数据来看，公司近三年实现的年均可分配利润为8.97亿元，能够支付优先股一年的股息。

广汇能源2014年12月4日发布公告，公司3日收到中国证监会《关于核准广汇能源股份有限公司非公开发行优先股的批复》，核准公司非公开发行不超过5 000万股优先股。本次优先股采用分次发行方式，首次发行不少于2 500万股，自中国证监会核准发行之日起6个月内完成；其余各次发行，自中国证监会核准发行之日起24个月内完成。

（资料来源：搜狐财经。）

四、优先股融资的优缺点

1. 优先股融资的优点

（1）优先股与债务不同，企业可暂时不支付股息。
（2）优先股没有固定到期日。
（3）优先股不会稀释普通股的每股收益和表决权。
（4）发行优先股使企业权益资本增加，为将来发行债券借款创造条件。
（5）发行优先股不必将资产作为抵押品或担保品。
（6）企业兼并时，可以用优先股换取被兼并企业的普通股。

2. 优先股融资的缺点

（1）发行优先股的筹资成本高，因为股利税后支付。

(2) 由于企业盈利，优先股股息固定，企业不可多留利润。

(3) 由于优先股先于普通股分配股利，在公司盈利不多时，为保证优先股的固定股利，普通股股东可能无股利。

第四节　长期借款筹资

一、长期借款概念

长期借款是指企业向银行或非银行金融机构以及向其他单位借入的、期限在一年以上的各种借款，主要用于小额的固定资产投资和流动资产的长期占用。取得长期借款是各类企业筹集长期资金必不可少的方式。

长期借款是一种负债契约。一般契约都规定借款人必须在指定日期支付利息和本金给借款人。提供长期借款的国际、国内金融机构一般多为一些商业银行、储蓄银行、人寿保险公司、各种财务机构和基金会等。它们从存户和投保人那里吸收了大量资金，为了获取利息收入，它们又以较长的期限，将其中的一部分资金贷放出去，以满足企业及资金需求者的不同需要。这种供求双方进行的长期资金借贷的交易，构成了长期资金市场。长期借款的额度与条件是借款企业与放款机构直接谈判的结果。

二、长期借款的保护性条款

由于长期借款的期限长、风险大，按照国际惯例，银行通常对借款企业提出一些有助于保证借款按时足额偿还的条件。这些条件写进借款合同中，形成了合同的保护性条款。归纳起来，保护性条款大致有3类：

1．一般性保护条款

一般性保护条款应用于大多数借款合同，但根据具体情况会有不同内容，主要包括：

(1) 对借款企业流动资金保持量的规定，其目的在于保持借款企业资金的流动性和偿债能力。

(2) 对支付现金股利和再购入股票的限制，其目的在于限制现金外流。

(3) 对资本支出规模的限制，其目的在于减少企业日后不得不变卖固定资产以偿还贷款的可能性，仍着眼于保持借款企业资金的流动性。

(4) 限制其他长期债务，其目的在于防止其他债权人取得对企业资产的优先求偿权。

2．例行性保护条款

例行性保护条款作为例行常规，在大多数借款合同中都会出现，主要包括：

(1) 借款企业定期向银行提交财务报表,其目的在于及时掌握企业的财务情况。
(2) 不准在正常情况下出售较多资产,以保持企业正常的生产经营能力。
(3) 如期清偿应缴纳的税金和其他到期债务,以防被罚款而造成现金流失。
(4) 不准以任何资产作为其他承诺的担保或抵押,以避免企业过重的负担。
(5) 不准贴现应收票据或出售应收账款,以避免或有负债。
(6) 限制租赁固定资产的规模,其目的在于防止企业负担巨额租金以致削弱其偿债能力,还在于防止企业以租赁固定资产的办法摆脱对资本支出和负债的约束。

3. 特殊性保护条款

特殊性保护条款是针对某些特殊情况而出现在部分借款合同中的,主要包括:
(1) 贷款专款专用。
(2) 不准企业投资于短期内不能收回资金的项目。
(3) 限制企业高级职员的薪金和奖金总额。
(4) 要求企业主要领导人在合同有效期间担任领导职务。
(5) 要求企业主要领导人购买人身保险等。

此外,"短期借款融资"中提到的周转信贷协定、补偿性余额等条件,也同样适用于长期借款。

三、长期借款的分类

按提供贷款的机构分类:

1. 商业银行借款

近些年来,商业银行已增加了长期借款,银行的长期借款主要有以下特征:
(1) 到期日长于一年。
(2) 银行和企业之间要签订正式的贷款合同,合同中要有一些对企业具体限制的条款。
(3) 有规定的借款利率,可以固定,也可随基本利率的变动而变动。
(4) 采用分批偿还方式,一般每批偿还相等的金额,但有时也可能是到期一次偿还。

除定期借款外,循环借款如果期限超过一年,也可当作长期借款对待。

2. 保险公司借款

保险公司的借款期限一般较商业银行要长,要求的利息率较高,对贷款对象的信用的担保品的选择也比较严格。

保险公司和银行提供贷款的到期日不同,所以二者并不是处于竞争地位;相反,有时它们还可以一起合作为企业发放长期贷款。在此种情况下,一般由商业银行承担期限较短的部分(如7年以下),而保险公司承担期限较长的部分(7年以上)。在采用这种合作贷款时,借款公司要同时签发两张期票,分别交给银行和保险公司。

3. 政府贷款

许多国家的政府有关部门可以为企业提供贷款。例如,在美国,小企业管理局就时常借款给小型企业。申请小型企业借款的公司,必须能够具有良好的经营能力。申请该项贷款必须有足够的担保品做担保。

政府有关部门的贷款利率一般比同种类的其他贷款利率低,政府部门提供的贷款包含了补贴因素。

按有无抵押品作担保,分为抵押贷款和信用贷款。

(1) 抵押贷款是指以特定的抵押品为担保的贷款。作为贷款担保的抵押品可以是不动产、机器设备等实物资产,也可以是股票、债券等有价证券。它们必须是能够变现的资产。如果贷款到期时借款企业不能或不愿偿还贷款时,银行可取消企业对抵押品的赎回权,并有权处理抵押品。抵押贷款有利于降低银行贷款的风险,提高贷款的安全性。

(2) 信用贷款是指不以抵押品作担保的贷款,即仅凭借款企业的信用或某保证人的信用而发放的贷款。信用贷款通常仅由借款企业出具签字的文书,一般是贷给那些资信优良的企业。对于这种贷款,由于风险较高,银行通常要收取较高的利息,并往往附加一定的条件限制。

按贷款的用途,我国银行长期贷款通常分为基本建设贷款、更新改造贷款、科研开发和新产品试制贷款等。

四、长期借款的优缺点

1. 长期借款的优点

(1) 筹资速度快。长期借款的手续比发行债券简单得多,得到借款所花费的时间较短。

(2) 借款弹性较大。借款时企业与银行直接交涉,有关条件可谈判确定;用款期间发生变动,亦可与银行再协商。

(3) 借款成本较低。利息可以抵税,且由于借款属于直接筹资,筹资费用也较少。

2. 长期借款的缺点

(1) 长期借款的限制性条款比较多,制约了企业的生产经营的专款的作用。

(2) 筹资风险高,有固定的利息负担和固定的偿还期。

(3) 筹资数量有限。

第五节 债券筹资

一、债券概念

债券是发行者为筹集资金、向债权人发行的,在约定时间支付一定比例的利息,并在到期时偿还本金的一种有价证券。

二、债券分类

(1) 按发行主体分类,分为政府债券、金融债券和公司债券。
(2) 按期限的长短分类,分为短期债券、中期债券和长期债券。
(3) 按利率是否固定分类,分为固定利率债券、浮动利率债券。
(4) 按是否记名分类,分为记名债券和不记名债券。
(5) 按是否上市流通分类,分为上市债券和非上市债券。
(6) 按能否转换为股票分为可转换债券和不可转换债券。
(7) 按有无特定的财产担保分为抵押债券和信用债券。
(8) 按偿还方式的不同分为到期一次债券和分期债券。

三、债券发行的资格和条件

1. 发行债券的资格

我国《公司法》规定,股份有限公司、国有独资公司、两个以上的国有企业或其他两个以上的国有投资主体投资设立的有限责任公司,有资格发行债券。

2. 发行债券的条件

我国《公司法》规定,有资格发行公司债券的公司,必须具备以下六个条件:
(1) 股份有限公司的公司净资产不低于人民币 3 000 万元,有限责任公司的净资产不低于人民币 6 000 万元。
(2) 累计债券总额不超过公司净资产额的 40%。
(3) 最近 3 年平均可分配利润足以支付公司债券 1 年的利息。
(4) 筹集的资金投向符合国家产业政策。
(5) 债券的利率不得超过国务院规定水平。
(6) 国务院规定的其他条件。

另外,发行公司债券所筹集的资金,必须用于核准的用途,不得用于弥补亏损和非生产性支出,否则会损害债权人的利益。

四、债券融资的优缺点

1. 债券融资的优点

(1) 成本较低,利息可以抵税。
(2) 债券持有者仅限于固定利息收入,不分享额外盈余。
(3) 债券持有人无投票权,不能参与决策,控制公司。

2．债券融资的缺点
（1）债券利息固定，如果发生财务危机，可能导致公司破产。
（2）债券增加了公司财务风险。
（3）有固定的到期日。
（4）筹集资金的数量有限制。
（5）发行债券手续麻烦。

第六节　可转换债券筹资

一、可转换债券的性质

可转换债券是一种以公司债券（也包括优先股，为简化只介绍债券）为载体，允许持有人在规定的时间内按规定的价格转换为发行公司或其他公司普通股的金融工具。可转换债券的性质主要是：

1．期权性

可转换债券的期权性主要体现在可转换的选择上。在规定的转换期限内，投资者可以按转换价格（即一般期权的履约价格）转换为一定数量的股票，也可以放弃转换权利，但任何公司不得"强制"投资者将其手中的可转换债券转换为股票。由于可转换债券持有人具有将来买入股票（而不是卖出）的权利，因此，可将它看成是一种买进期权，期权的卖方为发行公司。

2．债券性

可转换债券的债券性，主要体现在定期收取利息和债券本金的偿还上。投资者购买了可转换债券后，若在转换期内未将其转换成股票，则发债公司到期必须无条件还本付息。

3．回购性

可转换债券的回购性是指可转换债券一般带有回购条款，它规定发债公司在可转换债券到期之前可以按一定条件赎回债券，其目的是迫使投资者将债券转换为股权。如股价长期高于转换价格（如高于30%），投资者处于投机的目的仍不实行转换，则发行公司可在赎回期开始时按规定的债券价格赎回债券。如果投资者觉察发行公司的赎回意图后，多会选择将可转换债券转换为股票，而不愿让发行公司以较低的价格赎回。在这种情况下，可转换债券的转换就是有了一定的"强迫性"。但是为了保护投资者利益（实际上也是为了吸引投资者购买可转换债券），回赎条款不能明显地赋予发行公司过大的回购权利，所以回购性只能作为可转换债券的一个隐含属性。

4. 股权性

可转换债券的股权性与其期权性相联系,由于可转换债券是股权衍生出来的产物,它赋予投资者按一定价格买入一定数量股票的权利。只要投资者愿意,可随时将手中的可转换债券(假设为美式可转换债券)转换为股票,成为股权投资者。可转换性确保了投资者能获得股票投资者的所有利益。虽然可转换债券投资者有可能转换为股权投资者,但并不能说明他已经是股权投资者,而且若是欧式可转换债券,则只能在债券到期时才能行使转换权,因此,股权性也只能作为可转换债券的一个隐含属性。

二、可转换债券和约内容

可转换债券和约中一般包括下列内容:
(1) 相关股票:指可转换债券的标的物,即可转换债券可转换成的那种股票。
(2) 转换比率:指每份可转换债券可转换成普通股的股数。即

$$转换比率 = \frac{债券面值}{转换价格}$$

式中,转换价格(conversion price)是指可转换债券在转换期内转换成相关股票的每股价格。转换价格和转换比率的关系可表述如下:

$$转换价格 = \frac{债券面值}{可转换为普通股股数} = \frac{债券面值}{转换比率}$$

一般来说,转换价格高于发行时股票市价的10%~30%,在可转换债券出售后,通常都要随着股票分割和股利的分配调整其转换价格,如普通股股票1股折2股时,其转换价格也将下降50%。这种反映股权稀释的条款,可保护可转换债券持有者的利益。

(3) 转换时间,是指债券持有人行使转换权利的有效期限。转换时间通常有两种规定:一种是发行公司制定一个特定的转换期限,只有在该期限内,公司才受理可转换债券的转换事宜;另一种方式是不限制转换的具体期限,只要可转换债券尚未还本付息,投资者就可以任意选择转换时间。

(4) 可转换债券利息,即票面所附的利息率。由于可转换债券具有期权性和债券性,因此,债券利息率通常低于纯债券(不可转换债券)利息率。

三、可转换债券估价

可转换债券的债券性和期权性决定了它的价值具有双重性,即作为债券的价值和作为普通股的潜在价值。

1. 作为债券的价值

作为债券的价值是指纯债券(非转换债券)所具有的价值,它是可转换债券的最低极限价值。

例 假设 AC 公司发行年利率为 9.5%,20 年期,面值为 1 000 元一张的可转换债券,可转换相关股票 50 股;股票现行市价为每股 15 元;市场利率为 12%(即相同条件的纯债券利率);该债券在发行后的 5 年内不得赎回,但 5 年后,公司有权在任何时间以每张 1 050 元的价格赎回可转换债券。

如前所述,债券价值是债券未来现金流量的现值。如果债券持有者一直持有债券,则债券价值可计算如下:

$$债券价值 = 95 \times (P/A,12\%,20) + 1\,000 \times (P/F,12\%,20)$$
$$= 813(元)$$

这表明,该公司可转换债券的最低价值为 813 元,因为在这个价格水平上,该债券所支付的利率已同一般债券的债券利率保持一致了。

可转换债券的最低极限价值并不是一成不变的,它同市场利率和公司财务风险(或违约风险)的变化呈反向变化。

2. 作为普通股的潜在价值

作为普通股的潜在价值是指转换价值,这种价值是由可转换债券转换为股票时的股票价格所决定的,其计算公式为

$$C_t = P_0 \times (1 + g)^t \times R$$

式中,C_t 为第 t 期可转换债券的转换价值,P_0 为第 0 期股票市价,g 为股价增长率,R 为转换比率。

假设 AC 公司股票收益率为 15.5%,其中 5.5% 为股利率,10% 为股价固定增长率,则

$$C_0 = 15 \times 50 = 750(元)$$
$$C_5 = 15 \times (1 + 10\%)^5 \times 50 = 1\,208(元)$$

上式表明转换价值与转换比率和相关股票的市场价格有关,在转换比率一定的情况下,转换价值与股票市价呈同方向变化,如果 AC 公司股票价格上涨 1 元,则转换价值将上涨 50 元。

3. 可转换债券市场价值

由于套利行为,可转换债券的市场价值至少等于或大于纯债券价值与转换价值中的最高者。如果可转换债券的市场价值低于纯债券价值,投资者将在市场上以市场价格买进可转换债券,但并不将其转换为普通股股票,以赚取高额利息收入所带来的超额利润。如果可转换债券的市场价值低于其转换价值,投资者将在市场上以市场价格购买可转换债券,并按其转换价值换取普通股股票,然后卖出普通股股票,从中获取利润。正是由于这种套利活动的存在,使得可转换债券的市场价值至少不会低于其纯债券价值或转换价值。

可转换债券市场价值下降的有限性和收益增加的无限性(随着公司股票市价的上升,可转换债券持有者将享有赚取大量资本利得的机会),必然导致可转换债券的市场价值经常高于纯债券价值和转换价值,这之间的差额称之为可转换债券溢价,即可转换债券持有者为了分享公司股价上涨时的额外收益而愿意支付的一笔溢价(最初为 187 元,即 1 000 元 - 813 元)。这笔溢价相当于公司股票的买权价值,但可转换债券的可转换性质与一般的买权不

同。通常买权对应已发行的股票,因此买权的行使不改变市场上股票的总额。而可转换债券则不同,当其转换为股票时,相当于把一部分债务转为新股票,其总债务减少而股权资本增加。买权的履约价格就等于可转换债券价值除以转换比率(最初即为转换价格),在较长时期内,可转换债券的市场价格会经常变化,这意味着买权的履约价格也将经常变化。

四、可转换债券筹资优缺点

1. 发行可转换债券的优点

(1) 发行初期资本成本较低。就发行公司而言,公司发行的可转换债券的利率通常低于纯债券利率,但这种低成本是有时限制的,由于可转换债券相当于公司出售买权给债券持有者,这一买权在将来有可能迫使公司付出极大的代价(当可转换债券转换为普通股后),只有在市场高估了这种买权价值的情况下,公司的筹资成本才会降低。

(2) 转换价格高于发行股票市价。公司发行可转换债券的初衷是为了出售股票,而并非债券,但因某种原因,普通股市价偏低,如现在发售新股,势必要发行远较正常水平为多的新股数量才能筹措到足够的资金。如果公司发行可转换债券,则可将普通股的转换价格定在高于当期股价的10%~30%的水平,这样,当可转换债券转换为普通股时,普通股的实际新增数量会相应地减少,从而保护现有股东的权益。但这种好处的产生是以公司盈利能力增加和普通股股票市价上涨为前提的。

(3) 有利于解决代理问题,协调股东和债权人之间的矛盾。从本质上看,可转换债券是一种使股东和债权人共担风险共享收益的一种筹资方式。如果公司经营失败,股价很低,股东和债权人都受损失(股价低因而转换不会发生,债权人为转换所付出的代价不可能取得收益);如果公司经营成功,股价很高,债权人可通过转换获取利益。

(4) 公司合并筹资。在公司合并时,目标公司股东转让公司股票时,如收到现金,则必须支付资本利得税。相反,如果使用普通股、优先股或可转换债券,特别是可转换优先股股票时,可推迟缴纳资本利得税。因此,购并公司常常采用可转换债券或可转换优先股筹资。采用可转换优先股代替普通股票,对优先股股东来说,不但可享有固定股息收益,而且当普通股股价上升时,还可通过转换获得资本利得收益。对接收公司来说,可转换优先股转换为普通股时,普通股每股收益的降低相对较少。

(5) 风险中立。通常可转换债券包括纯债券和从公司股票为标的物的买权两部分。公司风险越高,虽然降低了转换债券中纯债券部分价值,但提高了买权部分价值(风险越大,股价波动越大,买权价值越大);公司风险越低,虽然提高了纯债券价值,但降低了买权价值。因此无论公司风险如何变动,可转换债券中的纯债券部分价值和买权部分价值损益可相互抵消。因此,在不同的风险条件下,纯债券利率高于可转换债券利率。

可转换债券的低息支付和附有转换权的特点使一些信用等级低、经营规模小、无形资产大、财务杠杆高的公司有可能通过发行可转换债券筹到其他筹资方式难以筹到的资金。

2. 发行可转换债券的缺点

(1) 稀释股权(dilution)。由于可转换债券可能转换为普通股,一旦转换,则普通股每股收益将下降。事实上,在转换并未发生时,公司财务报表也必须按规定公布"充分稀释"之后的每股收益,即假定转换全部发生后普通股的每股收益。

(2) 呆滞债券,即所谓"悬挂"(overhang)现象。可转换债券通常可看作递延的股权资金,但如果转换价格定得太高,这种债券未必被转换;即使转换价格较低,如果股票价格不上涨或实际下降,转换也不会发生。在这种情况下,可转换债券称为呆滞债券。呆滞债券的出现,有可能降低公司筹资的灵活性,增加公司的财务风险。这种呆滞性在某种程度上抵消了可转换债券按高于普通股市价发行所带来的好处。

(3) 低成本筹资的时限性。当可转换债券转换为普通股时,这种低成本的优势就将丧失。

【案例6-5】 东华软件股份公司发行可转换债券

东华软件股份公司成立于2001年1月,公司主要业务为应用软件开发、计算机信息系统集成及信息技术服务。2006年8月,公司在深圳证券交易所成功上市,股票简称"东华软件",股票代码:002065。东华软件股份公司2013年7月24日发布公告,公开发行可转换公司债券。

东华软件可转换公司债券的条款以及特点如下:

(1) 发行总额:10亿元。

(2) 发行数量:1 000万张。

(3) 票面金额:100元/张。

(4) 发行价格:按票面金额平价发行。

(5) 可转债基本情况:① 债券期限,本可转债存续期限为6年,即自2013年7月26日至2019年7月25日。② 票面利率,第一年到第六年的利率分别为0.5%、0.8%、1.1%、1.5%、1.5%和2.0%。③ 付息方式,本次发行的可转债采用每年付息一次的付息方式,计息起始日为可转债发行首日。付息日:每年的付息日为本次发行的可转债发行首日起每满一年的当日。如该日为法定节假日或休息日,则顺延至下一个工作日,顺延期间不另付息。每相邻的两个付息日之间为一个计息年度。付息债权登记日:每年的付息债权登记日为每年付息日的前一交易日,发行人将在每年付息日之后的5个交易日内支付当年利息。在付息债权登记日前(包括付息债权登记日)申请转换成发行人股票的可转债,发行人不再向其持有人支付本计息年度及以后计息年度的利息。可转债持有人所获得利息收入的应付税项由持有人承担。转股年度有关利息和股利的归属等事项,由发行人董事会根据相关法律法规及深圳证券交易所的规定确定。④ 初始转股价格,23.70元/股,即本可转债募集说明书公告日前20个交易日发行人股票交易均价和前1个交易日发行人股票交易均价二者之间的较高者。⑤ 转股起止时期,本次发行的可转债转股期自可转债发行结束之日满6个月后的第一个交易日起至可转债到期日止,即2014年2月3日至2019年7月25日。

(6) 转股价格的调整条件与调整办法:在本次发行之后,当发行人发生派送股票股利、转增股本、增发新股或配股、派送现金股利等情况(不包括因本次发行的可转债转股而增加的股本),将按下述公式进行转股价格的调整(保留小数点后两位,最后一位四舍五入)。

派送股票股利或转增股本: $P_1 = P_0/(1+n)$;

增发新股或配股: $P_1 = (P_0 + A \times k)/(1+k)$;

两项同时进行: $P_1 = (P_0 + A \times k)/(1+n+k)$;

派送现金股利: $P_1 = P_0 - D$;

上述三项同时进行: $P_1 = (P_0 - D + A \times k)/(1+n+k)$;

式中,P_0 为调整前转股价;n 为送股或转增股本率;k 为增发新股或配股率;A 为增发新股价或配股价;D 为每股派送现金股利;P_1 为调整后转股价。

当发行人出现上述股份和/或股东权益变化的情况时,将依次进行转股价格调整,并在中国证监会指定的上市公司信息披露媒体上刊登董事会决议公告,并于公告中载明转股价格调整日、调整办法及暂停转股期间(如需);当转股价格调整日为本次发行的可转债持有人转股申请日或之后,转换股份登记日之前,则该持有人的转股申请按发行人调整后的转股价格执行。当发行人可能发生股份回购、合并、分立或任何其他情形使发行人股份类别、数量和/或股东权益发生变化从而可能影响本次发行的可转债持有人的债权利益或转股衍生权益时,发行人将视具体情况按照公平、公正、公允的原则以及充分保护本次发行的可转债持有人权益的原则调整转股价格。有关转股价格调整内容及操作办法将依据当时国家有关法律法规及证券监管部门的相关规定来制定。

(7) 赎回条款:① 到期赎回条款。在本次发行的可转债期满后5个交易日内,发行人将以本次发行的可转债票面面值上浮5%(含最后一期利息)的价格向投资者赎回全部未转股的可转债。② 有条件赎回条款。转股期内,当下述两种情形的任意一种出现时,发行人有权决定按照债券面值加当期应计利息的价格赎回全部或部分未转股的可转债:a. 在转股期内,如果发行人A股股票在任何连续30个交易日中至少15个交易日的收盘价格不低于当期转股价格的130%(含130%);b. 当本次发行的可转债未转股余额不足3000万元时。当期应计利息的计算公式为

$$I_A = \frac{B \times i \times t}{365}$$

式中,I_A 为当期应计利息;B 为本次发行的可转债持有人持有的可转债票面总金额;i 为可转债当年票面利率;t 为计息天数,即从上一个付息日起至本计息年度赎回日止的实际日历天数(算头不算尾)。

若在前述30个交易日内发生过转股价格调整的情形,则在调整前的交易日按调整前的转股价格和收盘价计算,调整后的交易日按调整后的转股价格和收盘价计算。

东华软件可转换公司债券的发行总额为10亿元,其确定依据如下:

(1) 东华软件发行可转债募资10亿元,募集的资金主要投向东华基础架构云平台项目、中小商业银行一体化云服务平台项目、区域性数字医疗服务信息云平台项目、新一代IT

运维管理系统项目、智慧城市一体化解决方案项目、智慧矿山一体化信息平台项目 6 个项目。其中"中小商业银行一体化云服务平台项目"拟投入的资金最多,总金额为 3.3 亿元。其他的 5 个项目包括"区域性数字医疗服务信息云平台项目"拟投入 1.94 亿元,"新一代 IT 运维管理系统项目"拟投入 1.32 亿元,"智慧城市一体化解决方案项目"1.37 亿元,"智慧矿山一体化信息平台项目"1 亿元,"东华基础架构云平台项目"8 419 万元,累计为 9.8 亿元。所投资的项目都是符合产业结构调整趋势,也符合国家相关政策的,有利于提升公司在行业里的竞争力。

(2) 公司有足够的可分配利润和现金及现金储备支付债券的利息和本金。

(资料来源:上市公司公告。)

第七节 租赁融资

一、租赁概念

租赁是根据协议,一方将财产交付另一方使用并收取租金的经济活动,也是一种法律行为。租赁融资是现代企业利用实物形式取得所需的资金,是一种既筹集资金同时又取得实物财产的信用业务。通过租赁融资,企业可以占有设备创造效益并规避各种风险,这一资本运作方式在二战后便风靡世界,20 世纪 80 年代后已被广泛运用于引进技术、促进投资等各个方面。20 世纪 80 年代初期,中信公司以跨国租赁的方式从美国租进了第一架波音飞机,从而拉开了我国租赁经营的序幕。1981 年 10 月,中信公司北京机电设备公司同日本东方租赁公司成立了我国第一家租赁公司——中国东方租赁公司,使租赁作为一个新兴的独立行业在中国诞生发展起来,租赁融资方式开始运用于我国中小企业的筹资经济活动中。

目前,在我国,租赁融资作为一种新兴的筹资方式,其发展十分迅速,业务十分活跃,对促进我国企业的发展起着积极的作用。

二、租赁分类

在传统上,租赁可分为经营租赁和融资租赁。

1. 经营租赁

又称营业租赁或服务租赁,它是典型的租赁形式,通称为短期租赁,其特点主要表现在:承租企业可随时向出租人提出租赁资产;租赁期满,不涉及长期而固定的业务;租赁合同比较灵活,在合同限制条件范围内,可以解除租赁契约;租赁期满,租赁的资产一般归还给出租者;出租人提供专门服务,如设备的保养、维修、保险等;经营性租赁不改变资产负债表中的资产和负债,但企业实际偿债能力比资产负债表上反映的要低。

2. 融资租赁

又称财务租赁,通常是一种长期租赁,可解决企业对长期资金的需要,故有时也称为资本租赁。融资租赁是现代租赁的主要形式。融资租赁的特点有:

(1) 涉及三个当事人——出租人、承租人和供货商。承租人委托出租人代为融资,并直接与供货商洽谈选定设备,然后由出资人购买设备,最后由供货商直接将设备送交承租人。

(2) 签订两个或两个以上的合同。出租人与承租人之间的租赁合同,出租人与供货商之间的购买合同,有时还有出租人与金融机构之间的贷款合同及其他合同。

(3) 主要的风险、责任由承租人承担。拟租赁设备系用户自行选定的特定设备,出租人只负责按承租人要求融资购买设备,因此,与租赁物所有权有关的风险、责任和义务几乎全部转移给承租人。

(4) 完全付清。即出租人可在一个租赁期内完全收回投资并盈利,或者说,在租赁开始之时,最低租赁付款额(承租人在租期内需支付的各种款项总和)现值,大于或等于租赁物当时的公允市价(在公平市场交易中,一项资产在熟悉情况并两厢情愿的买卖双方之间成交的价格)减去出租,可得的补贴金或税收减免额之后的余额。

(5) 租赁期限长。租赁融资的租赁期限通常都接近或等于租赁物的经济寿命,故期限较长。一般来说,期限较短的为3~5年,长的可达10年以上。

(6) 租赁合同不可撤销。基本租赁期内,一般情况下租赁双方无权取消合同。

(7) 租赁期满,承租人对设备留购、续租、退租等有选择权。

(8) 保险费、财产税、维修费等租赁物的使用成本由承租人支付。

根据以上特点,不难看出,租赁融资是一种融资与融物相结合的融资方式,是一种集工、贸、信用于一身的融资方式。

【案例6-6】 辽宁省移动通信租赁融资

辽宁省移动通信拟进行GSM系统30万门的扩容工程,为解决资金不足的困难,决定由辽宁省电信局作担保,辽宁省移动通信局与新世纪国际租赁公司签订融资租赁协议书,由新世纪国际租赁公司向瑞典爱立信公司购买扩容工程所需的设备,项目金额高达5 000万美元。其具体实施过程大致如下:

(1) 辽宁省电信局为辽宁移动通信局担保,辽宁移动通信局与新世纪国际租赁公司签订融资租赁协议书。同时,由辽宁省电信局以人民币保函的形式为新世纪国际租赁公司作担保,新世纪国际租赁公司同瑞典爱立信公司签订设备购买协议。

(2) 以欧洲某银行为融资安排行,中国银行为人民币账户代理行,为新世纪国际租赁公司购买该项设备提供贷款。

(3) 瑞典爱立信公司交货给新世纪国际租赁公司,新世纪国际租赁公司按协议将设备交给辽宁省移动通信局。辽宁省移动通信局按照租赁协议向新世纪国际租赁公司分期支付租金。新世纪国际租赁公司向融资安排行(欧洲某银行)承担还本付息的义务。

通过租赁筹资,辽宁省移动通信局只需每期支付一定租金,就获得了急需的价值高达5 000万美元的扩容工程设备,这对辽宁省移动通信的发展无疑起到了重要的作用。不仅如此,由于整个租赁期间,扩容工程设备的所有权仍属新世纪国际租赁公司,辽宁移动通信局只有使用权,这就促使辽宁局必须加强设备的维护、管理和使用,从而大大提高了设备的利用率,提高了资金运用的经济效益。

三、融资租赁与借款购买的决策

企业以租赁方式筹资只能直接取得长期资本的实物形态设备,通常企业在考虑以融资租赁方式取得设备时,一定要将这种方式与向银行借款购置设备,以及用企业手中的现金购置设备等方式进行比较,作出决策。现以在融资租赁方式和借款购置方式之间的选择来说明这种决策。

融资租赁与借款购买的选择是通过比较两者的现金流出量进行的,首先分别求出两种方式下的现金流量,然后计算各现金流量的现值,最后进行比较选择。

例 假设某公司需要一套办公设备,有两种方式可以取得:举债购置和融资租赁。

(1) 采用举债购置方式:设备的购买价为50 000元,使用年限5年,使用期满无残值,设备采用直线法计提折旧,每年折旧为10 000元。公司每年需支付750元的维修费进行设备维修。

(2) 采用融资租赁方式:每年租赁费12 500元,其中设备购置成本10 000元,租赁利息1 000元,租赁手续费1 500元,连续支付5期,每次支付在期初。此外每年支付维修费750元。

假设税前债务成本为10%,公司所得税税率为40%。其分析步骤如下:

第一,计算租赁条件下的税后现金流出量及其现值(折现率为6%),见表6-1。

表6-1 租赁条件下的税后现金流出量及其现值

(单位:元)

年份	租赁费				折旧费	税后节约额	税后现金流出量	税后现金流出量现值
	设备款	利息	手续费	合计				
	(1)	(2)	(3)	(4)	(5)	(6)	(7)	(8)
0	10 000	1 000	1 500	12 500			12 500	12 500
1	10 000	1 000	1 500	12 500	10 000	5 000	7 500	7 075
2	10 000	1 000	1 500	12 500	10 000	5 000	7 500	6 675
3	10 000	1 000	1 500	12 500	10 000	5 000	7 500	6 297
4	10 000	1 000	1 500	12 500	10 000	5 000	7 500	5 941
5					10 000	4 000	(4 000)	(2 898)
合计								35 590

注:(6)=[(2)+(3)+(5)]×40%;(7)=(4)-(6);(8)=(7)×现值系数。

表 6-1 表明，租赁费用中的利息、手续费以及租赁设备的折旧费可以从应税收益中扣除，因而可以享受扣税优惠。但租赁费支出只能在付税当年扣税。如第 1 年年初公司支付租赁费中的利息和手续费(2 500 元)属于预付费用性质，必须在第 1 年的应税收益中扣除，即每年抵税额是以上年年末或本年年初的利息费、手续费加上本年度的折旧费为基础计算的。

需要注意的是，① 租赁筹资与举债筹资的现金流量差异不涉及或很少涉及风险问题，因此应该用税后债务成本作为折现率计算税后现金流出量的现值；② 租赁设备每年的维修费，在分析中可忽略不计，因为在两个方案中都需支付维修费，故应视为方案决策的无关成本。

第二，计算举债购置的税后现金流出量及其现值。在借款分期等额偿还的情况下，举债购买条件下的税后现金流出量应分为两步进行。

首先，计算确定借款利息，见表 6-2。

表 6-2 借款利息计算表

(单位：元)

年末	年等额偿还额	年偿还本金	年偿还利息	年末本金
1	13 189	8 189	5 000	41 811
2	13 189	9 008	4 184	32 803
3	13 189	9 909	3 280	22 894
4	13 189	10 900	2 289	11 994
5	13 189	11 994	1 195	0
合计	65 945	50 000	15 945	

注：年等额偿还额 = 50 000/年金现值系数 = 13 189(元)。

其次，计算确定税后现金流出量及现值，见表 6-3。

表 6-3 税后现金流出量及现值

(单位：元)

年末	偿还额 (1)	利息 (2)	折旧费 (3)	税后节约额 (4)	税后现金流出量 (5)	税后现金流出量现值 (6)
1	13 189	5 000	10 000	6 000	7 189	6 782
2	13 189	4 181	10 000	5 672	7 517	6 690
3	13 189	3 280	10 000	5 312	7 877	6 614
4	13 189	2 289	10 000	4 916	8 273	6 533
5	13 189	1 195	10 000	4 478	8 711	6 509
合计	65 945	15 945	50 000			33 128

注：(4) = [(2) + (3)] × 40%；(5) = (1) − (4)；(6) = (5) × 现值系数。

计算结果表明,租赁方式下的现金流出量现值大于举债购买现金流出量现值,因此该套设备应当举债购买而不是租赁。

四、租赁筹资的优缺点

1. 租赁筹资的优点

(1) 筹资的弹性。

租赁限制少,可以减少举债签约的约束和限制;举债和租赁成本相等时,举债筹集资金能力小于租赁筹资能力;租赁不必动用现金购买,又能使用资产。

(2) 合理避税。

(3) 资产陈旧风险的转嫁。

(4) 维持高度的信用能力。

2. 租赁筹资的缺点

(1) 增加固定支出,使企业负债负担加重。

(2) 残余价值损失。

(3) 租金费用较高。

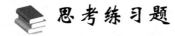

思考练习题

一、选择题

1. 债券 A 和债券 B 是两只在同一资本市场上刚发行的按年付息的平息债券。它们的面值和票面利率均相同,只是到期时间不同。假设两只债券的风险相同,并且等风险投资的必要报酬率低于票面利率,则(　　)。

　　A. 偿还期限长的债券价值低　　　　B. 偿还期限长的债券价值高

　　C. 两只债券的价值相同　　　　　　D. 两只债券的价值不同,但不能判断其高低

2. 一般而言,与融资租赁筹资相比,发行债券的优点是(　　)。

　　A. 财务风险较小　　　　　　　　　B. 限制条件较少

　　C. 资本成本较低　　　　　　　　　D. 融资速度较快

3. 相对于股票筹资而言,银行借款的缺点是(　　)。

　　A. 筹资速度慢　　　　　　　　　　B. 筹资成本高

　　C. 借款弹性差　　　　　　　　　　D. 财务风险大

4. 在长期借款合同的保护性条款中,属于一般性条款的是(　　)。

　　A. 限制资本支出规模　　　　　　　B. 限制租赁固定资产的规模

　　C. 贷款专款专用　　　　　　　　　D. 限制资产抵押

5. 从财务管理的角度看,与长期借款筹资相比较,普通股筹资的优点是(　　)。

A. 筹资速度快 B. 筹资风险小
C. 筹资成本小 D. 筹资弹性大

6. 根据财务管理理论,按照资金来源渠道不同,可将筹资分为(　　)。
   A. 直接筹资和间接筹资 B. 内源筹资和外源筹资
   C. 权益筹资和负债筹资 D. 短期筹资和长期筹资

7. 下列不属于优先股股东权利的是(　　)。
   A. 利润分配权 B. 剩余财产请求权
   C. 控制权 D. 有限管理权

8. 下列关于可转债券的条款对债券持有人有利的是(　　)。
   A. 递延转换期 B. 强制转换条款
   C. 回售条款 D. 赎回条款

9. 在下列各项中,属于表外筹资事项的是(　　)。
   A. 经营租赁 B. 利用商业信用
   C. 发行认股权证 D. 融资租赁

二、案例讨论题

招商银行于 2002 年 3 月发行 15 亿流通股并上市,筹资额 107 亿元。然而,时隔一年之后,招商银行于 2003 年 8 月 22 日召开董事会,审议通过了关于发行不超过 100 亿元、期限五年的可转换公司债券的议案,该事项于 8 月 26 日公告后在市场引起了巨大反响,以基金为代表的流通股股东提出了强烈反对,其理由主要包括:该方案损害了流通股股东的利益。由于流通股股东购入股份的成本远远高于法人股股东,而法人股股东在首发享受了巨大资产溢价之后,又将再次套取流通股东的利益;同时,本次转债发行额只有 6%左右向流通股股东配售,转股以后,原有流通股股东权益将被严重稀释。

问题探讨:
我国上市公司在发行新股及发行可转债等方面存在的问题。

第七章 资本成本和资本结构决策

第一节 资本成本的作用

一、资本成本概念

正确计算和合理降低资本成本,是制定筹资决策的基础。公司的投资决策也必须建立在资本成本的基础上,任何投资项目的报酬率必须高于其资本成本。

所谓资本成本是指企业为筹集和使用资本而付出的代价。对资金使用者来说,是获取资金必须支付的最低价格,从投资者的角度看,它是投资者提供资金所要求的必要收益率。

资本成本通常用相对数表示,即使用单位资本的代价。资本成本包括资金占用费和资金筹集费两部分。资金筹集费用是指取得资金的所有权或使用权而发生的支出,包括银行借款的手续费、发行股票、债券需支付的广告宣传费、印刷费、代理发行费等;资金使用费用则指资金使用过程中向资金所有者支付的利息,包括银行借款利息、债券的利息、股票的股利等。

二、资本成本的意义

了解和掌握资本成本的内容对财务工作具有重要意义,资本成本主要用于企业的筹资决策和投资决策。

(1) 资本成本是选择筹资方式,拟定筹资方案的依据。企业可以从不同的来源渠道取得资金,而运用不同的筹资方式其资本成本是不同的。不同的筹资组合,资本成本也不相同。尽管资本成本不是企业确定筹资方案的唯一标准。但从经济角度考虑,企业还是应选择资本成本较低的方案,这样可降低筹资成本,也可减轻投资阶段的压力,并使企业获得尽可能多的投资收益。

① 个别资本成本主要用于比较各种筹资方式资本成本的高低,是确定筹资方式的重要依据。

② 综合资本成本是企业进行资本结构决策的基本依据。

③ 边际资本成本是企业追加筹资决策的依据。

(2) 资本成本是评价投资项目可行性的主要经济标准。企业筹资的目的是投资，而只有投资项目获取的收益超过筹资用资所付出的成本时，投资项目才是可行的；否则，投资项目则不予以考虑。如企业拟投资一新项目，资本成本率为10%。则企业投资后的报酬率必须大于10%，如果小于10%或等于10%，意味着投资项目是不合算的，因为10%的投资报酬率刚好能补资本成本。

(3) 资本成本是评价企业经营成果的尺度。

从资本成本的构成可以看出，它实际就是投资者和资本市场的中介人应得的收益。而这部分收益能否实现，取决于资本使用者运用资本获取的收益多少，以及如何进行分配。资本使用者要想满足投资者和中介人的收益要求就必须保证资本收益率大于资本成本率。因此，从一定意义上讲资本成本率是衡量企业经营业绩的最低尺度。

三、影响资本成本的因素

前已述及，资本成本由筹资费用和使用费用两部分组成。在不考虑筹资费用的前提下，资本成本即是筹资者为获得资本使用权所必须支付的最低价格，也是投资者提供资本所要求的最低收益率。同投资收益率一样，资本成本通常由无风险收益率和风险报酬率两部分组成。由于投资于国家发行的国库券可看作无风险投资，所以无风险收益率可比照当前的国库券利息率确定（如将储蓄存款看作无风险投资，则以人民银行公布的存款利率确定无风险收益率；在通货膨胀的情况下，还应加上保值贴补率）。无风险收益率是影响资本成本的外部客观因素，它主要受资本市场供求关系和社会通货膨胀水平的影响。如果资本市场的供求关系发生变化或者通货膨胀水平发生变化，投资者就会相应改变其所要求的投资收益率。例如，资本需求增加，但资本供给不足，资本者就会提高其要求的投资收益率，企业的资本成本就会上升；反之，投资者就会降低其要求的投资收益率，资本成本就会下降。同样的道理，如果通货膨胀率提高，货币购买力水平就会降低；投资者要想达到预期的收益水平，自然会要求更高的投资回报率，如加上保值贴补，就必然引起资本成本的提高。显然，对于无风险收益率，企业无法加以控制。

资本成本的第二部分内容是风险报酬率，其高低取决于投资者投资的风险程度。投资风险越大，投资者要求的投资回报就越高。投资风险主要是指融资企业的经营风险和财务风险。经营风险是企业投资决策的结果，表现在资产收益率的变动上；财务风险是企业筹资决策的结果，表现在普通股收益率的变动上。这两种风险的大小在一定程度上是企业主观能决定或可以施加影响的。企业要想降低资本成本，要从降低企业风险的角度来考虑。

除了上述两方面因素，企业的融资规模和资本市场的条件也是影响企业资本成本的因素。企业融资规模大，资本成本就会提高。其原因是融资数额大，资金的使用费用和筹资费用都会提高，而融资规模的扩大，往往也会增加融资的难度，企业要想顺利融资，则要花费更多的支出;资本市场的条件影响企业融资风险和融资的难易程度,进而也会影响到企业的资本成本。

第二节 资本成本的计算

资本成本是指企业取得资金的净额(取得资金的总额扣除筹资费用)的现值与各期支付的使用费现值相等时的贴现率,即现金流入现值等于现金流出现值时的折现率。

1. 借款资本成本

借款的现金流出为每年借款利息支出,但利息可以抵税;到期偿还本金支出。

借款的现金流入为借款取得净额(借款本金×(1－筹集费用率)),公式为

借款本金×(1－筹资费用率) = 每期利息折合现值 + 到期偿还本金折合现值

$$借款本金 \times (1-筹集费用率) = \sum 借款年利息 \times (1-所得税率)/(1+k)^t + 本金/(1+k)^n$$

当期限为无限期时,为永续年金,公式为

$$长期借款成本 = \frac{长期借款年利息 \times (1-所得税率)}{借款本金 \times (1-筹集费用率)}$$

一般情况下,将无限期时的计算公式作为简化公式计算借款资本成本。

例 江淮公司从银行借入长期借款 100 万元,期限为 5 年,年利率为 10%,利息每年年末支付,到期一次还本,借款手续费为借款额的 1%,公司所得税率为 40%,则该公司银行借款的资本成本为

$$100 \times (1-1\%) = \sum_{t=1}^{5} \frac{100 \times 10\% \times (1-40\%)}{(1+k)^t} + \frac{100}{(1+k)^5}$$

运用插入法逐步逼近测试可得 $k = 6.25\%$

用简化公式计算公司银行借款的资本成本为

$$k = \frac{100 \times 10\% \times (1-40\%)}{100 \times (1-1\%)} = 6.06\%$$

2. 债券资本成本

企业通过证券市场发行债券筹资,要支付两部分费用,一是债券筹资过程中支付的筹集费用,二是在债券期限内按债券面值和票面利率支付给债权人的债息。按照税法和会计制度规定债息可在所得税前列支,这样能使企业抵减一部分利润;少交所得税,因此,企业自身实际承担的债券利息应为

$$债券利息 = 债券面值 \times 债券利息率 \times (1-所得税税率)$$

按照资本成本计算的一般模式,按年付息到期一次还本的债券资本成本是指债券发行时收到的现金净流量的现值与债券期限内发生的现金流出量的现值相等时的贴现率。

债券的现金流出为每年债券利息支出，但利息可以抵税；到期偿还本金支出。

债券的现金流入为债券发行取得净额(发行收入×(1－筹集费用率))。

发行收入总额×(1－筹资费用率) = 每期票面利息折合现值 + 到期面值折合现值

发行收入总额×(1－筹资费用率) = $\sum$ 每期票面年利息×(1－所得税率)/(1+k)^t + 到期面值/(1+k)^n

当期限为无限期时，为永续年金，公式为

$$债券成本 = \frac{债券年利息 \times (1-所得税率)}{发行收入 \times (1-筹资费用率)}$$

一般情况下，将无限期时的计算公式作为简化公式计算债券资本成本。

债券成本与借款成本的主要差别在于：一是其筹资费用较高，因此不能忽略不计；二是债券发行价格与其面值可能存在差异，从而在计算时要按发行价格确定其筹资总额。

例 某公司在筹资前根据市场预测，拟发行一种面值为10 000元、票面利率为14%、10年期、每年付息一次的债券。预计其发行价格为10 200元，发行费用占发行价格的4%，所得税税率为25%。预计该债券的资本成本用简化公式计算为

$$债券成本 = \frac{10\,000 \times 14\% \times (1-25\%)}{10\,200 \times (1-4\%)} = 9.58\%$$

3. 优先股资本成本

优先股的现金流出为每年固定股利支出，股利不可以抵税。

优先股现金流入为发行优先股取得净额(发行收入×(1－筹集费用率))。

$$优先股资本成本 = \frac{每期股利}{优先股票发行收入 \times (1-筹资费用率)}$$

例 某公司发行优先股，筹资总额为100万元，固定股息率为10%，筹资费率为2%，筹资额为150万元，则其成本为

$$优先股资本成本 = 100 \times 10\%/[150 \times (1-2\%)] = 6.8\%$$

企业破产时，优先股的求偿权位于债券持有人之后，优先股股东的风险大于债券持有人的风险，这就使得优先股的股利率一般要大于债券的利息率。另外，优先股股利要从税后盈余中支付，不减少公司的所得税，所以，优先股的成本明显高于债券成本。

4. 普通股资本成本

普通股资本成本是每年支付的股利和筹资额的比例。每年支付的股利根据企业盈利水平和利润分配方案而定，所以只有根据利润分配方案才能较准确地确定其成本。下面介绍几种特殊情况下普通股资本成本的计算。

(1) 用于上市公司的折现现金流量法(股利增长模型)，公式如下：

$$普通股资本成本 = \frac{下一期股利}{股票发行收入 \times (1-筹集费用率)} + 固定增长率$$

例 某公司发行面值为1元的普通股500万股，筹资总额为1 500万元，筹资费率为3%，已知第一年每股股利为0.30元，以后各年按4%的比率增长，则其成本应为

$$普通股资本成本 = 500 \times 0.30 \times (1+4\%)/[1\,500 \times (1-3\%)] + 4\% = 14.72\%$$

(2) 用于非上市公司的资本资产定价模型法。

普通股资本成本 = 无风险收益率 + β×(平均风险报酬率 - 无风险收益率)

(3) 用于一般公司的债务成本加风险报酬率法。

普通股资本成本 = 债务平均成本 + 风险报酬率

5．留存收益资本成本

留存收益成本。公司的留存收益是由公司税后净利形成的。它属于普通股股东。从表面上看，公司使用留存收益似乎不花费什么成本。实际上，股东愿意将其留用于公司而不作为股利取出投资于别处，总是要求与普通股等价的报酬。因此，留存收益也有成本，不过是一种机会成本。留存收益的确定方法与普通股成本基本相同，只是不考虑筹资费用。

在公司全部资本中，普通股以及留用利润的风险最大，要求报酬相应最高，因此，其资本成本也最高。

6．加权平均资本成本

企业资本可以通过单一方式筹集，也可以通过多种方式筹集。就多数企业而言，应属后一种情况。当企业采用多种方式筹集资本时，其个别资本成本有高低差异，为了进行筹资和投资决策，企业需计算加权平均资本成本(也称综合资本成本)。加权平均资本成本是企业以个别资本成本为基数，以各种来源资本占全部资本的比重为权数计算的以各种方式筹集的全部长期资金的总成本。计算公式为

$$加权平均资本成本(WACC) = \sum W_i \times K_i$$

式中，$WACC$ 为加权平均资本成本，W_i 为第 i 种筹资方式的资本占筹资总额的比重，K_i 为第 i 种筹资方式的资本成本。

从以上公式可以看出，计算加权平均资本成本除了要计算个别资本成本外，还需确定各种筹资方式筹集的资本占全部资本的比重，即权数。具体确定方法有三种：

(1) 账面价值法。

此法依据企业的账面价值来确定权数。其账面数据来自账簿和资产负债表。

例 某公司 2002 年 12 月 31 日资产负债表中长期借款 200 万，长期债券 400 万元，普通股 800 万元，留存收益 200 万元，长期借款年利息率为 10%，借款手续费忽略不计，长期债券年债息率为 12.8%，筹资费率为 4%；普通股预期每股股利 0.2 元，每股账面价值 8 元，筹资费率为 5%，股利年增长率为 7.87%。公司所得税税率为 40%。则该公司加权平均资本成本计算如下：

$$K_d = 10\% \times (1 - 40\%) = 6\%$$

$$K_b = 12.8\% \times (1 - 40\%)/(1 - 4\%) = 8\%$$

$$K_s = 0.2/8 \times (1 - 5\%) + 7.87\% = 10.5\%$$

$$K_e = 0.2/8 + 7.87\% = 10.37\%$$

$$WACC = 200/1\,600 \times 6\% + 400/1\,600 \times 8\% + 800/1\,600 \times 10.5\%$$
$$+ 200/1\,600 \times 10.37\% = 9.296\%$$

此方法确定权数的优点是数据的取得较容易,且计算结果相对稳定,适合分析过去的筹资成本。缺点是如果债券和股票的市场价格脱离其账面价值,计算出的加权平均资本成本就会脱离实际,不利于进行正确的筹资决策。

(2) 市场价值法。

这种方法以债券、股票的现行市场价值为依据来确定权数。其计算数据来自证券市场中债券和股票的交易价格。

例 仍按上例,若该公司长期债券市场价格比账面价值上涨了5%,普通股市场价格比账面价格上涨了10%,其他条件不变,则该公司加权平均资本成本计算如下:

该公司长期资本总额 = 200 + 400 × (1 + 5%) + 800 × (1 + 10%) + 200
$$= 1\,700(万元)$$

$K_d = 6\%$

$K_b = 12.8\% \times (1 - 40\%)/[(1 + 5\%) \times (1 - 4\%)] = 7.62\%$

$K_s = 0.2/[8 \times (1 + 10\%) \times (1 - 5\%)] + 7.87\% = 10.26\%$

$K_e = 0.2/[8 \times (1 + 10\%)] + 7.87\% = 10.14\%$

$WACC = 200/1\,700 \times 6\% + 400 \times (1 + 5\%)/1\,700 \times 7.62\% + 800$
$$\times (1 + 10\%)/1\,700 \times 10.26\% + 200/1\,700 \times 10.14\% = 9.09\%$$

此方法计算的加权平均资本成本反映了当前实际的资本成本水平,有利于企业现实的筹资决策;但由于证券市价变动不定计算所需数据不易取得,且取得的数据也已是过去的价格水平,对今后指导意义不大。

(3) 目标价值法。

这种方法是以债券、股票的预计目标市场价值为权数,来计算加权平均资本成本。其数据是由有关财务人员根据企业未来筹资的要求和企业债券、股票在证券市场上的变动趋势预测得出的。

例 仍用上例资料,某公司预计在现有1 600万元长期资金的基础上将长期资金增至2 000万元,新增资金由发行长期债券方式筹集400万元,筹资费率为2%,预计增发债券的年利息率将达到14%,追加筹资后,原债券的市场价值将跌至面值的80%,股票市场价值将升至面值的110%,其他条件预计不变,则该公司加权平均资本成本计算如下:

$K_d = 10\% \times (1 - 40\%) = 6\%$

$K_{b1} = 12.8\% \times (1 - 40\%)/[(1 - 20\%) \times (1 - 4\%)] = 10\%$

$K_{b2} = 14\% \times (1 - 40\%)/(1 - 2\%) = 8.57\%$

$K_s = 0.2/[8 \times (1 + 10\%) \times (1 - 5\%)] + 7.87\% = 10.26\%$

$K_e = 0.2/[8 \times (1 + 10\%)] + 7.87\% = 10.14\%$

$WACC = 200/2\,000 \times 6\% + 400 \times 0.8/2\,000 \times 10\% + 400/200 \times 8.57\%$
$$+ 800 \times 1.1/2\,000 \times 10.26\% + 200/2\,000 \times 10.14\% = 9.44\%$$

此方法计算的加权平均资本成本适用于企业今后筹集新资金的需要,它能按企业期望的资本结构反映资本成本,有利于企业决策者对筹资方案作出决策。但用以确定证券目标价值的证券市价变动趋势较难预测,尤其是在证券市场不成熟、不规范的条件下,其市价的走势更难预测。

例 某公司本年度的资本结构为:银行借款150万,长期债券为650万,普通股400万,留存收益420万,公司所得税率为40%,公司普通股的β值为1.1,当前国债收益率为5.5%,市场上普通股平均收益率为13.5%,普通股面值为1元,当前市价为5.5元,本年派发现金股利0.35元,预计每股收益增长率维持在7%,并保持25%的股利支付率,银行借款税后成本为5.36%,债券税后成本为5.88%。根据以上资料,普通股和留存收益成本计算如下:

(1) 股利增长模型:普通股成本 = $0.35 \times (1+7\%)/5.5 + 7\%$ = 6.81% + 7% = 13.81%。

(2) 资本资产定价模型:普通股成本 = $5.5\% + 1.1 \times (13.5\% - 5.5\%)$ = 5.5% + 8.8% = 14.3%;

普通股平均成本 = (13.81% + 14.30%)/2 = 14.06%;

发放股利前每股收益 = $(0.35 \div 25\%) \times (1+7\%)$ = 1.4×1.07 = 1.498(元/股);

留存收益数额 = $1.498 \times 400 \times (1-25\%) + 420$ = 869.4(万元)。

(3) 加权平均资本成本 = $150/2\,069.4 \times 5.36\% + 650/2\,069.4 \times 5.88\% + 400/2\,069.4 \times 14.06\% + 869.4/2\,069.4 \times 14.06\%$ = 10.87%。

第三节 边际资本成本的计算和作用

一、边际资本成本

新资本增加时,每获得一元新资本所花费的代价称为边际资本成本。企业一般不可能按一固定成本无限筹资,原因是:① 资金是稀缺的,便宜的资金用完后,即使是昂贵的资金来源也只得忍受;② 筹资额增加到一定程度后,偿债保证程度(如流动比率、资产负债率等)降低,风险加大,要求的报酬率自然也随之提高。由于多种资本渠道同时动用,因此边际资本成本也要按加权平均法计算。

边际资本成本取决于两个因素:一是追加资本结构;二是追加资本的个别资本成本。边际资本成本的计算举例如下:

例 某公司正处在正常经营期内,目前的资本结构为:长期借款占20%,债券占30%,普通股占50%,企业根据经营需要,计划追加筹资,并以原资本结构为目标资本结构。根据对金融市场分析,得出不同筹资数额的有关资本成本数据如表7-1所示。

表 7-1　不同筹资数额的有关资本成本

筹资方式	筹资数额	筹资成本
长期借款	20 万元以内 20 万元～50 万元 50 万元以上	5% 6% 8%
长期债券	30 万元以内 30 万元～90 万元 90 万元以上	6% 8% 10%
普通股	20 万元以内 20 万元～100 万元 100 万元以上	12% 14% 16%

该企业追加筹资的边际资本成本计算如下：

(1) 该企业追加筹资的目标的资本结构为：长期借款占 20%，债券占 30%，普通股占 50%。

(2) 各筹资方式个别资本的临界点已测算完毕，见表 7-2。

表 7-2　筹资总额分界点和总筹资规模计算

筹资方式	筹资总额分界点	总筹资额范围	资本成本
长期借款	20 万元/0.2＝100 万元 50 万元/0.2＝250 万元	100 万元以内 100 万元～250 万元 250 万元以上	5% 6% 8%
债券	30 万元/0.3＝100 万元 90 万元/0.3＝300 万元	100 万元以内 100 万元～300 万元 300 万元以上	6% 8% 10%
普通股	20 万元/0.5＝40 万元 100 万元/0.5＝200 万元	40 万元以内 40 万元～200 万元 200 万元以上	12% 14% 16%

$$筹资总额分界点 = \frac{按某一个别成本筹措的某筹资方式追加资本的限额}{该筹资方式筹措的资本在追加筹资的目标结构中的比重}$$

由于企业筹资方式的多样性和个别资本成本随筹资数额的变动性，使得企业最终确定的筹资总额分界点有若干个。企业有关人员应综合考虑各种筹资方式，确定出总筹资规模的不同范围。

(3) 筹资总额分界点和总筹资规模计算如表 7-2 所示。

根据表 7-2，确定企业的追加筹资范围有以下几个：

① 40 万元以内。

② 40 万元～100 万元。

③ 100 万元～200 万元。

④ 200 万元～250 万元。

⑤ 250万元～300万元。

⑥ 300万元以上。

(4) 各筹资的边际资本成本计算见表7-3。

表7-3 各筹资的边际资本成本计算表

筹资范围	边际资本成本
40万元以内	$0.2\times5\%+0.3\times6\%+0.5\times12\%=8.8\%$
40万元～100万元	$0.2\times5\%+0.3\times6\%+0.5\times14\%=9.8\%$
100万元～200万元	$0.2\times6\%+0.3\times8\%+0.5\times14\%=10.6\%$
200万元～250万元	$0.2\times6\%+0.3\times8\%+0.5\times16\%=11.6\%$
250万元～300万元	$0.2\times8\%+0.3\times8\%+0.5\times16\%=12\%$
300万元以上	$0.2\times8\%+0.3\times10\%+0.5\times16\%=12.6\%$

企业计算出不同筹资范围的边际资本成本后,应结合拟追加筹资的数额、追加筹资的期望收益水平选择适当的筹资规模。

二、边际资本成本的应用

前面章节已经谈到,互斥方案选择时,按净现值法确定。对于独立方案,按内部收益率、获利指数确定,但资本限额的限制,不可能每个方案都选择,需将资本成本内部收益率比较后确定。如某企业的投资机会如表7-4所示。

表7-4 企业的投资机会

项目	投资额(万元)	内部收益率IRR(%)
A	200	25
B	100	21
C	300	19
D	400	18
E	200	15
F	300	12

根据表7-4,将投资项目按内部收益率从高到低排序,可作出投资机会曲线如图7-1所示。

如果该企业筹集的资本在600万元以下时边际资本成本为14%;超过600万元后,企业再要筹集资本至1400万元,各类资本的成本将会上升到15.5%。根据该企业的边际资本成本作出边际资本成本图。与将投资机会曲线和边际资本成本曲线置于同一图中,见图7-1。

两者的交点所对应的边际资本成本为15.5%,新增投资总额1000万元。在交点的左边,投资项目的内部收益率均高于资本成本,这些项目应被接受。交点的右边,项目内部收益率低于资本成本,项目应被拒绝。在交点处企业边际投资收益率等于边际筹资成本,此时

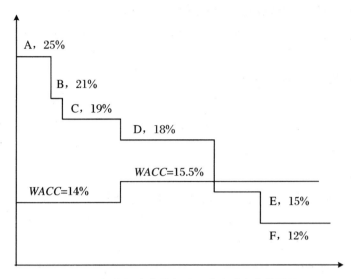

图 7-1 投资机会曲线和边际资本成本曲线置图

企业投资项目总的净收益最大,资本预算最佳。因此在决定项目取舍时,资本成本应为 15.5%,以此折现率计算净现值来判断项目,可得出正确的决策,而且是使企业投资项目总体最优的决策。

以上通过边际资本成本曲线和投资机会曲线的结合,求出最佳资本预算时的资本成本的方法隐含了一个假定,即各项目的风险是相同的,都等于企业的平均风险。若各项目风险不同,则要调整边际资本成本曲线或投资机会曲线,这会引起交点位置的变动,其边际资本成本也会改变。在实际工作中,由于各项筹资本成本和未来投资项目的净现金流估计不可能很准确,所以边际资本成本曲线和投资机会曲线都是估计值,有一定误差。我们按平均风险求出交点的边际资本成本后,在评价具体项目时,按该项目的风险是高于平均风险抑或低于平均风险,适当调高和降低资本成本,作为资本预算中具体项目的折现率。

第四节 资本结构理论与实务

企业所运用的资本由债务与股权两部分构成。这自然会产生一个两者之间的最优组合,或者说最佳资本结构的问题。

一、最优资本结构概念

资本结构是指企业各种长期资金来源的构成和比例关系。短期资金的需要量和筹集是经常变化的,且在整个资金总量中所占比重不稳定,因此不列入资本结构管理范畴,而作为营运资金管理。在通常情况下,企业的资本结构由长期债务资本和权益资本构成。所以,资本结构通常指债务与权益的构成和比例关系。

所谓最优资本结构是指企业价值最大、加权平均资本成本最小的资本结构。

二、早期资本结构理论

资本结构理论研究始于20世纪50年代初期。1952年,美国著名经济学家大卫·杜兰特把早期资金结构理论划分为净收入理论、净营运收入理论和传统理论三类。

1. 净收入理论

净收入理论认为:企业负债成本和权益成本不受财务杠杆的影响,只要负债成本小于权益成本,那么负债可以降低企业的加权平均资本成本,负债程度越高,企业价值越大。当负债比率达到100%时,企业价值最大。

2. 净营运收入理论

净营运收入理论认为:企业价值是由投资决定的,只要投资项目确定,企业的总价值也就固定不变,不论财务杠杆如何变化,企业加权平均资本成本是固定的,因而不存在最佳资本结构。

3. 传统理论

传统理论认为:负债成本比权益成本低,负债在一定程度上可使加权平均资本成本下降,企业总价值上升。但负债超过一定程度时,负债的低成本就不能抵消权益成本的上升,从而加权平均资本成本会上升,以后,负债成本也会上升,它和权益成本的上升共同作用,使加权平均资本成本上升加快。加权平均资本成本从下降变为上升的转折点为加权平均成本的最低点,这时的负债比率就是企业的最佳资本结构。

传统理论是一种介于净收入理论和净营运收入理论之间的理论。

三、现代资本结构理论

1. 无公司税下的MM理论

MM理论的基本假设如下:

(1) 企业的经营风险是可衡量的,有相同经营风险的企业即处于同一风险等级。

(2) 现在和将来的投资者对企业未来的EBIT估计完全相同,即投资者对企业未来收益和取得这些收益所面临风险的预期是一致的。

(3) 证券市场是完善的,没有交易成本。

(4) 投资者可同公司一样以同等利率获得借款。

(5) 无论借债多少,公司及个人的负债均无风险,故负债利率为无风险利率。

(6) 投资者预期的EBIT不变,即假设企业的增长率为零,从而所有现金流量都是年金。

命题1:有负债公司的价值 = 无负债公司的价值。即

$$V_L = V_U = EBIT/WACC = EBIT/K_{SU}$$

式中，V_L 为有杠杆公司的价值，V_U 为无杠杆公司的价值，$EBIT$ 为息税前净利。K_{SU} 为无杠杆权益资本成本。

根据无公司税的 MM 理论，公司价值与公司资本结构无关。也就是说，不论公司是否有负债，公司的加权平均资本成本是不变的。

命题 2：有负债公司的权益成本等于无负债公司的权益成本加上一笔风险报酬。即

有杠杆权益资本成本 ＝ 无杠杆权益资本成本 ＋ 负债／股本
×（无杠杆权益资本成本 － 债务成本）

$$K_{SL} = K_{SU} + D/S_L \times (K_{SU} - K_D)$$

式中，K_{SL} 为有杠杆权益资本成本，K_{SU} 为无杠杆权益资本成本，K_D 为债务成本。

2. 有公司税下的 MM 理论

命题 1：有负债公司的价值＝风险等级相同但未使用负债的公司的价值＋负债的节税利益。即

$$V_L = V_U + T_C D$$

命题 2：有负债公司的权益成本等于无负债公司的权益成本加上一笔风险报酬，该风险报酬的多寡视负债融资程度与公司所得税税率而定。即

$$K_{SL} = K_{SU} + D/S_L \times (K_{SU} - K_D) \times (1 - T_C)$$

关于命题 2 的说明：由于 $1 - T_C$ 小于 1，在考虑公司所得税后，尽管权益成本还会随着负债融资程度的提高而上升，其上升速率却比未考虑公司所得税时慢。此一特性再加上债息可以抵税的利益，使得公司所使用的负债越多，其加权平均资本成本就越低。

3. 米勒模型

考虑公司税的 MM 模型包括了公司赋税因素，但却没有考虑个人所得税的影响。1976 年米勒在美国金融学会上提出了一个把公司所得税和个人所得税都包括在内的模型来估算负债杠杆对公司价值的影响。设 T_C 为公司所得税率，T_S 为个人股利所得税率，T_D 为债券利息所得税率。

$$V_L = V_U = \left[1 - \frac{(1 - T_C)(1 - T_S)}{1 - T_D}\right] D$$

公式就是估算有负债企业价值的米勒模型。米勒模型有几个十分重要的含义：$\left[1 - \frac{(1 - T_C)(1 - T_S)}{1 - T_D}\right] D$ 代表负债杠杆效应，即负债所带来的公司价值的增加额，它相当于仅考虑公司税时 MM 模型中的 $T_C D$。

4. 权衡理论

该理论认为：负债可以抵税，但由于破产成本（财务拮据成本和代理成本）的存在，负债比率达到一定程度时，负债减税效果逐渐被破产相关的财务拮据成本和代理成本抵消，当边际负债抵税收益恰好与边际破产成本相等时，企业价值最大，达到最佳资本结构。破产成本包括财务拮据成本和代理成本。

(1) 财务拮据成本。

企业由于债务过重,经营效益又差而处于财务拮据状态时,将产生财务拮据成本。此时因破产尚未发生,企业所有者和债权人为债务清偿和企业破产等问题的谈判和争执常会延缓资产的清偿,导致固定资产因失修而破损、存货过期失效等情况发生,使企业价值减小。另外,律师费用、法庭收费和其他行政支出也耗费企业的财力,这些是财务拮据的直接成本。此外还有经理和职工因企业将要破产离职、不悉心经营而产生的短期行为,顾客和供应商取消合同造成的经营困难等,引起了财务拮据的间接成本。企业负债越多,固定的利息支出越大,则收益下降导致财务拮据发生的概率越大。财务拮据成本增大会抵消因负债税收屏蔽作用而增加的企业价值。

(2) 代理成本。

企业经理人员是所有者——股东的代理人。为使经理替股东谋利,达到企业价值最大化需要花费代理费用。另一种代理关系与企业负债有关并发生在股东和债权人之间。

当经理为了扩大企业利润,筹资用于投资项目时,如果没有任何限制,他将会向债权人借债来为股东谋利益。新债务的增加提高了债务/权益比例,使财务风险增大,债权人要求的收益率上升,导致旧债务价值的下降,旧债权人的收益转到了股东手中。若新上项目的风险很大,项目成功时企业收益大大增加,由于债务利息是固定的,因此债权人只能得小头,股东得的是大头。若项目失败,企业还不起债,则高负债企业的大部分亏损落在债权人身上,股东损失的只是一小部分。这时企业的风险转嫁给了债权人。

由于存在着股东通过经理人员,利用各种方式,将收益从债权人转向自己,将风险转嫁给债权人的动机,在债券和贷款合同中有许多保护性条款约束企业的经营行为。为保证条款的执行还需要监督费用。遵守保护性条款使企业经营灵活性减少,效率降低,以及监督费用的增加所构成的代理成本,提高了负债成本,从而降低了负债给企业价值带来的增值。

企业价值 = 无负债企业价值 + 负债抵税现值 − 财务拮据成本折合现值
 − 代理成本折合现值

权衡理论说明了企业有一个最优负债量,即存在着最优资本结构,按此资本结构筹资,企业价值最大,加权平均成本最小。

5. 动态资本结构理论

在权衡理论的基础上,Fischer 等(1989)在其论文《动态资本机构选择:理论与检验》中提出了动态资本结构理论,证实了调整成本在公司资本结构决策中的重要作用。该理论认为:如果公司可以随时调整资本结构,那么何时调整资本结构最为有利,公司的特性会直接影响到资本结构调整政策。因此,具有类似性质的公司会有类似的资本结构调整政策。同时该理论提出了负债比率上下临界点的概念。凡是负债比率达到上下临界点时,公司会进行资本结构的调整,因此,这个最优的资本结构是一个动态的概念,是需要不断调整的。对于公司而言,必须确定公司资本结构的初始值以及上下临界值,并且当资产价值随着时间而波动时,负债比率也随之波动,凡是负债比率落在上下临界点之间,不需要调整。凡是负债比率偏离了初始值达到上下临界点时,公司应该进行资本结构的调整,同时支付调整成本。

由于资本结构模型是连续时间框架下的模型,所以资本结构的调整可以随时进行,但是调整是需要成本的,所以公司会考虑到何时调整资本结构最为有利。因此,观察一些采用动态资本结构调整政策的公司的资本结构时,某一时点的负债比率往往并不能代表公司的目标资本结构。故所得公司的最优负债比率是一个动态的概念,只要实际负债比率落在上下临界点所涵盖的范围,均可以称之为最优负债比率。根据其理论模型以及实证研究发现,公司的有效税率越高、规模越大、破产成本越大、资产报酬率标准差越小,则公司负债比率上下界限的范围就越小,因此,其实证结果支持其推出的动态资本结构的理论模型。

动态资本结构理论源于权衡理论,最优动态资本结构理论的结果,仍然要取决于负债融资的利益(如税收利益)与负债融资的成本(如破产成本)之间的权衡,但它不是建立在一个静态的财务杠杆比率上,而是建立在动态的、连续的时间框架内。应该说从本质上讲,动态资本结构属于权衡理论的新发展,最优资本结构是一个动态的概念,也是资本结构在成本与收益两方面的一个权衡问题。

与权衡理论相比,动态资本结构理论同样认为存在目标资本结构。两个理论的最大区别在于对资本结构调整成本的认识。权衡理论认为资本结构的调整成本很小,因此无需特别考虑。而动态资本结构理论则关注资本结构的调整成本,认为即使很小的调整成本也可能导致公司的负债比率大幅度偏离最优资本结构,需要将资本结构的调整成本纳入到最优资本结构的考虑之中。在动态资本结构理论中,考虑到资本结构调整成本与时间因素,公司价值会随着时间而波动,因而调整负债比率,以达到最优资本结构。因此公司将允许资本结构在一定的范围内变动,而这个范围内的负债比率均为最适合的比率。所以按照动态资本结构理论的观点,企业的最优资本结构是一个动态的概念,是一个区间的范围而不是特定的某一个数值。

6. 不对称信息下的筹资顺序理论

在 MM 理论中,假设投资者和经营者在获得企业信息的能力和可能性上都是均等的。事实上,企业经营者总是更了解企业的内部经营情况,总是掌握着投资者所无法知道的信息;这就是所谓的信息不对称性。在资本结构理论中,罗斯(Ross)完全保留了 MM 理论的全部假设,仅仅放松了关于充分信息的假设。他假设企业经营者对企业的未来收益和投资风险有充分的信息,而投资者没有这些信息,只知道对经营者采取激励和监督措施。投资者只能通过经营者输送出来的信息间接评价市场价值。罗斯认为,企业资产负债率高低是一种把内部信息传给市场的信号工具。通常负债率上升是一个积极的信号,它表明经营者对企业未来收益有较高的期望,企业的市场价值也会随之上升;为了使企业的负债成为正确的信号,罗斯对破产企业的经营者加上了"惩罚"约束。即负债率上升意味着企业破产概率的增加,而一旦破产,经营者就可能丢官弃职,受到惩罚。

根据罗斯的理论,可进一步考察不对称信息对企业投资的影响。假设某企业流通在外的普通股为 10 000 股,股票市场价值为 20 万元,即每股市价 20 元。但企业的经理比股东掌握着更多、更准确的有关企业前途的信息,认为企业现有资产的实际价值为 25 万元,此时,股东与经营者存在着信息的不对称性。再假设该企业需要筹资 10 万元新建一个项目,预计净现值为 5 000 元(项目的净现值增加股东价值)。因为投资者对这个项目没有预期到,所以 5 000 元的净现值还没有计入企业 10 万元的股票市价,企业是否应接受新项目? 现分别就以下几种情况加以说明。

第一,发行股票时信息是对称的,即所有的投资者对现存资产的情况与经营者有同样的信息,股票市价应为每股 25 元,因此,企业应发行 4 000(100 000÷25=4 000)新股为项目筹资。接受该项目投资会使股价升到 25.36 元,并使新老股东同时受益。

新股价 =(原股票实际价值 + 新增资金 + 项目净现值)÷(原股数 + 新股数)
$$= (250\,000 + 100\,000 + 5\,000) \div (10\,000 + 4\,000) = 25.36(元)$$

第二,发行股票时信息是不对称的,即投资者并不了解企业的实际情况,而企业经理出于某种原因(如为了保持企业的竞争能力或证券委不允许企业在股票发行前向外透露风声以推销股票)不能告诉投资者股票的实际价值,这时,股价仍为 20 元,企业不得不发行 5 000(100 000÷20=5 000)股新股筹资 10 万元。如果接受新项目,就会产生新的股票价格,那么当不对称信息的情况得以改变后,企业的股票价格为

$$新股价 = (250\,000 + 100\,000 + 5\,000) \div (10\,000 + 5\,000) = 23.66(元)$$

在这种情况下,企业不可能通过发行新股筹资来实施该项目。

因为当信息不对称情况改变后,股价会上升到每股 25 元,而按 20 元发行股票后的每股市价 23.66,则企业老股东每股损失了 1.34 元,新股东每股得益 3.66 元。

第三,与此相反,如果股东认为企业价值为 20 万元,而企业经理认为外部投资者对企业增长前景的估计过于乐观,企业股票的市场价值仅为 18 万元。这可能是企业为执行政府有关污染控制的法规,需投入巨额资金购买没有任何收益的污染处理设备;或企业需要投入巨额资金进行新产品的研究开发。这一切都会减少企业的边际利润和现金流量,严重时会导致企业股价大幅下跌,再想筹措企业生存所必需的资金将会万分困难。在这种情况下,若经理决定以每股 20 元发行新股 10 000 股,筹措资金 20 万元,并用这些资金支撑本年度的资本预算或偿还债务,这从表面上看,股票价格仍为每股 20 元,但其实际价值则为每股 19 元。

$$新股价(实际价值) = 19(元)$$

如果企业经理的预测得以证实,企业股东就会遭受损失,但企业发行新股会减少损失,这是因为新股东将承担部分风险。

如果企业举债 100 000 元为项目筹资,那么信息不对称状况也会改变,新的股价为

$$新股价 = (250\,000 + 5\,000) \div 10\,000 = 25.5(元)$$

如果用举债筹资,新项目的剩余价值都应归入老股东。如果假设债券有抵押担保且有保护性条款,那么信息不对称对负债价值没有影响,因此一些经济学家把负债筹资称为"安全"筹资。

西方资本市场的实证研究表明,如果存在信息不对称,对于异常盈利的投资项目,企业一般会发行债券筹资;只有在股价被高估时才会发行新股筹资。在一般情况下,投资者一旦得知企业发行新股的消息,就会抛售股票,引起股价下跌。因为发行新股给投资者传递的是坏消息,而不是好消息。在 20 世纪 60 年代初,哈佛大学的高登·唐纳森教授针对企业在实

际中是如何建立资本结构的问题进行了一项广泛的调查,提出了在信息不对称条件下企业筹资的顺序,即排序理论(pecking order theory),根据这一理论,企业筹资的顺序如下:

第一,内部筹资,如留存收益、折旧资金等。因为使用这部分资金对企业价值通常不会引起错误信号,而且这部分资金的使用成本较低。

第二,负债筹资,如发行企业债券、可转换债券等。负债筹资对股票市场价值影响很小,由于债务通常有抵押担保或保护性条款,因此信息不对称对负债筹资影响不大,即负债价值被错估的可能性较小。将发行债券列为内部筹资之后,是因为债务会使企业受到财务危机的制约。在企业股利政策一定的条件下,如果内部资金不能满足投资机会的需要,则发行债券;如果内部资金有剩余,则偿还债务或投资于有价证券。

第三,股票筹资,股票筹资通常是一项极普通、易被投资者所接受的筹资方式。但在信息不对称环境中,却成为一种风险极大、代价很高的筹资方式。因为在投资者看来,企业发行新股可能是因为股价被高估了,或企业的前景暗淡,出于保护自身利益的考虑,他们会抛售企业的股票,造成股价下跌,结果使发行新股筹资的代价太大。这一因素决定了股票筹资被列在筹资排序的末位。

这个结论与美国1965~1982年企业筹资的结构基本相符,这一期间内企业内部积累资金占总资本的61%,债务占23%,新发行股票平均每年仅占2.7%。

为什么美国公司不发行更多的股票?

美国公司基于若干原因不筹集更多的股票。这里我们再考虑其他几个原因。

(1) 似乎近年来公司在总量上不再需要新股,滚存利润和新的借款已经足够。

(2) 股票发行的代价很高,发行成本通常在筹集金额的5%~10%范围徘徊,而这一比例对于小规模发行甚至更高。这至少比相同规模债务发行的成本高过两倍(另外的意见认为,股票可能永远发行在外,所以它的年实际成本并没有那么繁重)。

(3) 许多管理人员,特别是美国公司的管理人员对每股盈利(EPS)有一种情结。他们把一个复杂的世界演绎为一个简单的概念,即不管怎样,提高EPS就是好事,降低EPS就是坏事。就这个观点看来,新股发行是坏事,因为至少从直观上来看,发行在外的股票数量增加了,但盈利并没有增加。EPS被认为是被稀释掉了。以后,随着公司富有成效地利用所筹集的钱,盈利应该增加。不过,此时EPS受到了损害。而且,就像我们在前面章节中看到的,当负债筹资优于股票筹资时,EPS几乎总是较高的。

(4) 公司不募集更多股票的第四个原因是所谓的"市场厌恶"综合征。当一个公司的股票按每股10元出售时,管理层会倾向于认为一旦现行策略开始开花结果,未来的股票价格将应该再高一点。当价格升到每股15元时,管理层开始坚信这只是开端,而价格在近期还会更高。管理人员这种对他们公司前景发自内心的热情造成了他们的一种感觉,即不管公司的股票现在应得什么价格,它们都是被低估了,况且,这种观点导致了一再推迟新股发行这种偏见。1984年,路易斯·哈里斯在对600多家企业的高级主管的一项民意调查里证实存在这种"市场厌恶"症。不足1/3的被调查人员认为股票市场正确地估价了他们公司的股票;仅有2%的人相信他们公司的股票被高估;至少60%的高级主管觉得他们公司的股票被低估了。

不只美国在普通首次公开发行股票的时候存在股价低估,世界上其他国家都存在这一现象,只不过股价的低估程度不同。表 7-5 是世界主要国家的企业首次公开发行股票在股票上市后首日平均收益率。

表 7-5　世界主要国家的企业首次公开发行股票的首日平均收益率

国家	时间限制	首日平均收益率(%)
美国	1990~1996	15.8
英国	1959~1990	12.0
加拿大	1971~1992	5.4
意大利	1985~1991	27.1
瑞士	1983~1989	35.0
韩国	1980~1990	78.1
马来西亚	1980~1991	80.3
中国	1990~1996	388.0

股价被低估,存在不同的解释,但尚无一个正确的观念。一般而言,股价低估的目的是吸引投资者(股价高会导致发行失败);是对投资银行、证券承销公司的保险(因为高估,可能会吃那些愤怒客户的官司)。股价低估,增加了发行成本,减少了企业筹资数额。

(5) 管理人员似乎对新股发行心存戒心的第五个原因是他们觉得股票市场本质上是一种不可靠的资金来源。公司除了对能从新股中得到什么样的价格毫无把握外,他们还同样面临在某一未来时期,股票市场不再接受新股发行的任何合理条款的可能性。在理财术语中,"窗户"在这些时候被关掉了。很自然的,高级主管不愿意在这样一种不可靠的资本来源上去开发建立增长策略。相反,他们的态度是系统地制订能够由留存收益和与之相适应的借款构成的增长计划,而把新股筹资降为一种次要、后备的角色。

我国筹资顺序可以说与西方国家的筹资顺序正好相反,企业把发行股票筹资放在第一位。因为在我国,发行股票后,在收益不好的情况下企业可不支付股利,也就是说,发行股票的成本很低;另外,由于壳资源的价值,企业破产的风险很小或基本无风险。于是在我国"发不出工资发股票,谁困难谁上市"现象普遍存在,股票上市成为扶贫手段。企业上市或发行股票筹资最基本的目的是筹集不必偿还的低成本资金,解决企业的资金困难。实际上,增发股票融资也并非上市公司唯一可取的融资来源。好的项目,公司完全能够通过银行贷款、企业债券等方式筹措资金。

西方国家对企业筹资来源构成的认识值得我们深思、借鉴。我国企业积累率偏低,留存利润不足以满足企业发展,长期的资金短缺,导致企业对资金的过度渴求,并且由于我国证券市场发展很不成熟,股利分配政策不规范,上市公司不发放股利或降低股利支付率,实际上导致发行股票的资本成本远远低于债务资本成本。同时我国上市公司并不像规范资本市场的国家如美国一样,认为"股票市场本质上是一种不可靠的资金来源",因为我国上市公司一旦搞垮,有许多手段去补救,如国家政策的保护,通过资产重组借壳上市再包装,亏损企业摇身一变又成绩优公司,因此这些上市公司不怕发行新股的失败而影响其再融资渠道。钻政策的空子,过度圈钱,不注重资产效率的短期行为,在上市公司中普遍存在,这种思想不利于企业长期的发展。新股发行与利润的同步增长,应作为企业增资扩股的一项基本原则。

筹资顺序理论认为,企业不存在一个明确的资本结构,每个企业根据各自的资本需求来选择财务比率。企业首先从留存收益中筹集项目资金,这会降低资本结构中的债务比率,额外的资金需求由债务获取,无疑会使债务水平提高。当企业的债务水平在某一点耗竭时,将发行股票。因此,资本结构根据可利用的投资项目随机决定。在缺乏投资机会的情况下,企业不会为趋向某一资本结构而刻意调整其负债比率。该理论很好地解释了同一行业盈利能力和财务杠杆的反向关系:高盈利但缺乏投资机会的企业现金充裕,将偿还部分债务,财务比率下降;盈利能力差的企业内部资金较少,所以要借入更多的资金满足投资需求,财务比率上升。

四、影响企业资本结构的因素

资本结构的研究理论表明,最优资本结构存在。由于资本结构理论是建立在一系列严格假设下产生的,而每个企业都处于不断变化的经营条件和外部经济环境中,所以,资本结构理论有时难以解释现实条件下企业资本结构的特征。资本结构在不同行业之间存在差异,比如,商业银行、房地产企业、商贸企业一般负债率都比较高于其他行业,即使在同一行业内部不同企业之间也会存在一定的差异。比如酒类企业,安徽古井的负债率高于贵州茅台、五粮液等企业。现实情况下影响资本结构的因素有很多,大致分为内部因素和外部因素。

1. 内部因素

影响企业资本结构的内部因素有企业预期收益水平、资产结构、企业经营风险、财务灵活性、企业控制权、企业成长性及企业管理者的态度(偏好)等。

(1) 预计收益水平。

如果预计企业的收益率高于借款的利率,则应提高负债比例,因为根据杠杆原理,增加销售量,可使 EPS 有较大提高。但如果企业的收益率较低,则应适当降低负债比率,因为如果当投资收益率低于或等于市场利率时,将会发生财务杠杆的反作用,降低 EPS。

(2) 资产结构。

对于固定资产所占比重较大的企业,股权资本可多一些;对于流动资产所占比重较大的企业,债务资本可多一些。

(3) 经营风险。

企业的全部风险包括经营风险和财务风险,如果将企业的总风险规定在一定的范围内,那么,经营风险越大,企业承担财务风险的能力就越低,这时,应适当降低负债比率;反之,则可提高负债比率。

(4) 财务灵活性。

财务灵活性是指企业利用闲置资金和剩余的负债能力应付可能发生的偶然情况和把握未预见机会（新的好项目）的能力。财务灵活性大的企业要比财务灵活性小的类似企业的负债能力强。

(5) 企业的控制权。

如果企业的股东或管理人员不愿使企业的控制权旁落他人，则可能尽量采用债券筹资方式来增加资本，而不发行新股筹资；与此相反，如果企业不愿承担风险，就可能较少利用财务杠杆，尽量降低债务资本的比率。

(6) 企业成长性。

一方面，企业成长性好的企业因其快速发展，对外资本需求较大，而权益融资成本一般又高于债务成本，因此，成长性好的企业要比成长性差的类似企业的负债率高。另一方面，成长型企业因为现金流波动性大，常常面临着更高的不确定性，要比成熟性企业的负债水平低。

(7) 企业管理者的态度。

一般来说，企业管理者对财务危机较为关心，因为财务危机可影响管理者的经营业绩，极有可能使他们丢官弃职。这样，管理者在决定公司资本结构时通常比普通股股东要"保守"得多，他们会建立一个低于股价最大化的目标资本结构。

2. 外部因素

影响企业资本结构的外部因素有所得税税率、利率、资本市场、贷款人和评信机构的态度、行业特征等。

(1) 所得税税率。负债的利息在税前利润中扣除，可以使得企业获取税务收益，但由于每个企业经营的产品等不同，面临的所得税率及所得税优惠政策的不同，只有所得税率高的企业才能分享更多的负债税务收益，因此，税率高的企业倾向债务筹资。对所得税极低的行业，由于举债筹资带来的减税好处不大，所以采取优先股筹资为更好。

(2) 利率。利率大小影响企业负债，如果利率高，企业负债成本高，企业可能会减少负债。另外，利率的预期变化，会影响企业负债结构，比如，预期未来利率上升，企业则可能倾向长期负债。

(3) 资本市场。资本结构常常受到资本市场效率的影响。在非有效资本市场下，企业股票价值可能被错误定价，管理层一般在高股价时发行股票，而在低股价时发行债券。

(4) 贷款人和评信机构的态度。虽然企业对确定最佳资本结构有自己的分析判断，但在涉及较大规模的债务筹资时，贷款者和评信机构的态度实际上往往成为影响企业财务结构的关键因素。如果企业过高安排债务筹资，贷款银行未必会接受大额贷款要求，或只有在抵押担保或高利率的条件下才同意增加贷款。如果企业通过发行新股调整资本结构，还必须与证券分析人员和潜在的投资者商讨。

(5) 行业特征。不同的行业竞争程度不同，对竞争者极易进入的产业，因其利润的稳定性较差，所以不宜使用高负债比率。

五、企业价值最大化与股东财富最大化

【案例 7-1】 企业价值最大化与股东财富最大化

假设 abc 公司的市场价值是 1 000 万元,目前公司没有负债,共有 100 万股股票,每股市价为 10 元。类似 abc 这样无任何债务的公司被称为无财务杠杆公司。进一步假设 abc 公司计划借入 500 万元作为每股 5 元的额外现金股利支付给股东。债务发生之后,公司为有财务杠杆的企业。公司的投资将不因这项交易而改变。在重新调整的计划之后,企业的价值将是多少?

根据定义,管理层认识到重新调整只会产生三种结果中的一种:重新调整后的公司价值或者高于初始的 1 000 万元的企业价值;或者等于 1 000 万元;或者低于 1 000 万元。与投资银行们商议之后,管理层相信无论出现哪种结果,重新调整不会使公司价值的变化超过 250 万元。因此,他们把 1 250 万元、1 000 万元和 750 万元视为公司价值的适宜范围。初始的资本结构和在新资本结构下的三种可能如表 7-6 所示。

表 7-6 初始的资本结构和在新资本结构下的三种可能

(单位:万元)

项目	无债务 (初始资本结构)	股利支付后的债务与权益价值(三种可能)		
		(1)	(2)	(3)
债务	0	500	500	500
所有者权益	1 000	750	500	250
公司价值	1 000	1 250	1 000	750

注意权益的价值在三种可能情况下都低于 1 000 万元,这可从两个方面来解释。首先,上表表明了在支付现金股利之后的权益价值。由于现金的支付,股利代表了公司部分清算值。因此,股利支付后股东可拥有的公司价值将减少。其次,当未来公司清算发生时,只有在清偿所有债权人的债权后,股东才能得到偿还。因此,债务是一种公司负担,它减少权益的价值。

现在我们来看一下股东财富的变化。见表 7-7。

表 7-7 调整资本结构后的股东财富计算表

(单位:万元)

项目	调整资本结构后的股东财富(三种可能)		
	(1)	(2)	(3)
资本利得	-250	-500	-750
股利	500	500	500
股东财富净增加额	250	0	-250

从表 7-7 可以看出,当且仅当在情况(1)下,即企业价值最大化时,股东财富最大。

六、筹资决策方法

1. 每股盈余无区别点法

每股盈余无区别点分析是指对于不同资本结构获利能力的分析。所谓无区别点是指使不同资本结构的每股收益相等的息税前利润(EBIT)。在此点上，不同资本结构的每股盈余都相等。因此，从理论上说，选此弃彼，或选彼弃此对普通股股东来说都没有关系。由于这种方法主要是分析 EBIT 和 EPS 之间的关系，所以也称 EBIT-EPS 分析，*EBIT-EPS* 分析图如图 7.2 所示。

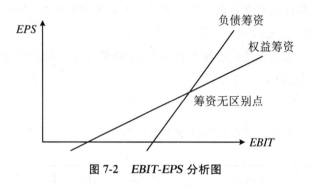

图 7-2　*EBIT-EPS 分析图*

当企业预测息税前利润超过筹资无区别点息税前利润时，可加大借入资金比例；当企业预测息税前利润低于筹资无区别点息税前利润时，可减少负债资金，绝对或相对增加自有资金。

例　某公司目前发行在外普通股 100 万股(每股面值 1 元)，已发行 10% 利率的债券 400 万元。该公司打算为一个新的投资项目融资 500 万元，新项目投产后公司每年息税前盈余增加到 200 万元。现有两个方案可供选择：按 12% 的利率发行债券(方案 1)；按每股 20 元发行新股(方案 2)。公司适用所得税率 40%。要求：

(1) 计算每股盈余无区别点。

(2) 计算两个方案的每股盈余，判断哪个方案更好。

解　计算结果如表 7-8 所示。

表 7-8　方案的每股盈余计算表

(单位：万元)

项目	方案 1	方案 2
EBIT	200	200
目前利息	40	40
新增利息	60	0
税前利润	100	160
税后利润	60	96
普通股股数	100(万股)	125(万股)

$$EPS1 = \frac{(EBIT - 100) \times (1 - 40\%)}{100}$$

$$EPS2 = \frac{(EBIT - 40) \times (1 - 40\%)}{125}$$

$$EPS1 = EPS2$$

解出每股盈余无区别点 $EBIT = 340$(万元)。

由于方案 1 每股盈余 $= 60/100 = 0.6$；方案 2 每股盈余 $= 96/125 = 0.77$。方案 2 每股盈余大，故选方案 2。

2. 比较资本成本法

所谓比较资本成本法，就是在有限的方案中，找出加权平均成本最小的方案。这种方法是通过计算不同资本结构的加权平均资本成本，并以此为标准，选择其中加权平均资本成本最低的资本结构。

例 某企业拟筹资规模确定为 6 000 万元，有三个备选方案，其资本结构分别是：方案 A：长期借款 1 000 万元、债券 2 000 万元、股本 3 000 万元；方案 B：长期借款 2 000 万元、债券 2 000 万元、股本 2 000 万元；方案 C：长期借款 3 000 万元、债券 2 000 万元、股本 1 000 万元。相对应的个别资本成本如表 7-9 所示。

表 7-9 各筹资方案的有关资料

筹资方式	方案 A		方案 B		方案 C	
	筹资额(万元)	筹资成本	筹资额(万元)	筹资成本	筹资额(万元)	筹资成本
长期借款	1 000	6%	2 000	6.5%	3 000	7%
债券	2 000	9%	2 000	7.5%	2 000	8%
普通股	3 000	15%	2 000	15%	1 000	15%
合计	6 000		6 000		6 000	

计算各方案的加权平均资本成本（WACC）：

$WACC(A) = 1\,000 \div 6\,000 \times 6\% + 2\,000 \div 6\,000 \times 9\% + 3\,000 \div 6\,000 \times 15\%$
$= 11.5\%$

$WACC(B) = 2\,000 \div 6\,000 \times 6.5\% + 2\,000 \div 6\,000 \times 7.5\% + 2\,000 \div 6\,000 \times 15\%$
$= 9.67\%$

$WACC(C) = 3\,000 \div 6\,000 \times 7\% + 2\,000 \div 6\,000 \times 8\% + 1\,000 \div 6\,000 \times 15\%$
$= 8.67\%$

经过计算比较，方案 C 的资本成本最低，因此选择长期借款 3 000 万元、债券 2 000 万元、普通股票 1 000 万元的资本结构最为可行。

3. 总价值分析法

总价值分析法就是根据资本结构、资本成本与公司价值的关系，确定公司的最佳资本结构。

以上我们以每股收益的高低作为衡量标准对筹资方式进行了选择。这种方法的缺陷在于没有考虑风险因素。从根本上讲,财务管理的目标在于追求公司价值的最大化或股价最大化。然而只有在风险不变的情况下,每股收益的增长才会直接导致股价的上升,实际上经常是随着每股收益的增长,风险也加大。如果每股收益的增长不足以补偿风险增加所需的报酬,尽管每股收益增加,股价仍然会下降。所以,公司的最佳资本结构应当是可使公司的总价值最高,而不一定是每股收益最大的资本结构。同时,在公司总价值最大的资本结构下,公司的资本成本也是最低的。

(1) 公司价值的测算。对于一个公司的价值,目前尚有不同的认识及测算方法,主要有:① 公司价值等于未来净收益的贴现价值;② 公司价值是其股票的现行市场价值;③ 公司价值等于其债务和股票的现值。这里采用第三种观点。按照这种观点,公司的总价值 V 等于债务的现值 B 加上股票的现值 S,即

$$V = B + S$$

式中,为简化起见,设债务(含长期债券和长期借款)现值等于其面值(或本金);S 按股票未来净收益贴现测算:

$$S = \frac{(EBIT - I) \times (1 - T)}{K_S}$$

式中,$EBIT$ 为息税前利润,I 为债务年利息额,T 为公司所得税率,K_S 为股票资本成本。

(2) 公司资本成本的测算。按照上述情况,公司的全部资本由债务和股票组成,公司的加权平均资本成本 $WACC$ 按下列公式测算:

$$WACC = K_D \times D/V \times (1 - T) + K_S \times S/V$$

式中,K_D 为税前的债务资本成本(按债务年利率计算)。

考虑财务风险的影响,股票资本成本采用资产定价模型测算,即

$$K_S = R_F + \beta \times (R_M - R_F)$$

(3) 公司最佳资本结构的测算和推断。

例 某公司财务状况如表 7-10 所示。

表 7-10 公司财务状况资料

息税前利润 $EBIT$	400 万
债务价值 D	200 万
股本成本 K_S	15%
债务成本 K_D	10%
发行股票数 N_0	60 万股
所得税率 T	33%

公司的市场是稳定的,而且公司无增长的意愿,所以将全部收益支付股利,债务由长期债券组成。则公司现在价值是

$$D = 200(万元)$$

$$S = \frac{(400 - 20) \times (1 - 33\%)}{15\%} = 1\,697(万元)$$

$$V = B + S = 200 + 1\,697 = 1\,897(万元)$$

$$WACC = 10\% \times 200/1\,697 \times (1 - 33\%) + 15\% \times 1\,697/1\,897 = 14.13\%$$

如果公司再增加800万债务,然后用新债务回购一些股票,这时公司全部债务的利息率由10%上升到12%(公司不得发行新债偿还旧债),而且股本成本将由15%上升到17%,在EBIT保持不变的条件下:

$$D = 1\,000(万元)$$

$$S = \frac{(400 - 1\,000 \times 12\%) \times (1 - 33\%)}{17\%} = 1\,103(万元)$$

$$V = B + S = 1\,000 + 1\,103 = 2\,103(万元)$$

$$WACC = 12\% \times 1\,000/2\,103 \times (1 - 33\%) + 17\% \times 1\,103/2\,103 = 12.74\%$$

从上计算结果可以看出,增加800万债务,回购一些股票后,企业价值增加,加权平均资本成本减小,故该公司可以改变资本结构。

资本结构决策是企业财务决策中一项比较复杂的工作,虽然在理论上存在一种最佳资本结构,但在实践中很难找到它。不过人们通过对企业运作的现实情况,得出一些经验数据,如西方国家一般认为,企业负债率不应超过50%,否则将使企业潜在的投资者对其投资的安全性产生顾虑,也使实际债权人产生债权难以保证的危机感。因此50%的资产负债率被视为企业负债过度与否的"标准线"。

一个企业在高速扩张时期,如何保持财务状况的健康,是个世界性难题。很多红火一时的企业一朝栽倒,都是倒在这道坎上。如韩国大宇,中国"巨人"。负债过高,如果资金流通顺畅,短期内问题还暴露不出来。一旦环境发生意外的变化,或者银行抽紧资金、清欠、追债、借贷;或者工商衔接出现问题,商家货款回笼速度放慢甚至停滞,企业马上就会陷入财务危机。我们都知道,某家企业一旦陷入财务危机,从来都是祸不单行,必定会引发连锁反应,一连串经营危机、管理危机直至生存危机都将接踵而至,不可抗拒。

一个企业并不一定非得资不抵债时才会破产,国际上通行的破产标准是"企业无力偿还到期债务"。资产负债率过高,恰恰是中国大中型企业几乎无一例外的通病。西方国家企业的负债率一般只有30%~50%,而我们的企业负债率平均高达80%!有的特大型企业甚至从一开始就是100%的负债经营,操作的全部是银行贷款。上市企业因为从股市上圈了不少钱,所以资产状况稍好一些。但用不了两年,从股市上圈来的这些资金,大多数就凝固到了各种莫名其妙的投资项目上,变成了难以流动的不良资产,高负债率又重新拾起。

思考练习题

一、选择题

1. 一般来说,企业资本成本最高的筹资方式是( )。

A. 发行债券　　　B. 长期借款　　　C. 发行普通股　　　D. 发行优先股

2. 某公司负债和权益资本的比例为1∶3,加权平均资本成本为12%,若个别资本成本和资本结构不变,当公司发行25万元长期债券时,总筹资规模的突破点是(　　)。

　　A. 100万元　　　B. 75万元　　　C. 50万元　　　D. 125万元

3. 下列各项中,运用普通股每股利润(每股收益)无区别点确定最优资本结构时,需计算的指标是(　　)。

　　A. 息税前利润　　B. 营业利润　　C. 净利润　　D. 利润总额

4. 假设明年的现金股利预期为每股4.5元,目前股票价格为50元,如果股利增长率为10%,则留存收益的资本成本为(　　)。

　　A. 0　　　B. 10%　　　C. 19%　　　D. 15%

5. 假设所得税率为40%,某公司为其负债支付10%的利息,且自由资金的预期报酬率为15%,资产中有45%为负债融资。此公司的加权平均资本成本为(　　)。

　　A. 10.95%　　　B. 9.67%　　　C. 10.88%　　　D. 12.30%

6. 某公司所有者权益和长期负债比例为5∶4,当长期负债增加量在100万元以内时,资金成本为8%;当长期负债增加量超过100万元时,资金成本为10%,假定资本结构保持不变,则筹资总额分界点为(　　)万元。

　　A. 200　　　B. 225　　　C. 385　　　D. 400

7. 在计算下列各项资金的筹资成本时,需要考虑筹资费用的有(　　)。

　　A. 普通股　　　B. 债券　　　C. 长期借款　　　D. 留存收益

8. 在计算优先股成本时,下列各因素中,不需要考虑的是(　　)。

　　A. 发行优先股总额　　　　　　B. 优先股筹资费率

　　C. 优先股的优先权　　　　　　D. 优先股每年的股利

二、计算题

1. 某公司目前发行在外普通股100万股(每股面值1元),已发行10%利率的债券400万元。该公司打算为一个新的投资项目融资500万元,新项目投产后公司每年息税前盈余增加到200万元。现有两个方案可供选择:按12%的利率发行债券(方案1);按每股20元发行新股(方案2)。公司适用所得税率为25%。

要求:(1) 计算两个方案的每股盈余无区别点息税前盈余。

(2) 计算两个方案的财务杠杆系数。

(3) 判断哪个方案更好。

2. C公司正在研究一项生产能力扩张计划的可行性,需要对资本成本进行估计。估计资本成本的有关资料如下:

(1) 公司现有长期负债:面值1 000元,票面利率12%,每半年付息的不可赎回债券;该债券还有5年到期,当前市价1 051.19元;假设新发行长期债券时采用私募方式,不用考虑发行成本。

(2) 公司现有优先股：面值100元，股息率10%，每季付息的永久性优先股。其当前市价116.79元。如果新发行优先股，需要承担每股2元的发行成本。

(3) 公司现有普通股：当前市价50元，最近一次支付的股利为4.19元/股，预期股利的永续增长率为5%，该股票的贝塔系数为1.2，公司不准备发行新的普通股。

(4) 资本市场：国债收益率为7%；市场平均风险溢价估计为6%。

(5) 公司所得税税率：40%。

要求：(1) 计算债券的税后资本成本。

(2) 计算优先股资本成本。

(3) 计算普通股资本成本。用资本资产价模型和股利增长模型两种方法估计，以两者的平均值作为普通股资本成本。

(4) 假设目标资本结构是30%的长期债券、10%的优先股、60%的普通股，根据以上计算得出的长期债券资本成本、优先股资本成本和普通股资本成本估计公司的加权平均资本成本。

3. B公司为一上市公司，适用的企业所得税税率为25%，相关资料如下：

资料一：2008年12月31日发行在外的普通股为10 000万股（每股面值1元），公司债券为24 000万元（该债券发行于2006年年初，期限5年，每年年末付息一次，利息率为5%），该年息税前利润为5 000万元。假定全年没有发生其他应付息债务。

资料二：B公司打算在2009年为一个新投资项目筹资10 000万元，该项目当年建成并投产。预计该项目投产后公司每年息税前利润会增加1 000万元。现有甲、乙两个方案可供选择，其中，甲方案为增发利息率为6%的公司债券；乙方案为增发2 000万股普通股。假定各方案的筹资费用均为零，且均在2009年1月1日发行完毕。部分预测数据如表7-11所示。

表7-11 甲、乙两个方案的部分预测数据表

项目	甲方案	乙方案
增资后息税前利润(万元)	6 000	6 000
增资前利息(万元)	*	1 200
新增利息(万元)	600	*
增资后利息(万元)	(A)	*
增资后税前利润(万元)	*	4 800
增资后税后利润(万元)	*	3 600
增资后普通股股数(万股)	*	*
增资后每股收益(元)	0.315	(B)

注："*"表示省略的数据。

要求：计算甲、乙两个方案的每股收益无差别点息税前利润，并用EBIT-EPS分析法判断应采取哪个方案，并说明理由。

4. A 公司 2010 年 12 月 31 日资产负债表上的长期负债与股东权益的比例为 40∶60。该公司计划于 2011 年为一个投资项目筹集资金,可供选择的筹资方式包括向银行申请长期借款和增发普通股,公司以现有资金结构作为目标结构。其他有关资料如下:

(1) 如果 A 公司 2011 年新增长期借款在 40 000 万元以下(含 40 000 万元)时,借款年利息率为 6%;如果新增长期借款在 40 000 万~100 000 万元范围内,年利息率将提高到 9%;A 公司无法获得超过 100 000 万元的长期借款。银行借款筹资费忽略不计。

(2) 如果 A 公司 2011 年度增发的普通股规模不超过 120 000 万元(含 120 000 万元),预计每股发行价为 20 元;如果增发规模超过 120 000 万元,预计每股发行价为 16 元。普通股筹资费率为 4%(假定不考虑有关法律对公司增发普通股的限制)。

(3) A 公司 2011 年预计普通股股利为每股 2 元,以后每年增长 5%。

(4) A 公司适用的企业所得税税率为 25%。

要求:(1) 分别计算下列不同条件下的资本成本:① 新增长期借款不超过 40 000 万元时的长期借款成本;② 新增长期借款超过 40 000 万元时的长期借款成本;③ 增发普通股不超过 120 000 万元时的普通股成本;④ 增发普通股超过 120 000 万元时的普通股成本。

(2) 计算所有的筹资总额分界点。

(3) 计算 A 公司 2011 年最大筹资额。

(4) 根据筹资总额分界点确定各个筹资范围,并计算每个筹资范围内的边际资本成本。

(5) 假定上述项目的投资额为 180 000 万元,预计内部收益率为 13%,根据上述计算结果,确定本项筹资的边际资本成本,并作出是否应当投资的决策。

5. 某公司的目标资本结构是 40% 的债务和 60% 的普通股,公司贷款数额在 400 万元以下的,利率 8%;公司贷款数额在 400 万元以上的,利率 12%,所得税率 25%。股票筹资成本为 15%,公司下一年有 A、B、C、D、E、F 六个项目投资额及内部收益率资料(表 7-12),它们属于独立方案,请问应该选择哪些投资项目?

表 7-12 某公司几种不同项目的投资额和内部收益率

项目	A	B	C	D	E	F
投资额(万元)	200	100	300	400	200	300
内部收益率	25%	21%	19%	18%	15%	12%

三、案例讨论题

某公司为适应高科技市场发展的需要,急需筹措 400 万元资金以开发新产品,满足市场发展的要求。公司总经理李总责成财务部门拿出筹资方案,以供董事会研究讨论,作出决定。

财务处长马上召开全体财务人员工作会议,要大家根据公司现有的资金结构状况进行讨论,制定一套最佳筹资方案。于是大家根据企业目前资金结构状况(表 7-13)和对市场的分析预测(见下说明)提供如下三种方案:

表 7-13　企业现有资金结构

筹资方式	金额(万元)
债券	800
普通股	800
合计	1 600

说明:表 7-13 中,债券年利率为 10%,普通股每股面值为 1 元,发行价格 10 元,目前市场价格亦为 10 元,共 80 万股。今年期望股利为每股 1 元,预计以后每年增加股利 5%,该企业所得税率为 15%。

甲方案:增加发行 400 万元的债券,因负债增加,投资者风险加大,债券利率应增至 12% 才能发行,预计普通股股利不变,但由于风险加大,普通股市价会降至每股 8 元。

乙方案:发行债券 200 万元,年利率 10%,发行股票 20 万股,每股发行价为 10 元,预计普通股股利不变。

丙方案:发行股票 36.36 万股,普通股市价增至每股 11 元。

问题探讨:

财务处长责成会计人员小高计算各筹资方案的综合资本成本,并把结果提交李总经理,请问小高将哪个方案提交李总了(假设企业发行多种证券均无筹资费用)?

第八章 变动成本法和杠杆决策

第一节 变动成本法

一、成本习性

成本习性(cost behavior)是指成本总额对业务量总数的依存关系,换句话说,是指成本对业务量变化而表现出来的特性。企业围绕经营目标而展开的一切活动都可称为"业务",对业务的量化表现就是"业务量"。业务量按产销关系分为生产量和销售量,按表现形式则可以分为时间量、实物量和货币量。由于开展业务活动(生产和销售产品),不可避免地要消耗或使用各种资源。如设备、技术、材料、能源、时间、人力、现金支出等;而为一定目的(生产和销售产品)所消耗资源的货币表现就是成本。所以,成本与业务量之间存在着必然的联系。这种联系在数量方面的表现是:只要有业务量就会有成本;业务量大,成本高;业务量小,成本低。如果将业务量视为自变量,成本就是因变量,即业务量的函数。设业务量总数为 x,成本总额为 y,则成本总额对业务量总数的依存关系可以表达为 $y = f(x)$。

企业根据不同的管理需要,用不同的标准来划分成本。常规的分类方法是根据成本发生的领域将其分为生产成本、销售成本和管理成本,再根据具体费用的性质和用途,将生产成本分成直接材料、直接人工、制造费用。但是,这种分类只能满足企业对外报告的需要,不能适应企业进行科学的决策分析和有效的成本控制的需要。因此,必须找出更合适的标准来划分成本,以适应企业自身管理的需要。目前,这个合适的标准就是成本习性。根据成本习性,可将成本划分为以下三类:

1. 固定成本

固定成本是指总额在一定时期和一定业务量范围内不随业务量增减变动而变动的成本。注意,这里指的总额是个相对概念,可以是某一项成本的总额,也可以是若干项成本的合计。总额固定不变,但是单位固定成本(即每一业务量单位负担的固定成本)则是可变的,这种变化与业务量的增减变化成反比。例如,安徽某公司为了生产清洗剂而向某单位租用厂房。租期一年,每月租金 4 000 元。假设每月清洗剂产量为 x(吨),每月租金总额为 a(元),则每吨清洗剂的租金成本为 a/x(元)。它们之间的关系如表 8-1 所示。

表 8-1 每月清洗剂产量与每月租金总额关系表

清洗剂产量 x(吨)	租金总额 a(元)	每吨清洗剂的租金成本 a/x(元)
5	4 000	800
10	4 000	400
15	4 000	266.67
20	4 000	200

这种成本与业务量的关系见图 8-1。

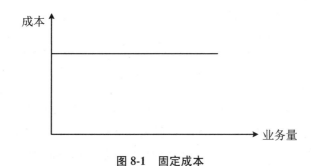

图 8-1 固定成本

2. 变动成本

指其总额在一定时期和一定业务量范围内,随着业务量的增减变动而成正比例增减变化的成本。例如,构成产品实体的各种原材料、生产工人的计件工资等。变动成本的总额因业务量变动而变动,但变动的比例不变,即对单位产品来说,产品产量变动时,它所负担的变动成本总是不变的。这种成本与业务量的关系见图 8-2。

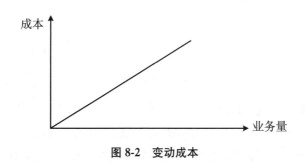

图 8-2 变动成本

3. 混合成本

随业务量变动而变动,但不成比例变动的成本。从成本习性来看,固定成本和变动成本只是两种极端的类型。前者与业务量无关,后者与业务量成正比例变化。实际上,大多数成本与业务量之间的关系介于两者之间。即一方面,它们要随业务量的变化而变化;但另一方面,它们的变化又不能与业务量的变化保持着正比例关系,这就是混合成本。从量本关系角度来分析,混合成本还可进一步分为如下三种:

(1) 半固定成本,亦称阶梯式变动成本。这种成本在一定的业务量范围内其发生额是固定的,当业务量增长到一定限度,其发生额突然跳跃到一个新的水平,然后在业务量增长的一定范围内,其发生额又保持不变;当业务量增长再超出一定范围,它又再跳跃到一个更高的水平,如此重复下去。如检验人员的基本工资、机器设备维修费、购买住房首套房利率优惠、二套房不给优惠、二套以上不给贷款等,都具有这种性质。这种成本与业务量的关系见图8-3。

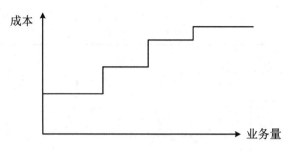

图 8-3 半固定成本

(2) 半变动成本。这种成本通常有一个基数,与业务量的变化无关,这部分半变动成本相当于固定成本;在此基数之上的其余部分,随着业务量的增加,也成正比例地增加,这部分半变动成本相当于变动成本。如水电费、电话费等,一般是由供应单位每月固定一个收费基数,不管企业使用量大小都必须支付,在此基础上再根据用量的大小乘以单价计算支付。半变动成本与业务量的关系见图8-4。

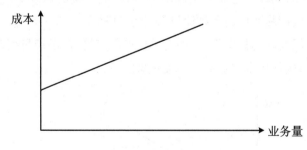

图 8-4 半变动成本

(3) 延期变动成本。这种成本在一定的业务量范围内有一个固定不变的基数,当业务量增长超出了这个范围,它就与业务量的增长成正比例变动。如职工的基本工资,在正常上班的情况下是不变的,当工作时间超出正常水准,则要根据加班时间的长短成正比例地支付加班工资。如电信运营商推出的"手机58元不限流量,可免费通话1 000分钟,超出部分国内主叫每分钟0.1元"套餐。如果消费者选用该套餐,则每月手机费就属于延期变动成本。延期变动成本与业务量(即工作时间)的关系见图8-5。

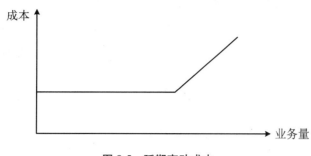

图 8-5　延期变动成本

二、变动成本法

变动成本计算法(简称变动成本法),于 20 世纪 30 年代源于美国。第二次世界大战以后,随着市场竞争的日益激烈,企业管理者对经营活动的预测、决策、规划和控制逐渐加强,对变动成本和固定成本信息的使用频率日益提高,从而使变动成本法不胫而走,在西方发达国家企业广为运用。这种方法自 20 世纪 70 年代末传入我国,在一些企业,主要是机械行业的企业,得到了试点和运用。随着我国会计制度与国际惯例的接轨和企业经营机制的转换,该方法还会得到更为广泛的运用。

1. 变动成本计算法及其理论依据

变动成本计算法,亦称直接成本计算法或边际成本计算法,是指在计算产品及存货成本时,只包括直接材料、直接人工和变动制造费用,不包括固定制造费用(而是将其作为期间成本处理)的一种成本计算方法。运用这种方法,要根据成本习性对各项费用进行分解,将直接材料、直接人工划为变动成本,将制造费用、推销费用和管理费用分解成变动性与固定性两部分,然后设置有关账户,组织核算。期末编制收益表(或利润表)时,将已销产品成本(只含直接材料、直接人工、变动制造费用)、变动销售费用和变动管理费用归为变动成本,将固定制造费用、固定销售费用、固定管理费用归为固定成本,据此计算当期损益。因此,变动成本法所提供的成本数据,是特定会计期间的实际变动成本与固定成本,不是平均值或标准值。

变动成本法与传统的全部成本法(即我国目前采用的制造成本法)相比,主要不同之处就是将固定制造费用列作期间成本处理。其理论依据是:固定制造费用是为企业提供一定的生产经营条件而发生的费用,同产品实际生产量没有数量上的直接联系,不会随产量的增加而增加,也不会随产量的减少而减少。但是,它却随会计期间的到来而发生,随会计期间的消逝而结束,因而它与会计期间有直接联系,当期发生的固定制造费用实际上是当期的期间费用,不应该递延到下一个会计期间。所以,把当期发生的固定制造费用列入期间成本,作为当期实现收益的减除项目,更符合"收益与费用相配合"的会计原则,更能准确地评价企业在当期的经济效益。

2. 变动成本法下的产品成本和利润计算

在变动成本法下的产品生产成本、息税前利润及边际贡献的公式如下:

产品生产成本 = 直接材料 + 直接工资 + 变动性制造费用
息税前利润 = 边际贡献 − 固定成本总额(固定生产成本 + 固定性管理及销售费用)
边际贡献 = 营业收入 − 变动成本总额(变动生产成本 + 变动性管理及销售费用)

三、本量利分析

本量利分析或 CVP 分析(cost volume profit analysis)是对成本、业务量和利润三者之间的相互依存关系所进行的分析。分析的作用在于预测产品(或企业)的保本销售量(额)和实现目标利润的目标销售量(额),规划目标利润,了解经营风险和盈利能力,提供决策依据和控制标准。本量利三者之间的关系可以用损益方程表示,如图8-6所示。

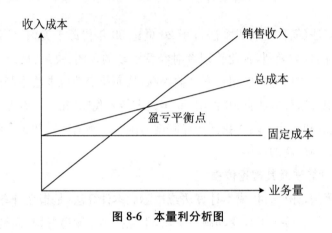

图 8-6 本量利分析图

息税前利润 = 销售收入 − 变动成本 − 固定成本
       = 销售价格 × 销售量 − 单位变动成本 × 销售量 − 固定成本
保本点销售量 = 固定成本 / (单价 − 单位变动成本)
       = 固定成本 / 单位边际贡献
保本点销售额 = 固定成本 / 边际贡献率
边际贡献率 = 单位边际贡献 / 单价 = 边际贡献 / 收入
保利点销售量 = (固定成本 + 目标利润) / (单价 − 单位变动成本)
       = (固定成本 + 目标利润) / 单位边际贡献
保利点销售额 = (固定成本 + 目标利润) / 边际贡献率

有了保本点的概念以后,我们还可以对企业的经营安全性进行分析。利用安全边际来反映企业经营的安全程度。安全边际的计算公式为

安全边际 = 实际(预计)销售量 − 保本点销售量
或 安全边际 = 实际(预计)销售额 − 保本点销售额

根据保本点分析可以看出,只有销售量超过保本点销售量时,超出部分的边际贡献才能给企业带来利润,而超出部分才是安全边际。因此,企业的销售量超过保本点越多,安全边

际就越大,说明企业发生亏损的可能性就越小,企业的经营也就越安全。反之,企业经营的安全性就越差。

衡量企业经营安全程度的相对数指标是安全边际率。其计算公式为

$$\text{安全边际率} = \text{安全边际} / \text{实际(预计)销售量(额)} \times 100\%$$

安全边际率代表了企业在亏损发生之前销售量可以下降的最大幅度。安全边际率越高,企业发生亏损可能性就越小,企业经营的安全程度就越高。表 8-2 列示了西方国家企业评价经营安全程度的经验数据。

表 8-2 企业经营安全检验指标

安全边际率	10%以下	10%~20%	20%~30%	30%~40%	40%以上
安全程度	危险	不安全	较安全	安全	很安全

例 江淮公司只生产销售一种产品,单位产品变动成本 24 元,单价 40 元,全月固定成本 80 000 元,本月预计销售量 9 000 个单位。则

$$\text{保本点销售量} = 80\,000/(40 - 24) = 5\,000(\text{个单位})$$

$$\text{安全边际} = 9\,000 - 5\,000 = 4\,000(\text{个单位})$$

安全边际率 = 4 000/9 000 = 44.44%,说明本月经营是很安全的。

四、影响利润的因素分析

单一产品下,计算利润的公式为

息税前利润 = 销售量 × 单位产品售价 − 固定成本 − 销售量 × 单位产品变动成本

从上述基本关系中可以看出,单位变动成本、固定成本、产品单价、销售量四个因素中任何一个因素发生变化,都可导致企业息税前利润发生变化,但各种因素的变化对利润的影响程度是不相同的。

1. 增加产品销售量

例 某企业上年实现利润 12 000 元,产品售价 19 元,单位变动成本 10 元,固定成本总额 25 000 元,计划年度的目标利润为上年的 1.2 倍。企业为实现目标利润,在其他条件不变的情况下,销售量应达到多少?

$$\text{目标销售量} = \frac{\text{固定成本} + \text{目标利润}}{\text{单位边际贡献}}$$

$$\text{单位边际贡献} = \text{单价} - \text{单位变动成本}$$

$$\text{目标销售量} = \frac{25\,000 + 12\,000 \times (1 + 20\%)}{19 - 10} = 4\,378(\text{件})$$

也就是说,企业要想实现目标利润 14 400 元,产品的销售量应达到 4 378 件。而企业上年实现利润的销售量为(25 000 + 12 000)/(19 − 10) = 4 111 件。销售量变动率为(4 378 − 4 111)/4 378 = 6.1%,利润变动率为 20%,即销售量变动 6.1% 时,利润变动率为销售量变动率的 3.28 倍(20%/6.1%)。

2. 降低单位变动成本

在其他条件不变时,单位产品成本的降低必会有助于目标利润的实现。根据上例资料,假设为实现计划年度目标利润,在其他条件不变时,单位产品变动成本应降低多少?

$$12\,000 \times (1 + 20\%) = 4\,111 \times 19 - 4\,111 \times 单位产品变动成本 - 25\,000$$

$$单位产品变动成本 = 9.41(元)$$

单位产品变动成本降低 0.59(10 - 9.41)元时,可实现 14 400 元的目标利润。单位产品变动成本降低率为 0.59/10 = 5.9%,利润变动率为 20%,即单位产品变动成本降低 5.9% 时,利润变动率为单位产品变动成本降低率的 3.39 倍(20%/5.9%)。

3. 提高产品价格

在其他条件不变时,提高产品单价有助于目标利润实现。但在销售收入增加的同时,在税率不变的情况下也会引起销售税金的增加,这对实现目标利润是不利的,因此在采用提高产品售价来实现目标利润时应进行具体分析。

根据上例资料,假定产品价格可提高,则价格提高到何种水平可以实现目标利润。

$$12\,000 \times (1 + 20\%) = 4\,111 \times 单位产品售价 - 4\,111 \times 10 - 25\,000$$

$$单位产品售价 = 19.58(元)$$

结果表明,产品售价 19 元提高到 19.58 元时可实现目标利润。产品售价变动率为(19.58 - 19)/19 = 3.05%,利润变动率为 20%,即产品售价变动 3.05% 时,利润变动率为产品售价变动率的 6.56 倍(20%/3.05%)。

4. 降低固定成本总额

依据上例资料计算固定成本下降到什么水平时可实现目标利润。

$$12\,000 \times (1 + 20\%) = 4\,111 \times 单位产品售价 - 4\,111 \times 10 - 固定成本$$

$$固定成本 = 22\,599(元)$$

即固定成本降到 22 599 元时,可实现目标利润 14 400 元。固定成本变动率为(25 000 - 22 599)/25 000 = 9.6%,利润变动率为 20%,即固定成本变动 9.6% 时,利润变动率为固定成本变动率的 2.08 倍(20%/9.6%)。

从上面分析可以看出,单价因素对利润的影响最大。

五、提高获利能力的几种对策

提高经营获利能力的途径有很多,除包括实现目标利润的各种对策外,在生产经营过程中作出一系列正确的决策,更是提高经营获利能力的有效途径。

1. 出现亏损产品情况下的正确决策

由于某些原因,企业的某种产品发生了亏损,那么是不是亏损产品就应立即停止生产呢?这要根据具体情况作出正确判断。这要运用量本利分析法来分析亏损产品是否会提供边际贡献。如果亏损产品提供的边际贡献是正值,该亏损产品就应继续生产;如果边际贡献是负值,则应立即停止生产。因为亏损产品虽不能获利,但还可提供边际贡献,即能弥补一定的固定成本支出,如果停止生产亏损产品,将丧失一定量的边际贡献,而固定成本并未因此而减少,因而不应停止生产亏损产品。当然,如果亏损产品停产后,其生产能力可以用于其他方面,并且能提供出比生产亏损产品更多的边际贡献,那就应停止生产亏损产品;否则,就应继续生产。

例 某公司生产甲、乙、丙三种产品,其销售量、成本利润等有关资料如表8-3所示。

表8-3 销售量、成本利润等有关资料

产品 项目	甲	乙	丙
销售量(件)	1 000	500	400
销售单价(元)	20	60	25
单位变动成本(元/件)	9	46	15
固定成本总额(元)	18 000(按各种产品的销售金额比例分配)		

解 根据以上资料分别计算出甲、乙、丙三种产品的盈亏情况,如表8-4所示。

表8-4 甲、乙、丙三种产品的盈亏情况

(单位:元)

产品名称	甲产品	乙产品	丙产品	合计
销售收入总额	20 000	30 000	10 000	60 000
变动成本总额	9 000	23 000	6 000	38 000
边际贡献	11 000	7 000	4 000	22 000
固定成本总额	6 000	9 000	3 000	18 000
利润(亏损)	5 000	(2 000)	1 000	4 000

从表8-4可以看出,生产乙产品亏损2 000元,似乎应该停产。但应注意到,对于固定成本总额18 000元,无论乙产品应否停产都照样发生。若乙产品停产,它所负担的9 000元固定成本就分别转到甲、丙两种产品上。这样企业的利润计算如表8-5所示。

表8-5 企业的利润计算

(单位:元)

产品名称	甲产品	丙产品	合计
销售收入总额	20 000	10 000	30 000
变动成本总额	9 000	6 000	15 000
边际贡献	11 000	4 000	15 000
固定成本总额	12 000	6 000	18 000
利润(亏损)	(1 000)	(2 000)	(3 000)

计算结果表明,停产乙产品失去了7 000元的边际贡献,而固定成本总额不变,从而使企

业从盈利 4 000 元变为亏损 3 000 元。因此,乙产品不宜停产。

2. 是自制还是外购零配件的决策

在专业化协作迅猛发展的现代社会里,一般来讲,企业不可能也没有必要将所有零配件都由自己生产。对于企业既可自制又可以外购的零配件,企业面临的决策是:是外购还是自制?

例 某企业每年需要甲零件 1 000 个,如果外购的话,每个零件的价格是 15 元,如由企业自己生产,可利用企业多余的生产能力,与其他产品一起分摊企业固定成本,否则多余生产能力也不能做其他使用,假设自制甲零件的单位变动成本为 13 元/个,单位固定成本为 3 元/个。问甲零件是应自制还是外购?哪一种方式更有利于提高企业的经营获利能力?

现在利用差量决策法作一简要分析:

$$自制甲零件的成本 = 1\ 000 \times 13 = 13\ 000(元)$$
$$外购甲零件的成本 = 1\ 000 \times 15 = 15\ 000(元)$$

显然,外购的成本要大于自制的成本,成本高,当然利润就减少,结论是甲零件应自制。

值得注意的是,在自制甲零件的成本计算过程中,为什么没有考虑固定成本问题?主要是因为自制是企业利用多余的生产能力。

3. 特殊情况下的定价决策

这里所说的特殊情况主要是指企业有多余生产能力没有被充分利用、市场需求发生特殊变化、企业遇到强劲的竞争对手等三种情况。研究这些特殊情况下的定价问题,对企业来说是十分重要的。

三种特殊情况下的定价决策是:如果企业有多余生产能力,暂时又不能作其他利用,此时临时的订货价格,只要高于单位变动成本,就能给企业带来利益。因为,在固定成本没有变化的情况下增加边际贡献,也就等于增加利润;如果市场上某产品需求突然减少,迫使企业不得不降低销售时,只要价格略高于变动成本就能补偿一部分固定成本,比完全停产损失小些;如果企业遇到较强的对手时,为了提高产品的竞争能力,也可以以变动成本为基础把价格暂定在全部成本以下。只要价格略高于变动成本就能补偿一部分固定成本,比完全停产损失要小些。现举例说明如下。

例 大众电器厂研制生产一种新型电器产品,年生产能力 10 万只,根据市场预测年销售量 7 万只,全年固定成本总额 200 万元,该产品单位变动成本 150 元。该产品单位成本 170 元,单位售价 200 元;现有一信息,一外商愿意试销该产品,订货 3 万只,但提出降价 20%。有人在会议上提出,外商提出的降价幅度太大,不应接受订货。作为决策者是否应考虑接受订货?

从例题的资料中得知,这笔订货的价格高于变动成本 150 元,因此,能给企业带来边际贡献 30(3×10)万元。在不增加固定成本的情况下增加边际贡献,也就等于增加了利润,故应接受这笔订货。

如果按传统方法来分析,接受这笔订货会减少企业利润,因为价格低于单位成本 10(160 - 170)元,3 万只共亏损 30 万元,利润减少 30 万元。这是错误的。下面用总量分析法加以证明。

根据量本利分析中的利润模型可知,接受这笔订货前的利润是
$$P1 = (200 - 150) \times 7 - 200 = 150(万元)$$
而接受这笔订货后的利润是
$$P2 = (200 - 150) \times 7 + (160 - 150) \times 3 - 200 = 180(万元)$$
也就是说,接受这笔订货能增加30万元的利润,因此要接受这笔订货。

第二节 杠杆决策

古希腊数学家阿基米德曾经说过:"给我一个支点,我可以撬起地球。"这是对杠杆效益的最生动表述。在公司理财领域中杠杆效益可以理解为:给我一点资金,我可以推动庞大的制造队伍,创造巨额社会财富。

初创一家公司,尤其是制造业公司时,创始人均会遇到这样两个问题:第一,需要多少资金投入,以及形成多大的产量和销量,才可以使公司有盈利;第二,在既定的资金需求金额下,自己出多少钱、借人多少钱,能够使公司的价值最大。解决这两个问题的过程,实际就是公司领导人怎样确定杠杆支点的决策过程。支点确定得越好,杠杆效益就越大。

根据以上所说的两种情况,杠杆效益可以分解为三个:经营杠杆效益和财务杠杆效益,以及对前两者兼用的复合杠杆效益。

一、杠杆分析的基本假定

杠杆分析是企业财务管理人员在进行财务分析时经常运用的工具。杠杆分析所用的资料大都来自企业的利润表。为计算和分析方便,做以下假定:

(1) 企业仅销售一种产品,并且价格不变。
(2) 商品经营成本中包括变动成本和整个会计期间内发生的固定成本。
(3) 企业对所有债务都要支付利息。
(4) 企业对所有发行在外的优先股都要支付股利。

二、营业杠杆

固定成本不变作为支点,在一定的固定成本下,企业的销售额越高,公司盈利越大;反之销售额越低,公司盈利越少。由于固定成本并不随产品销量的增加而增加,在一定的产销规模内,随着销量的增长,单位销量所负担的固定成本会相应减少,从而给企业带来额外的利润。当销售额(量)增加时,单位销售量负担的固定成本减少,单位销售量提供利润增加,使

销售量变动带来息税前利润成倍变动,这种现象称为营业杠杆现象。

经营风险,又称营业风险,是与经营活动相关的风险组合,这里主要介绍利用经营杠杆而导致息税前利润(EBIT)下降的风险。由于固定成本无弹性可言,不随产销量变动而变化,一旦由于某种经营原因,市场销售量下降,则单位产品应负担的固定成本迅速提高,使息税前利润相比较销售量而言,以更快的速度下降,从而给公司带来营业风险,可见营业风险在一定程度上对公司的筹资能力和偿债能力产生影响。

一家企业的固定成本高低,主要取决于该企业的营业性质。如一家发电厂的固定成本显然高于一家杂货店的固定成本,而一家投资银行的固定成本会远远低于一家钢铁企业的固定成本。但是,对于一家经营性质已经确定的企业来说,可能有不同的生产方案供其选择。与之相关的是有不同设备投入,从而就有不同的固定成本。这时,如何选择正确的方案,使企业达到尽可能高的收益,就是十分重要的问题。经营杠杆效益所要讨论的问题是:不同水准的固定成本会在多大程度上影响企业的盈利以及企业的经营风险。

营业杠杆的大小用营业杠杆度(DOL)表示,营业杠杆度的公式为

$$营业杠杆度(DOL) = \frac{息税前利润变动率}{销售量变动率} = 1 + \frac{固定成本}{基期息税前利润} = \frac{基期边际贡献}{基期息税前利润}$$

营业杠杆度越大,则获取杠杆收益就越大,但为此承担的营业风险就越高。从营业杠杆度公式可清楚地看到,当固定成本在产品成本费用中所占比重较大时,营业杠杆度较高;而当固定成本较低时,营业杠杆度较低;当无固定成本时,营业杠杆程度为1。

例 ABC公司固定成本总额为180万元,产品的变动成本率为60%,当销售额为1 000万元时,可计算出营业杠杆度(变动成本总额=销售额×变动成本率):

营业杠杆程度 = 1 000×(1 − 60%)/[1 000×(1 − 60%) − 180] = 1.82

以上计算说明,当公司销售额增长100%时,息税前利润增长幅度为182%。在具体分析时,要借助同行业的平均指标来作为参照物,同时不同行业、不同公司经营风险是不同的,如计算机等高科技产品,由于其固定费用占相当大比重,经营风险往往比劳动密集型的纺织行业要大得多,毫无疑问,两者的经营杠杆程度有很大差别,当然就没有可比性。

经营杠杆是指由于固定成本的存在,使业务量的微量变化所引起的经营利润(息税前利润)的大幅度变化的现象。在我们的日常生活中常常发生"四两拨千斤"现象,此种杠杆现象在我们的企业经营管理中同样存在,即只要企业存在固定成本这一支撑点,则企业业务量的微量变化就会引起企业营业利润的大幅度变化。这是由固定成本总额不受业务量变化影响而固定不变这一特性所决定的。由此可以看出,当企业的业务量、产品价格、单位产品变动成本等变量相同或变化不大的情况下,企业盈利能力的大小则完全取决于公司的成本结构。企业的固定成本占总成本的比例越大,则企业的经营风险也就越大;反之亦然。经营杠杆对企业利润的作用方向有两种:正向(积极性作用)或反向(消极性作用)。如果业务能保证增长趋势,则企业可以利用积极的杠杆作用来提高企业的盈利水平;相反,当企业的业务量不能保持增长势头,而是趋于减少时,则经营杠杆的作用将使企业利润大幅度下降。经营杠杆可谓是一把双刃剑,用得好会使企业得益,用得不好则将使企业受损。这就是资本密集型企

业经营风险大于劳动密集型企业的原因所在。

那么如何控制和把握企业的经营风险,使经营杠杆能够发挥趋利避害的作用呢?基本思路可以从利润的基本计算公式中得出,

$$经营利润 = 业务量×(单价-单位变动成本)-固定成本$$

从利润计算公式可以看出,公式中的单价、单位变动成本、固定成本基本上是一个常量或准常量,公式的唯一变量是业务量。因此,企业控制经营风险的基本思路主要为:① 把握业务量;② 控制变动成本;③ 控制固定成本。亦即"做饼"①和"分饼"②③两种基本思路。所谓"做饼"的思路就是在企业作出投资决策之后,企业成本结构一定的前提下,如何通过做大企业业务量或使业务量保持持续增长势头,充分可以利用经营杠杆的积极作用来提高企业的经营利润水平;而"分饼"思路则是在企业进行投资决策之前,企业如何根据业务发展趋势谨慎选择相应成本结构的投资项目,通过成本结构的选择来化解公司的经营风险。

1. 营业杠杆度特征

(1) 只要固定成本不为 0,营业杠杆现象总存在。

(2) 在固定成本不变下,营业杠杆度说明销售量(额)增长(减少)所引起息税利润增长(减少)幅度。

(3) 营业杠杆度越大,经营风险越大。

(4) 营业杠杆度在盈亏临界点前递增,盈亏临界点后递减,在盈亏临界点最大。

2. 营业杠杆度应用

(1) 预测销售量(额)变动对利润的影响。

$$预测利润 = 基期利润×(1+销售量变动率×营业杠杆度)$$

(2) 预测为实现目标利润应采取的销售量措施。

$$预计销售量变动率 = 息税前利润变动率/营业杠杆度$$

(3) 利用营业杠杆度判断经营风险。

三、财务杠杆

一般地讲,企业在经营中总会发生借入资金。公司一定时期利息支出的多少取决于公司资本结构的安排。在资本结构一定的情况下,利息相对固定,经营者如能提高资金回报率,增加公司的息税前利润,则每 1 元息税前利润负担的利息就会相对降低,就能给公司所有者带来额外收益。简单地说,就是当公司投入资本的息税前收益率大于借入资本的利率时,借入资本就有利,因为借入资本在公司创造的收益中扣除其成本后尚有余额,该余额增加了公司所有者的收益。

当利息费用不变作为支点时,息税前利润增长使单位息税前利润负担利息减少,单位息税前利润提供每股盈余增加,使息税前利润变动带来每股盈余成倍增长,这种现象称为财务杠杆现象。

财务风险,亦称融资风险,是与公司融资政策相关联的风险组合,主要是指公司利用财

务杠杆可能导致公司所有者收益下降的风险。由于利息的足额及时支付性的要求,一旦出现某种经营风险,使息税前收益下降,则单位息税前收益所负担的利息急剧提高,从而导致每股收益的下降,使所有者利益大幅度受损。可见,与营业杠杆影响息税前利润不同,财务杠杆影响的是公司的税后利润。

财务杠杆的大小用财务杠杆度(DFL)表示,财务杠杆度的公式为

$$财务杠杆度(DFL) = \frac{每股盈余变动率}{息税前利润变动率} = \frac{基期息税前利润}{基期息税前利润 - 利息}$$

例 假设 ABC 公司息税前收益为 220 万元,该期公司负担的利息为 80 万元,可据以计算财务杠杆度:

$$财务杠杆度 = 220/(220 - 80) = 1.57$$

计算表明:当 ABC 公司息税前收益增长 100% 时,公司普通股每股利润将增长 157%,而公司息税前收益降低 100% 时,普通股每股利润将降低 157%。分析时,同样需注意不同行业财务风险的差别。

在公司需支付优先股股利的情况下,分析者也可以在计算财务杠杆程度指标中作出反应。由于优先股股利是税后支付的,需调整至税前,以保证与利息支付基础相一致。计算公式为

$$财务杠杆度 = \frac{基期息税前利润}{基期息税前利润 - 利息 - 支付的优先股股利/(1 - 公司所得税率)}$$

1. 财务杠杆度特征

(1) 只要利息不等于零,财务杠杆现象存在。

(2) 利息不变,财务杠杆度说明息税前利润变动所引起的每股盈余变动的幅度。

(3) 财务杠杆度越大,财务风险越大。

2. 财务杠杆度应用

(1) 预测息税前利润变动对每股盈余的影响。

$$预测每股盈余 = 基期每股盈余 \times (1 + 息税前利润变动率 \times 财务杠杆度)$$

(2) 预测实现目标每股盈余应采取的息税前利润措施。

$$预计息税前利润变动率 = \frac{预计每股盈余变化率}{财务杠杆度}$$

(3) 判断财务风险大小。

四、总杠杆

从前述分析可知,营业杠杆是通过扩大销售影响息税前利润;而财务杠杆则是通过扩大税息前利润影响每股利润。两者最影响到普通股的收益。如果企业同时利用营业杠杆和财务杠杆,这种影响就会更大;同时总的风险也更高。

营业杠杆与财务杠杆的联合作用,称为总杠杆。对于营业杠杆和财务杠杆的综合程度,即总杠杆的大小用总杠杆度(DTL)表示,总杠杆度公式为

$$总杠杆度(DTL) = \frac{息税前利润变动率}{销售额变动率} \times \frac{每股盈余变动率}{息税前利润变动率} = DOL \times DFL$$

总杠杆度实质是经营杠杆度与财务杠杆度的乘积,即

$$总杠杆度 = 经营杠杆度 \times 财务杠杆度$$

例 某企业销售额为 1 000 万元,变动成本总额为 400 万元,固定成本总额为 400 万元,利息费用为 80 万元,则总杠杆系数为

$$基期边际贡献 = 1\,000 - 400 = 600(万元)$$
$$基期息税前利润 = 600 - 400 = 200(万元)$$
$$总杠杆度 = 经营杠杆度 \times 财务杠杆度$$
$$= 600/200 \times [200/(200-80)]$$
$$= 3 \times 1.667 = 5$$

这就是说,在本例中,企业的业务量每增减 1%,每股收益增减 5%,因此业务量有一个比较小的增长每股收益便会大幅度增长。

从以上分析可以看到,在总杠杆的作用下,当企业销售上升时,每股收益会大幅度上升;当企业销售下降时,每股收益会大幅度下降。企业总杠杆系数越大,每股收益的波动幅度越大。由总杠杆作用使每股收益大幅度波动而造成的风险,称为总风险。在其他因素不变的情况下,总杠杆系数越大,总风险越大;总杠杆系数越小,总风险越小。

在实际中,企业对经营杠杆和财务杠杆的运用,可以有各种不同的组合。有时即使两者组合不同,也能产生相同的总杠杆系数。这就需要企业在综合考虑有关因素后作出具体的选择。

总杠杆度应用:

(1) 估计销售额变动对每股盈余变动的影响。

$$普通股每股盈余变动率 = 销售变动率 \times 总杠杆度$$

(2) 预测实现目标每股盈余应采取的销售措施。

$$预计普通股每股盈余 = 基期普通股每股盈余 \times (1 + 销售变动率 \times 总杠杆度)$$

(3) 判断企业总风险大小。

(4) 为了某一总杠杆度,营业杠杆与财务杠杆可以有多种组合。

一个企业的杠杆越高,无论是财务杠杆还是经营杠杆,那么当企业销售量下降时企业的损失就越多。当两种杠杆都存在时,情况就变得更加复杂。这表示当公司销售量受到威胁时,有杠杆的公司反应会更激烈。

日本的企业以竞争激烈而著名,其中有一些企业倾向于高杠杆。商业信贷在日本来说相对比较容易,一般来说,公司采取的债务是美国公司的两到三倍。即采取高杠杆融资。企业也将焦点放在扩大企业规模提高工厂自动化,降低单位成本上。这意味着日本企业采取高固定成本和相应较高的经营杠杆。除了这些因素,日本文化也和这种高杠杆相对应。日本的雇佣制是终身制的,当经营情况不好时,企业不能随意解雇员工,因此,人工,这个传统上的变动成本,在日本也变成了固定成本,这会使经营杠杆进一步提高。总之,这些因素都

使得日本公司的总杠杆度特别地高。

思考练习题

一、选择题

1. 某公司经营风险较大，准备采取系列措施降低杠杆程度，下列措施中，无法达到这一目的的是（　　）。

　　A. 降低利息费用　　　　　　　　B. 降低固定成本水平
　　C. 降低变动成本　　　　　　　　D. 提高产品销售单价

2. 某产品预计单位售价12元，单位变动成本8元，固定成本总额120万元，适用的企业所得税税率为25%。要实现750万元的净利润，企业完成的销售量至少应为（　　）万件。

　　A. 105　　　　B. 157.5　　　　C. 217.5　　　　D. 280

3. 某公司的经营杠杆系数为1.8，财务杠杆系数为1.5，则该公司销售每增长1倍，就会造成每股收益增加（　　）。

　　A. 1.2倍　　　　B. 1.5倍　　　　C. 0.3倍　　　　D. 2.7倍

4. 某企业只生产一种产品，该产品的单位变动成本为6元，固定成本总额为5 000元，企业确定的目标利润为4 000元，产品售价为15元。则要实现目标利润，该产品的销售量最少应达到（　　）件。

　　A. 556　　　　B. 444　　　　C. 600　　　　D. 1 000

5. 某企业只生产一种产品，月计划销售600件，单位变动成本6元，月固定成本1 000元，欲实现利润1 640元，则单价应为（　　）元。

　　A. 16.40　　　　B. 14.60　　　　C. 10.60　　　　D. 10.40

6. C公司的固定成本（包括利息费用）为600万元，资产总额为10 000万元，资产负债率为50%，负债平均利息率为8%，净利润为800万元，该公司适用的所得税税率为20%，则经营杠杆系数是（　　）。

　　A. 1.43　　　　B. 1.2　　　　C. 1.14　　　　D. 1.08

7. 某企业某年的财务杠杆系数为2.5，息税前利润（EBIT）的计划增长率为10%，假定其他因素不变，则该年普通股每股收益（EPS）的增长率为（　　）。

　　A. 4%　　　　B. 5%　　　　C. 20%　　　　D. 25%

二、计算题

1. 某公司2015年简化利润表如表8-6所示。

表 8-6　某公司 2015 年简化利润表

（单位：万元）

销售额	500
变动成本	240
固定成本	130
EBIT	130
利息	30
税前利润（EBT）	100
所得税（25%）	25
税后利润（EAT）	75

要求：(1) 营业杠杆度、财务杠杆度、总杠杆度。

(2) 如果销售额增加 20%，税后利润增加多少？

2. 大华工厂生产甲产品，现在年销售量为 100 件，但企业的生产能力为 150 件，闲置 50 件的生产能力。企业甲产品的正常售价为 20 元，单位变动成本为 12 元，固定成本总额为 400 元，单位固定成本为 4 元，单位成本为 16 元。现在有客户前来洽谈业务，要以 15 元/件的价格采购 40 件产品，问是否接受这笔业务？

3. A 公司是一个生产和销售通信器材的股份公司。假设该公司适用的所得税税率为 40%。对于明年的预算出现三种方案：

第一方案：维持目前的生产和财务政策。预计销售 45 000 件，售价为 240 元/件，单位变动成本为 200 元，固定成本为 120 万元。公司的资本结构为 400 万元负债（利息率 5%），普通股 20 万股。

第二方案：更新设备并用负债筹资。预计更新设备需投资 600 万元，生产和销售量不会变化，但单位变动成本将降低至 180 元/件，固定成本将增加至 150 万元。借款筹资 600 万元，预计新增借款的利率为 6.25%。

第三方案：更新设备并用股权筹资。更新设备的情况与第二方案相同，不同的只是用发行新的普通股筹资。预计新股发行价为每股 30 元，需要发行 20 万股，以筹集 600 万元资金。

要求：(1) 计算三个方案下的每股收益、经营杠杆、财务杠杆和总杠杆。

(2) 计算第二方案和第三方案每股收益相等的销售量。

(3) 计算三个方案下，每股收益为零的销售量。

(4) 根据上述结果分析：哪个方案的风险最大？哪个方案的报酬最高？如果公司销售量下降至 30 000 件，第二和第三方案哪一个更好些？请分别说明理由。

三、案例讨论题

某电冰箱厂连续两年亏损，厂长召集有关部门的负责人会议研究扭亏为盈的办法。会议要点如下：

　　厂长：我厂去年亏损 500 万元，比前年更糟，银行对连续三年亏损企业将停止贷款，如果今年不扭亏为盈，企业贷不到款，将被迫关闭。

　　销售处长：问题的关键是我们以每台冰箱 1 600 元的价格出售，而每台冰箱成本 1 700 元，如果提高售价，面临竞争，冰箱卖不出去，出路只有降低成本，否则，销售越多，亏损越多。

　　生产处长：我不同意。每台冰箱制造成本只有 1 450 元，我厂的设备和工艺是国内最先进的，技术力量强，熟练工人多，控制物耗成本的经验得到行业学会的肯定与表扬。问题在于生产线的设计能力是年产 10 万台，而因为销路打不开，去年只生产 4 万台，所销售的 5 万台中，还有 1 万台是前年生产的。由于开工不足，内部矛盾增加，人心已经涣散。

　　厂长：成本到底是怎么回事？

　　财务处长：每台冰箱的变动生产成本是 1 050 元，全厂固定制造费用总额是 1 600 万元，销售和管理费用总额 1 250 万元。我建议，生产部门满负荷生产，通过扩大产量来降低单位产品负担的固定制造费用。这样，即使不提价、不扩大销售也能使企业扭亏为盈，度过难关。为了减少将来的风险，今年追加 50 万元来改进产品质量，这笔费用计入固定制造费用；再追加 50 万元做广告宣传，追加 100 万元做职工销售奖励。

　　问题探讨：

　　(1) 去年亏损 500 万元是如何计算的？

　　(2) 如果采纳财务处长意见，今年能盈利多少？

第九章 股利分配决策

第一节 股利分配的概念和顺序

一、股利分配的概念

股利分配是指公司制企业向股东分派利润,是企业利润分配的一部分。按我国《公司法》规定,公司利润分配的项目包括以下两个部分:

(1) 盈余公积金。盈余公积金是从税后净利润中提取的,用于弥补公司亏损、扩大公司生产经营或转增公司资本。盈余公积金分为法定公积金和任意公积金。公司分配当年税后利润时,应当按10%的比例提取法定公积金;但公司法定公积金累计额达到公司注册资本50%时,可不再提取。公司从税后利润中提取法定公积金后,经股东会或者股东大会决议,还可以从税后利润中提取任意公积金。

(2) 股利。公司向股东(投资者)支付股利(分配利润)要在提取盈余公积金之后。公司弥补亏损和提取法定公积金后所余税后利润,有限责任公司股东按照实缴的出资比例分取红利,公司新增资本时,股东有权优先按照实缴的出资比例认缴出资。但是,全体股东约定不按照出资比例分取红利或者不按照出资比例优先认缴出资的除外。股份有限公司按照股东持有的股份比例分配,但章程规定不按持股比例分配的除外。股份有限公司原则上应从累计盈利中分派,无盈利不得支付股利,即所谓"无利不分"原则。但如果公司用盈余公积金抵补亏损后,为维持其股票信誉,经股东大会特别决议,也可用盈余公积金支付股利,不过留存的法定公积金不得低于注册资本的25%。

二、利润分配顺序

根据我国《公司法》规定,公司利润分配应该按下列顺序分配:

(1) 弥补亏损。《公司法》规定公积金不足以弥补公司前期亏损的,应先用当期利润弥补亏损,弥补亏损后即可得出本年累计盈利或亏损;如为累计亏损,则不能进行后续的分配。

(2) 计提法定盈余公积金。经计算有本年盈利的,按抵减年初累计亏损后的本年净利润计提法定盈余公积金。提取法定盈余公积金的基数,不是累计盈利,也不一定是本年的税后利润。只有在不存在年初亏损的情况下,才能按本年税后利润计算提取。这样规定的目的在于不能用资本发放股利和提取盈余公积金。

(3) 计提任意公积金。公司从税后利润中提取法定公积金后,经股东会或者股东大会决议,还可以从税后利润中提取任意公积金。

(4) 向股东(投资者)支付股利(分配利润)。公司股东会或董事会违反上述利润分配顺序,在抵补亏损和提取法定盈余公积金之前向股东分配利润的,必须将违反发放的利润退还公司。

三、股利支付方式

股利支付方式有多种,常见的有以下几种:

1. 现金股利(cash dividend)

现金股利是以现金支付的股利,它是股利支付的主要方式。公司支付现金股利除了要有累计盈余(特殊情况下可用弥补亏损后的盈余公积金支付)外,还要有足够的现金,因此公司在支付现金股利前需筹备充足的现金。支付现金股利,公司未分配利润减少,股东权益相应减少。在股本不变的前提下,这样一种股利分派方式会直接降低每股净资产值,提高净资产收益率。

2. 财产股利(property dividend)

财产股利是以现金以外的资产支付的股利,主要是以公司所拥有的其他企业的有价证券,如债券、股票,作为股利支付给股东。

3. 负债股利(debt dividend)

负债股利是公司以负债支付的股利,通常以公司的应付票据交付给股东,不得已情况下也有发行公司债券抵付股利的。财产股利和负债股利实际上是现金股利的替代。这两种股利方式目前在我国公司实务中很少使用,但并非法律所禁止。

4. 股票股利(stock dividend)

股票股利是公司以增发的股票作为股利的支付方式。

例 长江公司 2019 年年末发放股票股利前的所有者权益及有关资料如表 9-1 所示。

表 9-1 长江公司 2019 年年末发放股票股利前的所有者权益

股本 1 000 万股(每股面值 1 元)	1 000 万
资本公积	200 万
盈余公积	300 万
未分配利润	3 500 万
所有者权益合计	5 000 万
每股市价	20 元
净利润	800 万

按每10股送1股的比例(市价计价),发放股票股利,发放股票股利后所有者权益及有关资料如表9-2所示。

表9-2 发放股票股利后所有者权益

股本1 100万股(每股面值1元)	1 100万
资本公积	2 100万
盈余公积	300万
未分配利润	1 500万
所有者权益合计	5 000万
每股市价	18.18元
净利润	800万

从以上资料可以看出:股票股利并不直接增加股东财富,不导致公司资产的流出或负债的增加,所有者权益项目总额不变,但引起所有者权益项目的结构发生变化。

因此,发放股票股利对公司的意义有:

(1) 发放股票股利,公司不需动用企业现金,留下现金可用于再投资,有利于公司的长期发展。

(2) 发放股票股利,降低股价,有利于吸引更多的投资者。

(3) 发放股票股利,增加股份,向社会传递公司将会继续发展的信息,从而提高投资者对公司的信心,在一定程度上稳定股票价格。

(4) 发放股票股利的费用比发放现金股利的费用大,会增加公司的负担。

那么,发放股票股利对股东有什么影响呢?接上例,假定某股东发放股票股利前持有10万股,持股比例为1%(10/1 000),持股价值10万×20=200(万元)。发放股票股利后,该股东持有11万股,持股比例仍为1%(11/1 100),持股价值11万×18.18=200(万元)。

从以上资料可以看出,股票股利不改变股东持股比例和持股价值。因此,发放股票股利对股东的意义有:

(1) 发放股票股利后,再发放现金股利,股东因持股增加获更多的股利。

(2) 发放股票股利后,股价不成比例下降,使股东得到相对上升的股价带来的好处。

(3) 发放股票股利认为是公司成长型的标志,有利稳定股价。

(4) 由于资本利得税小于股利所得税,股东出售股票获得更多的收益。

【案例9-1】 欧普康视上市后股利支付情况

欧普康视自2017年1月17日在深圳证券交易所创业板公开发行上市,各年股利分派情况如表9-3所示。公司大股东陶先生由最初的持有25 776 561股,占50.54%股份,通过多年的转送股,截至2020年12月31日,陶先生持股数达到224 133 356股。

表9-3 欧普康视上市后股利支付情况

年度	转送股（每10股）	现金分红（每10股）
2017	8	3.5
2018	8	2.1
2019	8	1.4
2020	5	1
2021	4	2.05

四、股票分割

股票分割（stock split）是指将面额较高的股票交换成面额较低的股票。如原来的一股交换成两股。股票分割不属于某种股利，但其所产生的效果与发放股票股利十分相近。

就会计而言，股票分割对企业的财务结构不会产生任何影响，一般只会使发行在外的股数增加、每股面值降低，并由此使每股市价下跌，而资产负债表中股东权益各账户的余额都保持不变，股东权益合计数也维持不变。

假设上述公司决定实施一股换两股的股票分割计划以代替10%的股票股利，股票的市场公平价格从每股1元降到每股0.5元，每一位股东都会收到新的股票。股票分割前后的资本结构见表9-4。

表9-4 股票分割前后的资本结构

（单位：万元）

股票分割前		股票分割后	
普通股（1 000 000股，每股1元）	100	普通股（2 000 000股，每股0.5元）	100
资本公积	100	资本公积	100
留存收益	500	留存收益	500
股东权益合计	700	股东权益合计	700

股票分割对股票市场的影响和股票股利的影响相同。股票分割没有增加股东的现金流量；都使流通在外的普通股增加，降低股价，吸引更多的投资者，都没有改变股东权益总额。

就公司管理当局而言，实行股票分割的主要目的和动机是：第一，降低股票市价。一般来说，股票价格过高，不利于股票交易活动。通过股票分割降低股价，使公司股票更广泛地分散到投资者手中。第二，为新股发行做准备。股票价格过高使许多潜在投资者因力不从心而不敢轻易对公司股票进行投资。在新股发行之前，利用股票分割降低股票价格，有利于提高股票的可转让性和促进市场交易活动，由此增加投资者对股票的兴趣，促进新发行股票的销售。第三，有助于公司兼并、合并政策的实施。当一个公司兼并或合并另一个公司时，首先将自己的股票加以分割，可提高对被兼并方股东的吸引力。如假设甲企业准备通过股票交易实施对乙企业的兼并。设甲、乙两企业目前股票市场价格分别为50元和5元,根据对对方企业价值的分析,甲企业管理当局认为以1∶10的交换比率(即10股乙股票换1股甲股票)对于双方都是合理的。但1∶10可能会使乙企业的股东心理上难以承受。为此,甲企业决定先按1股变5股对本企业的股票进行分割,然后再按1∶2的交换比率实施对乙企业的兼并。尽管实质并未改变,但1∶2的交换比率更易于为乙企业的股东所接受。

五、股票回购

股票回购(stock repurchases)是指上市公司从股票市场上购回本公司一定数额的发行在外的股票。公司在股票回购完成后可以将所购股票注销,也可以作为"库存股"保留,但不参与每股收益的计算和分配。如果一家公司有过剩现金而没有足够的有利投资机会来使用这些资金,可采用回购股票政策进行分配。

例 某公司普通股的每股收益、每股市价等资料如表9-5所示。

表9-5 公司普通股的每股收益、每股市价

税后利润	2 000 000 元
流通股数	500 000 股
每股盈余(2 000 000 元÷500 000 股)	4 元
每股市价	60 元
市盈率(60元÷4元)	15

假定公司准备从盈余中拨出1 500 000元发放现金股利,通过计算可知,每股可得股利3元(1 500 000元÷500 000股),那么每股市价将为63元(原市价60元+预期股利3元)。

若公司改将1 500 000元以每股63元的价格回购股票,可购得23 810股,那么每股盈余将为

$$EPS = 2\,000\,000 \text{元} \div (500\,000 \text{股} - 23\,810 \text{股}) = 4.2(\text{元})$$

如果市盈率仍为15,股票回购后的每股市价将为63元(4.2元×15)。这同支付现金股利后的每股市价相同。或者说,公司不论采取支付现金股利的方式还是股票回购的方式,分配给股东的每股现金都是3元。

股票回购的意义主要是从公司的角度来讲的,对于公司来说,股票回购有以下几方面的意义:

(1) 股票回购可改变公司的资本结构,加大负债的比例,在经营状况良好的下,可发挥财务杠杆的作用。

(2) 公司拥有回购的股票可用来交换被收购或被兼并公司的股票,减少公司的现金支出,也可用作对职工的奖励发放等。

(3) 满足可转换条款和有助于认股权的行使。在公司发行可转换债券或附认股权证券的情况下,公司通过回购,即可使用库藏股票来满足持有人行使权利,而不必发行新股。

(4) 当公司拥有多余资金而又没有把握长期维持高股利政策时,以股票购回的方式将多余资金分给股东,可避免过大的股利波动。

(5) 公司拥有回购的股票,还可以在需要现金时将其库藏股重新售出。

对于股东来说股票回购与发放现金股利没太大的影响,是否有利还要具体分析股东所在国度的税收政策以及其他因素的影响程度。一般来说,回购股票提高每股收益,使股价上升,使得股东出售股票所获的资本利得大于股利收入;巩固股东既定的控制权或转移公司控制权。

回购股票的缺点是:背离公司与股东原本具有的法律含义;现金股利对股价可能有更好的正面作用;购买股票的代价太高而对剩下股东不利;卖出股票的股东无法理解公司回购股票的真实意图。

我国《公司法》规定,公司不得收购本公司股份。但是,有下列情形之一的除外:

(1) 减少公司注册资本。

(2) 与持有本公司股份的其他公司合并。

(3) 将股份奖励给本公司职工。

(4) 股东因对股东大会作出的公司合并、分立决议持异议,要求公司收购其股份的。

按(1)项规定收购的本公司的股票,必须在10日内注销。属于第(2)项、第(4)项情形的,应当在六个月内转让或者注销。属于第(3)项规定收购的本公司股份,不得超过本公司已发行股份总额的百分之五;用于收购的资金应当从公司的税后利润中支出;所收购的股份应当在一年内转让给职工。

【案例9-2】 江淮汽车股票回购

2012年9月13日晚,鉴于江淮公司近期股价持续低迷,无论市盈率还是市净率均处于历史较低水平,江淮汽车董事会公告了其回购预案,公司拟以自有资金最高不超过3亿元回购公司股份,拟在上海证券交易所集中竞价交易方式回购股份,回购价格不超过每股5.2元。江淮汽车预计本次回购的股份约为5 769.23万股,占公司股本4.48%。具体回购股份的数量以回购期满时实际回购的股份数量为准。

江淮公司于2012年10月12日召开的2012年第五次临时股东大会审议通过了《关于以集中竞价交易方式回购本公司股票的议案》,公司回购方案的基本情况如下:① 回购股份的方式。回购股份的方式为上海证券交易所集中竞价交易方式。② 回购股份的用途。回购的股份将注销,从而减少注册资本。③ 回购股份的价格区间。公司本次回购价格不超过每股5.20元,即以每股5.20元或更低的价格回购股票。④ 拟用于回购的资金总额及资金来源。用于回购的资金总额最高不超过人民币3亿元,资金来源为自有资金。⑤ 拟回购股份的种类、数量及占总股本的比例。回购股份的种类为本公司发行的A股股票,在回购资金总额不超过人民币3亿元、回购股份价格不超过5.20元的条件下,预计回购股份约5 769.23万股,占公司总股本约4.48%,具体回购股份的数量以回购期满时实际回购的股份数量为准。⑥ 回购股份的期限。自股东大会审议通过本回购股份方案之日起12个月内。⑦ 股份注销安排。经公司申请,公司将于 2013 年 10 月 17 日在中国证券登记结算有限责任公司注销所回购股份,并及时注销回购专用证券账户和办理工商变更登记手续等相关事宜。

2012 年 11 月 6 日江淮汽车披露《安徽江淮汽车股份有限公司回购报告书》,并于当日首次实施了回购。首次回购了 30.5 万股股票,2013 年占公司总股本的 0.02%,购买的最高价为 5.19 元/股,最低价为 5.15 元/股,支付总金额约为 157.87 万元。由于回购后股价上升超过 5.2 元/股,江淮汽车就停止了股票回购。

2013 年"3·15"期间,江淮汽车旗下同悦车型,被媒体曝光存在安全隐患,车身出现不同程度的锈蚀。随后,事件引起了股价的异动,3 月 18 日,江淮汽车股价大幅下滑,最终以跌停收报。为了稳定投资者,江淮汽车在召回汽车的同时,2013 年 4 月 2 日,江淮汽车再度发布公告,宣布启动股票回购计划。截至 2013 年 9 月 30 日,公司回购股数量为 3 830 809 股,占公司总股本的比例约为 0.3%,购买的最高价为 5.20 元/股,最低价为 5.02 元/股,支付总金额约为 1 973.96 万元(含佣金)。经公司申请,公司将于 2013 年 10 月 17 日注销所回购股份,并及时注销回购专用证券账户和办理工商变更登记手续等相关事宜。

江淮公司主发起人安徽江淮汽车集团有限公司系安徽省政府于 1997 年 8 月以原合肥江淮汽车制造厂的全部资产和股权以及为该厂供应配套汽车齿轮箱的原安徽省汽车齿轮箱总厂的全部资产为主体组建成立的国有独资公司、安徽省重点企业集团。公司于 2001 年 7 月 26 日向社会公开发行股票,2001 年 8 月 24 日"江淮汽车"A 股 8 800 万股在上海证券交易所上市,代码为 600418。

(资料来源:上市公司公告,作者整理。)

六、股利支付程序

股份有限公司向股东支付股利,主要包括以下过程:股利宣告日、股权登记日、除息日和股利支付日。

(1) 股利宣告日,即公司董事会将股利支付情况予以公告的日期。公告中将宣布每股支付的股利、股权登记期限、除息日期和股利支付日期。

(2) 股权登记日,即有权领取股利的股东有资格登记截止日期。只有在股权登记日前在公司股东名册上登记的股东,才有权分享股利。上市公司的股份每日在交易市场上流通,上市公司在送股、派息或配股的时候,需要定出某一天,界定哪些股东可以参加分红或参与配股,定出的这一天就是股权登记日。也就是说,在股权登记日这一天仍持有或买进该公司的股票的投资者是可以享有此次分红或参与此次配股的股东,这部分股东名册由证券登记公司统计在案,届时将所应送的红股、现金红利或者配股权划到这部分股东的账上。所以,如果投资者想得到一家上市公司的分红、配股权,就必须弄清这家公司的股权登记日在哪一天,否则就会失去分红、配股的机会。

(3) 除息日,即指领取股利的权利与股票相互分离的日期。在除息日前,股利权从属于股票,持有股票者即享有领取股利的权利;除息日开始,股利权与股票相分离,新购入股票的人不能分享股息和红利。我国规定股权登记日后的第一个交易日为除息日。美国则规定股权登记日后的前两个交易日为除息日。

(4) 股利支付日,即向股东发放股利的日期。

【案例 9-3】 欧普康视的股利支付程序

欧普康视2021年04月30日发表公告,以公司现有总股本607 622 856股为基数(无且不含回购股份),向全体股东每10股派发现金红利人民币2.05元(含税),合计派发红利124 562 685.48元,同时,向全体股东每10股送红股3.5股(含税),每10股转增0.5股,送转股后公司股本将由607 622 856股增加至850 671 998股。股权登记日为2021年5月20日,除息日为2021年5月21日,现金红利发放日6月22日。

(资料来源:中国证券网。)

【案例 9-4】 辅仁药业——中国第一家宣告发放并取消股利

2019年5月20日的辅仁药业2018年年度股东大会审议通过的利润分配方案,以公司总股本为基数,每股派发现金红利0.1元(含税),共计派发现金红利约6 271.58万元;红利派发股权登记日为7月19日,除权(息)日为7月22日,现金红利发放日为7月22日。但辅仁药业在2019年7月19日发布《关于调整2018年年度权益分派有关事项暨继续停牌的公告》称,公司因资金安排原因,未按有关规定完成现金分红款项划转,无法按照原定计划发放现金红利。原权益分派股权登记日、除权(息)日及现金红利发放日相应取消。

辅仁药业截至2019年3月31日,辅仁药业货币资金为18.16亿元——原本是应该有钱的,但现在钱"神秘消失",无钱发放股利。尽管公司合并报表口径一季度末货币资金高达18.16亿元,但实际上公司母公司报表的货币资金只有可怜的11.22万元。

(资料来源:新浪财经。)

第二节 股利分配理论

一、股利无关论

认为股利分配对公司的市场价值(股价)不会产生影响,股东不关心公司股利的分配;股利的支付率不影响公司的价值。

这一理论建立在以下假设基础上(完全市场论):

(1) 不存在个人或公司所得税。

(2) 不存在股票发行和交易费用。

(3) 公司投资决策与股利决策彼此独立。
(4) 公司投资者和管理当局可相同获得关于未来投资机会信息。

【案例 9-5】

假设某公司预计的资产负债表如表 9-6 所示。

表 9-6　预计的资产负债表

（单位：万元）

资产		负债和所有者权益	
现金（用于项目投资）	2 000	公司债	0
固定资产	9 000	股东权益（1 000 股）	12 000
未来投资项目净现值（投资额 2 000）	1 000		
资产总额	12 000	公司价值	12 000

上例说明，该公司目前有 2 000 万元现金用于项目投资，投资项目净现值为 1 000 万元。假设公司决定发放现金股利 2 000 万元，同时进行项目投资，在不增加负债的条件下，公司必须发行价值 2 000 万元的新股票以得到发放股利所需的现金。发放股票、支付股利和项目投资后的公司价值仍然保持不变，见表 9-7。

表 9-7　支付股利和项目投资后的公司资产负债表

（单位：万元）

资产		负债和所有者权益	
现金（发行新股筹资）	2 000	公司债	0
固定资产	9 000	老股东权益	10 000
未来投资项目净现值（投资额 2 000）	1 000	新股东	2 000
资产总额	12 000	公司价值	12 000

由表 9-6、表 9-7 对比可知，老股东的股票价值由原来的 12 000 万元减为 10 000 万元，即他们在收到 2 000 万元的现金股利的同时，也丧失了同等价值的公司资产。

在公司价值不变情况下，如果没有所得税，老股东的权益不变，股东不关心公司股利的分配。除此之外，股东如果对公司的股利政策潜在的不满意可通过自制股利而予以抵消。

假设个人投资者小王希望在时间 0 和时间 1 都能取得每股 10 元的股利。那么，当他得知公司管理层将采纳备选股利政策（在两个时间点的股利分别为 11 元和 8.9 元）时，她是否很失望呢？未必如此，因为她可以将在时间 0 收到的暂时不需要的 1 元进行再投资，然后在时间 1 将获得 1.1 元。这样，她在时间 0 能获得其期望的 10 元（11 元 − 1 元）现金流量，在时间 1 同样能获得 10 元（8.9 元 + 1.1 元）的现金流量。

与此相反，假设投资者小王期望在时间 0 取得 11 元现金流量，在时间 1 取得 8.9 元现金流量，但是公司管理层决定在时间 0 和时间 1 均发放 10 元股利。此时，他可以在时间 0 卖出股票从而得到所期望的现金流量，即在时间 0 卖出价值 1 元的股票，这样在时间 0 的现金流量变为11元(10元+1元),由于在时间0卖出了1元的股票,这将使时间1的股利减少1元,从而使得时间1的净现金流量为8.9元(10元-1.1元)。

二、"在手之鸟"理论

这一理论的主要代表人物是 M.Cordon 和 D.Durand 等。他们认为,股票投资收益包括股利收入和资本利得两种,在一般情况下,前者属于相对稳定的收入,后者则具有较大的不确定性。由于大部分投资者都是风险厌恶型,他们宁愿要相对可靠的股利收入而不愿意要未来不确定的资本利得。也就是说,在股票投资报酬率($R_s = D_1/P_0 + g$)里,股利收益率(D_1/P_0)的风险小于其成长率(g)的风险。这种条件下,投资者将以比未来预期资本利得更低的利率折现未来预期的股利收入。结果是预期股利的一元比预期资本利得的一元更值钱,由此使公司的价值得到提高。由于股利比资本利得具有相对的确定性,因此,公司应维持较高的股利支付率的股利政策。通常将这种理论称之为"在手之鸟"论,即"双鸟在林,不如一鸟在手"。

论战的另一方,MM 认为,尽管股利收益比资本利得具有较大的稳定性,尽管公司管理当局可以确定股利发放数额,不能控制股票价格,从这一点看,似乎增加股利发放可以减少公司风险。但事实上,增加股利发放率并不能减少股票投资的风险,如果股利支付的结果需要增发新的普通股,这只不过是将风险从老股东转移给了新股东。如果降低风险是股票投资者的唯一目标,投资者当初就会将现金投放到银行而不是进行股票投资。因此,不论股利政策如何,一旦公司的投资政策和债务政策确定下来,公司的全部现金流量也就随之确定下来。也就是说,公司的风险状况主要是由其投资政策和债务政策所决定的,而不是由股利政策所决定(当然,股利政策对债务政策也有一定的影响)。

三、税收效应理论

在不存在税收因素的情况下,公司选择何种股利支付方式并不重要。但是,如果对现金红利和来自股票回购的资本利得课以不同的税赋(如现金股利的税赋高于资本利得的税赋),那么,在公司及投资者看来,支付现金股利就不再是最优的股利分配政策。由此可见,在存在差别税赋的前提下,公司选择不同的股利支付方式,不仅会对公司的市场价值产生不同的影响,而且也会使公司(及个人)的税收负担出现差异。即使在税率相同的情况下,由于资本利得只有在实现之时才缴纳资本增值税,因此,相对于现金股利课税而言,其仍然具有延迟纳税的好处。诚然如此,从逻辑上讲,一个好的股利政策除了应使融资成本和代理成本最小化之外,还应使税收成本最小化。

四、信号传递理论

当信息对称时,所有的市场参与者(包括公司自身在内)都具有相同的信息。然而,现实中常见的情况却是信息不对称。信号传递理论认为,在信息不对称的情况下,公司可以通过股利政策向市场传递有关公司未来盈利能力的信息。一般说来,高质量的公司往往愿意通过相对较高的股利支付率把自己同低质量的公司区别开来,以吸引更多的投资者。对市场上的投资者来说,股利政策的差异或许是反映公司质量差异的极有价值的信号。如果公司连续保持较为稳定的股利支付率,那么,投资者就可能对公司未来的盈利能力与现金流量抱有较为乐观的预期。不过,公司以支付现金股利的方式向市场传递信息,通常也要付出较为高昂的代价。这些代价包括:① 较高的所得税负担;② 一旦公司因分派现金股利造成现金流量短缺,就有可能被迫重返资本市场发行新股,而这一方面会随之产生必不可少的交易成本,另一方面又会扩大股本,摊薄每股的税后盈利,对公司的市场价值产生不利影响;③ 如果公司因分派现金股利造成投资不足,并丧失有利的投资机会,还会产生一定的机会成本。尽管以派现方式向市场传递利好信号需要付出很高的成本,但为什么公司仍要选择派现作为公司股利支付的主要方式呢?这个难以破解的理论问题被布莱克(Black,1976)称之为"股利分配之谜"。

围绕"股利分配之谜",经济学家们作出了各种各样的解释。其中,较有说服力的观点有四种:一是声誉激励理论。该理论认为,由于公司未来的现金流量具有很大的不确定性,因此,为了在将来能够以较为有利的条件在资本市场上融资,公司必须在事先建立起不剥夺股东利益的良好声誉。建立"善待股东"这一良好声誉的有效方式之一就是派现。二是逆向选择理论。该理论认为,相对于现金股利而言,股票回购的主要缺陷在于,如果某些股东拥有关于公司实际价值的信息,那么,他们就可能在股票回购过程中,充分利用这一信息优势。当股票的实际价值超过公司的回购价格时,他们就会大量竞买价值被低估的股票;反之,当股票的实际价值低于公司的回购价格时,他们就会极力回避价值被高估的股票。于是,便产生了逆向选择问题,而派发现金股利则不存在这类问题。三是交易成本理论。该理论认为,市场上有相当一部分投资者出于消费等原因,希望从投资中定期获得稳定的现金流量。对于这类投资者来说,选择稳定派现的股票也许是达到上述目的最廉价的方式。这是因为倘若投资者以出售所持股票的方式来套现,就可能因时机选择不当而蒙受损失。况且,选择在何时以何种价位出售股票还需要投入许多时间和精力,这些交易成本的存在使得投资者更加偏好现金股利。四是制度约束理论。该理论认为,公司之所以选择支付现金股利,是由于"谨慎人"所起的作用。所谓"谨慎人",是指信托基金、保险基金、养老基金等机构投资者出于降低风险的考虑,法律通常要求这些机构投资者只能持有支付现金股利的股票,并获得股利收入。如果公司不派现,那么,这种股票就会被排除在机构投资者的投资对象之外。

虽然股利分配的信号传递理论已被人们广泛接受,但也有一些学者对此持不同看法。他们的主要观点是:

(1)市场对股利增加做正面反应,对股利减少负面反应,这种现象不仅信号理论可以解释,其他理论如代理成本理论也可以解释。

(2)信号理论很难对不同行业、不同国家股利的判别进行有效的解释和预测。例如,为什么美国、英国、加拿大的公司发放的股利比日本、德国高,而并没有表现出更强的手段。

(3) 信号传递理论解释不了为什么公司不采用其他效果相当而成本更低的手段传递信息。

(4) 在市场变得越来越有效、信息手段大大提高的同时，支付股利为什么作为恒定的手段。

更重要的是，在高速成长的行业、企业，股利支付率一般都很低，如微软，而这些企业业绩和成长性是有目共睹的，按照信号理论恰恰会作出相反的解释和预测。

五、代理理论

在完全合同的情况下，公司经理们与股东之间并不存在代理问题。即使双方产生了利益冲突，股东也可以通过强制履约的方式来迫使经理们遵循股东利益最大化的原则。但是，在不完全合同的情况下，公司经理们与股东之间的代理问题便应运而生了。股利分配的代理理论认为，股利政策实际上体现的是公司内部人与外部股东之间的代理问题。在存在代理问题的前提下，适当的股利政策有助于保证经理们按照股东的利益行事。而所谓适当的股利政策，是指公司的利润应当更多地支付给股东。否则，这些利润就有可能被公司的内部人所滥用。较多地派发现金股利至少具有以下几点好处：一是公司管理者要将公司的很大一部分盈利返还给投资者，于是他自身可以支配的"闲余现金流量"就相应减少了，而这又可在一定程度上抑制公司管理者为满足个人成为"帝国营造者"的野心，过度地扩大投资或进行特权消费，进而保护了外部股东的利益。二是较多地派发现金股利，可能迫使公司重返资本市场进行新的融资，如再次发行股票。这一方面使得公司更容易受到市场参与者的广泛监督；另一方面，再次发行股票不仅为外部投资者借股份结构的变化对"内部人"进行控制提供了可能；而且再次发行股票后，公司的每股税后盈利被摊薄，公司要维持较高的股利支付率，则需要付出更大的努力。这些均有助于缓解代理问题，并降低代理成本。

需要特别提及的是，最近有关股利分配代理理论的研究，又取得了新的进展。其中，最重要的突破便是从法律角度来研究股利分配的代理问题。这类研究的主要结论有三条：一是股利分配是法律对股东实施有效保护的结果。即法律使得小股东能够从公司"内部人"那里获得股利。二是在法律不健全的情况下，股利分配可以在一定程度上替代法律保护。即在缺乏法律约束的环境下，公司可以通过股利分配这一方式，来建立起善待投资者的良好声誉。三是受到较好法律保护的股东，愿意耐心等待当前良好投资机会的未来回报，而受到较差法律保护的股东则没有这种耐心。他们为了获得当前的股利，宁愿丢掉好的投资机会。

六、顾客效应理论（客户效应理论）

该理论认为，顾客分两种，一种是不喜欢分配股利的，另一种希望分配股利。前者是富裕的股东，由于超额累进个人所得税率造成边际税率不同，分配股利多交个税；而另一类则是穷人，缺钱，且分配股利也不增加税负。希望不分配股利的投资者喜欢购买不分配股利的股票,推动该类股票升值;希望分配股利的投资者喜欢购买分配股利的股票,推动该类股票升值。公司是否分配股利,就在这两类客户之间寻求平衡,推动股价最高,公司价值最大化。

七、股利迎合理论

美国哈佛商学院的 Baker 和纽约大学的 Wurgler 2004 年提出了股利迎合理论,并建立了股利迎合理论静态模型加以解释。该理论认为市场上存在着这样的两类公司投资者,支付现金股利的公司和不支付现金股利的公司。投资者对这两类公司的兴趣及股利政策偏好时常变化,对股票价格产生影响。公司管理者通常迎合投资者偏好制定股利政策,迎合的最终目的在于获得股票溢价。即当投资者倾向于风险回避,他们可能偏好发放股利的股票。因为可能认为这类公司风险小(一鸟在手理论),于是对支付现金股利的股票给予溢价,管理者就支付现金股利;当投资者偏好股票股利,对股票股利股票给予溢价时,管理者就改为股票股利。如果公司管理者对最大化公司短期价值有兴趣,也许股票价格与公司管理者补贴收入相关,管理者更有可能取悦投资者,抓住股票溢价机会改变股利政策。

与传统的股利理论不同的是,迎合理论主要集中研究投资者对股利的需求,考虑了投资者对股利的需求受到其情绪影响的可能性。迎合理论的关键就在于它认真地考虑了投资者对股利的需求受到情绪影响的可能性,认为现实中的投资者对股利的需求会受到情绪的影响,并且经理们的竞争和理性的套利者不能消除出现的股票溢价或者折价。迎合理论的主要内容是,经理派发股利的倾向依赖于投资者不断变动的股利需求所导致的股票溢价。股利迎合理论缺陷是,假设管理者能够理性地权衡股票被错误定价所带来的短期收益与长期运行成本之间的利弊,从而迎合投资者的偏好,制定现金股利政策。这一假设不尽合理,管理者不可能完全理性;另外股利迎合理论忽略了对风险的考虑。

第三节 股利分配政策

高股利支付率政策有利于增强公司股票的吸引力,有助于公司在资本市场上筹措资金,但由于留存收益的减少,又会给企业资金周转带来影响,加重公司财务负担;大比例的股票股利可能会适合社会个人股东的需要,有利于以后的扩股融资,但却给公司未来经济效益的增长带来沉重压力;各利益主体对股利政策的态度也常常不同,有的要求公司支付现金股利,有的则更愿意获得股票股利。可见,股利政策不仅会影响到股东利益,也会影响到公司的正常运营以及未来的发展,甚至会影响到整个证券市场的健康运行。因此,制定合理的股利政策就显得尤为重要。

一、制定股利政策需要考虑的因素

公司在确定股利政策时,除了考虑理论分析的结果,还要考虑诸多实际因素影响。公司股利分配政策主要受以下几个方面因素制约:

1. 法律因素

为了保护债权人和股东的利益,有关法规对公司的股利分配经常作如下限制:

(1) 资本保全(impairment of capital rule)。规定公司不能用资本(包括股本和资本公积)发放股利。

(2) 企业积累(firm accumulate)。规定公司必须按净利润的一定比例提取法定盈余公积金。

(3) 净利润(net profit)。规定公司年度累计净利润必须为正数时才可发放股利,以前年度亏损必须足额弥补。

(4) 超额累积利润(improperly accumulated earnings)。由于股东接受股利交纳的所得税高于其进行股票交易的资本利得税,于是许多国家规定公司不得超额累积利润,一旦公司的保留盈余超过法律认可的水平,将被加征额外税额。我国法律对公司累积利润尚未作出限制性规定。

2. 股东因素

股东从自身需要出发,对公司的股利分配往往产生这样一些影响:

(1) 控制权考虑。公司的股利支付率高,必然导致保留盈余减少,这又意味着将来发行新股的可能性加大,而发行新股会稀释公司的控制权。因此,这些公司的股东往往限制股利的支付,而愿意较多地保留盈余,以防止控制权旁落他人。

(2) 避税考虑。一些高收入的股东出于避税考虑(股利收入的所得税高于交易的资本利得税),往往要求限制股利的支付,而较多地保留盈余,以便从股价上涨中获利。

(3) 稳定收入考虑。一些股东往往靠定期的股利维持生活,他们要求公司支付稳定的股利,反对公司留存较多的利润。

(4) 逃避风险考虑。在某些股东看来,通过增加留存收益引起股价上涨而获得的资本利得是有风险的,而目前所得股利是确定的,即便是现在较少的股利,也强于未来较多的资本利得,因此他们往往要求较多地支付股利。

3. 公司因素

公司出于长期发展与短期经营考虑,需要综合考虑以下因素,并最终制定出切实可行的分配政策。这些因素主要有:

(1) 公司举债能力。如果一个公司举债能力强,能够及时地从资金市场筹措到所需的资金,则有可能采取较为宽松的收益分配政策;而对于一个举债能力较弱的公司而言,则宜保留较多的盈余,因而往往采取较紧的收益分配政策。

(2) 未来投资机会。收益分配政策要受到企业未来投资机会的影响。主要表现在:当企业预期未来有较好的投资机会,且投资收益大于投资者期望收益率时,财务人员应首先考虑将应分配的收益用于再投资的可能性,减少分红数额。只有这样,才有利于企业的长期发展,同时也能被广大的投资者所理解。相反,如果企业缺乏良好的投资机会,保留大量盈余会造成资金的闲置,可适当增大分红数额。正因为如此,处于成长中的企业多采取少分多留政策,而陷于经营收缩的企业多采取多分少留政策。

（3）盈余稳定状况。企业盈余是否稳定,也将直接影响其收益。盈余相对稳定的企业能够较好地把握自己,因此有可能支付比盈余不稳定的企业更高的股利;盈余不稳定的企业由于对未来盈余的把握小,不敢贸然采取多分政策,而较多采取低股利支付率政策。

（4）资产流动状况。较多地支付现金红利,会减少企业现金持有量,使资产的流动性降低,而保持一定的资产流动性是企业经营的基础和必备条件;因此,如果企业的资产流动性差,即使收益可观,也不宜分配过多的现金股利。例如,甲公司和乙公司三年内支付股利前用于再投资的总资金相等,但每年的分布不同。其中甲公司每年产生 50 万元的现金流量;乙公司每年产生的现金流量分别是－30 万元、130 万元和 50 万元。于是,乙公司在第一年不得不向外融资,从而发生融资成本。无论甲公司的股利支付率如何,乙公司都会采取低股利政策以减少其对外部资金的依赖程度。

（5）资本成本。一般而言,将税后的收益用于再投资,有利于降低筹资的外在成本,包括再筹资费用和资本的实际支出成本。因此,很多企业在考虑投资分红时,首先将企业的净利润作为筹资的第一选择渠道,特别是在负债资金较多、资金结构欠佳的时期。

（6）其他因素。比如,企业有意地多发股利使股价上涨,使已发行的可转换债券尽快地实现转换,从而达到调整资金结构的目的;再如,通过支付较高股利,刺激公司股价上扬,从而达到反兼并、反收购目的等。

4．其他因素

（1）债务合同限制。企业的债务合同,特别是长期债务合同,往往有限制企业现金支付程度的条款,以保护债权人的利益。通常包括:① 未来的股利只能以签订合同之后的收益来发放,也就是说不能以过去的留存收益来发放;② 营运资金低于某一特定金额时不得发放股利;③ 把利润的一部分以偿债基金的形式留存下来;④ 利息保障倍数低于一定水平时不得支付股利。企业出于方便未来负债筹资的考虑,一般均自觉遵守与债权人事先签订的有关合同的限制性条款,以协调企业与债权人之间的关系。

（2）通货膨胀。通货膨胀会带来货币购买力水平下降。固定资产重置资金来源不足,此时企业往往不得不考虑留用一定的利润,以便弥补由于货币购买力水平下降而造成的固定资产重置资金缺口。因此,在通货膨胀时期,企业一般采取偏紧的收益分配政策。

二、常用股利分配政策

企业在确定收益分配政策时,应综合考虑各种影响因素,结合自身实际情况,权衡利弊得失,从优选择。在理财实践中,企业经常采用的收益分配政策主要有以下几种:

1. 剩余股利政策

所谓剩余股利政策,是指企业较多地考虑将净利润用于增加投资者权益(即增加资本或公积金),只有当增加的资本额达到预定的目标资金结构(最佳资金结构),才将剩余的利润用于向投资者分配。这种政策主要是考虑未来投资机会的影响,即当企业面临良好的投资机会时,在目标资金结构的约束下,最大限度地使用留存收益来满足投资方案所需的自有资金数额。

剩余政策的基本步骤如下:

(1) 确定企业目标资金结构,使得在此结构下的综合资金成本最低;

(2) 进一步确定为达到目标资金结构需要增加的留存收益的数额;

(3) 最大限度地使用净利润来满足投资方案所需的自有资金数额;

(4) 在满足上述需要后,将剩余利润分配给投资者。

现举例说明这一分配政策的具体运用。

例 某公司2014年税后净利为800万元,2015年的投资计划所需资金700万元,公司的目标资金结构为自有资金占60%,借入资金40%。则按照目标资金结构的要求,公司投资方案所需的自有资金数额为

$$700 \times 60\% = 420(万元)$$

按照剩余政策的要求,该公司2014年向投资者分红(发放股利)数额为

$$800 - 420 = 380(万元)$$

采用本政策理由是:保持理想的资本结构,使加权平均成本最低,企业价值最大。该政策缺点是:股利发放每年随投资机会和盈利水平波动而波动,不利于投资者安排收入和支出,也不利于公司树立良好的形象。该政策一般适用于公司初创阶段,或公司处于衰退阶段。

2. 固定或持续增长的股利政策

该政策是将每年发放的股利固定在一定的水平上并在较长的时期内不变,只有当公司认为未来盈余将会显著地、不可逆转地增长时,才提高年度的股利发放额。

采用本政策的理由是:

(1) 稳定的股利向市场传递着公司正常发展规律的信息;

(2) 稳定的股利额有利于投资者安排股利收入和支出;

(3) 稳定的股利额可能会不符合剩余股利理论,但考虑了股东心理因素。

该政策的缺点是:股利支付与盈利脱节,造成投资风险与投资收益不对称。可能给公司造成较大的财务压力,甚至侵蚀公司留存利润和资本。该政策一般适用于处于成熟阶段,经营比较稳定或正处于成长期,信誉一般的公司。

3. 固定股利支付率政策

该政策是确定一个股利占盈余的比率,长期按此比率支付股利。

采用本政策的理由是:体现多盈多分,少盈少分,不盈不分;保持股利与利润间的一定比例关系,体现了投资风险与投资收益的对称性。

该政策的缺点是：各年股利变动较大，极易造成公司不稳定的感觉，对于稳定股票价格不利；确定合理的股利支付率难度大。该政策适用于稳定发展的公司和公司财务状况较稳定的阶段。

4．低正常股利加额外股利政策

该政策是在一般情况下公司每年只支付一固定的数额较低的股利。在盈余多的年份，再根据实际情况向股东发放额外股利。该政策的优点是：给利润浮动性较大的公司在股利分配时以较大弹性。一方面，较低的固定股利率可以保证公司有足够能力按期支付股利；另一方面，当公司盈余增加一定数量，又可以将部分盈余转移给股东，增加股东收入。

该政策的缺点是：① 仍然缺乏稳定性，盈利的变化使得额外股利不断变化，给投资者不稳定的印象。② 当公司在较长时期一直发放额外股利后，股东可能误认为是"正常股利"，一旦取消额外股利，容易造成"公司财务状况恶化"的错觉，也将造成股价下跌。该政策适用于公司高速发展阶段。

企业不同阶段特点及适用的股利分配政策如表 9-8 所示。

表 9-8　公司不同阶段特点及适用的股利政策

公司发展阶段	特点	适应的股利政策
公司初创阶段	公司经营风险高，融资能力差	剩余股利政策
公司高速发展阶段	产品销量急剧上升，需要进行大规模投资	低正常股利加额外股利政策
公司稳定增长阶段	销售收入稳定增长，公司的市场竞争力增强，行业地位已经巩固，公司扩张的投资需求减少，广告开支比例下降，净现金流入量稳步增长，每股净利呈上升趋势	固定或持续增长的股利政策
公司成熟阶段	产品市场趋于饱和，销售收入难以增长，但盈利水平稳定，公司已经积累了相当多的盈余和资金	固定性股利政策
公司衰退阶段	产品销售收入锐减，利润严重下降，股利支付能力逐渐下降	剩余股利政策

【案例 9-6】　美菱电器的股利政策

2010 年 3 月 16 日，美菱电器发布 2009 年年报，年报称："公司 2009 年实现归属母公司净利润 3.01 亿元，公司 2009 年利润不分配，也不进行公积金转增股本。"对于苦等多年的股东又一次失望，于是有股东在网上指责美菱电器是"一毛不拔的铁公鸡"。因为美菱有连续十一年不分红，上一次分红还要追溯到 1999 年，分红比例更是少得可怜的 10 派 1 元。美菱电器到底怎么了？是没有足够的现金还是另有隐情？

合肥美菱股份有限公司是 1992 年 6 月 12 日经原安徽省体改委［皖体改函字（1992）第 039 号］批准，由合肥美菱电冰箱总厂改制设立的股份有限公司。1993 年 8 月 30 日，经安徽省人民政府批准和中国证监会复审同意，首次向社会公开发行 3 000 万股 A 股股票，1993 年 10 月 18 日在深交所挂牌上市交易。1996 年 8 月 13 日，经中国证监会批准向境外投资者发行了 10 000 万股 B 股股票，1996 年 8 月 28 日在深圳证券交易所上市流通。2010 年美菱公司总股本 413 642 949 股,其中人民币普通股 151 530 326 股,境内上市外资股 113 100 000 股。公司经营范围:制冷电器、空调器、洗衣机、电脑数控注塑机、电脑热水器、塑料制品、包装品及装饰品制造,经营自产产品及技术出口业务和本企业所需原辅材料、机械设备、仪器仪表及技术进口业务,百货销售,运输。

美菱公司自上市以来至 2010 年股利分配资料如表 9-9 所示。

表 9-9　美菱公司 1994~2010 年分红资料

年份	送股(每 10 股)	现金分红(每 10 股,税前)
1994	3	0.2
1995	1	1
1996	1.5	1.8
1997	3.5	0
1998	0	0
1999	0	1
2000~2010	0	0

(资料来源:上市公司年报,作者整理。)

三、增资扩股决策

股份有限公司的进一步发展,使生产经营规模扩大,资金需求增加;同时,企业的发展必然导致股票价格的上升,吸引了大量的投资者,股民对股票的需求也在增加。供给和需求的增加,为增资扩股既提供了必要性又提供了可能性。公司增资扩股主要有两种方式:其一是向社会投资者公开发行股票;其二是向公司原股东以配售股份的形式公开发行股票,即增资配股。在公司增资配股时,公司原有股东享有优先认购新发行的股份的权利。

1. 增资配股的形式

增资配股主要有两种形式:一是有偿增资,是指公司以一定的股票价格向原有股东配售新股。但一般来说,股东享有以面额或低于面额的价格购买的权利;二是无偿增资,这种方式是指公司将新发行的股票无偿地分给公司原有的股东。无论哪种增资方式,公司都是按原有股东持有股份在股份总额中所占的比例进行发放,只要公司不向社会公开发行新股,股东的股权比例不会改变。当公司董事会决定发行新股时,就应向原有股东发出认股证,持有认股证的股东有权在一定时期内按特定价认购股份,只有持有这种优先认股权的股东才可以按低于股票市价价格购买新增股票。故这种认股权证是有价格的,其价格可按下面的公式计算:

$$V = P \times R \div (1 + R)$$

式中,P 代表股票市价与面额之差额,R 代表新旧股票的认购比例,V 代表认股权证价格。

2．增资配股的条件

增资配股的条件在世界各国的具体规定不尽相同,但其基本的实质性的条件是基本相同的。都是在发行股票筹集资金的使用、股本总额、发起人的认购比例、资产结构、盈利能力以及遵纪守法等方面的要求。在我国,根据有关法律规定,公司增资扩股必须符合有关法律规定的条件,除公司设立时发行股票的各项条件外,还应当符合下述条件:

(1) 前一次公开发行股票所得资金的使用与其招股说明书所述的用途相符,并且资金使用效果良好。

(2) 距前一次公开发行股票的时间不少于12个月。

(3) 从前一次公开发行股票到本次申请期间没有重大违法行为。

(4) 证券委规定的其他条件,如公司当年配股数量不得超过上一年度股本总额的30%等。

同时,我国《公司法》对公司发行新股也有相应的规定条件。另外,为规范上市公司以配售方式发行股票的行为,又颁发了《上市公司办理配股申请和信息披露的具体规定》,并制定了公开发行股票公司信息披露的内容和格式准则第四号《配股说明书的内容和格式(试行)》。招股说明书和配股说明书的制作须符合上述内容与格式准则的规定。公司发行新股募足股款后,必须向公司登记机关办理变更登记手续,并且予以公告。

3．增资扩股的程序

根据有关法律法规规定,企业增资扩股应按下列程序办理。

(1) 已设立的股份公司增资扩股,首先由公司董事会就增资扩股问题作出决议,然后召开股东大会进行表决。股东大会表决的有关事项主要有:① 增资扩股股票的种类及数额;② 新股票发行价格;③ 发行的起止日期;④ 向原有股东发行新股的种类及数额。如果上市公司向股东配股,股东大会决议中还应包括以下内容:① 股东配股比例和本次配售股份的总额;② 配股价格浮动的幅度;③ 本次募集资金的用途;④ 关于本次配股决议的有效期限;⑤ 授权董事会办理的与本次配股有关的其他事项。

(2) 聘请具有证券从业资格的各中介机构就其资信、资产、财务状况等出具与增资扩股有关的文件,包括聘请资产评估机构出具资产评估报告,聘请会计师事务所出具财务审计报告和盈利预测报告,聘请律师事务所出具法律意见书,聘请证券商撰写招股说明书等。

(3) 报请有关政府主管部门进行审批。各国对股票发行的审批方式有两种体制。一种是注册制,又称为形式审查制,即政府对股票发行事先不作实质性审查,在一定期间内政府未予以否定即可发行;另一种是核准制,又称实质审查制,即证券主管机关要根据法律规定的各种实质性条件,对其发行股票的资格、申请及其呈报文件资料进行实质性的审查,企业在被正式批准后,方可发行股票。

(4) 被批准的发行申请,送证监会复审。经证监会复审同意后,再向其拟上市的证券交易所上市委员会提出申请,经同意接受上市的方可进行增资扩股工作。

4．增资扩股决策

增资扩股能够吸纳社会上现存的和将要流入的购股货币,有利于企业的进一步发展。

同时又会对企业的资本结构、资本成本以及股票价格等方面产生不同的影响。因此，企业进行增资扩股一般要在综合考虑各种因素的基础之上，对以下几个方面进行决策：

(1) 确定资本结构。

企业进行增资扩股一般是出于扩大生产经营或者是为了改变其资本结构两种考虑，无论企业是出于哪种目的，财务管理人员都要首先对企业的资本结构进行分析，确定并保持企业合理的资本结构，以降低企业的综合资金成本。

(2) 确定增资扩股的数量，选择增资扩股方式。

根据生产经营对资金的需要和理想的资本结构，确定企业增资扩股的数量。在确定了企业增资扩股的数量以后，要分析企业的原有股东以及股票市场的需求情况，选择合适的增资扩股方式。如果企业为了调整其资本结构，所需增资扩股的数额较少，就可选择增资配股的方式；相反，若企业为扩大生产经营，而需要大量的投资资金，那么就应该采用对外公开增资发行的方式。企业增资扩股的数量、方式对原有股票的价格都会产生较大的影响。

(3) 增资扩股股票的价格确定。

增资扩股股票的发行价格是影响企业原有股票的价格的主要因素，同时对原有股东以及公司的利益也会产生较大的影响。股票溢价幅度越大，越接近原有股票价格，对原有股票价格的影响就越小；当溢价幅度较小，和原有股票的市场价格相差较大时，就对原有股票的价格有较大的影响。

(4) 选择增资扩股的有利时机。

公司增资扩股的时机选择，对股票价格以及增资扩股计划的完成都将会产生一定的影响，在原有股票实际价格高于市场价格的情况下，增资扩股将损害公司及其原有股东的利益，对公司的新股东有利；反之，则有利于原有股东，但也会对增资扩股的计划完成有一定的影响。但公司决策时一般偏重考虑公司及其原有股东的利益。所以，公司的管理人员要充分利用其掌握的内部信息以及股市信息，作出正确的决策，选择增资扩股的有利时机。

(5) 正确引导股市信息，稳定股市价格。

公司增资扩股的举措，对股民的心理会产生影响，股民有可能认为这意味着公司的股票价格太高，或者认为公司要改变其资本结构，减少公司的负债比例；这样会使投资者认为公司对自己的偿债能力信心不足，缺乏实力来支撑较高的负债率，会使股价下跌。所以公司为减小对股市的影响，要正确地引导股市信息，增加公司内部经营状况和融资目的的透明度，证明公司增资扩股股价的合理性，以增强股民的信心，稳定股市的价格。

5. 增资扩股方式的国际比较

不同国家的增资扩股方式不同，各国增资扩股方式的比较，如表 9-10 所示。

表 9-10 各国增资扩股方式的比较

国家	配股	增发新股
美国	20 世纪 60 年代前占主导地位，20 世纪 80 年代以后消失	20 世纪 60 年代开始占主导地位
日本	1976 年前占主导地位，1992 年以后只占很小比例	目前占主导地位

续表

国家	配股	增发新股
英国	1986年以前为唯一方式，1986年以后为主导地位	1986年后为次要地位
中国	1997年以前为唯一方式，1998年以后仍为主导地位	允许使用，处于次要地位
法国	居于主导地位	允许使用，处于次要地位
瑞士	居于主导地位	允许使用，处于次要地位
加拿大	居于主导地位	允许使用，处于次要地位
韩国	居于主导地位	允许使用，处于次要地位

从比较可以看出，不同的国家增资扩股的方式不同，产生的原因主要有以下不同的观点解释。

（1）控制权观点。该观点认为：规模较小、持股比率集中的公司（如在许多欧洲和亚太地区国家，公司通常由拥有控制权的大股东和非控制权的小股东组成），拥有控制权的股东通常又是公司的管理者，拥有公司的绝对控制权和收益权，他们会利用控制权为自己谋取最大利益，而不是企业价值最大化。一般地，增发新股后公司的股权结构进一步分散，而配股后公司的股权结构更加集中。为了不稀释控制权，公司选择配股而不愿选择发行新股。

（2）信息不对称观点。该观点认为：低质量的公司采用增发新股的方式，高质量的公司采用配股的方式，否则，低质量的公司原有股东将放弃配股。

（3）交易成本观点。该观点认为：在配股情况下，那些放弃配股权的股东需要通过证券市场出售其配股权，这样就产生了交易成本。对于大企业而言，如果配股，股票的流动性降低而引起的股票价值下降要比小企业严重得多；而持股比例比较集中的小公司，其投资者多为长期投资者，通过配股筹集资金可有效降低直接发行成本，降低集团投资者和管理层之间的信息不对称。

（4）代理成本观点。该观点认为：管理层和董事会成员通过发行新股可获得特殊利益。因为在美国，有相当大的比例董事会成员来自投资银行，这些董事通过游说或者施加压力，使公司采用增发新股方式筹资。另外，投资银行在承销股票时，可以向管理层次输送利益，投资银行在发行股票时，可以把其中的一些股票配售给雇佣自己的经理或者董事会成员，这一种配售很难发现，因为通常将A公司的股票配售给B公司的经理或者董事会成员，根据我国《证券法》，这些配售不要求披露。

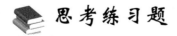

思考练习题

一、选择题

1. 下列关于股利分配政策的表述中，正确的是（　　）。

　　A. 公司盈余的稳定程度与股利支付水平负相关

B. 偿债能力弱的公司一般不应采用高现金股利政策

C. 基于控制权的考虑,股东会倾向于较高的股利支付水平

D. 债权人不会影响公司的股利分配政策

2. 某企业普通股发行股数为 1 800 万股,每股净收益 2.577 元,该企业无优先股。计提盈余公积金共计 696.6 万元。其余如果全部用于发放股利,则该企业每股股利是( )元。

A. 2.11　　　　B. 2.19　　　　C. 2.58　　　　D. 3.95

3. 能够使企业的股利分配具有较大灵活性的收益分配政策是( )。

A. 剩余政策　　　　　　　　　　B. 固定股利政策

C. 固定支付率政策　　　　　　　D. 正常低股利加额外股利政策

4. 股东领取股利的权利与股票相互分离的日期是( )。

A. 除息日　　　　　　　　　　　B. 股权登记日

C. 股利支付日　　　　　　　　　D. 股利宣告日

5. 公司采取剩余股利政策分配利润的根本理由在于( )。

A. 使公司的利润分配具有较大的灵活性

B. 降低综合资金成本

C. 稳定对股东的利润分配额

D. 使对股东的利润分配与公司的盈余紧密配合

6. 某公司现有发行在外的普通股 1 000 000 股,每股面额 1 元,资本公积 3 000 000 元,未分配利润 8 000 000 元,股票市价 20 元;若按 10% 的比例发放股票股利并按市价折算,公司资本公积的报表列示将为( )。

A. 1 000 000 元　　B. 2 900 000 元　　C. 4 900 000 元　　D. 3 000 000 元

7. 一般认为,股份回购所产生的效果有( )。

A. 稀释公司控制权　　　　　　　B. 提高每股收益

C. 改变资本结构　　　　　　　　D. 增强负债能力

E. 抵御被收购

8. 发放股票股利与发放现金股利相比,其优点包括( )。

A. 减少股东税负　　　　　　　　B. 改善公司资本结构

C. 提高每股收益　　　　　　　　D. 避免公司现金流出

9. "为充分保护投资者的利益,企业必须在有可供分配留存收益的情况下才进行收益分配"所体现的分配原则是( )。

A. 资本保全原则　　　　　　　　B. 利益兼顾原则

C. 依法理财原则　　　　　　　　D. 投资与收益对等原则

10. 某公司近年来经营业务不断拓展,目前处于成长阶段,预计现有的生产经营能力能够满足未来 10 年稳定增长的需要,公司希望其股利与公司盈余紧密配合。基于以上条件,最为适宜该公司的股利政策是( )。

A. 剩余股利政策　　　　　　　　B. 固定股利政策

C. 固定股利支付率政策　　　　　　D. 低正常股利加额外股利政策

11. 下列各项中,属于上市公司股票回购动机的有(　　)。
    A. 替代现金股利　　　　　　　　B. 提高每股收益
    C. 规避经营风险　　　　　　　　D. 稳定公司股价

12. 相对于其他股利政策而言,既可以维持股利的稳定性,又有利于优化资本结构的股利政策是(　　)。
    A. 剩余股利政策　　　　　　　　B. 固定股利政策
    C. 固定股利支付率政策　　　　　　D. 低正常股利加额外股利政策

13. 下列各项中,不属于股票回购方式的是(　　)。
    A. 用本公司普通股股票换回优先股
    B. 与少数大股东协商购买本公司普通股股票
    C. 在市场上直接购买本公司普通股股票
    D. 向股东标购本公司普通股股票

14. 如果上市公司以其应付票据作为股利支付给股东,则这种股利的方式称为(　　)。
    A. 现金股利　　　　　　　　　　B. 股票股利
    C. 财产股利　　　　　　　　　　D. 负债股利

15. 在下列各项中,能够增加普通股股票发行在外股数,但不改变公司资本结构的行为是(　　)。
    A. 支付现金股利　　　　　　　　B. 增发普通股
    C. 股票分割　　　　　　　　　　D. 股票回购

二、计算题

1. 某公司成立于 2013 年 1 月 1 日,2013 年度实现的净利润为 1 000 万元,分配现金股利 550 万元,提取盈余公积 450 万元(所提盈余公积均已指定用途)。2014 年实现的净利润为 900 万元(不考虑计提法定盈余公积的因素)。2015 年计划增加投资,所需资金为 700 万元。假定公司目标资本结构为自有资金占 60%,借入资金占 40%。

要求:(1) 在保持目标资本结构的前提下,计算 2015 年投资方案所需的自有资金额和需要从外部借入的资金额。

(2) 在保持目标资本结构的前提下,如果公司执行剩余股利政策。计算 2014 年度应分配的现金股利。

(3) 在不考虑目标资本结构的前提下,如果公司执行固定股利政策,计算 2014 年度应分配的现金股利、可用于 2015 年投资的留存收益和需要额外筹集的资金额。

(4) 不考虑目标资本结构的前提下,如果公司执行固定股利支付政策,计算该公司的股利支付率和 2014 年度应分配的现金股利。

(5) 假定公司 2015 年面临着从外部筹资的困难,只能从内部筹资,不考虑目标资本结构,计算在此情况下 2014 年度应分配的现金股利。

2. 甲公司是一家上市公司,有关资料如下:

资料一:2008年3月31日甲公司股票每股市价25元,每股收益2元;股东权益项目构成如下:普通股4 000万股,每股面值1元,计4 000万元;资本公积500万元;留存收益9 500万元。公司实行稳定增长的股利政策,股利年增长率为5%。目前一年期国债利息率为4%,市场组合风险收益率为6%。不考虑通货膨胀因素。

资料二:2008年4月1日,甲公司公布的2007年度分红方案为:凡在2008年4月15日前登记在册的本公司股东,有权享有每股1.15元的现金股息分红,除息日是2008年4月16日,享有本次股息分红的股东可于5月16日领取股息。

资料三:2008年4月20日,甲公司股票市价为每股25元,董事会会议决定,根据公司投资计划拟增发股票1 000万股,并规定原股东享有优先认股权,每股认购价格为18元。

要求:(1)根据资料一:① 计算甲公司股票的市盈率;② 若甲公司股票所含系统风险与市场组合的风险一致,确定甲公司股票的 β 系数;③ 若甲公司股票的 β 系数为1.05,运用资本资产定价模型计算其必要收益率。

(2)根据资料一和资料三计算下列指标:① 原股东购买1股新发行股票所需要的认股权数;② 登记日前的附权优先认股权价值;③ 无优先认股权的股票价格。

(3)假定目前普通股每股市价为23元,根据资料一和资料二,运用股利折现模型计算留存收益筹资成本。

(4)假定甲公司发放10%的股票股利替代现金分红,并于2008年4月16日完成该分配方案,结合资料一计算完成分红方案后的下列指标:① 普通股股数;② 股东权益各项目的数额。

(5)假定2008年3月31日甲公司准备用现金按照每股市价25元回购800万股股票,且公司净利润与市盈率保持不变,结合资料一计算下列指标:① 净利润;② 股票回购之后的每股收益;③ 股票回购之后的每股市价。

3. 某公司年终利润分配前的有关部分资料如表9-11所示。

表9-11 某公司年终利润分配前的有关部分资料

项目	金额
上年未分配利润	1 000万元
本年税后利润	2 000万元
股本(500万股,每股1元)	500万元
资本公积	100万元
盈余公积	400万元
所有者权益合计	4 000万元
每股股价	40元

该公司决定,本年度按规定比例15%提取盈余公积(含任意盈余公积金),发放股票股利10%(即10股得1股),并且按发放股票股利后的股数发放现金股利,每股0.1元。

要求:假定股票每股市价与每股账面价值成正比例关系,计算利润分配后的未分配利润、盈余公积、资本公积、流通股数和预计每股市价。

4. 长江公司的股东权益如表 9-12 所示。

表 9-12　长江公司的股东权益

普通股(面值 8 元)	2 000 000 股
资本公积	1 600 000 元
留存收益	8 400 000 元
股东权益	12 000 000 元

目前该公司股票的每股市价是 60 元。

(1) 如果发放了 20% 的小规模股票股利,这个账户及流通股股数有何变化?

(2) 如果是一分为二的股票分割呢?

(3) 不考虑信息或信号作用,发放 20% 的股票股利后,普通股将卖到每股什么价?如果存在信号作用,又怎么样呢?

5. 对于以下几个公司,你希望它采用中等、高等还是低等的股利发放率?解释原因。

(1) 公司有很大部分的内部持股,且持股者都属于高收入阶层。

(2) 一家有大量优良投资机会的发展型公司。

(3) 正处于中速发展的公司,它有很高的流动性和很多未使用的借款能力。

(4) 一家派发股利的公司,其收益有一次意外的下降。

(5) 一家收益不定且高风险的公司。

6. F 公司为一家稳定成长的上市公司,2013 年度公司实现净利润 8 000 万元。公司上市三年来一直执行稳定增长的现金股利政策,年增长率为 5%,吸引了一批稳健的战略性机构投资者。公司投资者中个人投资者持股比例占 60%。2012 年度每股派发 0.2 元的现金股利。公司 2014 年计划新增一投资项目,需要资金 8 000 万元。公司目标资产负债率为 50%。由于公司良好的财务状况和成长能力,公司与多家银行保持着良好的合作关系。公司 2013 年 12 月 31 日资产负债表有关数据如表 9-13 所示。

表 9-13　F 公司 2013 年 12 月 31 日资产负债表

(单位:万元)

货币资金	12 000
负债	20 000
股本(面值 1 元,发行在外 10 000 万股普通股)	10 000
资本公积	8 000
盈余公积	3 000
未分配利润	9 000
股东权益总额	30 000

2014 年 3 月 15 日公司召开董事会会议,讨论了甲、乙、丙三位董事提出的 2009 年度股利分配方案:

(1) 甲董事认为考虑到公司的投资机会,应当停止执行稳定增长的现金股利政策,将净利润全部留存,不分配股利,以满足投资需要。

(2) 乙董事认为既然公司有好的投资项目,有较大的现金需求,应当改变之前的股利政策,采用每10股送5股的股票股利分配政策。

(3) 丙董事认为应当维持原来的股利分配政策,因为公司的战略性机构投资者主要是保险公司,他们要求固定的现金回报,且当前资本市场效率较高,不会由于发放股票股利使股价上涨。

要求:(1) 计算维持稳定增长的股利分配政策下公司2009年度应当分配的现金股利总额。

(2) 分别计算甲、乙、丙三位董事提出的股利分配方案的个人所得税税额。

(3) 分别站在企业和投资者的角度,比较分析甲、乙、丙三位董事提出的股利分配方案的利弊,并指出最佳股利分配方案。

7. 江淮股份有限公司2016年有关资料如下:

(1) 公司本年年初未分配利润贷方余额为200万元,本年税前利润为800万,适用的所得税税率为25%。

(2) 公司流通在外的普通股60万股,发行时每股面值1元,每股溢价收入9元;公司负债总额为200万元,均为长期负债,平均年利率为10%,假定公司筹资费用忽略不计。

(3) 公司股东大会决定本年度按10%的比例计提法定盈余公积金,按10%的比例计提任意盈余公积金。本年按可供投资者分配利润的30%向普通股发放现金股利,预计现金股利以后每年增长5%。

(4) 据投资者分配,该公司股票的β系数为2,无风险收益率为6%,市场上所有股票的平均收益率为10%。

要求:(1) 计算江淮公司本年度净利润。

(2) 计算江淮公司本年应计提的法定盈余公积金和任意盈余公积金。

(3) 计算江淮公司本年末可供投资者分配的利润。

(4) 计算江淮公司每股支付的现金股利。

(5) 计算江淮公司现有资本结构下的财务杠杆系数和利息保障倍数。

(6) 计算江淮公司股票的风险收益率和投资者要求的必要投资收益率。

(7) 利用股票估价模型计算江淮公司股票价格为多少时投资者才愿意购买。

三、案例讨论题

某上市公司自2005年上市以来,经营状况和收益状况一直处于相对稳定状态,且在收益分配上,每年均发放了一定比例的现金股利(0.2~0.5元/股),然而2010年由于环境因素的影响,公司获利水平大幅下降,总资产报酬率从上年的15%下降至4.5%,且现金流量也明显趋于恶化。对此,为制定2010年的股利分配方案,公司于2011年3月15日召开了董事会,会上,董事长首先作了如下发言:"公司自2005年上市以来,在广大员工及在座各位的共同努力下,公司的经营状况、获利状况均呈现了稳定增长态势,为此,公司为优化市场形象,增强投资者投资于我公司股票的信心,每年均分配了一定的现金股利。然而,2010年度因环境因素的影响,公司经营状况及获利状况很不理想,且该趋势预计近期内不能获得根本性改观……今天会议的重要议题是就2010年度的分配进行讨论形成预案,以供股东大会决议。下面就2010年度股利分配问题请各位充分发表意见和建议。"以下是A、B两位董事的发言:

董事A:我认为公司2010年度应分配一定比例的现金股利,理由在于:第一,公司长期以来均分配了现金股利,且呈逐年递增趋势,若2010年停止分配股利,难免影响公司的市场形象和理财环境。第二,根据测算,公司若按上年分配水平(0.5元/股)支付现金股利,约需现金2 500万元,而我公司目前资产负债率仅为40%,尚有约20%的举债空间,按目前的总资产(约50 000万元)测算,可增加举债约10 000万元,因此,公司的现金流量不会存在问题。

董事B:我认为公司2010年度应暂停支付现金股利,理由在于:第一,公司2010年经营及获利状况的不利变化主要是因环境因素所决定的,这种环境因素能否在短期内有明显改观尚难预测。而一旦环境不能改观,公司将可能陷于较长时间的经营困境,因此,为保护公司的资本实力,公司不宜分配现金股利。第二,公司尽管有较大的负债融资空间,但由于总资产报酬率下降,使得举债的财务风险加大,因此,在没有较好的投资机会时,我建议不宜盲目增加举债,对于举债发放现金股利的建议我认为是"打肿脸充胖子",不宜采纳。第三,我不主张分配现金股利主要是基于公司的现金存量不多,且现金流量状况不佳。但我公司目前尚有近8 000万元的未分配利润,我建议可分配股票股利,这样一方面有利稳定公司市场形象,另一方面又能节约现金支出。

董事A:我不赞成分配股票股利,因为分配股票股利后,股本总额将会增加,若2011年获利状况不能改观,则会导致每股收益大幅度下降,这对公司市场形象的影响将会弊大于利。

问题探讨:
(1) 假如你是该公司董事,你会赞同或提出何种建议?为什么?
(2) 你认为公司股利政策是否会影响公司股票价值?为什么?

第十章 营运资金管理

第一节 营运资金管理概述

一、营运资金概念

营运资金是指在企业生产经营活动中占用在流动资产上的资金。营运资金有广义和狭义之分,广义的营运资金又称毛营运资金,是指一个企业流动资产的总额;狭义的营运资金又称净营运资金,是指流动资产减去流动负债后的余额。

$$营运资金 = 流动资产 - 流动负债$$

流动资产是指可以在一年以内或超过一年的一个营业周期内变现或运用的资产,流动资产具有占用时间短、周转快、易变现等特点,企业拥有较多的流动资产,可在一定程度上降低财务风险。流动资产按不同的标准可进行不同分类,一般按实物形态,可把流动资产分为现金和有价证券、应收及预付款项和存货。

(1) 现金和有价证券,现金是指可以立即用来购买物品、支付各项费用或用来偿还债务的交换媒介或支付手段。主要包括库存现金和银行活期存款,有时也将即期或到期的票据看作现金。现金是流动资产中流动性最强的资产,可直接支用,也可以立即投入流通。拥有大量现金的企业具有较强的偿债能力和承担风险的能力。但因为现金不会带来报酬或只有极低的报酬,所以,在财务管理比较健全的企业,都不会保留过多的现金。有价证券是企业现金的一种转换形式。有价证券变现能力强,可以随时兑换成现金。企业有多余现金时,进行有价证券投资,一方面能带来较好的收益;另一方面又能增强企业资产的流动性,降低企业的财务风险。因此,适当持有有价证券是一种较好的财务策略。

(2) 应收及预付款项,是指企业在生产经营过程中所形成的应收而未收的或预先支付的款项,包括应收账款、应收票据、其他应收款和预付货款。在商品经济条件下,为了加强市场竞争能力,企业拥有一定数量的应收及预付款项是不可避免的,企业力求加速账款的回收,减少坏账损失。

(3) 存货,是指企业在日常生产经营过程中持有以备出售,或者仍然处在生产过程,或者在生产或提供劳务过程中将消耗的材料或物料等,包括各类材料、商品、在产品、半成品、产成品等。存货在流动资产中占的比重较大。加强存货的管理与控制,使存货保持在最优水平上,便成为财务管理的一项重要内容。

流动负债是指需要在一年或者超过一年的一个营业周期内偿还的债务。流动负债又称短期融资,具有成本低、偿还期短的特点,必须认真进行管理。流动负债按不同标准可作不同的分类,现说明其最常见的分类方式:

(1) 以应付金额是否确定为标准,可把流动负债分成应付金额确定的流动负债和应付金额不确定的流动负债。

① 应付金额确定的流动负债是指那些根据合同或法律规定,到期必须偿付,并有确定金额的流动负债。如短期借款、应付票据、应付账款、应付短期融资券等。

② 应付金额不确定的流动负债是指那些要根据企业生产经营状况,到一定时期才能确定的流动负债或应付金额需要估计的流动负债。如应交税费、应付利润、应付产品质量担保债务等。

(2) 按流动负债的形成情况为标准,可以分成自然性流动负债和人为性流动负债。

① 自然性流动负债是指不需要正式安排,由于结算程序的原因自然形成的那部分流动负债。在企业生产经营过程中,由于法定结算程序的原因,使一部分应付款项的支付时间晚于形成时间,这部分已形成但尚未支付的款项便成为企业的流动负债。因为它不需要作正规安排,是自然形成的,所以称之为自然性流动负债。

② 人为性流动负债是指由财务人员根据企业对短期资金的需求情况,通过人为安排所形成的流动负债。如银行短期借款、应付短期融资券等。

从筹资的角度看,净营运资金是由企业的长期资金筹得的。由于长期资本的成本大于流动负债的成本,企业的净营运资金增大将加大企业的总资本成本,减少企业的利润。但净营运资金的加大可使企业用长期资金来支持流动资产,有利于短期负债的及时偿还,减少了企业的财务风险。

二、营运资金的特点

为了有效地管理企业的营运资金,必须研究营运资金的特点,以便有针对性地进行管理。营运资金一般具有如下特点:

1. 营运资金的周转具有短期性

企业占用在流动资产上的资金,周转一次所需时间较短,通常会在一年或一个营业周期内收回,对企业影响的时间比较短,根据这一特点,营运资金可以用商业信用、银行短期借款等短期筹资方式来加以解决。

2. 营运资金的实物形态具有易变现性

短期投资、应收账款、存货等流动资产一般具有较强的变现能力,如果遇到意外情况,企业出现资金周转不灵、现金短缺时,便可迅速变卖这些资产以获取现金。这对财务上应付临时性资金需求具有重要意义。

3．营运资金的数量具有波动性

流动资产的数量会随企业内外条件的变化而变化,时高时低,波动很大。季节性企业如此,非季节性企业也如此。随着流动资产数量的变动,流动负债的数量也会相应发生变动。

4．营运资金的实物形态具有变动性

企业营运资金的实物形态是经常变化的,一般在现金、材料、在产品、产成品、应收账款、现金之间顺序转化。企业筹集的资金,一般都以现金的形式存在;为了保证生产经营的正常进行,必须拿出一部分现金去采购材料,这样,有一部分现金转化为材料;材料投入生产后,当产品尚未最后完工脱离加工过程以前,便形成在产品和自制半成品;当产品进一步加工完成后,就成为准备出售的产成品;产成品经过出售有的可直接获得现金,有的则因赊销而形成应收账款;经过一定时期以后,应收账款通过收现又转化为现金。总之,流动资金每次循环都要经过采购、生产、销售过程,并表现为现金、材料、在产品、产成品、应收账款等具体形态。为此,在进行流动资产管理时,必须在各项流动资产上合理配置资金数额,以促进资金周转顺利进行。

5．营运资金的来源具有灵活多样性

企业筹集长期资金的方式一般比较少,只有吸收直接投资、发行股票、发行债券、银行长期借款等方式。而企业筹集营运资金的方式却较为灵活多样,通常有:银行短期借款、短期融资券、商业信用、应交税费、应付利润、应付职工薪酬、预收货款、票据贴现等。

三、营运资金管理的重要性

营运资金管理既包括流动资产的管理,也包括流动负债的管理。

营运资金管理的重要性主要体现在:

（1）企业流动资产及流动负债在总资产中占的比例大,而且具有易变性。如在美国、加拿大制造业中,流动资产约占总资产的40%,流动负债占负债和权益的25%,占比重较大。

（2）资产结构是投资的结果,资本结构是筹资的结果。投资涉及现金流出,筹资涉及现金流入,因此,资产结构的动态控制的源头就是对企业现金流出的控制,而资本结构控制的源头就是对外部现金流入的控制和内部现金流入的调整和分配。抓住了相关现金流量的控制,才具有资产结构与资本结构动态管理的主动权。

（3）营运资金中的非现金资产如应收账款和存货具有较强的变现能力,同时又占用了企业资金。管理人员需要付出很大努力,保持较低的存货和应收账款水平,又能满足企业临时性的资金需求。

（4）财务管理中约60%以上时间用于短期决策（营运资金管理）。对小企业更为重要,管好营运资金对小企业的生存和发展有重要意义。

【案例 10-1】 盈利性破产

万先生有一个关于产品的好想法,并想将产品出售给附近的一些公司,每件售价 1 000元,成本 500 元,其他费用 200 元,每件净赚 300 元,看起来将稳定获利。

万先生通过计算该产品利润可观,就高高兴兴地开始租用场地、招聘工人,并购买了一年的存货。然后他经营了三个月,把产品卖给了一个朋友的客户,朋友承诺 30 天内付款。但是,到了期末,应收账款没有收回,这样企业没有了资金。万先生开始给朋友打电话,得到了一个有关产品的细微技术问题的抱怨,一个关于发货单与订货单不符的使人糊涂的陈述,和一个这些问题解决后的付款的承诺。但是,通过调查后发现,该朋友以使用借口拖延付款出名,并发现他目前财务困难,有严重的财务危机。

此时,万先生的利润表显示每卖出一件产品就产生 300 元的收益,但是资产负债表所显示的结果却不同。万先生有一大堆存货、一大笔应收账款,却没有现金。那意味着在经营的第四个月不能支付租金和工人工资。这家新公司将立刻倒闭,除非有银行帮助他摆脱困境。万先生的失败源于营运资金管理的两个错误,购买了大量的存货和没有对客户进行信誉评级。

四、传统营运资金管理思想

传统的营运资金管理就是对企业流动资产与流动负债管理,传统的营运资金需求量(WCR)就是流动资产与流动负债的差额。计算公式如下:

$$营运资金需求量(WCR) = 流动资产 - 流动负债$$

从计算公式可以看出,营运资金包括流动资产和流动负债两部分,是企业日常财务管理的重要内容。流动资产随企业业务量的变化而变化,业务量越大,其所需的流动资产越多。但它们之间并非线性的关系。由于规模经济、使用效率等原因的作用,流动资产以递减的比率随业务量增长。这就产生了如何把握流动资产投资量的问题。营运资金管理政策包括营运资金持有政策和营运资金融资政策两个方面。

1. 营运资金持有政策(working capital investment policies)

营运资金持有量的高低,影响着企业的收益和风险。较高的营运资金持有量,意味着在固定资产、流动负债和业务量一定的情况下,流动资产额较高,即企业拥有着较多的现金、有价证券和保险储备量较高的存货。这会使企业有较大把握按时支付到期债务,及时供应生产用材料和准时向客户提供产品,从而保证经营活动平稳地进行,风险性较小。但是,由于流动资产的收益性一般低于固定资产,所以较高的总资产拥有量和较高的流动资产比重会降低企业的收益性。而较低的营运资金持有量带来的后果正好相反。此时,因为较低的总资产拥有量和较低的流动资产比重,会使企业的收益率较高;但较少的现金、有价证券量和较低的存货保险储备量却会降低偿债能力和采购的支付能力,造成信用损失、材料供应中断和生产阻塞;还将由于不能准时向购买方供货而失去客户。这些都会加大企业的风险。

通过以上分析可以看到，营运资金持有量的确定，就是在收益和风险之间进行权衡。我们将持有较高的营运资金称为宽松的营运资金政策；而将持有较低的营运资金称为紧缩的营运资金政策。前者的收益、风险均较低；后者的收益、风险均较高。介于两者之间的，是适中的营运资金政策。在适中的营运资金政策下，营运资金的持有量不过高也不过低，恰好现金足够支付之需，存货足够满足生产和销售所用，除非利息高于资本成本（这种情况不大可能发生），一般企业不保留有价证券。也就是说，适中的营运资金政策对于投资者财富最大化来讲理论上是最佳的。然而，我们却难以量化地描述适中政策的营运资金持有量。这是因为这一营运资金水平是多种因素共同作用的结果。包括销售水平、存货和应收账款的周转速度等。所以，各企业应当根据自身的具体情况和环境条件，按照适中营运资金政策的原则，确定适当的营运资金持有量。

2. 营运资金融资政策（working capital financing policy）

营运资金筹集政策，是营运资金政策的研究重点。研究营运资金的筹资政策，需要先对构成营运资金的两要素——流动资产和流动负债做进一步的分析，然后再考虑两者间的匹配。

（1）流动资产和流动负债分析。

一般来说，我们经常按照周转时间的长短对企业的资金进行分类，即周转时间在一年以下的为流动资产，包括货币资金、短期投资、应收账款、应收票据、存货等；周转时间在一年以上的为长期资产，包括长期投资、固定资产、无形资产等。对于流动资产，如果按照用途再作区分，则可以分为临时性流动资产和永久性流动资产。临时性流动资产指那些受季节性、周期性影响的流动资产，如季节性存货、销售和经营旺季（如零售业的销售旺季在春节期间等）的应收账款；永久性流动资产则指那些即使企业处于经营低谷也仍然需要保留的、用于满足企业长期稳定需要的流动资产。

企业的负债则按照债务时间的长短，以一年为界限，分为短期负债和长期负债。短期负债包括短期借款、应付账款、应付票据等；长期负债包括长期借款、长期债券等。短期负债的特点主要是成本低、风险大。与流动资产按照用途划分的方法相对应，流动负债也可以分为临时性负债和自发性负债。临时性负债指为了满足临时性流动资金需要所发生的负债，如商业零售企业春节前为满足节日销售需要，超量购入货物而举借的债务；食品制造企业为赶制季节性食品，大量购入某种原料而发生的借款等。自发性负债指直接产生于企业持续经营中的负债，如商业信用筹资和日常运营中产生的其他应付款，以及应付职工薪酬、应付利息、应付税费等。

（2）流动资产和流动负债的配合。

营运资金融资政策，主要是就如何安排临时性流动资产和永久性流动资产的资金来源而言的，一般可以区分为三种，即配合型融资政策、激进型融资政策和稳健型融资政策。

① 配合型融资政策（maturity matching policy）。

配合型融资政策的特点是：对于临时性流动资产，运用临时性负债筹集资金满足其资金需要；对于永久性流动资产和固定资产（统称为永久性资产，下同），运用长期负债、自发性负债和权益资本筹集资金满足其资金需要。

② 激进型融资政策(aggressive policy)。

激进型融资政策的特点是：对于临时性负债不但融通临时性流动资产，而且永久性流动资产和固定资产(统称为永久性资产，下同)，部分也运用临时性负债融资。

例 某企业生产淡季时占用流动资产50万元，固定资产100万元，生产旺季还要增加40万元的临时性存货，若企业权益资本为80万元，长期负债50万元，其余则要靠借入短期负债解决资金来源，则该企业实行的融资政策是激进型融资政策。

③ 稳健型融资政策(conservative policy)。

稳健型融资政策的特点是：对于临时性负债只融通部分临时性流动资产，另一部分临时性流动资产和永久性资产，则由长期负债、自发性负债和权益资本作为资金来源。

一般来说，如果企业能够驾驭资金的使用，采取收益和风险配合较为适中的配合型融资政策是有利的。

值得注意的是，采取什么类型的融资政策，需要考虑以下因素：

第一，市场利率，预期利率处于上升阶段时，短期负债成本将随着利率上升而不断增加，而长期筹资成本则能够在较长一段时间保持原来较低的水平。因此，采用激进型融资政策将会增加公司的筹资成本，降低公司的利润。

第二，公司在商业博弈格局中所处的地位。当公司在与其供货商和经销商的商业博弈格局中处于强势地位、拥有较高的议价能力时，公司可以对供货商采取赊购的政策，并尽量延长付款的期限，同时，对经销商或购货商采取预收账款政策，尽量提前获取现金，因此，可采取激进型融资政策。

第三，公司流动资产的周转能力。当公司流动资产的周转能力较强时，表明其产生现金流量的能力较强，公司可以迅速地通过应收账款及存货周转产生的资金来保障短期负债的偿付。因此，公司可采用激进行融资政策。

五、现代营运资金管理思想

传统营运资金管理，是对企业流动资产和流动负债的管理，主要强调资金来源与资金占用的匹配性管理。随着管理水平的不断提高，营运资金管理思想不再强调对公司整体流动资产和流动负债的匹配管理，而是侧重对公司无收益流动资产和无成本流动负债管理。我们知道，当资金被占用在交易性金融资产(短期有价证券)投资时，由于交易性金融资产可以带来投资收益，所以交易性金融资产可视为收益类流动资产。同理，银行短期借款需要支付利息，视为有成本的流动负债，而应付账款、预收账款、其他应付款等则无需支付利息，因此属于无成本流动负债。

现代营运资金管理思想是：尽可能利用"无息"或"免费"的资金来源，如预收账款、应付账款，并延长无成本流动负债的偿债时间；尽可能减少无收益的资产，如应收款项、存货等。当无成本的流动负债能够满足公司无收益流动资产的占用时，就达到了所谓的"零营运资本"。不仅如此，营运资金管理出色的企业，在无成本的流动负债满足无收益流动资产之外，还能利用剩余的无成本资金购买短期融资工具或开展收购兼并活动,这就出现了"负营运资金"。零售业巨头沃尔玛公司就是负营运资金管理的典范。

按照现代营运资金管理思想,营运资金需求量(WCR)的计算公式为

$$营运资金需求量(WCR) = 应收款项 + 存货 - 应付款项$$

现在,我们来讨论一下上述营运资金需求量计算公式中应收款项、存货和应付款项的变化对营运资金需求量变化和影响。

(1)假定存货是一个常量,当一个公司的应收款项大于应付款项,其营运资金需求量是个正数,说明应收款项占用资金大于应付款项占用的资金,即别的公司占用本公司的资金,说明本公司是个"弱势公司"。

(2)假定存货是一个常量,当一个公司的应收款项小于应付款项,其营运资金需求量是个负数,说明应收款项占用资金小于应付款项占用的资金,即本公司占用别的公司的资金,说明本公司是个"强势公司"。

(3)当一个公司的营运资金需求量呈上升趋势,说明其存货和应收款项增加或应付账款减少,即自己的企业以商品存货的形式或别的企业以应收账款的形式占用资金,导致所需的经营资金增加,说明这个公司正在"由强转弱"。

(4)当一个公司的营运资金需求量呈下降趋势,说明其存货和应收款项减少或应付账款增加,即自己的企业以减少商品存货的形式减少了资金占用或通过应付账款的形式占用其他企业资金,导致所需的经营资金减少,说明这个公司正在"由弱转强"。

可见,一个公司的 WCR 增加无非表明三种情况:一是采购时无法享用商业信用而不得不以现金付款,导致应付账款减少或预付账款增加;二是产品生产出来后卖不出去转化为存货导致存货增加;三是产品卖出去了货款没有及时收回导致应收账款增加。因此,一个公司营运资金需求量的变化,也反映了该公司与供货商、销售商之间的博弈格局中的竞争态势。

值得指出的是,在现实的某些特定条件下,库存的增加不一定是坏事,比如,酒类企业年份酒的增加;物价上涨前原材料的囤积等,公司增加存货,虽然导致营运资金需求量上升,但因此带来收入增加幅度或成本降低幅度远远超过了存货资金占用成本,因此,增加存货对公司而言是一种合理的选择。

例 根据合肥百货的 2010 年及 2013 年应收及应付款项资料,计算出该公司营运资金需求量如表 10-1 所示。

表 10-1 合肥百货的 2010 年及 2013 年营运资金需求量

(单位:万元)

项目	2010 年	2011 年	2012 年	2013 年
应收账款	2 288.65	1 576.57	1 847.30	2 621.34
应收票据	0	0	5.97	0
预付账款	31 183.50	31 887.70	27 329.90	25 230.30

续表

项目	2010 年	2011 年	2012 年	2013 年
其他应收款	6 134.23	13 456.80	15 113.10	12 768.80
存货	56 857.30	66 297.80	62 172.60	69 006.30
应付账款	55 958.00	69 960.70	71 660.30	73 831.30
应付票据	52 835.00	49 005.70	41 281.60	43 169.40
预收账款	147 719.00	195 146.00	219 104.00	242 229.00
其他应付款	16 250.20	141 550.20	17 202.10	28 950.10
营运资金需求量	-176 298.52	-342 443.73	-304 951.73	-278 553.06

第二节 现代营运资金管理核心

一、控制应收账

1. 应收账款概念

应收账款是企业因为销售商品,提供劳务或其他行为而拥有的在未来期间向购货单位收取货币资金的权利。应收账款是企业流动资产中的一个重要项目,是商业信用的直接产物。随着市场经济的不断发展,商业竞争的日趋加剧,企业的应收账款数额明显增多,因此,应收账款管理已成为流动资产管理中的重要课题。应收账款管理的目的,就是正确衡量信用成本和信用风险,合理确定信用政策,及时收回账款,保证流动资产价值的真实性。

2. 应收账款产生的原因

(1) 商业竞争的需要,这是发生应收账款的主要原因。在社会主义市场经济的条件下,存在着激烈的商业竞争。竞争机制的作用迫使企业以各种手段扩大销售。除了依靠产品质量、价格、售后服务、广告等外,赊销也是扩大销售的手段之一。对于同等的产品价格、类似的质量水平、一样的售后服务,实行赊销的产品或商品的销售额将大于现金销售的产品或商品的销售额。这是因为顾客将从赊销中得到好处。出于扩大销售的竞争需要,企业不得不以赊销或其他优惠方式招揽顾客,于是就产生了应收账款。由竞争引起的应收账款,是一种商业信用。

(2) 销售和收款时间差距。商品成交的时间和收到货款的时间常不一致,这也导致了应收账款。当然,现实生活中现金销售是很普遍的,特别是零售企业更常见。不过就一般批发和大量生产企业来讲,发货的时间和收到货款的时间往往不同。这是因为货款结算需要时间的缘故。结算手段越是落后,结算所需时间越长,销售企业只能承认这种现实并承担由此引起的资金垫支。

【案例 10-2】 中国联通、中国移动应收账款

中国联通、中国移动天津分公司 2002 年向外界公布了一份令人吃惊的数据,截至 2002 年上半年,两家企业的用户欠费金额达 3 亿元。在此之前信息产业部公布的一份数据显示,目前中国国内 6 大电信运营商背负的欠费有 200 亿元。

3. 应收账款的功能

应收账款的功能是指它在生产经营中的作用。主要有以下方面:

(1) 增加销售的功能。在市场竞争比较激烈的情况下,赊销是促进销售的一种重要方式。进行赊销的企业,实际上是向顾客提供了两项交易:① 向顾客销售产品;② 在一个有限的时期内向顾客提供资金。虽然赊销仅仅是影响销售量的因素之一,但在银根紧缩、市场疲软、资金匮乏的情况下,赊销的促销作用是十分明显的。特别是在企业销售新产品、开拓新市场时,赊销更具有重要的意义。

(2) 减少存货功能。企业持有产成品存货,要追加管理费、仓储费和保险费等支出;相反,企业持有应收账款,则无需上述支出。因此,无论是季节性生产企业还是非季节性生产企业,当产成品存货较多时,一般都可采用较为优惠的信用条件进行赊销,把存货转为应收账款,减少产成品存货,节约各种支出。

4. 应收账款的成本

应收账款成本是指企业持有一定应收账款所付出的代价,包括:机会成本、管理成本和坏账成本。

(1) 机会成本。

企业资金如果不投放于应收账款,便可用于其他投资并获得收益,比如投资于有价证券便会有利息收入。这种因投放于应收账款而放弃的其他收入,即为应收账款的机会成本,这种成本一般按有价证券的利息率计算。

应收账款的机会成本 = 赊销收入净额 /360 × 应收账款周转期 × 变动成本率 × 资金成本率

(2) 管理成本。

企业对应收账款进行管理所耗费的各种费用,即为应收账款的管理成本,主要包括:对客户的资信调查费用、应收账款账簿记录费用、收账费用、收集相关信息的费用、其他相关费用。

(3) 坏账成本。

因故收不回的应收账款给企业带来的损失,称为应收账款的坏账成本。

5. 信用政策的确定

企业提供商业信用,采取赊销、分期付款等销售方式,可以扩大销售,增加利润;但应收账款的增加,也会造成资金成本、坏账损失等费用的增加,收益与风险并存的客观现实,要求企业在发挥应收账款强化竞争、扩大销售的功能的同时,尽可能降低应收账款的成本,最大限度地发挥应收账款的投资效益。

应收账款赊销的效果好坏,依赖于企业的信用政策。信用政策包括:信用期间、信用标准和现金折扣政策。

(1) 信用期间。

信用期间是企业允许顾客从购货到付款之间的时间,或者说是企业给予顾客的付款期间。例如,若某企业允许顾客在购货后的 50 天内付款,则信用期为 50 天。信用期过短,不足以吸引顾客,在竞争中会使销售额下降;信用期过长,对销售额增加固然有利,但只顾及销售增长而盲目放宽信用期,所得的收益有时会被增长的费用抵消,甚至造成利润减少。因此,企业必须慎重研究,确定出恰当的信用期。

信用期的确定,主要是分析改变现行信用期对收入和成本的影响。延长信用期,会使销售额增加,产生有利影响;与此同时应收账款、收账费用和坏账损失增加,会产生不利影响。当前者大于后者时,可以延长信用期,否则不宜延长。如果缩短信用期,情况与此相反。

【案例 10-3】 各国收账期的差异

美国最典型的贷款期限是 30 天,即意味着开出发票后的 30 天内必须支付账款。但这并不意味着一个公司的平均收账期是 30 天或更少。事实上,大多数行业的平均收账期要更长。美国企业的财务比率数据揭示,制造业的平均收账期约为 44 天。但是,信贷条款、支付惯例和法律赔偿在其他国家则完全不同。欧洲国家的平均收账期没有太大差异,但在拉美和非洲国家差异很大。根据国家信贷管理协会的金融、信贷及国际贸易部的数据显示,像阿根廷、智利、厄瓜多尔、乌拉圭这样的拉美国家,平均收账期为 110~120 天,而像阿尔及利亚、喀麦隆、埃塞俄比亚、肯尼亚、摩洛哥这样的非洲国家,平均收账期为 100~140 天。

当一个公司开展跨国业务的时候,财务主管必须意识到相关国家支付惯例的不同。如果在某一特定国家经营业务,那么沿用本国的信贷及收账程序可能难以实现。在进入这样一个市场之前,意识到这种现实是非常必要的。

例 某公司目前的信用政策是 $N/30$,估计赊销额为 100 万元,变动成本率 80%,资金成本为 10%,坏账损失率为 1%,现拟改变信用政策,改为 $N/45$,估计赊销额增加 10 万元,坏账损失率为 4%,具体如表 10-2 所示。问能否改变信用政策?

表 10-2 不同信用政策

(单位:万元)

信用期 项目	30 天	45 天	变化量
赊销额	100	110	10
变动成本	80	88	8
毛利	20	22	2
应收账款机会成本	0.67	1.1	0.43
收账费用	0	0	0
坏账损失	1	4.4	3.3
税前净收益	18.33	16.5	-1.83

由于收益的增加小于成本的增加,故不能改变信用政策。

(2) 信用标准。

信用标准,是指顾客获得企业的交易信用所应具备的条件,如果顾客得不到信用标准,便不能享受企业的信用或只能享受较低的信用优惠。

企业提供信用时,会尽力区分付款客户和不付款客户。在决定是否值得提供信用时,需要许多的信息资源。在评价是否值得提供信用时,通常需要如下一些信息:

① "财务报表"。企业要求购买者提供其财务报表。据此计算出有用的财务比率。

② "购买者与其他企业之间的信用交往的历史报告"。

③ "银行"。银行的商业客户要求获得一些关于其他企业的信用信息时,银行一般会帮忙。

④ "购买者与企业之间的交往历史"。估计购买者不付款概率的最容易的方式是看它在以前是否有过未偿还欠款的记录。

一旦信息收集好,企业将面对是否提供信用的艰难选择。许多企业使用传统但主观的方法来评定信用等级,该方法被称为"信用的5C"系统。

① "品德"(character)。购买者的信誉,履行债务的意愿。

② "能力"(capacity)。购买者的现金流量偿还债务的能力。

③ "资本"(capital)。购买者拥有的资本金、财务实力。

④ "担保"(collateral)。购买者无力偿债时的保护性资产。

⑤ "条件"(conditions)。指可能影响顾客付款能力的经济环境。比如,万一出现经济不景气,会对顾客的付款产生什么影响,顾客会如何做等,这需要了解顾客在过去困难时期的付款历史。

相反,像发行信用卡之类的企业,为确定客户不履行债务的概率,建立了一个复杂的统计模型(被称作"信用评级"模型)。通常对一大群客户的所有可观测的特征进行研究,以找出它们与不履行债务之间的关系。这些模型确认了哪些客户值得提供信用和哪些客户不值得提供信用,因而它们也成为政府常用的方法之一。例如,如果一个模型确认不履行债务的人中,私人企业主比政府公务员、教师更多,那么这也许会用作不向私人企业主提供信用的依据。在统计领域中利用模型获得信息的方法,也经常被政客们使用。

(3) 现金折扣政策。

现金折扣是企业对顾客在商品价格上所做的扣减。向顾客提供这种价格上的优惠,主要目的在于吸引顾客为享受优惠而提前付款,缩短企业的平均收款期。另外,现金折扣也能招揽一些视折扣为减价出售的顾客前来购货,借此扩大销售量。折扣的表示常采用如5/10、3/20、$N/30$这样一些符号形式。这三种符号的含义为:5/10表示10天内付款,可享受5%的价格优惠,即只需支付原价的95%,如原价为10 000元,只支付9 500元;3/20表示20天内付款,可享受3%的价格优惠,即只需支付原价的97%,若原价为10 000元,只支付9 700元;$N/30$表示付款的最后期限为30天,此时付款无优惠。

企业采用什么程度的现金折扣,要与信用期间结合起来考虑。比如,要求顾客最迟不超过30天付款,若希望顾客20天、10天付款,能给予多大折扣?或者,给予5%、3%的折扣,能吸引顾客在多少天内付款?不论是信用期间还是现金折扣,都可能给企业带来收益。但也会增加成本。现金折扣带给企业的好处前面已经讲过,它使企业增加的成本,则指的是价格折扣损失。当企业给予顾客某种现金折扣时,应当考虑折扣所能带来的收益与成本孰高孰低,权衡利弊,抉择决断。

因为现金折扣是与信用期间结合使用的,所以确定折扣程度的方法与程序实际上与前述确定信用期间的方法与程序一致,只不过要把所提供的延期付款时间和折扣综合起来,看各方案的延期与折扣能取得多大的收益增量,再计算各方案带来的成本变化,最终确定最佳方案。

【案例10-4】 皖江公司应收账款的管理

大约6年前,当皖江公司起步时,应收账款周转期约为53天。之后的一年里,在总经理小王的"精心管理"下,周转期上升为60天。这时,发生了一笔100 000元的坏账。可以想象,这一点引起了公司极大的注意。

在第一年里,皖江公司已经在其他的经营部门建立了一些极为有效的体系。但是有一个方面被忽略了,那就是应收账款。这存在多种原因。首先,对总经理小王来说,这是一个毫无经验的管理领域。其次,热切盼望公司的快速成长,这使总经理小王对批准贷款的一些决策不够谨慎。最后,不得不承认这个事实:经营一家公司时,管理应收账款并不是一件轻松的事情。事实上,它十分令人厌恶。

但是,在注销了那100 000元坏账后,公司开始对自己曾经做过的一切进行彻底检查。

下面就是公司的主要工作:

(1) 人事调动。改进的第一步通常就是把重要位置上的人换掉。这次总经理小王也是这样做的。公司更新了信贷体系后,原来的信贷经理就无法胜任这一工作了。因此,公司换了一个人。接任者是从公司的接待员做起的一位女士,但她晋升得很快。虽然她对应收账款还不太了解,也没有经验,但是她很有魄力,也有适合的个性。此外,公司还对她实行了一项激励计划——基于应收账款周转天数这个指标,她每个月可以获得200~1000元的奖金。结果,在顽强地追查逾期贷款和减少坏账损失方面,她取得了很大的成功。

(2) 总经理退出。如果总经理无法退出信贷领域的日常管理,公司就无法取得任何进展。因为,公司的所有者总是很乐观。而且,公司总是以客户为导向。而这两点正是审查贷款过程中的致命伤。所以,公司遵循了这条规律。总经理不再亲自审查贷款了。

(3) 建立初始信用审查体制。关于如何建立一个潜在客户的信用等级已经有一套完整的体系了,只是有一点,大胆地去干吧!大多数公司都知道这一点,但是它们没有制定必要的程序和政策。当然皖江公司也不例外,但是现在皖江公司开始改变了。

开始时为了保证销售,公司尽量使借款人满意。通常,为了留住一个需要立即发货的新客户,公司往往跳过初始信用审查这一关。但现在公司再不能继续这样干了,公司建立了一个内部"快速信用审查"机制。一个业务员只需向公司提供客户开户银行的名字和两份其他供应商的证明,公司就能保证在一天半之内对是否发货给出答复,当然,接下来公司还是要做一份完整的信用审查报告的。

(4) 发货前的信用审查公司的计算机系统有很强的信用审查能力,至少理论上是这样的。但是问题是,公司并不是完全运用这个系统来进行信用审查的,有些工作仍依靠人工完成。如果公司把这个系统完全上线,就能够完全运用它来进行信用审查了。现在,当输入一份订单时,计算机会显示该客户:① 是否已有贷款;② 是否超过了信贷额度;③ 是否已逾期超过60天。如果以上三种情况至少存在一种,那么信贷经理就会拒绝这份订单。

(5) 延期条款的审核。延期条款是另一种变相的降价。它会增加应收账款和坏账损失风险。公司的会计主管对于放款抱着谨慎的态度,所以现在就由他来负责延期余款的审核。

(6) 加强管理层的报告。由于总经理退出了应收账款的日常管理,所以对管理层的整体控制就显得十分必要了。虽然一些粗略的指标,如逾期率可以较好地评估一般的改善程度,但是它们并不能帮助总经理触及各种不同问题的核心。而列有3 000多个客户名单的逾期分类报告又充满一堆令人头疼的数据。

最后,公司建立了只在月末报告的一种报告体系,它精选了应了解应收账款所必需的主要信息。简单地说,这个报告把应收账款划分为两个部分。第一部分报告只列示了那些其应收账款有明显不利变化的客户情况。第二部分报告列示了有历史问题的应收账款,这些账户需要监督。

在这两部分报告中,由于只列示了全部应收账款的一小部分,所以公司可以打印出这些账户的前6个月情况,这对追踪这些账户有极大帮助。有了这两份报告,总经理就能在拿到打印资料后一个半小时之内对应收账款情况牢牢掌握。此外,这些报告对于信贷经理寻找需要进一步监督的账户而言,也是一份重要的指南。

所有的这些努力没有白费,公司的销售额在增长,应收账款周转期由60天降为40天,带来了约700 000元的好处。

6. 应收账款管理策略

如何管理应收账款,主要有以下策略:

(1) 树立价值观念。

树立价值观念实际上是要求管理者转变观念。一方面,应收账款增加,形成的收入也增加,最后导致利润增加,但由于应收账款增加而形成的利润并不会增加企业净现金流量,故其在社会信用制度有缺陷的情况下不但不会增加企业价值,反而会给企业造成损失。另一方面,今年收回应收账款和以后收回应收账款其价值不同。欠款时间越长,其应收账款的价值越小。例如,今年销售并收回100万元货款和三年后收回100万元货款,同样都是100万元,但二者价值不同,三年后的100万元折算到现在就小于100万元,二者的差额就是应收账款的机会成本。所以转变观念就是要求企业将利润最大化观念转变为企业价值最大化观念,重视应收账款的时间价值。

(2) 建立企业内部信用管理制度,强化信用管理职能。

我们处于社会主义初级阶段,实际上也是市场经济初级阶段。在市场经济中信用是金,但目前我国还没有建立起信用管理体系,一些企业和个人信用程度较差,不讲信誉,还没有认识到信誉对企业发展的重要性。小企业是经营,大企业是"做人",企业在注重自身信誉的同时,要强化信用管理,建立和完善内部信用管理制度。

企业内部信用管理包括对客户信誉等情况的调查评估,信用额度的确定,信用标准的确定,具体赊销时的审核,批准程序与责任,对应收账款的监控等内容。

① 企业要确定信用标准,使其制度化规范化;② 按预先确定的信用标准调查了解客户的有关资料;③ 根据信用标准要求对客户进行评估,确定信用额度;④ 按规定的审批程序对赊销的金额、信用期限、现金折扣等进行审批;⑤ 对形成的应收账款进行跟踪调查,并对应收账款进行分析,反映应收账款的质量。对应收账款的跟踪调查,主要是调查那些赊销金额大或信用品质较差的客户。要及时地了解这些客户的偿债能力的变化,以便采取有效的收款对策,保证货款的回收,同时也为企业调整赊销数量和信用条件提供依据。对应收账款分析,首先是定期进行应收账款的账龄分析。对企业发生在外的应收账款按其时间长短进行排列,并计算不同账龄的应收账款占应收账款总额的比重,来分析判断企业整体的应收账款的质量状况,并对拖期的应收账款的原因进行调查分析,提出有针对性的收款对策。其次是要对应收账款周转时间及每个销售人员的具体回款情况等进行统计分析。

(3) 完善合同管理。

企业的销售合同应按《合同法》中的有关要求进行,使其完善和规范。在销售合同中应体现对赊销货款的管理要求,做到应收账款管理有法可依,这样在发生纠纷时就可通过法律程序减少企业损失。

(4) 落实收款责任。

应收账款是企业销售产品或提供劳务后发生的,其直接责任者是企业销售部门的销售人员,因此应收账款的收款责任必须具体地落实到销售人员身上。在应收账款的回收上,要坚持谁销售谁负责收款,并按回款额计发销售人员的工资和奖金。对超过规定的信用期间的应收账款,除督促销售人员及时催款、收款外,还要对销售人员有一定的奖惩措施。如超过信用期间的应收账款,应收账款占用资金的利息要从负责这笔销售的销售人员工资中抵扣。应收账款发生了坏账损失,由销售人员按比例承担损失费用。同时对应收账款回收及时、坏账损失率低于规定标准的销售人员则要给予适当的奖励。总之要运用各种手段,落实应收账款的收款责任。

7. 信用政策变化分析

企业往往采取诸如延长信用期限,放宽信用标准,实施更宽松的信用政策以及给予客户更高的现金折扣之类的行动来促使销售额的大幅度增长。不过,在放松信用政策刺激销售上升的同时也引起公司成本的上升。

因此决定信用政策变化的关键问题是:销售收入的增长是否大于成本的增长(包括与信用有关的成本),换句话说,公司净收入的增长,以及销售收入的增长在抵消更高的成本之后,是否尚有余额。即改变信用政策后增加的收益是否大于改变信用政策所带来的各种附加成本。

例 某公司预测的年度赊销收入为5000万元,信用条件为($N/30$),变动成本率为70%,资金成本率为10%。该公司为扩大销售,拟定了A、B两个信用条件方案。

A方案:将信用条件放宽到($N/60$),预计坏账损失率为4%,收账费用80万元。

B方案:将信用条件放宽到($2/10,1/20,N/60$),估计约有70%的客户(按赊销额计算)会利用2%的现金折扣,10%的客户会利用1%的现金折扣,坏账损失率为3%,收账费用60万。以上两方案均使销售收入增长10%。

要求:确定该企业应选择何种信用条件方案。

解 计算结果如表10-3所示。

表10-3 不同信用条件方案收益计算

项目	A方案	B方案
年赊销额(万元)	5 500	5 500
现金折扣		82.5
年赊销净额(万元)	5 500	5 417.5
变动成本(万元)	3 850	3 850
信用成本前收益(万元)	1 650	1 567.5
平均收款期(天)	60	21
应收账款周转率	6	17.14
应收账款平均余额(万元)	916.67	320.89
维持赊销所需资金(万元)	641.67	224.62
机会成本(万元)	64.17	22.46
收账费用(万元)	80	60
坏账损失(万元)	220	165
信用成本后收益(万元)	1 285.83	1 320.04

由于B方案的信用成本后收益大于A方案的信用成本后收益,故该公司应选择B信用条件方案。

二、控制存货

1. 存货概念

存货,是指企业在日常生产经营过程中持有以备出售,或者仍然处在生产过程,或者在生产或提供劳务过程中将消耗的材料或物料等,包括各类材料、商品、在产品、半成品、产成品等。企业存货占流动资产的比重较大,存货的利用与管理水平的高低,对流动资金的周转和企业财务状况密切相关。因此,加强存货的管理与控制,使存货量保持在最佳水平便成为财务管理的一项重要内容。

2. 存货的功能

存货的功能是指存货在生产经营过程中的作用。工业企业如果能在生产投入时随时购入所需的原材料、半成品等,就不需要存货。但实际则不然,企业总是或多或少的有一些存货,存货的功能主要有以下两方面:第一,保证生产和销售的正常需要;第二,追求较低的存货购买价格。

3. 存货成本

储存一定量的存货,必定会有一定的成本支出。存货成本具有以下三项:

(1) 取得成本。

取得成本是指为取得某种存货而支出的成本,包括订货成本和购置成本两类。

① 订货成本。

订货成本指取得订单的成本,如办公费、差旅费、邮资、电报电话费等支出。订货成本中有一部分与订货次数无关,如常设采购机构的基本开支等,称为订货的固定成本。另一部分与订货次数有关,如差旅费、邮资等,称为订货的变动成本。

② 购置成本。

购置成本指存货本身的价值,经常用数量与单价的乘积来确定。

订货成本加上购置成本,就等于存货的取得成本。其公式可表达为

$$取得成本 = 订货固定成本 + 订货变动成本 + 购置成本$$

(2) 储存成本。

储存成本指为保持存货而发生的成本,包括存货占用资金所应计的利息(若企业用现有现金购买存货,便失去了现金存放银行或投资于证券本应取得的利息,是为"放弃利息";若企业借款购买存货,便要支付利息费用,是为"付出利息")、仓库费用、保险费用、存货破损和变质损失等。

储存成本也分为固定成本和变动成本。固定成本与存货数量的多少无关,如仓库折旧、仓库职工的固定月工资等。变动成本与存货的数量有关,如存货资金的应计利息、存货的破损和变质损失、存货的保险费用等。用公式表达的储存成本为

$$储存成本 = 储存固定成本 + 储存变动成本$$

(3) 缺货成本。

缺货成本指由于存货供应中断而造成的损失,包括材料供应中断造成的停工损失、产成品库存缺货造成的拖欠发货损失和丧失销售机会的损失(还应包括需要主观估计的商誉损失);如果生产企业以紧急采购代用材料解决库存材料中断之急,那么缺货成本表现为紧急额外购入成本(紧急额外购入的开支会大于正常采购的开支)。

4. 存货控制的具体方法

存货管理的主要目的,是要控制存货水平,在充分发挥存货功能的基础上,降低存货成本。主要控制方法有:

(1) 经济批量控制(economic order quantity)。

经济批量是指一定时期储存成本和订货成本总和最低的采购批量。从前述存货成本构成中可知,这两种成本高低与订货批量多少的关系是相反的。订购的批量大,储存的存货就多,会使储存成本上升,但由于订货次数减少,则会使订货成本降低;反之,如果降低订货批量,可降低储存成本,但由于订货次数增加,会使订货成本上升。也就是说,随着订购批量大小的变化,这两种成本是互为消长的。存货控制的目的,就是要寻找这两种成本合计数最低的订购批量,即经济订购批量。

① 基本模型。

经济订货量基本模型需要设立的假设条件是:

a. 企业能够及时补充存货,即需要订货时便可立即取得存货。

b. 能集中到货,而不是陆续入库。

c. 不允许缺货,即无缺货成本,这是因为良好的存货管理本来就不应该出现缺货成本。

d. 需求量稳定,并且能预测。

e. 存货单价不变,不考虑现金折扣。

f. 企业现金充足,不会因现金短缺而影响进货。

g. 所需存货市场供应充足,不会因买不到需要的存货而影响其他。

设立了上述假设后,存货总成本的公式可以简化为

$$存货总成本 = 订货成本 + 储存成本 + 缺货成本$$

由于订货固定成本、购置成本、储存固定成本、缺货成本为常量,所以总成本大小取决于订货变动成本、储存变动成本。订货量与成本的关系如图 10-1 所示。

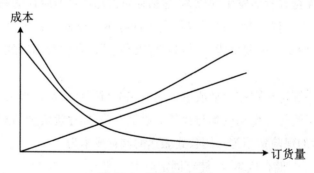

图 10-1 订货量与成本

为了求出了总成本的极小值,对存货总成本公式进行求导演算,可得出下列公式:

$$最佳经济订货批量 = \sqrt{2 \times 年需要量 \times 一次订货成本 / 单位储存成本}$$

这一公式称为经济订货量基本模型,求出的每次订货批量,可使总成本达到最小值。

例 某企业年需求量 A 材料 3 600 千克,每次进货成本为 250 元,单价 100 元,单位持有成本为单价的 20%。

$$企业最佳经济订货批量 = \sqrt{2 \times 3\,600 \times 250 / (100 \times 20\%)} = 3\,000(千克)$$

② 有数量折扣的经济批量模型。

在上述经济批量分析中,假定价格不随批量而变动。在西方,许多企业在销售时都有批

量折扣,对大批量采购在价格上给予一定的优惠。在这种情况下,除了考虑订货成本和存储成本外,还应考虑采购成本。

例 假设某企业年需求量 A 零件 1 200 件,每次进货成本为 400 元,单位持有成本为 6 元,每件价格为 10 元,但如果一次订购超过 600 件,可给予 2% 的批量折扣,问应以多大批量订货?

此时如果确定最优订购批量,就要按以下两种情况分别计算三种成本的合计数。

第一种情况:按经济批量采购,不取得数量折扣。在不取得数量折扣,按经济批量采购时的总成本合计应为

$$最佳经济订货批量 = \sqrt{2 \times 1\,200 \times 400/6} = 400(件)$$

$$总成本 = 年订货成本 + 年储存成本 + 年采购成本$$

$$= \frac{1\,200}{400} \times 400 + \frac{400}{2} \times 6 + 1\,200 \times 10$$

$$= 14\,400(元)$$

第二种情况:不按经济批量采购,取得数量折扣。如果想取得数量折扣,必须按 600 件来采购,此时三种成本的合计为

$$总成本 = 年订货成本 + 年储存成本 + 年采购成本$$

$$= \frac{1\,200}{600} \times 400 + \frac{600}{2} \times 6 + 1\,200 \times 10 \times (1 - 2\%)$$

$$= 14\,360(元)$$

将以上两种情况进行对比可知,订购量为 600 件时成本最低。

(2) 订货点控制。

为了保证生产和销售正常进行,工业企业必须在材料用完之前订货,商业企业必须在商品售完之前订货。那么,究竟在上一批购入的存货还有多少时,订购下一批货物呢? 这就是订货点的控制问题。所谓订货点,就是订购下一批存货时本批存货的储存量。确定订货点,必须考虑如下因素:① 平均每天的正常耗用量;② 预计每天的最大耗用量;③ 提前时间,指从发出订单到货物验收完毕所用的时间;④ 预计最长提前时间;⑤ 保险储备,是指为防止耗用量突然增加或交货误期等进行的储备。

$$再订货点\ R = 订货提前期 \times 平均每日耗用量 + 保险储备量$$

例 大华公司每日耗用某零件为 10 件,订货提前期为 20 天,保险储备量为 60 件,试确定再订货点。

解 再订货点 $R = 20 \times 10 + 50 = 260(件)$。

(3) ABC 控制法。

ABC 控制法是意大利经济学家巴雷特于 19 世纪首创的,以后经不断发展和完善,现已广泛用于存货管理、成本管理和生产管理。对于一个大型企业来说,常有成千上万种存货项目,在这些项目中,有的价格昂贵,有的不值几文;有的数量庞大,有的寥寥无几。如果不分主次,面面俱到,对每一种存货都进行周密的规划,严格的控制,就抓不住重点,不能有效地

控制主要存货资金。ABC 控制法正是针对这一问题而提出来的重点管理方法。

运用 ABC 法控制存货资金，一般分为如下几个步骤：

① 计算每一种存货在一定时间内（一般为一年）的资金占用额。

② 计算每一种存货资金占用额占全部资金占用额的百分比，并按大小顺序排列，编成表格。

③ 根据事先测定好的标准，把最重要的存货划为 A 类，把一般存货划为 B 类，把不重要的存货划为 C 类。分类表如表 10-4 所示。

表 10-4 存货 ABC 分类表

分类	品种数占总品种数的比重	资金占总资金的比重
A	10%左右	70%左右
B	20%左右	20%左右
C	70%左右	10%左右

④ 对 A 类存货进行重点规划和控制，对 B 类存货进行次重点管理，对 C 类存货只进行一般管理。

（4）及时生产（JIT）存货系统。

近年来，一个由日本提出的生产存货系统，得到广泛的宣传。理论上，及时生产（JIT）系统实际上不需要工厂存货。在 JIT 系统下，供应商可以及时（几个小时内）将货物运给生产商用于生产。这种系统要求生产商和它的供应商之间的许多信任和合作，因为拖延运输将使工厂整条生产线停产。在 JIT 系统下，生产商实际上将持有存货的任务推给了它的供应商，供应商又同样推给了他们的供应商。最终整条生产链是在协调的状态下运营，大大削减了存货。

JIT 系统在一定条件下，是可以运行的，但是它的应用需要一些条件。一般情况下，生产商对供应商来说，具有强大实力并且购买了供应商大部分产出时，JIT 系统运用成功。而那些对于供应商没有任何特殊影响的小企业，可能很难运用。此外，还要求供应商与生产商足够近，使运输不成问题。

三、控制应付账款

控制应付款主要是通过增加应付款金额，推迟付款时间等手段，来延长平均付款期。

1. 概念

应付账款是企业购买货物或接受劳务等尚未支付的款项，即卖方允许买方在购货后一定时期内支付货款的一种形式；卖方利用这种方式促销，而对买方来说延期付款则等于向卖方借用资金购进商品，可以满足短期的资金需求。

2. 信用条件

按照国际惯例，为了促使买方企业按期付款、及早付款，卖方往往规定一些信用条件。

例如,规定"2/10,N/30",意即买方如于购货发票日算起10天内付款,可以享受2%的购货折扣;如于10天后至30天内付款则不享受折扣,买方必须支付全额货款;允许买方付款限期最长为30天。

应付账款这种信用形式,按其是否负担代价,分为免费信用、有代价信用和展期信用。免费信用是指买方企业在规定的折扣期限内享受折扣而获得的信用;有代价信用是指买方企业放弃折扣需要付出代价而取得的信用;展期信用是指买方企业在规定的信用期限届满后推迟付款而强制取得的信用,这是违反常规的做法。

3. 应付账款成本

存在现金折扣条件下,由于延期付款而没有享受信用折扣为付出的代价。即放弃现金折扣成本。

例 某企业按"2/10、N/30"的条件购买一批价值10万元的商品。① 如果该企业在10天内付款,则可获得最长为10天的免费信用,并可取得折扣为0.2万元($10 \times 2\%$),免费信用额度为9.8万元(10万元 - 0.2万元)。② 倘若该企业放弃这笔折扣,在30天内付款,该企业便要承受因放弃折扣而造成的隐含利息成本。

由于企业在第30天付款,推迟20天付款,相当于举债筹资98 000元,利息支出2 000元,则实际利率为

$$20 \text{天的实际利率} = 2\,000/98\,000 = 2.04\%$$

利率通常以年表示,因此,必须把20天的利率折算为360天利率。假设按单利计算,则实际利率为

$$\text{实际利率} = 2.04\% \times 360/20 = 36.72\%$$

一般而言,放弃现金折扣的成本可由下式求得:

$$\text{放弃现金折扣成本} = \frac{\text{折扣百分比}}{1 - \text{折扣百分比}} \times \frac{360}{\text{信用期} - \text{折扣期}}$$

根据上例资料,

$$\text{放弃现金折扣的成本} = \frac{2\%}{1 - 2\%} \times \frac{360}{30 - 10}$$
$$= 36.72\%$$

以上公式表明,放弃现金折扣的成本与折扣百分比的大小和折扣期的长短成正比,与信用期的长短成反比。可见,如果买方企业放弃折扣而获得信用,其代价是高昂的。然而,企业在放弃折扣的情况下,推迟付款的时间越长,其成本会越小。比如,如果企业延至50天付款,其成本则为

$$2\%/(1 - 2\%) \times 360/(50 - 10) = 18.4\%$$

如果企业因缺乏资金而欲展延付款期(如上例中将付款日推迟到第50天),则需在降低了的放弃成本与展延付款带来的损失之间作出选择。拖欠企业应付账款,很可能会造成公司信用程度的破坏。这样的话,供应商会认为该公司是不讲信用之辈,即使以后再卖东西给它时,也会要求十分苛刻的付款条件。该企业一旦有付款过于迟缓的声誉,它在与其他企业

或借款人打交道时,会招致机会成本的增加。这种成本的增加虽然很难用金钱衡量,但它比丧失现金折扣的商业信用成本往往要高,因为在信用发达的经济中,这种损失是潜在的。

但是,在某些情况下,在超过信用期之后拖延某些应付账款还是可以的。只要供应商造成呆账损失的风险很小,它们还是愿意接受应付账款稍微拖延一些时间的。当一个公司确定要拖延账款时,它应该努力使卖方了解自己公司的处境,并对其成本详加考虑,拖延账款有时会导致供应商稍微提高价格,这样会导致公司的间接支出,它应该把这种支出与其他各种短期贷款来源客观加以比较。

如果面对两家以上提供不同信用条件的卖方,应通过衡量放弃折扣成本的大小,选择信用成本最小(或所获利益最大)的一家。比如,上例中另有一家供应商提出(1/20、$N/30$)的信用条件,其放弃折扣的成本为

$$1\%/(1-1\%) \times 360/(30-20) = 36.4\%$$

与上例中 2/10、$N/30$ 信用条件的情况相比,后者的成本较低。如果买方企业估计会拖延付款,那么宁肯选择第二家供应商。

【案例10-5】 倒时间差,净赚18万

安徽某县的杨某,与协作厂签订合同,购买3 000吨钢材。钢材已经入库,按理,他应该马上付款。但在此时,市面上冰箱畅销,如果他推迟付款,就可以将该资金火速购买冰箱外壳,组装后出售,获得较大利润,这样,他就与协作厂订立商业信用协议,延期3个月付款,同时补偿对方5万元的占用资金费。这样,该冰箱一下将资金运动开来,多销出一千多台冰箱,获纯利23万元,除去支付给协作厂5万元外,净赚18万元。杨厂长利用商业信用,玩了一下时间差,就赚到了18万元,可谓两全其美。

4. 应付账款控制的影响因素分析

影响应付账款控制的主要因素有:

(1) 供货商的商业博弈能力。如果供货商的产品销售主要依赖本公司购买,而本公司又有众多供货商可供选择时,公司具有强势地位。可以要求供货商提供宽松的信用政策。反之,当供货商处于强势地位时,公司达到的信用政策大大限制。甚至不得不提前支付预付款,以获得原材料、商品的购买权。

(2) 购货商的信用等级。如果购货商的信用等级高,在过去的交易中能够按合同要求及时付款,那么公司就能够得到供应商更多的信任,因此获得更宽松的信用政策。反之,如果购货商信用等级低

(3) 原材料价格的变动趋势。当原材料价格处于上涨阶段,公司为了较低价格取得原材料,可能需要支付大量预付款给供货商。此时,为了延长付款期限而承受的原材料上涨所造成的成本上升就显得不够明智。相反,原材料价格处于下跌阶段,公司则可利用供货商急于出货的心理,争取更为宽松的信用政策。

第三节　现代营运资金管理与现金管理

企业的现金管理在实际工作中，面临着以下三个问题：一是如何通过"三控政策"，加快现金回笼和减少资金占用；二是在收回现金之后，如何选择合适的资金项目，提高资金的使用效益；三是如何保持适量的现金以维持企业日常经营活动的需要。

一、营运资金的现金流动和循环

"现金为王"是现在公司最为重要的管理目标之一。公司即使赚取再多的利润，如果现金周转出现困难，也可能陷入危机，最终破产倒闭；而如果公司保持良好的现金创造能力，即使出现暂时亏损，也能通过改善经营管理改变局面，扭亏为盈。现代营运资金管理恰恰就是提高公司现金创造能力的重要手段，通过有效地营运资金管理节省下来的资金，相当于公司额外赚取的现金，可为公司的运营管理提供资金支持。

下面我们先来看看现金在公司生产经营过程中是怎样流转的，对一个典型的制造业企业来说，这些经济活动可能由下列的事件和决策组成，如表10-5所示。

表10-5　事件和决策组成

事件	决策
购买原材料	订购多少存货
支付现金	是否借款或削减现金余额
生产产品	选择何种生产技术
销售产品	是否向特定顾客提供信用
回收现金	如何收款

这些活动产生了现金流入和流出的不同形态。这些现金流动既不同步也不确定。不同步是因为，例如，支付原材料款和收到销售货款并不同时发生。不确定性是因为未来的收入和成本都不可能预测。

我们从一个简单的例子入手：某天，姑且称为第0天，你赊购了价值10 000元的存货，你在20天后付款，然后又过了30天，某人以14 000元买走了你的10 000元存货。买主实际上40天后才付款。我们将这些事件按时间顺序小结如表10-6所示。

表 10-6　事件小结

第 x 天	活动	现金效果
0	购进存货	无
20	支付贷款	-10 000 元
50	赊销库存	无
90	回收贷款	14 000 元

在本例中有几个地方值得注意。首先,整个循环,从我们购进存货直到收取货款的时间,共花了 90 天,这叫作营业周期。正如本例所示,营业周期是指从取得存货开始到销售存货并收回现金为止的这段时间。营业周期是从购进存货,出售直至收回货款所花的时间。循环由两个不同部分组成。第一部分是从采购到出售库存所花的时间。这段时间,在我们的例子中是 50 天,叫作存货周转天数。第二部分是回收货款所花的时间,本例中为 40 天,其称作应收账款周转天数,或者简称应收账款周转天数(或平均收账期)。营业周期的长短取决于存货周转天数和应收账款周转天数。营业周期的计算公式如下:

营业周期 = 存货周转天数 + 应收账款周转天数

把存货周转天数和应收账款周转天数加在一起计算出来的营业周期,指的是需要多长时间能将期末存货全部变为现金。一般情况下,营业周期短,说明资金周转速度快;营业周期长,说明资金周转速度慢。在上例中,

营业周期(90 天)= 存货周转天数(50 天)+ 应收账款周转天数(40 天)

经营周期描述的是一件产品如何经过各流动资产账户。其从存货出发,当被出售后转变成应收账款,当我们回收货款时最终转换成现金。请注意,在每一步骤,该资产都离现金更进一步。

需注意的第二件事是现金流和导致现金流发生的事件在时间上是不一定同步的。例如,我们实际上在购进存货 20 天后才支付贷款。这其间的 30 天时间叫作付款周转天数。此外,我们在第 20 天支付现金,但我们直到第 90 天才收回现金。不管如何,我们必须设法为 10 000 元进行 90 天 - 20 天 = 70 天的融资,这段时间叫作现金周转期。

现金周转期 = 存货周转期 + 应收账款周转期 - 应付账款周转天数

= 营业周期 - 平均付款期

任何缩短现金周转期的措施都可以在现金流量方面产生巨大利益。假设某公司每年有 1 亿元的销售收入,年利率为 10%,只要缩减 1 个星期的现金周转期,就能增加年利润约 19 万元(1 亿元 ÷ 52 × 10%)。但缩短后的现金周转期应确保在可预见的未来具有可持续性,不会破坏企业的经营效率。

【案例 10-6】　戴尔计算机公司的负现金周转期

戴尔计算机公司 2006 年的平均收款期为 25 天,存货周转期 4 天,平均付款期 74 天,现金周转期为 -45 天。

现金周期等于零或小于零意味着什么?若等于零,意味着除了周转所需的现金头寸外,

企业的其他流动资金需求全都可由应付账款支持。

如果小于零,意味着供货商不仅垫付了企业所需的流动资金,企业还可以将多余的资金拿来做再投资。戴尔计算机公司的负现金周转期,在绝大多数情况下,反映了企业与供货商以及客户的超级议价能力。

从上计算公式可以看出,缩短现金周转期有以下途径:
(1) 减少存货,加快产品的生产和销售速度,使存货周转期缩短;
(2) 制订有效的信用政策和收账政策,加速赊销货款的回收;
(3) 延长应付账款的付款期,即拖延付给供应商货款的期限。

采用上述做法必须有个前提,即不减少销售量和不额外增加成本。这就要求管理人员做好现金收入和支出的期限匹配,在每一笔款项的支付到期时已有相应的现金流入,减少从外部筹资的数量。此外还要使长期和短期资金相匹配,用长期资金来支持流动资产可增强企业的债务偿还能力。但长期资金的成本高,一般用于生产经营周期中不随时间改变的流动资产稳定部分,而随经营周期波动的流动资产可用短期资金来支持。企业长、短期负债与资产的匹配,可减小企业到期不能偿还债务的风险,同时又能充分利用短期负债利率低的优点降低企业的资本成本。

二、现金管理

1. 现金概念

现金是指在生产过程中暂时停留在货币形态的资金,包括库存现金、银行存款、银行本票、银行汇票等。

现金是变现能力最强的资产,可以用来满足生产经营开支的各种需要,也是还本付息和履行纳税义务的保证。因此,拥有足够的现金对于降低企业的风险,增强企业资产的流动性和债务的可清偿性有着重要的意义。但是,现金属于非盈利资产,即使是银行存款,其利率也非常低。现金持有量过多,它所提供的流动性边际效益便会随之下降,从而企业的收益水平降低。因此,企业必须合理确定现金持有量,使现金收支不但在数量上,而且在时间上相互衔接,以便在保证企业经营活动所需现金的同时,尽量减少企业闲置的现金数量,提高资金收益率。

2. 现金持有的目的

(1) 交易性需要:为了满足公司在日常经营活动中支付现金(包括原材料采购、工资、纳税、股利等方面支付现金)的需要。

(2) 预防性需要:由于现金的流出与流入量有时不能预测或难以作出准确的预测。因此,为了应付意外和紧急情况,公司需要保留一部分现金余额作应急用。这部分现金余额称为预防性现金余额,它一方面与公司对现金流量预测的准确性呈反比关系,即公司对未来现金流量预测的准确性越高,预防性现金余额越低;另一方面与公司迅速筹集资金的能力呈反比。另外,必须指出的一点是,公司为预防而持有的余额,有时并不一定会以现金方式保存,其中一部分可以以流动性高的有价证券来代替。

(3) 投机性需要:指企业为了能从预期的证券行情涨落中捞到好处而持有的现金。如果企业预期利率将上升,证券市价将下降时,投机动机将驱使企业把现金保持到利率不再上升为止。企业要是预期利率将下降,证券行情将上涨,则用现金购买证券;等到以后利率下落、证券市价上升时,将能赚钱。

(4) 补偿性余额:当公司向银行借款时,银行可能会要求公司预留一定比例的现金存在该公司在银行的账户上,或为了补偿银行对公司所作的服务和提高企业的信用,银行要求公司在银行账户上维持某一平均存款余额,该余额被称为补偿性余额。

3．现金成本

持有一定数量的现金是有代价的,称为现金的成本,主要有:

(1) 机会成本。

现金作为企业的一项资金占用,是有代价的,这种代价就是它的机会成本(失去有价证券的收益),现金持有额越大,机会成本越高。企业为了经营业务,需要拥有一定的现金,付出相应的资金成本代价是必要的,但现金拥有量过多,资金成本代价大幅度上升,就不合算了。

(2) 管理成本。

企业拥有现金,会发生管理费用,如管理人员工资、安全措施费等。这些费用是现金的管理成本。管理成本是一种固定成本,与现金持有量之间无明显的比例关系。

(3) 转换成本。

转换成本是指现金与有价证券的转换成本。与转换成正比例,与现金持有量成反比例。转换次数越多,转换成本越大。

(4) 短缺成本。

现金的短缺成本,是因缺乏必要的现金,不能应付业务开支所需,不能按时偿债等,而使企业蒙受的损失或为此付出的代价。现金的短缺成本随现金持有量的增加而下降,随现金持有量的减少而上升。

4．最佳现金持有量的确定

对最佳现金持有量的确定有许多模型,应用比较广泛的有成本分析模型、鲍曼模型(存货模型)、米勒-奥尔模型和蒙特卡罗模型。由于后两个模型相对比较复杂一些,所以这里我们只讨论前两个模型。

(1) 成本分析模型。

成本分析模型是通过分析持有的成本,寻找持有成本最低的现金持有量。

例 某企业有四种现金持有方案,他们各自的资金成本、管理成本、短缺成本如表10-7所示。

表 10-7 资金成本、管理成本、短缺成本资料

(单位:元)

方案 项目	甲	乙	丙	丁
现金持有量	25 000	50 000	75 000	100 000
资金成本	3 000	6 000	9 000	12 000
管理成本	20 000	20 000	20 000	20 000
短缺成本	12 000	6 750	2 500	0

经计算分析,企业持有 75 000 元现金时,总成本最小,对企业最合算,故 75 000 元是该企业的最佳现金持有量。

(2) 鲍曼(存货)模型。

威廉·鲍曼第一个注意到现金余额在许多方面与存货有相似之处。鲍曼模型假定:① 公司的现金需要是稳定并可预测的;② 公司经营中现金流动量是稳定可预测的;③ 现金的净流量以及对现金的需求量也是一个稳定;④ 不存在现金短缺成本。在这些假设条件下,公司的现金余额与存货有相似之处。下面我们参照图 10-2 对鲍曼模型进行说明。

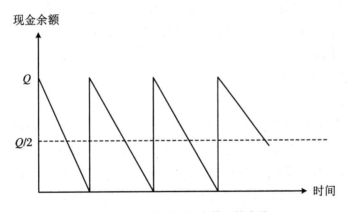

图 10-2 存货模式对现金管理的应用

我们在图 10-2 中假设某企业在一定时期(譬如说,一个月)内的现金需要量很稳定,它在这个时期内靠出售有价证券取得现金。再假设该企业期初有现金 Q 元;当 Q 元现金耗尽时,出售 Q 元有价证券来补充库存现金。因此,每当现金余额减少到零时,企业的资金将由有价证券转换为现金。如果企业希望把现金余额多留一些,或者现金与证券的转换需要些时间,那么,可以把这种转换的基数加大一些。然而,不管有无多余的库存现金余额,所运用的原理都是一样的。

我们的目标是要确定出能使现金管理的总成本(即买卖证券的固定成本与因保持现金余额而放弃证券收益的机会成本两者增加之和)最低的 Q 值。总成本可以用下列公式计算推导:

$$总成本 = 持有现金成本 + (现金)交易性成本$$

$$= Q/2 \times K + T/Q \times F$$

式中，F 是不以证券买卖额为转移的买卖证券的固定成本，T 为有关时期的现金总需要量，K 为持有现金的机会成本(等于放弃可转换的证券收益率或贷款的成本)。T/Q 表示该时期内的证券买卖次数，用它去乘每次买卖证券的固定成本 F，得到该时期内买卖证券的固定成本总额；$Q/2$ 表示该时期的平均现金余额，用它去乘有价证券的利率 K 得到企业因保持现金余额而放弃的证券收益。现金余额 Q 越大，平均现金余额 $Q/2$ 越大，证券的平均投资额及其收益越小。因此，企业放弃证券利息收益的机会成本也越高。

对总成本公式微分求导数，得到最佳现金持有量公式为

现金最佳持有量 = $\sqrt{2 \times 年需要量 \times 每次买卖证券的固定成本 / 有价证券的利率}$

例 某公司每月将有价证券出售为现金的每次交易成本为 100 元，持有有价证券收益率为 12%，月支付现金总额为 60 万。确定现金最佳持有量。

解 现金最佳持有量 = $\sqrt{2 \times 600\,000 \times 12 \times 100 / 12\%}$ = 109 544(元)。

5. 现金日常管理

(1) 正确预测现金需要量、编制现金预算。

现金预算方法很多，这里主要介绍现金收支法。现金收支法是将计划期全部可能发生的现金收支分类列表，分别测算，进而确定现金余缺的方法。

在现金收支法下，现金预测的内容项目及其确定方法如下：

① 期初现金余额。

期初现金余额可根据上期期末额确定。

② 现金流入。

现金流入是指经营、投资活动预计可收到的现金，如销售业务、其他业务、营业外的现金收流、长期资产变现等。上述项目中销售业务现金流入是主要的现金来源，可根据销售预测或预算、赊销比例、信用期限等资料测算确定。其他的现金流入项目，如接受投资、贷款现金流入、现金性投资收益等，可根据上期的数据及计划期有关影响因素的变化分析确定。

期初现金余额与现金流入额之和为可供使用的现金。

③ 现金流出。

现金流出是指计划期经营、投资活动预计支付的现金。如购买材料、支付人工费用、制造费用、管理费用、销售费用、财务费用、各种税金、分配给投资者利润、资本支出等付出的现金。上述项目中的生产经营耗费的现金支出，可根据生产预算、直接材料预算、赊购比例、付款时间、直接人工预算、制造费用预算、销售和管理费用预算分别确定，也可以直接运用预测方法确定。分给投资者利润及资本支出，可分别按利润分配的决议或方案、资本预算等资料确定。

④ 净现金流量。

净现金流量指可供使用的现金流入与现金流出额之差，反映现金收支的平衡情况。

⑤ 期末现金余额。

期末现金余额可根据净现金流量加减现金融通或运用测算确定。

例 长江公司2020有关预算资料如下：

① 3～7月份的销售收入分别为40 000元、50 000元、60 000元、70 000元、80 000元。每月销售收入中，当月收到现金30%，下月收到现金70%。

② 各月直接材料采购成本按下一个月销售收入的60%计算。所购材料款于当月支付现金50%，下月支付现金50%。

③ 4～6月份的制造费用分别为4 000元、4 500元、4 200元。每月制造费用中包括折旧费1 000元。

④ 4月份购置固定资产，需要现金15 000元。

⑤ 在现金不足时，向银行借款（为1 000的倍数）；现金有多余时，归还银行借款（为1 000的倍数）；借款在期初，还款在期末，借款年利息12%。

⑥ 期末现金余额最低为6 000元。其他资料见现金预算表。

⑦ 4月份期初现金余额7 000元，4月、5月、6月三个月的每月直接工资支出分别为2 000元、3 500元、2 800元；其他付现费用分别为800元、900元、750元；6月份预计所得税支出8 000元。

根据以上资料，编制该企业4～6月份现金预算如表10-8所示。

表10-8 现金预算

（单位：元）

月份	4	5	6
（1）期初现金余额	7 000	6 200	6 180
（2）经营现金收入	4 300	53 000	63 000
（3）直接材料采购支出	33 000	39 000	45 000
（4）直接工资支出	2 000	3 500	2 800
（5）制造费用支出	3 000	3 500	3 200
（6）其他付现费用	800	900	750
（7）预计所得税			8 000
（8）购置固定资产	15 000		
（9）现金余缺	(3 800)	12 300	9 430
（10）向银行借款	10 000		
（11）归还银行借款		6 000	3 000
（12）支付借款利息		120	90
（13）期末现金余额	6 200	6 180	6 340

(2) 为争现金收支同步。

现金收入提前，现金闲置；现金支出提前，发生财务危机。如果企业能尽量使它的现金流入量与现金流出量发生的时间趋于一致，就可以使其所持有的交易性现金余额降到最低水平。

(3) 尽可能使用现金浮游量。

所谓现金的浮游量是指企业账户上现金余额与银行账户上所示的存款余额之间的差额。有时,公司账簿上的现金余额已为零或负数,而银行账簿上该公司的现金余额还有不少。这是因为有些支票公司虽已开出,但顾客还没有到银行兑现。如果能正确预测浮游量并加以利用,可节约大量资金。

当一个公司在同一国家内有多个银行存款户时,则可选用一个能使支票流通在外的时间最长的银行来支付货款,以扩大浮游量。利用现金的浮游量,公司可适当减少现金数量,达到现金的节约。

(4) 加速收款。

为了提高现金的使用效率,加速现金周转,企业应尽量加速收款,即在不影响销售规模的情况下,尽可能加快现金回笼。企业加速收款的任务不仅在于尽量让客户早付款,而且还要尽快地使这些付款转化为现金。为此,企业应做到:① 缩短客户付款的邮寄时间;② 缩短企业收到客户支票的兑现时间;③ 加速资金存入自己往来银行的过程。

为达到以上要求,在西方国家通常可采取以下办法:

① 集中银行法。集中银行是指通过设立多个策略性的收款中心来代替通常在公司总部设立的单一收款中心,以加速账款回收的一种方法。其目的是缩短从顾客寄出账款到现金收入企业账户这一过程的时间。具体做法是:a. 企业以服务地区和各销售区的账单数量为依据,设立若干收款中心,并指定一个收款中心(通常是设在公司总部所在地的收账中心)的账户为集中银行。b. 公司通知客户将货款送到最近的收款中心而不必送到公司总部。c. 收款中心将每天收到的货款存到当地银行,然后再把多余的现金从地方银行汇入集中银行——公司开立的主要存款账户的商业银行。

设立集中银行主要有以下优点:a. 账单和货款邮寄时间可大大缩短。账单由收款中心寄发给该地区顾客,与由总部寄发相比,能较早地到达顾客手中。顾客付款时,货款邮寄到最近的收款中心,通常也较直接邮往总公司所需时间短。b. 支票兑现的时间可缩短。收款中心收到顾客汇来的支票存入该地区的地方银行,而支票的付款银行通常也在该地区内,因而支票兑现较为方便。

但集中银行也有以下缺点:a. 每个收款中心的地方银行都要求有一定的补偿余额,而补偿余额是一种闲置的不能使用的资金。开设的中心越多,补偿余额也越多,闲置的资金也越多。b. 设立收款中心需要一定的人力和物力,花费较多。所以,财务主管在决定采用集中银行时,一定不可忽略这两个缺陷。

例 某企业现在平均占用现金2000万元,企业准备改变收账办法,采用集中银行方法收账。经研究测算,企业增加收款中心预计每年多增加支出17万元,但可节约现金200万元,企业加权平均的资本成本为9%,问是否应采用集中银行制?

采用集中银行制度,企业从节约资金中获得的收益是200×9% = 18(万元),比增加的支出17万元多1万元。因此,采用集中银行制度比较有利。

② 锁箱系统法。锁箱系统法是通过承租多个邮政信箱,以缩短从收到顾客付款到存入当地银行所需时间的一种现金管理办法。

采用锁箱系统的具体做法是:a. 在业务比较集中的地区租用当地加锁的专用邮政信箱。b. 通知顾客把付款邮寄到指定的信箱。c. 授权公司邮政信箱所在地的开户行,每天数次收取邮政信箱的汇款并存入公司账户,然后将扣除补偿余额以后的现金及一切附带资料定期送往公司总部。这就免除了公司办理收账、货款存入银行的一切手续。

采用锁箱系统的优点是大大地缩短了公司办理收款、存储手续的时间,即公司从收到支票到这些支票完全存入银行之间的时间差距消除了。这种方法的主要缺点是需要支付额外的费用。由于银行提供多项服务,因此要求有相应的报酬。这种费用支出一般来说与存入支票张数成一定比例。所以,如果平均汇款数额较小,采用锁箱系统并不一定有利。

是否采用锁箱系统方法要看节约资金带来的收益与额外支出的费用孰大孰小。如果增加的费用支出比收益小,则可采用该系统;反之,就不宜采用。

③ 其他方法。除以上两种方法外,还有一些加速收现的方法。例如,对于金额较大的货款可采用直接派人前往收取支票并送存银行,以加速收款。另外,公司对于各银行之间以及公司内部各单位之间的现金往来也要严加控制,以防有过多的现金闲置在各部门之间。

(5) 推迟应付款的支付。

控制支出时间。为了最大限度地利用现金,合理地控制现金支出的时间是十分重要的。如推迟支票签发时间,延长支票邮寄时间。又如,企业在采购材料时,如果付款条件是"$2/10, N/45$",应安排在发票开出日期后的第 10 天付款,这样,企业可以最大限度地利用现金而又不丧失现金折扣。

【案例 10-7】 小会计贪污挪用 2 亿多元人民币

某基金委员会科研经费的下拨程序是下面单位写报告申请,基金会审批后由基金会财务局的会计去银行转账拨款,拨完款后由会计用银行账单平账。如果会计人员把应拨给基层单位的科研经费挪用到其他公司盈利,基层单位来电话催问时,就谎称钱可能还没有批下来或在路上,如果哪个单位实在催得紧,就赶紧用其他单位的经费挡一挡。没有收到下拨经费的单位只有打电话给基金会催问,基金会方面才会知道。

1995 年,基金会财务局的小会计卞某神不知鬼不觉地把基金会的 1 000 万元人民币打进了邻居企业的账户,这笔钱"体外循环"了两年后,不仅让邻居企业赚了大钱,也给卞某带来了 294 万元的丰厚回报。为了以后办事方便,卞某拿出其中的 1 万元给另一位出纳会计,剩下的钱全装进自己的腰包。1 000 万元被挪用公款几经倒手又回到了基金会的账号上,没有引起丝毫怀疑。在以后的几年内,卞某采取类似的方法和手段,贪污和挪用资金,截至 2003 年 2 月,卞某共贪污 1 262 万元,挪用公款 20 993 万元。

(资料来源:21 世纪经济报道。)

思考练习题

一、选择题

1. 某企业销售商品,年赊销额为 500 万元,信用条件为"2/10,1/20,$N/40$",预计将会有 50%客户享受 2%的现金折扣,30%的客户享受 1%的现金折扣,其余的客户均在信用期内付款,则企业应收账款平均收账天数为(　　)。
   A. 18　　　　　　B. 19　　　　　　C. 20　　　　　　D. 无法计算

2. 在营运资金管理中,企业将"从收到尚未付款的材料开始,到以现金支付该货款之间所用的时间"称为(　　)。
   A. 现金周转期　　B. 平均付款期　　C. 存货周转期　　D. 平均收款期

3. 某企业生产使用的某种材料年需要量为 4 000 件,每次订货成本为 50 元,单位年储存成本 10 元,则按经济批量采购的最小总成本为(　　)元。
   A. 2 000　　　　B. 1 000　　　　C. 3 000　　　　D. 20 000

4. 在依据"5C"系统原理确定信用标准时,应掌握客户"能力"方面的信息,下列各项指标中最能反映客户"能力"的是(　　)。
   A. 净经营资产利润率　　　　　　　B. 杠杆贡献率
   C. 现金流量比率　　　　　　　　　D. 长期资本负债率

5. 某种股票当前的市场价格是 40 元,每股股利为 2 元,增长率为 5%,预期市场决定的预期收益率为(　　)。
   A. 5%　　　　　B. 5.5%　　　　C. 10%　　　　D. 10.25%

6. 某企业借入名义利率为 10%的贷款 10 000 元,分 12 个月等额偿还本息,则该项借款的实际利率为(　　)。
   A. 20%　　　　B. 5%　　　　　C. 24%　　　　D. 12%

7. 某企业按年利率 8%从银行借款 100 万元,银行要求企业保持 20%的补偿性余额,则企业借款的实际利率为(　　)。
   A. 10%　　　　B. 14%　　　　C. 8%　　　　 D. 12%

8. 某企业生产淡季时占用货币资金 200 万元,应收账款 300 万元,存货 500 万元,固定资产 900 万元,无形资产 100 万元(除此以外,没有其他资产)。在生产经营高峰期会额外增加 400 万元的季节性存货,若企业自发性负债、长期负债、权益资本总额始终保持在 2 000 万元,其余则要靠借入短期负债解决资金来源,该企业实行的是(　　)。
   A. 激进型融资政策　　　　　　　　B. 稳健型融资政策
   C. 配合型融资政策　　　　　　　　D. 长久型融资政策

9. 以下营运资金筹集政策中,临时性负债占全部资金来源比重最大的是(　　)。
   A. 配合型筹资政策　　　　　　　　B. 激进型筹资政策

C. 稳健型筹资政策　　　　　　　　　D. 紧缩型筹资政策

10. 某公司根据鲍曼模型确定的最佳现金持有量为 100 000 元,有价证券的年利率为 10%。在最佳现金持有量下,该公司与现金持有量相关的现金使用总成本为(　　)元。

   A. 5 000　　　　B. 10 000　　　　C. 15 000　　　　D. 20 000

11. 运用成本模型计算最佳现金持有量时,下列公式中,正确的是(　　)。

   A. 最佳现金持有量=min(管理成本+机会成本+转换成本)
   B. 最佳现金持有量=min(管理成本+机会成本+短缺成本)
   C. 最佳现金持有量=min(机会成本+经营成本+转换成本)
   D. 最佳现金持有量=min(机会成本+经营成本+短缺成本)

12. 企业在进行商业信用定量分析时,应当重点关注的指标是(　　)。

   A. 发展创新评价指标　　　　　　　B. 企业社会责任指标
   C. 流动性和债务管理指标　　　　　D. 战略计划分析指标

13. 下列各项中,不属于现金支出管理措施的是(　　)。

   A. 推迟支付应付款　　　　　　　　B. 企业社会责任
   C. 以汇票代替支票　　　　　　　　D. 争取现金收支同步

14. 某公司按照 2/20,N/60 的条件从另一公司购入价值 1 000 万的货物,由于资金调度的限制,该公司放弃了获取 2% 现金折扣的机会,公司为此承担的信用成本率是(　　)。

   A. 2.00%　　　　B. 12.00%　　　　C. 12.24%　　　　D. 18.37%

15. 企业采取宽松的营运资金持有政策,产生的结果是(　　)。

   A. 收益性较高,资金流动性较低　　B. 收益性较低,风险较低
   C. 资金流动性较高,风险较低　　　D. 收益性较高,资金流动性较高

16. 如果企业经营在季节性低谷时除了自发性负债外不再使用短期借款,其所采用的营运资金融资政策属于(　　)。

   A. 配合型融资政策　　　　　　　　B. 激进型融资政策
   C. 稳健型融资政策　　　　　　　　D. 配合型或稳健型融资政策

17. 应收账款赊销效果的好坏,依赖于企业的信用政策。公司在对是否改变信用期限进行决策时,不考虑的因素是(　　)。

   A. 等风险投资的最低报酬率　　　　B. 产品变动成本率
   C. 应收账款坏账损失率　　　　　　D. 公司的所得税率

18. 运用随机模式和成本分析模式计算最佳现金持有量,均会涉及现金的(　　)。

   A. 机会成本　　　B. 管理成本　　　C. 短缺成本　　　D. 交易成本

19. 制定企业的信用政策,需要考虑的因素包括(　　)。

   A. 等风险投资的最低报酬率　　　　B. 收账费用
   C. 存货数量　　　　　　　　　　　D. 现金折扣

20. 下列各项中,属于非经营性负债的是(　　)。

   A. 应付账款　　　　　　　　　　　B. 应付票据

C. 应付债券   D. 应付销售人员薪酬

二、计算题

1. 某公司预计 2011 年需要现金支出为 12 万元,机会成本为 6%,每次有价证券转换成本为 100 元,假定公司各期现金收支均衡。

试计算:(1) 最佳现金持有量。

(2) 现金的平均持有量。

(3) 现金与有价证券转换次数。

(4) 持有现金的总成本。

2. C 公司是一家冰箱生产企业,全年需要压缩机 360 000 台,均衡耗用。全年生产时间为 360 天,每次的订货费用为 160 元,每台压缩机持有费率为 80 元,每台压缩机的进价为 900 元。根据经验,压缩机从发生订单到进入可使用状态一般需要 5 天,保险储备量为 2 000 台。

要求:(1) 计算经济订货批量。

(2) 计算全年最佳订货次数。

(3) 计算最低存货成本。

(4) 计算再订货点。

3. 某公司每年需要某种原材料 50 000 千克,其单位成本为 2 元,这些原材料的单位储存成本为 0.4 元。固定订货成本是每次 100 元。

要求:(1) 计算经济订货量与年度库存总成本。

(2) 如果一次订购 10 000 千克,供应商将提供 1.5% 的折扣,那么该公司是否取得这一折扣?

(3) 假设该公司计划采用折扣,且其保险储备量为 1 000 千克,计算其平均库存量与年度总库存成本。

4. 某公司现在采用 30 天按发票金额付款的信用政策,拟将信用期放宽至 60 天,仍按发票金额付款即不给折扣。设该风险投资的最低报酬率为 15%,其他有关的数据见表 10-9。该公司是否应该改变信用条件?

表 10-9 某公司的相关数据

	30 天	60 天
销售量(件)	100 000	120 000
销售额(元)(单价 5 元)	500 000	600 000
销售成本(元)		
变动成本(元)(每件 4 元)	400 000	480 000
固定成本(元)	50 000	50 000

续表

	30 天	60 天
毛利(元)	50 000	70 000
可能发生的收账费用(元)	3 000	4 000
可能发生的坏账损失(元)	5 000	9 000

5. 某企业计划购入 100 000 元 A 材料，销货方提供的信用条件是(2/20,N/60)，针对以下几种情况，提出是否享受现金折扣决策。

(1) 企业现金不足，需从银行借入资金支付购货款，此时银行借款利率为 12%。

(2) 企业有支付能力，但现在有一短期投资机会，预计投资报酬率为 20%。

(3) 现另有一家厂商，提供信用条件为(1/10,N/30)，若企业有充足的现金，问企业应选哪一家供应商？

(4) 如果企业暂时现金缺短，又借不到款，但企业预计信用期后 30 天能收到一笔款项，故企业拟展延付款期 90 天，该企业一贯重合同守信用。

6. 某公司拟采购一批零件，供应商报价如下：

(1) 立即付款，价格为 9 630 元。

(2) 30 天付款，价格为 9 750 元。

(3) 31 天至 60 天付款，价格为 9 870 元。

(4) 61 天至 90 天付款，价格为 10 000 元。

假设银行短期贷款利率为 15%，每年按 360 天计算。

要求：计算放弃现金折扣成本，并确定对公司最有利的付款日期和价格。

7. 某时装公司 2020 年有关资料如表 10-10 所示（假设所有销售都为赊销，年计算天数为 365 天，应付账款基于销货成本，期初数、期末数相同）。

表 10-10　某时装公司 2020 年的相关资料

项目	金额(万元)
销售收入	1 200
销货成本	800
净利润	100
应收账款	200
应付账款	80
存货	400

要求：(1) 计算现金周转期。

(2) 假设现金周转期增加，这暗示该公司有什么融资需求？

(3) 假设现金周转期不变,销售收入加倍,这暗示该公司有什么融资需求?

(4) 如果该公司的财务主管建议现金周转期为 0,你认为这是一个好的主意吗?

三、案例讨论题

合肥百货营运资金管理

合肥百货大楼集团股份有限公司(简称:合肥百货)是安徽省的商业龙头企业。公司是一家综合性商业集团,以零售为主业,业态包含百货连锁、合家福超市连锁、百大电器连锁。公司始建于 1959 年。1993 年 10 月经安徽省体改委批准,由合肥市百货大楼实业总公司、合肥美菱股份有限公司、合肥华侨友谊供应公司共同组建为定向募集股份有限公司,1996 年经中国证券监督管理委员批准向社会公开发行股票 1 800 万股,当年 8 月实现股票上市交易,发行后公司股本为 60 652 490.00 元,股票代码为 000417。公司发展至今,形成了规模庞大的商业连锁网络和供应链,公司深耕细作于安徽市场,在加密合肥地区的同时,正逐渐渗入到外埠各级地市。公司截至 2013 年年底有百货门店 16 家,其中合肥 7 家,在蚌埠、铜陵、亳州、黄山、淮南、六安、巢湖拥有 9 家门店。

公司经营项目包括:食品销售,烟、西药制剂及中成药零售,汽车运输、预包装食品、酒、乳制品(含婴幼儿配方奶粉)销售(以上限分支机构经营),接受委托代办手机入网及电话费收缴、销售服务。一般经营项目:土产品、纺织品、服装、鞋帽、工艺品美术品、轻工业品、百货、五金交电、化工产品、针织品、家具、农副产品、劳保用品、通信设备销售、汽车、摩托车及配件、进出口业务(国家限制禁止的除外)、黄金饰品零售及修旧改制(以上许可经营项目和一般经营项目还为网上交易提供服务)、服装、鞋帽、塑料制品加工、房屋租赁。

公司深耕安徽市场并积极布局合肥新兴区域,具有很高的品牌认可度。近几年来,随着金鹰、银泰进入合肥市场,当地商业竞争环境有一定程度的升温,合肥商业竞争环境有所恶化,毛利率受到压制。同时,随着新开门店增多,老门店逐步进入瓶颈期,公司门店盈利结构将发生恶化,业绩难现弹性。公司在合肥市场中具有绝对的规模优势,并通过稳健的外延扩张不断巩固龙头地位。公司将以每年 3 家左右的速度发展新店,给公司的可持续增长提供动力。

合肥百货 2013 年手握 37 亿元现金,公司资产负债表非常健康,有息负债非常少。公司历年的财务表现非常优异,营收增速稳定增长,公司的销售转化现金能力非常强劲,有息负债占债务比例极低(表 10-11)。按照传统营运资本需求量=流动资产-流动负债,现代营运资本管理需求量=应收款项+存货-应付款项,将合肥百货 2010~2013 年主要财务指标及营运资本需求量计算结果如表 10-12 所示。从传统的营运资本需求量看出,流动资产和流动负债都在逐年增加,但流动资产-流动负债在逐年减少,说明企业流动负债增长超过流动资产增长。从现代营运资本需求量来看,企业每年营运资本需求量都为负数,说明实施 OPM 战略,但负数的绝对值在下降,也说明市场竞争激烈及外部环境变化使企业实施 OPM 战略带来了压力。

表 10-11　合肥百货的 2010～2013 年主要财务指标

（单位：万元）

项目	2010 年	2011 年	2012 年	2013 年
资产总额	447 353.00	617 161.00	666 444.00	751 771.00
负债总额	282 261.00	349 053.00	359 687.00	406 633.00
股东权益	165 092.00	268 108.00	306 757.00	345 137.00
销售收入	706 170.00	855 148.00	910 550.00	991 001.00
净利润	36 713.30	58 444.60	45 918.20	47 426.90
经营性现金净流量	84 664.40	82 530.30	66 553.20	37 539.70

表 10-12　合肥百货的 2010～2013 年营运资本需求量

（单位：万元）

项目	2010 年	2011 年	2012 年	2013 年
货币资金	206 448.00	349 716.00	352 059.00	377 826.00
交易性金融资产	3 236.24	2 064.25	3 097.55	0
应收票据	0	0	5.97	0
应收账款	2 288.65	1 576.57	1 847.30	2 621.34
预付账款	31 183.50	31 887.70	27 329.90	25 230.30
应收利息	0	0	22.62	4.73
其他应收款	6 134.23	13 456.80	15 113.10	12 768.80
存货	56 857.30	66 297.80	62 172.60	69 006.30
流动资产合计	306 148.00	464 999.00	461 647.00	487 458.00
短期借款	2 250.00	250.00	250.00	0
应付票据	52 835.00	49 005.70	41 281.60	43 169.40
应付账款	55 958.00	69 960.70	71 660.30	73 831.30
预收账款	147 719.00	195 146.00	219 104.00	242 229.00
应付职工薪酬	4 635.95	4 922.27	4 963.06	7 091.73
应交税费	-2 429.17	1 895.61	-12 828.50	-12 900.30
应付利息	3.25	1.82	19.45	18.64
应付股利	259.94	270.12	1 637.89	297.60
其他应付款	16 250.20	141 550.20	17 202.10	28 950.10
其他流动负债	97.10	0	0	0
流动负债合计	277 580.00	335 607.00	343 280.00	383 937.00
流动资产-流动负债	28 568.00	129 392.00	118 367.00	103 521.00
应收款项+存货-应付款项	-176 298.52	-342 443.73	-304 951.73	-278 553.06

合肥百货 2010~2013 年流动资产和流动负债结构情况如表 10-13 所示。

表 10-13　合肥百货的 2010~2013 年流动资产与流动负债结构情况

项目	2010 年	2011 年	2012 年	2013 年
货币资金占流动资产比例	67.43%	75.75%	76.26%	77.49%
存货及预付款占流动资产比例	28.75%	21.11%	19.38%	19.33%
短期借款占流动负债比例	0.81%	0.07%	0.07%	0
预收账款、应付账款和应付票据占流动负债比例	112.71%	93.59%	96.72%	93.56%

从表 10-13 可以看出，合肥百货 2010~2013 年流动负债总额中，短期借款所占比重较低，2010 年最高 1% 不到，到 2013 年为 0，预收账款、应付账款和应付票据三项合计均在 93% 以上，是债务的主体。2010~2013 年，合肥百货占用供应商的资金主要来自应付账款和应付票据，占用客户资金主要为预收账款。按照行业经验，采用应付账款结算方式一般仅能延期 3~4 个月支付货款，而采用应付票据结算方式可延期到 6 个月后支付货款。占用供应商资金时间的延长，但从表 10-12 资料看出，合肥百货每年的应付账款数额大于应付票据数额，而且差距在加大，表明合肥百货对供应商的控制能力日益减弱。

从表 10-13 也可以看出，合肥百货 2010~2013 年流动资产总额中，货币资金所占比重呈现显著上升趋势，从 67.43% 上升到 77.49%，另外应收账款基本上是客户刷银行卡形成的，一般 T+2 交易，等同于现金，预收账款基本上由出售会员卡、购物卡等形成的。而存货和预付账款所占比重呈现下降趋势，从 2010 年 28.75% 下降到 19.33%。相关研究表明，从现金占用率（即货币现金/流动资产）对比来看，我国零售企业的现金占用率普遍高于 20%，合肥百货 2010~2013 年的各年这一指标甚至超过了 65%，而沃尔玛、家乐福等海外零售商的现金占用率均在 20% 以内，说明合肥百货可以随时变现的资产所占的比率远高于海外零售商。合肥百货通过延期支付供应商货款、预收客户购物款等使其账面上长期存有大量浮存现金，将这些现金用于规模扩张可以进一步提升零售渠道价值，进而带来更多的账面浮存现金。终端零售的销售方式使得公司在同等销售规模情况下，只需要保持一个较低的存货水平，存货占比的下降还应归功于公司物流平台的合理规划以及采购和库存管理水平的提高。

进一步计算发现，从表 10-14 可以看出，合肥百货的短期负债规模与其销售规模明显呈现一定的比例关系。2010~2013 年间，合肥百货的（应付账款+应付票据+预收账款）/销售收入指标分别为 31.62%、35.48%、35.36% 和 36.24%，基本上保持在一定比例上，反映出合肥百货在规模扩张过程中对供应商、客户资金的一定占用。由此，我们可以作出这样的推测：短期负债形式的拖欠货款、预收客户资金在一定程度上帮助了合肥百货主营业务的发展。

表 10-14 合肥百货短期负债规模与其销售规模数值表

（单位：万元）

年份	2010 年	2011 年	2012 年	2013 年
预收账款、应付账款和应付票据	256 512.00	314 112.40	322 045.90	359 229.70
营业收入	706 170.00	855 148.00	910 550.00	991 001.00
占营业收入比例	31.62%	35.48%	35.36%	36.24%

表 10-15 显示，合肥百货的债务主要为短期负债，长期负债较少，与国外零售商相比较，债务结构不够合理。国外零售商债务结构通常表现为短期负债与长期负债的结构比例较为均衡，财务风险相对较小。造成中外零售商债务结构存在差异的主要原因有：① 相对于发达国家，我国资本市场还不完善，融资结构不合理，间接融资比例过高，股票债券等直接融资比例相对较低。② 由于融资渠道、融资成本相对较高和融资难度较大，融资成为国内众多企业发展面临的主要问题，从而为处于规模快速扩张期、资产负债率水平相对较高的零售商发展带来严重制约。③ 规模扩张的加速造成国内零售商资金需求日趋强烈，但由于毛利率与净利率水平相对较低，依托其自身利润增长无法支持其快速的规模扩张需要，因此普遍占用供应商、客户资金，从而导致账面流动负债数额居高不下。

表 10-15 合肥百货负债结构表

（单位：万元）

年份	2010 年	2011 年	2012 年	2013 年
流动负债	277 580.00	335 607.00	343 280.00	383 937.00
长期负债	4 681.00	13 446.00	16 407.00	22 696.00
负债总额	282 261.00	349 053.00	359 687.00	406 633.00
流动负债占负债比例	98.35%	96.15%	95.44%	94.42%
长期负债占负债比例	1.65%	3.85%	4.56%	5.58%

合肥百货在保持对上游的话事权的同时，对下游消费者将由"低价讨好"转变为"适当控制"，因此其盈利模式也将向沃尔玛等国际巨头靠近，渐渐演进为"吃供销差价"，以"消费者可接受的价格销售—提高销售规模—更低采购价格—消费者认可接受的价格销售"的循环方式，尽力拉大购销差价以获取利润。

考察营运资本周转状况的重要指标是现金周期，它是衡量公司 OPM 战略是否卓有成效的关键。表 10-16 列示了合肥百货现金周期的计算过程。

表 10-16 合肥百货现金周转期

（单位：万元）

项目	2010 年	2011 年	2012 年	2013 年
应收账款	2 288.65	1 576.57	1 847.30	2 621.34
存货	56 857.30	66 297.80	62 172.60	69 006.30

续表

项目	2010年	2011年	2012年	2013年
应付账款	55 958.00	69 960.70	71 660.30	73 831.30
销售收入	706 170.00	855 148.00	910 550.00	991 001.00
销售成本	588 548.00	709 322.00	745 900.00	812 506.00
平均收款期(天)	1.12	0.81	0.67	0.81
存货周转期(天)	31.43	31.25	31.00	29.06
平均付款期(天)	34.70	35.99	35.06	33.16
现金周转期(天)	-2.51	-3.93	-3.39	-3.29

表10-16显示,合肥百货的现金周期基本在-3天左右,说明合肥百货占用在存货和应收账款上的资金完全由供应商和客户提供,而且还无偿占用了供应商提供的资金长达35天。运营资本管理中对OPM战略的运用非常成功。

企业2013年OPM战略的运用均不如以前三个会计年度,其原因可能是2013年发生的经济疲软及公款消费禁令,使供应商的经营陷入了困境,相应地就不能给予零售商宽松的信用政策,导致零售商不能获得更大比例的折扣及更优惠的付款结算方式,也就不能将占用在存货和应收账款上的资金成本很好的转嫁给供应商。

合肥百货OPM战略的成功运用,主要归功于其不断扩张销售网络,利用在安徽的本土"大哥大"地位,增强与供应商的讨价还价能力,不断降低采购价格,延长付款期限,即不断压榨供应商的利润空间,无偿占用供应商的营运资本。但是应该看到,这种盈利模式尽管高明,为其股东带来了丰厚的回报,同时也蕴涵着极大的经营风险和财务风险。另外,OPM战略的成功运用也与公司实施的低成本扩张战略有关。近年来,实现低成本扩张,使销售规模始终位居区域内行业前列,为公司培育了新的利润增长点。

问题探讨:

(1)影响企业营运资本管理OPM战略的因素有哪些?

(2)合肥百货营运资本管理的动因是什么?主要特点是什么?

(3)合肥百货的营运资本管理对企业业绩和股价会产生什么影响?

(4)结合合肥百货的企业特点,对其营运资本管理进行分析?

(5)结合合肥百货所处的环境,探讨合肥百货如何持久运用营运资本管理的OPM战略。

第十一章 全面预算管理

第一节 全面预算管理概述

一、全面预算管理的概念

成功是因为有计划,失败是因为无计划或计划不周密。"预则立,不预则废""人无远虑,必有近忧"。这些古话表明,我国人民早就认识到预测是关系到未来发展的立废存亡的大事。

"预算"(budget)一词起源于法文 baguette,意思是用皮革制成的袋子或公文包。在 19 世纪中期,英国财政大臣有一种习惯,即在提出下年度税收需求时,常在英国议员们面前打开公文包,展示他所需要的数字,因此,财政大臣的"公文包"就指下年度的岁入岁出预算数。大约在 1870 年时,budget 一词正式出现在财政大臣公文包中的文件上,这就是预算制度最初的来源。

预算是指用货币形式表示出来的财务计划,它以货币表示未来期间企业生产经营活动的详细计划和目标,如有关现金收支、资金需求、营业收入、成本及财务状况和经营成果等方面,并用以调整各业务部门的活动。它是兼以计量方式表示的未来计划,即用财务数字或非财务数字来计量预期的结果。

全面预算就是总预算。它反映的是企业未来某一特定期间的全部生产、经营活动的财务计划,是在预测与决策的基础上,按照规定的目标和内容对企业未来的销售、生产、成本、现金流入与流出等有关方面以计划的形式具体地、系统地反映出来,以便有效地组织和协调企业的全部经营活动,完成企业的既定目标。在预算管理前面冠以"全面"两字,主要有以下三层含义:① 全员参与。预算管理不仅仅是财务部门的事情,企业所有部门均应该参与,企业内部各部门、各单位、各岗位,上至最高负责人,下至各部门负责人、各岗位员工都必须参与预算编制与实施。② 全业务范围。全面预算管理应当涵盖企业所有的经济活动,不仅要关注企业日常经营活动,还要关注投融资活动。③ 全过程。全面预算管理涵盖预算编制、审批、执行、控制、调整、监督、考评等一系列活动。

全面预算管理是指在企业管理中,对与企业的存续相关的投资活动、经营活动和财务活动的未来情况进行预期并控制的管理行为及制度安排。预算是静态的过程,而预算管理是动态的控制过程。在通常的概念中,全面预算管理包括编制预算、执行预算和考核评价等环节,预算往往涉及大量的数据、表格,单从本质来说,全面预算管理绝不是数据的罗列,而是涉及企业内部各个管理层次的权利和责任安排,通过这种权利和责任安排,以及相关的利益分配来实现的企业内部监督和激励机制。

二、预算管理的本质

1. 预算不等于预测

预测是基础,预算是根据预测结果提出的对策性方案。可以说,预算是针对预测结果采用的一种预先的风险补救及防御系统。预测是预算的前提,没有预测就没有预算。有效的预算是企业防范风险的重要措施。

2. 预算不等于财务计划

从内容上看,预算是企业全方位的计划,财务计划只是企业预算的一部分,而不是全部。从预算形式上,预算可以是货币式的,也可以是实物式的,而财务计划则是以价值形态所表现的计划。从范围上,预算是一个综合性的管理系统,涉及企业各部门和不同科层;而财务计划的编制、执行主要由财务部门控制。

3. 预算管理是一种管理机制

预算管理,其根本点就在于通过预算来代替管理,使预算成为一种自动的管理机制,而不是单纯的管理手段。作为一种管理机制,预算管理一方面与市场机制相对接,以市场为起点。另一方面,与企业内部管理组织和运行机制相对接:① 各组织权、责、利对等原则;② 各组织决策权、执行权、监督权三权分立原则,以保证权力的制衡。预算管理绝不是数据的堆砌,表格的罗列,而是一种与公司治理结构相适应的一套管理系统。企业健全的预算制度是完善的法人治理结构的体现。预算管理是一种战略管理。企业预算管理的目标实际上就是企业的战略目标,通过预算管理使企业的战略意图得以具体贯彻,长期与短期计划得以沟通与衔接。

三、预算管理的产生和发展

近代预算制度产生于英国,发展于美国,首先应用于政府机构,后来逐渐被应用到企业管理当中。在早期的英国社会中,地主和贵族尽管地位很高,也向政府缴纳相当多的税款,但对政府收支则完全听从国王一人的决定。到13世纪,地主和贵族开始觉醒,要求在税收和财政收支方面有自己发言权,并得到国王认可,这样,人类历史上第一个(政府)预算就这样产生了。

关于企业管理革命。从一定意义上说,在发达国家特别是美国的企业管理历史上曾经发生过两次重大革命。第一次发生在19世纪末20世纪初,以"泰罗制"的产生为标志。"泰罗制"第一次将企业管理从蒙昧带入科学。泰罗及其追随者们将劳动过程的标准化与经济奖惩制度有机结合起来,成功解决了工厂经营效率问题。第二次是在第一次的基础上于20世纪40年代左右发生的,以杜邦和通用模式的形成标志。杜邦三表兄、斯隆以及哈佛十神童为此作出重要贡献,成功地解决了集团公司整合问题,使美国企业有可能建成分子公司遍布世界各地的巨型跨国公司。

【案例 11-1】

杜邦是一家由家族控制的、专门生产炸药的大公司,其采购、销售和遍布全国各地的40多家工厂却效率低下,一盘散沙,面临着解体、倒闭的威胁。1902年杜邦家族中三位年轻的表兄弟接掌"帅印",在嗣后几年中建立起按职能划分的组织结构,创造投资报酬率(ROI)分析体系,利用经营预算(包括现金预算)和资本预算卓有成效地将财权和监督权集中起来,成为整合纵向型集团公司的典范。

【案例 11-2】

通用汽车公司于公司刚成立两年,以"股票换股票"的方式,控制了20多家汽车、汽车零部件及其附属用品的制造企业,但同时也因对所属企业缺乏统一协调,使公司陷入财务危机而被摩根银行接管,1923年斯隆担任总经理,他针对通用产品多样化的特点,建立多分部的组织结构,并通过预算管理实行"分散权责、集中监督(控制)"的体制。所谓"分散权责"是指高层经理将产品定价、产品结构安排、产品设计、材料采购、客户关系等项权力下放给分部经理,而"集中控制"则是指高层经理通过预算编制和定期收到各分部经营活动和盈利情况的财务信息,以确保分部经理所做的决策和采取的行动有助于整个公司总体目标的实现。在操作层面上包括:① 编制年度经营预算;② 编制月度弹性预算及反馈报告;③ 销售周报;④ 年度分部业绩报告。也使得通用模式成为整合横向型集团公司的典范。

【案例 11-3】

正当杜邦和通用模式在美国大公司风靡的时候,汽车工业的鼻祖、福特汽车公司总经理老福特却仍然信奉以生产流水线为基础的集权甚至个人专权,对杜邦和通用的做法不以为然,到20世纪40年代中期的时候,福特公司依然没有预算。但这时福特公司已经遇到麻烦,连续十多年亏损,在北美汽车市场上的销售额仅相当于通用的1/3。第二次世界大战之后,福特二世接掌福特公司"帅印"。桑顿等十位在哈佛商学院受过良好教育的年轻人(被称为神童——whiz kids)对汽车基本不懂,但懂得预算和财务控制,他们说服了福特二世聘用他们推行通用公司模式,到1955年这十位年轻人领导着福特三个最大的分部和财务部门,最终使福特汽车公司起死回生。

杜邦通用模式的基本点就是"分散权责,集中监督(控制)",在分部基础上实行预算管理。据调查,美国、日本、荷兰和英国的企业中实行预算管理的企业所占的比例分别为91%、93%、100%和100%。

随着时代的变迁,同时伴随着我国经济体制的变更,预算管理在我国也走过了其独特的发展历程。

计划经济时期,基于我国财政预算制度,企业的生产、销售等全部都被纳入财政预算,在国家的计划经济体制下运行。虽然使企业的预算管理得到了一定的发展,但这种预算机制完全是与财政预算融为一体的,企业的预算只是附属于国家财政预算而成为国家财政预算的一个组成部分,没有形成自己完整、独立的预算管理体系。

20世纪50年代后,我国的部分企业开始实行定额管理,60年代又推广了班组核算管理,到了80年代又推行了内部银行、责任会计制度以及经济责任制、全面质量管理、市场预测、目标管理等18种企业管理方法,这些管理方法对强化企业管理都起到了一定的积极作用。但是,随着市场经济的发展,企业的管理模式需要不断地创新与完善。改革开放以来,西方国家的企业现代化管理理论被引入国内,20世纪80年代初期西方的管理会计理论被广泛采用,推动了全面预算管理在我国的应用。

四、全面预算管理的作用

全面预算管理是整合公司管理的最佳工具。全面预算的作用主要表现在以下几个方面:

1. 明确工作目标

预算迫使管理当局制订未来的计划。它促使经理人员明确组织的总体方向,预见问题,并制定未来的政策。假如经营者花点时间制订计划,他就可以知道自己的执业能力,并明确如何利用企业的资源。

2. 协调部门关系

预算也有助于企业内部的沟通和协调。组织以预算的形式向每个员工正式传达了组织的计划。因此,所有的员工便会清楚他们在实现这些目标中的作用。既然企业的各个部门、各项活动的预算必须相互配合,才能发挥作用,实现企业的目标,那么,协调就很有必要。经理人员可了解到其他部门的需要,并使自己的利益服从于企业的总体利益。当企业的规模扩大时,沟通和协调的作用便会更加显著。全面预算管理具有协调和系统控制的功能。全面预算涉及各项经济资源的分配,产生冲突时如何解决?这就要以预算为基础进行协调。同时,控制者根据"谁干事谁编预算,谁编预算谁负责"的原则进行全面系统的控制。因此,预算管理是具有系统控制功能的机制。

3. 控制日常活动

预算能改善决策,为改善决策提供有关资源的信息。例如,假使经营者知道了预计的收入和物料、办公用品、水电以及工资等项目的成本,他便会降低工资的增长率,避免向公司借款,并限制购买那些非关键的设备。这些改善的决策,很可能会防止那些问题的出现,从而为企业和经营者创造一个较为良好的财务状况。

4. 考核业绩标准

为企业的业绩评价提供一个标准,预算所确定的标准可以控制公司资源的利用并激励员工。控制作为预算制度的一个关键部分,可以通过定期(比如每月)地将实际结果和预算结果相比较来实现。当实际和计划出现较大的差异时,这种反馈信息说明对象已失去控制。应采取行动找出原因,然后进行补救。例如,如果经营者知道生产一件产品应耗用多少材料以及相关的成本,他便可以评估这种资源的耗用。当实际耗用的比预期的多时,他可能发现自己平常不注意用量,而加倍小心则可节约资源。对于企业其他资源的耗用,这项原则同样适用。总之,节约有可能相当可观。预算指标是业绩评价奖惩的标准以及激励和约束制度的重心。预算是考核评价各责任层次与单位的工作成绩和经营成果的重要"标杆",为考核评价各部门工作业绩提供了依据。

作为企业的一名管理者,必须懂得全面预算管理。英国物理学家威廉·汤普森说过,"只有当你能用数字评价并表达你所讲的内容,你才对它有所了解;如果你不能用数字评价并表达你所讲的内容,那你只有模糊不清的认识。"美国 GE 前 CEO 韦尔奇也说过,"如果你无法用数字表达你所知道的东西,那么实际上你所知无多;如果你所知无多,就无法管理企业。"目前,我国有很多企业没有真正实行预算管理,"过一天,算一天"。经营者每天忙于应付每天的工作,犹如消防队员,急于去扑灭一场又一场生意上的烈火,他们简直没有时间草草考虑一下明天的问题。没有目的和目标,公司经营缺乏方向性,问题不能事先预测,事后也难以对结果进行解释。

五、全面预算组织

全面预算管理工作必须由一个组织来推动,无论什么管理,都必须在一定的规则下进行。全面预算管理组织是预算机制运行的基本保证,预算目标的实现必须建立在完善的预算组织基础上。全面预算管理组织体系是由预算管理决策机构、预算管理机构和执行机构三个层次组成:

1. 股东大会

股东大会是企业的最高权力机构,在全面预算管理中的主要职责如下:① 审议批准企业的经营方针和投资计划;② 审议批准企业年度预算和决算方案;③ 对发行企业债券作出决议。

2. 董事会

董事会是具体负责全面预算管理的最高决策机构,在全面预算管理中的主要职责如下:① 决定企业年度经营计划和投资方案;② 制定企业年度经营目标,决定年度经营目标偏差的修订;③ 制定企业年度全面预算方案,提出预算总目标;④ 决定企业资本性投资预算;⑤ 决定企业整体预算考评与奖惩方案;⑥ 制定企业年度财务决算。

3. 全面预算管理委员会

预算管理委员会是在董事会领导下,专门负责全面预算管理的决策机构,其组织成员如下:主任由企业总经理兼任,副主任由副总经理、财务总监兼任,各预算责任单位负责人兼任委员。其主要职责如下:① 制定预算管理的制度、规定等全面预算的纲领性文件;② 贯彻企业的经营目标及方针,审议、确定目标利润;③ 审议年度经营计划和预算编制的方针、程序和要求;④ 审查预算编制委员会提交的整体预算草案,并提出必要的修改意见;⑤ 向董事会提交预算执行的月度、季度、年度执行情况及分析报告;⑥ 在预算编制和执行过程中,对各预算责任单位之间以及预算责任单位与预算监控、考评部门之间出现的分歧进行协调和仲裁;⑦ 将经过审查的预算方案提交董事会审批,待董事会批准后下达正式预算;⑧ 根据需要,对预算的调整事项进行审议并作出决定;⑨ 审议预算奖惩办法和兑现方案。

4. 企业财务管理部门

企业财务管理部门在预算委员会或企业法定代表人的领导下,具体负责组织企业预算的编制、审查、汇总、上报、下达、报告等具体工作,跟踪监督预算的执行情况,分析预算与实际执行的差异及原因,提出改进管理的措施和建议。

5. 企业内部生产、投资、物资、人力资源、市场营销等职能部门

企业内部生产、投资、物资、人力资源、市场营销等职能部门具体负责本部门业务涉及的预算的编制、执行、分析、控制等工作,配合预算委员会做好企业总预算的综合平衡、协调、分析、控制、考核等工作。其主要负责人参与企业预算委员会的工作,并对本部门预算执行结果承担责任。

6. 企业所属基层单位

企业所属基层单位是企业主要的预算执行单位,在企业财务管理部门的指导下,负责本单位现金流量、经营成果和各项成本费用预算的编制、控制、分析工作,接受企业的检查、考核。其主要负责人对本单位预算的执行结果承担责任。

六、全面预算管理模式

不同的企业应该根据自己的情况选择不同的预算模式。不同的市场环境和不同的企业规模与组织,其预算管理的模式有所不同。根据产品生命周期理论,可将预算管理分为四大模式。

1. 处于初创期——以资本预算为起点的预算管理模式

企业初创期,一方面存在大量资本支出与现金支出,使得企业净现金流量为绝对负数;另一方面新产品开发的成败及未来现金流量的大小具有较大的不确定性。这时的预算管理应当以资本预算为重点,具体包括:① 对拟投资项目的总支出进行规划,确定投资项目的总预算;② 对项目进行可行性分析与决策,规划未来预期现金流量,确定项目预算;③ 结合企业的具体情况进行筹资预算,以保证以上项目的资本支出需要;④ 从机制与制度设计上确定资本预算的程序与预算方式。资本预算管理模式就是将资本支出过程最终以预算制度和预算表格的方式表现出来,以预算制度和预算表格来替代日常管理,使每个人都有明确的目标。

2. 增长期——以销售为起点的预算管理模式

在企业增长期,尽管企业对产品生产技术的把握程度已大大提高,但仍然面临以下风险:一是产品能否为市场所完全接受、能在多高的价格上接受的经营风险;二是来自现金流不足及由此而产生的财务风险。此一时期,企业的战略重点在营销方面,即通过市场营销来开发市场潜力和提高市场占有率。预算管理的重点在于借助预算机制与管理形式来促进营销战略的全面落实,以取得企业可持续的竞争优势。因此,在编制预算时,一是要以市场为依托,基于销售预测而编制销售预算;二是要以"以销定产"为原则,编制生产、费用等各职能预算;三是要以各职能预算为基础。编制综合财务预算。

3. 成熟期——以成本控制为起点的预算管理模式

在市场成熟期,企业的生产环境与企业应变能力都有不同程度的改善,产品产量、价格、市场及现金流量均较为稳定。在这一阶段,成本控制成为财务管理以至企业管理的核心。以成本为起点的预算管理模式,就是以企业期望收益为依据、以市场价格为已知变量来规划企业总预算成本;进而以预算总成本为基础,分解落实到成本发生的所有管理部门或单位,形成约束各预算单位管理行为的预算成本。

4. 衰退期——以现金流量为起点的预算管理模式

当企业处于衰退期时,一方面,在经营上企业所拥有的市场份额稳定但市场总量下降,销售出现负增长;另一方面,在财务上存在大量应收账款,而潜在投资项目并未确定,因此自由现金流量大量闲置。在这一时期,监控现金有效收回并保证其有效利用,就成了管理的重点。因此,企业应采用以现金流量为起点并以现金流入流出控制为核心的预算管理模式。

第二节 全面预算内容

全面预算是由一系列预算按经济内容及相互关系有序排列组成的有机体,主要包括经营预算、财务预算和专门决策预算(资本支出预算)。以制造业为例,各种预算之间关系如图11-1 所示。

一、经营预算

经营预算是指与企业日常业务直接相关、具有实质性的基本活动的预算,通常与企业利润表的计算有关。主要包括:① 销售预算;② 生产预算;③ 直接材料预算;④ 直接人工预算;⑤ 制造费用预算;⑥ 产品成本预算;⑦ 期末产成品存货预算;⑧ 销售和管理费用预算。

1. 销售预算

销售预测是销售预算的基础,而销售预算则是所有其他营业预算和绝大部分财务预算的基础。因而,销售预测的准确性对整个总预算的正确性有极大的影响。

销售预测通常由营销部门负责进行。预测销售的一种方法是自下而上法,要求每个销售人员提交一份销售预测。合计这些销售预测,便形成总销售预测。这种销售预测的准确

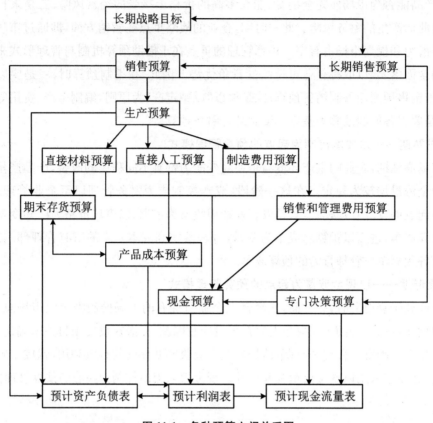

图 11-1　各种预算之间关系图

性在考虑了其他因素,如总体经济状况、竞争、广告、定价政策等之后将得到提高。有些公司还用其他更为正规的方法来补充自下而上法,如时间数列分析、相关分析以及数量经济模型构建。

销售预测仅仅是初步的估计。销售预算则经过预算委员会的核定,包括预期的销售量和销售金额。销售预测应提交给预算委员会讨论。预算委员会将确定该预测是否过于悲观或乐观,并加以修订。例如,如果预算委员会认为预测过于悲观并与公司的战略计划不一致,那么,它可能会建议采取行动以提高预期销售量,如加强促销活动,雇用更多的销售人员等。

例　长江公司编制的第二季度销售预算如表 11-1 所示。

表 11-1　第二季度销售预算表

月份	4月	5月	6月	合计
销售量(件)	20 000	25 000	35 000	80 000
销售单价(元/件)	30	30	30	30
销售收入(元)	600 000	750 000	1 050 000	2 400 000

2. 生产预算

生产预算是根据预计的销售量和预计的期初、期末产成品存货量,按产品分别计算出每

一个产品的预计生产量,计算方法为

预计生产量 = 预计销售量 + 预计期末产成品存货量 − 预计期初产成品存货量

在进行生产预算时,不仅要考虑到企业的销售能力,同时还要考虑到预算期初和期末的存货量,目的就是要尽可能地降低产品的单位成本,避免由于存货过多而造成的资金积压和浪费,或由于存货不足、无货销售而导致收入下降的情况发生。

注:对于一个盈利性服务企业来说,销售预算即生产预算。

例 长江公司预计 4 月 1 日的产成品存量是 5 000 个,4 月份预计销售量为 20 000 件,希望期末库存量预计为下月(5 月份)预计销售量(25 000 件)的 30%。该公司制定生产预算,预计 4 月份生产 22 500 件产品,计算结果如下:

(1) 确定期末的库存水平(4 月 30 日)。

下月销售的 30% = 30% × 25 000 = 7 500(件)

(2) 计算 4 月份生产量的预算数。

4 月份生产量的预算数 = 4 月份销售预算数 + 期末存货 − 期初存货
= 20 000 + 7 500 − 5 000 = 22 500(件)

3. 直接材料预算

预计生产量确定以后,按照单位产品的直接材料消耗量,同时考虑预计期初、期末的材料存货量,便可以编制直接材料预算。

预计直接材料采购量 = 预计生产量 × 单位产品耗用量 + 预计期末材料存货
− 预计期初材料存货

根据计算所得到的预计直接材料采购量,不仅可以安排预算期内的采购计划,同时也可得到直接材料的预算额:

直接材料预算额 = 直接材料预计采购量 × 直接材料单价

与生产预算相同,在编制直接材料预算时考虑期初、期末存货的目的也在于尽可能地降低产品成本,避免因材料存货不足影响生产,或由于材料存货过多而造成资金的积压和浪费。

例 接上例,假定长江公司生产的每件产品需要 3 千克材料,在 4 月初,有 7 000 千克材料的库存,期望在每月末的库存为下月生产所需的 10%,5 月份所需材料 84 000 千克。则 4 月份材料的预算数是 68 900 千克,计算结果如下:

预计直接材料采购量 = 预计生产量 × 单位产品耗用量 + 预计期末材料存货
− 预计期初材料存货
= 22 500 × 3 + 84 000 × 10% − 7 000
= 68 900(千克)

4. 直接人工预算

直接人工预算与直接材料预算相似,也是在生产预算的基础上进行的:

直接人工预算额 = 预计生产量 × 单位产品直接人工小时 × 小时工资率

例 接上例,假设长江公司的工人分为两个技术等级,熟练工人和半熟练工人。生产过程中需要耗用半熟练工 0.5 个小时,熟练工人 0.2 小时。他们的小时工资率分别为 8 元和

12元,则4月的长江公司人工预算如表11-2所示。

表11-2 长江公司人工预算

工人技术等级	半熟练工人	熟练工人
预计产量(件)	22 500	22 500
单位产品所需的人工(小时)	0.5	0.2
所需的人工(小时)	11 250	4 500
小时工资率(元)	8	12
工资总额(元)	90 000	54 000
人工小时总额(合计)(元)	15 750	
人工成本总额(合计)(元)	144 400	

5. 制造费用预算

制造费用预算是除直接材料和直接人工以外的其他产品成本的计划。这些成本按照其与生产量的相关性,通常可分为变动制造费用和固定制造费用两类(即通常所说的成本形态分类)。不同性态的制造费用,其预算的编制方法也完全不同。因此,在编制制造费用预算时,通常是将两类费用分别进行编制的。

变动制造费用与生产量之间存在着线性关系,因此其计算方法为

$$变动制造费用预算额 = 预计生产量 \times 单位产品预定分配率$$

固定制造费用与生产量之间不存在线性关系,其预算通常都是根据上年的实际水平,经过适当的调整而取得的。此外,固定资产折旧作为一项固定制造费用,由于其不涉及现金的支出,因此在编制制造费用预算,计算现金支出时,需要将其从固定制造费用中扣除。制造费用预算表如表11-3所示。

表11-3 制造费用预算表

(单位:元)

直接人工小时总数(小时)	15 750
变动制造费用	
物料	1 890
间接人工	15 750
附加津贴	47 250
动力	3 150
维修	1 260
变动制造费用总额	69 300
固定制造费用	
折旧	30 000
工厂保险	2 500

续表

财产税	900
检查费	8 900
动力	1 250
维修费	750
固定制造费用总额	44 300
制造费用总额	113 600

6. 产品成本预算

产品成本预算是生产预算、直接材料预算、直接人工预算、制造费用预算的汇总。主要包括产品的单位成本、生产成本、销售成本及期初、期末产成品存货成本等项内容。

销售成本预算是在生产预算的基础上，按产品对其成本进行归集，计算出产品的单位成本，然后便可以得到销售成本的预算。即

$$销售成本预算 = 产品单位成本 \times 预计销售量$$

7. 期末产成品存货预算

期末产成品存货不仅影响到生产预算，而且其预计金额也直接对预计利润表和预计资产负债表产生影响。其预算方法为：先确定产成品的单位成本，然后将产成品的单位成本乘以预计的期末产成品存货量即可。

例 长江公司4月份的产品和销售成本预算如表11-4所示。

表11-4　产品和销售成本预算

（单位：元）

产品	销售成本预算
直接材料	165 025
直接人工	144 000
制造费用	113 600
生产成本总额	422 625
期初产成品存货	90 000
可销售的产品成本总额	512 625
期末产成品存货	140 875
销售产品的成本	371 750
单位工厂成本	18.78

8. 销售与管理费用预算

销售与管理费用包括除制造费用以外的其他所有费用，这些费用的预算编制方法与制造费用预算的编制方法相同，也是按照费用的不同形态分别进行编制的。

二、财务预算

财务预算是指与企业现金收支、经营成果和财务状况有关的预算。主要包括现金预算、预计利润表、预计资产负债表和预计现金流量表。这些预算以价值量指标总括反映经营预算和资本支出预算的结果。

1. 现金预算

现金预算是所有有关现金收支预算的汇总,通常包括现金收入、现金支出、现金多余或现金不足,以及资金的筹集与应用等四个组成部分。现金预算是企业现金管理的重要工具,它有助于企业合理地安排和调动资金,降低资金的使用成本。现金预算表的主要内容如表11-5 所示。

表 11-5 现金预算表

现金期初余额
＋现金收入
可供使用的现金
－现金支付
－最低现金余额
现金溢余或短缺
＋借款,或－还款
＋最低现金余额
期末现金余额

2. 预计利润表

预计利润表是在上述各经营预算的基础上,按照权责发生制的原则进行编制的,其编制方法与编制一般财务报表中的利润表相同。预计利润表揭示的是企业未来的盈利情况,企业管理当局可据此了解企业的发展趋势,并适时调整其经营策略。

3. 预计资产负债表

预计资产负债表反映的是企业预算期末各账户的预计余额,企业管理当局可以据此了解到企业未来期间的财务状况,以便采取有效措施,防止企业不良财务状况的出现。

预计资产负债表是在预算期初资产负债表的基础上,根据经营预算、资本支出预算和现金预算的有关结果,对有关项目进行调整后编制而成的。

三、资本支出预算

资本支出预算是指企业不经常发生的、一次性业务的预算,如企业固定资产的购置、扩建、改建、更新等都必须在投资项目可行性研究的基础上编制预算,具体反映投资的时间、规模、收益以及资金的筹措方式等。

第三节 全面预算编制

一、全面预算的编制程序

全面预算的编制工作是一项工作量大、涉及面广、时间性强、操作复杂的工作。预算编制程序通常采用自上而下、自下而上、上下结合三种方式。从理论上讲,三种预算编制程序分别适用不同的企业环境和管理风格。小规模、集权管理为主的企业,适合采用自上而下式,它有利于保证企业目标的实现,并能提高预算编制的效率;大规模、分权管理为主的企业,适合采用自下而上式,它有利于保证预算的可达性,并且有利于预算的贯彻、实施。然而,实务中,大多数企业不自觉采取自上而下和自下而上的上下结合方式。因为,自下而上方式可能会出现以自我为中心、留有大量余地的、不利于企业整体目标实现的问题;自上而下方式由于目标是强加的,可能会出现下级抵触情绪问题。上下结合方式显然是一个理想的方式,但采用这一程序的关键点并不在于其中上与下的偏重,而是上与下如何结合、其对接点如何确定问题。

上下结合式全面预算编制的一般程序如下:
(1) 在预测与决策的基础上,由预算委员会拟定企业预算总方针,包括经营方针、各项政策以及企业总目标和分目标;如利润目标、销售目标、成本目标等,并下发到各有关部门。
(2) 组织各生产业务部门按具体目标要求编制本部门预算草案。
(3) 由预算委员会平衡与协商调整各部门的预算草案,不断反复和修正,最后由有关机构综合平衡,并进行预算的汇总与分析。
(4) 审议预算并上报董事会最后通过企业的综合预算和部门预算。
(5) 将批准后的预算,下达给各级各部门执行。

二、全面预算的编制期

编制经营预算与财务预算的期间,通常以一年为期,这样可使预算期间与会计年度相一致,便于预算执行结果的分析、评价和考核。年度预算要有分季度的数字,而其中的第一季度,还应有分月的数字,当第二个季度即将来临的时候,又将第二个季度的预算数按月分解,提出第二季度分月的预算数。如此顺序推进,在一个月份内有关现金的预算数,还可按旬或按周进一步细分。至于资本支出的预算期则应根据长期投资决策的要求,具体制定。

在预算编制的具体时间上,生产经营全面预算一般要在下年度到来之前的三个月就着手编制,按规定进程由各级人员组织编、报、审等项工作,至年底要形成完整的预算并颁布下去。

三、全面预算目标的确定方法

现代企业是以盈利为目的的经济组织,利润目标必然是预算目标的主要内容。下面以利润预算目标为例,说明预算目标的确定方法。常见的利润预算目标的确定方法有:利润增长率法、比例预算法、上加法、标杆法和本量利分析法。

1. 利润增长率法

利润增长率法是根据上期实际利润总额和过去若干期间的几何平均利润增长率(增长幅度),全面考虑影响利润的有关因素的预期变动而确定企业目标利润的方法。

例 某集团企业根据过去年份的利润总额进行利润预测,过去几年利润总额如表11-6所示。

表11-6 某集团企业过去几年利润总额表

(单位:万元)

期间数	年份	利润总额
1	2016	150 000
2	2017	192 000
3	2018	206 000
4	2019	245 000
5	2020	262 350

其中,2016年为基期,2020年为报告期,则有

$$\text{利润总额几何平均增长率} = \sqrt[4]{262\,350/150\,000} - 1 = 15\%$$

$$2021\text{年的目标利润} = 262\,350 \times (1 + 15\%) = 301\,702.5(\text{万元})$$

2. 比例预算法

比例预算法通常是通过利润指标与其他相关经济指标来确定目标利润的方法。销售利润率、成本利润率、投资报酬率等财务指标均可用于测定企业的目标利润。

(1) 销售利润率。销售利润率根据销售利润与销售收入的关系确定目标利润,具体计算公式是

$$\text{目标利润} = \text{预计销售收入} \times \text{测算的销售利润率}$$

例 某集团企业2020年营业收入为2 850万元,利润总额为114万元。根据预测,2021年营业收入预计较2020年增长8%,营业收入利润率预计较2020年提高0.2个百分点。

则2021年测算的目标利润为

$$\text{预计}2021\text{年营业收入} = 2\,850 \times (1 + 8\%) = 3\,078(\text{万元})$$

$$\text{预计}2021\text{年营业收入利润率} = (114 \div 2\,850) \times 100\% + 0.2\% = 4.2\%$$

预计 2021 年利润总额 = 3 078 × 4.2% = 129.28(万元)

(2) 成本利润率。成本利润率法利用利润总额与成本费用的比例关系确定目标利润。具体计算公式为

目标利润 = 预计营业成本费用 × 核定的成本费用利润率

核定的成本费用利润率可以选取同行业平均或先进水平来确定。

(3) 投资报酬率。投资报酬率法是利用利润总额与投资资本平均总额的比例关系确定目标利润,具体计算公式为

目标利润 = 预计投资资本平均总额 × 核定的投资资本回报率

3. 上加法

上加法是企业根据自身发展、不断积累和提高股东分红水平等需要,匡算企业净利润,再倒算利润总额(即目标利润)的方法。其计算公式如下:

企业留存收益 = 盈余公积金 + 未分配利润

净利润 = 本年新增留存收益 /(1 - 股利分配比率)

或 = 本年新增留存收益 + 股利分配额

目标利润 = 净利润 /(1 - 所得税率)

4. 标杆法

标杆法是指以企业历史最高水平或同行业中领先企业的盈利水平为基准来确定利润预算目标的一种方法。实务中,通常存在企业内部基准和外部基准两种标杆。内部基准是以本企业历史最高水平为标准;外部基准是以行业同类先进企业的水平为标准。利用标杆法确认预算目标,很容易发现本企业的问题与不足,具有较为广泛的适用性。

5. 本量利分析法

本量利分析法也叫盈亏平衡点分析法。通过成本、业务量、利润三者之间关系来确定目标利润。

目标利润 = 预计产品销售量 ×(产品单价 - 单位变动成本) - 固定成本

四、全面预算编制方法

1. 固定预算法

固定预算是一种最基本的全面预算编制方法,就是根据预算期内正常的可实现的某一业务量水平而编制的预算。这种预算方法也叫静态预算。一般而言,不随业务量(产量或销量)变动而变动的指标宜采取固定预算法,即为预算指标确定一个相对合理的固定数额,以此数额作为控制标准,如管理费用、其他业务收支、营业外收支等项目指标。固定预算的基本特点是:① 不考虑预算期内业务量水平发生的变动,只按某一确定的业务量水平为基础计算相应的数额;② 将预算的实际执行结果与按预算期内计划规定某一业务量水平确定的预算数进行比较分析,并据以进行业绩评价、考核。

2. 弹性预算法

弹性预算是固定预算的对称。它是根据预算期可预见的不同业务水平,分别确定其相应的预算额,以反映在不同业务量水平下所应开支的费用水平或收入水平。对随业务量变动而成比例变动的指标则采用弹性预算法,即对该类指标须确立一个相对于业务量的变动率,以变动率作为控制标准,再以业务量预算与变动率标准确定指标的预算值,如对外投资收益随投资额的变动而变动,因此可确定投资收益率作为控制指标,在此基础上,再确定投资收益预算数,即

$$投资收益预算数 = 预算投资额 \times 投资收益率标准$$

同时具有固定和变动两种性质的指标(即混合性指标),应分别确定固定部分的绝对额和变动部分的变动率,然后根据绝对额和变动率确定该项指标的预算值,即

$$某混合性指标预算值 = 该项指标固定部分的绝对额预算值 + 业务量预算 \times 变动率标准值$$

弹性预算的基本特点是:① 弹性预算是按预算期内某一相关范围的可预见的多种业务量水平确定的不同预算额,从而扩大了预算范围,便于预算指标的调整;② 弹性预算是在成本习性的分类基础上进行的,把成本分为固定成本和变动成本,对于预算执行情况的考核和评价更加客观和可比。

例 某企业利润弹性预算表如表 11-7 所示。

表 11-7 某企业利润弹性预算表

(单位:万元)

销售量(件)	14 000	20 000	26 000	32 000
单价(元)	800	800	800	800
销售收入	1 120	1 600	2 080	2 560
减:变动成本	700	1 000	1 300	1 600
边际贡献	420	600	780	960
减:固定成本	320	320	320	320
营业利润	100	280	460	640

3. 增量预算法

增量预算,一般是以基期成本费用水平为出发点,结合预算期业务量水平及有关降低成本的措施,调整有关费用项目而编制预算的方法。编制这种预算时往往不加分析地保留或接受原有成本项目,或按主观臆断平均削减,或只增加不减少,容易造成浪费,有可能使不必要的开支合理化。

4. 零基预算法

零基预算是指在编制预算时,对所有的预算支出均以零为基底,从实际需要与可能出发,逐项审议各种费用开支的必要性、合理性以及开支数额的大小,从而确定预算成本的一种方法。它由美国德州仪器公司于 20 世纪 70 年代创建,美国总统卡特曾用于编制财政预算。

零基预算与传统预算方法相比,它不是以不承认现实的基本合理性为出发点,而是以零为起点,从而避免了原来不合理的费用开支对预算期费用预算的影响,因而具有能够充分合理、有效地配置资源,减少资金浪费的优点,特别适用于那些较难分辨其产出的服务性部门。但是,零基预算的方案评级和资源分配具有较大的主观性,容易引起部门间的矛盾。另外零基预算对原来合理的部分也视而不见,既是一种信息浪费,也是一种人力浪费。同时零基预算加大了预算工作量。

5. 定期预算法

定期预算是指预算是定期(如一年)编制的,其优点是与会计年度相配合,便于预算的执行、考核和评价。这种定期预算有三大缺点:第一,远期预算指导性差。因为定期预算多在其执行年度开始前两三个月进行,难以预测预算期后期情况、若明若暗,数据笼统模糊。第二,预算的灵活性差。预算执行中,许多不测因素会妨碍预算的指导功能,甚至使之失去作用,成为虚假预算(如年内临时转产),在实践中又往往不能进行调整。第三,预算的连续性差。即使年中稍事修订预算,也只是针对剩余预算期那几个月,执行预算也受到这种限制,对下年度很少考虑,形成人为的预算间断。如我国一些企业提前完成全年计划后,以为可以松口气,其他事情来年再说,殊不知经营活动是连续不间断的。

6. 滚动预算法

滚动预算也叫"永续预算"或"连续预算",它与一般预算的重要区别在于其预算期不是固定在某一期间(一般预算的预算期通常是一年,并且保持与会计年度相一致)。它的预算期一般也是一年,但是每执行完1个月后,就要将这个月的经营成果与预算数相对比,从中找出差异及原因,并据此对剩余11个月的预算进行调整,同时自动增加1个月的预算,使新的预算期仍旧保持为一年。

滚动预算的编制基本上是按其他的预算方法进行,但是它对近期3个月内的预算比较详细具体,而对其后9个月的预算则较为笼统,因为远期的市场等因素一般较难于预测。

滚动预算在执行过程中,由于随时对预算进行调整,从而可以避免由于预算期过长,导致预算脱离实际,无法指导实际工作的可能。并且滚动预算长期保持一年的预算期,使企业管理当局对企业的未来有一个较为稳定的视野,将有利于保证企业的经营管理工作能稳定有序地进行。但是,滚动预算的延续工作将耗费大量的人力、物力,代价较大。

7. 概率预算法

概率预算是为了反映企业在实际经营过程中各预定指标可能发生的变化而编制出的预算。它不仅考虑了各因素可能发生变化的水平范围,而且还考虑到在此范围内有关数据可能出现的概率情况。因此在预算的编制过程中,不仅要对有关变量的相应数值进行加工,而且还需对有关变量可预期的概率进行分析。用该方法编制出来的预算由于在其形成过程中,把各种可预计到的可能性都考虑进去了,因而比较接近于客观实际情况,同时还能帮助企业管理当局对各种经营情况及其结果出现的可能性做到心中有数,有备无患。

8. 作业预算法

作业预算法关注作业(特别是增值作业)并按作业成本来确定预算编制单位。作业预算法更有利于企业加强团队合作、协同作业、提升客户满意度。

作业预算法认为,传统成本会计仅使用数量动因,将成本度量过度简化为整个流程或部门的人工工时、机时、产出数量等指标,模糊了成本与产出之间的关系。作业预算法通过使用类似"调试次数"的作业成本动因,能够更好地描述资源耗费与产出之间的关系。只有当基于数量的成本动因是最合适的成本度量单位时,作业预算法才会采用数量动因来确定成本。

作业预算法的主要优点是它可以更准确地确定成本,尤其是追踪多个部门或多个产品的成本时。因此,作业基础预算法适用于产品数量、部门数量以及诸如设备调试等方面比较复杂的企业。

五、成功预算编制特征

成功的预算编制至少具有以下特征:
(1) 与企业战略管理流程相一致。
(2) 全面预算指标体系科学合理。
(3) 计划与预算相结合。
(4) 假设合理、预测的准确性高。
(5) 与绩效评价系统相一致。
(6) 预算编制方法选择适当。

第四节 全面预算执行

一、全面预算执行概述

预算执行是把预算目标变成行动的一种方式,包括全面预算控制、全面预算分析、预算调整、全面预算考核等程序。企业的预算经批准下达后,各执行单位开始组织实施。为了更好地执行预算,提高资源使用的效率和效果,为企业预算目标提高合理的保证,企业需要加强全面预算控制、全面预算分析和预算考核。

二、全面预算控制

全面预算控制,有广义和狭义之分,广义的预算控制将整个预算系统作为一个控制系统,通过预算编制、预算执行与监控,预算考核与评价形成的一个包括事前、事中和事后的一个全过程控制系统。狭义的预算控制不包括预算编制,而是将编制好的预算作为业绩管理的依据和标准,定期将实际业绩与预算比较,分析差异原因并采取改正措施,主要指预算执行过程中的事中监控系统。

全面预算控制的方式多种多样,企业可以根据业务特点和管理需要,将这些方式结合起来,设计并采用个性化的预算控制方式,以达到最好的预算控制效果。主要方式有:

1. 当期预算控制和累进预算控制

按控制期间,预算控制分为当期预算控制和累进预算控制。当期预算控制是指用当期的预算总额控制当期的预算执行数。累进预算控制是指以从预算期间的始点到当期时点的累进预算数控制累进预算执行数。企业在实际操作中可以根据企业的实际情况灵活设置预算的控制期间,按月、季、年三种周期进行当期和累进的综合控制。

2. 总额控制和单项控制

企业的预算是有种属之分的,如管理费用是一个综合项目,可以细分为差旅费、业务招待费、办公费等。总额控制就是只要"管理费用"这个预算总额的额度不超过预算,此业务就可以进行。超过预算额度,业务是否可以进行,需要经过追加的程序进行审批。单项控制是指对每个预算项(如业务招待费)都分别加以控制。

3. 绝对数控制和相对数控制

绝对数控制是指用预算项的预算绝对数控制预算执行数。相对数控制是指用预算项的预算相对数(百分比)控制预算执行数。例如,企业的研究开发支出,企业的预算数可以使用绝对数额,也可以用销售百分比表示。在企业的实际操作中,往往是绝对数控制好和相对数控制相结合。

4. 刚性控制和柔性控制

刚性控制是以预算值为约束指标,任何超出预算值的支出都需要通过特定的审批流程审批后才能使用。柔性控制是指超出预算的执行申请可以在企业的预算管理系统中提交,各级审批者根据授权,进行成本效益权衡后决策是否批准执行。

5. 预算内审批控制、超预算审批控制和预算外审批控制

预算内审批事项,应该执行正常的流程控制,简化流程、提高效率。超预算审批事项,应执行额外的审批流程,根据事先规定的额度分级审批。预算外审批事项,应严格控制,防范风险。做到"有预算不超支、无预算不开支、超预算要审批"。

6. 系统在线控制和手工控制

系统在线控制是指依靠 ERP 系统或专门的预算管理系统实现的对预算事项的事中和在线控制。系统控制的优点是控制严格、数据准确;缺点是缺少了灵活性,会因某些例外情况出现而导致业务停滞。手工控制是指按照企业内部控制流程和相应的审批权限,对相关资金支出的单据进行手工流转并签字的过程。手工控制的准确性、严格性虽然不如系统在线控制,但比较灵活,易于接受和实施。

三、全面预算调整

1. 预算调整条件

年度预算经批准后,原则上不准调整。当企业内外战略环境发生重大变化或突发重大事件等,导致预算编制的基本假设发生重大变化时,可进行预算调整,当出现下列事件时,企业的预算很可能需要进行相应的调整:

(1) 外部市场发生重大变化。
(2) 企业内部资源发生重大变化。
(3) 增补临时预算。
(4) 国家政策发生重大变化。
(5) 预算单位主要管理、经营人员变动。
(6) 公司内部调整。
(7) 突发事件。
(8) 预算委员会认为应该调整的其他事项。

2. 预算调整的权限及程序

(1) 申请。预算单位向主管领导提出申请;主管领导同意后向预算工作组提交申请;预算工作组上报预算调整申请。
(2) 审议。预算工作组审议后提交预算委员会审议。
(3) 批准。预算委员会审议批注后通知工作组并传达预算执行单位。

3. 全面预算调整的原则

(1) 全面预算一经批准,在公司内部即具有"法律效力",不得随意更改与调整。
(2) 当内外部环境向着劣势方向变化,影响预算的执行时,应首先挖掘与预算目标相关的其他因素的潜力,或采取其他措施来弥补。只有在弥补的情况下,才能提出预算调整申请。
(3) 当内外部环境向着有利方向变化时,而且具备中长期的稳定趋势,有明确证据表明经营预算目标可以加以提高,公司内部应主动积极提出调整申请,或董事局(会)在与公司经营层进行协商一致后,提出调整申请。

4. 全面预算调整方式

(1) 由上而下的全面预算调整。当内外部环境发生明显变化,而且具备中长期的稳定趋势,有明确证据表明预算目标和现实情形差异重大时,董事局(会)通过与公司经营层协商一致后,可以在预算年度内进行公司经营目标的调整,同时下达全面预算调整要求,并最终确认全面预算调整方案。

(2) 由下而上的全面预算调整。在预算执行过程中,当内外部环境发生明显变化,且符合上述预算调整条件时,全面预算办公室、各责任中心可以向全面预算委员会提出预算调整申请。

5. 预算调整事项应当遵循的原则

（1）不能偏离企业发展战略和年度预算目标。

（2）调整方案应当在经济上能够实现最优化。

（3）调整重点应当放在预算执行中出现的重要的、非正常的、不符合常规的关键性差异方面。

6. 全面预算调整技巧

（1）权力分配（调整权力由谁行使，哪些人参与决策）。

（2）权力制约（规定什么情况下才能调整）。

（3）权力型式（频率控制与幅度控制）。

四、全面预算反馈报告系统

1. 定期召开预算执行分析会议

由预算委员会负责，全面掌握预算的执行情况，研究、落实解决预算执行中存在问题的政策措施，纠正预算的执行偏差。

2. 开展预算执行分析

由财务部门及各下属单位执行，针对预算的执行偏差，充分、客观地分析产生的原因，提出相应的解决措施或建议，提交董事会或经理办公会研究决定。全面预算分析方法有差异分析、对比分析、对标分析、结构分析、趋势分析、因素分析、排名分析、多维分析等。

3. 定期组织预算审计

纠正预算执行中存在的问题，发挥内部审计监督作用，维护预算严肃性。形成审计报告，直接提交预算委员会以至董事会或者经理办公会，作为预算调整、改进内部经营管理和绩效考核的一项重要参考。

4. 预算反馈报告制度

年终，预算委员会应向董事会或者经理办公会报告预算执行情况，并依据预算完成情况和预算审计情况对预算执行单位进行考核。预算反馈报告制度核心：报告内容和时间频度。反馈方式：定期书面报告和例会制度。

五、全面预算考核

全面预算考核是指通过对各预算执行单位的预算完成结果进行检查、考核和评价，为企业实施奖励和激励提供依据，将预算执行情况与预算执行单位负责人的奖惩挂钩，并对此作出相应奖惩。为改进预算管理提供建议和意见，是企业进行有效激励和约束，提供公司绩效的重要内容。

1. 全面预算考核的原则

（1）建立必要的业绩评价、考核程序，做到公开、公平、公正和易于了解。

(2) 区别对个人的考核与集体的考核。
(3) 奖惩兑现。

2. 全面预算考核的内容

(1) 对全面预算目标完成情况的考核。是对企业各预算执行单位主要预算指标完成情况的考核,通过对超额完成的责任主体进行奖励,对未达目标者进行惩罚,鼓励各预算单位超额完成预算目标,促进企业价值最大化。

(2) 对全面预算组织工作的考核。主要考核内容有:预算编制是否准确、及时、规范;预算分析工作是否及时,是否发现经营中存在的问题和风险,是否提出了相应的改进建议;预算控制是否到位;预算调整是否按程序进行等。

3. 全面预算考核的程序

(1) 制定预算考核管理办法。
(2) 确认各预算执行单位的预算执行结果。
(3) 编制预算执行情况的分析报告。
(4) 组织考核、撰写考核报告、发布考核结果。

4. 成功全面预算考核的特征

实践证明,成功的全面预算考核至少具有以下特征:
(1) 科学设计预算考核指标体系。
(2) 合理界定预算考核主体和考核对象。
(3) 加强对预算体系运行情况的考核。
(4) 按照公开、公平、公正原则实施预算考核。
(5) 实施货币和非货币激励。

第五节　全面预算管理存在的问题

预算管理是一种系统的方法,用来分配企业的财务、实物及人力等资源,以实现企业既定的战略目标。企业可以通过预算来监控战略目标的实施进度,有助于控制开支,并预测企业的现金流量与利润。然而,实际工作中,有些人尤其是部门经理认为预算是争夺资源的工具;有些人把预算管理当作升迁的手段,编制的预算讨好上级却不符合实际;一些人由于预算管理失败就以为预算无用,只是摆设而已,在以后的工作中持消极态度;有些人认为全面预算是财务部门的事情,跟自己不搭界,等等。结果是:预算管理不是被当作一个由若干阶段组成、可运行、可操作的管理控制系统,而是局限在财务部门,被当作控制费用的工具,对整合的作用并不明显,存在着各种问题。

一、预算编制问题

1. 预算编制费时、费力,效率低

据美国的一项调查,大型公司经常花费6个月的时间甚至更多的时间编制预算。经理人员30%的时间花在预算上,编制费时、费力,效率低。

2. 编制的项目中庸,没有进取性

在编制预算过程中,各种意见被中和,或碍于情面,或是从个人利益出发,降低项目的难度。

3. 伪参与

高层管理当局仅仅追求低层经理人员的表面性参与,而自身却承担了对整个预算编制过程的控制。这种现象叫作伪参与。高层管理当局只是得到低层经理人员对预算的正式认可,而不寻求其真正参与。因此,参与式预算的行为方面的利益也就无法实现。上级越俎代庖,大权独揽;下级缺少预算知识,造成客观上的不负责。

4. 预算编制过程中的经理人道德行为

当经理人员的目标与组织的目标相一致时,就会产生积极的行为,经理人员有动力去实现这些目标。经理与组织之间目标的一致常被称为"目标一致性"。然而,除了目标相一致外,经理人员仍须竭尽所能地全实现组织的目标。

如果预算没有得到恰当地执行,下属经理们可能会妨碍组织目标的实现。失调行为就是一种个人行为,它与组织的目标存在根本性冲突。

预算编制的行为面的根本主题是道德。预算在业绩评价以及经理人员的提薪和晋升中的重要地位有可能导致不道德行为的发生。所有与预算相关的失调行为都可视为不道德行为。例如,某经理为了使预算易于实现而故意低估销售和高估成本,这就是不道德的行为。制定一个排斥不道德行为的预算奖励体制是公司的责任。而不采取不道德的行为则是经理人员的责任。

许多人在编制预算的过程中会产生道德问题,管理人员和员工为编制预算提供很多信息,而他们的业绩要与他们协助编制的预算相比较。

【案例11-4】 预算编制过程的道德问题

一个管理人员,认为所在部门的销售有可能增加10%,而增加2%几乎是没有问题的。一方面,如果他告诉上级管理部门增加10%是一个合适的预算,但到期末又没有达到,他就会失去提升和加薪的机会。上级管理人员可能会认为,没有达到增加10%目标,不是由于无法控制的市场情况造成的,而是在销售中没有很好地工作。另一方面,如果在编制预算报告说只能增加2%,而实际却增加了10%,公司将无法提供足够的生产量满足订货的需要。这时应该是考虑管理人员自己的利益呢,还是提供最真实的预测?公司成员总是处于两难境地。

我们希望公司应对实事求是的人给予鼓励,这就意味着公司必须对真实预测和优良业绩都给予奖励。然而，事实上为了实现越来越困难的目标，很多公司给员工施加相当大的压力。由于管理人员无法实现困难的目标，在各级部门出现了虚假的财务报告。

理想的预算制度既能实现完全的目标一致，又能够激励经理人员按照符合道德的方式去实现组织的目标，尽管这样一种理想的预算制度很可能并不存在。然而经过大量的研究和实践，人们已经发现了一些能促进积极行为达到一定合理程度的关键特征。这些特征包括：对业绩的频繁反馈，货币性与非货币性奖励，参与式预算法，现实标准，成本可控性，以及对业绩的多重计量。

1. 对业绩的频繁反馈

经理们需要了解年度内他们的工作情况。经常及时地向他们提供业绩报告，这样，他们就能知道其努力的结果如何，从而采取改进措施，在必要时还可改变计划。频繁的业绩报告能够增强经理人员的积极行为，并给他们时间和机会以适应不断变化的情况。

运用弹性预算，管理当局就能够了解实际的成本与收入是否和预算相一致。有选择地调查一些重要差异可使经理人员仅把精力放在那些需要注意的项目上。这一过程称为例外管理。

2. 货币性与非货币性奖励

一个完善的预算制度能够产生目标一致的行为。一个用来影响经理人员，使他们竭尽所能地去实现组织目标的手段称为奖励。奖励可能是消极的也可能是积极的。消极的奖励利用经理人员对惩罚的害怕心理来推动他们；而积极的奖励利用的则是经理人员对奖赏的期望心理。那么，组织的预算制度应采用何种奖励呢？

传统的组织理论假定个人的积极性主要来源于货币性奖赏，这些个人讨厌工作，缺乏效率，且浪费资源。接受这一观点的公司采用自上而下的预算编制方法，并严格要求经理们对预算中的每一个项目负责。这样，高层管理当局就能控制住下属经理躲避责任和浪费资源的倾向。既然人们认为经理人员的积极性主要来源于货币性奖励，那么，把预算业绩与增加薪资、发放红利和晋升职务相挂钩，就可达到这种控制。解聘的威胁对业绩差的经理人员来说是最终的经济制裁。

这种关于人类行为的观点过于简单化。个人不单单是靠外部奖赏来调动其积极性的。除了经济因素外，个人的积极性还依赖于一系列复杂的内在心理和社会因素。这些因素包括：对出色完成工作的满足感、表扬、责任、自尊心以及工作本身的性质。一个成功的预算控制制度不可忽视这些调动个人积极性的复杂因素。仅靠货币性的奖励不足以使经理人员的积极性达到预想水平。非货币性的奖励，包括充实工作、增加责任与自主权以及实施非货币性的表扬计划等，都可用来加强预算控制制度。

3. 参与式预算法

参与式预算法允许下属经理们对预算编制充分发表意见，而不是将预算强加给下属经理们。通常，应把总体目标告诉经理人员，他们有助于编制出可实现该目标的预算。在参与式预算的编制过程中，重点应放在总目标的实现上，而不应是具体的预算项目。

参与式预算法能使下属经理人员产生责任感并激发其创造性。由于下属经理人员参与预算编制，就很可能使预定的目标成为经理人员的个人目标，由此也产生了更大的目标一致性。参与式预算法的支持者宣称,在编制过程中,责任感和挑战性的增强提供了非货币性奖励,这将使经理人员的业绩达到一个新的高度。他们认为,参与制定自我预算标准的个人将更努力地去实现这些目标。除了行为上的利益,参与式预算编制也有利于吸收了解当地状况的个人参与,从而提高整个计划程序的合理性。

参与式预算法有潜在的问题:① 将预算标准制定得过高或过低;② 预算过于松弛(常指虚报预算;③ 伪参与。

一些经理可能倾向于将预算定得过松或过紧。在允许参与的情况下,预算目标将成为经理的目标;因此,在制定预算标准时犯这样的错误将导致业绩水平下降。如果目标太容易实现,经理人员就可能失去兴趣,而业绩则可能真的下滑。挑战性对奋发向上和富有创造性的经理人员来说是相当重要的。同样的,预算制定得过紧,将无法实现这些标准并使经理人员遭受挫折,而这种挫折也会导致更差的业绩。参与式预算的要点在于让经理人员制定高些但又是可实现的目标。

参与式预算法的第二个问题在于,经理人员有机会将预算编制得过于松弛。预算松弛(或虚报预算)是指经理故意低估收入或高估支出的情况。任何一种方法都会使经理人员更有可能达到预算目标,并随之减少他所面临的风险。同时,虚报预算也不必要地占用了本可以在别处得到更有效使用的资源。

通过要求高层经理人员降低费用预算,可以有效地消除预算松弛。然而,通过参与获取的利益也许远远超过虚报预算产生的成本。即便如此,高层经理人员应认真审阅下属经理编制的预算,适当增加内容,以减轻预算松弛的影响。

在我国,有人提出"联合确定基数法",具有很好的实用性。"联合确定基数法"将基数纳入一个委托人与代理人之间的博弈程序,使得代理人自动把自己的实际生产能力和盘托出,使自报数刚好等于实际生产能力,因为只有这样,它所获得的奖励才是最高的。该方法在一些企业实施后取得了明显的效果。应该说"联合确定基数法"在解决"预算松弛"和"预算指标有效性差"方面具有一定的先进性和很强的实用性。

联合基数确定法基本做法是:各报基数,加权平均,少报罚 Y(惩罚系数),多报不奖,超额奖励 X(奖励系数),不足补 X。超基数奖励系数>少报惩罚系数>$0.5×$超基数奖励系数,上下级基数的权数各占 50%。联合基数法下的预算自报数及奖惩情况如表 11-8 所示。

表 11-8 联合基数法下的预算自报数及奖惩情况表

下级自报数的五种情况	一	二	三	四	五
下级自报数 1	50	60	80	90	100
上级要求数 2	60	60	60	60	60
合同基数 3=(1+2)/2	55	60	70	75	80
期末实际完成数 4	80	80	80	80	80

续表

下级自报数的五种情况	一	二	三	四	五
超基数奖励(80%) 5=(4-3)×80%	20	16	8	4	0
少报罚款(60%) 6=(1-4)×60%	-18	-12	0	0	0
下级净奖励 7=(5+6)	2	4	8(最大)	4	0

4. 现实标准

预算目标被用来衡量经营业绩；相应地，这些目标应建立在实际情况和预期的基础上。预算应该反映经营的实际情况，譬如实际的作业水平、季节性变动、效率以及宏观经济趋势等。例如弹性预算，可用于保证预算成本提供可与实际作业水平相兼容的标准。另一个应考虑的因素是季节性。许多企业收入实现和成本发生在一年中比较稳定；因此，在编制期间业绩报告时，把年度内实现的收入及发生的成本平均地分配到各月或各季是合理的。然而，对于有季节性变动的企业来说，这种做法将歪曲业绩报告。例如，ABC公司在夏季倾全力生产和销售冰淇淋，这其间的销售量可达年度销售量的70%。

其他因素如效率和总体经济状况等，也很重要。有时，高层经理人员会随意削减上一年的预算。他们认为，削减可以减少据说业已存在的多余或低效的部分。实际上，有些单位的经营效率很高，而其他单位则不然。不经正式评价就一刀切的做法只会削弱某些单位完成任务的能力。总体经济状况亦是要考虑的要素。在预计经济出现衰退的时期仍作出销售量显著增加的预算，这不仅愚蠢而且还具有潜在的危险性。

5. 成本的可控性

传统观点认为，经理人员仅仅对他们可以实施控制的成本负责。可控成本是其水平可由经理人员影响的成本。根据这种观点，管理人员无需对不可控制的成本负责。譬如说，分部经理无权决定总公司的成本，如研发费用、高层经理的薪金等。因此，他们不必为这些成本的发生负责。

但是，许多企业却将不可控成本包括在下属经理的预算中。这样做的目的在于使经理们意识到弥补所有成本的必要性。如果把不可控成本包括在预算中，应将其与可控成本相区分，并标明为不可控成本。

6. 多重业绩指标

企业经常错误地将预算作为其计量管理业绩的唯一标准。这种过分地强调将会导致一种称为"榨取公司油水"或"近视"的失调行为。当经理人员采取措施以改善短期经营的预算业绩时，却给长期的经营运作带来危害时，就会产生近视（短期）行为。

我们可以找到许多短期行为的例子。为达到预计的成本或收益目标，经理们可能会减少维修保养费、广告费和新产品开发费等支出，同时还可能不提拔优秀的职员，以保持较低的人工成本，并选择劣质原材料，以降低原材料成本。在短期内，这些措施改善了预算业绩；

但就长期而言,生产率将会下降,市场份额将会缩小,而有能力的职员将会离职寻求更具吸引力的机会。

采取这种短视行为的经理们通常任期较短。在这些位置上,他们只要花上3～5年就能晋升或调离去负责新的部门。而他们的后任将为其短期行为付出沉重的代价。避免短期行为的最好办法是从不同角度计量经理的业绩,包括一些长期的方面。生产率、质量、人事发展等都是可用于业绩评价的一些方面。财务性业绩指标是重要的,但过分强调则会适得其反。

二、预算执行中的道德行为和财务造假问题

【案例 11-5】 提高产量来增加利润

某大企业集团中的一家子公司,该子公司有一位部门经理决定通过提高产量使其部门固定生产成本进入存货,而不从当期扣除。他知道固定生产成本将在未来存货被售出的会计期间与收入配比,但是那就与他无关了,因为他在明年将被调动。而且,如果他能使部门当前的年利润足够高,他将在公司中获得一个比较好的位置。通过提高生产来递延确认的固定生产成本与公司的会计政策并不矛盾,与一般公认会计原则也不矛盾。该子公司年生产能力10万台,每台单价1 600元,2001年产量5万台,每台成本1 700元,年销售5万台,亏损500万元。但经分析,每台产品的变动生产成本是1 050元,全厂固定制造费用总额是1 600万元,销售和管理费用总额1 250万元。生产部门满负荷生产,通过扩大产量来降低单位产品负担的固定制造费用。这样,即使不提价、不扩大销售也能使企业扭亏为盈。为了减少将来的风险,今年追加50万元来改进产品质量,这笔费用计入固定制造费用;再追加50万元做广告宣传,追加100万元做职工销售奖励。

单位生产成本 = 1 050 + (1 600 + 50)/10 = 1 215(元)

利润 = 5万 × 1 600 − 5万 × 1 215 − (1 250 + 100) = 1 775 − 1 350 = 425(万元)

【案例 11-6】 收入提前确认

总公司对分公司的考核标准是完成销售收入的目标给予预定100%的奖励,完成销售收入80%的给予预定50%的奖励,完成销售收入80%以下的,不给奖励。年末分公司完成销售收入78%,于是分公司经理要求会计人员下年1月1日、2日的销售收入提前到本年度,从而使得本年度完成销售收入目标的81%。

【案例 11-7】 沃尔玛的漏洞

在沃尔玛,每个月底上千种产品的标签价格被调高,并在下月月初再调低价格,这种调价虚增了业绩。比如,一个卖场在月初有价值20万美元的红酒库存,月底的时候剩余价值10万美元的红酒,那其销售成本为10万美元。如果销售额为15万美元,那毛利为5万美元。但是,如果期末库存被提价20%,那销售成本就降为8万美元,毛利提升至7万美元。这种通过月底调高商品价格的方式,可以抬高期末库存的价格,降低成本,提高毛利率和销售额。2010年,在对98家沃尔玛大卖场进行调查后,其发现批发销售占到了16亿元的销

售,而调价策略占到了沃尔玛 4% 的毛利。

(资料来源:21 世纪经济报道,2014 年 12 月 15 日。)

【案例 11-8】 百事可乐和旧瓶子

百事可乐总部在纽约,分公司遍布世界各地。其中有一菲律宾分公司由于多年利润率低于同行业的其他公司,分公司经理在总部开会时受到批评。经历了不满意的一届任期后,另一部门经理给他出主意,应该通过虚增期末存货来增加分公司的报表利润。于是菲律宾分公司将破损的或不能使用的旧瓶子计入期末存货,5 年内虚增利润 9 200 万美元,其中最高峰的一年为 3 600 万美元。分公司经理因此成绩显著,被提拔到总公司任副总经理。

$$销售成本 = 期初存货 + 购买 - 期末存货$$

【案例 11-9】 联合利华—销售主管咎由自取

联合利华—销售主管严某违反公司规定,从 2003 年年初,与江苏的一家大型超市——苏果超市公司签订供销协议时,竟擅自约定以低于联合利华公司产品价目表的价格供货,并口头允诺该协议价格与联合利华公司和苏果超市公司签订正规协议价格的差价,在一年后由联合利华公司进行补偿。如此一来,联合利华与苏果超市公司之间的业务量大幅增加,严某因此获得公司发给的销售奖金近 1 万元。但违反公司规定擅自压低价格进行销售,造成公司 400 万元的巨额损失。

(资料来源:21 世纪经济报道,2007 年 9 月 16 日。)

从上几个案例可以看出,预算执行中的道德行为和财务造假的原因有:

1. 短期目标利益

在一些公司,最高管理部门明确告诉部门经理和分公司经理,如果他们今年不能实现公司的利润目标或投资收益目标,则下一年他们将被解职。部门和分公司的经理们认为如果他们在今年的业绩很好,就有机会被提升到一个新的岗位或转到公司的另一部门。如果是这样,他们就有很强的动机使他们今年的工作看起来很好。另外在一些公司,奖金要根据所取得的业绩是否达到一个新的台阶来确定。达到这一台阶的经理将获得比没达到时多得多的奖金。例如,一家公司许诺,如果一部门完全实现了投资收益目标,则部门经理将获得其工资 50% 的奖金;如果实现了投资收益目标的 90%,则可获得其工资 25% 的奖金;如果实现的投资收益目标低于 90%,则没有奖金。如果一名经理恰好没达到某个台阶,比如刚好低于投资收益目标的 90%,就会有很强的动机达到这一台阶。经理可能认为把下一年的销售收益算到今年所带来的收益要大于这一行为给下一年的销售收入所带来的负面影响。

2. 不现实的预算压力

公司分散经营的事实已经反映出有众多分散部门的大公司的最高管理者无法详细地了解它们的经营情况。结果,最高管理者可能错误地、不现实地预期公司的良好业绩。尤其是对于短期目标来说,当总部没有考虑实际情况而主观地确定利润目标和预算时,这些压力就产生了。依据短期经济效果的奖赏计划而产生的财务压力。当奖金是个人总收入的重要组成部分时,这一压力尤其明显。公司对短期工作业绩的重视是很重要的。大部分财务欺诈案例都涉及时间的调整。

3. 公司最高层的态度

或许欺诈性财务报表的最重要因素就是公司最高管理层的态度。公司最高管理层的态度是指最高管理部门在处理道德问题中的态度。无论规则所涵盖的范围有多广,也无论雇员是否阅读和签署企业经营管理法规,高层经理通过他的行为就可以发出事情实际上如何处理的信号。换一个角度看,当下级职员的行动是不道德时,也会产生一种鼓励欺诈性报表的风气。如果最高管理者对不道德行为采取"睁一只眼,闭一只眼"的态度,则该公司雇员进行财务欺诈的机会要比那些由经理制定准则并以身作则的公司大。最高管理部门对高尚的道德行为进行鼓励。管理层的态度减少了欺诈的动机,因为它降低了对不道德行为的忍耐程度,它还减少了欺诈的机会,因为它显示了对诸如强有力的内部控制等反欺诈机制的支持。还有,它鼓励赞同合法行事的职工留在公司,而不鼓励有相反倾向的人。

4. 内部控制制度薄弱

内部控制是指单位为了保证各项业务活动的有效进行、确保资产的安全完整、防止欺诈和舞弊行为、实现经营管理目标等而制定和实施的一系列具有控制职能的方法、措施和程序。当前企业内部控制存在的问题很多,如岗位责任没有分工或分工不明确;不相容的职务没有分离,或分离后没有严格执行;原材料采购、入库、领用、发料缺乏控制措施;生产过程控制不严,手续不清、责任不明,品种数量缺乏必要的控制;产品销售无控制,市场行情不调查预测,盲目生产、超常压库、占用资金;应收账款长期挂账,不清理、不催收,拒付货款原因不追查,甚至出现销售人员私自侵吞货款;会计记录缺乏核对制度;凭证缺乏严格控制,财产转移没有严密的手续,凭一张领导批条或一张"白头单"就可以把企业的财产拿走;现金缺乏严格控制,支票、印章一人保管;银行存款账户缺乏严格控制,多处开户、利用账户出租、出借收取手续费、代办费等。职责划分等有效的内部控制使欺诈很难进行,除非人们合谋勾结。很弱的内部控制,往往给财务欺诈提供了机会。

5. 分权制下的子(分)公司权力过大

大部分组织内部的欺诈案例都是由有自主权的经理干的,但赋予经理自主权绝不意味着他们将欺诈。大部分经理在经营上都有很大的自主权,但报道的欺诈案例却很少。由于自主权为欺诈创造了机会,所以赋予自主权增加了产生欺诈的风险。

针对预算执行中的道德行为和财务造假治理对策,可从以下几个方面着手:

1. 加强内部控制

内部控制是设计用来为最高管理人员提供确保其实现该组织目标的政策和机制。内部控制的建立,可以堵塞漏洞、消除隐患,防止并及时发现和纠正各种欺诈、舞弊行为,保护单位财产的安全完整;规范单位会计行为,保证会计资料真实、完整,提高会计信息质量;确保国家有关法律法规和单位规章制度的贯彻执行。内部控制有助于保证最高管理人员制定决策时所使用的数据不会从下级经理和雇员提供的欺诈报表中产生。用内部控制防止欺诈的一个例子是职责划分。例如,一个部门的职责划分要求该部门的销售人员与在财务记录上记录销售的会计分开。为了在报表上做手脚,会计和销售人员必须合作,或合谋欺诈,否则欺诈很难发生。

2. 实行会计委派制

集团内部二级单位以及所属某些层级或单位的负责人蓄意编报虚假的会计信息，粉饰业绩，谋取私利。尽管虚假会计信息是经过会计人员之手，但大多数会计人员并非出于自愿，而是迫于本单位领导的压力，不得已而为之。因此，消除会计信息失真的途径有时实行会计委派制，消除会计人员对他（她）服务单位的从属性。但须注意的问题是，处理好委派人员与派驻单位领导之间的关系，否则，被委派的会计人员很可能处于"要么被同化，要么被赶跑"的尴尬境地。

3. 加强内部审计

内部审计人员的任务是代表管理部门或董事会进行审计，他们经常向公司董事会的审计委员会汇报。内部审计人员既可以阻止欺诈，又可以发现欺诈。他们能够通过检查和测验内部控制以及确保内部控制机制运作良好来阻止欺诈发生。内部审计人员要检查职责划分是否真正得以实施，他们还可以通过简单的亲临现场的行为来阻止欺诈发生，审计人员通过不事先通知的临时性审计这一事实可以阻止欺诈发生。

4. 加强注册会计师审计

由外部会计师事务所进行独立审计的主要目的是对公开的财务报表发表意见，而不是发现或者阻止欺诈发生。不过，注册会计师的介入和他们在检查公司内部控制中所起的作用有助于阻止欺诈发生，有时还会发现欺诈。

5. 实行决策权集中制

集权体制与分权体制是现代公司管理中最大"盲点"，"一统就死，一放就乱"似乎成为决策体制选择的两种必然结果。但是这两种结果在现实中绝对有轻重之别。在分权体制下，拿着"奶酪"的人很多时候不是外部人，而是自己的部下或子公司。在现代企业制度下，一个公司好比一个球场，领队、教练员、运动员和裁判员必须分工明确，不能越位。一个公司包括集团公司也必须清晰决策层、管理层、作业层、监督层的各自的权限和责任：在这个基础上决策权尤其是财务、战略安排的决策权和控制权是不宜放权的，决策权的下放必然导致诸侯万象、控制失灵，决策权上的集中体制是公司制度下的理性选择。

6. 大力推进企业集团的财务信息化管理

财务资金管理信息化是提高企业科学管理水平的重要途径，对企业集团尤为重要。因为企业集团所属单位众多，管理层次多，信息失真、资金散乱、监督不力等问题表现得更为突出。在某种程度上，企业运用计算机、局域网和财务软件等信息手段，提高企业财务资金信息化管理水平的能力，已经成为企业集团健康发展的关键。集团规模愈大，单位愈多，地域分布愈广，愈需要用现代信息手段来及时了解各种经营信息，集中资金使用和调控瞬息万变的经营活动。不能运用现代信息手段进行财务、资金管理的企业集团，不可能在激烈的市场竞争中立住脚跟。企业集团建立起以财务管理为中心、以计算机、局域网和先进管理软件为支持的企业管理信息化体系，结合业务重组，再造管理流程，提高资金周转速度。建立集团内部结算中心，统一集团对外结算，减少资金占用。利用现代信息手段强化监督，减少所有者代表与集团公司、集团公司与子公司、分公司之间的信息不对称。

三、预算目标的确定和分解问题

预算目标是企业战略发展目标在本预算期的具体体现。其中,战略目标应作为一种目标导向,引导年度预算目标指标的确定;年度预算目标指标则应强调可操作性,必须能通过预算的编制体现出来。

【案例 11-10】 预算与战略一致?

公司准备生产一种新药,战略规划的结论是,只要有足够的生产能力和营销支持,公司可增加 50% 的收入和 70% 的利润。在编制预算时,销售人员认为太乐观,因而将销售预测减少 50%;同时生产人员认为销售人员在做梦,将产量预测又减少一半,财务人员审查后,在预算中又削减了一大块。事实上,新药生产能力比规划只减少 20%,而在接下来的 6 个月之内,正如战略规划人员所预料那样,该药的需求猛增。但供应比需求少 4~5 倍,对公司而言,失误的机会成本约 100 亿元。

1. 预算目标确定是不同利益集团间讨价还价的过程

预算目标确定及其分解作为预算工作起点,是预算机制作用发挥的关键。预算目标确定得是否正确,在很大程度上影响到企业预算编制的合理性、预算执行的可控性和预算评价的准确性。预算目标是企业目标或战略意图的体现。任何预算目标的确定,从根本上讲都是股东、董事会、经营者等之间利益相互协调的过程,是一个各个不同利益集团间讨价还价的过程。

股东的目标是:期望从被投资企业中分得的收益大于自己投资所获收益或债权固定收益。它构成企业目标的"底线"。

董事会的目标是:股东的目标+公司战略调整(公司所处行业特征、企业生命周期、公司发展速度、公司市场规划与导向等)。

经营者的目标是:在尽可能多地占用各种资源的条件下,完成其预期尽可能低的目标,"宽打窄用"。

2. 预算目标的选择

决定或选择预算目标的指标至少要考虑:① 可操作性;② 导向性或战略性。符合上述条件的指标可归纳为两类:一是效益指标(如费用或利润);二是规模指标(如收入、市场占用率等)。这两类指标的权重视不同企业、同一企业不同发展阶段而有所侧重。当企业处于成熟期时,效益指标可能是最主要的,或者说是唯一的;但是当企业还处于成长期时,董事会的战略意图可能会认为效益与规模并重,因为不顾未来规模效益的效益不可能持续长久,而只顾规模不顾效益等于无效劳动。因此,问题的关键不在于如何确定这两者的权重,而在于树立起一种正确的预算目标意识,即预算指标并不简单指效益指标,可能还有其他要素或指标要考虑。

在认识这一问题之后,需要我们认真对待的问题是:"效益指标是什么?"因责任中心的不同而异。即对于费用或成本中心而言,它指成本或费用本身;对于利润中心或投资中心,是指利润和投资收益。具体分析如下:① 利润中心的"利润"。由于利润中心不具备投资权力和对外筹资权力,因此公司下属的经营分部可定义为利润中心,集团公司下属的控股子公司,在母公司看来也可定义为利润中心。这里的利润是指可控利润,也就是该中心占用资产所能发挥的全部效能,在管理会计中表现为贡献毛益或者是息税前利润。② 投资中心的"利润"。由于投资中心具有独立的投资权限和对外筹资权限,因此只对股东的投资收益负责,如单一法人企业或者具有投资权限的集团公司下属于公司,则其利润表现为税后利润(或净利润)。

这就表明,预算目标中利润预算指标的确定,可能表现为对投资中心税后净利目标的确定,也可能表现为对利润中心的贡献毛益或息税前利润预算目标的确定。

至于规模指标,可以用销售规模、销售增长率或者市场占有率等指标来衡量,它们在预算目标确定的功能上是一样的。在实际经济活动中应注意的是,在用这些规模指标衡量规模并用于目标确定时,必须考虑其衡量口径,它可以按照会计准则中关于收入确认条件来确定规模,也就可以按照企业或行业的确认依据进行计量。

3. 预算目标分解的依据及对利息的处理

在确定目标与完成再造之后,如何给不同责任中心确定与分解不同的责任预算,自然也就成为下一步的工作重点。从方法来讲,各责任中心的责任预算因性质不同而各异,具体包括:① 对于费用中心,建议用零基预算法;② 对于经营单位,主张将其定义为利润中心,并按一定的标准来分解可控利润,其分解标准或依据,可以是利润中心所占有的资产总额,或者是人力资本总额,或者是营业使用面积等。在这里,可控利润定义为可控收入减可控成本、费用,总部各项管理费用不属于二级责任中心可控范围,可不纳入利润中心的费用预算之中。

问题是利息费用如何处理?在我们看来,总部利息主要体现为业务经营单位的资产占用费,因此,依资产占用额来分解可控利润,必须将利润中心的资产占用费(即利息)纳入二级中心可控费用之中,由总部进行统一核定资产占用额,并以资产占用额度的方式来确定其利息额。一种方法是,额度内资产不计息,作为总部财务费用统一考虑,对超出额定的部分加息计入可控费用之中;另一种方法是将所有的资产占用额均统一计息,纳入利润中心可控费用范围。这两种方法各有利弊,主要视总部战略意图。如扶持新建利润中心,可考虑第一种方法;如果要采用第二种方法,也可进行挂息处理。

4. 正确处理利润中心与分权的关系

对各责任中心的责任人而言,不能混淆利润中心与分权的关系。事实上,利润中心并不必然导致分权,成本中心所拥有的权限有时可能比利润中心还大,因此这是两个不同的概念。

5. 目标分解中的资产计价问题

(1) 沉淀资产的确认与剥离问题。一个利润中心或投资中心,这些公司的经营者要对其所承担的资产价值增值负责,资产价值越大,则经营责任也越大。因此,这些经理人员首先考虑的问题(也是理性的)是如何对现有资产的沉淀部分进行清理和剥离。如果没有这一程序,任何命令或预算指令最终都会难以分解下去。这里的沉淀资产是指历史上形成的(而非现职经理在确定预算目标时点形成)不能增值的资产,其形式大量地表现为应收账款和其他非增值资产。对于这些资产的剥离是必要的。至于所剥离资产的处理,可以采用挂账的办法,由各部门或子公司在一定时期内消化,或者全部作为非增值资产移交至总部。

(2) 资产计价时点确认问题。由于企业在编制下一年预算时,一般都选择在当年的10~11月份,对下属于公司或经营部真实资产(即剔除沉淀资产后的增值资产)的确认,不可能等到年末决算后再进行,因此一般均以预算编制时点的资产占用时作为预算编制基础,而在年末再根据实际数进行累积性微调,这是一种通行的做法。如果,在年末编制预算的这段时间内,子公司或经营部的资产并无太大的变动,也可不作调整。

(3) 资产价值确认问题。这一问题其实非常重要。一方面,它涉及资产计价属性问题,即采用历史成本(账面价值)还是重置成本;另一方面,它涉及资产的计价口径问题,即是资产总值还是扣除折旧后的资产净值。不同的确认标准有不同的结果。从预算管理角度,我们认为需要结合公司的具体特征,在达成一致意见后,予以确认即可。在实践中,我们倾向于账面总值方法来确认资产,即不考虑折旧政策对资产计价的影响,它有利于避免净值波动问题。

四、全面预算的考评问题

有相当多的企业在业绩评价环节上出现问题。其主要原因就是奖惩制度不合理,导致业绩评价不公平、不客观,从而挫伤员工的积极性,使他们不认同预算管理,最终导致预算管理失败。一个合理、科学的业绩考核指标体系必须具备以下条件:① 支持公司战略导向。单纯的财务指标和盈利要求,可能偏离公司策略和导致经营短期行为。公司业绩考核必须促进提升公司核心竞争力,以公司的战略规划为基础,探求公司关键成功因素(CSF),再确立关键业绩指标(KIP)。② 着眼综合评价。既要克服单纯财务指标的种种缺陷,又要克服指标选取上强调全面性、完整性而忽视了KIP指标的聚焦功能。以卡普兰教授的"平衡计分卡"原理为指导,进行财务、战略、非财务、市场四个方面的综合评价。③ 业绩考核指标与奖惩挂钩时要采用灵活而不是僵硬的方式。在出现例外情况时要能根据"预算考核可控原则",各责任主体以其责权范围为限,仅应对其可控的预算差异负责。但要注意避免因强调可控而导致的责任推诿。

全面预算考评的目的有:

(1) 考核各部门的全面预算执行情况并与相应的激励约束机制挂钩,实施事后控制,增强全面预算管理过程的完整性和权威性。

(2) 分析各部门的全面预算执行结果以及全面预算管理系统的控制能力,为改进下一期全面预算的编制、执行和监控工作提供有益的建议。

(3) 评价公司整体全面预算完成情况,分析公司财务状况和经营状况,及时发现和解决经营中的潜在问题,确定改进措施,明确下阶段的工作重点,确保全面预算的完成,或者必要时修正全面预算,以适应外部环境的变化。

(4) 集团全面预算执行考核是集团效绩评价的主要内容,应当结合年度内部经济责任制考核进行,与预算执行部门负责人的奖惩挂钩,并作为集团内部人力资源管理的参考。

【案例 11-11】 如何考核?

某集团公司对下属销售公司考核办法:

(1) 实际利润为预算利润 100%～120%,奖励预定的 20 万元的奖金。

(2) 实际完成利润超过预算利润的 120%,奖励金额不增加。

销售经理的对策:

(1) 在编制预算时,尽量高估费用,低估收入。

(2) 发现今年完成不了预算,授意将部分合同递延到下年,作为明年的收入。

(3) 到年底发现完成的利润会超过预算的 120%,余下的合同终止,推迟到第二年再鉴定。

分析结果公司的政策封顶,有公司的理由。很多企业的能力是有限的,生产制造的能力有一定的限度,为了企业的协调合理发展,对销售人员的奖励实行一定的限制,否则会造成企业资源的局部紧张,对企业的均衡生产不利。

从人性的角度看,销售经理的行为是可以理解的。从预算的角度来讲,应该对政策进行调整,采用适当的可行的方法对销售经理的行为进行限制。

如何对全面预算进行评价,一般的原则有:

(1) 目标原则:以全面预算为基准,按全面预算完成情况评价全面预算执行者的业绩。

(2) 激励原则:全面预算目标是对全面预算执行者业绩评价的主要依据,考核必须与激励制度相配合。

(3) 时效原则:全面预算考核是动态考核,每期全面预算执行完毕应立即进行。

(4) 例外原则:对一些阻碍全面预算执行的重大因素,如产业环境的变化、市场的变化、重大意外灾害等,考核时应作为特殊情况处理。

(5) 分级考核原则:在责任清晰的基础上,依据业绩考核制度,坚持上级对下一级进行分级评价。

(6) 可控性原则:各责任主体以其责权范围为限,仅对其可以控制的全面预算执行差异负责。

(7) 全面评价原则:以全面预算内容为核心,进行财务指标与非财务指标相结合的考核。

(8) 总体优化原则:全面预算考核要支持企业总目标,符合总体优化原则。

综上所述,从全面预算管理的全过程来看,要避免上述问题的出现,取得预算管理的成功,应该特别重视几个层面问题的把握:全面预算必须取得从公司高层到员工的支持和参与;注重各部门的沟通;预算编制以战略规划为指导;预算编制基础符合客观经济规律,实事求是,适当超前;保持预算实施和业绩评价的严肃性的同时充分考虑内外部环境变化对预算管理的影响。

思考练习题

一、计算题

1. 长城公司 2013 年度的财务报表如表 11-9、表 11-10 所示。

表 11-9　利润表(2013 年度)

(单位：万元)

项目	金额
销售收入	1 260
销货成本(80%)	1 008
毛利	252
经营和管理费用：	
变动费用(付现)	63
固定费用(付现)	63
折旧	26
营业利润	100
利息支出	10
利润总额	90
所得税	27
税后利润	63

表 11-10　资产负债表(2013 年 12 月 31 日)

(单位：万元)

资产	金额	负债及所有者权益	金额
货币资金	14	短期借款	200
应收账款	144	应付账款	246
存货	280	股本(发行普通股 500 万股,每股面值 1 元)	500
固定资产原值	760	留存收益	172
减：折旧	80		
固定资产净值	680		
资产总额	1 118	负债及所有者权益总计	1 118

其他财务信息如下：① 下一年度的销售收入预计为 1 512 万元；② 预计毛利率上升 5 个百分点；③ 预计经营和管理费的变动部分与销售收入的百分比不变；④ 预计经营和管理费的固定部分增加 20 万元；⑤ 购置固定资产支出 220 万元,并因此使公司年折旧额达到 30 万元；⑥ 应收账款周转率(按年末余额定计算)预计不变,上年应收账款均可在下年收回；⑦ 年末应付账款余额与当年进货金额的比率不变；⑧ 期末存货金额不变；⑨ 现金短缺时,用短期

借款补充,借款的平均利息率不变,借款必须是 5 万元的倍数;假设新增借款需年初借入,所有借款全年计算利息,年末归还;年末现金余额不少于 10 万元;⑩ 预计所得税为 30 万元;⑪ 假设年度内现金流动是均衡的,无季节性变化。

要求:(1) 确定下年度现金流入、现金流出和新增借款数额。

(2) 预测下年度税后利润。

(3) 预测下年度每股盈利。

2. 某企业年末资产负债表如表 11-11 所示。

表 11-11 资产负债表

(单位:元)

现金	10 000	应付账款	24 000
应收账款	50 000	银行借款	
存货	20 000	所有者权益	82 600
固定资产	35 000		
累计折旧	-8 400		
资产总计	106 600	权益合计	106 600

(1) 计划年度一月份预计销售产品 10 000 件,单价 9 元,40% 现销,其余为赊销,一个月后收款。

(2) 企业采购该项商品的单位进价与存货成本均为每件 4 元,购入商品时,30% 当月付现,70% 次月付现。

(3) 假定计划年度一月份期末存货为 4 000 件。

(4) 预计一月份将开支营业费用等支出 30 000 元(其中现金支出 29 300 元,折旧 700 元)。

(5) 预计购入一台固定资产,价格 35 000 元。

(6) 规定现金库存余额最低为 10 000 元,不足向银行借款。

试根据以上资料编一月末预计资产负债表。

二、案例讨论题

1. 美菱电器的激励方案

美菱电器 2012 年 8 月董事会制定了《年度业绩激励基金实施方案》,激励对象包括下列人员:① 公司董事会聘任的高级管理人员;② 对公司整体业绩和持续发展有直接影响的中层管理人员、核心技术(业务)人才以及公司所需的其他关键人才;③ 公司董事会认定的应当予以激励的其他员工。

《年度业绩激励基金实施方案》确定了公司每一年度业绩激励基金的提取须同时满足以下获授条件:① 激励当年较前一年净利润增长率不低于 15%(包括 15%);② 激励当年净资产收益率不低于 6%(包括 6%);③ 最近一个会计年度财务报告审计意见为"标准无保留"意

见;④ 最近一年内公司未发生因重大违法违规行为被中国证监会予以行政处罚的情形。若考核年度达到上述获授条件,公司根据净资产收益率达到的不同比例情况,按以下方式分段累进提取年度业绩激励基金:① 如果考核年度净资产收益率在 6%(含 6%)~10%(含 10%),按照考核当年净利润的 10%提取业绩激励基金;② 如果考核年度净资产收益率为 10%~15%(含 15%),分两段累进提取激励资金:先以考核年度净资产收益率为 10%对应的净利润为基准数,提取基准数的 10%;再在超过基准数部分的净利润中提取 15%;③ 如果考核年度净资产收益率在 15%以上,分三段累进提取业绩激励基金:先以考核年度净资产收益率为 10%对应的净利润为基准数,提取基准数的 10%;再以考核年度净资产收益率为 15%对应的净利润扣除基准数后的部分提取 15%;最后在超过考核年度净资产收益率为 15%对应的净利润的部分中提取 20%。净利润、净资产收益率均为经审计后的数据。根据企业会计准则,考核当年提取的业绩激励基金将在下一年的税前费用中提前列支。在业绩激励基金的实施期内如出现上一年度巨额亏损,原则上该亏损年度不再实施业绩激励基金实施方案,亏损年度之后的第一年度在提取业绩激励基金之前应弥补亏损,如弥补亏损之后达到业绩激励基金实施方案设定的业绩考核指标,则按照弥补亏损后的业绩指标为基础计提业绩激励基金;如弥补亏损之后仍无法达到业绩激励基金实施方案设定的业绩考核指标或仍为亏损的,则当年不再计提业绩激励基金。

公司 2014 年实际完成情况如下:① 经董事会审核,根据公司经审计的 2014 年度财务报告,公司 2014 年度实现的归属于母公司所有者的净利润为 321 867 233.19 元,较 2013 年度实现的归属于母公司的净利润 274 068 195.60 元,同比增长了 17.44%,即 2014 年较 2013 年净利润增长率超过了 15%;② 经董事会审核,根据公司经审计的 2014 年度财务报告,2014 年公司净资产收益率为 9.67%,即 2014 年净资产收益率超过了 6%;③ 经董事会审核,公司 2014 年会计年度财务报告审计意见为"标准无保留意见";④ 经董事会审核,2014 年,公司未发生因重大违法违规行为被中国证监会予以行政处罚的情形。

鉴于公司 2014 年度业绩情况已满足了《激励方案》规定的年度业绩激励基金提取的获授条件,公司 2014 年度业绩激励基金的计提条件已经成就。根据公司 2014 年度实现的归属于母公司所有者的净利润为 321 867 233.19 元计算,公司按照考核当年归属于母公司所有者的净利润的 10%提取业绩激励基金,即 2014 年计提 32 186 723.32 元激励基金。

请根据以上方案探讨激励方案的合理性。

(资料来源:上市公司公告,作者整理。)

2. A 集团预算管理

A 集团创立于 2002 年,以家居制造和流通业起家,经过 10 余年的发展,现已成为拥有 100 多家下属分支机构、两万多名员工,跨地区多元化经营的大型民营企业集团。集团业务拓展主要包括五个板块:

家居流通领域:A 集团投资控股了国内较大的家居连锁机构 B 集团和 C 集团。形成了横跨家具、建材和装饰三大产业,集制造和销售于一体。

商贸建设领域:A 集团投资控股的南方 A 集团,在 10 多个省市建立了 20 多个商贸建设项目,目前已拥有全国最大的商贸批发网络和最先进的物流中心平台。

  房地产领域:A 集团采取高起点、高投入的竞争策略,发展高尚住宅产业。目前,已经先后开发出了锦绣 A 花园等明星楼盘。

  金融领域:A 集团是 D 银行、E 证券公司的大股东,建立了 F 投资贷款担保公司,并成功控股了某区域商业银行。

  冶金重工领域:2012 年 A 集团通过收购上市公司山东某集团,以及并购入股煤矿、铁矿,为集团在冶金重工领域做大做强奠定了基础。

  A 集团在创业中积极探索与集团发展策略相适应的经营管理模式。目前,根据下属企业具体行业不同,采用了不同的管理模式:① 战略控制模式,适用于房地产、金融和冶金重工制造行业的企业,即 A 集团后续进入的业务领域。在该模式下,集团总部负责战略目标、重大人事权、绩效考核和资金集中调配管理,下属企业负责具体业务发展和营销策略、人才培养、公关和财务管理,以及对分支机构的管理。② 经营控制模式,适用于家居流通、商贸建设行业的企业,即 A 集团起家和目前主营的业务领域。集团总部负责企业战略目标制定、人力资源管理、资产与财务管理、内部审计、采购、营销策略、税务法律和绩效考核,下属企业负责具体业务运营,主抓生产和销售,基本雷同事业部制。

  随着规模的迅速扩张,为保持原有高效的集中管理与监控,A 集团将战略目标的执行力和绩效考核作为内部管理变革的重心。而 A 集团突出的动作就是在集团本部和南方 A 集团推行集团集中财务管理和全面预算管理。

  2012 年 12 月,A 集团与某咨询公司签订全面预算管理咨询项目合同,计划建立全面预算管理体系。2013 年 4 月,出台了 G 地产项目公司的预算管理方案,在手工模式下试运行全面预算管理。在取得明显的管理效益的同时,也暴露出以下问题,妨碍了在全集团的进一步推广:

  (1) 编制预算准确性不够:A 集团三级的预算体系,使得集团及其二级集团在汇总下属预算结果时工作量很大,依靠 excel 表设置公式进行汇总,往往由于不能限制报表格式被修改和保障填入内容口径统一,造成工作效率低下和易出错。

  (2) 预算实时控制成本高:手工模式下的预算控制,靠人为随时记录和更新预执行结果,不但预算管理部门的工作量剧增,而且往往由于更新结果的不及时,而导致某些预算控制变成了事后分析。

  (3) 频繁变更降低预算监管效果:因为编制不准确,导致集团每月都进行预算调整,同时由于缺乏有效的流程监管,预算调整的随意性较大。

  (4) 缺乏预警措施:不能对重要事项的执行偏差进行预先掌握,丧失了业务调整的最佳时机。

  问题探讨:

  针对 A 集团状况,你认为应怎样实行预算管理?

第十二章　资本运营

第一节　资本运营概述

一、资本运营的概念

所谓资本运营,又称资本运作,是指利用市场法则,通过资本本身的技巧性运作或资本的科学运动,实现价值增值、效益增长的一种经营方式。简言之就是利用资本市场,以小变大、以无生有的诀窍和手段,通过买卖企业和资产而赚钱的经营活动。资本运营的目标在于资本增值的最大化,资本运营的全部活动都是为了实现这一目标。

长期以来,由于受计划体制的影响,许多企业管理者对企业的物质管理了如指掌,对资本运营则较为生疏,不善于根据市场的长期预测,决定企业的运营战略和资本流动方向,致使企业资源在闲置和凝固中浪费和流失。

资本运营理念强调,要将资金、劳动力、土地、技术等一切生产要素,都通过市场机制进行优化配置,即要将一切资源、生产要素在资本最大化增值的目标下进行结构优化。这一运营理念对于将企业的运营者思考问题、解决问题的思路和方式转到市场经济上来,有着重要意义,将对企业的发展产生深远的影响。

二、资本运营的主要方式和途径

资本运营的方式和途径很多,不同的方式和途径有不同的要求。目前世界上采用较多的资本运营方式主要有上市经营、兼并与收购、产权转让、租赁和托管、组建投资基金、抵押经营等。

1. 上市经营

上市经营是指将资产进行整合重组,对外公开招募股本,在证券市场上市交易,这是资本运营的一种主要方式。企业上市可以公开发行股票直接上市,也可以通过买壳等形式间接上市。通过上市,企业可以建立在证券市场源源不断筹集国内外资本、开展资本运营的通道,有利于企业规模的迅速扩大。股票上市后,随着企业经营的发展,可以不断地注入新资产,也可以发行新股,在时机成熟时还可以将部分业务分拆独立上市,使整个集团犹如细胞分裂,不断成长、不断膨胀、不断扩大。通过股市筹资,不仅无需还本、无固定支付股息的约束,而且增资扩股相对灵活,可以增强企业财务基础。企业经营得好,注资和分拆上市时通过溢价可使企业经营得到较高回报。如香港华资首富李嘉诚,以发展房地产为主业,同时通过收购兼并,重组上市,形成了以长江实业、和记黄埔等三只香港恒生指数股为主的上市公司体系,在不到三十年时间内,集聚了市值达6 000亿港元的庞大资产,其每年的盈利甚至超过了国内一些大城市。

2. 兼并与收购

兼并与收购是指一家企业,部分地甚至全部地获得另一家企业的资产,这是企业实现外部增长的主要手段。当今西方发达国家越来越依靠兼并与收购这一手段,来实现生产和资本的集中。

中信泰富是在香港的中资企业,其收购恒昌可以说是兼并收购的一篇杰作。恒昌行是一家多元化大型非上市公司,拥有经营汽车和零售业的大昌行及大量物业,中信泰富看中了它的潜力而展开收购。中信泰富先以占36%的股份,与李嘉诚、郭鹤年、郑裕彤等合资成功收购了恒昌行,然后再发新股,以现金换取李嘉诚等手上全部恒昌股份,历经几个月的努力,完成了全面收购资产值70余亿的恒昌企业,当中还将恒昌名下的优质物业及投资股份高价出售获益,实际成本净额才40余亿港元。通过多次大规模地收购及配股,中信泰富一跃而成为站在港上市公司第八名的蓝筹股。

3. 产权转让

对不需要或不符合经营策略方向的业务或资产,在需筹措资金,或资产的市场价格较为理想时,可以考虑进行产权转让出售。从某种程度来说,产权转让是资本运营的最终实现环节,是资本运营的关键内容。

产权转让的对象是兼并收购得来的资产,经调整后,将其中优质资产直接出售套现。如中信泰富将恒昌的大厦和投资股份高价出售,分得现金股息11.7亿港元,部分应付了收购资金需求。

效益较差的资产,在重组和加强管理后,待时机成熟时也可出售。产权转让的也可以是原有的资产,对一些增长潜力有限,或对企业长远发展作用不大的资产,可以通过转让获取资金,用来发展新的或效益更好的项目。产权转让可以在证券市场实现,也可以在产权交易市场、资本市场上实现。产权转让搞得好,同样可以使企业获得较快发展。

4. 租赁、托管

租赁是指以法人财产权为基础,以短期经营利润为指标的经营权的转让。托管是租赁的一种延伸和完善。租赁和托管也是一种企业资产市场化运作方式,租赁和托管并未改变资产的所有权性质,而经营权和处置权发生了有条件地转移,并在租赁的托管过程中双方都能受益。作为租赁方和受托方,可以凭借自己的管理才能以较少投入,借助他人资产进行经营,从而达到获取经济利益的目的。作为被租方和受托方,可以从改善原有资产的盈利状况中获取收益。

5. 组建投资基金

组建方向性投资基金,在国际资本市场配售上市,吸引国际中小投资者的资金,投向获利较高的建设项目,也是一种资本运营的方式。基金属于长期性股本融资方式,适宜长期性投资项目,并可获得战略投资者的资金、技术及管理,且不影响企业资产负债比例。这种方式国有企业还较少运用,在香港的有些中资企业已有实践,如香港招商局中国基金,在香港上市集资后,主要用于内地投资。

6. 抵押经营

抵押可在短期内弥补企业的资金量不足,使企业得以将固定资产折价进入流动资产,共同支持企业的发展需要。但企业面临贷款利息过重,到期需将资产套现还款,不利于企业的长期投资,企业要承担较大的投资盈利风险。

由于每一种资本运营的方式都有其相应的长处和短处,故现代资本运营注重多种方式的组合运用,使之达到以小控大,资产迅速扩张、效益迅速增长的目的。

【案例 12-1】 安徽出版集团借壳上市

安徽出版集团有限责任公司成立于 2005 年 11 月 28 日,在安徽省新闻出版局所属出版单位、印刷企业和安徽省教材出版中心的基础上组建,集图书、报刊、电子音像、数码传播、网络出版物的编辑出版、印刷、复制、发行、物资供应与经营等业务于一体,兼具房地产开发、对外经济技术合作、进出口贸易等业务。2007 年 8 月,提前 4 个月实现转企改制。是全国第一家集团组建同时完成转企改制的大型文化企业,是全国第一家出版主业整体上市、文化产业领域第一个发行银行债券、第一个走出国门兴办企业、出版第一份移动漫杂志、第一个出版传媒业博士后科研工作站、第一个拥有文化产业保税仓库的大型文化企业。

2007 年,全集团累计完成销售收入 32.66 亿元,实现利润 2.61 亿元,净利润 2.03 亿元,集团资产总额 36.53 亿元,净资产 20 亿元,净资产收益率为 12.48%。2007 年,在全国出版单位排序中,安徽出版集团的总资产、净资产及销售收入排名第 10 位,税前利润排第 11 位,造货码洋排第 6 位,发货码洋排序为第 7 位。安徽出版集团连续多年增长较快,2007 年总收入和净利润增长分别达到 68% 和 46%,显示出较高的成长性和较强的盈利能力。

科大创新股份有限公司成立于 1999 年 12 月 12 日,是经安徽省人民政府批准,由中国科学技术大学科技实业总公司作为主发起人成立的股份有限公司,注册资本 7 500 万元。公司位于合肥高新技术产业开发区,是经安徽省科委认定的高新技术企业。2000 年通过了国家科技部、中科院"双高"论证。2002 年科大创新在上海证券交易所挂牌上市,股票代码 600551。公司设立后,通过有效整合,建立健全了法人治理结构,并按照现代企业管理模式建立起了一套比较完善的内部管理体制,实现了物流、资金流、信息流、人力资源的一体化管理。公司于 2001 年经国家人事部批准,成立了博士后科研工作站;2001 年年底通过了 ISO 9001 质量管理体系认证;2002 年被评为全省普通高等学校优秀科技企业;2002 年被认定为省级技术中心;2003 年荣获安徽省质量管理奖;同年被共青团中央、全国青联命名为第三批青年科技创新示范基地;2004年获得"全国用户满意产品"称号;2005年再次被评为"重合同、守信用"单位。

科大创新2002年9月上市,发行股票2 500万股,每股发行价4元,发行前总股本5 000万股,发行后总股本为7 500万股。科大创新主要产品为辐化和电子类产品。2007年总股本7 500万股,股本结构为中国科大30.67%,其他法人股5.7%,流通股63.6%,净资产收益率4.06%。2007年12月31日收盘价15.15元,总市值11.36亿元。科大创新自2002年上市以来,一直效益不好,主营业务增长缓慢,每年净利润平均300万元左右,相对于股东投入1.75亿元的资本来说,比银行存款利息都低,而且除了上市当年向股东每股分现金0.08元外,其后连续五年没有向股东分红,另外公司上市后曝出的财务丑闻事件以及不断的诉讼也让其在主业上难有作为,因此依靠重组摆脱现状就成为必然选择。

安徽出版集团2007年8月转企改制完成后,正逢国家出台一系列鼓励文化企业投融资、鼓励文化企业上市等的优惠政策,另外文化传媒类公司通过直接发行股票或借壳方式上市的案例也大大增多。如2006年10月,上海新华传媒借壳上市,成为我国出版发行企业中第一家A股上市公司;2007年12月,辽宁出版传媒登陆A股市场,成为国内第一家编辑业务和经营业务整体上市的新闻出版企业。于是在政府有关部门牵头、支持下,科大创新与安徽出版集团的战略合作和资产重组正式拉开帷幕。整个重组过程如下:① 2008年2月26日,科大创新公司召开三届十二次董事会(临时)会议,审议通过了公司向特定对象安徽出版集团有限责任公司发行股份购买资产的预案,由科大创新向安徽出版集团发行120 303 040股股份,占科大创新本次发行完成后总股本的61.60%。发行价为13.88元,按科大创新董事会决议公告前20个交易日股票交易均价确定,总价1 669 806 195.2元。2008年9月18日,中国证监会正式批复核准安徽出版集团以其所持有的出版、印刷等文化传媒类资产16.69亿元,参与认购科大创新定向发行股份1.2亿股,成为上市公司第一大股东,股权比例为61.60%。② 2008年11月26日,科大创新公司公告《发行股份购买资产实施情况报告书》,公告公司重大资产重组工作完成;根据科大创新与安徽出版集团签署的《发行股份购买资产协议》,安徽出版集团以其合法拥有的13家出版、印刷等文化传媒单位资产认购上述新增股份。上述拟注入资产2007年12月31日账面值为15.14亿元,按预估增值率10.98%计算,预估值为16.8亿元。拟注入上市公司的资产价值为16.8亿元,占2007年安徽出版集团全部净资产的82%;从盈利能力来看,该资产2007年实现净利润1.88亿元,占集团净利润的93%,基本实现了安徽出版集团的整体上市。重组完成后,科大创新公司总股本由7 500万股变更为19 530.304 0万股,有限售条件的流通股由2 727.616 4万股变更为14 369.804 1万股。③ 2008年12月12日,公司第三次临时股东大会通过决议,选举新的董事会和聘请新的公司高管,原科大创新的高管退出时代出版。同时科大创新改名时代出版,主营业务变更为出版传媒、印刷复制,科大创新原资产负债保留。安徽出版集团因其持有时代出版61.6%股份成为实际控股股东,中科大股权稀释成为第二大股东。至此,科大创新的主营业务也由电子设备制造"转身"从事出版、印刷及相关文化传媒产业。安徽出版集团三年跨了整体转企改制和并购上市在别人看来耗时耗力耗财的两件大事、实事,完成了一个

"华丽转身",成为真正意义上出版主业整体上市的第一家出版集团。

安徽出版集团借壳上市后获取收益:① 获取了资金。由于是借壳上市,科大创新整个定向增发只是资产认购股权,与安徽出版集团没有资金往来,可以说安徽出版集团没有动用一分钱现金。而安徽出版集团借壳上市后,为打造出版业绩完整产业链,2010 年 6 月 29 日经中国证券委核准,公司按 16.76 元/股的发行价向包括上海大正投资有限公司在内的 7 名投资者发行 3 091.50 万股,每股发行价 16.76 元,共募集资金总额 51 813.54 万元,扣除发行费用 1 709.87 万元,实际募集资金净额为 50 103.67 万元。发行所募集的资金主要用于出版策划、数字出版、印刷技术改造、出版物物流四个项目。发行后,公司净资产上升为 26.05 亿元,增长 23.82%;而资产负债率则下降 3.21%,为 16.84%。控股股东安徽出版集团仍旧以 57.08%的持股量稳居公司第一大股东地位。另外,安徽出版集团借壳上市后持有股份 1.2 亿股,成为上市公司第一大股东,股权比例为 61.60%。根据 2008 年度、2009 年度、2010 年度、2011 年度、2012 年度、2013 年度分配结果,六年累计获取一定数量超过亿元的现金红利。时代出版 2008~2013 年分红送股资料如表 12-1 所示。② 扩大影响。一方面,上市募集资金后,资本金充足,资本结构改善,企业负债率降低,提高了信用评价等级,为以后企业负债融资打好了基础。另一方面,企业借壳上市的过程,往往就是一次大规模的免费广告活动,一级市场的包装宣传和二级市场的股票炒作,能为上市企业带来巨大的广告效应,带动所隶属的企业的知名度及竞争力的迅速提高,无形资产迅速提升。③ 集团业绩提升。安徽出版集团借壳上市后,业绩大幅度提升。2007 年,安徽出版集团总资产 33.671 亿元,主营业务收入 30.24 亿元,净利润 2.03 亿元,资产负债率为 50.7%。2011 年,集团销售收入 90.87 亿元,实现利润 5.28 亿元,同比分别增长 31.09%和 19.4%。年末总资产 95.77 亿元,净资产 45.71 亿元,同比分别增长 19.12%、13.58%。净资产收益率 11.3%。按集团持有股权市值计算,截至 2011 年 12 月 31 日,集团总资产 125 亿元,净资产 75 亿元。集团所属单位年销售收入超过 1 亿元的企业,由成立之初的 1 家,发展到 2011 年已达 9 家。安徽出版集团坚持做强主业、多元经营、外向发展,五年累计实现销售收入 214 亿元,年均增幅 54%,利润 13.8 亿元,年均增幅 43%,连续两届入选全国文化企业 30 强,荣获"全国文化体制改革优秀企业、先进企业"称号,进入"中国服务业 500 强"。战略重组上市公司"科大创新",在全国率先实现出版主业整体上市,并被证监会列为"十大经典重组案例"之一。

表 12-1 时代出版 2008~2013 年送股分红资料

项目	2008 年	2009 年	2010 年	2011 年	2012 年	2013 年
分红	10 送 10 股,10 分 1 元	10 分 1 元	10 送 2 股,10 分 1 元	10 分 1.4 元	10 分 1.85 元	10 分 2.1 元

(资料来源:中国工商管理案例共享中心。)

三、资本运营与商品运营的关系

1. 资本运营与商品运营的区别

一般来说,商品运营是以物化资本为基础,以生产和运营商品为手段,通过不断强化物化资本,提高市场资源配置效率来获取最大利润的一种运营活动。资本运营则与生产运营有所不同,它一般能跳过产品这一中介,可以以资本直接运作方式来实现资本增值;或是以资本直接运作为先导,通过物化资本的优化组合来提高其运行效率和获得能力。所以与商品运营相比,资本运营具有以下几个特点:

(1) 涉及的权利不同。

资本运营与资本的所有权相联系,是资本所有者从事运营活动的权利,资本所有权只受法律、法规约束。商品运营与运营权相联系,是商品运营者从事运营活动的权利,这种权利除受到法律、法规的约束外,还受到所有权的约束。

(2) 运营的对象不同。

商品运营的对象是具体的商品或服务,其重心是商品生产和购销,在商品运营中现有的物化资本一般是非交换对象。资本运营的对象主要不是产品本身。而是价值化、证券化了的物化资本,或者说是法人资本。资本运营虽然极为关心资产的具体形态及其配置,但更为关心资本的收益和市场价值。

(3) 面对的市场不同。

商品运营者主要从事商品的生产销售,面对的是商品市场。资本运营者不仅面对商品市场,更重要的是要面对资本要素市场。同时,资本运营更重视未来市场,是一种战略性的运营。

(4) 资本增值的方式不同。

商品运营是通过产品开发、生产、销售等获取产品销售利润而使资本增值,运营的关键是要有好的产品或商品,作为好产品的前提是市场需求,决定资本增值的主要因素是产品质量、成本和价格水平以及产品本身的技术水平。资本运营主要是通过交易获得资本增值,资本增值的方式主要有两种:一是投资分红,即按持股比例分回的红利,这是商品运营的利润。二是获得股权交易利得,即股权交易价差。这种利得是将未来收益变现,即从事资本运营将未来实现的收益在现在获取。这种变现价值的高低取决于未来收益的预期。商品运营则不具有这种特点,其未来获取的收益只能在未来取得。从事资本运营的关键是选择投资、筹资项目和时机。

(5) 规模和效益增长的速度不同。

从事商品运营时,企业的发展受到三个方面的限制:一是特定产品的技术寿命。技术在不断进步,任何一项技术都有其技术寿命,根据某一方面技术生产的产品都会受到技术寿命的限制。二是特定产品的市场。产品都有其市场容量,产品发展到一定阶段时,市场已基本被分割完毕,再扩大销售规模是很难的。三是特定类型企业的管理体制。企业的管理体制和企业发展之间好似生产关系与生产力之间的关系,在企业的成长发展过程中,管理体制易出现不适应状况,旧的管理体制会束缚企业的发展。这三个方面限制了企业通过内部挖潜可能达到的更大经济效益高度。同时我们也看到企业的生命周期曲线是横向延伸,规模和效益增长很慢,而且增长的效果是有限的和渐近的。这也就是说企业靠自身积累滚动发展是很慢的,而且很难长大。企业在其成长发展过程中会受多种因素影响,如成本控制、产品质量、管理水平、更新改造、新产品开发和营销手段等,只要一个环节搞不好,企业的寿命就会结束,因而只靠商品运营难以使企业达到持续稳定的发展。

从以上分析中可归纳出商品运营以下两个特点:① 企业寿命周期曲线受到特定限制,从而使其横向延伸,说明企业的规模和效益增长很慢,当增长到一定程度后很难再有发展,所以要限制企业的规模。从事商品运营很难使企业成为规模很大的企业。② 从事商品运营的效果是有限的和渐近的,难以使企业达到持续稳定的发展。

从事资本运营时,企业一般按增资扩股—购并—公开上市的路线发展。由此可见,从事资本运营可以突破企业发展的限制线,通过企业购并等活动,可以使企业很快进入新市场和获得新技术,通过资本重组可以改变原来的产权制度。产权制度是整个管理制度的基础,从而带来管理体制的变化,使限制线发生跳跃。同时规模效益曲线是纵向发展,企业发展速度要快于单纯的商品运营。发展快的原因主要体现在两个方面:一是将预期收益变现,即股权交易价差。从事商品运营时,资本收益的实现方式是通过商品的盈利来完成,预期收益只能在未来各期中通过产品或商品销售来实现,未来的收益现在得不到。而从事资本运营则可以通过转让股权和出售整体企业等方式,将未来的收益提前变现,因为别人购买股权或企业实质上是买未来的收益。故若能将预期收益变现后投入盈利高的实体,形成良性循环后,资本增值速度会很快。二是以小钱控大钱,尽快获得规模和收益。企业扩大规模的途径有两条:其一是搞更新改造或基本建设;其二是通过控股、购并等方式进行优势互补来扩大规模。第一种方式建设周期长,而且受到资本来源的限制。第二种方式可节约时间,并且可以利用或盘活存量资产,很快形成生产能力并获得规模和收益。特别是通过控股的方式,以自己的小量资本控制大量的扩大规模,形成规模运营,并可获得$1+1>2$的规模效益。

通过以上分析,可归纳出资本运营如下特点:① 可以突破商品运营受到的限制;② 企业规模效益增长很快,会使企业成长为巨型企业;③ 可以以无搏有,以小搏大,充分发挥资本效率。所谓以无搏有,是以无形资产作为资本运营的对象,以获取资本权利的过程。从整体上来讲,只要企业存在无形资产,在以出资人身份从事资本运营时,就可以采取以无搏有的方式取得资本权利,由于无形资产可以反复进行投资,所以以无搏有具有极大的放大力和扩张性。所谓以小搏大是以较小的资本份额控制较大的资产运用规模。这又有两种形式:其一是在股权分散的情况下以较小的资本份额就可以达到相对控股的目的,这里关键是扩大资本的规模并使股权分散;其二是通过层层控股,以较小的母公司资本份额控制子公司,又以子公司控制子小公司等,结果使母公司能控制庞大的资产数额。

2. 资本运营与商品运营的联系

现代市场经济意义上的资本运营的实质就总体而言,可以包括三个主要内容:一是资本的直接运作;二是以资本运作为先导的资产重组与优化配置;三是按照资本运营原则进行生产运营。其中,按照资本运营原则进行生产运营是基础,没有了这一基础,一切类似资本运营的运作都没有实际意义,从而也就难以取得实际成效。

资本运营具有其独特的效果并不是否定商品运营,商品运营是资本运营的基础,资本运营是为商品运营服务的,因为资本运营的活动内容是参股、控股和购并等投资活动,投资的对象是商品运营或其他运营实体。这些实体业绩的好坏直接影响资本运营的效果:若这些实体业绩好,可获得丰厚的投资回报;若转让股权,可获得更多的股权转让价差。同时,资本运营为商品运营服务。资本运营应围绕商品运营进行,因为价值产生于商品运营,脱离商品运营,资本运营就会产生泡沫。

四、资本运营的作用

1. 资本运营使资源配置跨进更高境界

资本运营使企业从更为广阔的范围来整合资源和利用资源,突破了原有企业只关注于企业自身及与产品相关资源运用的局限,使整个社会资源得到更为合理、更有效率地使用,从而大大减少社会资源的闲置与浪费,推动整个社会财富的增长。

2. 资本运营具有财富的放大效应

资本运营战略的有效运用可以使企业财富实现几何式增长,使企业资产超越"1+1=2"式的累积增值,通过不同范围的投资组合与投资战略,实现"1+1>2"的增值目标。

3. 资本运营推动企业经营思想的创新

企业的经营思想是企业制度与企业管理组成的综合体。随着市场经济的发展和现代企业制度的不断完善,企业的经营机制发生了根本性的变化。企业只有适应集约化经营的要求,符合国际通行惯例,才能够在市场竞争中占据先机和主动;在企业的管理制度、管理结构、管理理念和管理方法等一系列问题上,必须随着市场经济的发展而不断创新,才能顺应市场的发展而不被市场所淘汰;资本运营正是推动公司制度创新的强大动力,也由于资本运营的特定要求,使企业在管理理念上必须迎合资本运营从而得到不断地更新与发展。

4. 资本运营催生国际化企业

资本既是一种生产要素,又是一种特殊的商品。通过资本的跨行业流动和跨地区运营,使企业经营由单一产业、单一产品变为多产业、多产品;通过资本的并购与重组,形成资本的规模优势,增强其国际市场竞争能力,最终形成资本的国际化优势。

5. 资本运营最大化地发挥了人力资源的作用

资本运营向企业的经营管理者提出了更高的要求,它需要企业家具备现代市场经济观念,具有全局意识和效率意识,并以资产的合理增值和有效增值为企业经营的核心目标。

五、资本运营理念和操作上的误区

资本运营作为现代企业的有效管理手段,近年来在市场经济条件下,通过并购、重组等方式为生产要素的合理流动提供了必要的途径。但若考察国内外的实践,可以发现在理念和操作上也存在不少误区。

(1) 把资本运营理解成简单的企业购并,盲目追求资产规模的快速膨胀,而对资本扩张后的企业整体效益及成长能力的增值重视不够。从操作形式来看,比较常见的是以产权交易为手段,通过控股来实现公司资产总规模的扩张,在财务杠杆作用下,以较少的资本控制较大的资产,从而获得经营、管理及财务上的协同利益。但是,有许多企业在制定收购计划时,对实现收购后的整体发展缺乏周密的研究和规划,从而使收购变成单纯的财务活动,而没有在业务经营和管理上完全控制被收购企业,以至于购并后不仅目标公司在业务发展上没有重大的改善,而且收购公司自身也因此背上了沉重的包袱,在债务和管理问题上陷入困境。例如美国LTV公司在20世纪七八十年代的一系列收购就是由于业务重组不合理、管理水平低下而失败,最终导致公司在1986年以18亿美元的亏损宣告破产。这些收购史上的败笔充分说明了企业兼并后倘若没有战略协同、文化融合、经营整合等一系列后续手段来发挥购并的综合效果,企业购并本身是不成功的。

在企业界普遍提倡规模经济的同时,规模不经济现象也是不容忽视的客观存在。以计算机为基础的经济和以大烟囱为基础的经济之间最大的区别在于它的规模效益不是来自生产集中程度或者数量的简单加权,而是更多地依赖于有机管理,通过合理的管理体系来实现的。如果仅仅是众多产业互不相联的企业简单地组合在一起,不仅不能降低成本,而且还可能由于行业分散,生产要素不能集中使用而削弱主营业务的优势地位。因此,这种规模庞大、结构松散的企业集团最终结局还是被肢解、分拆收购。

(2) 以投机心态来运用资产、片面追求短期的金融利益。

这种急功近利型的产权交易,形成了一些企业家"炒产权"的思维定式,把资本运营理解为产权炒作。由于我国现阶段市场机制的不完全性,产权作为一种特定商品,经常会出现价格与价值背离的短暂现象,这给"产权"套利者提供了获取买卖差价的机会,因此产生了许多"金融导向型"的收购行为。以炒作企业产权作为兼并目的,这本身也是一种误导。

【案例12-2】 合肥小刘瓜子的衰落

2014年5月22日,小刘瓜子关门停产的消息经媒体报道后,一时间引起轩然大波,一个有着30年的品牌难道真的要走向衰亡吗?小刘瓜子不仅是合肥的本土企业,也是安徽省农产品龙头企业。那么,小刘瓜子为什么会走到今天这一步?小刘瓜子1985年开始走向鼎盛时期,当时是供不应求,在合肥四牌楼一天能卖出8 000斤瓜子,那时候,小刘瓜子是合肥市民的年货必备品。2005年鼎盛时期年产值达到1个亿。2008年年初,小刘公司响应合肥市整体发展需要,将厂区从包河区贾大郢搬到经开区桃源路。之后两三年,小刘公司稳步发展。为进一步壮大企业,谋求"上市",2010年,不甘心做利润低下的炒货,小刘瓜子走上了并购重组之路,投资一些项目,特别是投资广德县一家冷冻食品企业(广翼冷冻食品有限公司)及投资数百万元入股了池州的另一家冷冻企业。但最后都是以失败而告终。两次投资,损失很大,可以说是血本无归。

(资料来源:安徽市场星报,2014年5月23日。)

一方面,从整个社会性的角度来看,产权价格和价值背离所产生的差额并非资本在流动过程中的实际增值,更不代表生产要素经营合理配置所产生的超额效益。因此,尽管从另一个企业的局部利益来看,将目标企业兼并—包装—再出售确是资本运营的一种牟利方式,但不应当是我国现有资本运营所提倡和追求的。另一方面,产权交易如同股市交易一样,由投机者过度炒作而产生的泡沫将增加资产重组的风险,当它积聚到一定程度,就会释放出消极影响,对收购企业的业务整合产生极大的负面作用。纵观国外兼并成功的案例,基本上都是经营导向型的,即以生产经营为基础、以业务重组为核心、以资本实际增值为目的的资源重新配置。

(3) 把资本运营当作一项时髦的业务来搞,不分析企业的具体条件,对企业自身的规模、实力、行业特点缺乏正确的判断,把资本运营理解成点石成金的神手。

资本运营与生产经营最大的区别在于它是以价值为管理对象,以增值为管理目标,其管理范围囊括所有的企业资源——无论其存在形式是有形还是无形。作为建立在生产经营基础上的一种管理手段,它必须具备一定的客观条件,如主营业务必须达到一定的规模。就目前我国的企业现状来说,毕竟只有一部分大中型集团公司才具备上述条件,而构成这些集团公司的基本细胞即下属生产企业或子公司,只能以生产经营作为企业发展的基础。试想,如果一个集团公司内部的每一个生产企业或子公司都各自为政地去搞资本运营,这个集团公司会是什么样子?所以,资本运营用于配合公司的宏观战略,它的实施对管理层面有一定的要求,而不是所有企业都能运用的灵丹妙药。

资本运营作为企业外部扩张重要途径,不仅要对资本运营理念要有正确的认识,而且对资本运营的风险也要有充分的估计和认识。

【案例12-3】 赵也飞1元钱卖掉4.5亿净资产

赵也飞,民营企业家,菲菲集团的控制人,因渴求资本,选择了上市公司盛道包装(000769.SZ.现名ST大菲),在2001年10月,借壳上市成功。然而,让赵也飞始料未及的是,上市并没有给他带来只需点缀的资本,反而因一场举报和其后的证监会历时两年的调查等诸多原因,致使其业务停滞不前。

2001年10月28日,菲菲集团与盛道包装签署股份转让协议和股份托管协议,拟受让盛道集团持有的盛道包装5 524万股(占29.8%)国有法人股,每股作价2.4元。同时,盛道包装与菲菲集团签署资产置换协议,菲菲集团置入4.19亿元净资产,盛道包装置出4.54亿元净资产,此间约3 500万元的差额由菲菲集团以现金补足给盛道包装。2002年4月,除了1.77亿元土地使用权未过户外,其他资产置换全部完成,菲菲集团根据协议,并以现金方式补足了差价。

但在此时,一件匪夷所思的事情发生。2001年12月25日,菲菲集团与盛道集团签署一项资产出售协议,菲菲集团同意以1元的代价将盛道包装要置入的4.54亿元净资产出售给盛道集团。即等于把资产全部退给盛道集团,菲菲集团只拿着1元钱。此后,菲菲集团又支付5 000万元的现金获得了盛道包装5 524万股的股权,等于是5.1亿元买了5 524万股,而在当时,每股净资产只有2.14元,5 524万股的股东权益约为1.18亿元。整个过程,可以说是赵也飞以5.1亿元的代价换回1.18亿元的净资产。

(资料来源:21世纪经济报道。)

(4) 在资本运作过程中,一些企业提出"低成本扩张"的思路,谋求以尽可能低的投资来最大限度地增加资产数量,实现资产的快速扩张。一些学者也认为,这是一种值得提倡的资本运营战略,而加以论证和宣传。但是,"低成本扩张"的思路违反市场经济的交易规则,不符合资本运营的内在要求,并不值得提倡。

首先,"低成本扩张"违反市场经济的交易原则。众所周知,等价交换是市场经济的基本规则。在等价交换的场合,买方以获得商品使用价值为基本目的,卖方以获得货币(资金)为基本目的,通过交换,双方各自实现了自己的目的,而价值量不变。市场交易这一基本规则,不会因为交易的对象由商品变为资产而发生变化。因此,在正常的市场交易条件下,买方不可能以较低的出资(即低成本)购买价值量较大的资产,卖方也没有理由以较低的价格卖出价值量较大的资产,"低成本扩张"不能成立。要使买方能够以较低的出资(甚至完全不出资)购买价值量较大的资产(即"低成本扩张")能够实现,必须满足如下条件:其一,不按市场经济规则进行交易;其二,卖方卖出的资产不是自己的;其三,存在着第三方给予的补贴(包括政策支持)。这些条件如果得到满足,"低成本扩张"能够展开,但它同时表明了"低成本扩张"是在违反市场经济规则和不公平交易的条件下展开的。

其次,对国家来说,"低成本扩张"的成本并不低。自1995年以来,为了推进国有企业改革,缓解企业的债务负担,国家每年拿出了一部分资金用于冲销企业的不良债务(包括长期拖欠的利息)。一些企业在实行"低成本扩张"中,实际上是看中了这部分资金,试图通过冲销目标企业的债务,减少其资产数额,然后,以较低的出资收购实际价值较高的资产。显然,低成本和正常成本之间的差额,是国家拿出的冲销资金。因此,对企业来说,是低成本;对国家来说,成本并不低。

再次,对国有资产来说,"低成本扩张"成本并不低。一些企业通过评低目标企业的国有净资产数量,然后进行购并来实现"低成本扩张"。在这个过程中,国有净资产应有的价值与低成本之间的差额,构成了国有资产为"低成本扩张"所付出的成本。在这种情形下提倡"低成本扩张",不仅严重影响国有资产的保值增值,严重影响资产评估的正常秩序,而且严重影响国有资产的正常交易秩序、存量盘活的正常进程,同进,还将企业的购并活动引向误区。

最后,对企业来说,"低成本扩张"的成本并不低。"低成本扩张"简单以企业在资产交易环节中付出的代价来计算成本,但对购并企业来说,真实的成本并不以此为限,它还包括购并企业在购并了目标企业后所进行的技术开发、项目投资、设备更新、经营管理、产品调整、市场开拓、人员培训及处理各种复杂事务方面付出的代价。只重视在购并中以较低的价格收购了价值量较高的资产,忽视了购并后的各种代价和费用,结果,购并企业非但未能救活目标企业,反而使自身陷入了经营困境,甚至成为其他企业购并的目标,这种案例,不论在国际社会中还是在我国的现实生活中,并不少见。

事实上,对购并企业来说,能否以较低的价格获得目标企业的资产,在于其是否拥有技术、管理、产品、市场信息等方面的优势。拥有这些优势,即使按等价交换规则收购目标企业的资产,购并后的营运也能获得成功;缺乏这些优势,即使无偿获得了目标企业的资产,购并后的营运也可能失败。因此,"低成本"不是实现企业购并、资产重组成败的关键,不应提倡;应提倡和鼓励的是,购并企业利用技术、管理、产品、市场等方面的优势来展开购并、重组,以促使企业营运方式市场化和市场竞争力的增强。

六、企业资本运营的战略思考

1. 进行资本运营的基本前提

资本运营是现代企业的重要经营战略,只有真正成为现代企业,才能有效地进行资本运营,从而取得资本运营的成功,实现现代企业的发展。因此,建立现代企业制度是进行资本运营的重要前提。

现代企业制度的典型形式是股份有限公司,股份有限公司的主要特点在于股票的流动性,在于因股票的流动性而产生的独特的企业组织制度和财产组合方式。因此,必须按照市场经济的要求来改革企业制度,而对于我国的国有企业来说,这就必须明确企业产权,挤缩行政功能,放大市场功能,使企业成为真正的商品生产者和经营者,使市场成为整个社会经济的运行轴心。同时,还必须完善和发展资本市场,为企业的资本运营建立必要的空间和广阔的运作环境。

2. 建立科学的企业资本运营机制

首先,要确立资本运营的合理目标——资本增值最大化。企业从事资本运营必须紧紧围绕资本增值最大化和资本价值最大化的核心目标来进行,最大限度地提高资本运营效率和效益。

其次,要建立科学的资本运营流程,即解决资本由谁来运用、资本用在哪里及怎样运用的问题。这需要在三个方面进行建设。一是要有优秀的企业家来实施有效的资本运营战略;二是要有高效的运作对象和运作领域;三是要有创造性的运营理念和运作手法。

再次,要树立最佳的资本运营理念。它包括:资本结构最优原则——企业的资本结构必须保证各资本要素最大化地发挥作用;资本规模最优原则——资本运营必须保持适当的规模来获得规模效益而不增加成本;风险平衡原则——投资对象应在高风险、高收益项目与低风险、低收益项目之间选择最佳平衡比例;营运机会成本最小原则——资本必须不断地从盈利性较低的领域转入到盈利性更高的领域;周转时间最短原则——资本周转速度的快慢决定资本增值的快慢,因而资本运营的周期越短,其回报率越高;资本开放原则——资本运营要充分运用一切机制和条件,调动非企业所有的各种社会资源融入到企业的经营系统中来,以最小的预付资本推动最大的经营规模。

企业资本运营机制建立的要点：
(1) 确立资本运营的合理目标——资本增值最大化。
(2) 建立科学的资本运营流程——资本由谁来运用、资本用在哪里及怎样运用。
(3) 树立最佳的资本运营理念——资本结构最优原则、资本规模最优原则、风险平衡原则、营运机会成本最小原则、周转时间最短原则、资本开放原则。

七、企业并购作用

1. 企业并购的概念

企业作为诸生产要素的组合体，是一种最具开发价值的商品。当一个企业经营者确认某种资源已不适合生产的发展，不能为其带来收益，并需承担一定风险时，他就会将企业及其产权（或股权）以商品形式出让，以达到新的合理的资源配置；当一家企业用其货币资本来购买比他自己直接投资建厂收益更大时，购买企业就显得十分必要且经济可行。在市场竞争中，企业的兴衰成败相伴发生，社会资源的闲置与不足同时并存，优胜劣汰的竞争机制迫使经营困难的企业将其闲置生产要素转移给那些发展迅速，急需扩大生产规模的企业。而完成这一转移的最有效途径就是合并、兼并、收购等。美国著名经济学家施蒂格勒说："几乎没有一家美国公司，不是通过某种方式，某种程度的兼并与合并成长起来的，几乎没有一家大公司能主要靠内部扩张成长起来。"

从事企业并购活动，首先要弄清诸如合并、兼并、收购等基本概念以及它们之间的关系。所谓合并是指两家以上的企业依契约及法令归并为一个企业的行为。企业合并包括吸收合并和创新合并两种形式：吸收合并是指两个以上的企业合并中，其中一个企业因吸收了其他企业而成为存续企业的合并形式；创新合并是指两个或两个以上的企业通过合并创建一个新的企业。

所谓兼并是指一个企业采取各种形式有偿接受其他企业的产权，使被兼并企业方丧失法人资格或改变法人实体的经济行为。企业兼并的形式包括：承担债务式兼并、购买式兼并、吸收股份式兼并、控股式兼并。

所谓收购是指一个企业通过购买上市公司（目标公司）的股票而使该公司经营决策权易手的行为。收购有两种形式：一种是股权收购，一种是资产收购。股权收购是指购买另一家公司股份的一种投资行为。在一般情况下，通过收购目标公司已发行在外的股份，或认购目标公司所发行的新股两种方式进行。当购买到对方一定比例的股权而取得经营管理控制权时，即可接收该公司。对于并未取得被收购公司的经营管理权的收购，则称之为"投资"，或称参股、部分收购。在这种情况下，收购方通常仅以进入被收购公司的董事会为目的，或基于投资收益率的考虑，或是为了加强双方合作关系而进行的。资产收购是指收购方收购目标公司的部分或全部资本，不须承受目标公司的债务。如果目标公司出售其全部资产，则该公司即告解散。

兼并是合并中的一种形式，即吸收合并；而收购是兼并中的一种形式，即控股式兼并。

因此,兼并和收购包含在广义的合并概念中。

企业兼并和收购,其本质上都是企业产权的有偿转让,即企业的所有权或产权按照市场规则实现让渡和转移;其产生的动因以及在经济运行中所产生的作用基本上是一致的。因此通常将企业兼并和收购统称为并购。但这二者之间又有一定的差别,主要有以下几点:

第一,在兼并(指承担债务式、购买式、吸收股份式,以下同)活动中,被兼并企业作为经济实体已经不复存在,被兼并方放弃法人资格并转让产权,兼并企业接受产权、义务和责任;在控股式收购活动中,被收购企业作为经济实体仍然存在,被收购方仍具有法人资格,收购方只是通过控股掌握了该公司的部分所有权和经营决策权。第二,兼并是以现金、债务转移为主要交易条件的;而收购则是以所占有企业股份份额达到控股为依据来实现对被收购企业的产权占有的。第三,兼并范围较广,任何企业都可以自愿进入兼并交易市场;而收购一般只发生在股票市场中,被收购企业的目标一般是上市公司。第四,兼并发生后,其资产一般需要重新组合、调整;而收购是以股票市场为中介的,收购后企业变化形式比较平和。

企业兼并与收购既是一种经济现象,又是一种法律制度。我国有关法律条文中的"公司兼并"是一种宽泛的解释,它不但包括吸收合并之意,也包括收购的内容。但在我国实务操作中,特别是国有企业改革中大量出现的不经过资本市场的企业产权的有偿转让行为只能看作企业兼并,而不是收购。也就是说,国有上市公司之间的产权转让,才有可能采用收购的形式。在以后讨论中,一般不再区分兼并和收购,而将它们简称为并购。

2. 企业并购的类型

根据并购企业与被并购企业之间产业关联程度的不同,企业并购可以分为横向并购、纵向并购和混合并购三种形式。

(1) 横向并购。

是同一行业中不同企业之间的并购活动,或者说是生产同种产品或同类产品的企业之间的并购活动。如彩电厂商之间的并购、纺织企业之间的并购,等等。从历史上看,早在十九世纪下半叶,企业之间的横向并购就已经大量出现。横向并购有利于企业迅速扩大生产规模,实现规模经济,降低生产成本;有利于减少竞争对手,增加产品的市场占有率;有利于提高企业在行业中的领导地位,增加企业与供应商、消费者之间的谈判实力。不过,横向并购有可能导致垄断,对行业的内部结构产生重要影响。

(2) 纵向并购。

是企业根据同一产品的生产过程中供、产、销的生产链条对相关企业进行的并购活动。如服装厂对洗染厂、织布厂、纺纱厂、运输公司,以及服装商场的并购,等等。从竞争的角度看,纵向并购是企业将关键性地投入产出关系纳入企业控制范围,以提高对市场的控制能力的一种方法,主要通过对原料、销售渠道及用户的控制来实现。纵向并购能加强生产工艺过程的必要衔接,减少不必要的运输成本,提高资源利用的效率;有利于降低交易成本,减轻企业对供应商和买主的依赖程度,从而大大增强企业的实力;尤其是当纵向并购与行业集中的趋势相结合时,能够极大地提高企业讨价还价的能力。纵向并购也可能带来不利影响,如增加新企业进入的难度、不利于企业的自由竞争等。

(3) 混合并购。

是一种跨部门、跨行业的并购活动,是企业对那些在生产经营上与自己关系不大,甚至毫无关系的企业进行的并购。如彩电生产企业对建材企业的兼并、电信公司对出版公司的收购,等等。混合并购是当今世界最为流行的并购方式。一方面,它能大大加强企业对于市场的影响能力。企业通过混合并购进入与其产品有关的经营领域。在那里,它们使用与其主要产品相同的原料、技术、管理方式及销售渠道,以加强对原有供应商和销售渠道的控制,提高其对主要产品市场的控制。另一方面,企业通过混合并购涉足与其原有生产无关的行业,可以增加企业的绝对规模,使企业拥有充分的财力,与原市场的竞争者进行价格战,通过主要产品的大幅降价迫使竞争者退出,从而达到控制甚至垄断某个市场的目的。同时,混合并购还能有效降低进入新行业的难度,使企业能通过多元化的生产经营来降低风险。但混合并购要求企业有较高的综合管理的水平;否则,容易产生决策失误、战线过长等问题,给企业带来不利的影响。

按并购的实现方式分为购买式并购、承担债务式并购、控股式并购、吸收股份式并购和杠杆(举债)收购。

(1) 购买式并购。

即并购方出资购买目标企业的资产以获得其产权的并购手段。并购后,被并购企业的法人主体地位随之消失。这种并购形式主要是针对股份制企业的并购,亦适用于并购方需对目标企业实行绝对控制的情况。如巴士股份1996年11月出资4 104万元收购了上海市公共交通总公司属下的11家公司的全部净资产,并承担其全部债务。

(2) 承担债务式并购。

即并购方以承担目标企业的债务为条件接受其资产并取得产权。这种并购形式在我国具有一定的现实意义。目前政府对并购亏损企业实行了一定的优惠政策,如贷款在五年内还清,利息经银行核准可以免除,五年的还本期限根据企业情况还可以宽限一至二年。这就大大减轻了兼并后并购企业的负担。如仪征化纤并购佛山化纤,一汽集团并购吉林轻型车厂都是采用了承担债务的并购手段。

我们知道,企业的并购行为是企业根据自身发展需要,特别是根据市场发展需要,为实现企业发展战略目标而进行的一种战略选择。交易双方的"姻缘"要美满,应该是通过"自由恋爱",在彼此相互了解的基础上才可能实现的。换句话讲,政府在并购行为中的角色定位实际上将直接决定并购的市场化程度,从而影响资源的真正有效配置。

那么我国现实状况又是如何呢?我们发现在众多行业进行行政性重组当中,重组方案会夹杂着一些政府主管部门的利益和"私心",政府部门将高负债和亏损企业的包袱甩给好企业就是一个经常被议论的问题。另外政府主管部门在政府机构改革过程中,想通过重组建立控股公司来实现由"婆婆"到"老板"的身份转变,以图继续保持甚至强化对企业的控制,也是企业所担心的。在我国已经发生的众多并购行为,尤其是吸收合并当中,由于国家政策因素的干扰,使得绝大多数现有的企业间的并购不是自主行为,而是政府的"拉郎配",并且政府基本上很少考虑到企业的真正利益,只是希望通过这种形式的合并来解决诸如下岗等社会问题。很多地方还出台了相应的"扶贫"优惠政策,以鼓励好的企业兼并差的企业。政府一方面通过优惠政策,另一方面运用强制手段,"引诱"和"命令"企业进行并购活动,如此这般最终的并购行为,其结果必然不会令人满意。

众多的事实摆在面前:经营原本好的企业往往被这种"包办婚姻"最终拖垮,职工下岗等政府所迫切要解决的问题也没有得到实质性的缓解。应该说,在这个问题上存在一个因果关系或者说是先后顺序关系。企业的并购行为首先应该是对股东负责,对于吸收合并而言,要面对的风险、要支付的成本都很高,而且需要非常高的决策判断能力。很多因素都直接影响着并购的成败,稍有不慎则会前功尽弃,因此必须以企业的意愿为主。反过来并购成功了,企业运作呈现良好态势了,相应的社会问题的解决才会有坚实的保障,但实际中我们看到的却是企业的自主性有很大的限制。为了真正激活并购市场,真正实现资源的有效配置,应尽量减少政府的干预,让企业的并购走市场化的路子。也就是说,在并购中政府不能又当运动员又当裁判。使企业在并购行为中能够真正自主,自己能够说了算,这样才可以避免付出更大的代价。

(3) 控股式并购。

即一个企业通过购买目标企业一定比例的股票或股权达到控股以实现并购的方式。这种并购的特点是并购企业只将其部分净资产折为股份转让给被并购企业,被并购企业法人主体地位仍存在。并购企业作为被并购企业的新股东,对被并购企业的原有债务不负担连带责任,其风险责任仅以控股出资的股金为限。被并购企业债务由其本身作为独立法人所有或所经营的财产为限清偿。并购后,被并购企业成为并购企业的控股子公司。如1994年,香港华润创业通过子公司认购北京华远新发行股份4.06亿股,以52%的股权控股北京华远,成功进入北京房地产市场。

(4) 吸收股份式并购。

即并购企业通过吸收目标企业的资产或股权入股,使目标企业原所有者或股东成为并购企业的新股东的一种并购手段;这种并购的特点是,不以现金转移为交易的必要条件,而以入股为条件,被并购企业原股东与并购方股东一起享有按股分红权利和承担债务与亏损的义务。吸收股份式并购又可分为资产入股式和股票交换式两种。

① 资产入股式。资产入股式是指被并购企业将其清产核资后的净资产作为股金投入并购方,取得并购企业的一部分股权,成为并购企业的一个股东,被并购企业作为法人主体不复存在,亦称"以资产换股票"。这种方法特别适用于控股母公司通过已上市的子公司"借壳上市"(指非上市公司通过吸收已上市公司股份,从而获得对上市公司的控股权,实现间接上市)。

② 股票交换式。股票交换式是指并购方用本企业的股票来收购目标企业股东所持有的股票的一种并购手段。在这种方式下,若是对目标企业的股票全面收购,则其法人资格不复存在;若是部分收购,则其法人资格仍然存在。这种并购一般在上市公司之间进行,按双方确定换股比例实行并购。如香港英资的置地公司收购华资的牛奶冰厂采用的就是以股换

股方式。置地公司为了获得牛奶冰厂在香港的地皮,于1972年10月30日提出"以两股面值为5元的置地公司股票交换面值为7.5元的牛奶冰厂股票"的建议。1972年10月27日股市收市时,双方的股票在香港证券交易所的收市价为:置地每股94元;牛奶冰厂每股135元。换股建议使牛奶股票每股值188元,增值约40%。1972年12月15日,置地公司共收到90%牛奶冰厂股份,至此,置地公司没有动用分毫现金,就将一历史悠久的华资企业变为己有,牛奶冰厂的上市资格随即被取消。

(5) 杠杆收购。

杠杆收购是指收购方以目标企业的资产为抵押,通过举债融资对目标企业进行收购的一种方式。犹太商人有句名言:"假如有1块钱,不能做10块钱甚至100块钱的生意,这个人永远不能成为大企业家。"1985年,经营超级市场、年销售额仅为3亿美元的潘特雷·普莱德公司,通过借债方式,以17.6亿美元收购了年销售额为24亿美元的雷天隆公司。1982年梅萨石油公司对规模大于其6倍,产值62亿美元的海湾石油公司发动进攻,迫使海湾石油公司与标准石油公司合并。在这种小并大、蛇吞象的浪潮中,杠杆收购起到了推波助澜的作用。

杠杆收购是一种高度负债的收购方式,即收购者通过大量举债融资购得目标企业的全部股权或资产,然后又以目标企业的现金流量偿还负债的收购方式。杠杆收购的目的不在于获得目标企业经营控制权,而在于通过收购控制,得以将企业的资产进行重新包装或剥离后,再将企业卖出。杠杆收购不过是企业的易手,整个收购行动并没有增加设备和投资。收购者关注的是如何清偿债务,至于扩大生产和销售,增强公司竞争力和企业发展的长远目标,则根本不予关心。因此,这种收购方式的目的只看中短期获利,属于真正的投机活动。

从事杠杆收购的人士一般是那些头脑灵活、熟悉市场、人际关系运用娴熟、懂管理的理财专家。特别是企业经理阶层,在收购中起着十分重要的作用。在以往的收购中,由于经理们在公司中占有的股份比较少,因而收购交易的受益者主要是企业的大股东。自20世纪80年代以来兴起的杠杆收购,使越来越多的经理人员通过收购交易在企业中直接参股。如果杠杆收购是由目标企业管理层发动的,则称之为"管理层收购"。

杠杆收购是否成功的关键除了能否筹到足够的资金外,还包括目标企业的选择是否合适,管理层是否有力等诸多因素。

在杠杆收购中,被当作目标企业的收购对象一般应是那种拥有较好的组织管理层、长期负债不多、市场占有率高、流动资金充足稳定、企业的实际价值超过账面价值,但经营不景气,股价偏低的企业。这些"现金牛"将为偿还债务提供资金,并能使被收购企业的股票迅速增值。在实务操作中,杠杆收购通常发生在零售业、纺织业、食品加工业、服装业及饮料业等行业的企业中。这些行业一般属于非耐用品行业,收入的需求弹性较低,受宏观经济波动的影响相对较小,而且这些行业也都是成熟产业,成长机会比较有限。一般来说,高科技企业不宜作为杠杆收购的对象,因为这些企业不仅获利能力的时间跨度很短,而且风险很大,可资抵押贷款的资产也很少。

在杠杆收购完成之后,能否取得最终成功,往往取决于负责日常运营的企业经理人员。

通常的做法是让管理层手中持有足够多的股份(一般占总股本的10%~20%);或投资者向管理人员提供股票期权或认股权证等激励性报酬。这样可激励管理层全力以赴从事企业经营,在提高企业价值的同时,扩大自己的收益。

事实上,杠杆收购的最大原动力在于参与者深信,被收购企业资产被低估了,尤其是一些隐藏的被低估的无形资产。收购后将企业分拆分件出售的价值,将大于整个企业出售的价钱。因此即使在高利率的条件下出现资金周转不灵时,也可以卖出一部分分公司或部门,以应急需。

美国在20世纪80年代流行的杠杆收购,通常做法是通过投资银行安排过渡性贷款,买方只要出极少的自有资金,即可买下目标企业,目标企业以其本身资产为担保,向外界机构举债,并且通过投资银行安排发行高利率的"垃圾债券"及商业本票来偿还过渡性贷款。在新的资本结构中,股本占相当少的比率。近年来,由于美国垃圾债券市场的萎缩,目前美国的银行已很难安排出"自备一成,贷款九成"的杠杆收购了。不过对于营运状况良好而负债比率不高的目标公司,"自备五成,贷款五成"还是可行的。至于具体如何安排目标企业的资本结构,要视具体情况和企业盈利情况而定,同时还要看投资银行是否愿意配合。在目前我国商业投资银行极不发达而国有银行一统天下的情况下,采用杠杆收购是极为困难的。

八、企业并购的动因分析

企业并购就是进行资本投资。是否进行并购的决策取决于这种做法是否使企业价值增加和市场竞争的巨大压力。并购的动力主要来自战略性买方、财务性买方和合并者三方。战略性买方可能会出于协同作用、战略性计划、代理问题、价值低估以及分散化的原因而进行并购。

1. 协同效应理论

所谓协同是指在大的公司联合体中,有时价值会外溢到收购方自身的经营中去,将收购方企业与被收购企业联合在一起,最后产生了"2+2=5"的结果。并购为收购方与被收购方实现这种"协同"发展的结果提供了可能。协同包括经营协同(也称规模协同)、成本协同、收入协同和财务协同。

(1) 经营协同。

所谓经营协同效应,主要指并购给公司生产经营活动在效率方面带来的变化以及效率的提高所产生的效益。在并购后,公司的总体效益要大于两个独立公司效益的算术和。

"2+2=5"的基本原理在于买卖双方所处行业中存在的规模经济。收购方与被收购方中的一方或者双方可能没有达到规模经济所要求的水平,而企业并购对公司效率最明显的作用就表现为规模经济效益的取得。规模经济由工厂规模经济和企业规模经济两个层次组成。

并购给工厂规模经济带来的好处:

① 从生产规模来看,通过并购,工厂的资产能够得到补充和调整,从而达到最佳经济规模的要求,并且使工厂的生产成本尽可能得到降低。

② 从专业化生产的角度来看,企业在保持整体产品结构的基础上,通过并购可以实现在一个工厂中集中地、大量地生产单一品种,从而达到专业化生产的要求,避免了由于产品品种转换而带来的生产时间的浪费。

③ 从技术角度来说,由于科学技术的发展,现代化大生产在很多生产领域中要求实行连续化生产,各生产流程之间的密切配合有着极其重要的意义。通过并购特别是纵向兼并,企业可有效解决由于专业化引起的各生产流程的分离,将它们纳入同一工厂中,从而减少生产过程中的环节间隔,降低操作成本、运输成本,充分利用生产能力。

④ 获得特殊资产。特殊资产可能是一些对企业发展至关重要的专门资产。如土地是企业发展的重要资源,一些有实力、有前途的企业往往会由于狭小的空间难以扩展,而另一些经营不善、市场不景气的企业却占有较多的土地和优越的地理位置,这时优势企业就可能并购劣势企业以获取其优越的土地资源。另外,并购还可能是为了得到目标企业所拥有的有效管理队伍、优秀研究人员或专门人才以及专有技术、商标、品牌等无形资产。

并购带给企业规模经济的好处:

① 节省管理费用。由于中、高层管理费将在更多数量的产品中分摊,单位产品的管理费用可以大大减少。

② 多厂企业可以针对不同顾客或市场层面进行专门化生产和服务,更好地满足它们各自的不同需要,而这些不同的产品和服务可以利用同一销售渠道来推销,达到节约营销费用的效果。

③ 可以集中足够的经费用于研究、发展、设计和生产工艺改进等方面,迅速采用新技术,推出新产品。

④ 企业规模的扩大,使得企业的直接筹资和借贷变得相对容易,有利于企业采用各种新发明、新设备、新技术,适应环境的变化。

(2) 成本协同。

所谓成本协同,主要指的是节约成本的协同作用。化学银行和大通曼哈顿公司之间进行的并购,由于成功减少了重复的业务操作,以及其他节约成本的协同作用使得股东的财富得到了增加。

(3) 收入协同。

收入协同作用使得合并后的公司可以进行二者在以往单独操作时无法进行的业务。AT&T 公司在 1998 年 1 月花费 110 亿美元买下 Teleport 公司的预期利润中就包括收入协同的作用。

(4) 财务协同。

财务协同效应的取得不是因效率提高而引起的,它主要是指并购给公司在财务方面带来的种种效益,这种效益是由于税法、会计处理惯例以及证券交易等内在规定的作用而产生的一种纯金钱上的效益。财务协同效应主要表现在以下方面:

① 合理避税。

税法对个人和公司的财务决策有着重大影响。由于税收上存在的种种区别,公司能够采取某些财务处理方法,借助并购来达到合理避税的目的。

例如,公司可利用税法中亏损递延条款来达到合理避税的目的。所谓亏损递延指的是,如果某公司在一年中出现了亏损,该公司不但可以免付当年的所得税,其亏损还可以向后递延,以抵消以后几年的盈余,公司根据抵消后的盈余交纳所得税。因此,如果公司在一年中严重亏损,或该公司连续几年不曾盈利,拥有数量较大的累积亏损时,这家公司往往会被考虑作为购并对象,或者该公司考虑购并一家盈利公司,以充分利用它在纳税方面的优势。

一些国家税法对不同的资产适用不同的税率,股息收入、利息收入、营业收益、资本利得的税率也各不相同。企业可利用这些规定,通过并购行为及相应的财务处理合理避税。如在收购企业的股票换取被收购企业股票的情况下,被收购企业的股东即使未收到现金,也未实现资本收益,也可以免税。这样在不纳税的情况下企业实现资产的流动和转移,资产所有者实现了追加投资和资产多样化的目的。如果收购企业用可转换债券换取被收购企业的股票,也可带来两个好处:一是企业付给这些债券的利息在税前支付,因此可以少交一部分所得税;二是企业可以保留这些债券的资本利得直到这些债券转化为股票为止,由于资本收益的延期偿付,公司可以少交资本利得税。

由于会计上资产采用历史成本计价,一般情况下,资产不允许调整账面价值,在物价上涨下,资产按历史成本计价,折旧、摊销额较小,从而交纳更多的税金。在当前市场价值大大超过历史成本情况下,如果企业实施兼并,通过卖出交易将资产重新评估就可以产生更大的折旧避税额,为了反映并购价格,并购企业的资产基础将加大,结果它享受的折旧避税额超过目标企业在同样资产上所享受到的折旧避税额。虽然只有企业新的所有者可以享受到增加的折旧避税额,但原来企业所有者也可以通过收购者支付的购并价格而获得一部分相关收益。

大多数国家税法规定,企业因负债产生的利息费用可抵减当期利润。因此,并购企业在进行融资规划时,必须认真地分析税务因素的可能影响。企业可通过大量举债,筹集并购所需的资金,获得更大的利息避税效应,总体上降低企业的所得税费用。

② 提高每股盈余,从而刺激股价。

在证券市场上,市盈率往往成为对公司未来的估计指标,该指标综合反映了市场各方面的主观评价。在外界环境相对稳定的情况下,在短时间内公司的市盈率值不会有太大变化,但当公司的盈利率或盈利增长率有很大提高的情况下,市盈率值将有所提高。当被并购公司的市盈率值低于并购公司的市盈率值,而其每股盈余高于并购方的每股盈余时,表示市场由于种种原因对被兼并公司的评价偏低。在并购后兼并方平摊被收购方的每股盈余,使并购后的每股盈余有可能上升,在被并购方的市盈率值代表并购后公司的市盈率值时,会造成公司股价剧烈上升。

③ 以低于重置成本的价格购买资产比自己重新建造工厂更便宜,并节约时间,早日投产。

④ 财务能力提高。一般地,合并后企业整体的负债能力比合并前单个企业的负债能力

强,而且还可以降低资金成本,实现资本在并购企业与被并购企业之间低成本的有效配置。

【案例 12-4】 安科生物收购苏豪逸明

安科生物 2015 年 3 月 18 日发表公告:公司收购上海苏豪逸明 100%股权,布局多肽类药物。安科生物是 2009 年 10 月在深圳证券交易所挂牌上市的一家安徽公司,经营范围为:自行研制、生产的生物制品、医药及其原料、生化制品的出口和与公司生产、科研相关的原辅材料、机械设备,仪表仪器与零部件的进口(特殊规定的除外);药物、试剂诊断、生物技术和生化工程的原料及产品的研制、生产、销售,技术转让、服务等。苏豪逸明原系由江苏省国资委旗下孙公司苏豪国际控股公司,主要从事胸腺五肽、生长抑素、醋酸奥曲肽等多肽原料药及依替巴肽、比伐卢定等客户肽的研究、生产和销售。苏豪逸明现有的主导产品及在研项目的制剂产品在临床上主要用于肝病、妇科疾病、生长发育等治疗,而安科生物在上述领域拥有完善的销售网络和销售体系,安科生物收购苏豪逸明有助于未来上市公司在多肽类药物制剂产品的市场化推广。多肽类药物相对具有较高的技术壁垒和成长性,安科生物通过收购上游多肽原料药,有助于完善公司生物医药产品线,拓展新的利润增长点,协同效应将逐步显现。

收购方案:此次收购资产预估值为 4.05 亿元,采用换股+现金支付方式募资。其中以发行股份的方式向苏豪国际、通益投资、周逸明等 18 位标的公司股东支付股权对价 2.53 亿元,发行价格为 15.09 元/股。现金支付 1.52 亿元,向安徽安科生物公司第一期员工持股计划发行股份募集配套资金,募集资金金额不超过本次交易总金额的 25%,即不超过 1.01 亿元,用于本次重组的现金支付,不足部分将由安科生物自筹资金解决。合计发行不超过 2 321.79 万股,即总股本的 8%。支付对价的股份锁定期为 1 年,到期后按照每年 35%、35%、30%三次解锁。

(资料来源:新浪财经,2015 年 3 月 19 日。)

2. 长期战略规划理论

在市场经济中,企业只有不断发展才能保持和增强它在市场中的地位,也才能够生存下去。因此,公司有很强的发展欲望,但同时又不能盲目扩张。虽然企业新的能力和新的市场可以在企业内部得到发展,但企业通过并购活动,对企业调整速度要快于内部发展的调整速度,并且还可能存在管理协同效应的机会。战略规划指的是一家公司收购不相关企业的情形。可能从表面上看,贸然进入一个新的行业显得不合逻辑,但收购方假定合并能提高双方公司的价值,即产生"2+2=5"的成果。美国运通公司宣布其目标是成为金融服务业的领袖后,它实施了庞大的收购计划,从而使它从运输业扩展到金融服务业。10 年间运通公司收购了波士顿公司、消防员基金财产和伤残保险公司、谢尔逊·雷曼兄弟公司、罗宾逊·汉弗莱公司以及 E·F·赫顿公司。美国运通认为这些分散化经营是由变化了的环境要求的战略性调整。

3. 代理理论

代理问题是由所有权和管理权的分离造成的。如果管理人员的报酬由公司规模决定,那么管理者就会无视股东的利益任意扩大规模、对外扩张,并购其他企业。此外,如果一个利润很高的公司处于一个成熟的行业中,但缺少有利的投资机会,那么公司可以通过提高股利或股票回购来向股东发放多余的现金。有时管理者倾向于将资金用于收购或保留多余现金,在后一种情况下,公司经常会发现自己成了接管的目标。

在企业的所有权与经营权相分离的情况下,经理是决策或控制的代理人,而所有者作为委托人成为风险承担者。由此造成的代理成本包括契约成本、监督成本和剩余损失。通过企业内部组织机制安排可以在一定程度上缓解代理问题,降低代理成本。但当这些机制均不足以控制代理问题时,并购机制使得接管的威胁始终存在。通过公开收购或代理权争夺而造成的接管,将会改选现任经理和董事会成员,从而作为最后的外部控制机制解决代理问题,降低代理成本。

4. 经验-成本曲线效应理论

在很多行业中,当企业在生产经营中积累了一定的经验时,会出现单位成本不断下降的趋势。成本的下降主要是由于工人操作熟练程度的提高、专用设备和技术的应用、对市场分布和市场规律的逐步了解、生产过程作业成本和管理费用降低等原因形成。由于经验固有的特点,新企业无法靠简单复制来获得,这就使拥有经验的企业具有了成本上的竞争优势。采用投资新建方法进入某一新领域,新企业由于不具备经验优势,其成本往往高于原有企业,从而在竞争中处于不利地位。而企业通过并购,不但能够获得原有企业的生产能力和各种资产,还可以获得原有企业的经验。

5. 降低行业壁垒理论

【案例 12-5】 南非公司在中国营销啤酒

南非酿酒公司也许并不为工作之余总要喝上一杯的普通工人所熟知,但是当大多数国际啤酒公司退出"中国"这盘牌局时,它却留在了牌桌旁。它于1994年参加这盘牌局,现在已经是中国大陆第二大啤酒厂商。它在中国成功的秘诀是购买当地的啤酒厂,提高生产能力,然后推广当地品牌。它没有将自己的著名品牌拿到地球另一边的中国市场来推销,反而大举推广当地已经进入消费领域的品牌。总部设在约翰内斯堡的南非酿酒公司的发言人米奇·拉姆齐解释说:"我们把力量集中在当地品牌上,着重于二流产品市场,远离贸易极度过量的那部分市场,该部分市场的特点是存在着来自破产的国有啤酒厂的竞争。"

南非酿酒公司在合资企业华润啤酒集团控股49%,而香港上市公司华润集团拥有剩下的51%股份。华润集团每年酿制大约30亿升啤酒。产量超过它的唯一企业是中国最老的啤酒厂——青岛啤酒厂。青岛啤酒厂每年生产57亿升啤酒。

南非酿酒公司显然是诸多外国啤酒厂家中最成功的一家,许多外国公司在20世纪90年代进入中国,希望能够推销自己的国际品牌。它们很快发现自己开始亏本,然后纷纷清仓或者缩小规模。但是借助于自己的营销方式,南非酿酒公司一直在扩大业务。

通常,行业壁垒包括以下几种:

(1) 资金壁垒——资本密集型行业可能要求巨额的投资,公司在进入这一新领域时,存在较大风险,使公司在筹资方面有一定困难。

(2) 销售渠道壁垒——公司要进入新市场时必须打破行业内原有公司对销售渠道的控制,才能建立起自己的销售渠道。

(3) 规模壁垒——面对现有公司的激烈竞争,公司在进入一个新领域时,若以小规模方式进入,就将面临成本劣势。

(4) 产品壁垒——产品的差异使用户从一种产品转向购买新进入者的产品时,必须支付高额转置成本,导致新公司难以占领市场;新公司还可能面临其他一系列不利因素,如原有公司拥有专门的生产技术、取得原料的有利途径、有利的地理位置、政府的优惠政策等。并购有效地降低了进入新行业的壁垒。

通过并购方式进入新的行业,可以使进入壁垒大幅降低;而且由于并购避免给行业增添新的生产能力,使短期内行业内部的竞争结构保持不变,从而有效避免了通过新建投资而引起的价格战。

6. 获取市场份额理论

企业市场份额的不断扩大,可以使公司在获得利润的同时又能保持一定的竞争优势,因此这方面的原因对并购活动有很强的吸引力。这主要包括两种基本形式:横向并购和纵向并购。

(1) 横向并购。这是指买方与卖方处于同一行业,产品属于同一市场,两者或两者以上生产或销售相同、相似产品的公司间的并购。横向并购的作用是:① 实现规模经济;② 提高行业集中度。

当行业内竞争者数量较多且处于势均力敌的情况下,所有企业由于激烈的竞争,只能保持较低的利润水平。并购使得行业相对集中,能有效降低竞争的激烈程度,从而实现规模经济的要求,使行业内所有公司保持较高利润率。同时,横向并购通过改善行业结构,使并购后的公司增强了对市场的控制力,往往在很多情况下形成垄断。

(2) 纵向并购。纵向并购是根据产品生产和销售的程序来划分的。如果被并购公司的产品处在并购公司的上游或下游,二者是前后工序或是生产与销售之间的关系,那么该种并购就构成了纵向并购。纵向并购使公司提高了同供应商和买主的讨价还价能力。公司可以通过迫使供应商降低价格和迫使买主接受较高的价格来展开竞争。这种讨价还价的能力主要是由买卖双方的行业结构,以及它们之间的相对重要性决定的。

7. 价值低估效应理论

在证券市场上,企业股票的估价率是决定企业并购的一个重要因素。所谓估价率,是指股票的市场价值与资产的账面价值之比。有时也用下面公式进行判断:

$$q = 股票的市场价值 / 资产的重置价值$$

如果 q 小于1,则并购有利。

如果一家企业由于经营不善,其股票的市场价值低于资产的账面价值,它将成为被收购的对象。目标企业的价值被低估,可能有三种情况:① 经营管理并未发挥应有的作用;② 并购企业拥有外部市场所没有的有关目标企业价值的内部消息;③ 由于通货膨胀造成的资产的市场价值与重置成本的差异。

8. 多元化经营理论

企业通过经营相关程度较低的不同行业可以分散风险、稳定收入来源、增强企业资产的安全性。多元化经营可以通过内部积累和外部并购两种途径实现,但在多数情况下,并购途径更为有利。尤其是当企业面临变化了的环境而调整战略时,并购可以使企业低成本地迅速进入被并购企业所在的增长相对较快的行业,并在很大程度上保持被并购企业的市场份额以及现有的各种资源,从而保证企业持续不断的盈利能力。

企业并购是一门博大精深的学问。现实中我们经常会看到一些非常特殊的并购行为。例如一些新成立的企业为了满足创业板市场对企业成立年限的要求去买一个已经有数年盈利记录的小企业等。另外为了反兼并而创造出来的金色降落伞,有毒证券等各种工具也是不可尽数。总之,任何企业都有它的价值,任何并购者都有它的需求,如果中小企业能够认清双方的优势、需求、弱点等,就能够在并购中掌握主动,抓住机遇使自己跨越发展。

第二节　企业并购的财务分析

一、企业并购的成本效益分析

企业并购并不是一种慈善事业,不是通过优势企业去"解困""扶贫""帮带"濒临破产的亏损企业。相反,并购是一种投资行为,也要讲求经济效益。因此只有当并购活动能够增加企业价值,为企业带来净收益时,这种并购活动才是可行的。

假设 A 是并购方公司,B 是被并购方公司,即目标公司。并购行为是否可行,首先要分析并购是否产生了经济效益,只有两个公司合在一起比作为两个独立的公司更有价值,并购才是可行的。设合并公司市场价值的现值为 PV_{AB},而两个独立公司市场价值现值分别为 PV_A 和 PV_B,则并购活动中的合并收益价值为

$$并购收益价值 = PV_{AB} - (PV_A + PV_B)$$

如果收益大于零,则兼并从经济上讲是合理的。并购收益价值也可按传统的贴现现金流量法计算,即

$$并购收益价值 = \sum_{t=1}^{n} \frac{\Delta NCF_t}{(1+K)^t}$$

式中,ΔNCF_t 表示第 t 期合并公司净现金流量与 A、B 两公司净现金流量之间的差额,即合并后增量净现金流量,其计算方法与前述净现值计算相同。

K 表示资本成本或投资者要求的收益率,一般有四种确定方法:第一,选择目标企业当

前加权平均资本成本作为基准贴现率,然后将它调高几个百分点(因为新项目应当比已有项目具有较高的要求收益率);第二,选择目标企业历史上的资产收益率作为基准贴现率,然后再加上一定的百分点;第三,利用对未来预期利率的估计作为基准贴现率,然后将它与行业、企业及财务结构等相关的风险因素加以调高;第四,根据公开数据,利用同行业的加权平均资本成本的估计值作为基准贴现率,然后根据风险因素加以调高。

上式表明,合并收益价值实际上是并购后增量现金流量按资本成本贴现的现值。根据上述计算结果便可计算 A 公司的并购成本。并购成本就是 A 公司因并购发生的全部支出 C 减去所获得的 B 公司作为独立公司时的价值 PV_B 后的剩余部分,即

$$成本 = C - PV_B$$

因此,A 公司在并购活动中的净收益 NPV 为

$$\begin{aligned}NPV &= 收益 - 成本 \\ &= PV_{AB} - (PV_A + PV_B) - (C - PV_B) \\ &= PV_{AB} - PV_A - C\end{aligned}$$

如果并购的净现值大于零,则并购是可行的。

在并购收益分析时,重点是考虑并购是否增加了经济效益;在进行并购成本分析时,重点是考虑收益在两个公司之间的分配。

公司并购成本有两种不同的支付方式,一种是现金支付;另一种是用股票支付,这两种支付方式计算成本的方法不同,现说明如下:

1. 现金并购时成本-收益分析

例 假设 A 公司股票市价为 100 万元,B 公司股票市价为 50 万元,A、B 两公司资本均为股权资本,预计两个公司合并后产生的增量净现值为 25 万元。即

$$PV_A = 1\,000\,000(元), \quad PV_B = 500\,000(元), \quad \Delta NPV = 250\,000(元)$$

则 $PV_{AB} = 175\,000(元)$

假设 A 公司购买 B 公司所支付的现金为 $C = 650\,000$ 元,则并购成本为

$$成本 = C - PV_B = 650\,000 - 500\,000 = 150\,000(元)$$

上式的计算结果表明,B 公司股东在这次并购活动中获得的收益为 150 000 元,即他们得到了 250 000 元合并收益中的 150 000 元。B 公司的收益就是 A 公司的成本,这样,站在 A 公司的角度,A 公司的股东在这次并购活动中的净收益是 100 000(250 000 - 150 000)元。也就是说,并购的净现值为

$$\begin{aligned}NPV &= PV_{AB} - PV_A - C \\ &= 1\,750\,000 - 1\,000\,000 - 650\,000 = 100\,000(元)\end{aligned}$$

换句话说,在这次并购活动中,相当于 A 公司股东持有的价值变为 1 100 000(1 000 000 + 100 000)元,B 公司股东持有的价值变为 650 000(500 000 + 150 000)元。

如果投资者得知 A 公司将并购 B 公司,并对并购收益的估计与管理者相同,那么这一消息将会使 B 公司的股票价值从 500 000 元上升到 650 000 元,A 公司的股票市场价值将会从 1 000 000 元增加到 1 100 000 元。

B公司的实际价值及其并购后与A公司产生的整体效益是A公司在并购活动中的实际收益。这个收益的大小取决于B公司的现有潜力和各项资源对A公司的贡献大小,取决于有关产品的市场需求和价格变化趋势等许多因素。

2. 股票并购成本-收益分析

为并购B公司,A公司也可以用本公司的股票来换取B公司股东手中的原B公司股票。上例中,假设A公司流通在外的普通股为10 000股,每股市价100元。假设A公司出价6 500股本公司股票而不以650 000元现金交换原B公司股东手中的股票,使他们成为并购后新公司AB的股东。由于A公司的股票价格在并购前为每股100元,B公司的市场价值为500 000元,从表面上看,并购成本是

$$6\ 500 \times 100 - 500\ 000 = 150\ 000(元)$$

但是,这个成本可能并不等于真实的成本,其原因是:第一,B公司单独存在时的实际价值可能不是500 000元;第二,A公司作为独立公司时的实际价值也可能不是1 000 000元;第三,B公司的股东在并购后作为AB公司的股东,也要分享一部分并购收益。也就是说,支付给B公司股东的股票价值取决于合并后AB公司的价值,如果B公司股东拥有合并后AB公司的股份比例为X,则并购成本为

$$成本 = XPV_{AB} - PV_B$$

式中,XPV_{AB}是B公司股东所得到的价值,而PV_B是B公司股东所放弃的价值。两者之差就是他们分享的并购收益,从A公司的角度看,就是并购的成本。由于B公司股东得到A公司的股份为6 500股,他们得到AB公司的股份比例为

$$X = 6\ 500/(10\ 000 + 6\ 500) = 0.393\ 9$$

假设并购前的市场价值反映了两个独立公司的真实价值,并假定并购收益净现值为250 000元,则$PV_{AB} = 1\ 750\ 000$元,那么A公司的并购成本为

$$成本 = 0.393\ 9 \times 1\ 750\ 000 - 500\ 000 = 189\ 325(元)$$

如果从并购后A公司股票每股价格分析,也可以得到同样的结果,即

$$A公司股票每股价格 = 106.06(元)$$

合并后股票价格由100元增加到106.06元,其增量价值必然会转移给原B公司的股东,这时,并购的真实成本为

$$成本 = 6\ 500 \times 106.06 - 500\ 000 = 189\ 390(元)$$

不考虑计算误差,上述两种结果相同。并购成本与开始计算的并购成本150 000元不相等,其原因在于后者没有反映并购收益带来的股票价格上升而给原B公司股东带来的增值价值。也就是说,并购收益在A公司股东和原B公司股东之间进行分配。在这种情况下,A公司在并购中的净收益为

$$净收益 = 250\ 000 - 189\ 325 = 60\ 675(元)$$

上述结果表明,合并公司所获得的250 000元收益,大部分归原B公司股东,只有60 675元归原A公司股东。

二、并购目标企业的价值评估

【案例 12-6】 中石化销售公司出售价高吗?

中国石化(600028.SH,)2014年9月15日宣布,将引入25家境内外投资者、作价1 070亿元出售29.99%的中国石化销售有限公司(下称"中石化销售")股权,这是2014年全球最大的一次并购。引入新合作伙伴,可以提高中石化销售及中石化本身的估值,而国内外重量级企业之所以对中石化销售感兴趣,还在于这家公司发行的上亿张加油卡,这形成了一个基数较大、遍布全国的大型IC卡交易模式,未来想象空间巨大。中石化加油卡是国内最早大规模商业应用IC卡交易模式的预付费卡,2004年年底正式对外发行。截至2014年5月底,中石化累计发卡突破1.18亿张,其加油卡网络覆盖了全国31个省(市、自治区)。如果简单以每张卡内现有资金100元来计算的话,实际的沉淀资金就高达118亿元。

(资料来源:中国财经,2014年9月16日。)

所谓价值评估,指买卖双方对标的(股权或资产)作出的价值判断。对目标公司的评价一般可以使用以下方法:

1. 收益法

收益法就是根据目标企业的收益和市盈率确定其价值的方法,也可称为市盈率模型。因为市盈率的含义非常丰富,它可能暗示着企业股票收益的未来水平、投资者投资于企业希望从股票中得到的收益、企业投资的预期回报、企业在其投资上获得的收益超过投资者要求收益的时间长短。

应用收益法(市盈率模型)对目标企业估值的步骤如下:

(1)检查、调整目标企业近期的利润业绩。
(2)选择、计算目标企业估价收益指标。
(3)选择标准市盈率。
(4)计算目标企业价值。

例 A公司拟兼并B公司,假定双方公司的长期负债利率均为10%,所得税税率均为50%,按照A公司现行会计政策对B公司的财务数据进行调整后,双方的基本情况如表12-2、12-3所示。

表12-2 A、B两公司2013年12月31日的简化资产负债表

(单位:万元)

资产	A公司	B公司	负债与股东权益	A公司	B公司
流动资产	1 500	500	流动负债	500	250
			长期负债	500	100
长期资产	1 000	250	股本	1 000	300
			留存收益	500	100
			股东权益合计	1 500	400
资产总计	2 500	750	负债与股东权益合计	2 500	750

表 12-3　A、B 两公司 2013 年度的经营业绩及其他指标

（单位：万元）

指标	A 公司	B 公司
2013 年度经营业绩：		
息税前利润	350	60
减：利息	50	10
税前利润	300	50
减：所得税	150	25
税后利润	150	25
其他指标：		
资本收益率＝息税前利润÷（长期负债＋股东权益）	17.5%	12%
利润增长率	20%	14%
近三年的平均利润：		
税前	125	44
税后	63	22
市盈率	18	12

由于并购双方处于同一行业，从并购企业角度出发，预期目标企业未来可达到同样的市盈率是合理的，所以 A 公司可以选择其自身的市盈率为标准市盈率。在其基础上，若选用不同的估价收益指标，分别运用公式计算目标企业——B 公司的价值如下：

① 选用目标企业最近一年的税后利润作为估价收益指标：

$$B 公司最近一年的税后利润 = 25（万元）$$

$$同类上市公司（A 公司）市盈率 = 18$$

$$B 公司的价值 = 25 \times 18 = 450（万元）$$

② 用目标企业近三年税后利润的平均值作为估价收益指标：

$$B 公司近三年税后利润的平均值 = 22（万元）$$

$$同类上市公司（A 公司）的市盈率 = 18$$

$$B 公司的价值 = 22 \times 18 = 396（万元）$$

③ 设目标企业并购后能够获得与并购企业同样的资本收益率，以此计算出的目标企业并购后税后利润作为估价收益指标：

$$B 公司的资本额 = 长期负债 + 股东权益 = 100 + 400 = 500（万元）$$

并购后 B 公司：

$$资本收益 = 500 \times 17.5\% = 87.5（万元）$$

$$减：利息 = 100 \times 10\% = 10（万元）$$

$$税前利润 = 77.5（万元）$$

减:所得税 = 38.75(万元)

税后利润 = 38.75(万元)

同类上市公司(A公司)的市盈率 = 18

B公司的价值 = 38.75 × 18 = 697.5(万元)

采用收益法估算目标企业的价值,以投资为出发点,着眼于未来经营收益,并在测算方面形成了一套较为完整有效的科学方法,因而为各种并购价值评估广泛使用,尤其适用于通过证券二级市场进行并购的情况。但在该方法的使用中,不同估价收益指标的选择具有一定的主观性,而且我国股市建设尚不完善,投机性较强,股票市盈率普遍偏高,适当的市盈率标准难以取得,所以在我国当前的情况下,很难完全运用收益法对目标企业进行准确估价。

【案例12-7】 苏豪逸明公司估值

安科生物2015年3月18日发表公告,收购苏豪逸明。此次收购是以收益法评估,苏豪逸明资产预估值4.05亿元,增值率326.90%。公司认为,苏豪逸明是医药企业,其价值主要体现在管理团队、研发能力等方面。截至2014年年末,苏豪逸明总资产为1.03亿元,净资产为0.95亿元,此次交易的预估值增值率为326.9%。从披露的数据来看,苏豪逸明的盈利能力相当可观。2013年度和2014年度分别实现营业收入7 075.82万元、5 306.41万元,净利润3 668.36万元和2 571.31万元,产品利润率分别为66.26%和66.56%。苏豪逸明承诺2015~2017年扣除非经常性损益后净利润不低于3 000万元、3 600万元、4 320万元,年均增速20%,对应市盈率13.50倍、11.25倍和9.37倍。按照2015年承诺业绩的13.5倍市盈率,此次收购苏豪逸明资产预估值4.05亿元。

(资料来源:新浪财经,2015年3月19日。)

2. 贴现现金流量法(拉巴波特模型 Rappaport model)

这一模型由美国西北大学阿尔弗雷德·拉巴波特创立,是用贴现现金流量方法确定最高可接受的并购价格,这就需要估计由并购引起的期望的增量现金流量和贴现率(或资本成本),即企业进行新投资,市场所要求的最低的可接受的报酬率。拉巴波特认为有五个重要因素决定目标企业价值:销售和销售增长率,销售利润,新增固定资产投资,新增营运资本,资本成本率。运用贴现现金流量模型对目标企业估价的步骤是:

(1) 预测自由现金流量。

(2) 估计贴现率或加权平均成本。

(3) 计算现金流量现值。

(4) 贴现现金流量估值的敏感性分析。

例 A公司拟采用并购方式取得对B公司的控制权。B公司生产经营特点决定其未来创造现金流量的能力较强,鉴于此,A公司的最高决策层决定对B公司的估价,采用贴现现金流量法。有关B公司预测数据如下:

2013年B公司实现现金净流量100万元,估计今后5年现金净流量每年以25%的幅度递增;B 公司资本结构为:负债占 40%,普通股股本占 60%;证券市场无风险报酬率为 8%,平均风险股票必要报酬率为 13%,B 公司股票的贝塔系数为 1.2;负债利息率为 10%。问:若 A 公司只有现金 600 万元,能否实现对 B 公司的购买并购?

根据以上资料可知:

(1) B 公司未来 5 年现金净流量分别为:125 万元、156.25 万元、195.31 万元、244.14 万元、305.18 万元。

(2) 加权平均成本 = 40% × 10% + [8% + 1.2 × (13% − 8%)] × 60% = 12.4%

(3) B 公司的价值为 = $125/(1 + 12.4\%)^1 + 156.25/(1 + 12.4\%)^2 + 195.31/(1 + 12.4\%)^3 + 244.14/(1 + 12.4\%)^4 + 305.18/(1 + 12.4\%)^5$ = 695.5(万元)

(4) A 公司只有现金 600 万元,要实现对 B 公司的购买并购,尚缺 95.5 万元,如不运用其他融资方式或改变并购方式,则无法实现并购。

总之,贴现现金流量法以现金流量预测为基础,充分考虑了目标公司未来创造现金流量能力对其价值的影响,在日益崇尚"现金至尊"的现代理财环境中,对企业并购决策具有现实的指导意义。但是,这一方法的运用对决策条件与能力的要求较高,且易受预测人员主观意识(乐观或悲观)的影响。所以,合理预测未来现金流量以及选择贴现率(加权平均资本成本)的困难与不确定性可能影响贴现现金流量法的准确性。

3. 资产价值基础法

资产价值基础法指通过对目标企业的资产进行估价来评价其价值的方法。确定目标企业资产的价值,关键是选择合适的资产评估价值标准。目前国际上通行的资产评估价值标准主要有以下五种:

(1) 账面价值。账面价值是指会计核算中账面记载的资产价值。例如,对于股票来说,资产负债所揭示的企业某时点所拥有的资产总额减去负债总额即为公司股票的账面价值(账面净资产),再减去优先股价值,即为普通股价值。这种估价方法不考虑现时资产市场价格的波动,也不考虑资产的收益状况,因而是一种静态的估价标准。我国企业并购的活动中有不少收购方以账面价值作为收购价格的实例。账面价值取数方便,但是其缺点是只考虑了各种资产在入账时的价值而脱离现实的市场价值。

(2) 市场价值。市场价值与账面价值不同,是指把该资产视为一种商品在市场上公开竞争,在供求关系平衡状态下确定的价值。当公司的各种证券在证券市场上进行交易时,它们的交易价格就是这种证券的市场价值。它可以高于或低于账面价值。

市场价值法通常将股票市场上与企业经营业绩相似的企业最近平均实际交易价格作为估算参照物,或以企业资产和其市值之间的关系为基础对企业估值。其中最著名的是托宾(Tobin)的 Q 模型,即一个企业的市值与其资产重置成本的比率。

$$Q = 企业价值 / 资产重置成本$$
$$企业价值 = 资产重置成本 + 增长机会价值$$
$$= Q × 资产重置成本$$

一个企业的市场价值超过其重置成本,意味着该企业拥有某些无形资产,拥有保证企业未来增长的机会。超出的价值被认为是利用这些机会的期权价值。但是 Q 值的选择比较困难。即使企业从事相同的业务,其资产结构也会有很大的不同。此外,对企业增长机会的评价并非易事,如在世界不同地区运营的两家石油开发和生产企业就会有不同的增长机会。在一些其他部门,例如房地产,尽管企业单项资产的评估会更容易,但价值增长机会仍是一个问题。在实践中,被广泛使用的是 Q 值的近似值——"市净率",它等于股票市值与企业净资产值的比率。例如,假定对一家企业的各项资产的重置成本合计是 2.7 亿元,其市净率是 2,那么企业价值为 $2.7 \times 2 = 5.4$(亿元)。

(3) 清算价值。清算价值是指在企业出现财务危机而破产或歇业清算时,把企业中的实物资产逐个分离而单独出售的资产价值。清算价值是在企业作为一个整体已经丧失增值能力情况下的资产估价方法。对于股东来说,公司的清算价值是清算资产偿还债务以后的剩余价值。

(4) 续营价值。与清算价值相反,续营价值是指公司资产作为一个整体仍然有增值能力,在保持其继续经营的条件下,以未来的收益能力为基础来评估公司资产的价值。由于收益能力是众多资产组合运用的情况下产生的,因此续营价值标准更适用于公司整体资产的估价。

(5) 公允价值。公允价值反映了续营价值和市场价值的基本要求,是将公司所有的资产在未来继续经营情况下所产生的预期收益,按照设定的折扣率折算成现值,并以此来确定其价值的一种估价标准。它把市场环境和公司未来的经营状况同公司资产的当前价值联系起来,因此非常适合于在收购时评估目标公司的价值。

以上各种对目标企业的估价方法,并无绝对的优劣之分。并购企业对不同方法的选用应主要根据并购的动机而定,并且在实践中可将各种方法交叉使用,从多角度评估目标企业的价值,以降低估价风险。

【案例 12-8】 成都普什制药资产评估

2014 年 3 月 25 日,安徽丰原药业股份有限公司发表公告:甲方(丰原药业)拟向乙方发行股份,用以购买乙方所持有的目标公司 100% 股权,乙方同意以目标公司的 100% 股权认购甲方本次向其定向发行的股份。乙方拟根据本协议约定用于认购甲方本次非公开发行股,标的资产指目标公司的 100% 股权,目标公司指成都普什制药有限公司,为实施本次交易而对标的资产进行资产评估的基准日,即评估基准日为 2014 年 2 月 28 日。

双方同意以 2014 年 2 月 28 日为评估基准日,由双方认可的具有证券从业资格的资产评估机构对目标公司进行评估,出具相应的《资产评估报告书》。最终乙方认购甲方股份的金额,以标的资产经有权的国资委备案确认的评估价值作为定价参考依据。评估基准日为 2014 年 2 月 28 日,评估方法为资产基础法。以此经北京中企华资产评估有限责任公司的评估,成都普什制药有限公司的股东全部权益评估值为 24 864.45 万元。具体资产评估法评定结果汇总表如表 12-4 所示。

表 12-4　资产评估法评定结果汇总表

(单位:万元)

项目	账面价值	评估价值	增减值	增减率
一、流动资产	455.23	459.15	3.28	0.84
二、非流动资产	21 445.60	25 320.69	3 875.09	18.07
其中:长期股权投资	0.00	0.00	0.00	0.00
投资性房地产	0.00	0.00	0.00	0.00
固定资产	20 395.36	21 747.30	1 351.94	6.63
在建工程	234.36	234.36	0.00	0.00
无形资产	742.42	3 265.56	2 523.14	339.85
其中:土地使用权	471.83	2 982.38	2 510.55	532.09
其他非流动资产	0.00	0.00	0.00	0.00
资产总计	21 900.93	25 779.84	3 878.91	17.71
三、流动负债	915.39	915.39	0.00	0.00
四、非流动负债	0.00	0.00	0.00	0.00
负债总额	915.39	915.39	0.00	0.00
净资产	20 985.54	24 864.45	3 878.91	18.48

从表 12-4 可以看出,丰原药业收购普什制药并未像 A 股其他公司并购时给出高溢价,相反,收购普什制药 100%股权仅较其账面价值 2.26 亿元预估值增值了 1 358.12 万元,增值率 6%,而这一评估增值还主要是由于土地使用权升值所致。

(资料来源:新浪财经,2014 年 3 月 26 日。)

三、并购后对企业财务影响分析

并购活动对并购双方的财务指标产生明显影响。这里从企业盈余、股价及股票账面价值等方面探讨并购活动对双方的意义及影响。

1. 并购对企业盈余的影响

由于企业并购投资决策以投资对股票价格的影响为依据,而股票价格的影响又取决于投资对企业每股收益的影响。所以企业评估并购方案的可行性时,应将其对并购后存续企业每股盈余的影响列入考虑范围。

假设 A 企业计划以发行股票方式收购 B 企业,并购时双方财务资料如表 12-5 所示。

表 12-5 并购时 A、B 双方财务资料

项目	A 企业	B 企业
净利润(万元)	1 000	250
普通股股数(万股)	500	200
每股收益(元)	2	1.25
每股市价(元)	32	15
市盈率	16	12

若 B 企业同意其股票每股作价 16 元由 A 企业以其股票相交换,则股票交换比率为 16/32,即 A 企业每 0.5 股相当于 B 企业的 1 股。A 企业需发行 200×0.5＝100(万股)股票才能收购 B 企业所有股份。

现假设两企业并购后收益能力不变,则并购后存续 A 企业的盈余总额定等于原 A、B 两企业盈余之和,见表 12-6。

表 12-6 并购后的 A 企业每股收益

并购后净利润	1 250 万元
并购后股本总数	600 万股
每股收益	2.083 元

由此,A 企业实施并购后每股收益将提高 0.083 元。但原企业股东的每股收益却有所降低,因其所持有的 B 企业股票每股相当于并购后 A 企业股票 0.5 股,所以其原持有股票的每股盈余仅相当于 0.5×2.083＝1.041 5(元),较原来降低了 1.25－1.041 5＝0.208 5(元)。

若 B 企业股票的作价不是 16 元而是 24 元,则交换比率为 24/32,即 0.75 股。A 企业为取得 B 企业全部股票,总计新发行股票 200×0.75＝150(万股),并购之后盈余情况见表 12-7。

表 12-7 并购后的 A 企业每股收益

并购后净利润	1 250 万元
并购后股本总数	650 万股
每股收益	1.923 元

所以在这种情况下,并购后 A 企业的每股收益降低了,而原 B 企业股东的每股收益为 0.75×1.923＝1.44(元),较并购前有所提高。

由这一思路可以推断出保持 A 企业每股收益不变的股票交换比率。假定 A、B 两企业合并、并购后收益能力不变,即并购后存续 A 企业的盈余总数等于原 A、B 两企业盈余之和为 1250 万元,设股票交换率为 R_1,则

并购前 A 企业的每股收益 $EPS_1 = 2$(元)

并购后 A 企业的每股收益 $EPS_2 = \dfrac{1\,250}{500 + 200R_1}$

因并购前后 A 企业的每股收益不变,所以,$EPS_1 = EPS_2$,即 $\dfrac{1\,250}{500 + 200R_1} = 2$

求得 $R_1 = 0.625$,即 A 企业对 B 企业的每股股票作价为 $0.625 \times 32 = 20$(元)。

依此原理,我们还可推算出确保 B 企业股东每股收益不变的股票交换率。

$$1\,250/(500R + 200) = 1.25, \quad R = 1.6, \quad 股票交换率 = 1/1.6 = 0.625$$

当然,A 企业实施并购方案以后,存续的 A 企业每股收益保持不变或适量摊薄降低应该是短期现象。从长远分析,并购后收益率将不断提高,每股收益将比合并前高,即产生并购协同效应。若考虑这种协同效应,举例如下:

承上例,假定 A 企业实施并购后能产生较好的协同效应,估计每年增加净收益 202 万元。如要求存续的 A 企业每股收益提高 10%,达到 2.2 元,可计算 A 企业所能接受的股票交换率。

$$\dfrac{1\,250 + 202}{500 + 200R_1} = 2.2$$

解得 $R_1 = 0.8$,即 A 企业对 B 企业的每股股票作价为 $0.8 \times 32 = 25.6$(元)。

2. 对股票市场价值的影响

并购过程中,每股市价的交换比率是谈判之重点。公开上市的股票,其价格反映了众多投资者对该企业内在价值的判断。因此,股价可反映该企业的获利能力、股利、企业风险、资本结构、资产价值及其他与评价有关的因素。股票市价的交换比率为

$$股价交换比率 = \dfrac{对被并购企业每股作价}{被并购企业每股市价} = \dfrac{并购企业每股市价 \times 股票交换率}{被并购企业每股市价}$$

这一比率若大于 1,表示并购对被并购企业有利,企业因被并购而获利;而若该比率小于 1,则表示被并购企业因此而遭受损失。

假设甲企业每股股价为 30 元,乙企业每股股价为 15 元。若甲企业提议以其 0.5 股交换乙企业 1 股,则此时股价交换比率即为

$$\dfrac{30 \times 0.5}{15} = 1$$

这表明甲、乙两家企业的股票以市价 1:1 的比例对换。假如存续企业的股票能稳定在每股 30 元的水平,则就股票市场价值而言,并购双方的股东在并购后都未受到任何损失,但这将对并购企业缺乏吸引力。因此并购企业常提议收购价格须高于其并购目标在拟议收购当时的每股市价。此例中,甲企业可能无法提议以 0.5 股换取 1 股,而很可能提议以 0.667 股换取 1 股,即以每股 20 元作为当时的市场价格。实际上,只要并购企业提议的价格超过被并购企业当时的市场价格,并购企业的股东就可能在每股市价方面获得好处,因为两家企业的市盈率存在差距。甲、乙两企业的财务资料如表 12-8 所示.

表 12-8　甲、乙两企业的财务资料

企业	甲企业	乙企业
净收益（万元）	600	240
股数（万股）	400	200
每股收益（元）	1.5	1.2
每股市价（元）	30	15
市盈率	20	12.5

若乙企业每股作价 20 元，即甲企业每 0.667 股换取乙企业 1 股，则并购乙企业股票的市价交换比率为

$$\frac{30 \times 0.667}{15} = 1.334$$

显然，此交易使乙企业股东在股价方面获得收益，因为并购作价高于其股票市价。同时，甲企业的股东也能获得好处，因为若其股票每股市盈率维持于 20 倍，则在其他条件不变的情况下，并购后甲企业每股市价将升至 31.5 元。具体财务资料见表 12-9。

表 12-9　存续的甲企业财务资料

指标	数值
净收益（万元）	840
股数（万股）	533.34
每股收益（元）	1.575
每股市价（元）	31.5
市盈率	20

市价交换比率还有助于被并购企业对不同并购企业的"出价"进行测算评价并决策。

假定甲、乙两家企业均有意购入丙企业全部普通股实现并购。丙企业目前每股市价为 12 元，甲、乙两企业的报价分别为

甲企业：愿以其 0.4 股普通股（目前市价 25 元）加 0.2 股优先股股份（目前市价 16 元）。

乙企业：愿以其 0.35 股普通股（目前市价 20 元）加 7 元现金。

若不考虑现金股利和所得税因素，二者各自的股票市场价值交换比率为

甲企业：$(0.4 \times 25 + 0.2 \times 16) \div 12 = 1.1$

乙企业：$(0.35 \times 20 + 7) \div 12 = 1.17$

所以，乙企业的报价对丙企业更有利，丙企业应选择由乙企业并购。

【案例 12-9】　三九集团的并购之路

很多年前，三九集团总裁赵新先就讲过一句话：三九的发展方式有两种，第一种是不断推出新产品，不断扩大市场份额；第二种是兼并与并购。

从 1995 年年底开始，为实现资本快速扩张和企业实力大幅增强，三九集团往全国展开

了大规模的兼并行动。以"市场需要什么产品,就兼并生产这些产品的企业"为策略,在两三年内三九集团在全国各地兼并了23家制药企业,药品品种达500多种。特别是在三九医药上市之后,有了资金作后盾,三九集团的并购速度更是一发不可收拾。

2000年10月底,三九集团斥资5亿元收购四川长征制药厂;11月三九集团又挥师上海用5 300万受让了胶带股份的29.5%的股权,成为胶带股份的第一大股东。与此同时,三九进一步打造999健康网,2000年7月继其新建立三九音乐网之后,又入股西陆网,现共拥有13个公众服务网,29个企业网站。

2001年年初,三九集团联合国内颇具实力的十家金融机构、企业,共同出资组建了一家非银行金融机构,深圳金融租赁有限公司,三九集团拥有50.29%股份。

截至2003年9月,从创业开始短短十年间,三九集团以5 375万元注册资本,拥有三九医药、三九生化(000403,SZ)和三九发展(600614,SH)三家上市公司,另控股上市子公司上百家,业务涉及药业、食品、酒业、国内外贸易、汽车、旅游、房地产、农业等八大产业。

十年之间,三九集团党委书记、总裁赵新先也因在资本市场纵横、长袖善舞,被业界尊为"并购大王"。

大规模的并购无疑需要庞大的资金支撑,其间固然有银行的支持,但在规模和效益之间,银行往往希望看到并购后产生的巨大经济效益。而赵新先更看重的是规模,制定的"三个五年"发展目标是:5年内成为世界最大的、最先进的植物药厂,10年内成为亚洲最大的医药工业企业,力争15年左右的时间打进全球500强。赵新先在做大三九集团规模的同时,并没有为三九带来预料的经济效益。赵新先在2003年年初公开承认,三九并购的医药企业成功率是70%,而非医药企业成功率只有50%。

并购为三九集团带来的危害至少表现在两个方面:一是三九集团八大产业的问题。一家主营医药的企业拥有彼此几乎不关联的八大产业,这在国内外是不多见的。二是由于主要精力放在资本运作上,三九的研发能力弱了下来,新产品缺位,主营业务利润下滑。三九集团部分子公司也紧随三九集团之后,沉溺于并购和资本扩张中,其中很多都吃过大亏。一些企业在元气大伤后至今仍没有恢复过来。如三九汽车,出现了数以亿计的经济损失,三九在酒店业运营并不理想;三九轰轰烈烈的"百县大战"(大农业户产业战略)结果差强人意;三九提出的向"老少边穷"地区发展的战略,纯属公益性举措,如对河南兰漕的投资总体损失高达5 000万元、郑州少林汽车投资损失约6 000万元、太原洗衣粉厂投资损失7 000万元左右。并购不一定能带来神话,部分无序的兼并和扩张只会给三九集团埋下隐患。

第三节　企业收购与反收购策略

一、公开收购要约与形式

1．公开收购要约

根据惯例,若想收购上市公司股票,必须向所有持股人发出公开收购要约,即收购企业公开地向目标企业全体股东发出要约,承诺以某一特定价格购买一定比例或数量的目标企业股份。

收购企业发出公开收购要约前通常持有目标企业一定份额的股票,当拥有数额超过一定限度时必须公开发出收购要约。我国《股票发行与交易管理暂行条例》(以下简称《条例》)规定:"任何法人直接或间接持有一个上市公司发行在外普通股达5%时,应在其后3个工作日,向该公司、证券交易所和证监会作出书面报告并公告。"此后,"其持有该种股票的增减变化每达该种股票发行在外总额的5%时,应在其后3个工作日内向该公司、证券交易所和证监会作出书面报告。""发起人以外的任何法人直接或间接持有一个上市公司发行在外的普通股达到30%,继续进行收购的,应当自事实发生之日起45个工作日内向该公司所有股票持有人发出收购要约。""在发出收购要约前,不得再行购买该种股票。"

公开收购需注意的问题:

第一,对公开收购要严格保密。如果此消息事先走漏,股价必涨无疑,这会给收购方造成收购困难。因此收购者在向证券交易委员会报告"公开收购要约"前,必须严格保密,先暗中在公开市场上逐渐低价吸纳目标企业的股票,当收购股权达到一定比率即5%时,即向证券委报告,再公布公开收购要约。公布收购要约后,股价肯定上涨,但如果上涨过度,接近公开收购要约的价格或者有别人提出更高的收购要约,那么此收购需要重新要约。

第二,正确确定公开收购价格。被收购企业经营者是否同意公开收购条件,对收购行动的成败有最直接的影响。股东们需要通过收购要约来判断此项收购行动对自己的影响,也需要通过价格来确定自己是否应出让股权。因此,只有高于股市的价格才对股东具有吸引力,在一般情况下,公开收购价格高于市价才能完成收购任务。

第三,在正式公开收购要约后,收购者只能以该要约作为购买股票的工具,在此要约的有效期间内,不得以要约规定以外的任何条件购买该种股票。

公开收购中,究竟收购方拥有目标企业的多少股份才算收购成功,主要是根据被收购企业章程规定的通过重大决议所必需的股份数量而定。我国《条例》中规定:"收购要约期满,收购要约人持有的普通股未达到该公司发行在外普通股总数的50%的,为收购失败。"

2. 公开收购的方式

（1）善意收购。

善意收购是指目标企业的经营者同意此项收购，双方可以共同磋商购买条件、购买价格、支付方式和收购后企业的地位及被收购企业人员的安排等，并就上述内容签订收购要约。目标企业的管理者甚至为促使收购交易的顺利进展而向收购方提供必要的情报，劝其股东接受收购要约中的条件，出售股票给收购企业。善意收购是在双方自愿、合作、公开的前提下进行的，一般都能获得成功。

（2）敌意收购。

敌意收购是指收购者在收购目标股权时虽然该收购行为遭受目标企业管理者的反抗和拒绝，甚至在其采取反收购策略的条件下强行收购；或者在未与目标企业的经营管理者商议的情况下，提出公开收购要约，实现企业控制权的转移。在敌意收购活动中，公开收购要约者不仅不能对被收购企业的经营状况，财务资料有充分、详细的调查了解，而且目标企业还会设置种种障碍，采取与收购者对立的立场，力争使此项收购行动失败。因此，进攻性企业为达到此项目的，不惜举债高价收购，以至收购价格高到企业股东不顾经营者的劝告而出售股票，收购者才能达到收购控制权的目的。

二、买壳上市

所谓买壳上市，是指非上市公司收购并控股一家上市公司，然后再由上市公司收购非上市的控股公司的部分资产，从而将非上市公司的主体注入上市公司中，实现非上市公司间接上市。其实质是非上市公司收购上市"壳公司"和被收购上市"壳公司"反收购非上市公司全部或大部分资产的双重组合收购。

那么，许许多多的企业热衷于买壳的主要原因又是什么呢？我们作一简单的分析：企业作为微观经济运行实体，未来的资金筹措应采取何种形式是随时会面临的问题。伴随社会主义市场经济体制的逐步建立和国有企业改革的逐步深入，企业的融资渠道逐渐在拓宽，融资观念也逐步更新。尤其加入WTO以后，资本运营、资产重组的概念已广为企业界所接受，很多企业正逐渐从货币市场融资转向从资本市场（特别是股票市场）融资。而上市确确实实有很多好处，比如能筹集大量低成本的资金，有助于公司分散风险，提升企业知名度，享受税收优惠政策等。但在我国，上市作为一种稀缺资源，有上市要求的企业与能够上市的企业之间存在很大缺口；同时企业能否上市还受企业所处行业及自身经营方面的限制，对于大多数企业来说，未必具有上市资格，并不是所有的企业都有这种机会。由于受到上市额度和上市节奏的制约，即使能够上市，也将是一个漫长的过程，不少具备上市条件的企业只能排队苦苦等待。而"借壳上市"，则不受各种限制。

另外，我国管理层为扶持和发展国有大中型企业，帮助这些企业走出困境，过去主要将上市额度分配给国有大中型企业，造成一些"后起之秀"，特别是一些新创业的高科技企业和民营企业，直接进入股市融资十分不易。尽管2001年3月17日《证券发行核准制》的出台，标志着中国股票发行机制和方式日益朝着市场化方向发展。但根据其中规定,企业在实施 IPO 发行上市以前,必须先注册成立后再由券商至少辅导一年,这无疑加长了企业发行上市的周期。

而与此相对应,中国证监会 2000 年 5 至 7 月份相继出台了增发新股的政策规定,即实施重大资产重组且符合其他条件的上市公司可以增发新股,这无疑给非上市企业通过买壳上市提供了一个契机。在这样的背景下,"壳"资源具有较高的价值,通过重组来对"壳"资源进行重新配置,利用重组的机会来抢夺"壳"资源、维护"壳"资源和继续充分利用"壳"资源,不但符合地方政府的利益,也符合许多非上市企业的愿望。同时,一些上市公司陷入财务困境,有些甚至接近破产的边缘,更为重组创造了机会。

一般说来、典型的买壳上市一般要经过两个步骤:第一步,购买股权,即买壳,通过在股市中寻找那些经营发生困难的公司,购买其一部分股权。从而达到控制企业决策的目的。购买上市公司的股权一般分为两种。一种方式是购买未上市流通的国有股或法人股,这种方式购买成本一般较低,但是存在许多障碍。一方面是原持有人是否同意,另一方面是这类转让要经过政府部门的批准。另一种方式是在股票市场上直接购买上市公司的股票,这种方式适合于那些流通股占总股本比例较高的公司。但是这种方法一般成本较高。因为一旦开始在二级市场上收购上市公司的股票,必然引起公司股票价格的上涨,造成收购成本的提高。第二步,资产置换,即换壳。将壳公司原有的不良资产卖出,将优质资产注入壳公司,使壳公司的业绩发生根本的转变,从而使壳公司达到配股资格。如果公司的业绩保持较高水平,公司就能以很好的配股价格在股票市场上募集资金。

【案例 12-10】 兰陵公司买壳上市

1997 年 12 月 20 日,山东环宇股份有限公司临时股东大会发表公告:山东省政府批准将原山东临沂市国资局持有的环宇股份中的 51.9% 的国家股权划归转给兰陵集团所有,从而使兰陵集团成为环宇的控股股东。环宇股份从而改名为"兰陵陈香",兰陵公司实现买壳上市。

环宇股份公司在将其全部经营性资产评估确认后,以净值作价 14 512 万元出售给兰陵集团,然后购得兰陵集团所属两家全资子公司优质资产,和一家控股公司 20.6% 的股份,股东大会通过更名及聘任新的经理班子,最终使一家上市一年多的公司被更换主人。

山东环宇股份有限公司是一家以经营批发零售业务为主的商业类公司。1988 年由定向募集设立,于 1996 年 7 月 26 日获准在上交所上市。公司现有总股本 8 757.225 万股,其中国家股占 51.9%、社会公众股占 48.1%。前几年,由于率先进行了股份制改造,取得了较好的经济效益;但随着该市 40 多个专业批发市场的迅速崛起,市场形势发生了较大变化,给环宇股份公司的经营造成了很大的冲击,再加上公司内部管理不善,经营机制没有及时转变,其经营每况愈下,销售收入和利润连年下降;1994 年利润为 1 678 万元,1995 年为 773 万元,1996 年为 106 万元,到 1997 年上半年亏损达 441 万元,公司最基本的运转都难以维持。1996 年每股收益仅为 1 分钱,净资产收益率为 9.8%。而到 1997 年中期,每股收益为

−0.004 8元,净资产收益率为3.2%,表明环宇公司已失去了配股条件。

山东兰陵集团是一家以酒类生产为主的大型企业集团,现有资产10亿元,年产饮料酒13万吨。经济效益和知名度俱佳,连续10年以40%的速率递增,1996年实现利税2.25亿元,该公司年纳税额占当地财政收入的20%以上。在具有雄厚的资金、管理、人才优势的同时,为谋求企业规模的更快发展,兰陵集团正积极实施资本运营,寻求上市途径。

一家拥有宝贵的壳资源,抱着金饭碗要饭吃;另一家则业绩良好,实力雄厚,苦于找不到上市的渠道。临沂市体改委积极撮合,两家公司老总一谈即合,迅速达成共识。由南方证券公司担任重组财务顾问,于1997年9月份开始了紧张的工作。第一是争取财政支持,省市国资局确定环宇股份中的国有股无偿划转给兰陵集团持有;第二是是对环宇公司资产进行资产评估,按照评估确认的资产净值14 512万元转让给兰陵集团;第三是兰陵集团对其所属两家全资子公司平邑酒厂和都城酒厂及其控股的兰陵美酒股份公司进行评估。兰陵集团将两家酒厂评估后的净资产分别作价3 631万元和3 765万元,以及古兰陵美酒股份公司20.6%的净资产作价7 116万元,与环宇公司进行等价置换。

兰陵集团进入环宇股份公司的是优质资产,兰陵美酒股份公司现有总股本13 000万股。公司成立三年来经济效益不断上台阶,1997年预计实现利润4500万元,并且目前正致力于具有上千年悠久历史的低度营养酒的生产开发,该酒市场前景广阔。而平邑酒厂和都城酒厂生产经营形势也不错,预计两厂1997年下半年可实现利润分别为700万元和500万元。据公告称,重组后的"兰陵陈香"(原环宇股份公司)1997年主营业务收入可达22 185万元,净利润3 510万元,每股净资产1.92元,净资产收益率达20.8%,每股收益可达0.40元,1998年每股收益达0.43元。

三、企业反收购的财务防御

成为敌意的目标企业一般有如下特点:① 与企业资产重置成本或潜在盈利能力相比,股价过低;② 具有大量的剩余现金、大量有价值的证券投资组合以及大量未使用的负债能力;③ 具有出售后不损害现金流量的附属公司或其他财产;④ 现管理层持股比例较小。这些因素的组合,会使该企业变得更有吸引力。

为了减少目标企业的吸引力,从财务的角度考虑,可以采取如下措施:① 通过举债或股票回购等方式大幅度提高企业负债比例,并在贷款合同中增加限制性条款,如被接管时要提前偿还债务等;② 力争促使持股比例相对集中于支持管理层的股东或控股企业手中;③ 增加对现有股东的股利发放率;④ 营运中产生的剩余现金流量要尽量投入具有正净现值的项目,或回报给股东,或用于收购其他企业,尤其是收购者不希望要的企业;⑤ 对于脱离母公司后并不影响现金流量的正常运作的附属公司,应该让其脱离;或为了避免大量的现金流入,应让其独立;⑥ 通过重组或分立的方法,实现那些被低估资产的真实价值。

上述各种措施虽然可降低企业被并购的吸引力,但同时企业也放弃了财务方面的某些灵活性以及对抗风险的能力。

四、企业反收购管理策略

在当今公司并购之风盛行情况下,越来越多的公司从自身利益出发,在投资银行等外部顾问机构的帮助下,开始重视采用各种积极有效的防御性措施进行反收购,以抵制来自其他公司的敌意并购。

1. 反收购的经济策略

反收购时可以运用的经济策略主要有四大类:提高收购者的收购成本、降低收购者的收购收益、收购收购者、适时修改公司章程。

(1) 提高收购者的收购成本。

① 股份回购。公司在受到收购威胁时可回购股份,其基本形式有两种:一是公司将可用的现金分配给股东,这种分配不是支付红利,而是购回股票;二是换股即发行公司债、特别股或其组合以回收股票,通过减少在外流通股数抬高股价,迫使收购者提高每股收购价。但此法对目标企业比较危险,因负债比例提高,财务风险增加。

② 寻找"白衣骑士"(white knight)。"白衣骑士"是指目标企业为免遭敌意收购而自己寻找的善意收购者。公司在遭到收购威胁时,为不使本企业落入恶意收购者手中,可选择与其关系密切的有实力的公司,以更优惠的条件达成善意收购。一般地讲,如果收购者出价较低,目标企业被"白衣骑士"拯救的希望就大;若收购者提供了很高的收购价格,则"白衣骑士"的成本提高,目标公司获救的机会相应减少。

③ "金色降落伞"。公司一旦被收购,目标企业的高层管理者将可能遭到撤换。"金色降落伞"则是一种补偿协议,它规定在目标公司被收购的情况下,高层管理人员无论是主动还是被迫离开公司,都可以领到一笔巨额的安置费。与之相似,还有针对低层雇员的"银色降落伞"。但金色降落伞策略的弊病也是显而易见的——支付给管理层的巨额补偿反而有可能诱导管理层低价将企业出售。

(2) 降低收购者的收购收益或增加收购者风险。

① "皇冠上的珍珠"对策。从资产价值、盈利能力和发展前景诸方面衡量,在混合公司内经营最好的企业或子公司被喻为"皇冠上的珍珠"。这类公司通常会诱发其他公司的收购企图,成为兼并的目标。目标企业为保全其他子公司。可将"皇冠上的珍珠"这类经营好的子公司卖掉,从而达到反收购的目的。作为替代方法,也可把"皇冠上的珍珠"抵押出去。

② "毒丸计划"。"毒丸计划"包括"负债毒丸计划"和"人员毒丸计划"两种。前者是指目标公司在收购威胁下大量增加自身负债,降低企业被收购的吸引力。例如,发行债券并约定在公司股权发生大规模转移时,债券持有人可要求立刻兑付,从而使收购公司在收购后立即面临巨额现金支出,降低其收购兴趣。"人员毒丸计划"的基本方法则是公司的绝大部分高级管理人员共同签署协议,在公司被以不公平价格收购,并且这些人中有一人在收购后被降职或革职时,则全部管理人员将集体辞职。

这一策略不仅保护了目标公司股东的利益,而且会使收购方慎重考虑收购后更换管理层对公司带来的巨大影响。企业的管理层阵容越强大、越精干,实施这一策略的效果将越明显。当管理层的价值对收购方无足轻重时,"人员毒丸计划"也就收效甚微了。

③ "焦土战术"。这是公司在遇到收购袭击而无力反击时,所采取的一种两败俱伤的做法。例如,将公司中引起收购者兴趣的资产出售,使收购者的意图难以实现;或是增加大量与经营无关的资产,大大提高公司的负债,使收购者因考虑收购后严重的负债问题而放弃收购。

(3) 收购收购者。

这是作为收购对象的目标企业为挫败收购者的企图威胁进行反收购,并开始购买收购者的普通股,以达到保卫自己的目的。例如,甲公司不顾乙公司意愿而展开收购,则乙公司也开始购买甲公司的股份,以挫败甲公司的收购企图。

(4) 适时修改公司章程。

这是公司对潜在收购者或诈骗者所采取的预防措施。反收购条款的实施、直接或间接提高收购成本、董事会改选的规定都可使收购方望而却步。常用的反收购公司章程包括:

① 董事会轮选制。董事会轮选制使公司每年只能改选很小比例的董事。即使收购方已经取得了多数控股权,也难以在短时间内改组公司董事会或委任管理层,实现对公司董事会的控制,从而进一步阻止其操纵目标公司的行为。

② 超级多数条款。公司章程都须规定修改章程或重大事项(如公司的清盘、并购、资产的租赁)所需投票权的比例。超级多数条款规定公司被收购必须取得 2/3 或 80% 的投票权,有时甚至会高达 95%。这样,若公司管理层和员工持有公司相当数量的股票,那么即使收购方控制了剩余的全部股票,收购也难以完成。

③ 公平价格条款。公平价格条款规定收购方必须向少数股东支付目标公司股票的公平价格。所谓公平价格,通常以目标公司股票的市盈率作为衡量标准,而市盈率的确定是以公司的历史数据并结合行业数据为基础的。

2. 反收购的法律策略

诉讼策略是目标公司在并购防御中经常使用的策略。诉讼的目的通常包括:逼迫收购方提高收购价以免被起诉;避免收购方先发制人,提起诉讼,延缓收购时间,以便另寻"白衣骑士";在心理上重振目标公司管理层的士气。诉讼策略的第一步往往是目标公司请求法院禁止收购继续进行。于是,收购方必须首先给出充足的理由证明目标公司的指控不成立,否则不能继续增加目标公司的股票。这就使目标公司有机会采取有效措施进一步抵御被收购。不论诉讼成功与否,都为目标公司争得了时间,这是该策略被广为采用的主要原因。

目标公司提起诉讼的理由主要有三条:第一,反垄断。部分收购可能使收购方获得某一行业的垄断或接近垄断地位,目标公司可以此作为诉讼理由。第二,披露不充分。目标公司认定收购方未按有关法律规定向公众及时、充分或准确地披露信息等。第三,犯罪。除非有十分确凿的证据,否则目标公司难以以此为由提起诉讼。

反收购防御的手段层出不穷,除经济、法律策略以外,还可利用政治等手段,如迁移注册地,增加收购难度,等等。以上种种反并购策略各具特色,各有千秋,很难断定哪种更为奏效。但有一点是可以肯定的,企业应该根据并购双方的力量对比和并购初衷选用一种策略或几种策略的组合。

【案例 12-11】 宝安收购延中

宝安企业(集团)股份有限公司的前身是宝安县联合制造投资公司,该公司成立于 1983 年 7 月,1991 年 6 月经过股份制改造,6 月 25 日宝安企业股票正式上市。原始股 16 503 万股,1991 年 7 月,宝安公司又向法人定向扩展 6 000 万股,截至 1991 年年底,总计有股份 22 503 万股,实收股本 22 503 万元。1991 年增股后,总股份为 26 403 万股,股本 26 403 万元。

宝安企业的主要经营业务项目包括:房地产业、工业区开发、工业制造和"三来一补"加工业、仓储运输工业、商业贸易和进出口贸易、酒店经营和服务、金融证券业等。1991 年组建股份公司,对能源、交通、通信、建材等基础产业增加了投资,并拓展了电子技术、生物工程等高技术领域业务,向区域性、多元化、多层次的跨国经营的企业集团迈进。

公司(集团)各项业务均取得较大发展:抓住了国内开放向纵深发展、经济建设日益高涨的有利时机,在房地产业、高科技工业、金融证券等领域获得较大发展;同时,商业贸易大幅增长,海外拓展奠定基础,产业结构加速调整,集团管理日趋规范,形成了以房地产业为龙头,带动各业迅速发展的经营模式,区域性、多层次、多元化、跨国经营,推动集团不断向更高层次发展。

上海延中实业股份有限公司,成立于 1985 年,是上海第二家股份制企业。公司成立时注册资本 50 万元,截至 1992 年 12 月 31 日,注册资本 2 000 万元。股票面值于 1992 年 12 月 10 日拆细为每股 1 元,计 2 000 万股,其中法人股 180 万股,占总股份 9%,个人股 1 820 万股,占总股份的 91%。

上海延中实业股份有限公司原有直属和联营企业 6 家,商业服务部数十个。公司经营范围:主营文化办公机械、塑料制品,兼营电脑磁盘、录像机、磁带、家用电器、服装鞋帽、日用百货、针棉织品、装潢材料、合成材料等。1992 年公司全年销售收入 1 388 万元,全年利润总额 352 万元,税后可供分配利润 309 万元,比 1991 年增加 56.3%,分别超出年初 83% 和 110%。1992 年公司利用增资到位资金新加三个合资企业,新办一个联营企业,创办一个独资企业并参与房地产经营及横向参股了豫园、申银证券等大股份制企业的法人股。到 1992 年年底,延中实业股份有限公司共有注册资金计人民币 2 000 万元,计 2 000 万股,实有资产近亿元。1992 年度,公司执行送配计划,每股送红股 0.5 股,该公司总股本达 3 000 万元。

早在 1992 年年末,中国宝安实业(集团)有限公司就已开始招募谋士,计划此次行动。他们雄辩的分析与推理增强了宝安的信心。经过细致的分析挑选,上海延中实业股份有限公司终于被选中了。主观上,宝安公司有足够的经济实力、管理能力和股市运作经验;客观上,延中的"薄家底"和几年来不尽如人意的经营业绩,正给了宝安可乘之机。不仅如此,延中公司的许多"历史问题"正合宝安胃口。首先,延中公司筹建时,由于政策规定老企业不能参股,所以它没有发起人股。其次,延中股本少,仅3 000多万元,依宝安实力,收购或控股不存在资金上的问题。再次,延中公司的章程里没有任何反收购条款。这三条历史原因,使宝安收购延中具有了操作上的可行性。而且延中在经营性质范围上与宝安同属综合性企业,控股之后对改善延中的管理、拓展宝安上海公司的业务有很大好处。延中公司转换经营机制早,条条框框少,束缚少;公司人员少,负担少,潜力大。这一系列事实对宝安控股后改造企业的进行十分有利。另外,宝安对中国现行的《证券法》分析透彻,对其粗糙与疏漏之处早已了如指掌——这在其以后对延中的收购战中可以明显地看出来。

1993年9月,宝安开始收购行动。首先宝安集团下属的三家企业,宝安上海公司、宝安华阳保健用品公司和深圳龙岗宝灵电子灯饰厂受命,担任此次收购的主角。三家公司均小心谨慎,并严格控制消息。在此期间,宝安一直在慎重考虑,并进一步等待时机成熟。9月3日,上海开放机构上市,又为计划的实施提供了政策上的可能性,于是公司当机立断,调集资金,准备9月中旬大规模收购延中股票。

9月14日,延中股价8.8元,这已和7月26日的8.10元构成了一条较长的上升趋势线。9月14日以后,股价每日向上走高,但每日价值上扬不高,一般仅在几分至两角之间。延中股票的一反常态,与大市低迷的不协调并没有引起延中公司的注意。而此时宝安正大量吃进延中的股票。市场上的圈内人士开始流传宝安的秘密计划,股价拉出第8根阳线时,股价突破颈线10.47元,此时,三家主力兵团中,宝安上海公司持有股票最多,但尚未突破5%的报告线。由于《股票发行与交易管理暂行条例》第47条对法人在股票市场上大量买卖上市公司股票达到一定比例时,必须作报告有明确的规定:"任何法人直接或者间接持有一个上市公司发行在外的普通股达5%时,应当自该事实发生起三个工作日内,向该公司、证券交易所和证监会作出书面报告并公告。法人在依照前述规定作出报告并公布之日起二个工作日内和作出报告前,不得再直接或者间接买卖该股票。"此项规定加大了收购的难度,会使收购成本大大提高,因此宝安试图跳过5%报告线,以期降低难度。

1993年9月29日,宝安上海公司已持有延中股票的4.56%,宝安华阳保健用品公司和深圳龙岗宝灵电子灯饰公司已分别持有延中股票达4.52%和1.657%,合计10.6%,早已超出5%,三家公司接受命令,将于9月30日下单扫盘,而此时延中公司还沉浸在一片平和之中。

9月30日,宝安公司计划下单扫盘,由于在此之前,宝安上海公司持有延中股票数为4.56%,再吃进15万股即可超过5%。宝安在集合竞价以后的短短几小时内便购进延中股票342万股,于是合计宝安持有延中股票数已达479万余股,其中包括宝安关联企业宝安华阳保健用品公司和深圳龙岗宝灵电子灯饰公司通过上海证交所的股票交易系统卖给宝安上海公司的114.7万股,至此,宝安公司已拥有延中股票的15.98%。

9月30日11时15分,延中被停牌,电脑屏幕上映出宝安公司的公告。本公司于本日已拥有延中实业股份有限公司发行在外的普通股5%以上,根据国务院《股票发行与交易管理暂行条例》第四章"上市公司收购"第47条之规定,特此通告。宝安在它一切都密谋已久准备就绪的情况下正式向延中宣战了。

上海昌平路,延中公司总部,听此消息犹如晴天霹雳,正常的工作秩序被打乱了。秦国梁总经理心里更是别有滋味,为什么自己在学习《股票发行与交易管理暂行条例》时,竟会把第四章"跳过去"了呢?

上海余姚路,宝安上海公司总部,宝安集团曾汉雄董事长、陈政立总经理却显得格外平静,此举此情早已在他们预料之中。在上海,他们已投入10亿多人民币,而今也是他们进军上海的重要之时。

在毫无准备的袭击面前,延中稍有忙乱,只能用国庆节的三天假期调兵遣将。酝酿反击的延中公司表示,他们不排除采取反收购行动的可能。同时,延中聘任应对敌意收购很有经验的施罗德集团香港宝源投资有限公司作延中顾问。10月4日,宝源公司中国业务代表张锐先生表示:"我们希望在业内朋友的帮助下,本着股市公开、公正、公平原则为延中股东寻找一条获得最佳利益的途径,开辟出一条有中国特色的反收购路子。"

此后一段时间,收购与反收购之战愈演愈烈,安宝、延中分别在各自智囊团的支持下,通过新闻媒介展开唇枪舌剑。

宝安意欲收购延中构成新中国证券市场第一例股权转移事件,收购概念由此产生。此举对沪市产生了巨大的冲击,延中股票和一些与延中有类似收购的股票出现了非理性的狂涨。这时候监管部门应该作出权威性的论断了。

在调查研究的基础上,中国证监会宣布宝安上海分公司所获延中股权有效,但该公司及其相关企业在买卖延中股票过程中存在违规行为。并对宝安上海分公司及其关联企业作出相关处理。

证监会在公布调查结果后指出:法人依法通过大量买入上市公司股票,从而成为某公司的大股东或达到控股地位,是证券市场运作中的正常现象。上市公司的股权转换受市场机制的调节和控制,证券主管部门或证交所一般不干预。但是这种上市活动必须依照法律的规定进行,任何单位和个人在股票交易过程中如采取非法手段牟取暴利,致使投资公司利益受损,一经查实则必须依法处罚。

在中国证监会对"宝延风波"作出处理的同时,宝安集团上海分公司和延中公司经过会谈达成如下协议:① 宝安上海分公司持有的19.80%的延中股票,其收益权全部归宝安上海分公司,但其表决权的55%则由延中董事长行使,宝安上海分公司只享有持股数45%的表决权;② 双方共同努力提高延中的税后利润指标;③ 宝安派两名代表进入延中董事会,分任副董事长和副总经理,但不干预延中的日常经营管理;④ 改造董事会需待一年半后本届董事会任期结束之时;⑤ 宝安增减持有延中股票需征得延中董事会同意。至此双方握手言和,共谋发展,"宝延风波"告一段落。1994年5月,宝安上海分公司总经理取代延中原董事长的职位,从而使得宝安上海分公司完成了对延中公司的控制。

思考练习题

一、计算题

1. 甲公司经营发展,需要并购乙公司,甲公司资本总额500万元,负债与权益之比为2∶3,资本收益率(税前)为20%,股票市盈率为25;乙公司资本总额200万元,负债与权益之比为1∶1,股票市盈率为15,所得税率为40%。两公司的负债均为长期银行借款,银行借款年利率为10%,预计收购后乙公司能获得与甲公司相同水平的资本收益和市盈率。

要求:采用收益法计算目标企业乙公司的并购价值。

2. A公司2015年的销售收入为51 800万元,假设你预测公司在2016年的销售收入增长9%,但是以后每年的销售收入增长率将逐年递减1%,直到2021年及以后,达到所在行业4%的长期增长率。基于公司过去的盈利能力和投资需求,预计EBIT为销售收入的9%,净营运资本需求的增加为销售收入增加额的10%,资本支出等于折旧费用。公司所得税率为25%,加权平均资本成本为12%,请用贴现现金流量法估计2016年年初公司的价值。

3. 甲企业计划通过发行股票收购乙企业,并购时甲、乙两企业有关财务信息如表12-10所示。

表12-10 甲、乙两企业有关财务信息

企业	甲企业	乙企业
净利润	500万元	100万元
普通股股权	200万元	100万元
每股市价	20元	12元

若并购后甲、乙两企业收益能力不变。

要求:(1)甲企业以每股15元的价格收购乙企业股票后,甲企业的每股收益与并购前相比变化多少?乙企业的每股收益与并购前相比变化多少?

(2)确保甲企业的每股收益维持并购前水平的股票交换率是多少?

4. 从事家电生产的A公司董事会正在讨论吸收合并一家同类公司B,以迅速实现规模扩张。表12-11是两个企业合并前的年度财务资料。

表12-11 A、B公司合并前的年度财务资料

(单元:万元)

项目	A公司	B公司
净利润	14 000	3 000
股本(普通股)	7 000	5 000
市盈率(倍)	20	15

合并后,利润总额增加 1 000 万元,公司所得税率均为 30%,A 公司打算以增发新股的办法以 1 股换 4 股 B 公司的股票完成合并。

要求:(1) 计算合并成功后新的 A 公司每股收益。

(2) 计算这次合并的股票市价交换率。

5. 王总是 WT 上市公司的董事长,同时也是 ABC 公司的实际控制人,ABC 公司创办于 2017 年下半年,2019 年 10 月,王总在 WT 公司董事会上提出 WT 公司收购 ABC 公司议案交各位董事讨论。ABC 公司创办于 2017 年,有关资料如下表。WT 公司邀请北京天健兴业资产评估公司对 ABC 公司进行评估,采用资产基础法和收益法对评估对象分别进行了评估,经分析最终选取资产基础法评估结果作为评估结论。ABC 公司的经审计净资产账面值为 4 467.54 万元,采用资产基础法评估的股东全部权益价值为 5 588.74 万元,增值 1 121.20 万元,增值率为 25.40%。增值原因主要为本次评估结果涵盖了"无形资产-客户关系"的价值。ABC 公司及其下属子公司在运营过程中形成较为稳定可以长期合作的客户关系,稳定的、有良好信誉的客户关系,是类金融企业的重要资产,本次评估将上述"无形资产-客户关系"纳入评估范围,导致评估增值。有关资料如表 12-12 所示。

表 12-12　ABC 公司的相关资料

项目名称(单位:万元)	2019 年 6 月 30 日	2018 年 12 月 31 日	2017 年 12 月 31 日
资产总额	19 482.60	7 767.92	370.91
负债总额	15 015.06	4 054.38	1 150
应收账款总额	10 229.57	4 265.88	0
净资产	4 467.54	3 713.54	−779.09
项目名称(单位:万元)	2019 年 1~6 月	2018 年度	2017 年度
营业收入	672.06	256.51	0
利润总额	69.81	−277.84	−199.23
净利润	79.01	−279.16	−199.23
经营活动现金净流量	−5 183.61	−6 433.35	—

根据以上资料,请对以上企业估值合理性进行探讨。

二、案例讨论题

丰原药业收购成都普什制药方案

2014 年 3 月 25 日,停牌数月的丰原药业(000153,前收盘价 7.82 元)宣告重大收购事项,公司拟向普什集团发行股份,购买其持有的普什制药 100% 的股权;同时向不超过 10 名特定投资者非公开发行股票募集配套资金,募集配套资金总额不超过交易总金额的 25%。公告显示,普什制药 100% 股权的预估交易价格为 2.4 亿元,丰原药业拟以 7.81 元/股的价格发行 3 072.98 万股;另外,募集配套资金拟以 7.03 元/股发行不超过 1 137.98 万股,总额不超过8 000万元。公告一出,人们议论纷纷。

有人认为:一个亏损累累的公司,让丰原药业掏出2.4亿收购不值得。普什制药收购前药品生产质量管理规范(good manufacturing practice,GMP)认证便没有通过,虽然截至本预案签署日,普什制药塑料安瓿克林霉素磷酸酯注射液生产线的GMP认证工作已经通过现场检查且已在国家食品药品监督管理局药品认证管理中心公示,但仍存在无法如期取得GMP认证证书的风险,怎么作为丰原药业重要的研发平台呢?预案显示,"截至本预案签署日,普什制药塑料安瓿小容量注射剂生产线尚未正式取得GMP认证证书,无法立即进行生产销售,而原有的玻璃安瓿小容量注射剂生产线由于GMP认证到期已于2013年年底停止生产"。所谓GMP认证是一套适用于制药、食品等行业的强制性标准,其目的是形成一套可操作的作业规范帮助企业改善企业卫生环境,及时发现生产过程中存在的问题加以改善。未取得药品GMP认证证书的企业,卫计委(现为中华人民共和国国家卫生健康委员会,简称卫健委)不予受理生产新药的申请;批准新药的,只发给新药证书,不发给药品批准文号。严格新开办药品生产企业的审批,对未取得药品GMP认证证书的,不得发给《药品生产企业许可证》。那么,丰原药业用2.4亿元购买一个没有获得GMP的制药企业是否划算呢?何况,这2.4亿的花费主要不是花费在普什制药身上,而是花在了购买普什集团的"陪嫁品"上。

普什制药的主要厂房、土地使用权及生产设备均由普什集团于2014年2月从普什医塑、普什机电无偿划转而来,其中房产、土地截至2014年2月28日的账面净值合计为1.67亿元。所以,看似花费2.4亿元迎娶普什制药,实际上其中1.67亿元购买"陪嫁",其余小部分0.73亿元才是迎娶"新娘"的费用。巨资收购一个没有GMP的医药公司本就令人不解,而且这巨额彩礼还是花在了购买"陪嫁品"上,丰原药业此项收购,真是让人看不懂。

一个亏损累累的公司为何能够让丰原药业甘心情愿地掏出2.4亿巨额彩礼来"迎娶"?丰原药业收购成都普什制药对丰原药业有什么好处?普什制药作价2.4亿元是否过高?值得引人深思。

(1)丰原公司背景概况。

安徽丰原药业股份有限公司(以下简称"丰原药业")系于1997年8月12日以发起方式设立的股份有限公司,股本总额为2 060.4万元,1998年通过增资扩股,股本总额增至4 000.23万元,2000年通过公开发行股票使得注册资本增至6 500.23万元,实现了在深圳证券交易所的成功上市,时为"新力药业",2003年2月,更名为"安徽丰原药业股份有限公司"。自上市以来丰原药业发展迅速,逐步迈入中国主流医药企业的行列,陆续成为国家高新技术企业、全国"百姓放心药品牌",自2007年起连续进入中国医药工业百强。公司是国内首家生产治疗高血压特效药西尼地平的高新企业,拥有国家一、二类新药品种和多项产品的自主知识产权。

目前,丰原药业下设7家制药公司、5家医药营销公司、1家医药进出口公司、1家大药房连锁公司、1家药包材公司、1家国家级医药研发中心。拥有45条GMP生产线,产品涉及生物制药、化学制药、中成药、中药饮片、原料药五大领域,10余个剂型、300多个品种。丰原公司已发展成为以大容量注射剂为主导,解热镇痛、心血管、妇儿及原料药等系列产品为配套,集医药研发、生产、营销于一体的大型医药企业。

丰原药业作为安徽省医药工业及商业龙头企业,形成了以大输液为代表的普药产品线,受益于基层医疗需求释放,2013年销售规模进一步扩大。尽管如此,公司在技术上的局限使其主要的营业额主要集中在省内业务,走向省外成为全国性的医药龙头企业是目前公司最实际的目标。

(2) 成都普什制药公司介绍。

普什制药成立于2007年,2014年成为普什集团的全资子公司,其主要经营范围是小容量注射剂的生产及技术咨询、研发、转让;滴眼剂、冲洗液等国家许可药品的技术咨询、研发、转让等。拥有包括克林霉素磷酸酯注射液、葡萄糖注射液等多个品种小容量注射剂的药品生产批件。收购前,五粮液集团持有普什集团100%股权,为普什集团的控股股东。

近两年来,由于普什制药经营管理不善,公司一直处于亏损状态。2012年、2013年的营业收入分别为60.60万元、17.02万元,其中主营业务收入分别为59.03万元、14.80万元。2012年与2013年普什制药分别亏损760.61万元、718.37万元,特别是2014年1~2月,公司亏损幅度似乎有扩大之势,头两个月普什制药实现营业收入仅13.02万元,亏损却有253.43万元。详情见表12-13。

表12-13 财务审计后的主要报表数字

(单位:万元)

项目	2014年6月30日	2013年12月31日	2012年12月31日
总资产	21 891.40	1 827.26	1 501.83
总负债	1 430.42	4 574.27	3 524.73
净资产	20 460.97	-2 747.00	-2 022.89
项目	2014年1~6月	2013年度	2012年度
营业收入	22.49	17.01	60.69
利润总额	-784.46	-724.11	-756.81
净利润	-784.46	-724.11	-756.81

(3) 丰原公司收购成都普什制药方案的主要内容。

① 收购公告。

2014年3月25日,安徽丰原药业股份有限公司发表公告:甲方(丰原药业)拟向乙方发行股份,用以购买乙方所持有的目标公司100%股权,乙方同意以目标公司的100%股权认购甲方本次向其定向发行的股份。乙方拟根据本协议约定用于认购甲方本次非公开发行股,标的资产指目标公司的100%股权,目标公司指成都普什制药有限公司,为实施本次交易而对标的资产进行资产评估的基准日,即评估基准日为2014年2月28日。

② 标的资产定价。

双方同意以 2014 年 2 月 28 日为评估基准日,由双方认可的具有证券从业资格的资产评估机构对目标公司进行评估,出具相应的《资产评估报告书》。最终乙方认购甲方股份的金额,以标的资产经有权的国资委备案确认的评估价值作为定价参考依据。评估基准日为 2014 年 2 月 28 日,评估方法为资产基础法。以此经北京中企华资产评估有限责任公司的评估,成都普什制药有限公司的股东全部权益评估值为 24 864.45 万元。具体资产评估法评定结果汇总表如表 12-14 所示。

表 12-14 资产评估法评定结果汇总表

(单位:万元)

项目	账面价值	评估价值	增减值	增减率
一、流动资产	455.23	459.15	3.28	0.84
二、非流动资产	21 445.60	25 320.69	3 875.09	18.07
其中:长期股权投资	0.00	0.00	0.00	0.00
投资性房地产	0.00	0.00	0.00	0.00
固定资产	20 395.36	21 747.30	1 351.94	6.63
在建工程	234.36	234.36	0.00	0.00
无形资产	742.42	3 265.56	2 523.14	339.85
其中:土地使用权	471.83	2 982.38	2 510.55	532.09
其他非流动资产	0.00	0.00	0.00	0.00
资产总计	21 900.93	25 779.84	3 878.91	17.71
三、流动负债	915.39	915.39	0.00	0.00
四、非流动负债	0.00	0.00	0.00	0.00
负债总额	915.39	915.39	0.00	0.00
净资产	20 985.54	24 864.45	3 878.91	18.48

从表 12-14 可以看出,丰原药业并购普什制药并未像 A 股其他公司并购时给出高溢价,相反,收购普什制药 100% 股权仅较其账面价值 2.26 亿元预估值增值了 1 358.12 万元,增值率 6%,而这一评估增值还主要是由于土地使用权升值所致,这也彰显了普什集团对出售的子公司普什制药的信心缺乏。俗话说"一分钱一分货",普什制药并不是一个优质公司。根据预案显示,普什制药成立于 2007 年 7 月,注册资本为 1 000 万元,以包括克林霉素磷酸酯注射液、葡萄糖注射液在内的小容量注射剂的生产及技术咨询、研发等为主营业务。另外,根据普什制药 2013 年已实现利润情况及相关资料,对普什制药 2014 年和 2015 年利润预测如表 12-15 所示。

表 12-15 成都普什制药有限公司盈利预测表

(单位:万元)

项目	2013年已审实现金额	2014年度预测金额			2015年度预测金额
		1~6月已审实现金额	7~12月预测金额	合计	
一、营业收入	17.01	22.49	2 456.00	2 478.49	8 017.00
二、营业成本	14.13	16.20	1 370.00	1 386.20	3 930.00
营业税金及附加	0.03	0.02	21.69	21.72	92.13
销售费用	6.28	2.92	33.27	36.20	100.39
管理费用	704.48	688.91	586.30	127.62	1 331.64
财务费用	10.30	4.16		4.16	0
资产减值损失	0.81	93.38		93.38	0
加:公允价值变动收益		0			0
投资收益		0			0
三、营业利润	-719.04	-784.13	444.72	-339.41	2 562.81
加:营业外收入	0.73	0.04		0.04	0
减:营业外支出	5.80	0.37		0.37	0
其中:非流动资产损失					0
四、利润总额	-724.11	-784.46	444.72	-339.74	2 562.81
减:所得税费用		0			640.70
五、净利润	-724.11	-784.46	444.72	-339.74	1 922.11

从表 12-15 可以看出,尽管普什制药 2014 年仍然亏损,但从 2015 年开始盈利,预计 2015 年净利润达到 1 922 万元。

③ 资金筹集与支付方式。

丰原药业以发行股份的方式购买普什集团持有的目标公司 100% 股权,普什集团以持有的目标公司 100% 股权认购丰原药业本次发行的股份。丰原药业同意以每股人民币 7.81 元的价格向普什集团发行股份。该价格系以丰原药业就本次向普什集团发行股份购买资产的首次董事会决议公告日前 20 个交易日股票交易均价 7.81 元/股为基础。

向标的资产出售方发行股票的总股数(以下简称"发行总股数")=标的资产的最终交易价格÷本次发行股份购买资产的发行价格。如果发行股份数量计算结果存在小数的,则按照四舍五入的原则舍去小数取整数。本次交易标的资产的交易对价为 24 864.45 万元,按照首次董事会决议公告日前 20 个交易日公司股票交易均价 7.81 元/股计算,本次向交易对方发行股份数量为 31 836 684 股。

除了发行股份购买普什集团的目标公司100%股权,另发行股份募集配套资金。发行对象为符合中国证监会规定的证券投资基金管理公司、证券公司、信托投资公司(以其自有资金)、财务公司、保险机构投资者、合格境外机构投资者、其他境内法人投资者和自然人等不超过10名的特定对象,证券投资基金管理公司以其管理的2只以上基金认购的,视为一个发行对象。发行股份募集配套资金的发行价格不低于定价基准日前20个交易日公司股票交易均价的90%,即7.03元/股。公司向其他不超过10名特定投资者非公开发行A股股票的数量根据以下方式确定:本次交易中,预计募集配套资金金额不超过本次交易总金额的25%,为8 288.15万元,发行价格按照首次董事会决议公告日前20个交易日公司股票交易均价90%(本次发行底价7.03元/股)计算,则向符合条件的不超过10名(含10名)特定投资者的发行股份数量不超过11 789 687股。本次募集配套资金净额将用于补充普什制药营运资金及其他相关整合业务,不用于补充上市公司流动资金。在募集配套资金到账后30日内,丰原药业将以募集配套资金净额向普什制药增资用于上述用途。

④ 交易完成后的债权债务及人员安排。

目标公司的全部债权债务仍由其享有或承担。收购目标公司的股权,原由目标公司聘任的员工在交割日后仍然由目标公司继续聘任。

问题探讨:
(1) 说明丰原药业收购普什制药方式选择上的特点。
(2) 说明丰原药业收购普什制药主要意义。
(3) 丰原药业收购普什制药对我国企业发展有哪些启示?

(资料来源:新浪财经,上市公司公告,作者整理。)

第十三章　企业纳税筹划

所谓纳税筹划,是指在法律规定许可的范围内,通过对企业的经营、投资、筹资、分配等活动的事先筹划和安排,尽可能地减少企业应交税款的一种合法经济行为。主要内容一般包括:① 避税筹划,是指纳税人采用非违法手段(即表面上符合税法条文但实质上违背立法精神的手段),利用税法中的漏洞、空白获取税收利益的筹划。纳税筹划既不违法也不合法,与纳税人不尊重法律的偷逃税有着本质区别。国家只能采取反避税措施加以控制(即不断地完善税法,填补空白,堵塞漏洞)。② 节税筹划,是指纳税人在不违背立法精神的前提下,充分利用税法中固有的起征点、减免税等一系列的优惠政策,通过对筹资、投资和经营等活动的巧妙安排,达到少缴税甚至不缴税目的的行为。③ 转嫁筹划,是指纳税人为了达到减轻税负的目的,通过价格调整将税负转嫁给他人承担的经济行为。④ 实现涉税零风险,是指纳税人账目清楚,纳税申报正确,税款缴纳及时、足额,不会出现任何关于税收方面的处罚,即在税收方面没有任何风险,或风险极小可以忽略不计的一种状态。这种状态的实现,虽然不能使纳税人直接获取税收上的好处,但却能间接地获取一定的经济利益,而且这种状态的实现,更有利于企业的长远发展与规模扩大。

税款是纳税人经济利益的丧失。对于企业而言,其经营的目的是利润,而利润的高低与税负的轻重直接相连。当收入、成本、费用(不含税)一定时,纳税金额多,税后利润就少;反之,税后利润就多。经济利益的驱动,使企业有着强烈的欲望来减轻自己的纳税义务,如何选择已成为关键。抗税要追究刑事责任;偷税是违法的,要受到法律制裁;漏税须补交,欠税要还。看来,既不违法、又尽量减轻税负,进行纳税筹划才是明智的选择。

【案例 13-1】 尤丽华公司纳税筹划

尤丽华公司,在世界上颇有盛名,其两家姐妹母公司,一家设在美国,一家设在荷兰,子公司遍布世界各地,在上海市就有三家子公司,一家生产力士牌香皂,一家生产系列化妆品,一家生产快速食品,面对世界各国的复杂税收制度,某公司聘用了 45 名高级税务专家进行纳税筹划。公司的经理说,一年仅"节税"一项,就给公司增加了数百万美元的收入,增强了公司在世界市场上的竞争力。

企业进行纳税筹划是国家政策给予的机会;是企业减轻税负,降低产品成本,提高企业竞争力的需要;也体现管理者的智慧和优秀的管理水平。

第一节　企业税务概述

一、我国税收制度

税收在历史上又称为赋税、租税或捐税,是国家为了实现其职能,凭借政治上的权力,按照税法规定的标准,对单位及个人无偿地、强制地取得财政收入的一种特殊分配活动,也是调节经济和监督管理的手段。税金是企业经营决策中的一项重要内容,也是企业的一项重要支出。企业的经营者——经理,必须认真学习税法、熟悉税法、依法纳税。

税法是国家制定颁布的各种税收法律规范的总称。税收法律的制定必须按照立法程序进行。在我国,各税的基本法规,一般由全国人民代表大会或其常务委员会审议通过并公布实施;其实施细则及系统解释,通常授权财政部、国家税务总局根据各种税的立法精神加以制定,并公布实施;有关地方各税的实施细则和征收管理办法,一般由省级人大或人民政府作出规定。税法一经确定,便形成了国家与企业、单位、个人之间的税收法律关系,即以征税和纳税为内容的权利和义务关系。未经立法机关授权,任何地区、部门和单位都无权改变。征收机关必须依法征税,纳税人必须依法纳税。

税收制度简称税制,是国家各种税收法规,税收制度的总称。包括税收法律、法令、条例、实施细则、征收管理制度、税收管理体制等。它是税收征纳双方共同遵守的法律规范,税法执行机关必须依法办事、依率计征;一切纳税单位和个人必须依法自觉履行纳税义务,依法纳税。违反税法规定的,要受税收法律以至国家刑法的制裁。

税收政策是指导制定税收制度法令和进行征收工作的基本原则,是国家经济政策的重要组成部分。它是依据党和国家在一定历史时期的路线、政策、政治经济形势和所要完成的税收任务而确定的。如为了鼓励企业扩大出口,对某产品免征消费税及增值税,而且部分进项税还可抵扣;对急需的进口生产设备,可以适当减免关税;对某些支农产品可以适当减税;对某些高消费品可以提高税率等,都是为了促进国民经济发展。

二、税制构成要素

税收制度是由一个个具体的税种及其征管制度所组成。构成税种的基本要素是课税对象、纳税人和税率。

1. 课税对象

课税对象是税法规定的对什么要进行征税的具体标志,也叫课税客体。它反映了一个税种征税的基本范围和界限。一般说来,凡列为某一税种征收范围的课税对象均要征税,否则就不征税,也就是说,课税对象是区分对某种事物征税与不征税的基本界限。在整个国民经济运行过程中,课税对象的选择可以是多方面的。概括起来有以下几类:

(1) 商品或劳务。即以生产或销售的商品或提供的劳务为课税对象,一般按其流转额课征,所以也称为流转额课税。

(2) 收益额。即对经营的总收益或纯收益课税。总收益指经营收入,从中不扣除成本、费用。纯收益是经营总收入扣除成本、费用之后的余额,一般称为所得额。

(3) 财产。即对财产的价值或收益课税。按财产的性质,财产可分为动产或不动产。前者指可以移动的财产,如股票、债券、银行存款等;后者指不能移动的财产,如土地、房屋或建筑物等。按财产是否静止或流动划分,财产可分为静态财产或动态财产。前者指在一定时期内静止的财产,如没有买卖、赠与、继承的土地、房屋等;后者指转移、变动的财产,如赠与、继承财产等。

(4) 行为。即对经济行为或社会行为课税。它包括生产行为、销售行为、使用行为、消费行为等,目前各国选择较多的是消费行为和使用行为。

(5) 资源。即对自然资源的使用行为课税。资源包括国家拥有的各种矿藏、森林、土地、水流等。

(6) 人身。即以人为课税对象。

(7) 受益。即对享受的利益进行课税。课税对象是一种税区别于另一种税的主要标志。一般来说,税种的名称主要取决于课税对象,以产品为课税对象的税称为产品税,以所得为课税对象的税称为所得税,以财产为课税对象的税称为财产税,等等。

2. 纳税义务人

纳税义务人是税法规定直接负有纳税义务的单位和个人,简称纳税人,亦即纳税主体。纳税人是履行纳税义务的法律承担者,明确规定纳税人,才能确定向谁征税或由谁来纳税。每一税都必须明确规定纳税人,因此它也是税种的基本构成要素之一。纳税人分为自然人和法人两大类:

(1) 自然人。自然人是指在法律上独立享有一定权利、承担纳税义务的公民或居民。从税收角度看,公民或居民的确定主要有以下三个标准:一是以公民身份作为确定纳税人的标准。也就是说,凡是本国公民,都要向本国政府承担纳税义务,而非公民则不承担纳税义务。二是以居民身份作为确定纳税人的标准。凡是本国居民,都要承担纳税义务,而非居民一般则不承担纳税义务。三是以公民与居民相结合的身份作为确定纳税人的标准。它要求自然人必须同时满足两个条件:① 本国公民;② 同时又是本国居民。否则将不承担纳税义务。

(2) 法人。法人是按照有关的法律规定,在国家的有关机关登记,经国家批准建立,享有法定权利,独立承担法律义务的社会组织。如各种企业、公司、团体等。法人一般应该有独立取得财产、支配财产的资格,有独立承担偿还债务的义务,能够以自己的名义在法院起诉和应诉以及进行民事活动等。法人在税收上是否成为纳税人主要有如下几个标准:一是常设机构标准,即法人在某国境内是否设有固定的常设机构;二是注册标准,即法人在某国是否办理了注册登记;三是经营活动地标准,即法人在某国是否有经营活动场所。

3. 税率

税率是税额占计税标准的比率或数额,即单位计税标准所包含的税额,它是计算税额的尺度,决定着课税的深度和负担程度。

从税率的历史发展来看,主要有三种类型:

(1) 定额税率(或固定税额)。定额税率是对单位计税标准直接规定一定数量的税额。这种税率不受价格和收入多少的影响,有利于促进企业提高产品质量、改进包装和装潢,也有利于税务机关稽征管理。

(2) 比例税率。比例税率是按计税标准规定一个征税比率,它是在定额税率的基础上发展演变而成的。比例税率具有计算简便、有利于鼓励先进、鞭策落后等优点,但不能体现出对负担能力大者多征、负担能力小者少征的原则,即在税收负担上具有一定的累退性,收入越高负担越轻,税收负担不尽合理。它一般适用于商品劳务课税,即流转课税。

(3) 累进税率。累进税率是根据与课税对象相联系的某一标志的数量的多少,分别规定若干个等级并相应规定税率,其税率水平是随着这一标志的数量的增加而递增的。这种税率形式是为了避免比例税率的累退性而产生的,体现了纳税负担能力大者多纳税、负担能力小者少纳税的原则。它一般适用于所得课税和财产课税。累进税率有按额累进、按率累进、按倍累进等形式。

4. 纳税环节与课税制度

除上述三个基本构成要素外,还有纳税环节、纳税期限、减税免税和违章处理等构成要素。

(1) 纳税环节。作为课税对象的目的物,一般都是不断运动的,都存在着许多运动环节,如工业产品一般要经过工业生产、商业批发、商业零售等环节。社会产品或国民收入在不同流转环节上分布是不均衡的。因此,对征税目的物在什么环节纳税就构成了税种的要素,即纳税环节。根据纳税环节的多少,在一个环节上征税称为一次课征制,在两个环节上征税称为两次课征制,在多个环节上征税称为多次课征制。

(2) 纳税期限。是指纳税人发生纳税义务后,在什么时间纳税,它是税收强制性和固定性在时间上的体制。按照纳税义务是否具有连续性,纳税期限可以分为按期纳税和按次纳税两种。前者是对连续性的纳税义务,根据纳税人收入的多少,国民经济各部门生产经营的不同特点等确定纳税时间的一种方法。后者是对那些不经常发生的纳税义务,每发生一次就应确定为一个纳税期,按次缴纳。

(3) 减税免税。每一个税种的征收制度都是根据国民经济的一般情况制定的,具有普遍性。而国民经济又会有一些个别的、特殊的或临时的情况(如自然灾害等),因此必须对纳税人的特殊情况给予照顾,即减税免税。

(4) 违章处理。纳税是纳税人应尽的义务,违反税法规定就要给予惩罚或制裁,以体现税收的强制性。这种对纳税人违反税法行为的惩罚措施就是违法处理,它也是税种构成要素之一。违章处理形式一般为加收滞纳金、处以罚款和依法追究刑事责任三种。

三、税种分类

一个国家的税收制度,在复合税制条件下总是由许多税种构成的,各税种之间既有共同性,又有差异性。为了全面体现税收的性质和发挥税收的作用,不仅要科学地确定某一税种的各个要素,更要研究各税种之间的区别与联系,以便组成合理的税收体系。因此,进行税种分类是税收制度建设的一个重要问题。

我国对税种分类有多种不同的方式,现行税制的分类是以课税对象性质为标准,分为流转课税、所得课税、财产课税和其他课税。

1. 流转课税

流转课税又称为商品课税,是对商品或劳务的流转额课征的一类税收。它主要包括增值税、消费税、资源税、关税等。商品课税的商品、劳务不仅品种、项目多,而且流转过程也比较复杂。如何确定商品课税的征税范围,对各种商品税如何确定纳税环节等,是商品课税中的重要问题。对商品课税并不是所有的商品、劳务流转额都是实际的课税对象,而要根据取得收入和调节经济的需要合理确定征税范围。从各国情况看,有的国家只选择少数消费品课税,有的选择全部消费品课税,有的则对全部消费品和有关的生产资料课税。流转过程中的商品要经过多少不等的生产、流通环节,合理确定纳税环节是非常必要的。从各国情况看,有的国家只选择产制环节征税,有的选择产制、商业零售两道环节征税,也有的选择所有流转环节征税。纳税环节的选择是根据商品或劳务在各个流转环节上的国民收入分布状况和国家调节经济的需要确定的。商品课税是以交换商品或提供劳务为前提,它一般在实现商品交换或劳务完成时缴纳,一旦实现了商品交换或完成劳务服务,不管是盈是亏,均要按规定纳税。

2. 所得课税

所得课税是对单位和个人取得的所得征收的一类税收。它主要包括企业所得税、外商投资企业和外国企业所得税、个人所得税等。所得税是各国普遍征收的一种税。所得课税的税额大小取决于所得的有无或多少,一般是有所得的才征税,无所得的不征税,所得多的多征,少的少征。所得课税一般是在国民收入初次分配的基础上课征的,属于对国民收入的再分配,一般不会造成税收收入的虚假现象,有利于保证国家财政收入的真实、可靠,但要受成本、费用影响,收入不够均衡、稳定。因此,一般采用分期预缴、年终汇算清缴的征收办法,防止收入不均衡现象。为了体现公平合理的原则,所得课税多数采用累进税率。

3. 财产课税

财产课税是对单位和个人拥有或支配的财产课征的一类税收。它主要包括房产税、车船使用税、契税等。财产课税与财产的有无和多少有着密切联系,其目的是调节财产所有者的收入水平,限制财产的不必要占有量,提高财产的使用效果,以及有利于国家对财产的监督与管理。财产的种类很多,分类方法也各有不同。从课税对象的属性差别上分,财产税一般可以分为一般财产税、财产收益税、财产转移税和财产增值税等。

4．其他课税

其他课税主要包括印花税、土地增值税等。

我国目前税收方面还存在一些不合理的地方,需要进一步深化改革,未来的趋势是提高直接税占税收总收入比重等。

第二节　财务活动纳税筹划

税务问题贯穿于财务活动的各个过程,融入财务管理的内容之中,企业可以利用财务管理活动进行纳税筹划,具体内容如下:

一、投资活动纳税筹划

由于各行业、各产品、各地区的税收政策不同,导致企业最终所获得的投资效益有所差别。对投资者来说,税款是投资收益的抵减项目,应纳税额的多少会直接关系到投资收益率。因此,企业进行投资决策时必须考虑到不同的投资单位组建形式、投资地区、投资方向、投资方式等因素对企业节税和投资净收益最大化的影响。具体方法有:

1．直接投资的纳税筹划

包括投资方向(行业)的纳税筹划、投资地点的税务处理、投资方式的税务处理、企业组织形式的税务处理等。如税法规定国家需要重点扶持的高新技术企业,减按15%的税率征收企业所得税。创业投资企业采取股权投资方式投资于未上市的中小高新技术企业2年以上的(含2年),可按其对中小高新技术企业投资额的70%抵扣该创业投资企业的应纳税所得额。符合抵扣条件并在当年不足抵扣的,可在以后纳税年度逐年延续抵扣。从事农、林、牧、渔业项目的所得,从事国家重点扶持的公共基础设施项目投资经营的所得,从事符合条件的环境保护、节能节水项目的所得,符合条件的技术转让所得,按照税法规定都可以免征或减征企业所得税。购置并实际使用节能环保设备或安全生产专用设备的,其设备投资额的10%可从企业当年的应缴纳所得税额中抵免,当年不足抵免的,在以后5年内逐年延续抵免。企业以《资源综合利用目录》内的资源作为主要原材料,生产非国家限定产品所取得的收入,减按90%计入收入总额。

2．间接投资的纳税筹划

间接投资又称证券投资,是企业用资金购买股票、债券等金融资产而不直接参与其他企业生产经营管理的一种投资活动。如企业所得税法规定,国债利息收益免交企业所得税,而购买企业债券取得的收益需要缴纳企业所得税,连续持有居民企业公开发行并上市流通的股票不足12个月取得的投资收益也应缴纳企业所得税等。

二、筹资活动纳税筹划

筹资是企业从事生产经营的基础和前提。不同的筹资方式产生的纳税结果有很大差异。如借款、发行债券及融资租赁的费用可在税前列支,企业既满足了资金的需求,还可获得纳税上的好处。吸收外商投资,企业可享受所得税的优惠。就股票筹资而言,因为支付的股利必须是税后利润,纳税人不能享有所得税利益。但股票筹资金额的大小,直接影响企业的负债筹资,进而决定企业能否享受、在多大程度上享受所得税利益。

不同筹资方式的资金成本不同,包括资金占用费(借款利息、债券利息、股息等)和资金筹集费(股票发行费和上市费、债券注册费),对纳税的影响也不同。因此,企业必须考虑包括税收因素在内的各方面因素,选择最佳筹资方式。企业通过自我积累方式筹资,其资金来源主要是税后利润,是企业长期经营活动的成果,资金积累比较慢。且资金投入后,所有者和使用者合二为一,因而税收负担难以转嫁和分摊,从纳税的角度看,难以实现纳税筹划。

例 某企业投资一条生产线,需资金 1 000 万元,可以自筹,也可以借款,借款年利率 10%,投资后 5 年内每年产生息税前会计利润 200 万元,企业所得税率为 25%。

则在自筹资金情况下,5 年内共交所得税 $200 \times 25\% \times 5 = 250$(万元);

在借款情况下,5 年内共交所得税 $(200 - 100) \times 25\% \times 5 = 125$(万元)。

显然,借款情况下,5 年少交所得税 125 万元,并节约了企业资金积累时间。

从纳税筹划角度分析,筹资方式可分为负债筹资(内部集资、企业间拆借及向金融机构贷款)和权益筹资(企业自我积累)两种。资本结构的构成主要取决于负债和权益资本的比例,即负债比率。众所周知,负债比率越高,意味着企业的税前扣除费用越多,节税效果就越明显,特别是当息税前利润大于借入资金成本时,还可产生正的财务杠杆作用,即负债筹资比重越大,企业的权益资金收益率就越高。但负债过多,资产负债率过高,财务风险也随之增大,这就需要企业在筹资成本效益与风险之间进行均衡,合理确定资本结构比例。因此,企业在利用筹资方式进行纳税筹划时,不能仅从税收利益上考虑,还要充分考虑税收利益提高的同时带来的经营风险及风险承受能力。总之,企业在筹资决策中应对可能采取的各种筹资方式进行全方位的分析、比较,从中选择一个既能确保企业获得最大投资收益,又能最大限度地降低税负的方案付诸实施。

三、利润分配活动纳税筹划

根据我国企业所得税法律法规的规定,企业股权投资取得的股息性所得(持有收益)与资本利得(处置收益)的税负待遇不同。在股利分配中,对于其保留盈余和分配数额的比例不同,对于投资方和被投资方的涉税影响是不同的。而对于所获得的税后利润分配额的不同处理,如消费或再投资,也会影响其已纳税额的实际负担(可能会涉及再投资退税优惠政策),所以同样需要税务筹划。从另外一个角度,对于投资者的税后保留盈余的理解,也可以视为从企业内部进行筹资,换句话说,也会对企业筹资结构与筹资成本产生影响,因此,对于企业股利分配(可保留盈余)的纳税筹划不容忽视。

利润分配的纳税筹划主要是考虑分配给投资者的利润方式和时间。在我国现阶段,税法规定不论被投资企业分配现金股利或股票股利,都要按规定交纳所得税。从纳税的角度考虑,被投资企业可暂时不分配利润,用于以下方面:① 超额累积利润。使资本利得税小于股利所得税。② 再投资退税。③ 兼并亏损企业,减少应纳税所得额。④ 资产重组,资产置换,减少利润总额。

四、营运资金管理活动纳税筹划

利润是反映主业一定时期经营成果的重要指标,也是计算所得税的主要依据。由于利润大小与企业所选用的处理经营业务的会计方法密切相关,而会计准则往往给企业提供了选择方法的机会,这便为企业进行税务筹划提供了可能。即使会计准则规定得相当明确,企业也可通过对生产经营活动的调控,实现一定程度的利润控制进而影响所得税的实际负担。这里包括对存货计价方法的选择、固定资产折旧方法的选择、税前利润的调控等。具体方式有:

1. 选择材料计价方法

材料是企业产品的重要组成部分,材料价格又是生产成本的重要组成部分,那么,材料价格波动必然影响产品成本变动。因此,企业材料费用如何计入成本,将直接影响当期成本值的大小,并且通过成本影响利润,进而影响所得税的大小。目前,按我国财务制度规定,企业材料费用计入成本的计价方法有先进先出法、加权平均法、移动平均法、个别计价法。而不同的计价方法对企业成本、利润及纳税影响甚大。因此,采用何种计算方法既是企业财务管理的重要步骤,也是税收筹划的重要内容。

当材料价格不断上涨时,后进的材料先出去,计入成本的费用就高;而先进先出法势必使计入成本的费用较低。企业可根据实际情况,灵活选择使用。

如果企业正处在所得税的免税期,也就意味着企业获得的利润越多,其得到的免税额就越多,这样,企业就可以通过选择先进先出法计算材料费用,以减少材料费用的当期摊入,扩大当期利润;相反,如果企业正处于征税期,其实现利润越多,则缴纳所得税越多,那么,企业就可以选择后进先出法,将当期的材料费用尽量扩大,以达到减少当期利润,推迟纳税期的目的。不过,应注意到会计制度和税法相关规定,企业一旦选定了某一种计价方法,在一定时期内不得随意变更。

2. 选择固定资产折旧计算方法

企业对固定资产的折旧核算是企业成本分摊的过程,即将固定资产的取得成本按合理而系统的方法,在它的估计有效使用期间内进行摊配。

从企业税负来看,在累进税率的情况下,采用直线摊销法使企业承担的税负最轻。而加速折旧法较差。这是因为直线摊销法使折旧平均摊入成本,有效地遏制某一年内利润过于集中,适用较高税率,而别的年份利润又骤减。相反,加速折旧法把利润集中在后几年,必然导致后几年承担较高税率的税负。但在比例税率的情况下,采用加速折旧法,对企业更为有利。因为加速折旧法可使固定资产成本在使用期限内加快得到补偿,企业前期利润少,纳税少;后期利润多,纳税较多,从而起到延期纳税的作用。但是,在具体选择折旧计算方法时应首先遵守税法和财务制度的有关规定。

3. 选择费用分摊方法

企业在生产经营中发生的主要费用包括财务费用、管理费用和销售费用。这些费用的多少将会直接影响成本的大小。

同样,不同的费用分摊方式也会扩大或缩小企业成本,从而影响企业利润水平,因此,企业可以选择有利的方法来计算成本。但是,采用何种费用摊销方法,必须符合税法和会计制度的有关规定;否则,税务机关将会对企业的利润予以调整,并按调整后的利润计算并征收应纳税额。

我国企业所得税法规定,开发新技术、新产品、新工艺发生的研究开发费用,可以在计算应纳税所得额时加计扣除。具体办法是企业为开发新技术、新产品、新工艺发生的研究开发费用,未形成无形资产的计入当期损益,在按照规定据实扣除的基础上,再按照研究开发费用的50%加计扣除;形成无形资产的,按照无形资产成本的150%摊销。对于企业由于技术开发费加计扣除形成企业年度亏损部分作为纳税调减项目处理。

4. 选择就业人员

税法规定企业安排国家鼓励安置的其他就业人员,按实际支付给该职工工资的50%加计扣除。国家鼓励安置的其他就业人员是指劳动保障部门登记管理的未就业人员。企业安排的残疾职工,按实际支付给残疾职工工资100%加计扣除。企业应结合自身条件尽可能多地安排这样的职工就业,一方面这些职工为企业创造了利润,另一方面也减轻企业的税收负担,同时还促进了社会和谐稳定。

第三节 纳税筹划平台

所谓纳税筹划平台,就是税法本身的弹性,即税法在规范纳税人的行为时并不是绝对的,而是给予了一定的弹性,允许采用不同的选择方案,纳税人在规定的弹性区间内选择纳税较少或最少的方案进行生产经营活动和财务活动,以减轻税收负担。常用的纳税筹划操作平台包括价格平台、优惠平台、漏洞平台、空白平台、弹性平台和规避平台。

一、价格平台

价格平台是指纳税人利用市场经济中经济主体的自由定价权,以价格的上下浮动作为纳税筹划的操作空间而形成的一个范畴,其核心内容是转让定价。转让价格方法主要是指通过关联企业,不合营业常规的交易形式进行纳税筹划。关联企业之间进行转让定价的方式很多,一般来说有以下几种:① 利用商品交易的筹划。关联企业间商品交易采取压低定价或抬高定价的策略转移利润或收入以实现从整体上减轻税收负担。如有些实行高税率增值税的企业。在向低税率的关联企业销售产品时,有意压低产品的售价,将利润转移到关联企业。② 利用原材料及零部件的筹划。通过控制零部件和原材料的购销价格进而影响产品成本来实现纳税筹划。如由母公司向子公司低价供应零部件产品或由子公司高价向母公司出售零部件以此来降低子公司的产品成本使其获得较高的利润。③ 利用提供劳务的筹划。通过高作价或低作价甚至不作价的方式收取劳务费用。从而使关联企业之间的利润根据需要进行转移和纳税筹划,哪一方有利便向哪一方转移最终达到减轻税负的目的。④ 利用无形资产的筹划。通过无形资产特许使用费转让定价以此调节其利润追求税收负担最小化,如有些企业将本企业的生产配方、生产工艺技术、商标或特许权无偿或低价提供给一些关联企业,其报酬不通过技术转让收入核算,而是从对方的企业留利中获取好处。⑤ 利用租赁业务的筹划。通常有利用自定租金来转移利润、利用机器设备先卖后租用、利用不同国家不同的折旧政策等而进行纳税筹划。

价格平台作为各种筹划平台之首具有旺盛的生命力和光明的发展前景,但纳税人在利用价格平台进行纳税筹划时应注意以下问题:一是要进行成本效益分析。运用价格平台进行纳税筹划在一般的情况下,应该设立一些辅助的机构或公司并进行必要的安排,而这种安排是需要支出一定的成本费用的,在纳税人生产经营还不具备一定规模时筹划所能产生的效益不一定会很大。二是价格的波动应在一定的范围内。根据现行税法规定。如果纳税人确定的价格明显不合理。税务机关可以根据需要进行调整。一般而言。税务机关调整的价格比正常价格略高一点,也就是说,如果纳税人不幸被调整不仅没有筹划效益,还会有一定的损失,而且还包括进行筹划所花费的成本。三是纳税人可以运用多种方法进行全方位、系统的筹划安排。为了避免运用一种方法效果不太明显以及价格波动太大的弊端,纳税人可以利用多种方法同时进行筹划。这样,每种方法转移一部分利润。运用的次数多了,只要安排合理,也就能达到满意的经济效果。

二、优惠平台

优惠平台是指纳税人进行纳税筹划时所凭借的国家税法规定的优惠政策形成的一种操作空间。税收优惠政策指国家为鼓励某些产业、地区、产品的发展,特别制订一些优惠条款以达到从税收方面对资源配置进行调控的目的。企业进行纳税筹划必须以遵守国家税法为前提,如果企业运用优惠政策得当,就会为企业带来可观的税收利益。由于我国的税收优惠政策比较多,企业要利用税收优惠政策,就需要充分了解、掌握国家的优惠政策。我国的税收优惠政策涉及范围非常广泛,包括对产品的优惠、对地区的优惠、对行业的优惠和对人员的优惠等。利用税收优惠政策进行纳税筹划,常用的方法有:

(1) 直接利用筹划法。即给予生产经营活动的企业或个人以必要的税收优惠政策,如国家对某些生产性企业给予税收上的优惠,企业可根据自己的实际情况,就地改变生产经营范围,使自己符合优惠条件。从而获得税收上的好处。比如,我国规定,任何企业在吸纳下岗人员方面都有新的优惠政策,其涉及的行业非常广泛。若企业属于服务性质,假设其吸纳的下岗再就业人员的比例达到公司员工比例的30%以上,且该企业是新办的,那么企业就可以向主管税务机关申请要求免征企业3年所得税。又如,企业在更新设备时,在国产设备与进口设备性能、质量差不多的情况下,企业应尽量购买国产设备,因为国家有关于购买国产设备免征企业所得税的照顾,外资生产型企业如果购买国产设备,还可以享受退还征收税的优惠政策。

(2) 临界点筹划法。一是价格和产量的数值确定在什么位置以寻找最佳节税临界点,使企业获利最大;二是企业和个人所得税都有一个临界点问题,这个临界点可用来作为是否转移的参考依据。

【案例 13-2】 房地产如何定价?

房地产开发公司开发一个项目,总要获得一定的利润,但利润率越高,缴纳的土地增值税就越多,税后利润可能反而越小。因此,如何做到使房价在同行中最低,应缴土地增值税最少,所获利润最多是房地产公司应认真考虑的问题。按照税法有关优惠规定:纳税人建造普通标准住宅出售,增值额未超过扣除项目金额的20%的,免征土地增值税;增值额超过扣除项目金额20%的,应就其全部增值额按规定计税。这里的"20%的增值额"就是"临界点"。根据临界点的税负效应,可以对此进行纳税筹划。

例如,江淮房地产开发有限责任公司是一家以开发、转让土地及房产为主要业务的中型公司。2012年7月初,公司按当地一般民用住宅标准建造了一座住宅楼,并准备以市场价格销售。为建造该住宅楼,江淮公司共发生如下费用:支付100万元取得土地使用权,房地产开发成本50万元,其他扣除额为60万元。经过市场调研,公司估计该住宅楼销售收入为250万元左右。年终,该住宅楼销售收入为260万元。公司财务人员对这笔业务应缴纳的土地增值税计算如下:取得房地产转让收入260万元,扣除金额为210万元,增值额为260-210=50(万元),占扣除额的23.81%,应纳土地增值税50×30%=15(万元)。对于这笔销售收入,该公司是否存在进行纳税筹划的可能呢?《土地增值税暂行条例》规定,有下列情形之一的,免征土地增值税:(1)纳税人建造普通标准住宅出售,增值额未超过扣除项目金额20%的;(2)因国家建设需要依法征用、收回的房地产。本案例中,江淮公司按一般民用住宅标准建造普通标准住宅,在这一点上符合《暂行条例》规定的第一种情况,按扣除项目金额的20%计算,能够享受免税条件的最大增值额应为210×20%=42(万元),然而其增值额为50万元。实际增值额刚刚超过了一点,该公司应全额缴纳土地增值税。如果公司财务人员熟悉这项优惠政策,在该项销售业务销售收入还未最终确定,但是扣除项目金额已经确定的情况下,可以计算出享受优惠政策的最大增值额,并就此在实际增值额接近的时候进行适当的调整,使其不超过但很接近最大增值额的限度。假如该项业务最终收入为250万元,增值额为40万元,没有超过42万元,可以享受免征土地增值税的优惠,则实际税后收益为250万元,可以比原来多得5[250-(260-15)]万元的利润。而且,江淮公司适当降低住宅售价,有利于缩短住宅楼的销售时间,加快收回投资成本,减少资金占用。

(3) 人的流动筹划法。包括个人改变其居所和公司法人改变其居所两个方面的筹划。纳税人可以根据自己企业的需要,或者选择在优惠地区注册或干脆将现在不太景气的生产转移到优惠地区,以享受国家给予的税收优惠政策,减轻税收负担提高企业的经济效益。

(4) 挂靠筹划法。指企业或个人原本不能享受税收优惠待遇但经过一定的策划通过挂靠在某些能享受优惠待遇的企业或产业、行业。使自己也能符合优惠条件。如本来不是科研单位或科研所需要的进口仪器设备,通过和某些科研机构联合,披上科研机构的合法外衣,使自己企业享受减免税。

只要有税收优惠政策,就有纳税人对其进行利用。在利用时要注意以下几个问题:① 尽量挖掘信息源。多渠道获取税收优惠以免自己本可享受税收优惠政策,却因为不知道而错失良机。② 充分利用有条件的应尽量利用,没有条件或某些条件不符合的,要创造条件利用。③ 应尽量保持和税务机关的关系,争取税务机关的承认。再好的方案,没有税务机关的批准,都是没有任何意义的,不会给企业带来任何经济利益。

三、漏洞平台

漏洞平台是建立在税收实务中征管方的大大小小漏洞上的操作空间。漏洞分为立法环节(某项具体规定中对某个细小环节的忽略)漏洞和执法环节(如人员素质差)漏洞。漏洞平台是以漏洞的存在为基础。现阶段,我国税法中存在着许多矛盾或空白之处:① 机构所在地的判定标准是依注册地、还是管理中心或经营地存在不确定的地方。② 税法总纲虽有规定,但没有规定具体操作办法。如电子商务的研究近几年刚兴起,这方面的税收问题是个很大的空白,公司就可利用这些空白,大规模地发展网上电子交易,从而省去大量税款。

利用漏洞平台应注意以下问题:一是需要精通财务与税务的专业化财会人才。只有专业化人员才可能根据实际情况。参照税法而利用其漏洞进行筹划。二是具有一定的纳税操作经验。只依据税法而不考虑征管方面的具体措施,只能是纸上谈兵成功的可能性肯定不会太高。三是要有严格的财会纪律和保密措施。没有严格财会纪律便没有严肃的财会秩序,混乱的财务状况显然无法作为筹划的实际参考。另外,又因为利用税法漏洞和空白一样具有隐蔽性,一次公开的利用往往会导致以后利用途径被堵死。四是同样要进行风险-收益的分析。

根据我国现行个人所得税税率计算,一位企业高管如果一年拿100万元工资、薪金,将缴纳40多万元个税。而如果这位高管拿1元年薪以及100万价值的股票期权,这适用20%的税率,只需要缴纳20万元个税,这样一来,可以避税20多万元。格力电器董事长董明珠自曝年薪500万,各种税后到手200万,她就抨击过那些只拿1元年薪甚至1分钱不拿的创始人,不拿这个钱,然后各种开支走公司账就可以很巧妙地达到避税目的。

四、空白平台

空白平台是指虽然税法在总规定中有所体现,但税法文字规定中对较大部分内容的忽略。空白源于两个不同的方面,其一是立法空白,其二是执法空白。利用立法空白进行纳税筹划,其具体途径是依据税法的组成要素。具体来讲,总则、罚则、附则和税率上很难有多大建树,而征税对象、税目、纳税环节、纳税期限、纳税地点和减免税上会存在较多的可供利用之处。

利用执法空白进行纳税筹划,其具体途径有:利用执行人员水平的不足,利用工商管理机构权力分配的真空,利用税制更换的过渡真空。

比如,美国政府曾出台了一项税收政策,即对中国出口的纺织品规定较高的进口关税税率,其中针对手套的税收政策是每双手套征收100%的进口税。由于税负的急骤上升,中国纺织企业生产手套的成本大幅上扬,在美国市场上的竞争力严重受到影响。A公司管理层迫于压力,开始研究美国税法,发现美国税法中有一条关于纺织品的规定,即进口纺织残次品按吨征收进口关税,而且税率很低。于是公司销售部门改变销售策略,即不再将手套包装精美后出口,而是单将大批手套的左手捆在一块儿出口。由于手套仅一支,海关认定为残次品,该公司轻松获得税收上好处。再过一段时间,该公司又从另一海关向美国出口一批手套,这次全是成捆的右手手套,也被海关认定为残次品,这样,该公司产品到美国后经包装,以较低的价格销往美国阿拉斯加,最终在市场上获得了一定的份额。该公司便是巧妙地利用了美国税法中的空白处,即仅对成双手套征高税,而对单只手套却没有规定。既然没有规定,该公司便将其与残次品联系起来,从而巧妙地获取税收上的好处。

五、弹性平台

弹性平台是指利用税法中税率的幅度来达到减轻税负效果的筹划行为。存在的依据是:① 税率幅度的存在;② 执法人员执法弹性的存在。有税收,便少不了税率;有税率,便难以避免税率幅度的存在。弹性平台筹划主要集中在资源税、土地使用税和车船使用税等税种上。在资源税的弹性平台筹划中,筹划客体主要是各类矿产资源,由于税额因矿产资源的优惠悬殊而跨度巨大,这就为利用税额幅度进行筹划提供了可能和空间。如原油税额为每吨8~30元,黑色金属原矿竟然达到了每吨2~30元,有色金属原矿更达到了每吨0.4~30元幅度水平。纳税人想办法在跨度允许的范围内寻找最低切入点。

在运用弹性平台时应注意以下两个问题:一是弹性平台的可操作性大小判定要充分考虑到征税方,因为弹性平台的筹划要达到目的,需要"因人制宜"。二是在幅度中找到最佳切入点。实现税率低、税负轻、优惠多、惩罚小、损失相对较少的目的。

六、规避平台

规避平台是指利用税收上的各临界点进行税收筹划。依据是税收中有很多的临界点。规避平台是利用税法中的临界点来降低税率、获得税收优惠。在实际运用时主要有：① 税基临界点规避。起征点与免征额不同，起征点附近部分税负变化很大。② 税率跳跃临界点规避。许多定价的分界点就是税率跳跃变化的临界点。③ 优惠临界点规避。优惠临界点很多，通常有时间临界点、人员临界点和优惠对象临界点三类。

例 某小店靠两张台球桌经营，小规模纳税人增值税征收率3%，且起征点为100 000元，经营发现，每个月收入在100 000元左右，如1月份收入100 100元，征收增值税3 003元，税后收入97 097，2月份收入100 001元，征收增值税3 000.03元，税后收益97 000.97元。如果将每月营业额降到100 000元以下，控制在99 500～100 000元范围，则每月的税款为零。

规避平台运用时应注意：一是虽然技术要求不很高，但经济成本可能很高，因为规避平台利用的是临界点引起"质"的突破，就得有足够的量变，这其中可能会耗掉许多成本。筹划时应避免舍本逐末、本末倒置的做法。二是具有广泛的应用性，考察我国税法，从惩罚到优惠，从资金到人员等，许多要素都含有临界点，这就为利用规避平台避税提供了无数契机。三是规避平台与弹性平台属于纳税筹划中两个重要的平台。两者具有很大的相通性，前者利用"点"，后者利用"段"。如果将"点"和"段"综合考虑，将规避平台和弹性平台结合使用，就可以取得更好的纳税筹划效果。

【案例13-3】 小规模纳税人还是一般纳税人？

某商贸企业，年不含税销售额800万元，会计核算制度也比较健全，符合作为一般纳税人的条件，适用13%的增值税率；但该企业年准予从销项税额中抵扣的进项税额较少，一年只有20万元。在这种情况下。作为一般纳税人，企业年应纳增值税额为84(800×13%－20)万元。如果将该企业分设两个企业，各自作为独立核算单位，那么，一分为二后的两个单位年应税销售额分别为400万元和400万元，就符合小规模纳税人(500万元以下)的条件，可适用3%征收率。在这种情况下，只要缴纳增值税24(400×3%×2)万元。显然，划小核算单位后，作为小规模纳税人，可较一般纳税人减轻税负60万元。

第四节 企业纳税筹划原则

一、合法性原则

依法性原则要求企业在进行纳税筹划时必须遵守国家的各项法律、法规。具体表现在：

① 企业的纳税筹划只能在税收法律许可的范围内。征纳关系是税收的基本关系,税收法律是规范征纳关系的共同准绳,作为纳税义务人的企业必须依法缴税,必须依法对各种纳税方案进行选择。违反税收法律规定,逃避税收负担,属于偷漏税,企业财务管理者应加以反对和制止;企业纳税筹划不能违背国家财务会计法规及其他经济法规。国家财务会计法规是对企业财务会计行为的规范,国家经济法规是对企业经济行为的约束。作为经济和会计主体的企业,在进行纳税筹划时,如果违反国家财务会计法规和其他经济法规,提供虚假的财务会计信息或作出违背国家立法意图的经济行为,都必将受到法律的制裁;企业纳税筹划必须密切关注国家法律法规环境的变更。企业纳税筹划方案是在一定时间、一定法律环境下,以一定的企业经营活动为背景来制定的,随着时间的推移,国家的法律法规可能发生变更,企业财务管理者就必须对纳税筹划方案进行相应的修正和完善。② 服从于财务管理总体目标的原则。纳税筹划作为企业财务管理的一个子系统,应始终围绕企业财务管理的总体目标来进行。纳税筹划的目的在于降低企业的税收负担,但税收负担的降低并不一定带来企业总体成本的降低和收益水平的提高。例如:税法规定企业负债利息允许在企业所得税前扣除,因而负债融资对企业具有节税的财务杠杆效应,有利于降低企业的税收负担。但是,随着负债比率的提高,企业的财务风险及融资风险成本也随之增加,当负债成本超过了息前的投资收益率,负债融资就会呈现出负的杠杆效应,这时权益资本的收益率就会随着负债比例的提高而下降。因此,企业进行纳税筹划时,如不考虑企业财务管理的总体目标,只以税负轻重作为选择纳税方案的唯一标准,就可能影响到财务管理总体目标的实现。

二、服务于财务决策过程原则

企业纳税筹划是通过对企业的经营的安排来实现,它直接影响到企业的投资、融资、生产经营、利润分配决策,企业的纳税筹划不能独立于企业财务决策,必须服务于企业的财务决策。如果企业的纳税筹划脱离企业财务决策,它必然会影响到财务决策的科学性和可行性,甚至诱导企业作出错误的财务决策。例如,税法规定企业出口的产品可以享受退税的优惠政策,企业选择开放式的出口经营策略,必然为企业带来更多的税收利益。但是,如果撇开国际市场对企业产品的吸纳能力和企业产品在国际市场上的竞争能力,片面追求出口经营带来的税收利益,那就可能诱导企业作出错误甚至是致命的营销决策。

三、成本与效益原则

一方面,企业纳税筹划必须着眼于企业整体税负的降低,不能只盯在个别税种的负担上,因为各个税种之间是相互关联的,一种税少缴了,另一种税可能就要多缴;另一方面,企业的纳税筹划不是企业税收负担的简单比较,必须充分考虑到资金的时间价值,因为一个能降低当前税收负担的纳税方案可能会增加企业未来的税收负担,这就要求企业财务管理者在评估纳税方案时,要引进资金时间价值观念,把不同纳税方案、同一纳税方案中不同时期的税收负担折算成现值来加以比较。

四、事先筹划原则

要开展纳税筹划,纳税人就必须在经济业务发生之前,准确把握从事的这项业务都有哪些业务过程和业务环节？涉及我国现行的哪些税种？有哪些税收优惠？所涉及的税收法律、法规中存在着哪些可以利用的立法空间？掌握以上情况后,纳税人便可以利用税收优惠政策、利用税收立法空间达到节税目的。由于上述筹划行为是在具体的业务发生之前进行的,因而这些活动或行为就属于超前行为,需要具备超前意识才能进行。如果某项业务已经发生,相应的纳税结果也就产生了。这时,纳税人如果因为承担的税负比较重,利用隐瞒收入、虚列成本等手段去改变结果,最终会演变成偷逃国家税款行为,会受到相应的处罚。

五、零风险原则

纳税筹划是一项系统工程,它在给企业带来节税收益的同时也蕴涵着风险。因此,在进行纳税筹划时,不仅要考虑筹划方案对企业的影响,还要考虑其蕴藏的风险。需充分掌握国家政策精神,全面了解税务机关对"合理和合法"纳税的法律解释和执法实践,使企业真正实现税后利润最大化。

企业"野蛮者抗税、愚昧者偷税、糊涂者漏税、精明者进行纳税筹划"。纳税筹划在我国是一项新兴事业,有利于推进税收法治和规范,是形势发展的需要,也是企业生产经营正确决策中不可缺少的组成部分。应该强调,纳税筹划必须合法,防止走偏,使结果适得其反；同时要注意企业生产经营的复杂性,综合考虑,不能顾此失彼。建议：一是更新观念,从税务机关到社会各界,都要认识纳税筹划的必要性,确定企业纳税筹划的合法地位,改变目前纳税筹划无法可依的窘境,要从定义、界限、收费、防范等方面加以明确规定,并鼓励中介事务所开展纳税筹划业务,在全社会形成依法筹划的思想共识。二是积极倡导纳税人用好税务筹划权利,或是由企业自己组织研究税法条款和政策规定进行策划；或是聘请事务所税务专家进行筹划,效果会更好一些。三是改变目前税务代理一般停留在填表交税、办税交涉等一般性的格局,实现高层次的税务代理。不断扩大智能性的筹划领域,以实际效果塑造强势品牌,赢得客户信任,发挥中介机构更大的作用。

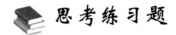思考练习题

一、案例讨论题

联想并购 IBM 的纳税筹划

2004年12月8日,联想集团正式宣布收购IBM,新联想总部设在美国纽约,在北京和

美国罗利设立主要运营中心。并购交易完成后,新联想以中国为主要生产基地,联想并购 IBM 全球 PC 业务后,其年销售额达到 120 亿美元,比并购前增长 4 倍,成为世界第三大个人电脑厂商。同时,也跻身成为世界 500 强企业。联想此举在国际化的道路上迈出了非常关键的一步。有关并购资料如下:

(1) 并购方:联想集团主要从事台式电脑、笔记本、手机、服务器和外设产品的生产和销售,在北京、上海及惠阳均设有 PC 生产基地。根据联想 2004 年年末财务报告,除利息、相关税费、折旧及摊销外的经营利润为 11.25 亿港元;同年第二季度(4~6月)业绩为整体营业额 58.78 亿港元,比 2003 年同期增长 10%,净利润增长 21.1%。

(2) 被购方:IBM 的全球 PC 事业部主要从事台式电脑及笔记本的生产和销售。IBM 在 1981 年率先打开个人电脑市场,到 1994 年前,它一直在个人电脑领域中占据领导地位。但 1994 年后,它的销售额不断下滑。到 1998 年,个人电脑业务亏损达到 9.92 亿美元。到 2004 年,PC 业务收入占 IBM 总收入约 10%,其税前亏损 0.1 亿美元,毛利率为 −0.1%,连续三年半亏损将近 10 亿美元。

(3) 并购支付方式:采用现金与股票的混合证券支付方式。联想收购 IBM 的全球 PC 业务的价格为 12.5 亿美元,但实际交易价格为 17.5 亿美元,其中含现金 6.5 亿美元、股票 6 亿美元及债务 5 亿美元。

(4) 融资方式:支付的现金 6.5 亿美元中,1.5 亿美元为自有资金属于内部融资,6 亿美元为银团贷款属于债务融资。在股份收购上,联想以每股 2.675 港元,向 IBM 发行 8.21 亿股新股及 9.216 亿股无投票权的股份属于权益融资。并购前后持股比例:联想集团并购前联想控股 57%,公众控股 43%;并购后联想控股 46.5%,公众控股 35%,IBM 控股 18.5%。

问题探讨:

根据以上资料从纳税筹划的角度分析主要关键点有哪些?

第十四章 战略财务管理

第一节 战略与财务战略概述

一、公司战略与公司战略管理

战略是为了实现企业的总目标所要采取的行动方针和资源使用方向的一种总体规划。一个企业的主要战略包含目标、为实现这些目标而对资源所作的部署和在利用这些资源时所遵循的主要政策。

公司战略管理是一系列决定公司长期绩效的管理决策和措施。它是在充分分析内部和外部环境的基础上,考虑到公司的优势与劣势,为了更有效地应对环境中的机会和威胁而开发的公司长期生存和发展规划。它包括明确公司使命、树立企业文化与发展理念、确定公司达到的目标,以及形成公司战略从而确定相应的 CSF 和 KPI 指标、相应的岗位职责以及年度经营管理计划等。成功关键因素(core success factors,CSF)是对公司擅长的、对成功起决定作用的某个战略因素的定性描述。CSF 由关键绩效指标(key performance indicators,KPI)进行计算和测量,通过 CSF 和 KPI 使战略目标得以分解,压力得以逐层传递,同时使战略目标的实现过程得以监控。

企业战略管理的基本特征:

(1)战略管理是一个连续不断的过程。一个完整的战略管理包括战略形成、战略实施、战略评价。

(2)战略形成的起点是战略目标。

(3)战略实施过程的重点是编制计划或预算。

(4)企业战略的多元化决定了战略管理的多元化。

【案例 14-1】 美国雷曼兄弟破产

1844 年,23 岁的德国人亨利·雷曼来到美国蒙哥马利,开了一家以自己名字的干货铺子。不久,他的两个弟弟,也来到美国,1850 年,小干货铺子的名字成了"雷曼兄弟"。19 世纪的美国经济以农业为主，雷曼三兄弟看准时机做棉花生意。不久，美国爆发内战，以代表工业化的北方的胜利而告终。1870年，雷曼兄弟顺势发展，将总部迁至纽约，开始从事债券和金融咨询业务。1858年因众多因素，棉花贸易中心由美国南方转移到纽约。雷曼在纽约市曼哈顿区自由大街119号开设第一家分支机构的办事处，当年32岁的伊曼纽尔负责办事处业务。1862年遭逢美国内战，因此公司和一个名为约翰·杜尔的棉商合并，组建了雷曼杜尔公司。在内战结束后，公司为阿拉巴马州提供财务支持以协助重建。公司总部最终也搬到1870年创建纽约棉花交易所的纽约市。1884年伊曼纽尔设置了公司理事会，公司还在新兴市场从事铁路债券业务并进军金融咨询业务。早在1883年，雷曼已成为咖啡交易所成员之一，到了1887年公司还加入纽约证券交易所。1899年，则开始首笔公开招股生意，为国际蒸汽泵公司招募优先股和普通股。尽管提供国际蒸汽，但一直到1906年，公司才从一个贸易商真正转变成为证券发行公司。同一年在菲利普·雷曼的掌管下，雷曼公司与高盛公司合作，将西尔斯·罗巴克公司与通用雪茄公司上市。随后的20年间，差不多有上百家新公司的上市都由雷曼兄弟协助，其中多次都和高盛公司合作。20世纪30年代，雷曼兄弟签署了第一电视制造商杜蒙的首次公开招股，并为美国广播公司（RCA）提供资金协助。它也为快速增长的石油工业提供金融协助，其中包括了哈利伯顿（Halliburton）公司和科麦奇（Kerr-McGee）公司。20世纪50年代，雷曼兄弟签署了数字设备公司的首次公开上市（IPO）。稍后，它又协助了康柏公司上市。罗伯特·雷曼于1969年去世，当时已经没有雷曼家族任何一位成员在公司任职。罗伯特的死给公司留下了领导真空，加之当时经济不景，把公司带进困难期。1973年，贝尔豪威尔公司主席和首席执行官皮特·彼得森受聘挽救公司。

雷曼兄弟切入金融业，靠的是债券业务。固定收益部门一直是雷曼兄弟引以为豪的强势部门。在美国，大多数人想买房子，都需要贷款。对信用较好的人，房贷主要由美国银行来做。但对信用比较差的人，银行不愿贷款，美国就发展出一种专门借钱给信用较差者的房贷机构，这些机构所承做的房贷，就称"次级房贷"。雷曼兄弟旗下就有一家专门做次级房贷的机构 BNC Mortgage。与此同时，他们又把这些贷款（债权）打包，组合成一个新的金融产品（证券化），卖给债券市场的投资人。本来，这一切都皆大欢喜：原来买不起房子的人，现在有人肯借钱给他们买房子；而这类次级房贷机构，把证券化产品卖出后也赚了一笔差价；债券市场的投资人购买了这类商品，可以收到固定利息，可以说是一个三赢局面。在这种情况下，雷曼兄弟大力举债放贷，贷款规模不断放大，导致雷曼兄弟的财务杠杆率（总资产/净资产）长期高达20多倍，甚至2009年第一季度末达到了31.7倍，即在总资产中净资产所占的比例只有3.15%。这意味着次贷证券损失比率的微小变化，都可能使得净资产出现巨大变化。然而从2006年年底起，次贷风险开始显现，且这种产品的风险来势凶猛，超乎想象。第一，次贷需要支付的利率，一开始较低，但之后一两年，就开始调升，许多次贷机构，却并没有刻意提醒这一点，造成贷款者的错觉：原来房贷利息这么低，我也买得起房子。等到利率调升后，这些借款者连利息也难以支付时，就面临被房贷机构拍卖的命运。第二，美国房价从2006年第三季度起，一反多年的涨势，开始一路下跌，这些房贷机构即使收回房子，将其卖掉，也无法抵消房贷上的损失。第三，那些债市投资人，当初向房贷机构买这些金融商品时，多带附加条件：当房屋贷款者付不出利息时，房贷机构要负责把这些金融商品买回。随着证券资产价值不断缩水，雷曼兄弟损失一步步扩大，2008年8月22日雷曼兄弟的BNC Mortgage宣布关闭，其时次级房贷的余额超过140亿美元。美国雷曼兄弟公司在2008年6月16日发布财报称，第二季度（至5月31日）公司亏损28.7亿美元，是公司1994年上市以来首次出现亏损。雷曼净收入为负6.68亿美元，而去年同期为55.1亿美元；亏损28.7亿美元，合每股5.14美元，去年同期则盈利12.6亿美元。雷曼兄弟第三季度巨亏39亿美元，创下该公司成立158年历史以来最大季度亏损。财报公布之后，雷曼股价应声下挫近7%。雷曼兄弟公司股价从年初超过60美元，到如今7.79美元，短短九个月狂泻近90%，市值仅剩约60亿美元。在从外部投资者获取资金的努力失败后，雷曼兄弟决定出售旗下资产管理部门的多数股权，并分拆价值300亿美元的房地产资产，以期在这场金融危机中生存下来。

拥有158年历史的雷曼兄弟公司在美国抵押贷款债券业务上连续40年独占鳌头。但在信贷危机冲击下，公司持有的巨量与住房抵押贷款相关的"毒药资产"在短时间内价值暴跌，将公司活活压垮。2008年9月13日，美国政府与华尔街巨头商讨"拯救计划"，原本英国巴克莱银行和美国美洲银行都有意收购。9月15日，英国第三大银行巴克莱银行在美国政府拒绝提供财政担保后决定退出拯救雷曼兄弟公司的行动。大约3小时后，美国银行也宣布退出，转而收购美林公司。在政府拒绝救命、收购退路全断之后，雷曼兄弟公司最终决定，根据美国破产法案第11章申请破产保护。9月15日，由于陷于严重的财务危机，美国第四大投资银行雷曼兄弟公司当日宣布将申请破产保护。

雷曼兄弟公司在其158年的发展历史中，曾四次面临倒闭：1929年，股市崩盘；1973年，该公司投注利率损失670万美元；1984年，内部意见分歧导致被运通并购；1994年，新独立的雷曼面临资金短缺。但每次雷曼兄弟公司都不断根据环境的发展进行战略调整，摆脱了危机，但这次它没有及时识别公司战略中的风险，公司的战略没有随着环境变化而变化；相应地，没有控制好资产负债比例和资产流动性，导致流动性危机而倒闭。

（资料来源：新华网。）

我国经济进入20世纪90年代以后，曾驰名于20世纪80年代的一些企业便发生了经营危机，首先是巨人集团的崩溃，其次是沈阳飞龙的停滞和反省，再次是一大批彩电生产厂家的倒闭，还有在一大堆在困境中挣扎的企业——随着东南亚危机的入侵，更多的企业叫苦连天，我国的企业到底出现了什么问题？

我国企业所遇到的问题，既不是我国的经济增长到达了边界，也不是体制转型的活力已经枯竭，而是我国企业战略的非科学性造成的。

我国企业战略的非科学性首先体现在对环境长期适应性的匮乏上。科学的战略除了具备全局性、未来性、系统性、层次性、竞争性和保密性之外，还有一个重要特性就是长期适应性。战略的长期适应性是指企业为达到股东价值最大化目标，应在一个相对较长的时间里保持战略的相对稳定性，培养企业的核心能力，增加企业对环境的长期适应能力。我国企业战略缺乏这种长期适应性,导致了企业核心能力的丧失。

产生这种现象的原因是多方面的。首先是客观上的原因。企业战略在我国仍然是一个全新的概念,虽然一些企业在经营中自觉地提出了企业适应环境的种种思路,但科学战略的观念依然没有形成。没有经过系统训练的经营者很难在环境复杂变换的转型期制定出科学的企业战略。其次是主观上的原因。许多企业家在我国体制转型期练就了一套"出奇制胜"的商战策略,体制转型的变革特性也为企业采取"机会型"战略创造了客观的环境,他们屡屡尝试,屡屡得手,成功的经验夸大了他们对环境的适应能力,使得他们对科学战略的长期适应性不屑一顾。有的企业家甚至认为,企业的战略规划赶不上环境的变化,与其费力气研究战略,不如下决心把企业的产品做好,"酒香不怕巷子深",一门心思抓基础管理,结果是企业的效率增加了,效益却下降了,企业的生产跟不上市场变化,生产出来的产品质量不错,但就是没有人要。于是,我们发现我国几乎所有的企业长期适应性都很差,企业能过得了初一,过不了十五。

二、财务战略

英国学者基思·沃德(Keith Ward)在《公司财务战略》一书中对财务战略的定位是,"为适应公司总体的竞争战略而筹集必要的资本,并在组织内有效地管理与运用这些资本的方略",因此财务战略更加技术化、具体化,也就是说,公司的财务战略是基于公司总体战略,并支持或者配合其他战略的一个子战略。因此必须理清财务战略和其他战略与公司战略的关系,并进行分析,才能保障财务战略和其他战略一起有效配合并服务于公司总体战略。

企业根据环境变化、企业所处的生命周期的差异以及企业对风险偏好的不同,通过合理地规划投融资战略,形成企业财务战略。

三、财务战略分类

企业战略的具体形式是多种多样的。从财务的角度来看,我们主要关心的不是这些具体的企业战略形式,而是与这些企业战略形式相配合的财务战略具有什么样的基本特征。如前所述,财务战略是与企业战略密不可分的,但财务战略侧重于资金的筹措与使用。所以,企业根据环境变化、企业所处的生命周期的差异以及对风险偏好的不同,通过合理地规划资金筹措与使用,形成不同的财务战略。根据风险承受程度、具体内容不同的分类,企业可以形成不同的财务总体战略。

1. 根据财务风险承受程度不同进行分类

(1) 快速扩张型财务战略。

这是指以实现企业资产规模的快速扩张为目的的一种财务战略。为了实施这种财务战略,企业往往需要在将绝大部分乃至全部利润留存的同时,大量地进行外部筹资,更多地利用负债。大量筹措外部资金,是为了弥补内部积累相对于企业扩张需要的不足;更多地利负债而不是股权筹资,是因为负债筹资既能为企业带来财务杠杆效应,又能防止净资产收益率和每股收益的稀释。企业资产规模的快速扩张,也往往会使企业的资产收益率在一个较长时期内表现为相对的低水平,因为收益的增长相对于资产的增长总是具有一定的滞后性。总之,快速扩张型财务战略一般会表现出"高负债、低收益、少分配"的特征。

(2) 稳健发展型财务战略。

这是指以实现企业财务绩效稳定增长和资产规模平稳扩张为目的的一种财务战略。实施稳健发展型财务战略的企业,一般将尽可能优化现有资源的配置和提高现有资源的使用及效益作为首要任务,将利润积累作为实现企业资产规模扩张的基本资金来源。为了防止过重的利息负担,这类企业,对利用负债实现企业资产规模从而经营规模的扩张,往往持十分谨慎的态度。所以,实施稳健发展型财务战略的企业的一般财务特征是"低负债、高收益、中分配";当然,随着企业逐步走向成熟,内部利润积累就会越来越成为不必要,那么,"少分配"的特征也就随之而逐步消失。

(3) 防御收缩型财务战略。

这是指以预防出现财务危机和求得生存及新的发展为目的的一种财务战略。实施防御收缩型财务战略的企业,一般将可能减少现金流出和尽可能增加现金流入作为首要任务,通过采取削减分部和精简机构等措施,盘活存量资产,节约成本支出,集中一切可以集中的财力,用于企业的主导业务,以增强企业主导业务的市场竞争力。由于这类企业多在以往的发展过程中曾经遭遇挫折,也很可能曾经实施过快速扩张的财务战略,因而历史上所形成的负债包袱和当前经营上所面临的困难,就成为迫使其采取防御收缩型财务战略的两个重要原因。"高负债、低收益、少分配"是实施这种财务战略的企业的基本财务特征。

随着企业经营环境的日益复杂,组织形式的变化、金融工具的创新、企业自身发展所处的阶段的不同,财务战略不再是纯粹的"扩张、稳健、防御收缩",从不同的角度出发分析,企业呈现的总体财务战略可以是以上三种中的任意一种,也可以是某一种的局部修正或者创新。

2. 根据财务战略的具体内容不同进行分类

财务战略从具体内容上进行分类,又包括投资战略、筹资战略两大部分内容,如图14-1所示。在这里,我们将利润分配战略和外部融资战略结合起来,作为总体筹资战略考虑。

四、公司战略对 CFO 的要求

美国托马斯·沃尔瑟等所著的《再造财务总裁》一书,对 CFO 的职务概念、绩效标准、主要资源、主要的组织关系和该职务的必备能力和要求进行了设计。

在职务概念方面,提出了 CFO 为总经理和各部门主管在重大战略和经营问题上的主要顾问,并管理公司的财务和计划事宜。其职责应包括以下几个方面:公司战略,财务战略,预算和管理控制,财务管理。

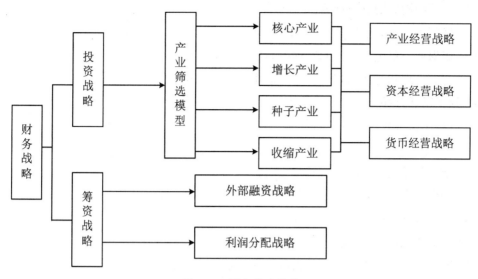

图 14-1 财务战略分类

1. 公司战略方面

CFO 将在协调制定企业价值最大化总战略方面发挥主导作用。

(1) 确保制订适当的计划,通过本公司目前各项业务为其创造最大价值。

① 不断评估各项计划的价值创造能力。

② 通过下述工作确保各项计划侧重主要问题:a. 审核绩效变化的基本设想和理由;b. 提供价值创造机会的外部参照系数(如对其他所有者的业务价值)。

③ 在重大提议上就总经理和部门主管的意见提供专家看法。

④ 制订财务衡量标准以及目标完成情况的监督制度。

(2) 协助制订为股东创造额外价值的公司扩展战略。

① 促进在与目前业务密切相关的业务上发现市场机会。

② 评估公司利用机会的能力与资产,就弥补欠缺的能力开发方案提出建议。

③ 就具体提案进行业务和财务评估。

(3) 规划并实施贯彻公司战略的重大交易。

2. 财务战略方面

CFO 有责任制订、建议并实施公司财务总战略,以支持公司推行其经营战略,实现价值最大化。

(1) 制订关于价值创造资本结构和红利政策的建议。

(2) 设计并管理向投资者和金融界转达本公司计划要点和绩效的战略。

(3) 谈判并实施所有重大财务交易,包括借贷、股票发行和股权重购。

3. 预算和管理控制方面

CFO 将制定并实行有关程序,确保公司经理掌握正确信息,以确定目标,作出决策,监测绩效。

(1) 协调编制短期业务预算。

(2) 确定每一业务单位的主要绩效尺度。

(3) 确保业务单位有充分的管理控制权。

(4) 与总经理和各部门主管一道评估业务单位绩效。

4. 财务管理方面

CFO 将确保有效管理公司的各项财务:

(1) 确保履行各项外部申报和规定义务。

(2) 建立管制制度,保障公司资产。

(3) 确保现金和出纳管理的完整和效率。

(4) 履行各项报税和纳税义务。

(5) 发现机会,减轻公司税务。

(6) 与公司相关的银行保持紧密的日常关系。

(7) 管理公司的养老金资金。

(8) 管理公司的风险管理方案。

在 CFO 主要资源方面,提出了 CFO 的工作人员包括财务部、稽核部、计划部、税务部。

此外,各业务单位的财务人员在某种程度上对其负责。CFO 在人事问题上有广泛的斟酌决定权。

在 CFO 必备的能力和要求方面,提出了 CFO 应有经营头脑,并具有以下特点:

(1) 通权达变的业务判断能力和出色的分析能力,尤其是在重大业务和财务分析方面。

(2) 独立思考能力,勇于对总经理的想法提出质疑,同时保持他们的尊严和自信。

(3) 随时准备与金融界交往。

(4) 领导和协调重大交易谈判的能力。

(5) 出色的行政和人事管理能力。

(6) 较好的专业基础并熟悉金融市场、财务和管理会计、财务业务、税务等。

在 CFO 绩效标准方面,提出了 CFO 的绩效体现在:

(1) 一年之内。

① 制订明确的公司战略,并完成初步实施阶段工作。

② 制订明确的财务战略,并开始执行。

③ 部门主管和骨干经理在制订其计划和评估有关提案时,从为股东创造价值的角度考虑问题。

④ 财务管理职能得以顺利履行。

⑤ 证券分析家了解公司战略,并将它看作为实力雄厚的经营公司,而不是破产对象。

(2) 三年之内。

① 公司将为股东提供丰富的收益。

② 公司开展若干价值创造扩张行动(很可能通过内部投资)。

③ 证券分析家将公司视为其行业中名列前茅的"价值管理者"。

在主要的组织关系方面,提出了CFO的综合职能要求他与公司其他所有骨干管理人员建立密切的工作关系,主要包括总经理、业务单位主管和各主要外部团体。

(1) 与总经理的关系:CFO将在所有重大问题上向总经理提供建议和分析结果。CFO执行总经理的财务政策决定。

(2) 与业务单位主管的关系:CFO将与各业务单位主管合作,确保计划、报告和管理体制的运转,解决公司与业务单位之间不同优先考虑的矛盾。CFO还应在与财务有关的问题上同业务主管磋商,并为具体项目提供分析支持。

(3) 与各主要外部团体的关系:CFO及其工作人员管理和协调各主要外部团体的关系,包括:投资者、财务分析家、等级评定机构和金融报刊;外部审计师;金融机构(银行和投资银行);管理和税务机构。

第二节 价值基础管理与战略目标

一、战略财务规划与评价

战略财务管理的核心内容是融资战略和投资战略。战略财务管理的最高目标是通过适当的融资及投资战略安排,实现全局和长期的资金合理流动与财务稳定,并借此进一步实现企业价值最大化的公司财务目标。

战略财务管理的运行过程会因不同的战略内容而有所差别;但是,制订战略财务规划和进行战略财务评价,则是战略财务管理的两个必不可少的环节。

1. 战略财务规划

战略财务规划的制订,对任何企业而言都是十分重要的。尤其是当企业经营及理财环境正在发生或将要发生重大变化,从而企业战略必须作出相应调整时,就更需要战略财务规划。

一般而言,制订战略财务规划必须满足下列基本要求:

(1) 细致分析企业财务状况发展变化的历史过程,充分认识财务现状。战略财务规划的制订不是构造空中楼阁,而是必须以企业财务现状为基础。为此,在具体制订战略财务规划之前,首先必须对企业资金的运用结构和来源结构进行分析,以了解企业资金的运用结构的合理性和财务安全性;与此同时,还必须分析企业在近几年中收益状况的变化及其原因。所有这些分析,都应该弄清企业财务状况和收益状况的变化究竟是主要缘于外部环境,还是主要缘于内部管理。通过这种历史的分析,可在一定意义上为预测未来提供依据。

(2) 尽可能地预见企业内外经营及理财环境的变化情况,并依据不同情况制订几套权变计划。无论战略制订时多么精心,但诸如自然灾害、政府政策改变、强大竞争者的出现等不测事件的发生,都会使既定的战略规划变得过时失效。为了将不测事件发生可能造成的威胁和损失降低到最小限度,企业在制订战略财务规划时,应将权变计划作为其中的一个构成部分。所谓权变计划,是指在特定关键事件没有按预期发生的情况下可采取的变通战略。

(3)制定战略财务规划时,应将注意力集中于当前尤其是将来的重大问题上,而不是把注意力分散在各种具体的细节问题上。作为战略财务规划,对未来的预测是十分关键的。但未来事件,尤其是具体事件的发生有着高度的不确定性。所以,对未来的分析和预测不可能考虑得过于具体。同时,由于战略财务规划本身关注的是有关企业全局和长远的方面,因此,对过于琐细的细节因素的预测也就没有必要。

(4)战略财务规划的制订。除了确立战略目标之外,还必须同时提出实施战略的措施和进程。制定的战略财务规划,如果只有目标,而没有相应的实施措施和进程,那么,战略财务目标的实现就缺乏保证。战略财务规划中所包含的实施措施和进程越明确,越具体,越具有可操作性,战略财务目标的实现就越可靠。

2. 战略财务评价

战略财务评价是指从企业发展战略的角度评价企业的财务状况和财务成果。尤其是在实行分权管理的大型企业中,具体生产经营活动都由各分部承担,企业总部的主要任务就是通过财务的评价与控制来掌握公司的整体发展方向。为此,就必须有一套有效的衡量和评价分部业绩的方法,用于诱导分部行为与总部战略目标要求相符合。从总部的观点出发,选择评价分部业绩的指标应注意以下三点要求:① 所选择的评价指标,应能促使各分部紧紧围绕总部的最高利益运转;② 所选择的评价指标,必须同时能反映两个因素,以防片面和极端;③ 所选择的评价指标,必须既简单、明确,又切实可行。

二、价值基础管理(VBM)

企业价值理论的出现和发展,确定了企业战略目标和决策判断标准。战略目标是获取存续期间持久的盈利性。战略决策的标准是存续期间现金流量贴现值最大化,即价值最大化。战略的作用是合理分配资源,从每年的收益中,平衡投资和利润分配关系,为股东创造包括企业利润和资本升值两部分内容在内的更多价值。由于价值统一了短期利润指标同企业长期发展及股东整体收益之间的关系,为企业的决策提供了目标和标准,为价值基础管理(value based management,VBM)奠定了基础。

价值管理是指企业紧紧围绕价值最大化目标,适时地根据环境变化,通过对投资机会的准确把握,合理配置企业资源,其中包括战略性投资和结构的战略性调整,采取兼并收购、资本重组等超常方式,提高组织的灵活性和环境适应性,以增加社会和民众对企业收益和增长的预期,最终为投资者创造更多财富的各种方法的汇总。

因此,企业决策的重点不再仅限于工人的效率和企业内部的管理职能安排,也不再把营运规模、社会效益、市场份额、社会形象作为经营的终极目标,更不能把"以人为本"作为增加利益相关人财富的唯一标准,而应以企业价值最大化作为最终目标。

为什么不把利润最大化或规模最大化作为企业的最终目标呢？因为利润最大化存在一些缺陷，并且价值最大化不仅仅是企业经营状况的全面反映，而且是企业利益相关者的利益最佳体现。公司对不同利益相关者的责任分别是：

(1) 股东——使股东利益最大化。

(2) 雇员——提供薪水和健康的工作环境。

(3) 消费者——高质量的产品和服务。

(4) 供货商——诚信的合同。

(5) 债权人——按时还贷。

(6) 社区——环境的安全和就业。

(7) 政府——纳税和遵守法律。

企业利益相关者按重要程度分为：为企业融资的利益相关者；管理企业的经理；企业内部的员工；经济界。其中经济界包括客户、供应商及其他经济因素。

与企业相关者的排序相反，企业最重要的投资者往往在最后获得自己的利益。即在经济界、内部职工、经营者依次获得自己应有的收益后，企业的最后剩余为企业融资的利益相关者所有。这个过程可从模拟企业的财务状况表体现出来（表14-1）。

表 14-1　模拟财务状况表

（单位：万元）

	目前	将来		权利		收益人
客户的价值	1 100	4 400	⇒	消费者剩余	}	经济界
损益表						
销售收入	1 000	4 000				
商品和劳务成本	-300	-1 200	⇒	供应商的权利		
人工成本	-400	-1 600	⇒	人工的权利	⇒	经营者及内部员工
折旧	-100	-400				
营业收入	200	800				
利息费用	-50	-200	⇒	债权人的权利	}	企业资金的供给者
应纳税收入	150	600	⇒	政府的权利		
税款	-75	-300				
净收入	75	300				
留存收益	-40	-160				
红利	35	140	⇒	股东的权利		

当销售收入一定时，企业利益相关群体包括：经济界、经营者、内部员工、企业资金提供者，他们按照一定的规则，对销售收入进行分配。总数一定时，每个群体所得到的份额之间存在着此消彼长的关系，一部分人如果分配多一点，另一些人可能达到少一些。企业中的剩余索取排序安排，保证了资金供给者在价值最大化的过程中，兼顾其他相关群体的利益。

除此之外的利益相关群体在最大化自己效用或利益的同时,均没有动力去兼顾其他相关群体的利益。例如,消费者在进行决策时,考虑的是如何在资金预算的约束下,最大化自己的效用,追求尽可能多的消费者剩余,至于企业如何组织生产、生产多少、资金如何回报、员工的福利状况、雇工人数等都和他的消费决策行为无关,因而消费者剩余的最大化并不是企业相关群体利益的最佳体现。基于同样的原因,企业经营者、内部员工,均不能从制度和机制上保证其他相关群体的利益不受侵害。

资金提供者对剩余收益的孜孜以求,使企业在经营决策时,不会不考虑产品消费者的需求趋势和消费者剩余,否则企业的产品将销售不出去;购买原材料时,不会不考虑供货商的利益;为得到合乎质量的投入品,支付足够的价格,留给供货商一定的利润,以确保供货商有后续的生产和研发能力——甚至为改进供货产品的质量,进而提高自己产品的竞争力,企业有时还派人员帮助供货商开发新产品、提供技改资金、增加投入品的技术含量。当然,企业更不会忽视员工的工作热情和效率,从生产基金中抽出一部分钱,为员工搞福利,解决员工生活中的现实困难。为使企业经营者努力工作、干活不偷懒,他们会把企业的一部分剩余索取权赋予经营者,使经营者在最大化自己利益的同时为企业增加更多的价值。此外,为使企业最终价值最大化,企业股东还会牺牲企业暂时的经营利润,进行研发投资、环保建设、投资公益事业等。这样,企业相关群体的利益在企业价值最大化的目标下达到了统一,价值最大化因此也成为企业管理的终极目标。

值得注意的是,不同的组织结构,权利要求者的平衡不同。如会计师事务所、律师事务所的人工价值极高,这些事务所往往以合伙人形式组成,每一个合伙人拥有一小部分"股本"权利。对他们来说,管理人工权利的价值显然是成功的关键。而对于资本密集型企业如电信、电力设施或纸浆和纸张,劳动力的成分的重要性相对较低,债权人和股本持有者供应的资本变得非常重要。这些公司需要平衡资本权利和人工权利,但他们除向劳动者支付有竞争力的报酬外,必须为资本供应者提供长远的适当收益,否则,就难以生存。

【案例 14-2】 足球俱乐部应取悦于哪个集团?

股东希望得到回报,俱乐部经理不得不继续购买球员以取悦球迷。

球员想要更多的钱和更为自由的合同,而这却不能使董事会满意。

俱乐部与商人和电视结成联盟以使收入最大化,而球员也想分一部分利润。

俱乐部想扩大场地,但是地方社区出于安全和环保却不允许它们扩张,而地方上的商家却没有什么抱怨。

球迷喜欢兴奋和发泄,地方官员不得不考虑健康和安全方面的威胁。

球员想要更多的钱,所以他们会转会,而这却激怒了球迷,球迷抱怨俱乐部没有在球员身上花钱。

虽然价值最大化作为企业追求的最终目标,已经得到社会的日益认同;然而在现实操作中,企业的经营者依然受到各种因素的干扰,时常处于种种矛盾冲突之中。常见的有社会目标和企业的政治责任,比如产值和就业以及对社区和当地政府的实际贡献等。即便剔除各种非商业性因素,对企业规模的盲目追求依然成为世界各国企业管理中的一个普遍现象。

当一些发达国家发现企业规模过度膨胀的种种不良影响之后,目光逐渐转向价值和增长之时,我们国内却掀起了赶超世界500强的高潮。此举着实引起了国内一些经济学家们的担忧。因为规模的巨大并非必然增强企业对环境的适应能力,虽然"瘦死的骆驼比马大",规模巨大能增加企业对环境的被动适应性,但"船大难调头"的谚语却预示着大规模企业较差的主动适应能力。在瞬息万变的商业环境中,企业对环境的主动适应能力比被动适应性更为重要。毕竟,积极主动的竞争战略会比"坐以待毙"的消极战略具有更大的优势。一时人为地扩大规模,只会降低企业在市场竞争环境中"靠自己骨头长肉"的能力。因此,在技术发展突飞猛进、环境变化日新月异的新经济时代,依靠扩大企业规模来增加企业价值的方法面临更大的经营风险。

规模和规模管理在新经济时代却面临着前所未有的挑战,规模经济和市场的垄断优势随着环境的变化渐渐失去,单纯依靠资产扩张增加企业价值已经不合时宜。

1. 世界范围内的反垄断潮流

规模经济极易造成垄断,垄断会使经济丧失活力。经济理论认为:规模经济和垄断难以分割,企业要取得规模效益,社会就得失去竞争效益;要取得竞争效益,就得牺牲规模效益。在这种两难选择的困境中,国家还是偏向于竞争带来的社会效益。正如美国联邦司法部长雷诺所指出的"联邦司法部有责任为美国的企业制造一个公平竞争的环境,保证消费者选择的权力。我们要的是竞争而不是超大规模的企业"。正因为如此,美国通过《谢尔曼法》和《克莱顿法》,对标准石油公司、美国电话电报公司以及微软公司进行了分解。

2. 全球化和网络化动摇了规模经济存在的基础

规模经济的基础是同一类型产品在同一市场和地区的大规模生产和销售。规模的经济性主要源于三方面:

第一,采购的规模经济,即大批量采购而导致采购成本的下降。但是,如果是跨国性公司,母公司向世界各地子公司的物料配送、产品分销将减少规模经济的优越性。

第二,生产的规模经济。就是随着生产规模的扩大,单位产品固定成本将会降低。但跨国经营且实行本地化策略的企业,出于成本方面的考虑,很难在一地完成所有的生产,分地生产的方式将减少生产集中所带来的规模经济的好处。

第三,市场的有限性。规模经济效益的显现是以市场分割和生产者有限为前提的,如果在广阔的世界市场中,单个厂商一时的规模效益很快会吸引更多且实力相当的竞争对手加入。在世界市场巨大、完全竞争、资源充分流动的社会,规模效益很难保持。

新经济时代的来临,全球经济一体化以及生产经营的全球化和网络化将动摇规模经济存在的基础。

3. 需求个性化和产品周期短暂化使市场风险增加

在当今消费主权时代,需求个性化的趋势日益显现。世界不同国家和地区的消费市场,由于文化、教育、宗教、审美习惯、生活方式和收入水平的差异,出现了不同的特点和潮流。突出自我的个性化消费与规模经济的标准化生产产生了很大的冲突。只有采取小批量、多品种生产方式的企业才能繁荣。如在日本电子行业,每隔30分钟就有一个新产品出现;在瑞士的钟表行业,每隔20天就有一个新产品出现。随着科学技术的不断进步,产品周期短暂化趋势加强,也使规模化生产的市场风险增加。

4. 不利于企业对环境变化的适应性和灵活性

生产规模是由市场规模决定的,没有市场规模的扩大,生产规模的扩大必然造成产品的过剩。而企业对规模的盲目追求往往会增加企业的固定资产投资,当生产能力过剩时,规模越大,"沉淀性"资产越多,企业转产的难度越大,特别是在固定资产和专用设备较多的行业,比如军工行业,规模的盲目扩大会削弱企业对需求变化的适应性和灵活性,降低企业对环境变化的生存能力。而且,资源是有限的,现有资产的投资越多,用于企业未来增长的资源将会越少。在高科技、高增长的行业中,企业用于研发的资金应该占销售收入的10%~15%以上。如果企业盲目追求现有资产价值,不但会增加企业资产的流动性风险,而且会失去未来发展的机遇。一旦这种情况形成定势,企业未来增长的价值将会减少,整体价值将会降低。

因此,在新经济时代,企业对环境的适应性和灵活性成为企业价值增长的源泉,对这两种能力的培养是当代企业管理的主要方面。

过去,谁赢得了市场,谁就获得了利润;现在,谁掌握了股东的预期,谁就获得了财富,价值增长的方式已逐渐从产品交易向资本交易过渡。由于技术和产品市场变化的速度加快,企业未来增长的能力比现有资产更重要。只有反应灵敏的企业,才能在瞬息万变的市场环境中把握增长的机遇。企业对环境的适应性和灵活性成为规模最大化所不能涵盖的主要内容。

在世界经济一体化和生产经营全球化中,企业为避免因发展缓慢而被淘汰的厄运,大都不愿放弃增长的任何机会。对环境变化反应速度是企业对经营环境灵活性和适应性的主要体现,因此成为21世纪企业普遍关注的重要内容,也日益成为当代企业有力的竞争工具。换言之,顾客和投资者对重视市场需求并且反应迅速的企业,愿意回报更多的货币选票。这正如美国波士顿咨询公司副总裁伊斯所言:"总有一天速度必将超过成本或品质,成为涵盖全体的首要经营目标。"

【案例14-3】 速度创造价值

戴尔计算机股票的价格增长在1996年和1997年年初超过了思科、惠普、康柏、英特尔和微软。在1997年第一季度,戴尔的投资报酬率几乎是最接近对手的两倍。这还不是全部,所有这一切均实现于一个价格敏感的行业,这里的价格战和成本削减经常发生,顾客的期望也是与日俱增。竞争促使制造商提高产品特性的同时削减成本或价格。对于戴尔这样的计算机生产者和直接销售商,总成本的绝大部分是由销售费用和生产线上部件成本组成。

问:戴尔怎么能一方面降低成本,一方面提高产品价值?

戴尔的秘诀——速度。

订单处理的速度:在5分钟内确认顾客订单。

生产的速度:周一上午9:00订货,周二下午9:00出货。

收款的速度：电话或网络订货 24 小时内收讫现金。相反，对手通过代理人员销售，却要花一个月甚至更多的时间收款。

二次供货的速度：电路板储存处的工厂向供应商订一次货只需 15 小时。

速度降低成本，为顾客增加价值，使企业赚更多的钱。

三、价值驱动因素

一般而言，企业价值最大化是评价企业经营好坏的最终指标。但在经营过程中，仍存在规模、年度利润、税收收益、就业数量等不同主体为不同目的从不同角度对企业考核的指标。我国企业的战略目标常常和价值最大化发生偏离，往往把其他主体对企业的要求作为奋斗目标。

最常见的是对规模最大化的盲目追求。我国是一个具有较长计划经济历史的国家，企业的产成品数量以及企业的产值往往是企业地位的象征，企业的规模越大，企业的产成品数量以及产值就会越高，而这往往成为企业家升迁的决定因素。改革的深化淡化了这种意识，但它的影响还没有完全消除，企业家仍然自觉不自觉地把它作为自己成就感的一种标志。

由于就业的压力，政府往往希望企业雇佣较多的员工、承担更多的社会职能，以消化改革内在的矛盾。为达到此目的，政府采取行政的、经济的手段，对企业进行干预和诱导；出乎意料的是，应和的企业不但有国有企业，还有非国有企业。结果，在前一阶段，国内掀起了赶超"世界 500 强"的热潮。

在我国，对企业价值最大化偏离的另一种表现是对企业年度财务指标的过分侧重，这种情况对适用承包制的企业来说尤为严重。企业只顾目前的利润增长，忽视企业的技改投入，忽视对未来形势的研究，结果企业表现出明显的短期化行为。

不管是对企业规模最大化的盲目追求，还是对企业年度财务指标的片面侧重，不仅会使企业失去进一步增长的能力，而且会降低企业的长期战略适应能力。在企业核心能力匮乏的情况下，规模的扩大不但增加了企业适应环境变化的难度，而且会分散企业培育核心能力的财力、精力和决心，因为从经济学的角度讲，规模最大化与价值最大化存在着内在的冲突。而且如前所述，年度利润指标的最大化也并不意味着价值的最大化。以价值为基础的管理的一个重要部分是深刻理解那些绩效变数将实际驱动企业价值。我们称之为关键的价值驱动因素。这一点很重要，因为，第一，一个组织不可能直接作用于价值，但作用于它影响的事物，如客户满意程度、成本、资本开支等。第二，高层管理层正是通过这些价值驱动因素了解本组织的其余部分，并建立对话，说明它想要实现的目标。

价值驱动因素其实就是影响公司价值的任何变数。为使用起见，需要将价值驱动因素加以整理，以确认对价值影响最大的因素，并指定可以帮助公司实现其指标的个人来承担责任。

一般性价值驱动因素，如销售增长、营业毛利和资金周转率，同等适用于几乎所有经营单位,但缺乏特性,不能圆满地用于基层。如图14-2显示价值驱动因素在三个层面上是有用的。一般单位层面,这里将营业毛利和投资资本结合起来,计算投资报酬率;具体经营单位层面,这里客户组成一类变数非常重要;最基层单位层面需要非常具体地将操作性价值与生产线经理控制下的特定决策联系在一起。

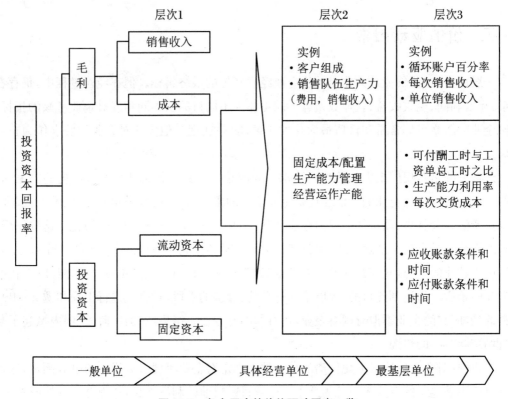

图14-2 各个层次的价值驱动因素一览

找出价值驱动因素,只是做完事情的一半,能否把价值基础管理坚持下去,还必须有四个重要的管理程序:① 制订战略;② 确定指标;③ 行动计划/预算;④ 绩效测定/奖励制度。它们不一定是按顺序排列的,但它们是必不可少的。

四、战略目标

一旦确定了企业价值最大化战略,必须将之转化为具体的长期和短期目标。指标的确定极具主观性,但其重要性不可低估。指标使梦想变成更加坚实的清晰计划;指标支持使命,强调中长期发展的期望;指标指明企业中的成员应该如何做;指标以更加明确的方式表明企业发展方向。

第三节　财务战略决策分析

一、财务总体战略分析方法

1. 宏观政策导向分析法

一般而言,国家通过税收、财政补贴、优惠政策等方面的政策引导产业调整,企业应当保持对政策的敏感性,及时地搜集、整理相关信息,形成报告分析程序,评价国家新出台的相关经济政策对企业自身的影响,尤其是对企业所在行业空间的变化、未来盈利能力等作出评估,指导具体财务战略的决策。

2. 经济周期分析法

经济周期是总体经济活动的一种波动过程,是经济运行的规律性反映,通常分为繁荣、衰退、萧条和复苏四个阶段。经济周期的不同阶段,表现出不同的经济特征,因此在客观上要求企业采取不同的财务战略。

3. 标杆法

标杆法(benchmarking)是许多世界著名企业经常使用的竞争对手分析方法,也是企业培养竞争优势的有效方法之一。

(1) 建立标杆企业信息采集分析系统。

(2) 利用标杆企业信息资料进行财务战略决策。

4. SWOT 矩阵分析法

优势-弱点-机会-威胁(strengths-weaknesses-opportunities-threats)矩阵分析法是帮助管理者制定如下四类战略的重要匹配工具:SO 战略、WO 战略、ST 战略、WT 战略。考察关键外部及内部因素是建立 SWOT 矩阵中最困难的部分,它要求有美好的判断,而且不存在一种最佳的匹配。

优势-机会(SO)战略是一种发挥企业内部优势而利用企业外部机会的战略。所有的管理者都希望所在企业可以发挥自身独特优势去利用外部环境所提供的机会。企业通常首先采用 WO、ST 或 WT 战略使自身达到能够采用 SO 战略的状况。当企业存在重大弱点时,它将努力克服这一弱点而将其转化为优势;当企业面临巨大威胁时,它将努力回避这些威胁以集中精力利用机会。

弱点-机会(WO)战略的目标是通过利用外部机会来弥补内部弱点。适用于这一战略的基本情况是:存在一些外部机会,企业有一些内部的弱点妨碍它利用这些外部机会。

优势-威胁(ST)战略是利用本企业的优势回避或减轻外部威胁的影响。在很多产业中,竞争公司模仿本公司的计划、创新及专利产品的行为会对企业构成一种巨大威胁。

弱点-威胁（WT）战略是一种旨在减少内部弱点同时回避外部环境的防御性技术。面对大量外部威胁和具有众多内部弱点的企业，的确处于不安全和不确定的境地。实际上，这样的公司正面临着并购、收缩、宣告破产或结业清算，因而不得不为自己的生存而奋斗。

5. 企业生命周期分析法

每个企业的发展都要经过一定的阶段。最典型的企业一般要经过初创期、扩张期、稳定期和衰退期四个阶段。不同的发展阶段应该有不同的财务战略与之相对应。企业应当分析所处的发展阶段采取相应的财务战略。

二、投资战略决策分析方法

【案例 14-4】 巢东股份闪入金融业

巢东股份 2015 年 1 月 27 日公告，拟以约 16.82 亿元现金收购新力投资等 46 名交易对象持有的 5 家类金融公司股权。交易完成后，巢东股份将从单一水泥业务，扩展至小额贷款、融资租赁、融资性担保、典当和 P2P 网贷等类金融业务。巢东股份拟收购的标的为德润租赁 60.75% 股权、德善小贷 55.83% 股权、德合典当 68.86% 股权、德信担保 100% 股权及德众金融 67.5% 股权。收购完成后，德信担保将成为巢东股份的全资子公司，德善小贷、德合典当、德润租赁、德众金融成为公司的控股子公司。16.82 亿元对巢东股份来说也不是个小数目。根据公司财报，截至 2014 年 9 月 30 日，巢东股份的货币资金余额为 1.07 亿元。对此，巢东股份表示，与浦发银行合肥分行达成初步合意，由浦发银行合肥分行提供不高于 50% 交易金额的并购贷款；剩余款项则由巢东股份的二股东海螺水泥负责提供支持。

（资料来源：中国证券网，上市公司公告，2015 年 1 月 28 日。）

投资战略应考虑的问题是：企业为什么要扩大投资规模？企业投资方向应该如何选择？专业化、一体化还是多元化？企业应采取什么样的投资实现方式——新建还是兼并？企业是做大还是做强？等等。具体分析方法有：

1. 波士顿增长-占有率矩阵法

波士顿增长-占有率矩阵法（boston consulting group matrix, BCG）描述的是企业各分部在市场份额和产业增长速度方面的差别。BCG 矩阵使多部门企业通过考察各分部对其他分部的相对市场份额地位和产业增长速度，来管理其业务组合。相对市场份额地位可以定义为分部在本产业的市场份额与该行业领导企业的市场份额之比。业务组合则定义为一个企业的各自主经营的分公司或分部（利润中心）结构。

2. 通用电器经营矩阵分析法

这种方法与波士顿矩阵法类似，也要把整个组织分为若干个 SBU，并从两方面进行评估：一是行业吸引力；二是 SBU 在本行业中的竞争力。该方法是基于产业长期吸引力和业务优势/竞争地位分成九个方块。它比波士顿矩阵法考虑了更多的关键因素，而不仅仅是业务增长率和市场占有率。它的产业吸引力包括市场增长率、产业盈利性、规模、定价以及其他可能的机会与威胁,竞争地位包括市场占有率、技术地位、盈利性、规模以及其他可能的优势和劣势。

3. 波特行业结构分析法

迈克尔·波特对于管理理论的主要贡献,是在产业经济学与管理学之间架起了一座桥梁。在其经典著作《竞争战略》中,他提出了行业结构分析模型,即所谓的"五力模型",行业现有的竞争状况、供应商的议价能力、客户的议价能力、替代产品或服务的威胁、新进入者的威胁这五大竞争驱动力,决定了企业的盈利能力,并指出公司战略的核心应在于选择正确的行业,以及行业中最具有吸引力的竞争位置。

4. 产品生命周期矩阵分析法

产品生命周期矩阵分析法是根据企业各项业务所处的产品/市场生命周期阶段和业务的大致竞争地位决定战略类型的方法。该方法如表14-2所示。

表14-2 产品生命周期矩阵分析法

阶段 \ 竞争能力	强	中	弱
引进阶段	盈利	问号	亏损
发展阶段	盈利	盈利或问号	可能亏损
成熟阶段	盈利	盈利	亏损
衰退阶段	盈利	亏损	亏损

5. 产业链分析法

产业链的本质是用于描述一个具有某种内在联系的产业群。产业链中大量存在着上下游关系,上游和下游之间相互交换,上游环节向下游环节输送产品(可以是有形的物质产品,也可以是技术或服务等特殊商品),下游环节向上游环节反馈信息和价值。一条产业链上的所有环节共处在一个产业生态系统之中,如果有一个环节发生了变化(如技术),则会导致其他环节连锁反应。产业链的整合往往蕴涵着新的机会和空间。

6. 价值链分析法

企业特有的价值链是形成竞争优势的基础。对企业内部价值链的分析是进行财务战略决策分析的最末端最核心的环节之一。价值链就是企业用来进行设计、生产、营销、交货及维护其产品的各种活动的集合。

三、筹资战略决策分析方法

筹资战略目标规定了企业资金筹措的基本特征和基本方向,指明资金筹措活动预期的工作成果,是各项筹资工作的行动指南和努力方向。筹资战略包括资本结构的合理安排、长期融资方案的选择、股利分派政策的制定。

1. 筹资战略决策分析基本原则

(1) 筹资规模决定于投资战略。

(2) 筹资方式多元化战略。

(3) 股利分配战略。

(4) 低资金成本与低筹资风险目标。

2. 筹资方式特征分析法

企业在从战略角度选择筹资渠道与方式时,应该对各种不同筹资渠道与方式所筹资金的特点进行详细的分析,在此基础上,结合企业战略目标分析,即可对筹资渠道与方式作出合理的战略选择。

3. 筹资能力估算分析法

筹资能力是指企业从各种资金来源获得资金的能力,它集中表现为在一定时期内企业能够筹集到的资金的数量和质量。在筹资战略的制定和实施过程中,预先分析企业大约的资金筹措能力是极为必要的。

企业的资金来源可分为企业内部资金来源与企业外部资金来源两大类。企业内部资金来源是指企业通过自身生产经营成果的积累而形成的可用资金;而企业外部资金来源是企业通过不同筹资方式从企业外部所获得的可用资金。企业外部资金又有两种主要来源:一是筹集负债资金;二是筹集权益资金。企业从这些渠道筹集资金的能力构成了企业的总体筹资能力。

思考练习题

一、案例讨论题

1. 合肥百货的战略转变

合肥百货作为安徽省商业龙头企业,自 2012 年以来加快外延扩张进程,2014 年已开业及储备门店共进入安徽省 9 个地级市(安徽除合肥外,共有 15 个地级市),公司的外延扩张市场也一直围绕合肥市新区以及省内地级市。外延扩张项目主要以"轻资产+长租约"方式进行,在减少资本开支压力的同时极大程度地锁定项目的运营成本;然而,从公司市场竞争环境来看,以金鹰商贸、银泰百货、永辉超市、万达集团、华润万象城为代表的商业、地产公司纷纷布局安徽市场,区域商业供给量激增,公司持续面临成熟门店同店增速放缓和新开店培育期延长的压力。

经济降速、电商冲击、竞争加剧以及严控"三公"消费等因素导致零售企业持续面临较大经营压力,合肥百货积极应对,公司准备创新、改革和转型。主要措施有:积极多元布局。公司主动寻求和把握有利投资契机,充分利用零售行业现金流优势,立足零售和农产品两大业务平台,初步形成合肥科技农村商业银行(5.47%)、六安郊区农村信用合作联社(5%)、支付公司(35%)、消费金融公司(10%)和小贷公司(20%)等主业相关领域的战略投资布局,以强化实体经营和虚拟金融互动发展,促进供应链上下游合作共赢,有望构建新的盈利增长点。此外,公司向电商和消费金融领域的拓展是未来业务亮点,和京东合作"中国特色安徽馆"开放平台正式投入运营。为加快转型、创新发展,拟投资 3 500 万元,参股安徽长润支付商务有限公司,占其注册资本的 35%。

参股第三方支付公司与消费金融公司,是公司围绕零售产业链,加快转型、创新发展的重要举措。能从直接与间接两个方面给公司带来收益。公司利用自身的充沛资金与现金流优势,拓宽了投资发展渠道,开辟新的利润增长点,能获取新型投资收益。涉足第三方支付与消费金融公司,能为公司已有的零售主业提供支持,增强消费体验,扩大销售规模。参股的第三方支付公司可为公司线上电商平台,以及线下实体门店提供快捷支付服务;参与设立的消费金融公司,也能与公司旗下的商场、超市等业务形成对接,增强客户消费能力,促进新增客流消费,最大限度发挥双方客户资源叠加效应。

除与京东商城的合作,未来还有望尝试与其他电商合作,寻求在客户、技术、平台、营销等多领域合作,推动 O2O 落地。2014 年在支付、消费金融领域的布局,预计是公司后续一系列转型变革措施的开始。

问题探讨:

运用财务战略相关理论对合肥百货战略转变进行探讨。

2. 甲航空公司战略

在国内航空界,甲航空公司几乎就是低价格的代名词,低价格确实为甲航空公司赢得了客户,使其安全度过了发展初期。公司创始人一直秉持平民化和低价化的理念,并身体力行地加以实施,取得了较大成功。但随着公司的发展,他发现,单纯靠领导者的长官意识和模范作用,已经很难让降低成本得到充分落实。因此公司需要从上至下形成节约成本的意识,处处谈成本、处处降成本才能够形成合力,充分发挥各个层面员工吃苦耐劳、节约成本的理念和创新意识。

目前甲航空公司的"吃苦风格"似乎已经形成了一种公司文化。每次外出办事,从领导到下面,都会绷着一根省钱的弦。甲航空公司之所以能固守"低成本、廉价航空",在于其创始人找到了其节约成本的方式。目前,甲航空公司发展较快,在全国多条内陆航线实现了开通。但随着企业规模的扩张,势必对资金的要求更高。企业必须通过各种方式保证企业增长过程中的资金需要量。

问题探讨:

(1) 甲航空公司的竞争战略是什么?公司采用该战略的外部有利条件是什么,潜在风险有哪些?

(2) 甲航空公司采用该战略能够获取哪些竞争优势?

(3) 甲航空公司经历了哪几种战略实施模式,分别具有什么特点?

(4) 结合甲航空公司的发展阶段,分析该公司目前应采用的财务战略类型和融资战略。

思考练习题答案

第一章

一、选择题

1. B 2. A 3. D 4. A 5. A 6. B 7. B 8. C 9. C 10. BCD 11. A 12. ABC 13. A 14. D 15. D

二、案例讨论题

略。

第二章

一、选择题

1. A 2. BD 3. C 4. C 5. D 6. B 7. C 8. D 9. B 10. B 11. C 12. C 13. A 14. C 15. B 16. C 17. D 18. D 19. B 20. C 21. BD 22. C 23. D 24. A

二、计算题

1. 利用已知条件,通过每股盈余、每股股利、每股净资产与资产负债率之间的关系,就可以计算出答案。

普通股股数:640 万元/(5-3) = 320(万股);

股东权益总额:28×320 万股 = 8 960(万元);

资产总额:8 960 + 6 200 = 15 160(万元);

思考练习题答案

资产负债率 = 6 200/15 160 = 40.9%。

2．(1) 应收账款周转天数 54(天)。

(2) 存货周转天数 90(天)。

(3) 流动负债余额 = 800(万元)，速动资产余额 = 960(万元)。

(4) 流动比率 1.95。

3．存货 = 14 000(万元)；

应收账款净额 = 8 600(万元)；

长期负债 = 18 400(万元)；

应付账款 = 13 400(万元)；

负债及所有者权益合计 = 负债总额 + 所有者权益 = 86 400(万元)；

所有者权益 = 86 400 − 负债总额 = 48 000(万元)；

未分配利润 = −12 000(万元)。

4．略。

5．(1) 该公司总资产净利率在平稳下降，说明其运用资产获利的能力在降低，其原因是资产周转率和销售净利率都在下降。

总资产周转率下降的原因是平均收现期延长和存货周转率下降。

销售净利率下降的原因是销售毛利率在下降；尽管大力压缩了期间费用，仍未能改变这种趋势。

(2) 该公司总资产在增加，主要原因是存货和应收账款占用增加。

负债是筹资的主要来源，其中主要是流动负债。所有者权益增加很少，大部分盈余都用于发放股利。

(3) A. 扩大销售；B. 降低存货；C. 降低应收账款；D. 增加收益留存；E. 降低进货成本。

6．略。

7．略。

8．略。

三、案例讨论题

略。

第三章

一、选择题

1. B 2. C 3. D 4. D 5. B 6. A 7. B 8. C 9. D 10. B 11. C 12. A 13. D

二、计算题

1. 计算递延年金现值,可以用三种计算方法,现值 1 565.68 万元。

2. 11 845 元。

3. 2 395.4 元。

4. 分析:求得预付年金的现值为 3 379.5 元,3 379.5 元＜3 600 元,故租赁该设备。

5. 分析:可以比较两方案的现值,不可以比较终值;因为终止时间不同,若终止时间相同,也可以比较终值。比较现值:$P1 = 135.2$(万元),$P2 = 115.4$(万元),应该选择第二方案。

6. 分析比较现值:$P_租 = 1\,472.02$ 元,1 472.02 元＜1 600 元,租用该设备。

7. (3) 股价估算值不正确,应为 12.79 元。

8. (1) 债券实际年利率 8.16%,每次发放的利息 4 元,利息现值 21.13 元。

(2) 债券价值 94.92 元。

(3) 2008 年 7 月 1 日债券价值 93.07 元。价格小于价值,可以购买。

(4) 利用内插法:解得 $i = 11.26\%$。

9. 91.37 元。

三、案例讨论题

略。

第四章

一、选择题

1. D 2. A 3. B 4. D 5. B 6. BCD 7. ABC 8. D 9. ABC 10. C 11. B 12. AB 13. A 14. ABC 15. C 16. ABCD 17. ABD 18. A 19. D 20. B

21．ABCDE 22．AB 23．D 24．C

二、计算题

1．(1) 计算税后现金流量分别为 1 920 元、2 520 元、3 720 元。

(2) 计算净现值 = 1 920×0.909 + 2 520×0.826 + (3 720 + 600)×0.751 − 6 000 = 1 745.28 + 2 081.52 + 3 244.32 − 6 000 = 1 071.12(元)。

(3) 计算回收期 = 2 + (6 000 − 1 920 − 2 520)/5 000 = 2.31(年)。

(4) 由于净现值大于 0,应当接受该项目。

2．(1) A、B 方案投资回收期分别为 3.13 年、2.25 年;净现值分别为 15.35 万元、14.09 万元;内含报酬率分别为 18%、19.72%;获利指数分别为 1.15、1.14。

(2) 如果是独立方案,可选择 A 或 B 方案,因为净现值大于 0,内含报酬率大于资本成本,获利指数大于 1。

(3) 如果是互斥方案,选择 A 方案。

3．(1) 每年折旧额 = (15 500 − 500)/3 = 5 000(元);

第一年税后利润 = 20 600(元);

第二年税后利润 = 21 800(元);

第三年税后利润 = 23 000(元)。

(2) 第一年税后现金流量 5 600(元);

第二年税后现金流量 6 800(元);

第三年税后现金流量 8 500(元);

净现值 1 590.7(元)。

4．(1) 甲设备年折旧额 = 80 000×(1 − 10%)÷3 = 24 000(元);

乙设备年折旧额 = 55 000×(1 − 10%)÷3 = 16 500(元)。

(2) 甲设备年平均成本:

购置成本 = 80 000(元);

每年年末修理费的现值 = 20 000×(1 − 30%)×4 年的年金现值系数 = 44 378.6(元);

每年折旧抵税的现值 = 24 000×30%×3 年的年金现值系数 = 17 905.68(元);

残值损失减税 = 8 000×30%×4 年的现值系数 = 1 639.2(元);

甲设备净现值 = 17 905.68 + 1 639.2 − 80 000 − 44 378.6 = − 104 833.72(元);

甲设备年平均成本 = 甲设备年平均净现值 = − 104 833.72÷4 年的年金现值系数 = − 33 071.62(元)。

(3) 乙设备年平均成本:

购置成本 = 55 000(元);

每年年末修理费的现值 = [22 000×1 年的现值系数 + 27 500×2 年的现值系数 + 33 000×3 年的现值系数]×(1 − 30%) = 47 263.37(元);

每年折旧抵税的现值 = 16 500×30%×3 年的年金现值系数 = 12 310.16(元);

残值损失减税＝5 500×30%×3年的现值系数＝4 132.15(元)；

乙设备净现值＝12 310.16＋4 132.15－55 000－47 263.37＝－85 812.06(元)；

乙设备年平均成本＝甲设备年平均净现值＝－85 812.06÷3年的年金现值系数＝－34 509.25(元)；

由于甲设备的平均净现值大于甲设备的平均净现值,故选择甲设备。

5.(1)项目的初始投资总额：厂房投资8 000万元,设备投资4 000万元,营运资本投资3 000万元。

初始投资总额＝8 000＋4 000＋3 000＝15 000(万元)。

(2)厂房和设备的年折旧额以及第4年年末的账面价值。

设备的年折旧额＝760(万元)；

厂房的年折旧额＝380(万元)；

第4年年末设备的账面价值＝4 000－760×4＝960(万元)；

第4年年末厂房的账面价值＝8 000－380×4＝6 480(万元)。

(3)处置厂房和设备引起的税后净现金流量。

第4年年末处置设备引起的税后净现金流量＝500＋(960－500)×40%＝684(万元)；

第4年年末处置厂房引起的税后净现金流量＝7 000－(7 000－6 480)×40%＝6 792(万元)。

(4)项目净现值3 456.49(万元),回收期3.32(年)。

6. 现金净流量第一年为6.98万元,第二至第四年为8.9万元,第五年为10.4万元,因为净现值大于零,所以项目可行。

7.(1) $NPV(4)$ ＝每年现金流入现值＋残值现值＋清理净损失减税现值－原始投资

$\qquad$ ＝[500×(1－33%)＋3 000×(1－10%)÷5]×3.170＋300×0.683＋3 000

$\qquad\quad$ ×(1－10%)÷5×33%×0.683－3 000

$\qquad$ ＝100.36(万元)；

$NPV(3)$ ＝875×2.487＋300×0.751＋540×2×0.33×0.751－3 000

$\qquad$ ＝－330.92(万元)；

n ＝3＋330.92÷(330.92＋100.36)＝3.77(年)。

(2)他们的争论是没有意义的。因为,现金流入持续时间达到3.77年方案即为可行。

8.(1)继续使用旧设备的现金流量折现如表1所示。

表1 继续使用旧设备的现金流量折现表

项目	现金流量(元)	时间(年)	系数	现值(元)
丧失的变现收入	(50 000)	0	1	(50 000)
丧失的变现损失抵税	(200 000－18 000×5－50 000)×25% ＝(15 000)	0	1	(15 000)
每年税后运行成本	110 000×(1－25%)＝(82 500)	1－6	4.3553	(359 312.25)

续表

项目	现金流量(元)	时间(年)	系数	现值(元)
每年税后残次品成本	8 000×(1−25%)=(6 000)	1−6	4.355 3	(26 131.8)
每年折旧抵税	18 000×25%=4 500	1−5	3.790 8	17 058.6
残值变现损失抵税	(200 000×10%−0)×25%=5 000	6	0.564 5	2 822.5
合计				(430 562.95)

旧设备每年的折旧额=200 000×(1−10%)/10=18 000(元)。

(2) 更换新设备的现金流量折现如表2所示。

表2 更换新设备的现金流量折现

项目	现金流量(元)	时间(年)	系数	现值(元)
新设备的购买和安装	(300 000)	0	1	(300 000)
避免的运营资金投入	15 000	0	1	15 000
每年税后运行成本	(85 000)×(1−25%)=(63 750)	1−6	4.355 3	(277 650.375)
每年税后残次品成本	(5 000)×(1−25%)=(3 750)	1−6	4.355 3	(16 332.375)
折旧抵税	27 000×25%=6 750	1−6	4.355 3	29 398.275
残值变现收入	150 000	6	0.564 5	84 675
残值变现收益纳税	[150 000−(300 000−27 000×6)]×25%=(3 000)	6	0.564 5	(1 693.5)
丧失的运营资金收回	(15 000)	6	0.564 5	(8 467.5)
合计				(475 070.48)

每年折旧额=300 000×(1−10%)/10=27 000(元)。

(3) 两个方案的相关现金流出总现值的净差额=新−旧=475 070.48−430 562.95=44 507.53(元),应该继续使用旧设备,而不应该更新。

9. 旧设备年折旧额2 242.5元,年平均净现值(年平均成本)−3 128.3元;新设备年折旧额2 062.5元,年平均净现值(年平均成本)−3 054.15元;应更新。

10. (1) 股权资本成本=6.25%+1.5×6%=15.25%;

加权资本成本=15.25%×50%+9%×(1−25%)×50%=11%。

可以使用当前的加权平均资本成本作为新项目的资本成本,因为新项目投资没有改变原有的风险,也没有改变资本结构。

(2) ① 设备更新净现值计算如表3所示。

表 3　设备更新净现值计算表

项目	零时点	第1年	第2年	第3年	第4年	第5年	第6年	第7年
旧设备初始的变现流量	1 188.38							
新增设备投资	−5 000							
扩建期间丧失的流量	−621.38							
营运资本投资	−300	−300	−200	0	0	0	0	
营业现金流量		886	1 786	2 386	2 386	2 386	2 386	2 386
回收残值增量流量								1 210
回收营运资本								800
增量现金流量	−4 733	586	1 586	2 386	2 386	2 386	2 386	4 396
折现系数	1	0.900 9	0.811 6	0.731 2	0.658 7	0.593 5	0.534 6	0.481 7
现值	−4 733	527.93	1 287.2	1 744.64	1 571.66	1 416.09	1 275.56	2 117.55
净现值合计	5 207.63							

旧生产线目前账面净值 = 1 800 − [1 800×(1−5%)/10]×2.5 = 1 372.5(万元);

旧生产线变现损失 = 1 372.5 − 1 127 = 245.5(万元);

旧设备初始的变现流量 = 1 127 + 245.5×25% = 1 188.38(万元);

扩建丧失的 200 万支的相关营业现金流量 = −[(200×10 − 200×6)×(1−25%) + 171×0.5×25%] = −621.38(万元);

新设备折旧 = 5 000×(1−5%)/10 = 475(万元)。

② 营运资本投资估算如表 4 所示。

表 4　营运资本投资估算

（单元:万元）

项目	零时点	第1年	第2年	第3~7年
销售收入		300×10 = 3 000	600×10 = 6 000	800×10 = 8 000
营运资本	300	600	800	800
营运资本投资	300	300	200	0

③ 投产后的营业现金流量估算如表 5 所示。

表 5　投产后的营业现金流量估算

（单元:万元）

项目	第1年	第2年	第3~7年
增加的销量	700 − 400 = 300	1 000 − 400 = 600	1 200 − 400 = 800
单价	10	10	10
单位变动成本	6	6	6

续表

项目	第1年	第2年	第3~7年
增加的固定付现成本	120	120	120
增加的折旧	475-171=304	304	304
营业现金流量=税后收入-税后付现成本+折旧抵税	[300×(10-6)-120]×(1-25%)+304×25%=886	1 786	2 386

④ 预计项目结束时旧生产线的变现流量 = 115 - (115 - 1 800×5%)×25% = 108.75（万元）；

新生产线结束时账面净值 = 5 000 - 475×7 = 1 675（万元）；

变现损失 = 1 675 - 1 200 = 475（万元）；

预计项目结束时新生产线的变现流量 = 1 200 + 475×25% = 1 318.75（万元）；

预计项目结束时新生产线相比旧生产线回收的增量现金流量 = 1 318.75 - 108.75 = 1 210（万元）。

由于净现值大于0，扩建项目可行。

(3) 扩建项目累计现金流量计算如表6所示。

表6 扩建项目累计现金流量计算表

（单元：万元）

项目	零时点	第1年	第2年	第3年	第4年	第5年	第6年	第7年
增量现金流量	-4 733	586	1 586	2 386	2 386	2 386	2 386	2 386
累计现金流量	-4 733	-4 147	-2 561	-175	2 211	4 597	6 983	9 369

静态投资回收期 = 3 + 175/2 386 = 3.07（年）。

由于扩建项目的静态回收期3.07年大于类似项目的静态回收期3年，所以，E公司不应当采纳该扩建项目。

三、案例讨论题

略。

第五章

一、选择题

1. A 2. D 3. D 4. ABCD 5. C 6. B 7. A 8. A 9. C 10. AC 11. B

12．A 13．B 14．D 15．A 16．A 17．B 18．C

二、计算题

1．(1)① 该证券投资组织的预期收益率＝11.6%；② A证券的标准差＝12%；③ B证券的标准差＋20%；④ A证券与B证券的相关系数＝0.2；⑤ 该证券投资组合的标准差＝11.11%。

(2)① 相关系数的大小对投资组合收益率没有影响；② 相关系数的大小对投资组合风险有影响，相关系数越大，风险越大。

2．(1) 计算两个项目净现值的期望值。

A项目：$200×0.2+100×0.6+50×0.2=110$(万元)；

B项目：$300×0.2+100×0.6+(-50)×0.2=110$(万元)。

(2) 计算两个项目期望值的标准离差。

A项目：$[(200-110)^2×0.2+(100-110)^2×0.6+(50-110)^2×0.2]^{1/2}=48.99$。

B项目：$[(300-110)^2×0.2+(100-110)^2×0.6+(-50-110)^2×0.2]^{1/2}=111.36$。

(3) 判断A、B两个投资项目的优劣。

由于A、B两个项目投资额相同，期望收益(净现值)亦相同，而A项目风险相对较小(其标准离差小于B项目)，故A项目优于B项目。

3．(1) A股票的β系数为1.5，B股票的β系数为1.0，C股票的β系数为0.5，所以A股票相对于市场投资组合的投资风险大于B股票，B股票相对于市场投资组合的投资风险大于C股票。

(2) A股票的必要收益率＝$8\%+1.5×(12\%-8\%)=14\%$。

(3) 甲种投资组合的β系数＝$1.5×50\%+1.0×30\%+0.5×20\%=1.15$；

甲种投资组合的风险收益率＝$1.15×(12\%-8\%)=4.6\%$。

(4) 乙种投资组合的β系数＝$3.4\%/(12\%-8\%)=0.85$；

乙种投资组合的必要收益率＝$8\%+3.4\%=11.4\%$。

(5) 甲种投资组合的β系数大于乙种投资组合的β系数，说明甲的投资风险大于乙的投资风险。

4．(1) A、B两个项目各自期望收益率分别为13%、14%；方差分别为0.005 6、0.022 4。

(2) A、B证券组合具有最小方差为0，即相关系数为－1时才可以得到，投资组合权重为A占66.67%，B占33.33%。

(3) 投资组合的无风险报酬率为13.33%。

5．(1) A股票必要收益率＝$5\%+0.91×(15\%-5\%)=14.1\%$。

(2) B股票价值＝$2.2×(1+4\%)/(16.7\%-4\%)=18.02$(元)。

因为股票的价值18.02高于股票的市价15，所以可以投资B股票。

(3) 投资组合中A股票的投资比例＝$1/(1+3+6)=10\%$；

投资组合中B股票的投资比例＝$3/(1+3+6)=30\%$；

投资组合中 C 股票的投资比例 = 6/(1 + 3 + 6) = 60%；

投资组合的 β 系数 = 0.91×10% + 1.17×30% + 1.8×60% = 1.52；

投资组合的必要收益率 = 5% + 1.52×(15% − 5%) = 20.2%。

(4) 本题中资本资产定价模型成立，所以预期收益率等于按照资本资产定价模型计算的必要收益率，即 A、B、C 投资组合的预期收益率大于 A、B、D 投资组合的预期收益率，所以如果不考虑风险大小，应选择 A、B、C 投资组合。

6. 借款 12 000 元后，总资产收益率为 6.4% 大于借款利率，可以借款。借款买股票风险和收益都扩大了 2.5 倍。

7. 资本资产定价模型关联数据计算如表 7 所示。

表 7 资本资产定价模型关联数据计算表

证券名称	期望报酬率	标准差	与市场组合的相关系数	β 值
无风险资产	0.025	0	0	0
市场组合	0.175	0.1	1	1
A 股票	0.22	0.2	0.65	1.3
B 股票	0.16	0.15	0.6	0.9
C 股票	0.31	0.95	0.2	1.9

计算过程如下：

A 股票的标准差 = $\dfrac{1.3 \times 0.1}{0.65}$ = 0.2；

B 股票与市场组合的相关系数 = $\dfrac{0.9 \times 0.1}{0.15}$ = 0.6；

根据 $0.22 = R_e + 1.3 \times (K_1 - R_e)$，

$0.16 = R_e + 0.9 \times (K_1 - R_e)$，

可知 $K_1 = 17.5\%$；$R_e = 2.5\%$；

C 股票的 β 值 = $\dfrac{0.31 - 2.5\%}{17.5\% - 2.5\%}$ = 1.9；

C 股票的标准差 = $\dfrac{1.9 \times 0.1}{0.2}$ = 0.95；

注意：因为无风险资产与市场组合不相关，因此其标准差、相关系数、β 值均为 0。

第六章

一、选择题

1. B 2. C 3. D 4. A 5. B 6. C 7. C 8. C 9. A

二、案例讨论题

略。

第七章

一、选择题

1. C 2. D 3. A 4. C 5. A 6. B 7. ABC 8. C

二、计算题

1. $EBIT = 340$(万元)。

(2) 财务杠杆系数(1) $= 200/(200 - 40 - 60) = 2$；财务杠杆系数(2) $= 200/(200 - 40) = 1.25$。

(3) 由于方案2每股盈余(0.77元)大于方案1(0.6元)，且其财务杠杆系数(1.25)小于方案1(2)，即方案2收益性高，风险低，所以方案2优于方案1。

2. (1) 债券的税后资本成本6.09%。

(2) 优先股资本成本9.01%。

(3) 普通股资本成本14%。

(4) 加权平均资本成本11.13%。

3. 设甲乙两个方案的每股收益无差别点息税前利润为 W 万元，则

$(W - 1\,800) \times (1 - 25\%)/10\,000 = (W - 1\,200) \times (1 - 25\%)/(10\,000 + 2\,000)$

$(W - 1\,800)/10\,000 = (W - 1\,200)/12\,000$

解得

$W = (12\,000 \times 1\,800 - 10\,000 \times 1\,200)/(12\,000 - 10\,000) = 4\,800$(万元)

由于筹资后的息税前利润为6 000万元高于4 800万元，所以，应该采取发行债券的筹资方案，理由是这个方案的每股收益高。

4. (1) ① 新增长期借款不超过40 000万元时的资本成本 $= 6\% \times (1 - 25\%) = 4.5\%$；

② 新增长期借款超过40 000万元的资本成本 $= 9\% \times (1 - 25\%) = 6.75\%$；

③ 增发普通股不超过120 000万元时的成本 $= 2/[20 \times (1 - 4\%)] + 5\% \approx 15.42\%$；

④ 增发普通股超过120 000万元时的成本 $= 2/[16 \times (1 - 4\%)] + 5\% \approx 18.02\%$；

(2) 第一个筹资总额分界点 $= 40\,000/40\% = 100\,000$(万元)；

第二个筹资总额分界点 $= 120\,000/60\% = 200\,000$(万元)。

(3) 2006年A公司最大筹资额 $= 100\,000/40\% = 250\,000$(万元)或2006年A公司最大

筹资额 = 100 000 + 100 000 × 6 040 = 250 000(万元)

(5) 应当进行投资。

5．略。

三、案例讨论题

略。

第八章

一、选择题

1．A 2．D 3．D 4．D 5．D 6．C 7．D

二、计算题

1．(1) 营业杠杆度、财务杠杆度、总杠杆度分别为2、1.3、2.6。

(2) 销售额增加20%，税后利润增加52%。

2．15元/件的价格大于单位变动成本12元,可以接受。

3．(1) 方案一：

每股收益 = $\dfrac{[45\,000 \times (240-200) - 1\,200\,000 - 4\,000\,000 \times 5\%] \times (1-40\%)}{200\,000}$ = 1.2(元/股)

$DOL = \dfrac{45\,000 \times (240-200)}{45\,000 \times (240-200) - 1\,200\,000} = 3$

$DFL = \dfrac{45\,000 \times (240-200) - 1\,200\,000}{45\,000 \times (240-200) - 1\,200\,000 - 400\,000 \times 5\%} = 1.5$

$DTL = 3 \times 1.5 = 4.5$

方案二：

每股收益 = $\dfrac{[45\,000 \times (240-180) - 1\,500\,000 - 400\,000 \times 5\% - 6\,000\,000 \times 6.25\%] \times (1-40\%)}{200\,000}$

= 1.88(元/股)

$DOL = \dfrac{45\,000 \times (240-180)}{45\,000 \times (240-180) - 1\,500\,000} = 2.25$

$DFL = \dfrac{45\,000 \times (240-180) - 1\,500\,000}{45\,000 \times (240-180) - 1\,500\,000 - 4\,000\,000 \times 5\% - 6\,000\,000 \times 6.25\%} = 1.92$

$DTL = 2.25 \times 1.92 = 4.32$

方案三：

$$\text{每股收益} = \frac{[(240-180)\times 45\,000 - 1\,500\,000 - 4\,000\,000 \times 5\%]\times(1-40\%)}{200\,000 + 200\,000}$$

$$= 1.5(\text{元/股})$$

$$DOL = \frac{(240-180)\times 45\,000}{(240-180)\times 45\,000 - 1\,500\,000} = 2.25$$

$$DFL = \frac{(240-180)\times 45\,000 - 1\,500\,000}{(240-180)\times 45\,000 - 1\,000\,000 - 4\,000\,000\times 5\%} = 1.2$$

$$DTL = 2.25 \times 1.2 = 2.7$$

(2) 方案二和方案三每股收益相等的销售量为 40 833 件。

(3) 方案一每股收益为 0 的销售量为 35 000 件。

　　方案二每股收益为 0 的销售量为 34 583 件。

　　方案三每股收益为 0 的销售量为 28 333 件。

(4) ① 方案一风险最大,理由:方案一的总杠杆系数最大；

② 方案二的报酬最高,理由:方案二的每股收益最高；

③ 若销量下降至 30 000 件时,方案三更好些,理由:若销量下降至 30 000 件时,采用方案三还有利润,而采用方案二则企业处于亏损状态,因此应选择方案三。

三、案例讨论题

略。

第九章

一、选择题

1. B　2. B　3. D　4. A　5. B　6. C　7. BCE　8. AD　9. A　10. C　11. ABD　12. D　13. A　14. D　15. C

二、计算题

1. (1) 2015 年投资方案所需的自有资金额 = 700 × 60% = 420(万元)；

2015 年投资方案所需从外部借入的资金额 = 700 × 40% = 280(万元)。

(2) 2014 年度应分配的现金股利 = 净利润 − 2015 年投资方案所需的自有资金额 = 900 − 420 = 480(万元)。

(3) 2014 年度应分配的现金股利 = 上年分配的现金股利 = 550(万元)；

可用于 2015 年投资的留存收益 = 900 − 550 = 350(万元)；

2015年投资需要额外筹集的资金额=700-350=350(万元)。

(4) 该公司的股利支付率=550/1 000×100%=55%;

2014年度应分配的现金股利=55%×900=495(万元)。

(5) 因为公司只能从内部筹资,所以2015年的投资需要从2014年的净利润中留存700万元,所以2014年度应分配的现金股利=900-700=200(万元)。

2. (1) ① 市盈率=25/2=12.5;② 甲股票的β系数=1;③ 甲股票的必要收益率=4%+1.05×6%=10.3%。

(2) ① 购买一股新股票需要的认股权数=4 000/1 000=4;② 登记日前附权优先认股权的价值=(25-18)/(4+1)=1.4(元);③ 无优先认股权的股票价格=25-1.4=23.6(元)。

(3) 留存收益筹资成本=1.15/23+5%=10%。

(4) ① 普通股股数=4 000×(1+10%)=4 400(万股);② 股本=4 400×1=4 400(万元);资本公积=500(万元);留存收益=9 500-400=9 100(万元)。

(5) ① 净利润=4 000×2=8 000(万元);② 每股收益=8 000/(4 000-800)=2.5(元);③ 每股市价=2.5×12.5=31.25(元)。

3. (1) 提取盈余公积=2 000×15%=300(万元);盈余公积余额=400+300=700(万元)。

(2) 流通股数=500×(1+10%)=550(万股)。

(3) 股票股利=40×500×10%=2 000(万元);股本余额=1×550=550(万元);资本公积=100+(2 000-500×10%)=2 050(万元)。

(4) 现金股利=500×(1+10%)×0.1=55(万元);未分配利润=1 000+(2 000-300-2 000-55)=645(万元)。

(5) 分配前每股市价与账面价值之比 =40/(4 000÷500)=5;分配后每股账面价值=(645+2 050+700+550)/550=7.17(元);预计分配后每股市价=7.17×5=35.85(元/股)。

4. 普通股股数为2 000 000/8=250 000(股)。

(1) 发放了20%的小规模股票股利,流通股总股数为300 000股,资本公积为4 200 000,留存收益为5 400 000,股东权益12 000 000不变。

(2) 一分为二的股票分割,流通股总股数为500 000股,资本公积为1 600 000,留存收益为8 400 000,股东权益12 000 000不变。

(3) 不考虑信息或信号作用,发放20%的股票股利后,普通股将卖到每股50元,如果存在信号作用,则价格高于每股50元。

5. (1) 低发放率,高收入股东主要想通过资本利得来实现他们的回报。

(2) 低发放率,没有剩余资金。

(3) 中等或高发放率,可能在满足资本支出后还有资金剩余,而且,流动性和借款能力给公司以很大的弹性。

(4) 中等或高发放率,有一次意外的下降,影响不大。

(5) 低发放率，希望通过留存收益，增强抗风险能力。

6. (1) 公司 2009 年度应当分配的现金股利总额 = 0.2 × (1 + 5%) × 10 000 = 2 100(万元)。

(2) 甲董事提出的股利分配方案的个人所得税税额为 0。

乙董事提出的股利分配方案下，股东可以获得的股票股利面值为 10 000 × 60%/10 × 5 × 50% = 1 500(万元)，应该缴纳的个人所得税税额为 1 500 × 20% = 300(万元)。

丙董事提出的股利分配方案下，股东可以获得的现金股利为 2 100 × 60% × 50% = 630(万元)应缴纳的个人所得税税额为 630 × 20% = 126(万元)。

(3) ① 甲董事提出的股利分配方案：

站在企业的角度，在公司面临较好的投资机会时可以迅速获利所需资金；但是站在投资者的角度，甲董事提出的股利分配方案不利于投资者安排收入与支出，不能确保公司股价的稳定，不利于公司树立良好的形象。

② 乙董事提出的股利分配方案：

站在企业的角度：a. 不需要向股东支付现金，在再投资机会较多的情况下，可以为公司再投资保留所需资金；b. 可以降低公司股票的市场价格，既有利于促进股票的交易和流通，又有利于吸引更多的投资者成为公司股东，进而使股权更为分散，有效地防止公司被恶意控制；c. 可以传递公司未来发展前景良好的信息，从而增强投资者的信心，在一定程度上稳定股票价格。

站在投资者的角度：a. 既可以获得股利，又可以获得股票价值相对上升的好处；b. 并且由于股利收入和资本利得税率的差异，如果投资者把股票股利出售，还会给他带来资本利得纳税上的好处。

③ 丙董事提出的股利分配方案：

站在企业的角度，该方案向市场传递着公司正常发展的信息，有利于树立公司的良好形象，增强投资者对公司的信心，稳定股票的价格。稳定的股利额有利于吸引那些打算进行长期投资并对股利有很高依赖性的股东。但在公司面临新的投资机会时，不能为公司提供所需资金。

站在投资者的角度，稳定的股利额有助于投资者安排股利收入和支出。

综上，根据现阶段该公司的情况，选择乙董事的方案较为合适。

7. (1) 江淮公司本年度净利润为 600 万元。

(2) 江淮公司本年应计提的盈余公积金为 120 万元。

(3) 江淮公司本年末可供投资者分配的利润为 1 000 万元。

(4) 江淮公司每股支付的现金股利为 5 元。

(5) 江淮公司现有资本结构下的财务杠杆系数为 1.025，利息保障倍数为 40。

(6) 江淮公司股票的风险收益率为 8% 和投资者要求的必要投资收益率为 14%。

(7) 江淮公司股票价值为 35 元，只有价格低于 35 元时投资者才愿意购买。

三、案例讨论题

略。

第十章

一、选择题

1．B 2．B 3．A 4．C 5．D 6．A 7．C 8．B 9．B 10．B 11．C 12．B 13．D 14．B 15．D 16．D 17．A 18．ABCD 19．C 20．C

二、计算题

1．(1) 20 000元。(2) 10 000元。(3) 6次。(4) 1 200元。

2．(1) 经济订货批量 = (2×360 000×160/80)^(1/2) = 1 200(台)。

(2) 全年最佳订货次数 = 360 000/1 200 = 300(次)。

(3) 最低存货相关成本 = (2×360 000×160×80)^(1/2) = 96 000(元)。

最低存货总成本 = 96 000 + 900×360 000 + 2 000×80 = 324 256 000(元)。

(4) 再订货点 = 预计交货期内的需求 + 保险储备 = 5×(360 000/360) + 2 000 = 7 000(台)。

3．(1) 5 000千克,2 000元。

(2) 取得折扣可以使总成本减少 0.1(10.2 - 10.1)万元,故应取得折扣。

(3) 平均库存量 = 1 000 + 10 000/2 = 5 500(千克);

总库存成本 = 0.27万元。

4．(1) 收益的增加 = 销售量的增加×单位边际贡献

= (120 000 - 100 000)×(5 - 4) = 20 000(元)。

(2) 应收账款占用资金的应计利息增加额为

应计利息增加 = 12 000 - 5 000 = 7 000(元)

(3) 收账费用和坏账损失增加额为

收账费用增加 = 4 000 - 3 000 = 1 000(元)

坏账损失增加 = 9 000 - 5 000 = 4 000(元)

(4) 改变信用期的税前损益 = 收益增加 - 成本费用增加

= 20 000 - (7 000 + 1 000 + 4 000) = 8 000(元)

结论:由于收益的增加大于成本的增加,故应采用60天的信用期。

5．略。

6．(1) 立即付款:折扣率 = (10 000 - 9 630)/10 000 = 3.70%;

放弃折扣成本 = 3.70%/(1 - 3.70%) × 360 /(90 - 0) = 15.37%。

(2) 30 天内付款:折扣率 = (10 000 - 9 750)/10 000 = 2.5%;

放弃折扣成本 = 2.5%/(1 - 2.5%) × 360/(90 - 30) = 15.38%。

(3) 60 天付款:折扣率 = (10 000 - 9 870)/10 000 = 1.3%;

放弃折扣成本 = 1.3%/(1 - 1.3%) × 360 /(90 - 60) = 15.81%。

(4) 最有利的是第 60 天付款 9 870 元。

7. 略。

8. 略。

三、案例讨论题

略。

第十一章

一、计算题

1. (1) 现金流入:

① 应收账款周转率 = 1 260 ÷ 144 = 8.75;

② 年末应收账款 = 1 512 ÷ 8.75 = 172.8(万元);

③ 现金流入 = 1 512 + 144 - 172.8 = 1 483.2(万元)。

现金流出:

① 年末应付账款 = 1 512 × 75% × 246/1 008 = 276.75(万元);

② 购货支出 = 1 512 × 75% + 246 - 276.75 = 1 103.25(万元);

③ 费用支出 1 512 × 63/1 260 - (63 + 20) = 158.6(万元);

④ 购置固定资产支出 220(万元);

⑤ 预计所得税支出 30(万元)。

现金流出合计 = 1 511.85(万元)。

现金多余或不足(14 + 1 483.2 - 1 511.85) = -14.65(万元)。

新增借款数额:40 万元;

利息支出(200 + 40) × 10/200 = 12(万元);

期末现金余额 13.35 万元。

(2) 编制的预计利润如表 8 所示。

表 8　编制的预计利润

项目	金额(万元)
收入	1 512
销售成本	1 134
毛利	378
经营和管理费用	
变动费用	75.6
固定费用	83
折旧费用	30
营业利润	189.4
利息	12
利润总额	177.4
所得税	30
税后利润	147.4

(3) 预计每股收益 = 147.4/500 = 0.29(元/股)。

2. 利润 = 90 000 - 40 000 - 30 000 = 20 000(元)；

所有者权益 = 82 600 + 20 000 = 102 600(元)；

应收账款 = 90 000 × 60% = 54 000(元)；

采购数量 = 10 000 + 4 000 - 5 000 = 9 000(元)；

应付账款 = 9 000 × 4 × 70% = 25 200(元)；

现金收入 = 50 000 + 90 000 × 40% = 86 000(元)；

现金流出 = 24 000 + 9 000 × 4 × 30% + 29 300 + 35 000 = 54 100 + 35 000 = 89 100(元)；

现金多余(不足) = 10 000 + 86 000 - 89 100 = -3 100(元)；

保留现金 10 000 元，需银行借款 13 100 元。

预计资产负债如表 9 所示。

表 9　预计资产负债表

(单位:元)

资产		负债及所有者权益	
现金	10 000	银行借款	13 100
应收账款	54 000	应付账款	25 200
存货	16 000	所有者权益	102 600
固定资产原价	70 000		
减：累计折旧	9 100		
固定资产净额	60 900		
资产总计	140 900	权益总计	140 900

二、案例讨论题

略。

第十二章

一、计算题

1. 乙公司利润额：$200 \times 20\% - 200 \times 1/2 \times 10\% = 30$（万元）；

    乙公司税后利润：$30 \times (1-40\%) = 18$（万元）；

    乙公司价值：$18\text{万元} \times 25 = 450$（万元）。

2. 根据前面资料，预测 A 公司的自由现金流量如表 10 所示（注：折旧与资本支出相等，两者相抵为 0，所以预测中令它们值为 0）。

表 10　预测 A 公司的自由现金流量

（单元：万元）

年份	2015	2016	2017	2018	2019	2020	2021
销售收入	51 800	56 462	60 797	65 248	69 163	72 621	75 526
相对上年的增长率		9%	8%	7%	6%	5%	4%
EBIT（收入的 9%）		5 082	5 488	5 872	6 225	6 536	6 797
减：所得税		1 271	1 327	1 468	1 556	1 643	1 699
加：折旧							
减：资本支出							
减：净营运资本增加（收入增加额的 10%）		466	252	427	392	346	291
自由现金流量		3 354	3 664	3 977	4 277	4 556	4 807

企业价值 = 企业 2016 年至 2021 年自由现金流折现价值 + 2021 年期末价值（62 491 万元，股利增长模型）的折现值 = 48 135（万元）。

3.（1）股票交换比率为 $15/20 = 0.75$，即甲企业 0.75 股相当于乙企业 1 股。

并购后甲企业每股收益 = $(500+100) \div (200+100 \times 0.75) = 2.18$（元）；

并购前甲企业每股收益 = $500/200 = 2.5$ 元，每股收益下降 $2.5 - 2.18 = 0.30$（元）；

并购后乙企业每股收益 = $2.18 \times 0.75 = 1.635$（元）；

并购前乙企业每股收益 = 1.635 - 1 = 0.635(元),每股收益上升 1.635 - 0.635 = 1.00(元)。

(2) 维持以前水平,即每股收益为 2.5 元,则交换率为 0.4。

4. (1) 新的 A 公司净利润 = 14 000 + 3 000 + 1 000 × (1 - 30%) = 17 700(万元);

新的 A 公司股份总数 = 7 000 + 5 000/4 = 8 250(万股);

新的 A 公司每股收益 = 17 700 ÷ 8 250 = 2.15(元)。

(2) 原 A 公司每股市价 40 元,B 公司每股市价 9 元,股票交换率 = (40 × 0.25) ÷ 9 = 1.11。

5. 略。

二、案例讨论题

略。

第十三章

案例讨论题

略。

第十四章

案例讨论题

略。

附 表

附表 1 未来值系数表

$$FV_{k,n} = (1+k)^n$$

折现率（k）

周期(n)	1%	2%	3%	4%	5%	6%	7%	8%	9%	10%	11%	12%	13%	14%	15%	16%	17%	18%	19%	20%
1	1.010	1.020	1.030	1.040	1.050	1.060	1.070	1.080	1.090	1.100	1.110	1.120	1.130	1.140	1.150	1.160	1.170	1.180	1.190	1.200
2	1.020	1.040	1.061	1.082	1.102	1.124	1.145	1.166	1.188	1.210	1.232	1.254	1.277	1.300	1.323	1.346	1.369	1.392	1.416	1.440
3	1.030	1.061	1.093	1.125	1.158	1.191	1.225	1.260	1.295	1.331	1.368	1.405	1.443	1.482	1.521	1.561	1.602	1.643	1.685	1.728
4	1.041	1.082	1.126	1.170	1.216	1.262	1.311	1.360	1.412	1.464	1.518	1.574	1.630	1.689	1.749	1.811	1.874	1.939	2.005	2.074
5	1.051	1.104	1.159	1.217	1.276	1.338	1.403	1.469	1.539	1.611	1.685	1.762	1.842	1.925	2.011	2.100	2.192	2.288	2.386	2.488
6	1.062	1.126	1.194	1.265	1.340	1.419	1.501	1.587	1.677	1.772	1.870	1.974	2.082	2.195	2.313	2.436	2.565	2.700	2.840	2.896
7	1.072	1.149	1.230	1.316	1.407	1.504	1.606	1.714	1.828	1.949	2.076	2.211	2.353	2.502	2.660	2.826	3.001	3.185	3.379	3.583
8	1.083	1.172	1.267	1.369	1.477	1.594	1.718	1.851	1.993	2.144	2.305	2.476	2.658	2.853	3.059	3.278	3.511	3.759	4.021	4.300
9	1.094	1.195	1.305	1.423	1.551	1.689	1.838	1.999	2.172	2.358	2.558	2.773	3.004	3.252	3.518	3.803	4.108	4.435	4.785	5.160
10	1.105	1.219	1.344	1.480	1.629	1.791	1.967	2.159	2.367	2.594	2.839	3.106	3.395	3.707	4.046	4.411	4.807	5.234	5.695	6.192
11	1.116	1.243	1.384	1.539	1.710	1.898	2.105	2.332	2.580	2.853	3.152	3.479	3.836	4.226	4.652	5.117	5.624	6.176	6.777	7.430
12	1.127	1.268	1.426	1.601	1.796	2.012	2.252	2.518	2.813	3.138	3.498	3.896	4.335	4.818	5.350	5.936	6.580	7.288	8.064	8.916
13	1.138	1.294	1.469	1.665	1.886	2.133	2.410	2.720	3.066	3.452	3.883	4.363	4.898	5.492	6.153	6.886	7.699	8.599	9.596	10.699
14	1.149	1.319	1.513	1.732	1.980	2.261	2.579	2.937	3.342	3.797	4.310	4.887	5.535	6.261	7.076	7.988	9.007	10.147	11.420	12.839
15	1.161	1.346	1.558	1.801	2.079	2.397	2.759	3.172	3.642	4.177	4.785	5.474	6.254	7.138	8.137	9.266	10.539	11.974	13.590	15.407

续表

周期(n)	1%	2%	3%	4%	5%	6%	7%	8%	9%	10%	11%	12%	13%	14%	15%	16%	17%	18%	19%	20%
16	1.173	1.373	1.605	1.873	2.183	2.540	2.952	3.426	3.970	4.595	5.311	6.130	7.067	8.137	9.358	10.748	12.330	14.129	16.172	18.488
17	1.184	1.400	1.653	1.948	2.292	2.693	3.159	3.700	4.328	5.054	5.895	6.866	7.986	9.276	10.761	12.468	14.426	16.672	19.244	22.186
18	1.196	1.428	1.702	2.026	2.407	2.854	3.380	3.996	4.717	5.560	6.544	7.690	9.024	10.575	12.375	14.463	16.879	19.673	22.901	26.623
19	1.208	1.457	1.754	2.107	2.527	3.026	3.617	4.316	5.142	6.116	7.263	8.613	10.197	12.056	14.232	16.777	19.748	23.214	27.252	31.948
20	1.220	1.486	1.806	2.191	2.653	3.207	3.870	4.661	5.604	6.727	8.062	9.646	11.523	13.743	16.367	19.461	23.106	27.393	32.429	38.338
21	1.232	1.516	1.860	2.279	2.786	3.400	4.141	5.034	6.109	7.400	8.949	10.804	13.021	15.668	18.822	22.574	27.034	32.324	38.591	46.005
22	1.245	1.546	1.916	2.370	2.925	3.604	4.430	5.437	6.659	8.140	9.934	12.100	14.714	17.861	21.645	26.186	31.629	38.142	45.923	55.206
23	1.257	1.577	1.974	2.465	3.072	3.820	4.741	5.871	7.258	8.954	11.026	13.552	16.627	20.362	24.891	30.376	37.006	45.008	54.649	66.247
24	1.270	1.608	2.033	2.563	3.225	4.049	5.072	6.341	7.911	9.850	12.239	15.179	18.788	23.212	28.625	35.236	43.297	53.109	65.032	79.497
25	1.282	1.641	2.094	2.666	3.386	4.292	5.427	6.848	8.623	10.835	13.585	17.000	21.231	26.462	32.919	40.874	50.658	62.669	77.388	95.396
26	1.295	1.673	2.157	2.772	3.556	4.549	5.807	7.396	9.399	11.918	15.080	19.040	23.991	30.167	37.857	47.414	59.270	73.949	92.092	114.48
27	1.308	1.707	2.221	2.883	3.733	4.822	6.214	7.988	10.245	13.110	16.739	21.325	27.109	34.390	43.535	55.000	69.345	87.260	109.59	137.37
28	1.321	1.741	2.288	2.999	3.920	5.112	6.649	8.627	11.167	14.421	18.580	23.884	30.633	39.204	50.066	63.800	81.134	102.97	130.41	164.84
29	1.335	1.776	2.357	3.119	4.116	5.418	7.114	9.317	12.172	15.863	20.624	26.750	34.616	44.693	57.575	74.009	94.927	121.50	155.19	197.81
30	1.348	1.811	2.427	3.243	4.322	5.743	7.612	10.063	13.268	17.449	22.892	29.960	39.116	50.950	66.212	85.850	111.06	143.37	184.68	237.38
35	1.417	2.000	2.814	3.946	5.516	7.686	10.677	14.785	20.414	28.102	38.575	52.800	72.068	98.100	133.18	180.31	243.50	328.00	440.70	590.67
40	1.489	2.208	3.262	4.801	7.040	10.286	14.974	21.725	31.409	45.259	65.001	93.051	132.78	188.88	267.86	378.72	533.87	750.38	1 051.7	1 469.8
45	1.565	2.438	3.782	5.841	8.985	13.765	21.002	31.920	48.327	72.890	109.53	163.99	244.64	363.68	538.77	795.44	1 170.5	1 716.7	2 509.7	3 657.3
50	1.645	2.692	4.384	7.107	11.467	18.420	29.457	46.902	74.358	117.39	184.56	289.00	450.74	700.23	1 083.7	1 670.7	2 566.2	3 927.4	5 988.9	9 100.4

续表

折现率(k)

周期(n)	21%	22%	23%	24%	25%	26%	27%	28%	29%	30%	31%	32%	33%	34%	35%	40%	45%	50%	55%	60%
1	1.210	1.220	1.230	1.240	1.250	1.260	1.270	1.280	1.290	1.300	1.310	1.320	1.330	1.340	1.350	1.400	1.450	1.500	1.550	1.600
2	1.464	1.488	1.513	1.538	1.563	1.588	1.613	1.638	1.664	1.690	1.716	1.742	1.769	1.796	1.823	1.960	2.103	2.250	2.403	2.560
3	1.772	1.816	1.861	1.907	1.953	2.000	2.048	2.097	2.147	2.197	2.248	2.300	2.353	2.406	2.460	2.744	3.049	3.375	3.724	4.096
4	2.144	2.215	2.289	2.364	2.441	2.520	2.601	2.684	2.769	2.856	2.945	3.036	3.129	3.224	3.322	3.842	4.421	5.063	5.772	6.554
5	2.594	2.703	2.815	2.932	3.052	3.176	3.304	3.436	3.572	3.713	3.858	4.007	4.162	4.320	4.484	5.378	6.410	7.594	8.947	10.486
6	3.138	3.297	3.463	3.635	3.815	4.002	4.196	4.398	4.608	4.827	5.054	5.290	5.535	5.789	6.053	7.530	9.294	11.391	13.867	16.777
7	3.797	4.023	4.259	4.508	4.768	5.042	5.329	5.629	5.945	6.275	6.621	6.983	7.361	7.758	8.172	10.541	13.476	17.086	21.494	26.844
8	4.595	4.908	5.239	5.590	5.960	6.353	6.768	7.206	7.669	8.157	8.673	9.217	9.791	10.395	11.032	14.758	19.541	25.629	33.316	42.950
9	5.560	5.987	6.444	6.931	7.451	8.005	8.595	9.223	9.893	10.604	11.362	12.166	13.022	13.930	14.894	20.661	28.334	38.443	51.640	68.719
10	6.278	7.305	7.926	8.594	9.313	10.086	10.915	11.806	12.761	13.786	14.884	16.060	17.319	18.666	20.107	28.925	41.085	57.665	80.042	109.95
11	8.140	8.912	9.749	10.657	11.642	12.708	13.862	15.112	16.462	17.922	19.498	21.199	23.034	25.012	27.144	40.496	59.573	86.498	124.06	175.92
12	9.850	10.872	11.991	13.215	14.552	16.012	17.605	19.343	21.236	23.298	25.542	27.983	30.635	33.516	36.644	56.694	86.381	129.75	192.30	281.47
13	11.918	13.264	14.749	16.386	18.190	20.175	22.359	24.759	27.395	30.288	33.460	36.937	40.745	44.912	49.470	79.371	125.25	194.62	298.07	450.36
14	14.421	16.182	18.141	20.319	22.737	25.421	28.396	31.691	35.339	39.374	43.833	48.757	54.190	60.182	66.784	111.12	181.62	291.93	462.00	720.58
15	17.449	19.742	22.314	25.196	28.422	32.030	36.062	40.565	45.587	51.186	57.421	64.359	72.073	80.644	90.158	155.57	263.34	437.89	716.10	1 152.9
16	21.114	24.086	27.446	31.243	35.527	40.358	45.799	51.923	58.808	66.542	75.221	84.954	95.858	108.06	121.71	217.80	381.85	656.84	1 110.0	1 844.7
17	25.548	29.384	33.759	38.741	44.409	50.851	58.165	66.461	75.862	86.504	98.540	112.14	127.49	144.80	164.31	304.91	553.68	985.26	1 720.4	2 951.5
18	30.913	35.849	41.523	48.039	55.511	64.072	73.870	85.071	97.862	112.46	129.09	148.02	169.56	194.04	221.82	426.88	802.83	1 477.9	2 666.7	4 722.4
19	37.404	43.736	51.074	59.568	69.389	80.731	93.815	108.89	126.24	146.19	169.10	195.39	225.52	260.01	299.46	597.63	1 164.1	2 216.8	4 133.4	7 555.8
20	45.259	53.358	62.821	73.864	86.736	101.72	119.14	139.38	162.85	190.05	221.53	257.92	299.94	348.41	404.27	836.68	1 688.0	3 325.3	6 406.7	12 089

续表

周期 (n)	折现率 (k)																			
	21%	22%	23%	24%	25%	26%	27%	28%	29%	30%	31%	32%	33%	34%	35%	40%	45%	50%	55%	60%
21	54.764	65.096	77.269	91.592	108.42	128.17	151.31	178.41	210.08	247.06	290.20	340.45	398.92	466.88	545.77	1 171.4	2 447.5	4 987.9	9 930.4	19 342
22	66.264	79.418	95.041	113.57	135.53	161.49	192.17	228.36	271.00	321.18	380.16	449.39	530.56	625.61	736.79	1 639.9	3 548.9	7 481.8	15 392	30 948
23	80.180	96.889	116.90	140.83	169.41	203.48	244.05	292.30	349.59	417.54	498.01	593.20	705.65	838.32	994.66	2 295.9	5 145.9	11 222	23 857	49 517
24	97.017	118.21	143.79	174.63	211.76	256.39	309.95	374.14	450.98	542.80	652.40	783.02	938.51	1 123.4	1 342.8	3 214.2	7 461.6	16 834	36 979	79 228
25	117.39	144.21	176.86	216.54	264.70	323.05	393.63	478.90	581.76	705.64	854.63	1 033.6	1 248.2	1 505.3	1 812.8	4 499.9	10 819	25 251	57 318	126 765
26	142.04	175.94	217.54	268.51	330.87	407.04	499.92	613.00	750.47	917.33	1 119.6	1 364.3	1 660.1	2 017.1	2 447.2	6 299.8	15 688	37 876	88 843	202 824
27	171.87	214.64	267.57	332.95	413.59	512.87	634.89	784.64	968.10	1 192.5	1 466.6	1 800.9	2 208.0	2 702.9	3 303.8	8 819.8	22 747	56 815	137 706	324 518
28	207.97	261.86	329.11	412.86	516.99	646.21	806.31	1 004.3	1 248.9	1 550.3	1 921.3	2 377.2	2 936.6	3 621.9	4 460.1	12 347	32 984	85 222	213 445	519 229
29	251.64	319.47	404.81	511.95	646.23	814.23	1 024.0	1 285.6	1 611.0	2 015.4	2 516.9	3 137.9	3 905.7	4 853.3	6 021.1	17 286	47 826	127 834	330 840	830 767
30	304.48	389.76	497.91	634.82	807.79	1 025.9	1 300.5	1 645.5	2 078.2	2 620.0	3 297.2	4 142.1	5 194.6	6 503.5	8 128.6	24 201	69 348	191 751	512 803	*
35	789.75	1 053.4	1 401.8	1 861.1	2 465.2	3 258.1	4 296.7	5 653.9	7 424.0	9 727.9	12 720	16 599	21 617	28 097	36 448	130 161	444 508	*	*	*
40	2 048.4	2 847.0	3 946.4	5 455.9	7 523.2	10 347	14 195	19 426	26 520	36 118	49 074	66 520	89 963	121 392	163 437	700 037	*	*	*	*
45	5 313.0	7 694.7	11 110	15 994	22 958	32 860	46 899	66 749	94 740	134 106	189 325	266 579	374 389	524 464	732 857	*	*	*	*	*
50	13 780	20 796	31 279	46 890	70 064	104 358	154 948	229 349	338 443	497 929	730 406	*	*	*	*	*	*	*	*	*

注: * FV 大于 999 999。

附表 2 现值系数表

$$PV_{k,n} = \frac{1}{(1+k)^n}$$

周期(n)	1%	2%	3%	4%	5%	6%	7%	8%	9%	10%	11%	12%	13%	14%	15%	16%	17%	18%	19%	20%
1	0.990	0.980	0.971	0.962	0.952	0.943	0.935	0.926	0.917	0.909	0.901	0.893	0.885	0.877	0.870	0.862	0.855	0.847	0.840	0.833
2	0.980	0.961	0.943	0.925	0.907	0.890	0.873	0.857	0.842	0.826	0.812	0.797	0.783	0.769	0.756	0.743	0.731	0.718	0.706	0.694
3	0.971	0.942	0.915	0.889	0.864	0.840	0.816	0.794	0.772	0.751	0.731	0.712	0.693	0.675	0.658	0.641	0.624	0.609	0.593	0.579
4	0.961	0.924	0.888	0.855	0.823	0.792	0.763	0.735	0.708	0.683	0.659	0.636	0.613	0.592	0.572	0.552	0.534	0.516	0.499	0.482
5	0.951	0.906	0.863	0.822	0.784	0.747	0.713	0.681	0.650	0.621	0.593	0.567	0.543	0.519	0.497	0.476	0.456	0.437	0.419	0.402
6	0.942	0.888	0.837	0.790	0.746	0.705	0.666	0.630	0.596	0.564	0.535	0.507	0.480	0.456	0.432	0.410	0.390	0.370	0.352	0.335
7	0.933	0.871	0.813	0.760	0.711	0.665	0.623	0.583	0.547	0.513	0.482	0.452	0.425	0.400	0.376	0.354	0.333	0.314	0.296	0.279
8	0.923	0.853	0.789	0.731	0.677	0.627	0.582	0.540	0.502	0.467	0.434	0.404	0.376	0.351	0.327	0.305	0.285	0.266	0.249	0.233
9	0.914	0.837	0.766	0.703	0.645	0.592	0.544	0.500	0.460	0.424	0.391	0.361	0.333	0.308	0.284	0.263	0.243	0.225	0.209	0.194
10	0.905	0.820	0.744	0.676	0.614	0.558	0.508	0.463	0.422	0.386	0.352	0.322	0.295	0.270	0.247	0.227	0.208	0.191	0.176	0.162
11	0.896	0.804	0.722	0.650	0.585	0.527	0.475	0.429	0.388	0.350	0.317	0.287	0.261	0.237	0.215	0.195	0.178	0.162	0.148	0.135
12	0.887	0.788	0.701	0.625	0.557	0.497	0.444	0.397	0.356	0.319	0.286	0.257	0.231	0.208	0.187	0.168	0.152	0.137	0.124	0.112
13	0.879	0.773	0.681	0.601	0.530	0.469	0.415	0.368	0.326	0.290	0.258	0.229	0.204	0.182	0.163	0.145	0.130	0.116	0.104	0.093
14	0.870	0.758	0.661	0.577	0.505	0.442	0.388	0.340	0.299	0.263	0.232	0.205	0.181	0.160	0.141	0.125	0.111	0.099	0.088	0.078
15	0.861	0.743	0.642	0.555	0.481	0.417	0.362	0.315	0.275	0.239	0.209	0.183	0.160	0.140	0.123	0.108	0.095	0.084	0.074	0.065
16	0.853	0.728	0.623	0.534	0.458	0.394	0.339	0.292	0.252	0.218	0.188	0.163	0.141	0.123	0.107	0.093	0.081	0.071	0.062	0.054
17	0.844	0.714	0.605	0.513	0.436	0.371	0.317	0.270	0.231	0.198	0.170	0.146	0.125	0.108	0.093	0.080	0.069	0.060	0.052	0.045
18	0.836	0.700	0.587	0.494	0.416	0.350	0.296	0.250	0.212	0.180	0.153	0.130	0.111	0.095	0.081	0.069	0.059	0.051	0.044	0.038
19	0.828	0.686	0.570	0.475	0.396	0.331	0.277	0.232	0.194	0.164	0.138	0.116	0.098	0.083	0.070	0.060	0.051	0.043	0.037	0.031
20	0.820	0.673	0.554	0.456	0.377	0.312	0.258	0.215	0.178	0.149	0.124	0.104	0.087	0.073	0.061	0.051	0.043	0.037	0.031	0.026

折现率(k)

续表

周期 (n)	折现率 (k)																			
	1%	2%	3%	4%	5%	6%	7%	8%	9%	10%	11%	12%	13%	14%	15%	16%	17%	18%	19%	20%
21	0.811	0.660	0.538	0.439	0.359	0.294	0.242	0.199	0.164	0.135	0.112	0.093	0.077	0.064	0.053	0.044	0.037	0.031	0.026	0.022
22	0.803	0.647	0.522	0.422	0.342	0.278	0.226	0.184	0.150	0.123	0.101	0.083	0.068	0.056	0.046	0.038	0.032	0.026	0.022	0.018
23	0.795	0.634	0.507	0.406	0.326	0.262	0.211	0.170	0.138	0.112	0.091	0.074	0.060	0.049	0.040	0.033	0.027	0.022	0.018	0.015
24	0.788	0.622	0.492	0.390	0.310	0.247	0.197	0.158	0.156	0.102	0.082	0.066	0.053	0.043	0.035	0.028	0.023	0.019	0.015	0.013
25	0.780	0.610	0.478	0.375	0.295	0.233	0.184	0.146	0.116	0.092	0.074	0.059	0.047	0.038	0.030	0.024	0.020	0.016	0.013	0.010
26	0.772	0.598	0.464	0.361	0.281	0.220	0.172	0.135	0.106	0.084	0.066	0.053	0.042	0.033	0.026	0.021	0.017	0.014	0.011	0.009
27	0.764	0.586	0.450	0.347	0.268	0.207	0.161	0.125	0.098	0.076	0.060	0.047	0.037	0.029	0.023	0.018	0.014	0.011	0.009	0.007
28	0.757	0.574	0.437	0.333	0.255	0.196	0.150	0.116	0.090	0.069	0.054	0.042	0.033	0.026	0.020	0.016	0.012	0.010	0.008	0.006
29	0.749	0.563	0.424	0.321	0.243	0.185	0.141	0.107	0.082	0.063	0.048	0.037	0.029	0.022	0.017	0.014	0.011	0.008	0.006	0.005
30	0.742	0.552	0.412	0.308	0.231	0.174	0.131	0.099	0.075	0.057	0.044	0.033	0.026	0.020	0.015	0.012	0.009	0.007	0.005	0.004
35	0.706	0.500	0.355	0.253	0.181	0.130	0.094	0.068	0.049	0.036	0.026	0.019	0.014	0.010	0.008	0.006	0.004	0.003	0.002	0.002
40	0.672	0.453	0.307	0.208	0.142	0.097	0.067	0.046	0.032	0.022	0.015	0.011	0.008	0.005	0.004	0.003	0.002	0.001	0.001	0.001
45	0.639	0.410	0.264	0.171	0.111	0.073	0.048	0.031	0.021	0.014	0.009	0.006	0.004	0.003	0.002	0.001	0.001	0.001	*	*
50	0.608	0.372	0.228	0.141	0.087	0.054	0.034	0.021	0.013	0.009	0.005	0.003	0.002	0.001	0.001	0.001	*	*	*	*

续表

周期(n)	折现率(k)																			
	21%	22%	23%	24%	25%	26%	27%	28%	29%	30%	31%	32%	33%	34%	35%	40%	45%	50%	55%	60%
1	0.826	0.820	0.813	0.806	0.800	0.794	0.787	0.781	0.775	0.769	0.763	0.758	0.752	0.746	0.741	0.714	0.690	0.667	0.645	0.625
2	0.683	0.672	0.661	0.650	0.640	0.630	0.620	0.610	0.601	0.592	0.583	0.574	0.565	0.557	0.549	0.510	0.476	0.444	0.416	0.391
3	0.564	0.551	0.537	0.524	0.512	0.500	0.488	0.477	0.466	0.455	0.445	0.435	0.425	0.416	0.406	0.364	0.328	0.296	0.269	0.244
4	0.467	0.451	0.437	0.423	0.410	0.397	0.384	0.373	0.361	0.350	0.340	0.329	0.320	0.310	0.301	0.260	0.226	0.198	0.173	0.153
5	0.386	0.370	0.355	0.341	0.328	0.315	0.303	0.291	0.280	0.269	0.259	0.250	0.240	0.231	0.223	0.186	0.156	0.132	0.112	0.095
6	0.319	0.303	0.289	0.275	0.262	0.250	0.238	0.227	0.217	0.207	0.198	0.189	0.181	0.173	0.165	0.133	0.108	0.088	0.072	0.060
7	0.263	0.249	0.235	0.222	0.210	0.198	0.188	0.178	0.168	0.159	0.151	0.143	0.136	0.129	0.122	0.095	0.074	0.059	0.047	0.037
8	0.218	0.204	0.191	0.179	0.168	0.157	0.148	0.139	0.130	0.123	0.115	0.108	0.102	0.096	0.091	0.068	0.051	0.039	0.030	0.023
9	0.180	0.167	0.155	0.144	0.134	0.125	0.116	0.108	0.101	0.094	0.088	0.082	0.077	0.072	0.067	0.048	0.035	0.026	0.019	0.015
10	0.149	0.137	0.126	0.116	0.107	0.099	0.092	0.085	0.078	0.073	0.067	0.062	0.058	0.054	0.050	0.035	0.024	0.017	0.012	0.009
11	0.123	0.112	0.103	0.094	0.086	0.079	0.072	0.066	0.061	0.056	0.051	0.047	0.043	0.040	0.037	0.025	0.017	0.012	0.008	0.006
12	0.102	0.092	0.083	0.076	0.069	0.062	0.057	0.052	0.047	0.043	0.039	0.036	0.033	0.030	0.027	0.018	0.012	0.008	0.005	0.004
13	0.084	0.075	0.068	0.061	0.055	0.050	0.045	0.040	0.037	0.033	0.030	0.027	0.025	0.022	0.020	0.013	0.008	0.005	0.003	0.002
14	0.069	0.062	0.055	0.049	0.044	0.039	0.035	0.032	0.028	0.025	0.023	0.021	0.018	0.017	0.015	0.009	0.006	0.003	0.002	0.001
15	0.057	0.051	0.045	0.040	0.035	0.031	0.028	0.025	0.022	0.020	0.017	0.016	0.014	0.012	0.011	0.006	0.004	0.002	0.001	0.001
16	0.047	0.042	0.036	0.032	0.028	0.025	0.022	0.019	0.017	0.015	0.013	0.012	0.010	0.009	0.008	0.005	0.003	0.002	0.001	0.001
17	0.039	0.034	0.030	0.026	0.023	0.020	0.017	0.015	0.013	0.012	0.010	0.009	0.008	0.007	0.006	0.003	0.002	0.001	0.001	*
18	0.032	0.028	0.024	0.021	0.018	0.016	0.014	0.012	0.010	0.009	0.008	0.007	0.006	0.005	0.005	0.002	0.001	0.001	*	*
19	0.027	0.023	0.020	0.017	0.014	0.012	0.011	0.009	0.008	0.007	0.006	0.005	0.004	0.004	0.003	0.002	0.001	*	*	*
20	0.022	0.019	0.016	0.014	0.012	0.010	0.008	0.007	0.006	0.005	0.005	0.004	0.003	0.003	0.002	0.001	0.001	*	*	*

续表

周期 (n)	折现率(k)																			
	21%	22%	23%	24%	25%	26%	27%	28%	29%	30%	31%	32%	33%	34%	35%	40%	45%	50%	55%	60%
21	0.018	0.015	0.013	0.011	0.009	0.008	0.007	0.006	0.005	0.004	0.003	0.003	0.003	0.002	0.002	0.001	*	*	*	*
22	0.015	0.013	0.011	0.009	0.007	0.006	0.005	0.004	0.004	0.003	0.003	0.002	0.002	0.002	0.001	0.001	*	*	*	*
23	0.012	0.010	0.009	0.007	0.006	0.005	0.004	0.003	0.003	0.002	0.002	0.002	0.001	0.001	0.001	*	*	*	*	*
24	0.010	0.008	0.007	0.006	0.005	0.004	0.003	0.003	0.002	0.002	0.002	0.001	0.001	0.001	0.001	*	*	*	*	*
25	0.009	0.007	0.006	0.005	0.004	0.003	0.003	0.002	0.002	0.001	0.001	0.001	0.001			*	*	*	*	*
26	0.007	0.006	0.005	0.004	0.003	0.002	0.002	0.002	0.001	0.001	0.001	0.001	0.001	*	*	*	*	*	*	*
27	0.006	0.005	0.004	0.003	0.002	0.002	0.002	0.001	0.001	0.001	0.001	0.001	*	*	*	*	*	*	*	*
28	0.005	0.004	0.003	0.002	0.002	0.002	0.001	0.001	0.001	0.001	0.001	*	*	*	*	*	*	*	*	*
29	0.004	0.003	0.002	0.002	0.002	0.001	0.001	0.001	0.001	0.001	*	*	*	*	*	*	*	*	*	*
30	0.003	0.003	0.002	0.002	0.001	0.001	0.001	0.001	*	*	*	*	*	*	*	*	*	*	*	*
35	0.001	0.001	0.001	0.001	*	*	*	*	*	*	*	*	*	*	*	*	*	*	*	*
40	*	*	*	*	*	*	*	*	*	*	*	*	*	*	*	*	*	*	*	*
45	*	*	*	*	*	*	*	*	*	*	*	*	*	*	*	*	*	*	*	*
50	*	*	*	*	*	*	*	*	*	*	*	*	*	*	*	*	*	*	*	*

注：* PV 在 0~0.001 范围。

附表 3　年金未来值系数表

$$FVA_{k,n} = \sum_{t=0}^{n-1}(1+k)^t = \frac{(1+k)^n - 1}{k}$$

周期(n)	1%	2%	3%	4%	5%	6%	7%	8%	9%	10%	11%	12%	13%	14%	15%	16%	17%	18%	19%	20%
1	1.000	1.000	1.000	1.000	1.000	1.000	1.000	1.000	1.000	1.000	1.000	1.000	1.000	1.000	1.000	1.000	1.000	1.000	1.000	1.000
2	2.010	2.020	2.030	2.040	2.050	2.060	2.070	2.080	2.090	2.100	2.110	2.120	2.130	2.140	2.150	2.160	2.170	2.180	2.190	2.200
3	3.030	3.060	3.091	3.122	3.152	3.184	3.215	3.246	3.278	3.310	3.342	3.374	3.407	3.440	3.473	3.506	3.539	3.572	3.606	3.640
4	4.060	4.122	4.184	4.246	4.310	4.375	4.440	4.506	5.573	4.641	4.710	4.779	4.850	4.921	4.993	5.066	5.141	5.215	4.291	5.368
5	5.101	5.204	5.309	5.416	5.526	5.637	5.751	5.867	5.985	6.105	6.228	6.353	6.480	6.610	6.742	6.877	7.014	7.154	7.297	7.442
6	6.152	6.308	6.468	6.633	6.802	6.975	7.153	7.336	7.523	7.716	7.913	8.115	8.323	8.536	8.754	8.977	9.207	9.442	9.683	9.930
7	7.214	7.434	7.662	7.898	8.142	8.394	8.654	8.923	9.200	9.487	9.783	10.089	10.405	10.730	11.067	11.414	11.772	12.142	12.523	12.916
8	8.286	8.583	8.892	9.214	9.549	9.897	10.260	10.637	11.028	11.436	11.859	12.300	12.757	13.233	13.727	14.240	14.773	15.327	15.902	16.499
9	9.369	9.755	10.159	10.583	11.027	11.491	11.978	12.488	13.021	13.579	14.164	14.776	15.416	16.085	16.786	17.519	18.285	19.086	19.923	20.799
10	10.462	10.950	11.464	12.006	12.578	13.181	13.816	14.487	15.193	15.937	16.722	17.549	18.420	19.337	20.304	21.321	22.393	23.521	24.709	25.959
11	11.567	12.169	12.808	13.486	14.207	14.972	15.784	16.645	17.560	18.531	19.561	20.655	21.814	23.045	24.349	25.733	27.200	28.755	30.404	32.150
12	12.683	13.412	14.192	15.026	15.917	16.870	17.888	18.977	20.141	21.384	22.713	24.133	25.650	27.271	29.002	30.850	32.824	34.931	37.180	39.581
13	13.809	14.680	15.618	16.627	17.713	18.882	20.141	21.495	22.953	24.523	26.212	28.029	29.985	32.089	34.352	36.786	39.404	42.219	45.244	48.497
14	14.947	15.974	17.086	18.292	19.599	21.015	22.550	24.215	26.019	27.975	30.095	32.393	34.883	37.581	40.505	43.672	47.103	50.818	54.841	59.196
15	16.097	17.293	18.599	20.024	21.579	23.276	25.129	27.152	29.361	31.772	34.405	37.280	40.417	43.842	47.580	51.660	56.110	60.965	66.261	72.035
16	17.258	18.639	20.157	21.825	23.657	25.673	27.888	30.324	33.003	35.950	39.190	42.753	46.672	50.980	55.717	60.925	66.649	72.939	79.850	87.442
17	18.430	20.012	21.762	23.698	25.840	28.213	30.840	33.750	36.974	40.545	44.501	48.884	53.739	59.118	65.075	71.673	78.979	87.068	96.022	105.93
18	19.615	21.412	23.414	25.645	28.132	30.906	33.999	37.450	41.301	45.599	50.396	55.750	61.725	68.394	75.836	84.141	93.406	103.74	115.27	128.12
19	20.811	22.841	25.117	27.671	30.539	33.760	37.379	41.446	46.018	51.159	56.939	63.440	70.749	78.969	88.212	98.603	110.28	123.41	138.17	154.74
20	22.019	24.297	26.870	29.778	33.066	36.786	40.996	45.762	51.160	57.275	64.203	72.052	80.947	91.025	102.44	115.38	130.03	146.63	165.42	186.69

续表

周期 (n)	折现率 (k)																			
	1%	2%	3%	4%	5%	6%	7%	8%	9%	10%	11%	12%	13%	14%	15%	16%	17%	18%	19%	20%
21	23.239	25.783	28.676	31.969	35.719	39.993	44.865	50.423	56.765	64.002	72.265	81.699	92.470	104.77	118.81	134.84	153.14	174.02	197.85	225.03
22	24.472	27.299	30.537	34.248	38.505	43.392	49.006	55.457	62.873	71.403	81.214	92.503	105.49	120.44	137.63	157.41	180.17	206.34	236.44	271.03
23	25.716	28.845	32.453	36.618	41.430	46.996	53.436	60.893	69.532	79.543	91.148	104.60	120.20	138.30	159.28	183.60	211.80	244.49	282.36	326.24
24	26.973	30.422	34.426	39.083	44.502	50.816	58.177	66.765	76.790	88.497	102.17	118.16	136.83	158.66	184.17	213.98	248.81	289.49	337.01	392.48
25	28.243	32.030	36.459	41.646	47.727	54.865	63.249	73.106	84.701	98.347	114.41	133.33	155.62	181.87	212.79	249.10	292.10	342.60	402.04	471.98
26	29.526	33.671	38.553	44.312	51.113	59.156	68.676	79.954	93.324	109.18	128.00	150.33	176.85	208.33	245.71	290.09	342.76	405.27	479.43	567.38
27	30.821	35.344	40.710	47.084	54.669	63.706	74.484	87.351	102.72	121.10	143.08	169.37	200.84	238.50	283.57	337.50	402.03	479.22	571.52	681.85
28	32.129	37.051	42.931	49.968	58.403	68.528	80.698	95.339	112.97	134.21	159.82	190.70	227.95	272.89	327.10	392.50	471.38	566.48	681.11	819.22
29	33.450	38.792	45.219	52.966	62.323	73.640	87.347	103.97	124.14	148.63	178.40	214.58	258.58	312.09	377.17	456.30	552.51	669.45	811.52	984.07
30	34.785	40.568	47.575	56.085	66.439	79.058	94.461	113.28	136.31	164.49	199.02	241.33	293.20	356.79	434.75	530.31	647.44	790.95	966.71	1 181.9
35	41.660	49.994	60.462	73.652	90.320	111.43	138.24	172.32	215.71	271.02	341.59	431.66	546.68	693.57	881.17	1 120.7	1 426.5	1 816.7	2 314.2	2 948.3
40	48.886	60.402	75.401	95.026	120.80	154.76	199.64	259.06	337.88	442.59	581.83	767.09	1 013.7	1 342.0	1 779.1	2 360.8	3 134.5	4 163.2	5 529.8	7 343.9
45	56.481	71.893	92.720	121.03	159.70	212.74	285.75	386.51	525.86	718.90	986.64	1 358.2	1 874.2	2 590.6	3 585.1	4 965.3	6 879.3	9 531.6	13 203	18 281
50	64.463	84.579	112.80	152.67	209.35	290.34	406.53	573.77	815.08	1 163.9	1 668.8	2 400.0	3 459.5	4 994.5	7 217.7	10 435	15 089	21 813	31 515	45 497

续表

周期(n)	折现率(k)																				
	21%	22%	23%	24%	25%	26%	27%	28%	29%	30%	31%	32%	33%	34%	35%	40%	45%	50%	55%	60%
1	1.000	1.000	1.000	1.000	1.000	1.000	1.000	1.000	1.000	1.000	1.000	1.000	1.000	1.000	1.000	1.000	1.000	1.000	1.000	1.000
2	2.210	2.220	2.230	2.240	2.250	2.260	2.270	2.280	2.290	2.300	2.310	2.320	2.330	2.340	2.350	2.400	2.450	2.500	2.550	2.600
3	3.674	3.708	3.743	3.778	3.813	3.848	3.883	3.918	3.954	3.990	4.026	4.062	4.099	4.136	4.173	4.360	4.553	4.750	4.952	5.160
4	5.446	5.524	5.604	5.684	5.766	5.848	5.931	6.016	6.101	6.187	6.274	6.362	6.452	6.542	6.633	7.104	7.601	8.125	8.676	9.256
5	7.589	7.740	7.893	8.048	8.207	8.368	8.533	8.700	8.870	9.043	9.219	9.398	9.581	9.766	9.954	10.946	12.022	13.188	14.448	15.810
6	10.183	10.442	10.708	10.980	11.259	11.544	11.837	12.136	12.442	12.756	13.077	13.406	13.742	14.086	14.438	16.324	18.431	20.781	23.395	26.295
7	13.321	13.740	14.171	14.615	15.073	15.546	16.032	16.534	17.051	17.583	18.131	18.696	19.277	19.876	20.492	23.853	27.725	32.172	37.262	43.073
8	17.119	17.762	18.430	19.123	19.842	20.588	21.361	22.163	22.995	23.858	24.752	25.678	26.638	27.633	28.664	34.395	41.202	49.258	58.756	69.916
9	21.714	22.670	23.669	24.712	25.802	26.940	28.129	29.369	30.664	32.015	33.425	34.895	36.429	38.029	39.696	49.153	60.743	74.887	92.073	112.87
10	27.274	28.657	30.113	31.643	33.253	34.945	36.723	38.593	40.556	42.619	44.786	47.062	49.451	51.958	54.590	69.814	89.077	113.33	143.71	181.59
11	34.001	35.962	38.039	40.238	42.566	45.031	47.639	50.398	53.318	56.405	59.670	63.122	66.769	70.624	74.697	98.739	130.16	171.00	223.75	291.54
12	42.142	44.874	47.788	50.895	54.208	57.739	61.501	65.510	69.780	74.327	79.168	84.320	89.803	95.637	101.84	139.23	189.73	257.49	347.82	467.46
13	51.991	55.746	59.779	64.110	68.760	73.751	79.107	84.853	91.016	97.625	104.71	112.30	120.44	129.15	138.48	195.93	276.12	387.24	540.12	748.93
14	63.909	69.010	74.528	80.496	86.949	93.926	101.47	109.61	118.41	127.91	138.17	149.24	161.18	174.06	187.95	275.30	401.37	581.86	838.19	1 199.3
15	78.330	85.192	92.669	100.82	109.69	119.35	129.86	141.30	153.75	167.29	182.00	198.00	215.37	234.25	254.74	386.42	582.98	873.79	1 300.2	1 919.9
16	95.780	104.93	114.98	126.01	138.11	151.38	165.92	181.87	199.34	218.47	239.42	262.36	287.45	314.89	344.90	541.99	846.32	1 311.7	2 016.3	3 072.8
17	116.89	129.02	142.43	157.25	173.64	191.73	211.72	233.79	258.15	285.01	314.64	347.31	383.30	422.95	466.61	759.78	1 228.2	1 968.5	3 126.2	4 917.5
18	142.44	158.40	176.19	195.99	218.04	242.59	269.89	300.25	334.01	371.52	413.18	459.45	510.80	567.76	630.92	1 064.7	1 781.8	2 953.8	4 846.7	7 868.9
19	173.35	194.25	217.71	244.03	273.56	306.66	343.76	385.32	431.87	483.97	542.27	607.47	680.36	761.80	852.75	1 491.6	2 584.7	4 431.7	7 513.4	12 591
20	210.76	237.99	268.79	303.60	342.94	387.39	437.57	494.21	558.11	630.17	711.38	802.86	905.88	1 021.8	1 152.2	2 089.2	3 748.8	6 648.5	11 646	20 147

续表

周期 (n)	折现率(k)																				
	21%	22%	23%	24%	25%	26%	27%	28%	29%	30%	31%	32%	33%	34%	35%	40%	45%	50%	55%	60%
21	256.02	291.35	331.61	377.46	429.68	489.11	556.72	633.59	720.96	820.22	932.90	1 060.8	1 205.8	1 370.2	1 556.5	2 925.9	5 436.7	9 973.8	18 053	32 236
22	310.78	356.44	408.88	469.06	538.10	617.28	708.03	812.00	931.04	1 067.3	1 223.1	1 401.2	1 604.7	1 837.1	2 102.3	4 097.2	7 884.3	14 961	27 983	51 579
23	377.05	435.86	503.92	582.63	673.63	778.77	900.20	1 040.4	1 202.0	1 388.5	1 603.3	1 850.6	2 135.3	2 462.7	2 839.0	5 737.1	11 433	22 443	43 375	82 527
24	457.22	532.75	620.82	723.46	843.03	982.25	1 144.3	1 332.7	1 551.6	1 806.2	2 101.3	2 443.7	2 840.9	3 301.0	3 833.7	8 033.0	16 579	33 666	67 233	132 045
25	554.24	650.96	764.61	898.09	1 054.8	1 238.6	1 454.2	1 706.8	2 002.6	2 348.8	2 753.7	3 226.8	3 779.5	4 424.4	5 176.5	11 247	24 040	50 500	104 213	211 273
26	671.63	795.17	941.46	1 114.6	1 319.5	1 561.7	1 847.8	2 185.7	2 584.4	3 054.4	3 608.3	4 260.4	5 027.7	5 929.7	6 989.3	15 747	34 860	75 751	161 531	338 038
27	813.68	971.10	1 159.0	1 383.1	1 650.4	1 968.7	2 347.8	2 798.7	3 334.8	3 971.8	4 727.9	5 624.8	6 687.8	7 946.8	9 436.5	22 046	50 548	113 628	250 374	540 862
28	985.55	1 185.7	1 426.6	1 716.1	2 064.0	2 481.6	2 982.6	3 583.3	4 302.9	5 164.3	6 194.5	7 425.7	8 895.8	10 649	12 740	30 866	73 295	170 443	388 081	865 381
29	1 193.5	1 447.6	1 755.7	2 129.0	2 580.9	3 127.8	3 789.0	4 587.7	5 551.8	6 714.6	8 115.8	9 802.9	11 832	14 271	17 200	43 214	106 279	255 666	601 527	*
30	1 445.2	1 767.1	2 160.5	2 640.9	3 227.2	3 942.0	4 813.0	5 873.2	7 162.8	8 730.0	10 623	12 940	15 738	19 124	23 221	60 501	154 106	383 500	932 368	*
35	3 755.9	4 783.6	6 090.3	7 750.2	9 856.8	12 527	15 909	20 188	25 596	32 422	41 029	51 869	65 504	82 636	104 136	325 400	987 794	*	*	*
40	9 749.5	12 936	17 154	22 728	30 088	39 792	52 571	69 377	91 447	120 392	158 300	207 874	272 613	357 033	466 960	*	*	*	*	*
45	25 295	34 971	48 301	66 640	91 831	126 382	173 697	238 387	326 688	447 019	610 723	833 058	*	*	*	*	*	*	*	*
50	65 617	94 525	135 992	195 372	280 255	401 374	573 877	819 103	*	*	*	*	*	*	*	*	*	*	*	*

注：* FVA 大于 999 999。

附表 4 年金现值系数表

$$PVA_{k,n} = \sum_{t=1}^{n} \frac{1}{(1+k)^t} = \frac{1-[1/(1+k)^n]}{k}$$

折现率（k）

周期(n)	1%	2%	3%	4%	5%	6%	7%	8%	9%	10%	11%	12%	13%	14%	15%	16%	17%	18%	19%	20%
1	0.990	0.980	0.971	0.962	0.952	0.943	0.935	0.926	0.917	0.909	0.901	0.893	0.885	0.877	0.870	0.862	0.855	0.847	0.840	0.833
2	1.970	1.942	1.913	1.886	1.859	1.833	1.808	1.783	1.759	1.736	1.713	1.690	1.668	1.647	1.626	1.605	1.585	1.566	1.547	1.528
3	2.941	2.884	2.829	2.775	2.723	2.673	2.624	2.577	2.531	2.487	2.444	2.402	2.361	2.322	2.283	2.246	2.210	2.174	2.140	2.106
4	3.902	3.808	3.717	3.630	3.546	3.465	3.387	3.312	3.240	3.170	3.102	3.037	2.974	2.914	2.855	2.798	2.743	2.690	2.639	2.589
5	4.853	4.713	4.580	4.452	4.329	4.212	4.100	3.993	3.890	3.791	3.696	3.605	3.517	3.433	3.352	3.274	3.199	3.127	3.058	2.991
6	5.795	5.601	5.417	5.242	5.076	4.917	4.767	4.623	4.486	4.355	4.231	4.111	3.998	3.889	3.784	3.685	3.589	3.498	3.410	3.326
7	6.728	6.472	6.230	6.002	5.786	5.582	5.389	5.206	5.033	4.868	4.712	4.564	4.423	4.288	4.160	4.039	3.922	3.812	3.706	3.605
8	7.652	7.325	7.020	6.733	6.463	6.210	5.971	5.747	5.535	5.335	5.146	4.968	4.799	4.639	4.487	4.344	4.207	4.078	3.954	3.837
9	8.566	8.162	7.786	7.435	7.108	6.802	6.515	6.247	5.995	5.759	5.537	5.328	5.132	4.946	4.772	4.607	4.451	4.303	4.163	4.031
10	9.471	8.983	8.530	8.111	7.722	7.360	7.024	6.710	6.418	6.145	5.889	5.650	5.426	5.216	5.019	4.833	4.659	4.494	4.339	4.192
11	10.368	9.787	9.253	8.760	8.306	7.887	7.499	7.139	6.805	6.495	6.207	5.938	5.687	5.453	5.234	5.029	4.836	4.656	4.486	4.327
12	11.255	10.575	9.954	9.385	8.863	8.384	7.943	7.536	7.161	6.814	6.492	6.194	5.918	5.660	5.421	5.197	4.988	4.793	4.611	4.439
13	12.134	11.348	10.635	9.986	9.394	8.853	8.358	7.904	7.487	7.103	6.750	6.424	6.122	5.842	5.583	5.342	5.118	4.910	4.715	4.533
14	13.004	12.106	11.296	10.563	9.899	9.295	8.745	8.244	7.786	7.367	6.982	6.628	6.302	6.002	5.724	5.468	5.229	5.008	4.802	4.611
15	13.865	12.849	11.938	11.118	10.380	9.712	9.108	8.559	8.061	7.606	7.191	6.811	6.462	6.142	5.847	5.575	5.324	5.092	4.876	4.675
16	14.718	13.578	12.561	11.652	10.838	10.106	9.447	8.851	8.313	7.824	7.379	6.974	6.604	6.265	5.954	5.668	5.405	5.162	4.938	4.730
17	15.562	14.292	13.166	12.166	11.274	10.477	9.763	9.122	8.544	8.022	7.549	7.120	6.729	6.373	6.047	5.749	5.475	5.222	4.990	4.775
18	16.398	14.992	13.754	12.659	11.690	10.828	10.059	9.372	8.756	8.201	7.702	7.250	6.840	6.467	6.128	5.818	5.534	5.273	5.033	4.812
19	17.226	15.678	14.324	13.134	12.085	11.158	10.336	9.604	8.950	8.365	7.839	7.366	6.938	6.550	6.198	5.877	5.584	5.316	5.070	4.843
20	18.046	16.351	14.877	13.590	12.462	11.470	10.594	9.818	9.129	8.514	7.963	7.469	7.025	6.623	6.259	5.929	5.628	5.353	5.101	4.870

续表

附　表

周期 (n)	折现率 (k)																			
	1%	2%	3%	4%	5%	6%	7%	8%	9%	10%	11%	12%	13%	14%	15%	16%	17%	18%	19%	20%
21	18.857	17.011	15.415	14.029	12.821	11.764	10.836	10.017	9.292	8.649	8.075	7.562	7.102	6.687	6.312	5.973	5.665	5.384	5.127	4.891
22	19.660	17.658	15.937	14.451	13.163	12.042	11.061	10.201	9.442	8.772	8.176	7.645	7.170	6.743	6.359	6.011	5.696	5.410	5.149	4.909
23	20.456	18.292	16.444	14.857	13.489	12.303	11.272	10.371	9.580	8.883	8.266	7.718	7.230	6.792	6.399	6.044	5.723	5.432	5.167	4.925
24	21.243	18.914	16.936	15.247	13.799	12.550	11.469	10.529	9.707	8.985	8.348	7.784	7.283	6.835	6.434	6.073	5.746	5.451	5.182	4.937
25	22.023	19.523	17.413	15.622	14.094	12.783	11.654	10.675	9.823	9.077	8.422	7.843	7.330	6.873	6.464	6.097	5.766	5.467	5.195	4.948
26	22.795	20.121	17.877	15.983	14.375	13.003	11.826	10.810	9.929	9.161	8.488	7.896	7.372	6.906	6.491	6.118	5.783	5.480	5.206	4.956
27	23.560	20.707	18.327	16.330	14.643	13.211	11.987	10.935	10.027	9.237	8.548	7.943	7.409	6.935	6.514	6.136	5.798	5.492	5.215	4.964
28	24.316	21.281	18.764	16.663	14.898	13.406	12.137	11.051	10.116	9.307	8.602	7.984	7.441	6.961	6.534	6.152	5.810	5.502	5.223	4.970
29	25.066	21.844	19.188	16.984	15.141	13.591	12.278	11.158	10.198	9.370	8.650	8.022	7.470	6.983	6.551	6.166	5.820	5.510	5.229	4.975
30	25.808	22.396	19.600	17.292	15.372	13.765	12.409	11.258	10.274	9.427	8.694	8.055	7.496	7.003	6.566	6.177	5.829	5.517	5.235	4.979
35	29.409	24.999	21.487	18.665	16.374	14.498	12.948	11.655	10.567	9.644	8.855	8.176	7.586	7.070	6.617	6.215	5.858	5.539	5.251	4.992
40	32.835	27.355	23.115	19.793	17.159	15.046	13.332	11.925	10.757	9.779	8.951	8.244	7.634	7.105	6.642	6.233	5.871	5.548	5.258	4.997
45	36.095	29.490	24.519	20.720	17.774	15.456	13.606	12.108	10.881	9.863	9.008	8.283	7.661	7.123	6.654	6.242	5.877	5.552	5.261	4.999
50	39.196	31.424	25.730	21.482	18.256	15.762	13.801	12.233	10.962	9.915	9.042	8.304	7.675	7.133	6.661	6.246	5.880	5.554	5.262	4.999

续表

财务管理

折现率（k）

周期(n)	21%	22%	23%	24%	25%	26%	27%	28%	29%	30%	31%	32%	33%	34%	35%	40%	45%	50%	55%	60%
1	0.826	0.820	0.813	0.806	0.800	0.794	0.787	0.781	0.775	0.769	0.763	0.758	0.752	0.746	0.741	0.714	0.690	0.667	0.645	0.625
2	1.509	1.492	1.474	1.457	1.440	1.424	1.407	1.392	1.376	1.361	1.346	1.331	1.317	1.303	1.289	1.224	1.165	1.111	1.061	1.016
3	2.074	2.042	2.011	1.981	1.952	1.923	1.896	1.868	1.842	1.816	1.791	1.766	1.742	1.719	1.696	1.589	1.493	1.407	1.330	1.260
4	2.540	2.494	2.448	2.404	2.362	2.320	2.280	2.241	2.203	2.166	2.130	2.096	2.062	2.029	1.997	1.849	1.720	1.605	1.503	1.412
5	2.926	2.864	2.803	2.745	2.689	2.635	2.583	2.532	2.483	2.436	2.390	2.345	2.302	2.260	2.220	2.035	1.876	1.737	1.615	1.508
6	3.245	3.167	3.092	3.020	2.951	2.885	2.821	2.759	2.700	2.643	2.588	2.534	2.483	2.433	2.385	2.168	1.983	1.824	1.687	1.567
7	3.508	3.416	3.327	3.242	3.161	3.083	3.009	2.937	2.868	2.802	2.739	2.677	2.619	2.562	2.508	2.263	2.057	1.883	1.734	1.605
8	3.726	3.619	3.518	3.421	3.329	3.241	3.156	3.076	2.999	2.925	2.854	2.786	2.721	2.658	2.598	2.331	2.109	1.922	1.764	1.628
9	3.905	3.786	3.673	3.566	3.463	3.366	3.273	3.184	3.100	3.019	2.942	2.868	2.798	2.730	2.665	2.379	2.144	1.948	1.783	1.642
10	4.054	3.923	3.799	3.682	3.571	3.465	3.364	3.269	3.178	3.092	3.009	2.930	2.855	2.784	2.715	2.414	2.168	1.965	1.795	1.652
11	4.177	4.035	3.902	3.776	3.656	3.543	3.437	3.335	3.239	3.147	3.060	2.978	2.899	2.824	2.752	2.438	2.185	1.977	1.804	1.657
12	4.278	4.127	3.985	3.851	3.725	3.606	3.493	3.387	3.286	3.190	3.100	3.013	2.931	2.853	2.779	2.456	2.196	1.985	1.809	1.661
13	4.362	4.203	4.053	3.912	3.780	3.656	3.538	3.427	3.322	3.223	3.129	3.040	2.956	2.876	2.799	2.469	2.204	1.990	1.812	1.663
14	4.432	4.265	4.108	3.962	3.824	3.695	3.573	3.459	3.351	3.249	3.152	3.061	2.974	2.892	2.814	2.478	2.210	1.993	1.814	1.664
15	4.489	4.315	4.153	4.001	3.859	3.726	3.601	3.483	3.373	3.268	3.170	3.076	2.988	2.905	2.825	2.484	2.214	1.995	1.816	1.665
16	4.536	4.357	4.189	4.033	3.887	3.751	3.623	3.503	3.390	3.283	3.183	3.088	2.999	2.914	2.834	2.489	2.216	1.997	1.817	1.666
17	4.576	4.391	4.219	4.059	3.910	3.771	3.640	3.518	3.403	3.295	3.193	3.097	3.007	2.921	2.840	2.492	2.218	1.998	1.817	1.666
18	4.608	4.419	4.243	4.080	3.928	3.786	3.654	3.529	3.413	3.304	3.201	3.104	3.012	2.926	2.844	2.494	2.219	1.999	1.818	1.666
19	4.635	4.442	4.263	4.097	3.942	3.799	3.664	3.539	3.421	3.311	3.207	3.109	3.017	2.930	2.848	2.496	2.220	1.999	1.818	1.666
20	4.657	4.460	4.279	4.110	3.954	3.808	3.673	3.546	3.427	3.316	3.211	3.113	3.020	2.933	2.850	2.497	2.221	1.999	1.818	1.667

续表

周期 (n)	折现率 (k)																			
	21%	22%	23%	24%	25%	26%	27%	28%	29%	30%	31%	32%	33%	34%	35%	40%	45%	50%	55%	60%
21	4.675	4.476	4.292	4.121	3.963	3.816	3.679	3.551	3.432	3.320	3.215	3.116	3.023	2.935	2.852	2.498	2.221	2.000	1.818	1.667
22	4.690	4.488	4.302	4.130	3.970	3.822	3.684	3.556	3.436	3.323	3.217	3.118	3.025	2.936	2.853	2.498	2.222	2.000	1.818	1.667
23	4.703	4.499	4.311	4.137	3.976	3.827	3.689	3.559	3.438	3.325	3.219	3.120	3.026	2.938	2.854	2.499	2.222	2.000	1.818	1.667
24	4.713	4.507	4.318	4.143	3.981	3.831	3.692	3.562	3.441	3.327	3.221	3.121	3.027	2.939	2.855	2.499	2.222	2.000	1.818	1.667
25	4.721	4.514	4.323	4.147	3.985	3.834	3.694	3.564	3.442	3.329	3.222	3.122	3.028	2.939	2.856	2.499	2.222	2.000	1.818	1.667
26	4.728	4.520	4.328	4.151	3.988	3.837	3.696	3.566	3.444	3.330	3.223	3.123	3.028	2.940	2.856	2.500	2.222	2.000	1.818	1.667
27	4.734	4.524	4.332	4.154	3.990	3.839	3.698	3.567	3.445	3.331	3.224	3.123	3.029	2.940	2.856	2.500	2.222	2.000	1.818	1.667
28	4.739	4.528	4.335	4.157	3.992	3.840	3.699	3.568	3.446	3.331	3.224	3.124	3.029	2.940	2.857	2.500	2.222	2.000	1.818	1.667
29	4.743	4.531	4.337	4.159	3.994	3.841	3.700	3.569	3.446	3.332	3.225	3.124	3.030	2.941	2.857	2.500	2.222	2.000	1.818	1.667
30	4.746	4.534	4.339	4.160	3.995	3.842	3.701	3.569	3.447	3.332	3.225	3.124	3.030	2.941	2.857	2.500	2.222	2.000	1.818	1.667
35	4.756	4.541	4.345	4.164	3.998	3.845	3.703	3.571	3.448	3.333	3.226	3.125	3.030	2.941	2.857	2.500	2.222	2.000	1.818	1.667
40	4.760	4.544	4.347	4.166	3.999	3.846	3.703	3.571	3.448	3.333	3.226	3.125	3.030	2.941	2.857	2.500	2.222	2.000	1.818	1.667
45	4.761	4.545	4.347	4.166	4.000	3.846	3.704	3.571	3.448	3.333	3.226	3.125	3.030	2.941	2.857	2.500	2.222	2.000	1.818	1.667
50	4.762	4.545	4.348	4.167	4.000	3.846	3.704	3.571	3.448	3.333	3.226	3.125	3.030	2.941	2.857	2.500	2.222	2.000	1.818	1.667

参 考 文 献

[1] 李彬.财务成本管理[M].北京:经济科学出版社,2020.
[2] 罗斯,威斯特菲尔德,杰富.公司理财[M].吴世农,沈艺峰,王志强,译.北京:机械工业出版社,2018.
[3] 吴世农,吴育辉.财务分析与决策[M].2版.北京:北京大学出版社,2012.
[4] 陈晓红,郭声瑶.中小企业融资[M].北京:经济科学出版社,2010.
[5] 张瑞稳.财务管理[M].合肥:安徽人民出版社,2007.
[6] 潘飞,朱百鸣.企业筹资决策[M].上海:立信会计出版社,2001.
[7] 唐菊裳.国外小企业融资、管理、创新、模式[M].北京:中国计划出版社,1999.
[8] 王忠明.中小企业创业[M].北京:经济科学出版社,2000.
[9] 王化成.财务管理案例点评[M].杭州:浙江人民出版社,2003.
[10] 张德忠.投资与融资[M].北京:新时代出版社,2000.
[11] 王超.融资与投资管理[M].北京:中国对外经济贸易出版社,2000.
[12] 国家经贸委中小企业办.中国中小企业年鉴:1996—1997[M].北京:经济管理出版社,1997.
[13] 中共中央党校经济研究中心.国有中小企业探索[M].北京:经济科学出版社,1996.
[14] 吴敬琏.大中型企业改革:建立现代企业制度[M].天津:天津人民出版社,1993.
[15] 黎谷.企业筹资与投资[M].北京:中国人民大学出版社,1992.
[16] 关永魁.银行、企业筹资[M].北京:经济日报出版社,1993.
[17] 龚菊明.现代企业理财:筹资[M].苏州:苏州大学出版社,1999.
[18] 陈乃醒.中小企业经营与发展[M].北京:经济管理出版社,1999.
[19] 丁德章.中小企业经营管理[M].北京:经济管理出版社,1998.
[20] 邓荣霖.中小企业制度与市场经济[M].北京:中国人民大学出版社,1999.
[21] 王明华.企业融资效率、融资制度、银行危机[M].北京:中国经济出版社,2000.
[22] 黄秀清.现代租赁经济理论与实务[M].北京:中华工商联合出版社,2000.
[23] 布里汉.企业金融管理学[M].王大鸿,王武平,译.北京:中国金融出版社,1989.
[24] 伯格汉姆,加潘斯基.美国中级财务管理[M].美国俄克拉荷马市大学,天津商学院 MBA 班,译.北京:中国展望出版社,1990.
[25] 陈小悦,乌山红.公司理财学基础[M].北京:清华大学出版社,1994.
[26] 陈浪南.西方企业财务管理[M].北京:中国对外经济贸易出版社,1991.
[27] 何宪章.国际财务管理[M].2版.台北:新陆书局,1993.
[28] 史柏中,许丹林.企业财务管理[M].香港:商务印书馆,1989.
[29] 袁晓红,杨维忠.企业筹资学[M].南京:东南大学出版社,1993.
[30] 张志元,张志远.金融租赁学[M].北京:中国对外经济贸易出版社,1990.

[31] 仇庆德,柴传早,高成路. 现代企业筹资理论与实务[M]. 青岛:青岛海洋大学出版,1993.

[32] 张瑞君. e 时代的财务管理[M]. 北京:中国人民大学出版社,2002.

[33] 周首华,陆正飞,汤谷良. 现代财务理论前沿专题[M]. 大连:东北财经大学出版社,2001.

[34] Garbutt D. Making budgets work : the control and use of the budgetary control process[M]. Chartered Institute of Management Accountants,1992.

[35] Porter M E. Competitive strategy:Techniques for Analyzing Industries and Competitors[M]. New York:The Tree Press,1980.

[36] Davis A R,Pinches G. Canadian Financial Management[M]. 2nd Edition. New York:HarPer C011ins,1991.

[37] Ross S A,Westerfield R W. Corporate Finance[M]. St. Louis:Times Mirror,1988.

[38] Brealey A R,Myers S C. Principles of Corporate Finance[M]. 2nd Canadian Edition. New York:McGraw-Hill Ryefson Limited,1992.

[39] Philippatos G C,Sihler W W. Financial Management[M]. 2nd Edition. Boston:Allyn and Bacon,1991.

[40] Zvi B ,Robert C. Mefton.[M]. New Jersey:Prentice Hall,Inc. ,2000.